财政部规划教材
全国高等院校财经类教材

金　融　学

（第二版）

潘淑娟　主　编
李　侠　副主编

中国财经出版传媒集团
中国财政经济出版社

图书在版编目（CIP）数据

金融学／潘淑娟主编．--2版．--北京：中国财政经济出版社，2023.2（2024.7重印）
财政部规划教材　全国高等院校财经类教材
ISBN 978－7－5223－1916－2

Ⅰ.①金…　Ⅱ.①潘…　Ⅲ.①金融学－高等学校－教材　Ⅳ.①F830

中国国家版本馆CIP数据核字（2023）第014624号

责任编辑：郭爱春　张　军　　　责任印制：张　健
封面设计：卜建辰　　　　　　　责任校对：胡永立

金融学（第二版）
JINRONGXUE（DIERBAN）

中国财政经济出版社 出版

URL：http：//www.cfeph.cn
E－mail：cfeph@cfeph.cn

社址：北京市海淀区阜成路甲28号　邮政编码：100142
营销中心电话：010－88191522
天猫网店：中国财政经济出版社旗舰店
网址：https：//zgczjjcbs.tmall.com
三河市宏图印务有限公司印刷　各地新华书店经销
成品尺寸：185mm×260mm　16开　30印张　674 000字
2023年2月第2版　2024年7月河北第2次印刷
定价：75.00元
ISBN 978－7－5223－1916－2
（图书出现印装问题，本社负责调换，电话：010－88190548）
本社质量投诉电话：010－88190744
打击盗版举报热线：010－88191661　QQ：2242791300

第二版修编说明

《金融学（第一版）》在2019年出版时被列入财政部规划教材，2022年被立项为安徽省高等学校教学质量与教学改革工程项目的“一流教材”建设项目。为此，我们在第一版的基础上进行了幅度较大的修订。

我们在修编《金融学》时，深刻意识到当前世界正面临“百年未有之大变局”。教育现代化的本质是人的现代化，教育肩负着培养现代化人才的历史责任。以人工智能为代表的技术进步正在改变甚至颠覆着社会发展的许多领域，从这个视角看未来，“未来已来”。有教育研究者[①]提出，“人工智能时代人才的培养不仅是知识的增长，还是现代性的不断增长，现代性和预见性是人才培养的关键，他们能够适应新技术变革趋势，顺应人工智能的潮流，成为人工智能的掌控者”。一言以蔽之，受教育者现代性的不断增长，最本质的特点是“学会学习”。

基于这一认识，我们在修订此稿教材时，针对社会经济发展对高素质、应用型、复合型、创新型人才的需求，坚持课程思政指导思想，遵循高等教育教学规律和大学生学习行为和学习能力增长过程的心理特点，努力构建广博专精协调的理论知识体系，力求逻辑清晰、专业理论与基础理论衔接得当，突出理论联系实际和能力导向原则，精心融会中西方文化，广泛汲取理论研究和实践探索精华。在内容与体例安排上尽力体现我们在认识论、学习观方面的探索。特别是在将科研成果、金融业界创新发展向教学内容转化方面做出了努力，迭代更新了数字货币、区块链、互联网金融、金融科技等方面新的知识点；在坚持教材理论体系完整的前提下，我们本着恰当处理背景材料功能性与时效性的关系，努力解决理论知识系统性学习和理论创新边界认知探索，知识传承和学习能力培养统一的原则，精心设计了阅读栏目、专家视点、相关链接、背景资料等有助学生延展性、自主性、自助性学习的栏目。在继续保持第一版《金融学》原有的知识体系和体例框架结构的基础上，迭代更新达成共识的部分内容，并增加了在经济与金融实践中发生的，具有历史和专业意义的事件、场景、背景以及学界正在进行的部分思考与探索等内容，增加了具有开放性质的栏目链接。希望我们这些努力能为学

---

① 石连海，杨羽．适应与跨越：人工智能冲击下的教育现代化［J］．中国教育学刊，2022（3）．

生读者在构建金融理论知识体系基础上，在推动理论联系实际、引导跨专业联想、激励创新思维等有助于学习能力成长的方面继续做出贡献。

本教材由“基础理论”“市场与中介”“货币供给与需求”“金融运行与发展”四个部分构成。在认真、广泛地听取了教师和学生建议的基础上，与第一版相比，这一版变化最多的是：第一版的第六章与第八章合并成为本版的第六章；第十五章的内容有大幅充实性修编；第十七章（第一版的第十八章）的内容有大幅度的增删。

本教材的编写工作由潘淑娟担任主编，李侠担任副主编。具体分工为：马书琪负责第一章、第四章修编；张芮负责第二章、第九章、第十六章修编；聂伟康负责第三章、第五章修编；石承正负责第七章的全部内容和第六章部分内容修编；黄小燕负责第八章、第十章、第十一章、第十二章和第十四章修编；李侠负责第十三章、第十七章、第十八章修编；潘淑娟负责导言、第十五章和第六章部分内容修编，并负责全书的总纂。

特别感谢中国财政经济出版社为本书出版所做的大量工作，同时对本教材参考、引用的大量文献的作者表示衷心的感谢，因篇幅所限，恕不一一具名。

本书为用书学校任课老师提供了课后习题答案和电子课件，如有需要，可以电子邮件向中国财政经济出版社索取（请注明学校、全书名、版次），E-mail：caijingjiaocai@163. com，并可登录如下网址下载：http：//jiaocai. cfeph. cn。

受到认识和视野的局限，本书缺陷和不足之处在所难免，由编者承担文责。恳请读者批评指正。

编　者

2022 年 10 月

目　录

市场与机构篇

货币需求与供给篇

导　言

（一）

金融是现代经济的核心。自21世纪以来，金融行业承接20世纪创新发展动力，在计算机信息技术和数据技术进步的大力推动下，进入了快速创新发展阶段——层出不穷的金融产品创新、技术创新、市场创新、制度创新、机制创新推动着经济金融的发展，并在改变金融行业业态的条件下，深刻影响着经济资源的配置方式。社会经济的发展需要大量的具有专业理论素养、专门技术并且懂金融的具有创新思维能力的专门人才。在经济金融化、全球化的背景下，为社会输送高素质、复合型、国际化、应用型、现代化金融人才是高等财经类院校肩负的历史使命，也是金融学专业教育教学改革与发展面临的重要而紧迫的任务。作为安徽省财经类应用型高等院校"一流教材"建设项目，按照面向现代化、面向世界、面向未来的要求，以社会需求为导向，我们在创新金融人才培养体制和机制，构建金融应用性人才培养模式方面进行了深入而有益的探索，这本《金融学》就是"一流教材"建设的阶段性成果之一。

（二）

如果按照兹维·博迪和罗伯特·C. 莫顿合著的《金融学》一书中定义的"金融学是研究人们在不确定的环境中如何进行资源的跨期配置的学科"，那么"金融"就是"资源的跨期配置"。实践中货币资金是资源"跨期配置"中最重要的媒介和配置标的。长期以来国内有关"金融"的释义之一"金融就是资金融通"一说，与前述之意是一脉相通的。

金融学包括微观金融学和宏观金融学。微观金融学和宏观金融学分别从个体和整体角度研究金融运行机制和运行规律。微观金融学着重研究金融市场主体投融资决策行为及其规律。该领域的分支学科包括金融市场学、证券投资学、公司财务学、金融工程学、金融风险管理、金融资产定价等。金融中介也是微观金融学的重要组成部分，其主要研究金融中介机构的组织、管理和经营，包括对金融机构的职能和作用及其存在形态的演进趋势的分析；对金融机构的组织形式、混业与分业、金融机构的风险管理研究等，该领域主要的分支学科包括商业银行学、投资银行学、保险学、微观银行学等。

宏观金融分析从整体角度讨论金融系统的运行机制和规律，重点讨论货币供求均衡、金融与经济的关系、通货膨胀与通货紧缩、金融危机、金融体系与金融制度、货币政策与金融宏观调控、国际金融体系等问题。主要的分支学科有：中央银行学、货币政策理论、金融监管学、国际金融学等。

从发展角度看，金融学与金融实践一样一直是处于开放的、动态发展的、创新的过程中。传统的金融学形成于20世纪初，主要研究货币、信用、银行三个方面的内容，侧重于货币流通规律、资金融通的一般性研究。随着金融实践的发展，金融学科内涵日渐丰富。20世纪30年代的经济大萧条及凯恩斯主义的兴起，使货币政策、金融调控、金融监管等宏观经济学内容纳入了金融学研究的范畴，弗里德曼、卢卡斯等又对这一理论进行了进一步的发展与深化。划时代的布雷顿森林体系解体使金融行业的发展进入了新的历史阶段。20世纪80年代以来兴起了金融全球化、金融自由化和金融创新浪潮。金融全球化使国际金融市场联为一体；金融创新使金融期货、期权等衍生金融工具大量涌现；金融自由化、金融创新、银行表外业务等的发展，对传统的银行业务以及金融分业经营的模式提出了新的挑战；经济全球化带动国际投融资活动迅速发展，由国际游资带来的国际金融风险及金融监管问题日益突出。在宏观层次上，由于金融效率提高与金融脆弱化并存，使金融政策的国际协调与合作也显得越来越重要。当下，金融工具甚至成为国际地缘政治的工具。金融实践的丰富变化极大地推动了金融学专业学科体系的发展变革。这种变化不仅促使金融教学内容不断更新，更促进了金融行业自身技术的发展。金融工程的出现标志着微观金融学向工程化发展，并推动着金融学与计算机信息技术及数据技术的结合。金融工程为金融创新提供理论和技术支持，它以产品创造的形式支持投资和融资决策，更加直接地面向市场的需求。另外，金融科技的飞速发展对货币政策和金融监管也提出了新的挑战。对上述问题的研究构成了现代金融学的重要内容。所以，从这个角度来说，是金融实践的不断发展大大丰富了金融学的内涵，推动着金融理论和金融人才专业教育学科体系建设的向前发展。

如果有一门课程作为金融学专业学生的入门课程，这门课程内容知识面应该覆盖整个金融学科的主要方面，涵盖微观金融和宏观金融在内的完整的金融体系运行基础、运行结构、运行机制、运动规律，为学生提供一个有关金融资源配置的整体分析框架。作为基础性课程不能脱离微观讨论金融系统整体的行为，否则宏观金融问题的讨论与宏观经济学讨论的金融问题难以区分，且难以深入；若只研究金融主体个体的行为，而不研究金融系统整体的行为，会使学生“只见树木，不见森林”。整体行为是个体行为的集合，但并不是简单的相加；而个体行为是以整体行为为前提和基础的，二者紧密相关。

因此，我们在设置《金融学》教材内容体系时，坚持覆盖整个金融学科的主要方面，我们认为这样的内容体系既可以作为金融学专业学生的入门性基础课程，也可以满足财经类非金融专业的学生框架性地了解有关金融资源配置的运行机制的需要。

（三）

我国的金融学教材课程内容体系的发展变化，与两个方面的发展实践相联系：一是改革开放的发展实践对高等金融教育提出的要求；二是金融全球化对金融业及高等金融教育的巨大影响。

我国的金融学科主导性专业在“文革”前是银行专业。在计划经济时期没有真正意义上的银行，被称为“银行”的中国人民银行其职能主要是充当国家计划分配信贷资金的工具。与此相适应，理论上只有社会主义的财政与信贷理论（或称财政与金融理论），没有真正的金融学理论。1954 年召开的全国财经教育会议将财经专业的培养目标定位于：“财经学院主要是为国家培养掌握国家经济命脉的企业和部门的财经管理人才；综合大学政治经济学专业主要是培养经济理论干部和科学研究人才以及高等学校师资。”国内著名大学出版的与货币信用有关的教材，如 1957 年中国人民大学出版社出版的《资本主义国家的货币流通与信用》、1959 年中国人民大学出版社出版的《货币信用学（上）》，其内容与现代银行体系下金融资源配置运行机制的相关性很小。《货币信用学（上）》编者的话这样介绍该书的内容：“……我们阐述了以下四方面的内容：(1) 马克思列宁主义经典作家关于货币信用基本原理的论述；(2) 社会主义货币与社会主义信用的理论；(3) 我国货币信用体系的发展以及在社会主义改造与社会主义建设中对货币信用的运用；(4) 我国现行的信贷与货币流通的组织与计划制度。关于社会主义货币与社会主义信用的理论，应该论证就社会主义阵营各国情况综合概括出来的一般规律。”

1978 年在全国高等院校恢复招生后相应的专业是财政金融专业。为适应建立社会主义商品经济的要求，尽管中国人民银行独立为中央银行，几家专业银行从中国人民银行分离单设，但由中国人民银行教材编写委员会组织编写的《货币银行学概论》，内容仍主要在政治经济学框架下展开。其内容重点阐述社会主义货币、银行、信用的必要性和作用，具体包括货币本质与职能、信用的本质与作用、银行的性质和作用等，较少涉及金融资源跨期配置运行机制和规律问题。而此时由黄达教授领衔撰写的著名的教材《社会主义财政金融问题》的内容仍主要是探索社会主义的财政与信贷资金的运动规律。

稍后，教育部在 1987 年、1993 年、1997 年三次调整高校金融专业目录。在 1987 年调整中，财政金融专业被分设为财政专业和金融专业；在 1993 年的调整中，金融专业被分设为货币银行学专业、保险学和国际金融学三个专业；1997 年的调整再次将三个专业合并为金融学专业（含保险学）。相应的作为金融专业基础课程其名称和内容也经历了几次大的变化。20 世纪 80 年代中期，理论界开始引进西方的货币银行理论并将其与计划经济理论相结合，试图建立社会主义的货币银行学理论体系。其中的代表作是 1985 年赵海宽教授的《货币银行概论》。20 世纪 80 年代后半期，理论界进一步将货币银行学分为资本主义和社会主义两部分（教材有时分为两本）。资本主义部分主要介绍西方货币银行理论；社会主义部分主要讨论在中国的货币、信用与银行问题。20 世纪 90 年代，理论界尝试将马克思主义经济学与西方经济学相结合，把资本主义货币银行学与社会主义货币银行学合二为一，建立统一的货币银行学。包括由国家教委组织、黄达教授主编的《货币银行学》（1992 年）；中国人民银行教育司组织南北方两个版本的《货币银行学》教材，北方由周升业教授、曾康霖教授主编（1993 年），南方由周骏教授、王学青教授主编（1996 年）。总体上看是在西方经济学的理论框架及分析方法基础上构建货币银行学的内容体系，解析改革中的中国金融体系和金融运行机制的。20 世纪 90 年代末期以来，各类新编货币银行学类[①]教材内容体系的发展更为显著，出现的突出变化是在广义“金融学”的界定上，进一步扩展教材的内容体系，扩大的内容主要与微观金融学有关的内容，教材名称亦出现明显变化，有《现代货币银行学》《货币金融学》《金融学》。改为金融学的教材在微观金融内容方面的拓展非常突出，其内容有较大幅度的增加，同时有关金融市场的阐述过于详细。而这背后是在全国开展的历时近十年并仍在继续的有关中国金融学学科定位、中国金融学科是否需要与国际对接以及如何对接的大讨论。

（四）

目前学界对作为金融学专业入门课程定位存在三种不同看法：一是以宏观金融运行机制为基础构建课程内容体系；二是要加入反映金融学的最新研究成果的宏观金融分析的微观基础；三是从功能观入手强调加大对微观金融决策及运行机制的内容。与三大问题相关的是课程名称问题：是称为“货币银行学”还是“货币金融学”，或者直接称为“金融学”。

作为金融学专业入门课程在内容设置方面存在的问题主要有：一是如何处理好与宏观经济学金融部分内容的关系；二是如何解决金融学专业入门课程内容设置与金融市场、投资学、商业银行业务与经营等其他金融课程的内容重复与交叉问题。

我们认为入门课程内容体系的设置与专业课程体系设置及专业学科的办学定位息息相关。而专业学科的办学总体定位应该按照“三个面向”的要求，以社会需求为导向。在一个发达的现代经济体中，金融体系涵盖了由银行、证券、保险这三个主要金融行业和其他各类金融机构以及资本市场、货币市场、外汇市场、金融衍生品市场等各类金融市场，具有合理结构和完善的功能，提供丰富的金融产品和多元化的金融服务以满足经济发展和民众不断增长的需求，具备足够的市场广度和深度以应对来自各方面的冲击，能够高效率地实现资源的有效配置以支撑实体经济的快速发展，同时又能够实现安全稳健地运行、有效化解各种风险。金融体系的发展需要大量的学科基础扎实、专业理论知识全面，有较强的学习能力和动手能力的应用型人才。尽管金融实践的发展使金融学科的发展枝繁叶茂，但无论从银行，还是从证券、保险、信托等其他金融机构对人才的需求类型看，社会需要的应用型金融人才知识结构和能力特征却出现明显的趋同特征，许多金融机构提出需要理财规划、风险管理、投资项目评估、市场营销四大类专业人才。即要求人才具备以下几个方面的理论、知识和能力：关于企业和个人的财务活动及其管理、关于以金融市场运行为中心的资产成本/收益/风险管理及其投资组合、关于资本市场的运作中的定价等，不确定条件下资源跨时间配置等方面理论、知识和能力。

所谓“应用型金融人才”，在一般意义上是指能将金融学科的一般理论和最新研究成果运用到实际金融产业领域的专门人才。由于金融产业是一个具有知识密集、风险聚集并

① 之所以称为“货币银行类”教材，是因为在许多新出版的教材中，其内容大多是在20世纪90年代货币银行学的基础上进行的拓展。

将有较高的正、负外部性等特征的服务性行业，所以金融应用型人才不是“单纯的技术人才”。根据金融应用型人才的层次特征，可将金融应用型人才划分为操作、应用技术型人才；服务、咨询、管理型人才；开发、研究创新型人才。不管处于哪一个层次，由于金融人才是一种复合型人才，从而无论哪一个层次的金融人才都必须具备坚实的金融基础理论，同时应具有分析研究问题的能力。因此，应用型金融人才对现实的经济金融发展状况要有较强的把握能力，具备不断学习的能力，并具有能将各种新的知识性的成果运用到实际金融实践过程的技术能力。此外，高层次的应用型金融人才的知识结构特点应是知识面比较宽，具有跨学科性和创新思维等现代化人才的特征。

综上所述，建立在为社会培养“高素质、综合型、应用型、创新型现代化专门技术人才”办学定位基础上，我们把作为金融学专业入门课程设定为《金融学》，其课程内容体系设置从金融功能角度出发，以“金融资源配置运行机制为逻辑主线和分析架构”，紧密联系微观金融功能，展开宏观金融运行机制的分析阐述。为学生进一步学习与企业和个人的财务活动及管理、与和金融市场运行有关的金融产品成本、收益、风险管理及投资组合、与以资本市场的运作有关的资本资产定价等不确定条件下资源的跨时间配置等专业理论知识打好基础。

本教材内容分为四部分：第一部分为金融学的基础部分。其内容为学习分析金融资源配置运行机制所必需的与资金融通有关的货币、货币制度、信用基础形式、资金价格等基础性知识和工具性理论，内容包括“货币”“信用”“利息与利率”“外汇与汇率”。第二部分是关于金融市场市场与金融机构的理论知识。这里我们将金融市场体系和金融机构体系作为融资方式和融资中介进行阐述。通过“金融市场”“金融中介机构体系”“商业银行”“中央银行”等章节，分析、介绍金融资源配置的微观功能基础。第三部分以金融宏观调控机制理论为基本内容。在这里我们从宏观角度讨论金融资源配置的运行机制，内容包括“货币供给”“货币需求”“通货膨胀”“通货紧缩”“货币均衡”。这部分将联系微观金融基础，讨论以货币与银行体系为中心的宏观金融运行机制和规律。这部分内容是要将在宏观经济学中被当作“黑箱”的货币市场“打开”，讨论宏观视角中的微观行为。第四部分内容是关于金融体系运行与金融发展理论知识。内容包括“货币政策”“金融风险”“金融监管”“金融创新”“金融发展”。这里我们从金融体系运行中的宏观调控和监管视角讨论金融健康运行的支持体系以及金融创新与宏微观金融体系运行的关系，并试图联系发展中国家的货币、银行、金融体系运行、发展中的若干重大问题，讨论金融发展中的外部冲击及其对金融资源配置运行机制的影响。

（五）

为满足社会经济发展对高素质、复合型、应用型、创新型、现代化人才的需求，遵循高等教育教学规律、学习能力成长和学习行为心理特点，我们在教材的编写指导思想、编写模式及教材体例上，进行了创新性的尝试。

在坚持以课程政治为指导思想，坚持理论与实际紧密结合，内容实用新颖、可读性强、延展性突出的基本原则，明确教材专业理论知识的涵盖幅度、深度和教学内容层次，在知识的前瞻性、理论性、应用性、综合性、引导性上多下功夫。

在教材编写模式上，融中外教材编写模式的精华，努力打造能被广泛接受的、有中国特色的一流教材。创新突破以往教材编写单纯追求阐述理论的系统、完整深刻，改变过去重理论、轻实用的做法。在对理论知识系统阐述的同时，尽量提供场景化的案例、专家的新观点、有深度的新闻报道、有重大影响的事件等，对基本原理和知识点进行深入浅出的诠释。

在内容安排上，加大案例教学的内容。将概念、原则、特点等理论阐述与案例分析相结合，避免理论性知识枯燥、难解；将金融业务操作过程重点、难点的抽象分析与实践相结合，使学生在学习中训练创新思维方法；在案例的选用和练习的安排上紧密结合我国的金融发展实际，通过穿插各种形式的小模块，如“相关链接”“阅读专栏”“重点提示”“专家视点”“想一想”“研究性阅读”等栏目，栏目既具有开放性，又突出教学的重点和难点，以帮助学生加深对所学知识的理解，引导学生发展延伸学习习惯，争取达到老师好教、学生好学的目的。

总之，这本《金融学》是我们教学团队多年教学科研、教学活动的产物。

全书由潘淑娟任主编，李侠任副主编，具体参加修订撰稿的有（按姓氏笔画排序）马书琪、石承正、李侠、张芮、聂伟康、黄小燕、潘淑娟。

基础篇

第一章　货　币

凯恩斯曾指出："货币之最主要的属性，即在巧妙地联系现在与未来。"货币产生后，就具有与一切商品相交换的能力，在实践中货币成为资源"跨期配置"的最重要的媒介。本章从货币的起源入手，考查货币的本质、职能、货币制度，为使学生进一步理解现代金融经济条件下的货币银行机制奠定基础。

第一节　货币的本质

一、从货币的起源看货币的本质

关于货币的起源问题，历史上许多学者都做过一些探索。对这个问题从揭示货币本质的角度首次进行全面、科学阐述的是马克思。马克思在《资本论》里经过科学缜密地论证分析后得出结论：货币是商品交换发展的必然产物。这一结论既揭开了"货币起源之谜"，又深刻阐述了货币的本质。

（一）货币的根源在于商品本身

马克思是从商品和商品交换入手分析货币起源的。商品是生产力水平有了一定发展以后，出现了社会分工和私有制的产物，在经济学上把商品定义为；为交换而生产的劳动产品。

商品具有两重性，即使用价值和价值。这两者之间是对立的关系，要获取其价值，就必须放弃其使用价值，解决问题的唯一办法就是通过交换，把一种商品的价值通过另一种商品表现出来。这个通过交换表现商品价值的过程也称为"价值形式"。

（二）价值形式的发展和货币的产生

随着商品交换的发展，价值形式相应地从低级向高级发展，即经历了简单的价值形式、扩大的价值形式、一般价值形式和货币价值形式四个阶段。货币则是价值形式发展的最后结果。

1. 简单的或偶然的价值形式

所谓简单的或偶然的价值形式，就是一种商品的价值偶尔地通过另一种商品表现出来。它是与偶尔的商品交换相适应的。

在原始社会末期，生产力水平有了一定的发展，各部落相继出现了一些剩余产品，他们之间要进行交换。但是此时各个部落的剩余产品数量不多，品种也很少，所以交换的进行和比例的确定都带有很大的偶然性。由于这种偶然性，商品价值的表现是不完善、不成熟的。

2. 扩大的价值形式

随着社会分工和私有制的出现，交换日益发展成为经常的现象。这时，一种商品不再是非常偶然地和另外一种商品发生交换关系，而是经常地与其他许多种商品发生交换关系。因此，一种商品的价值可以通过许多种商品表现出来，从而价值形式也由简单的偶然的价值形式过渡到了扩大的价值形式。所谓扩大的价值形式，就是一种商品的价值通过许多种商品表现出来。在扩大的价值形式中，各种商品的交换比例关系和它们所包含的社会必要劳动时间的比例关系更加接近，商品价值表现也比简单价值形式中的价值表现更加完整、充分。

然而，我们也可以看出扩大价值形式的不足。首先，价值表现不完整、不统一，在交换关系中每增加一种商品，就会增加一种商品价值的等价物，这样，作为等价物的商品的链条会无限延伸。其次，反映在等价形式上没有一个统一的等价物，即作为等价物的每一种商品都可以表现处于相对价值形态的商品的价值。

3. 一般价值形式

所谓一般价值形式，就是所有商品的价值都通过一种商品表现出来，这种商品即是一般等价物。一般等价物具有完全的排他性，它拒绝与其他任何商品并列。它拥有特殊的地位，任何商品只要与它交换成功，该商品的使用价值就转化成价值；具体劳动转化为抽象劳动；私人劳动也得到社会的承认，成为社会劳动的一部分。

一般价值形式为货币形式的出现准备了条件。但是，此时充当一般等价物的商品尚未固定，在不同的地区和不同的时间，一般等价物都有所不同。

4. 货币价值形式

随着商品经济的发展，从众多一般等价物中逐渐分离出一种经常起着一般等价物作用的特殊商品，这种商品便是货币。

这种专司货币职能的商品，是从一般形式转化为货币形式，与一般价值形态相比并没有发生本质的变化，唯一进步在于作为一般等价物相对固定下来。不过，也正是这种一般等价物的出现，一方面更好地解决了物物交换的困难，促进了商品经济的进一步发展。另一方面，它使生产者的剩余（即储蓄）第一次脱离实物形态，可以以货币方式保有，从而为后来资源跨期配置提供了可能。

二、货币的本质特征

在历史上，有许多经济学家对货币的本质进行了探索。但真正对货币本质进行揭示的当推马克思，他在前人研究的基础上得出了货币是固定充当一般等价物且体现一定生产关系的特殊商品的结论。一般地，可将货币的特征归纳为以下几个方面：

（一）货币是固定地充当一般等价物的特殊商品

货币首先是商品，它同其他商品一样，都具有使用价值和价值。否则，就不能同其他商品相交换，也不可能在交换的发展过程中分离出来成为货币。

但是，货币不是普通商品，而是固定地充当一般等价物的特殊商品。

货币作为一般等价物，具有两个特征：一是货币成为其他一切商品价值的表现材料。普通商品价值必须在交换中由另一商品来体现。货币是以价值的体现物出现的，在商品交换中直接体现商品的价值。二是它具有与其他一切商品直接相交换的能力。货币是人们普遍接受的一种商品，是财富的代表，它能够去换取各种实用价值。因此，货币也就具有了直接同一切商品相交换的能力。

（二）货币是自发核算社会劳动的工具

由于货币是一般等价物，是价值的象征，其他商品都要通过与货币的交换来实现其价值，所以货币就成为自发地核算商品生产者社会劳动的工具。

不仅如此，货币还可以证明某种商品生产者的私人劳动有多少为社会所需要，商品生产者生产商品的个人劳动耗费是多于还是少于社会必要劳动耗费。如果商品出售能获得较多的货币，就说明该项生产劳动不仅是整个社会劳动的有机构成部分，而且不足以满足社会的需要，个人的劳动耗费少于社会必要劳动耗费，反之亦然。因此，人们把货币说成是一种“选票”，生产者正是根据消费者在市场上的货币“投票”情况来组织生产的。

（三）货币体现着社会生产与交换关系

货币作为一般等价物尽管可以采取不同的形式，但是这些不同的形式之中却存在着一种共同的东西，那就是货币总是体现着一定的生产关系和交换关系。

当社会中出现剩余产品时，人们通过交换获得了自己想要的商品或劳务，交换提高了社会福利，货币的出现大大缩短了商品和劳务交易的时间，进而提高了整个社会的经济效率。于是在当今几乎所有的市场交易中，货币都充当着交易媒介，货币体现着社会生产与交换关系。

（四）货币是实现资源跨期配置的媒介

货币作为一般等价物，拥有与其他任何商品交换的能力，因此，居民部门可以通过保有货币“节制欲望”或储存财富，实现“平滑消费”；或通过并让渡货币的使用权，获取投资收益。而企业或生产部门通过货币实现资源跨期配置，扩大生产规模，追逐更高的利润。货币通过市场这只“看不见的手”，引导生产要素的流动，扩大着社会福利水平。

三、货币形态

自货币产生以来的几千年中，货币的形态经历着由低级向高级的不断演变。不同的民族、不同的国家，在各个不同的历史阶段，出现过种种不同的货币。大体说来，历史上货币形态可分为实物货币、金属货币、纸币、信用货币四种。

（一）实物货币

人类历史上最古老的货币是实物货币，就是以自然物品和商品充当货币。多数实物货币不易分割、不易保存、不便携带，因而不利于行使货币职能。所以，随着历史的推移，货币逐渐固定在金属上。

☞ **小链接**

战俘营里的货币

第二次世界大战期间，在纳粹的战俘集中营中流通着一种特殊的商品货币：香烟。当时的红十字会设法向战俘提供了各种人道主义物品，如食物、衣服、香烟等。由于数量有限，这些物品只能根据某种平均主义的原则在战俘之间进行分配，而无法顾及每个战俘的特定偏好。但是人与人之间的偏好显然是会有所不同的，有人喜欢巧克力，有人喜欢奶酪，还有人则可能更想得到一包香烟。因此这种分配显然是缺乏效率的，战俘们有进行交换的需要。

但是即便在战俘营这样一个狭小的范围内，物物交换也显得非常地不方便，因为它要求交易双方恰巧都想要对方的东西，也就是所谓的需求的双重巧合。为了使交换能够更加顺利地进行，需要有一种充当交易媒介的商品，即货币。那么，在战俘营中，究竟哪一种物品适合做交易媒介呢？许多战俘营都不约而同地选择香烟来扮演这一角色。战俘们用香烟来进行计价和交易，如一根香肠值10根香烟，一件衬衣值80根香烟，替别人洗一件衣服则可以换得两根香烟。有了这样一种记账单位和交易媒介之后，战俘之间的交换就方便多了。

香烟之所以会成为战俘营中流行的“货币”，是和它自身的特点分不开的。它容易标准化，而且具有可分性，同时也不易变质。这些正是和作为“货币”的要求相一致的。当然，并不是所有的战俘都吸烟，但是，只要香烟成了一种通用的交易媒介，用它可以换到自己想要的东西，自己吸不吸烟又有什么关系呢？我们现在愿意接受别人付给我们的钞票，也并不是因为我们对这些钞票本身有什么偏好，而仅仅是因为我们相信，当我们用它来买东西时，别人也愿意接受。

资料来源：Mankiw，N. Gregory，1993，Macroeconomics，p. 143，Worth Publishers.

（二）金属货币

实物货币的弊端暴露以后，经济对新币材质提出了要求，要求新币材质能克服实物货币的不足。市场的选择要求充当货币的商品材质要具有体积小、价值大、易于分割、便于保存与携带等特征。随着交换的发展，人们发现金属的自然属性正好符合上述要求，因此金属作为币材的金属货币便应运而生。这正印证了马克思的名言“金银天然不是货币，但货币天然是金银”。

最初起货币作用的金属主要是铜、铁等贱金属。但白银、黄金出现以后，它们便以自身优良的自然属性取代了铜、铁等贱金属成为币材。

从形态上看，金属货币最初是以块状流通的。随着商品生产和交换的发展，有些富裕的、有名望的商人在货币金属块上打上印记，标明重量和成色，以便于流通。当商品交换进一步发展并突破地方市场的范围后，对于金属块的重量、成色要求更具有权威的证明。最具有权威的自然就是国家。这种由国家的印记证明其重量和成色的金属块，被称为铸币。

金属作为币材与实物货币相比虽有优良属性，但是磨损及自然腐蚀仍然存在。不过，有人发现磨损后的不足值货币仍然能按其自身价值流通，原因是人们持有金属货币时并不真正关心其自身价值大小，真正关心的是其是否能按照它标明的价值进行交换。但这个现象被统治阶级认识以后，就立即利用这一交易规则，依靠其特权，开始为弥补财政赤字，有意识地铸造重量、成色不足的铸币强制流通。从历史的逻辑看，统治者的这一行为经济社会纸币和信用货币的流通提供了模版。

（三）纸币

纸币有广义和狭义之分。广义的纸币泛指纸质货币。狭义的纸币，又叫代用货币，它是指代表金属货币进行流通的货币，是国家发行和强制流通的货币符号。我们这里研究的是狭义的纸币。

最初纸币是依靠政治的强权代表货币发挥流通手段的职能，纸币上所标明的单位名称都是流通中金属货币的名称，而这种名称则代表着一定的货币金属的重量，最初的制度安排是纸币可以按照面值兑成等值金属货币。在货币制度演进中纸币逐渐代替了金属货币。在这一过程中，国家为了弥补财政赤字开始发行不能兑成金属的纸币是最关键的环节。

纸币的性质决定了它的发行可能引起通货膨胀和货币流通的不稳定。因此，现在各国纸币的发行都已纳入基础货币供给渠道，并形成较完备的货币供给量调控体制[①]。

（四）信用货币

随着商品经济的发展，可兑现的纸币逐渐被信用货币取代。信用货币是在信用关系下产生的能够发挥货币职能的信用凭证，以及可以发挥支付手段职能的各种支付工具等。其中，银行支付工具和商业信用票据是信用货币主体。早期的商业票据、纸币、银行券都是信用货币。信用货币最初可以兑现为金属货币，逐渐过渡到部分兑现和不能兑现。到了20世纪30年代，世界各国纷纷放弃金属货币制度，不兑现的信用货币制度遂独占了货币历史舞台。

货币流通手段的职能是信用货币产生的起点，信用货币广泛使用是以下原因共同作用的结果：

第一，随着社会经济发展和商品交换规模不断扩大，商品生产的增长速度是惊人的，而金属的增长是十分有限的，因此金属要想以自己的价值与整个社会不断增长的商品价值进行对等的交换是困难的，需要有新的媒介物来代替金属货币发挥流通手段作用，于是信用货币便产生了。

第二，随着商品交易规模的扩大，人们通过货物与服务的赊购赊销形成债权债务关系的同时，派生出了债权债务关系凭证，这种凭证是债权人向债务人索回款项的依据。实际中，这些凭证又可以转让、流通，实现其购买力，发挥货币流通手段的作用，这就是商业信用货币。未到期的商业票据，如果在流通中受阻，持有人可以到银行请求贴现，银行兑付金属货币。若银行金属货币不足，也可以开出能够随时兑现的票据代替，这就是银行券。银行券的特点是：没有固定的支付日期，发行的银行保证随时可按面额兑换金属货币[②]。银行券比商业信用货币更具有广泛的流通性、社会的权威性，银行券的加入推动了商业信用票据的使用范围。马克思曾把银行券（银行信用货币）称为真正的信用货币。

第三，现代银行的一项重要业务是给工商业者开立用于转账结算的存款账户，存款账户的转账结算功能进一步扩大了信用货币的使用场景。存户可依据存款向银行签发支票或其他支付命令指示将其存款支付给收款人。对于工商业者和机关团体，它们的货币收付通过转账结算完成大大降低了成本，提高了效率，这使得银行支票大行其道，成为最受欢迎的支付工具之一（信用货币）。而可以签发支票的银行存款，也有了新的称谓——“存款货币”。

事实上，定期存款和储蓄存款也是信用货币，只不过是不能签发支票直接使用，与贮存起来不流通的铸币和纸币有类似之处。

---

① 相关内容将在货币供给章节展开。

② 在第一次世界大战前，只在战时或经济振荡时，一些国家才会停止银行券兑现并以国家法令支持其流通。在第一次世界大战期间，世界各国的银行券普遍停止兑现。在第一次世界大战后，有的国家曾一度实行可兑换为金块或可兑换为外汇的制度。20世纪20年代末30年代初，世界主要国家的银行券完全不兑现。

（五）电子货币

电子货币（Electronic Money），是指通过电子计算机自动转账系统，包括通过媒介（二维码或硬件设备）进行货币收付的支付工具。这一支付工具是用一定金额的现金或存款从发行者处等额兑换获得的，或者通过银行及第三方推出的快捷支付服务获得的。这种支付工具与传统的银行支付工具相比，出现了新的特征：第一，具有替代现金和支票同城适时支付；第二，超越现金和支票异地适时支付；第三，多次使用，可变金额，具有贮藏功能（如借记卡）和融资功能（如贷记卡）。目前，电子货币逐步成为人们日益广泛运用的支付工具。同时，由于计算机网络迅速覆盖全世界，网络银行出现了，传统银行以电子计算机自动转账系统，提供储值、快捷支付和转账等服务，大大提高了金融体系运行效率。

（六）数字货币

广义的数字货币（Digital Currency）是各类电子形式和数字化的替代货币，并受到不同程度的监管，主要包括虚拟货币、私人数字货币、电子货币以及法定央行数字货币四大类。狭义的数字货币包括私人数字货币和法定央行数字货币。这里讨论其狭义数字货币。

1. 私人数字货币

私人数字货币表现为一种由私人发行、基于节点网络和数字加密算法的虚拟货币。数字货币最初是以私人数字货币的形式出现，起源于2008年中本聪发明的比特币，拥有去中心化、匿名化等特点。在此之后，全球私人数字货币市场规模呈现指数级别的增长。截至2022年6月，全球共有10 020项私人数字货币项目。

（1）私人数字货币分类。根据赋值方式的不同，私人数字货币可以分为两类：一是基于区块链的原生代币，指依赖于区块链系统并在该系统内产生和使用的数字货币，又称加密数字货币；二是在区块链上发行运营，但以链外资产支持的数字货币，又称稳定币。

①加密数字货币。加密数字货币具有去中心化、匿名化的特点，并无国家主权信用背书，内在价值为零，波动幅度较大。它们的价值仅来自公众认为它们能跨时间换取其他商品、服务或一定数量的主权货币，即价值共识。价值共识主要来源于两个方面：第一，加密数字货币挖矿的速度和成本。数字货币的供应方式是通过区块形成奖励投放，需要消耗能源和时间，合理的区块奖励机制能确保加密数字货币供应量平稳。第二，暗网与加密货币在加密性和隐蔽性上天然契合，暗网交易中往往使用加密货币作为支付手段，对加密货币存在需求。一旦人们失去价值共识，加密数字货币构建的贸易体系将瞬间崩塌，这点类似于银行的挤兑。

②稳定币。稳定币以一系列法定货币计价的资产为储备资产，币值相对于加密货币更为稳定。一方面，稳定币可以发挥分布式账本拥有的即时交易、可编程、开放和匿名等特点；另一方面，稳定币挂钩链外价值，提供“混合驻锚”的实践载体，缓解主权货币作为国际货币存在的“特里芬两难”。然而，由于稳定币的发行方为非官方机构且不受国界限

制，在无全球统一监管框架的限制下，未能有公信力确保储备资产的安全，未能明确储备资产管理的透明度，未能明确发行者和持币者的权责，这些都将导致稳定币的价值不稳定。例如，2019 年 4 月，纽约总检察长办公室起诉 Tether 公司挪用稳定币 USDT 储备金弥补 8.5 亿美元亏损，造成 USDT 币值大跌。

（2）全球私人数字货币的主要特征。一是去中心化带来的成本降低和效率提高。私人加密数字货币采用去中心化的点对点交易模式，不依赖于金融中介机构，可以减少交易费用、提升效率。传统货币电子交易依赖银行等中介机构，通过央行提供的支付系统实现汇兑收支。国际金融交易中，全球金融电信协会提供 Swift 系统，通过硬件、软件和人员组成的高度冗余烦琐的机制确保国际资金流转的安全性，但支付效率低。私人数字货币以区块链形式运行记账，通过公私钥匙进行交易签名验证，消除对中介的需求，减少交易费用，交易更加高效。

二是共识算法带来的可靠性。私人数字货币通过各种共识算法、机制（如工作量证明或权益证明）消除对可信中介的需求，依靠预定的算法规则、完整可靠的数据库完成了信用背书，确保不存在“双花”等问题。这种自证其信的信用范式，极大地降低了信任成本。但在现实中，由于使用场景的缺失，可能导致资产安全和公平仍存在问题。由于其通过工作量证明（POW）或股权证明（POS）等共识机制维护节点，POW 机制导致需要大量算力进行节点确认，货币吞吐量有限，不能满足零售货币高频交易需求，而 POS 机制则要求拥有一定数字资产才可参与记账，存在公平性问题。

三是加密算法带来的安全性。区块链通过非对称加密技术实现了透明数据后的匿名性，可保护个人隐私。区块链所采用的非对称加密机制，是使用一个“密钥对”，其中公钥和私钥成对出现，发送方使用公钥进行加密，接收方通过配对的私钥解密和签名，双方无须公开身份来获取对方的信任。公钥无法推算出私钥，后者既代表交易方的身份，也代表其账户里面的资产所有权，由此形成了密码保护与确权机制。然而，由于在现实中加密数字货币去中心化发行，比特币系统通过私钥识别个人身份，私钥只有账户所有者知道，所有者需要输入该代码才能将所有权转移给另一方。私钥的丢失或被破解即意味着加密数字货币的丢失，资产安全性亦将不复存在。

☞ **小链接**

比特币与区块链

比特币是一种基于开源算法产生、依托 P2P 网络交易、结合点对点技术和密码学技术的匿名数字货币，与一般货币相同，其具有流通手段、支付手段等职能，可以用于商品或服务的交换，其特点是去中心化，不依靠特定机构发行，拥有数量不限的分布式节点。

传统的信用货币发行依靠国家信用，居民和企业使用信用货币时发生转账结算则依托于银行系统完成记账，因此是中心化的。而去中心化是指每一个参与者都是平等的关系，不存在类似银行的一个中心服务器。当发生比特币交易时，每一笔交易都会被记录在数据

库中，这个数据库就是区块链。所谓区块链，就是一个又一个区块组成的链条。每一个区块中保存了一定数量的信息，它们按照各自产生的时间顺序连接成链条。这个链条被完整复制保存在所有的服务器中，只要整个系统中有一台服务器可以工作，整条区块链就是安全的，这些服务器在区块链系统中被称为节点。当某处发生比特币交易时，该条交易会广播给所有人，验证无误后被记录在某个区块链中，并同步广播到其他所有的节点。当所有节点都获取到该条交易，这笔交易就算完成了。

在比特币的交易中，交易被记录是完成交易的必要条件，验证、记录交易信息到区块中的行为被称为打包，既然每一个交易者的地位都是平等的，那么由谁来打包呢？中本聪设计了一套手续费加奖励的规则，手续费即交易的过手费用，而奖励为 1 个区块 50 个比特币，每 4 年减半。为了获得这样的奖励，大家共同按照规则来进行竞争，谁竞争成功了谁就有数据的打包权也就是记账权。竞争的方式，是执行 SHA256 计算，最先计算出符合条件结果的人即争取到打包权，这个过程很消耗算力，因此这个过程被形象地称为挖矿。

所以，当你发起一笔比特币转账后，你需要将交易广播至全网，挖矿节点接到这笔交易后，先将其放入本地内存池进行一些基本验证，如该笔交易花费的比特币是否是未被花费的交易。如果验证成功，则将其放入“未确认交易池”等待被打包，如果验证失败则该交易会被标记为“无效交易”而不会被打包。也就是说，挖矿节点在比拼算力的同时还需要及时验证每笔交易，更新自己的“未确认交易池”，节点抢到记账权后，将从“未确认交易池”中，抽取约近千笔的“未确认交易”进行打包，有时候我们的交易不能被及时打包，是因为“未确认交易池”中的交易笔数太多，而每个区块能记录的交易笔数有限，这时候就会造成区块拥堵。如果我们的交易迟迟没有被打包，那就证明“未确认交易池”中的交易数量过多，就像是超市人多的时候排队结账一样，需要等前面的人都结算完了，才能够轮到自己。这主要是因为每个区块可以记录的交易数量是有限的，这就好比是超市中有多个收银通道，虽然可以多人同时结账付款，但依然无法做到所有人同时结账。

比特币的所有交易记录都是公开且匿名的，那么如何保证记录的真实可靠呢？利用比特币的公钥、私钥的非对称加密等性质，可以规避虚假信息，而比特币交易中的最长链原则、回溯交易记录等方式，可以规避双重交易等问题。

然而，区块链并未带来乌托邦，反而促成了人们似曾相识的经济地狱。例如，一小撮公司控制着 2/3—3/4 的加密货币挖矿活动。所有这些公司都会定期抬高交易成本，以便进一步提高利润率。加密货币交易领域出现了类似的情况，99% 的交易都是在集中式交易所进行的，而这些交易所经常遭到黑客攻击。此外，与真实的货币不同，你的加密货币一旦遭到黑客窃取，就会永远消失。不仅如此，加密货币技术的集中化已使所谓的“代码即法律”的说法（即支撑区块链应用的软件被认为是永恒的）成为谎言。实际情况是，开发人员拥有绝对的权力，他们同时充当裁判和陪审团。最后，加密货币世界的财富比现实世界更加集中。当基尼系数为 1 的时候，意味着一个人控制着一个国家的全部收入或者财富。美国的基尼系数是 0.41，而比特币的基尼系数高达 0.88。显而易见，所谓“去中心化”的说法是控制这一虚拟产业的虚拟亿万富翁们四处宣扬的神话。如今，被骗进加密货币市场的散户投资者已经输得一干二净，只剩下一些坐拥巨额虚假财富的“万灵药”推销员。假如这些推销员试图将自己的“资产”折换成现金，这些财富就会瞬间消失。

资料来源：参考消息网，2018－10－18.

2. 法定央行数字货币

央行数字货币（CBDC）是央行发行的新形式货币，区别于实物现金及央行储备资金或清算账户的资金。

当前，各国央行正在积极开展法定数字货币的研究及发行工作，国际清算银行 2022 年 5 月发布的最新一轮央行数字货币调查显示，在参与调查的 81 家中央银行中，有 90% 的央行正在进行数字货币的相关研究，有 62% 的央行正在进行相关实验或概念验证。

（1）数字人民币。2014—2016 年，人民银行成立法定数字货币研究小组，启动法定数字货币相关研究工作。2017 年底开始数字人民币研发工作。2019 年末，在深圳市、苏州市、雄安新区、成都市及 2022 北京冬奥会场景开展数字人民币试点测试。2020 年 11 月开始，增加上海市、海南省、长沙市、西安市、青岛市、大连市 6 个新的试点地区。根据中国人民银行发布的《中国数字人民币的研发进展白皮书》，截至 2021 年 6 月 30 日，数字人民币试点场景已超 132 万个，覆盖生活缴费、餐饮服务、交通出行、购物消费、政务服务等领域。开立个人钱包 2 087 万余个、对公钱包 351 万余个，累计交易笔数为 7 075 万余笔、金额约 345 亿元。2022 年 4 月 6 日，在现有试点地区基础上增加天津市、重庆市、广东省广州市、福建省福州市（含平潭综合实验区）和厦门市、浙江省承办亚运会的 6 个城市作为试点地区。同时，北京市和河北省张家口市在冬奥会、冬残奥会场景试点结束后也将转为试点地区。截至 2022 年 5 月 31 日，15 个省市的试点地区通过数字人民币累计交易笔数大约 2.64 亿笔，累计交易金额达到 830 亿元，支持数字人民币支付的商户门店数量达到 456.7 万个。

数字人民币是中国人民银行发行的数字形式的法定货币，由指定运营机构参与运营，以广义账户体系为基础，支持银行账户松耦合功能，与实物人民币等价，具有价值特征和法偿性。其主要含义是：

第一，数字人民币是央行发行的法定货币。一是数字人民币具备货币的价值尺度、交易媒介、价值贮藏等基本功能，与实物人民币一样是法定货币。二是数字人民币是法定货币的数字形式。数字人民币发行、流通管理机制与实物人民币一致，但以数字形式实现价值转移。三是数字人民币是央行对公众的负债，以国家信用为支撑，具有法偿性。

第二，数字人民币采取中心化管理、双层运营。数字人民币发行权属于国家，人民银行在数字人民币运营体系中处于中心地位，负责向作为指定运营机构的商业银行发行数字人民币并进行全生命周期管理，指定运营机构及相关商业机构负责向社会公众提供数字人民币兑换和流通服务。

第三，数字人民币主要定位于现金类支付凭证（M0），将与实物人民币长期并存。数字人民币与实物人民币都是央行对公众的负债，具有同等法律地位和经济价值。数字人民币将与实物人民币并行发行，人民银行会对二者共同统计、协同分析、统筹管理。

第四，央行数字货币根据用户和用途不同可分为两类：一类是批发型央行数字货币，主要面向商业银行等机构类主体发行，多用于大额结算；另一类是零售型央行数字货币，面向公众发行并用于日常交易。各主要国家或经济体研发央行数字货币的重点各有不同，有的侧重批发交易，有的侧重零售系统效能的提高。数字人民币是一种面向社会公众发行的零售型央行数字货币，主要用于满足国内零售支付需求。其推出将立足国内支付系统的现代化，充分满足公众日常支付需要，进一步提高零售支付系统效能，降低全社会零售支付成本。

第五，在未来的数字化零售支付体系中，数字人民币和指定运营机构的电子账户资金具有通用性，共同构成现金类支付工具。

数字人民币的总体架构：采用“一币、两库、三中心”架构。“一币”指法定数字货币，即由央行担保签发的代表一定金额的加密字符串。“两库”指的是数字货币发行库和数字货币商业银行库，前者是央行在法定数字货币私有云上存放法定数字货币发行基金的数据库，后者是商业银行在其本地或央行法定数字货币私有云上存放法定数字货币的数据库。“三个中心”即认证中心、登记中心和大数据分析中心，分别负责对身份信息的集中管理，数字货币的流通、清点核对等全程登记和反洗钱、监管指标分析。

数字人民币的运营框架：“央行—商业银行/持牌非银行金融机构—公众”双层运营体系，由央行将数字人民币发行至商行，商行受央行委托向公众提供法定数字人民币存取等服务。

数字人民币钱包设计：按照客户身份识别强度分为不同等级的钱包；按照开立主体分为个人钱包和对公钱包；按照载体分为软钱包（以 App 的形式存在的软件钱包）和硬钱包（存储数字人民币的实体介质）；按照权限归属分为母钱包和子钱包。

（2）其他国家的央行数字货币进展。

加勒比地区：2020 年 10 月，巴哈马在全球第一个推出央行数字货币。2021 年 3 月，东加勒比央行推出数字货币“DCash”，东加勒比货币联盟成为全球首个使用央行数字货币的货币联盟。目前，牙买加也通过立法授权其央行发行数字货币。

非洲：尼日利亚于 2021 年 10 月正式推出数字货币“e 奈拉”。同时，南非数字货币正处于测试阶段，突尼斯、摩洛哥、加纳、肯尼亚等国也已开始研究制定央行数字货币的监管政策和实施战略。

美国：2022 年 3 月，美国政府发布了关于数字资产和区块链技术的行政命令。该命令将研发美国 CBDC 作为“最高紧迫性”的工作。由于需要国会授权，美国目前尚未决定是否启动 CBDC 的研发工作。

欧洲：欧盟委员会于2022年2月宣布，计划在2023年初提出欧元CBDC的法案。该法案在成为法律之前，必须在欧盟各国议会内进行讨论。

日本：2022年8月，日本央行则宣布已暂停其CBDC试点，声称需要进一步探索和了解市场，目前日本政府发布央行数字货币在技术上是不可行的。

法国：2022年7月，法兰西银行行长在一次国际会议上宣布，法国央行在2021年和2022年对一种批发CBDC“可行原型”进行了测试，并计划在2023年推出。

俄罗斯：已进行首次数字卢布试验，俄罗斯央行计划从2024年开始逐步将所有信用机构连接到数字卢布平台。

伊朗：2022年4月，伊朗已宣布计划推出其央行数字货币。同年6月，伊朗中央银行行长表示将于近期开展加密里亚尔试点。

巴西：2022年4月，巴西中央银行行长在一次活动中确认了中央银行的数字货币，指出CBDC试点项目可能会在下半年上线。

☞ 阅读专栏

虚拟币、数字货币及电子货币的区别

现在，人们的支付方式已经不仅仅局限于现金、银行卡了，我们采用更多的支付方式来购买东西，如现在如火如荼的电子货币、数字货币，还有虚拟币，这几种货币的区别是什么？

1. 数字货币是指数字化货币，是一种加密数字货币，其本身是货币而不仅仅是支付工具。电子货币是基于电子账户实现的支付工具，本质上只是一种现有法定货币的信息化过程，还不是严格意义上的数字货币。数字货币是虚拟货币与电子货币相比最根本的区别在于发行者的不同、发行的方法不同。

2. 电子货币是指用一定金额的现金或存款从发行者处兑换并获得代表相同金额的数据或者通过银行及第三方推出的快捷支付服务的支付工具，是通过使用某些电子化途径将银行中的余额转移，从而能够进行交易。严格意义的电子货币是消费者向电子货币的发行者使用网络银行服务进行储值和快捷支付，通过媒介（二维码或硬件设备），以电子形式进行交易的货币。电子货币是法币的电子化，包括我们常见的银行卡、网银、电子现金等，还有近年来发展起来的第三方支付，如支付宝、财付通等。这些电子货币无论其形态如何、通过哪些机构流通，其最初的源头都是中央银行发行的法币。电子货币是真实货币的电子支付方式，可以正常购物、转账并提取现金。

3. 虚拟货币是指不与法定货币相关联的数字货币，主要指的是各类网络平台发行的虚拟化货币。通常可以通过用法定货币购买或花费时间赚取两种方式获得，一般只能用于兑换发行者提供的虚拟商品和服务，其价值完全取决于发行者的意愿，因此不具备货币的基本特征，无法承担货币作为交换媒介和价值储藏手段的职能。

资料来源：聚富财经，https://www.jfq.com/college/other/17783.shtml.

第二节 货币的职能

货币的职能是货币本质的体现。马克思认为货币具有五大职能：即价值尺度、流通手段、贮藏手段、支付手段和世界货币。

一、价值尺度

货币在表现其他商品的价值并衡量其价值量大小时，就发挥着价值尺度的职能。

在金本位制下，货币之所以具有价值尺度职能，是因为它本身也是商品，具有价值。但货币在执行此职能时，只需要观念上的货币就可以了。由于商品价值的货币表现是商品的价格。因此，决定商品价格高低的有两个因素：一是商品本身的价值；二是货币的价值。商品价格与商品价值成正比，与货币价值成反比。由于受供求关系的影响，商品价格围绕商品价值上下波动成为现实经济中的常态。

在信用货币制度下，货币作为价值尺度具有相对性，因为信用货币的价值大小是通过货币购买力来表示的，而货币购买力是通过商品价格指数来反映的。

二、流通手段

货币在商品交换中起媒介作用时，就发挥流通手段的职能。这时，交换分为两个独立环节的统一，即先把商品卖出去，换回货币，再用货币去购买，以公式表示就是 W—G—W。以货币为媒介的不断商品交换称之为商品流通，它克服了物物交换要求在时空上保持一致的局限性，促进了商品的经济发展。

作为交易媒介的货币必须是现实的货币。作为交换的货币，在每个商品生产者手中是转瞬即逝的，人们并不关注货币本身的价值，关心的是能否按其面额价值再购买。所以，贵金属货币和信用货币都可以充当流通手段。

价值尺度和流通手段是货币两个最基本的职能。马克思曾经说过：“价值尺度和流通手段的统一就是货币。”货币的其他职能都是从这两个基本职能派生出来的。

三、贮藏手段

贮藏手段是指货币退出流通领域当作独立的价值形式和社会财富贮藏起来的职能。货币是一般等价物，是社会财富的一般代表，为了积累和保存社会财富，使人们产生了贮藏货币的要求。

马克思以金属货币流通为背景，指出发挥贮藏手段职能的货币必须是现实的货币，同时又是足值的货币。金属货币的贮藏对于货币流通量具有自发的调节作用，使得货币的需求量与流通量基本上能自发地保持一致。

在纸币流通的情况下，贮藏纸币需要具备两个附加条件：一是信用保证，即币值的稳定；二是法律保证，即国家法律强制流通。因此，它们是不会因为发行过多而自动退出流通的，这类货币的流通需要发行者人为地调节。

而在电子货币条件下，电子货币可集贮藏手段和支付手段为一体，使得货币这个职能的转化更加有弹性和不确定性。

四、支付手段

当货币作为单方面价值转移时，就发挥支付手段职能。

支付手段的职能最初是由商品的赊销赊购引起的。在商品生产中，有些商品生产时间长短不同，有些商品还要受到季节性的影响。同时，各种商品的销售时间也存在差别。便出现了先交货后付款的信用买卖和债务关系，出现了延期支付。货币用作偿还赊购欠款时，就执行支付手段的职能。

赊销赊购与商品流通的直接形态不同。后者是商品出卖和价格实现的统一，而前者则是商品出卖和价格实现相脱离，商品出卖了，货币并未同时由购买者转交到出卖者手中。出卖者变成了债权人，购买者变成了债务人。只有到信用契约规定的偿债期限到来时，购买者才把契约规定的货币支付给出卖者。所以在偿还赊购款时，货币已经不是流通过程的媒介，而是作为价值的独立存在，并在赊销、预付中成为资金融通的媒介。

随着商品交换的发展，货币作为支付手段的职能也扩展到商品流通之外。如在赋税、地租、借贷、工资和各种劳动报酬的支付中起支付手段职能。不论是在赊买赊卖中，还是在其他支付中，没有商品在同时、同地与之相向运动，这是货币发挥支付手段职能的特征。

货币的支付手段职能，一方面促进商品经济的发展，克服了商品交易的局限性；另一方面又扩大了商品经济的内在矛盾。随着支付关系的发展，赊销方式使商品生产者之间形成了一长串的债权债务链条。如果其中一人到期不能支付，支付链条就会中断，整个债权债务关系陷入混乱，出现支付危机，导致商品生产与经营无法顺利进行。

五、世界货币

货币在世界市场上发挥一般等价物的作用时就发挥着世界货币的职能。

从逻辑上讲，“世界货币”并不是货币的一个单独的职能，它只不过是货币的诸项职能超过了本国范围而在世界范围内发挥作用。具体地说有四个方面：一是作为国际间的价值尺度；二是作为国际一般支付手段；三是作为国际间的一般购买手段；四是作为一般财富的代表在国际转移。

第一次世界大战以前，世界货币的职能主要是由黄金行使，但第二次世界大战以后，黄金退出了货币舞台，少数经济实力强大的国家的货币逐步取得了世界货币的地位，如美元、欧元（欧元诞生后，曾充当过世界货币的德国马克、法国法郎等已被欧元替代）、日元、英镑等。随着中国经济实力的不断提高，人民币也逐步登上世界货币的“舞台”。

第三节 货币制度

一、货币制度的形成

货币制度，简称“币制”，是指国家以法律规定的货币流通结构和组织形式。

据文字记载，古代国家就在货币方面制定种种法令，以便对货币流通进行控制。但是由于社会制度的缺陷，封建社会并未建立统一、稳定和规范的货币制度，正规的货币制度是资本主义制度建立以后才有的。

前资本主义货币流通的特点是分散和紊乱。首先，铸币的铸造权分散。最初铸币有各种各样的形状，并且由于政治上的割据，造成铸币权分散，铸币成色和重量不统一，阻碍了商品流通的发展和统一。其次，铸币不断变质，即铸币的实际重量减轻，成色下降。不断变质的铸币，不利于企业正确计算成本、价格和利润，不利于建立广泛而稳定的信用关系。

由此可见，货币流通的分散和紊乱状况极不利于资本主义商品经济的发展，所以当资产阶级建立起自己的统治之后，就着手整顿货币流通中封建社会遗留下的混乱现象。各国先后以法令的形式对货币流通做出种种规定，通过这些法令的实施，逐步建立了统一的、定型的货币制度。

二、货币制度的构成要素

（一）货币材料

货币材料简称币材，是国家法律规定的用什么样的物质材料来源充当货币，它是整个货币制度的基础。用哪种或哪几种商品作为币材，即称该货币制度为该种或该几种商品的本位制。如以金为币材的货币制度称为“金本位”等。

币材的选择是受客观条件制约的。在资本主义初期，广泛地以白银作币材，而到了19世纪末，主要西方国家都用黄金作币材了。现在世界各国黄金都已退出流通，实行的是不兑现的信用货币制度，法律中没有任何商品充当币材的规定，所以习惯上称之为“不兑现本位制”。

（二）货币单位

货币单位包括两方面的内容：货币单位名称和货币单位的“值”。

按照国际习惯，一国货币单位名称往往与该国的货币名称是一致的。几个国家同用一个货币单位名称，则在前面加上国名。

货币单位更重要的是币值的确定。在金属货币流通条件下，就是规定每单位货币所包含的货币金属重量和成色。在流通中只有不兑现的货币而尚未与黄金脱离直接关系的情况下，则确定本国货币的含量金，或确定本国货币在世界占主导地位的货币（如美元）的固定比价。当黄金在世界范围内非货币化后，对外则是如何维持本国货币与外国货币的比价，对内则是如何维持本国货币币值的稳定，即购买力的稳定，而无法对币值加以人为确定。

（三）各种货币的铸造、发行与流通程序

在金属货币流通时，流通中的货币有本位币、辅币、信用货币和纸币，对不同的货币的铸造、发行和流通，国家施以不同的管理。

本位币又叫“主币”，是一国的基本通货，是法定的计价、结算货币。在金属货币流通下，主币是用法定货币金属和货币单位铸造的货币。现在流通中不兑现的钞票，按习惯也叫“本位币”，其含义与金属货币有所不同，它只不过表示为基本通货而已，本位币的最小面额是一个货币单位。本位币具有无限法偿，也就是无限的支付能力。即法律规定，以本位币支付，无论每次支付数额多大，任何人都不得拒绝接受。在金属货币流通下条件下，本位币的另一特征是可以自由铸造和熔化。

辅币是本位币以下的小额通货，供日常零星交易和找零之用。辅币面值大多是本位币的 1/10 或 1%。辅币是由贱金属铸造的，如铜、镍等。之所以如此，一是因为面额太小，用贵金属铸造技术上有困难；二是因为使用频繁，磨损较快，用贱金属可以节省流通费用。国家法律规定辅币只具有有限法偿的能力，即在每一次支付中有一定的数量限制，超过这个数量，收款人有权拒绝接受。

在发展了的资本主义条件下，纯粹金属货币流通是不可能的。因为贵金属产量有限，不能满足商品流通对货币量日益增长的需要，因而出现了信用货币。有时国家为了解决财政困难，也发行国家纸币，这些都是货币符号，国家发行的纸币和中央银行发行的信用货币，都是法定的支付手段，一般不能拒绝接受。

（四）金准备制度

金准备即黄金储备。在金属货币流通的条件下，金准备用途有三个方面：一是作为国际支付准备金；二是作为国内金属铸币流通的准备金；三是作为存款支付和银行券兑换的准备金。黄金储备一般都集中在中央银行。当前世界各国已无金属货币流通，金准备的后两项用途已经消失，保存下来的只有第一项用途。而作为金准备构成除了金银外，还包括

外汇，统称为黄金外汇储备。

要指出的是在信用货币制度的今天，一国货币制度的构成要素有非常大的改变，除了上述第二、三项以外，第一、四项已经不复存在。

三、货币制度的演变

货币制度与其他经济制度一样，经历了一个不断发展和演进的历史过程。概括地讲，货币制度可分为两类：一是金属本位，即以贵金属作为本位货币，有三种类型，即银本位、复本位、金本位；二是不兑现的信用货币制度，是指不以有价值的商品作为本位货币的货币制度。

（一）银本位制

银本位制是指以白银作为本位币材料的货币制度。在货币本位制的演变过程中，以银本位为最早。其特点是，以白银作为本位币，银币可以自由铸造和自由熔化，并具有无限法偿能力；辅币和银行券可以自由兑换成银币；白银可以自由输出国境。

银本位制从16世纪以后开始盛行，但作为一种独立的货币制度存在于一些国家的时间并不长，且实行的范围也不广。主要原因在于：（1）与黄金比较，白银体积大价值小，不适用于大宗交易和国际支付；（2）白银价值很不稳定，特别是在墨西哥和秘鲁发现了大银矿后，白银产量激增，但需求相对减少，而黄金需求量相对增加，使银价猛跌；（3）黄金产量有较大的增长，1850年前后，加利福尼亚和南非相继发现富金矿，大量黄金流入欧洲，为金本位的实行提供了条件。

（二）金银复本位制

金银复本位是指国家法律规定用金和银同时作为本位币材料。其特征是：金币和银币都是本位币，都可以自由铸造和熔化，都具有无限的支付能力；辅币和银行券都可以自由兑换为金币或银币；金银都可以自由输出国境。这种货币制度曾在资本主义发展初期（16—18世纪）流行过。

复本位又分为平行本位和双本位两种不同类型。初期是平行本位，即金银铸币按其自身的价值进行流通，国家对金币银币的交换比例不加规定而由市场比价决定。在这种情况下，市场上的商品必然有两种价格，即金价和银价，并且这两种价格还随市场金银比价的波动而波动。这必然导致货币流通的混乱，影响商品流通的正常进行。为了克服这种混乱的局面，很多国家用法律规定按金币与银币的比价进行流通，这就过渡到了双本位，这是复本位的典型形态。然而市场上的金银的比价是变化不定的，而法律规定的比率则不变，这就出现了劣币驱逐良币的现象，它几乎成了一条规律。

所谓“劣币驱逐良币规律”，就是两种实际比价与法定比价不同的货币同时流通时，实际比价高的货币为良币，实际比价低的货币则是劣币，通过价值规律的作用，良币被收藏、熔化从而退出流通，劣币反而充斥市场。这一规律是16世纪英国金融家汤姆斯·格雷欣首先明确指出的，所以也被称为“格雷欣法则”或“格雷欣效应”。因此，法律是复本位，但实际中两种货币很难并行流通，而总是劣币充斥市场，这必然造成货币流通的混乱。

由此可见，复本位是一种不稳定的货币制度。因为它在理论上是错误的，金银两种金属同时作为货币，这违背了货币的独占性和排他性的特征。在实践上，无论是平行本位还是双本位，都导致了流通的混乱。鉴于黄金作为币材的优点，金银复本位制渐渐过渡到金本位制。

☞ **小链接**

格雷欣效应

400多年前，英国金融家托马斯·格雷欣在金融货币领域发现了一个有趣的现象：当实际价值不同的金属货币被赋予同等法偿能力时，实际价值较高的货币即“良币”往往被收藏、熔化或被输出国外；实际价值较低的货币即“劣币”则充斥市场，成为主要流通手段。后人将这一发现称为“格雷欣效应”，亦称为“劣币驱逐良币规律”。该规律形象地表明了个人理性思考基础上的集体行动博弈，所造成的后果往往是优势者被迫退出市场，或自动放弃优良法则。

在外汇市场中，由于世界各国货币的汇率经常偏离实际价值，使得有些货币在某时成为良币（实际价值高于名义价值，也即实际汇率高于名义汇率的货币），某时又成为劣币（名义价值高于实际价值），这时也会产生劣币驱逐良币的现象，并在保值或者投机等活动中体现。现实情况是，“格雷欣效应”不仅存在于社会经济、金融、人力资源的管理等领域，而且存在于其他社会领域中，如文化领域。

资料来源：http：//mil. news. sina. com. cn/2007－04－26/0818441727. html.

（三）金本位制

金本位制就是国家法律规定用黄金作为本位币。它先后经历了金铸币本位、金块本位和金汇兑本位三种形态，金本位具有以下特点：

（1）各国为货币确定含金量。

（2）金币可自由铸造和熔化。这一方面保证了黄金在货币制度中的主导地位，克服了复本位中金银平行地（实际上是频繁交替）执行价值尺度职能的混乱现象。同时，可以自发地调节流通中的货币量，并使金币与币值与其所含黄金的价值保持一致。

（3）辅币与银行券可以自由兑换为金币。这就保证了辅币和银行券稳定地流通。

（4）黄金可以自由输入与输出国境。这是能使金本位制在世界范围内确立的关键性条件，也正是这条原则导致了金铸币本位制的崩溃。

在金本位下，各国货币单位之间按其含金量而形成一定的比价，称之为“铸币平价”。它是确定两国货币汇率的基础，而汇率受外汇供求变化的影响有升降，由于黄金可以在各国内自由转移，因此汇率只能在铸币平价上下一定限度内波动。外汇汇率波动的最高界限是铸币平价加运送黄金的费用，如果汇率超过这个界限就会导致黄金输入，这个界限叫“黄金输出点”。外汇汇率波动的最低界限是铸币平价减运送黄金的费用，如果汇率低于这个界限就会导致黄金输入，这个界限叫“黄金输入点”。因为运送黄金的费用很低，汇率波动不大，因此保持各国货币汇率的稳定，这有利于国际贸易的发展。

同时，黄金的自由输入与输出国境也对国际收支的调节起了一定的积极作用，此即大卫·休谟（David Hume）的“价格—现金流动机制”。其原理为当一国逆差时，黄金流出；其他条件既定时，物价下降，本国出口商品价格也下降，出口增加，国际收支条件得以改善。此过程如图 1－1 所示。

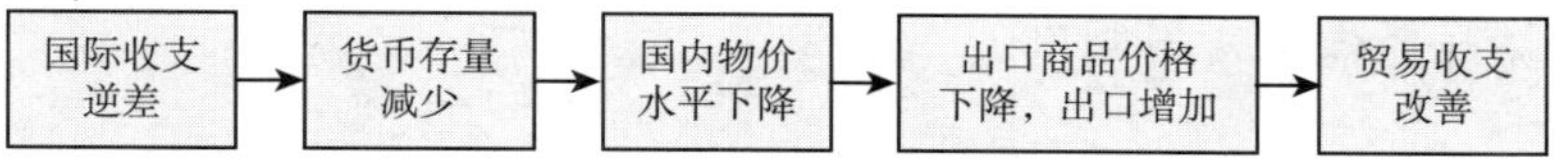

图 1－1　金铸币本位制下国际收支自动调节过程

当国际收支顺差时情况刚好相反。由此可见，金本位是一种相对稳定的货币制度，它对资本主义的经济发展的确也起了很大的促进作用。但到了第一次世界大战开始后，资本主义世界政治经济发展不平衡，再加上实际上一国往往都通过各种手段来限制黄金的输出、输入。于是少数发达国家集中了世界多数的黄金储备，而其他国家货币流通的黄金基础大大削弱。因此多数欠发达国家无力以黄金作为货币在国际流通；银行券的自由兑现也遭受了破坏，同时黄金自由输出、输入受阻，于是金本位制被停止了。

1924—1928 年是资本主义相对稳定时期，各资本主义国家企图恢复金本位，使通货稳定，但又无力恢复第一次世界大战前那种典型的金本位。它们所恢复的是残缺不全的、没有金币流通的金本位，即金块本位制和金汇兑本位制。

金块本位制，又称“生金本位制”，货币单位规定有含金量，但不铸造、不流通金币，而流通银行券，银行券可以按规定的含金量在一定数额（一般都很大）以上可以请求兑现金块。

这种变形的金本位制对于一国缓解国际支付手段匮乏确实有一定积极作用，但这种制度运行仍然以黄金为基础，随着经济的发展，黄金难以满足其需要，于是有些国家便选择了金本位制的另一种变型—金汇兑本位制。

金汇兑本位制，亦称“虚金本位制”，它是一种间接兑换黄金的货币制度。其特点是：货币单位规定有含金量，但不铸造、不流通金币，只流通银行券，银行券不能兑换黄金，只能兑换外汇，而这种外汇在国外能兑换黄金。这种关系可以用图 1－2 表示。

图 1－2　金汇兑本位制下本币与黄金的兑换过程

实行金汇兑本位制的国家必须确定某个实行金币本位或金块本位的外国货币为依附对象，保持本国货币与该种外币的固定比价，并将外汇准备存放于该国，以便随时出售外汇来稳定汇价。实行金汇兑本位制的国家大都是一些在经济、政治上都依附于与之挂钩的国家的经济小国。世界上曾有德国、意大利等30多个国家实行过这种制度。

金汇兑本位制有其自身的优点，实行这种制度的国家其货币的准备金可以不必是黄金，而是外币债权。其不足在于：实行金汇兑本位制的国家，也负担有一定风险，如果它持有外币的国家宣布放弃金本位制或者货币贬值，那么实行金汇兑本位制的国家只能被动接受，这将造成经济受损和货币运行混乱，因此它也是一种不稳定的货币制度。第二次世界大战后推行的布雷顿森林体系实际上就是一种典型的金汇兑本位制。但由于这个内在缺陷，也难免遭崩溃的厄运。货币制度最终普遍过渡到信用货币制度。

（四）不兑现的信用货币制度

金汇兑本位制崩溃后，资本主义各国先后实行了不兑现的信用货币制度。由于银行券不能兑换黄金，从而纸币化了，因此，也有人称其为纸币流通制度、纸币本位制度。不兑现信用货币制度的主要特点是：

（1）黄金退出流通，银行券与黄金没有联系。黄金不是货币商品了，不再执行货币的职能。银行券在形式上不再规定含金量（美元于1978年最后一个宣布取消含金量的规定），也不能兑换黄金。就这点来说，银行券与纸币的区别已经消失。

（2）现实经济中的货币都是信用货币，它由银行券和银行存款构成。银行券体现着银行对持有者的负债，银行存款体现着银行对存款者的负债，即体现着信用关系，所以称为“信用货币”。

（3）银行券由国家法律规定强制流通，是法定的支付手段。而银行存款货币则可以随时兑换成银行券。

（4）信用货币是通过银行信用渠道进入流通的。如企业从银行取得贷款后首先在其存款账户上增加等额的存款，如果企业签发现金支票到银行提取现金，银行券就进入流通；如果企业签发转账支票，让银行把一个存款账户的存款转到另一个存款账户上，就引起存款货币的流通。虽然信用货币是通过信用渠道进入流通的，但它可被用来作为弥补财政赤字的手段。

（5）国家对货币流通的调节日益加强。不兑现信用货币的流通不存在自发调节的机制，如果银行放款过多，就会导致通货膨胀；反之，如果银行放款过少，就会导致通货紧缩。为了使货币流通适应经济发展的需要，必须由货币当局对货币流通加以调节和控制。这既不是兑现信用货币制度的优点，也是它的缺点。

☞ 阅读专栏

新中国的货币制度的建立与发展

一、人民币制度的建立

我国现行的货币制度是人民币制度，人民币是1948年12月1日开始发行的，人民币的发行标志着新中国货币制度的建立。

人民币制度建立前，中国有两种货币制度，一是国民党政府的货币制度；二是共产党领导的革命根据地的货币制度。

1948 年冬，全国解放的形势已经形成，客观上提出了建立全国统一的货币制度的要求。1948 年 12 月 1 日，中国人民银行宣告成立，开始统一发行人民币。人民币发行后，人民政府采取了一系列措施：肃清伪币，严禁外币和金银流通，逐步收回各解放区发行的货币，实现了货币制度的独立和统一。由于人民币是在恶性通货膨胀的背景下发行的，发行之初还是弥补财政赤字的手段，所以面额较大。1955 年 3 月 1 日中国人民银行开始发行新人民币，以 1：10 000 的比率收兑了全部旧人民币，并同时建立起辅币制度。这样就逐渐健全了人民币制度。

二、人民币制度的性质

人民币制度是信用货币制度，它具有信用货币制度的一切特征。但是由于新中国成立以来我国实行高度集中的计划体制，货币的发行与财政经常联系在一起，财政赤字就向中央银行透支，若中央银行无资金来源，则被迫发行货币，因此，货币发行成了弥补财政赤字的手段。到了 1995 年《中国人民银行法》颁布以后，明确规定禁止财政向人民银行透支。从此货币的发行摆脱了财政干扰，而真正根据经济发展的需要通过银行信用渠道进入流通。人民币制度成为真正的信用货币制度。

三、人民币制度的内容

（1）人民币是我国唯一法定货币。以人民币支付我国境内的一切公共和私人的债务，任何单位和个人不得拒收。为了保证人民币的唯一合法地位，国家规定：严禁金银计价流通，严禁外币计价流通，严禁伪造、变造人民币，严禁任何单位和个人印制、发售代币票券代表人民币在市场上流通。

（2）人民币的单位为元，人民币的辅币单位为角、分。1 元等于 10 角，1 角等于 10 分。人民币的符号为“￥”，是取“元”字汉语拼音“Yuan”的首字母加两横线而成。

（3）人民币是由中国人民银行统一印制、发行的钞票，采取的是不兑现的银行券形式。人民币没有法定含金量，不能兑换黄金，也不与任何外币确定正式联系。人民币的发行实行高度集中统一的原则。中国人民银行是唯一的发行机关，在人民银行内部发行权集中于总行。

（4）国家对货币流通还分不同情况规定了不同的管理制度。就现金流通是规定其使用范围：现金主要用于工资、劳务支付，服务于消费品分配；而国有企业事业单位、机关部队团体和集体经济单位相互之间的货币支付，小额的可以使用现金，大额的必须由银行转账。就非现金流通（存款货币流通）主要是规定银行办理转账结算的原则和具体办法。

（5）我国建立的金银储备和外汇储备是国际支付的准备金，主要不是作为货币发行的准备或保证，但对稳定国内货币流通也能起作用。这两项储备是由中国人民银行集中掌管，储备情况定期公布。

想一想

法定数字货币的诞生会在哪些方面影响货币制度？

本章关键词

货币　货币职能　货币制度　本位币　金本位　数字货币　无限法偿

复习思考题

1. 货币是如何产生和演变的？
2. 货币制度有哪些构成要素，它是如何演变的？
3. 不兑现的信用货币制度有哪些特点？
4. 如何理解货币的本质？
5. 如何理解电子货币、数字货币的异同？

第二章　信　用

现代经济是信用经济，信用活动无处不在，企业、家庭、政府等各经济单位无不参与信用活动。在现代经济中，信用是促使经济资源充分利用和优化配置的重要机制，在经济发展中起着不可或缺的作用。本章我们将考察信用的产生、发展、信用形式及创新，并考察在信用基础上产生的融资问题。

第一节　信用的产生和发展

一、信用的定义

道德范畴中的信用主要指诚信，即通过履行承诺而取得他人的信任。金融学中所说的信用是指一种借贷行为，是以偿还和付息为条件的价值单方面让渡，贷者在承担信用风险的前提下把资金让渡给借者使用，在将来收回本金，并因承受风险与让渡流动性而获得相对应的利息。它不同于商品买卖，在商品买卖中的价值是对等转移和运动的。而在信用即借贷活动中，贷者把一部分货币或商品给予借者，借者并没有同时对贷者进行任何形式的价值补偿，因此，在债务未清偿前，授信方承担着受信方违约的风险。

分析和理解信用的概念应从以下几方面着手：

第一，信用是以偿还和付息为条件的借贷行为。信用作为一种借贷行为，贷者把一定数量的货币或商品贷给借者，借者可以在一定时期内使用这些货币和商品，到期必须偿还，并按规定支付一定的利息。所以偿还和付息是信用最基本的特征。

第二，信用关系是债权债务关系。在信用这种借贷行为中，商品和货币的所有者由于让渡商品和货币的使用权而取得了债权人的地位，受让商品和货币使用权者则成为债务人，借贷双方具有各自对应的权利和义务。这种债权债务关系最初是由于商品的赊销和货币预付而产生的，但随着融资行为和信用制度的广泛建立和发展，债权债务关系渗透到了经济生活的各个角落。无论是企业生产经营活动，还是个人的消费行为或政府的社会、经济管理活动都依赖债权债务关系。对债权债务的管理和使用成为各种不同经济主体经常性的工作。所以，从本质上说，信用关系就是债权债务关系。

第三，信用是价值运动的特殊形式。在单纯商品交换中，价值运动是通过一系列买卖过程实现的。在买卖过程中，卖者让渡商品取得货币，买者付出货币取得商品。这里发生了所有权的转移，卖者放弃了商品的所有权，而取得了货币的所有权，买者则相反。同时，交换过程是一种等价交换，卖者虽然放弃了商品的所有权，但没有放弃商品的价值，只是改变了价值形态，即从商品形态变成了货币形态；而买者虽然放弃了货币，但取得了与货币等价的商品。但在信用活动中，一定数量商品或货币，从贷者手中转移到借者手中，并没有同等价值的对立运动，只是商品或货币的使用权让渡，没有改变所有权。所以，信用是价值单方面的转移，是价值运动的特殊形式。

二、信用的产生与发展

信用关系的产生是以剩余产品和私有制为前提条件的。在原始社会末期，剩余产品的出现导致了私有制的产生。私有制度下人们对于剩余产品占有是不均等的，一旦遭到天灾人祸，贫者就不得不向富有者借实物或借钱，于是就产生了最早的信用关系。就信用的本质特点来说，它是一种资源余缺（实物和货币）的有偿调剂。它存在的前提是私用制，如果没有私有产权，信用就无从谈起。

信用的发展是渐进的，由一开始零散的极不规范的“口头”协议，逐步发展到目前以法律为规范依据的、多样化信用工具等为载体的信用系统。

从信用技术角度看，其发展大致经历了四个阶段：

第一，未工具化的信用阶段。未工具化的信用是指借贷活动已经发生，但没有具体化的信用工具。例如，以口头形式约定将来偿还商品或货币的借贷活动，虽然发生了信用的授受，但没有书面凭证。

第二，信用工具非流通化阶段。信用工具非流通化阶段的信用，是指借贷活动产生，有具体化的工具，但这些信用工具不能在市场上流通转让。例如，在商业信用中以票据方式记载授信额度，但社会缺乏这类信用工具的交易转让市场。

第三，信用工具流通化阶段。信用工具流动化阶段的信用，是指借贷活动发生时所形成的工具可以在专门的市场中流通转让。信用工具流动一方面使资金融通更加灵活、便捷；另一方面，大大增加了包括金融中介机构等资金供给者的资产流动性。资产证券化便是这一阶段的产物。

第四，电子化及网络化与信用制度相结合的阶段。这一阶段由于信息技术的发展，货币电子化和网络银行的出现，使货币的储存、给付、交换和转移通过网络的传输来完成，与此同时也必须同步传递各种相关信息，信息本身也代表了借贷双方的一种信用行为，电子化、网络化与信用制度相结合的阶段是信用发展的高级阶段。

☞ 重要提示

由于经济发展的多层次性，在社会信用高度发达的今天，我们仍然可看到四个阶段并存的不同层次的信用。

从信用与社会制度的关系来看，其发展经历了以下三个阶段：

第一，高利贷信用。高利贷在奴隶社会和封建社会中得到广泛的发展，高利贷资本是通过放贷货币或实物获得高额利息的一种生息资本。高利贷除了拥有信用的一般特征外，同时有着以下特点：（1）高利息率。一般年利率可达30%以上。（2）非生产性。由于高利贷的受信者多为面临破产的小生产者、奴隶主和封建主，借贷者主要是为了维持生计和简单的再生产，或为了享受奢侈生活以及发动战争。

虽然高利贷阻碍甚至破坏了生产力，但其客观上也有积极的历史作用。一方面，高利贷的高利率使得无数小生产者纷纷破产，小生产者破产后只能靠出卖劳动力维持生活，从而为资本主义生产方式提供了工人阶级；另一方面，高利贷者积蓄起大量的资本，为资本的积累并转化为生产资本创造了条件。

第二，资本主义信用。在资本主义经济中，信用具有双重作用。一方面，信用促进资本主义经济发展，主要表现在：（1）信用促使了资本流向收益高的企业、产业、区域，推动着利润的平均化，从而促进社会资金的合理利用。（2）信用节省了流通费用，加速了资本的周转。各种信用流通工具可以代替现金流通，这样节约了现金的流通，从而也节约了与现金流通有关的各项费用。（3）信用的发展，加速了商品的销售，从而提高了全社会的资本的利用效率。（4）信用加速了资本的积累和集中，促进了资本主义银行的产生。资本主义银行的出现，可以把分散的、小额的资本集中起来，并通过信用投入到生产中去，从而克服了以资本家个人力量积聚资本需要较长的时间的缺点，加速了资本积累。同时，收益高的企业、产业、区域能吸引更多的资本，这样加剧了资本的集中。资本的积累、集中为现代化大生产创造了条件。另一方面，由于信用使得社会财富越来越多地为少数资本家所掌握，导致生产社会性与资本主义私人占有之间的资本主义的基本矛盾更加尖锐且不可调和，从而为资本主义过渡到社会主义准备了物质条件。

第三，社会主义信用。在社会主义市场经济条件下，信用是资源配置的重要方式。所谓社会主义信用，是指存在于社会主义经济所有制中借贷资金的运动形式，但就其基本特征来说，社会主义信用仍然是一种借贷关系，是以偿还为条件的价值运动形式。因此，其运动形式与资本主义借贷资本的运动形式是完全相同的。

☞ 引申阅读

信用概念的延伸使用

在美国，几乎每个成年人都离不开信用消费，要申请信用卡、分期付款、抵押贷款等，都需要对消费者的信用资格、信用状态和信用能力进行评价，这种评价集中表现为信用报告。美国的个人信用报告由三大信用机构提供，对个人的借款习惯进行详细记录和分析。如果有了不良记录，可能没人再愿意贷款给你。若想恢复个人信用能力，就必须通过信用修复机制的指引规范行为，履行责任和义务，如通过清理、重组债务，加强理财，分批偿还债务等。信用修复机制规定：当相关当事人还清贷款后，再静观两三年，如果没有污点，就可以恢复现有能力。

对消费者进行信用评估和提供个人信用服务的中介机构，在美国称信用局或称消费信用报告机构。美国的信用局制度就个人信用信息的收集、个人信用产品的开发和管理形成了一套科学的体系，其主要包括三个环节：（1）个人信用资料的收集和登记；（2）个人信用数据的加工处理和信用评估；（3）个人信用产品的销售使用。

在美国，每个人都有一个“社会安全号”（Social Security Number，SSN），这个安全号可以把一个美国人一生几乎所有的信用记录串在一起，个人的银行账号、税号、信用卡号、社会医疗保障号等都与之挂钩。自20世纪30年代美国成立社会安全管理局后，联邦政府下令，所有合法公民和居民必须持有有效社会安全号，该号由国家社会安全管理局统一赋予。只要把某个人的社会安全号输入全国联网的计算机，任何人均可查到自己的背景资料，既包括年龄、性别、出生日期等自然状况，也包括教育背景、工作经历，与税务、保险、银行打交道时的信用状况，有无犯罪记录等。如果一个人有过不良信用记录，那么这一记录将永远伴随着他，当他去求职、买保险、买汽车、开公司时，几乎无论做什么，无论到哪个州，这一污点都无法抹去，并将因此而四处碰壁。

在美国，社会安全号就如同中国居民的身份证号码，每人只有一个，并且终身不变、终身使用。美国是一个联邦国家，即使是作为“身份证”的驾驶执照，也是每个州不同。所以，唯一一生不变的，唯有社会安全号。很多学校拿此来作为学生的学籍号码。没有它的人只能算是一个社会边缘人。

想一想

从美国个人信用管理制度中，我们能够得到什么样的启示？个人信用管理和金融学意义上的信用有什么关系？你了解我国的国家征信体系吗？你知道在哪里可以查询你个人的信用报告吗？

三、信用与金融

信用与货币的关系经历了一个由相互独立发展到密切联系，再到融为一体的过程。当两者融为一体后，“金融”概念应运而生。

从时间上考察，信用的出现比货币要早，当时的信用主要采用实物借贷的方式，在很长时期内独立于货币范畴之外。从早期的实物货币直至足值的金属货币制度出现前，货币的发展长期独立于信用关系之外。可以说，资本主义制度形成之前，信用与货币二者虽有联系，但从主要方面看，是各自独立发展的。但在历史进程中，信用与货币的联系有着久远的历史，其密切联系表现在二者的相互促进发展之上。一方面，货币的出现是使信用获得更大发展的基本条件。货币借贷扩展了信用的范围，扩大了信用的规模。另一方面，信用也促进了货币形式和货币流通领域的发展。信用发展了货币的支付手段职能，促进了货币形态的多样化，拓展了货币功能的发挥范围，同时还加速了货币的流动。

随着资本主义经济关系的确立，金属货币退出流通领域，信用与货币的关系进一步发展。在信用货币制度下，信用和货币不可分割地联系在一起。最终，货币制度建立是以信用制度为基础的：货币本身就是一种信用工具；货币是通过信用程序发行和流通的；任何信用活动都导致货币的变动。一言以蔽之，信用的扩张会增加货币供给，信用紧缩将减少货币供给，信用资金的调剂将影响货币流通速度和货币供给的结构。

这样，当货币的运动和信用的活动不可分割地联结在一起时，则产生了由货币和信用相互渗透而形成的新范畴——金融。因此，金融是货币运动和信用活动的融合体。当然，在金融范畴出现以后，货币和信用这两个独立的范畴依然存在。

第二节 现代信用存在的基础

由于现实社会中各个经济行为主体的资金需求与持有在时间和空间上的不匹配，使资金跨期配置成为客观需要，而完成资金跨期配置必须采取信用的形式。信用的存在不仅满足了资金需求者对于资金使用权的要求，也使资金供给者的闲置资金通过放贷可以获得相应的资本收益。

☞ **案例分析**

“圣诞”企业的资金跨期配置

圣诞期间，各种各样的圣诞袜、圣诞小挂件、圣诞服装等圣诞商品就会充斥市场，随着节日一过这些商品和企业就会在市场上销声匿迹。年复一年类似的节气性商品都会规律性出现和消失。伴随而生的必然是这些类似企业的资金流向的反转，如圣诞企业只在圣诞期间销售商品，现金大量流入，出现资金盈余。而在一年的其他时间内都必须支付机器、厂房维护和员工工资等费用，这就使企业在销售前需要大量的资金进行周转，成为赤字单位。而与此相对应的这些企业中的员工或其他个人可能拥有闲置的资金，这样个人就可以把暂时闲置的资金借贷给这些赤字企业；并在企业完成生产、销售完产品后收回本金和获取相应的利息。

不难看出，正是通过信用使得资金的跨期配置得以实现，使企业的生产得以顺利进行。

一、企业经营活动中的盈余和赤字

企业作为一个整体，既是巨大的资金需求者，又是巨大的资金供给者。

从企业的创业之初，到扩大生产、在正常生产经营中的集中购买或者为销售其产品向消费者提供信贷支持等，都需要大量的资金投入。如果企业没有足够多的资金，就需要借入。只要预期收益在支付利息后有剩余，企业家就愿意为创业和扩大经营而借贷。

同时，企业也是资金的供给者，企业的折旧基金、大修基金、技术改造基金，以及集中进货前累计的销售货款和其出于预防性动机而持有的资金，使企业的资金流在时空上分布不均衡，存在暂时的资金闲置可供贷出。

二、个人货币收支的盈余和赤字

个人是指有货币收入的人，而不论其从事任何职业。一般说来，个人的货币支出是“以收定支，略有节余”的。但在不同的人生阶段，人们的（收支）资金流分布存在不均衡：为了防老、防病，为了子女教育，为了预防意外支出，人们会将一部分收入节约下来，以为将来支用，处于这种状态下的个人有闲置资金。当发生天灾人祸如意外的疾病、失业或集中性购置，会出现家庭赤字。在很多国家，购买住房往往是负债的重要原因。在我国农村，人们为了盖房会长期存钱备料，而到盖房时往往还需要借一部分资金，于是立即从结余户变成负债户。但若把所有的个人作为一个整体，几乎所有国家，通常大多数年份是盈余的，从而是金融市场货币资金的主要供给者。

三、政府货币收支盈余和赤字

政府的货币收支主要是从中央到地方的各级财政收支。政府在参与国民收入分配中也有盈余和赤字的存在。盈余有两个方面：一是收支的间隔中的先收后支形成的盈余；二是收大于支形成的财政结余。赤字也有两个方面：一是收支间隔中的先支后收形成的赤字；二是收不抵支，形成财政赤字。在当今世界各个国家，财政赤字是普遍的现象。如在发展中国家，特别是在经济发展的起步阶段，大量建设资金的需求与有限的财政收入，往往使政府赤字难以避免。在西方主要资本主义国家中，大半个世纪以来，财政赤字也很普遍。有些年份是政府主动实行赤字财政政策，有时是被动出现的财政赤字。由此可见，国家政府一般也是货币资金的需求者。

四、现代信用的特征

（一）信用活动普遍化

在现代经济生活中，信用关系是一种最普遍的经济关系，经济活动中的每一个部门、每一个环节都渗透着信用关系。无论微观经济活动，还是宏观经济活动，都离不开货币信用形式。随着经济和社会的发展，信用对经济的作用与影响不断扩大，现代经济就是一种信用经济。

（二）直接信用广泛化

社会信用活动越来越少地通过银行机构中介进行，而是越来越多地在金融市场通过各种信用工具直接交易进行，信用非中介化程度不断提高，直接信用交易规模在整个社会信用交易规模中所占比重不断提高。

（三）信用活动信息化、多元化与虚拟化

现代高新技术特别是信息技术在金融领域广泛应用，直接带来了金融的管理理念和经营模式的变革和创新，金融业务综合化、金融机构全能化、金融产品与金融服务信息化和多元化。特别是网络金融的出现，改变了传统金融业经营的模式和理念，金融服务的技术与手段趋于电子化和虚拟化。

（四）信用工具多样化

20 世纪 70 年代以后，随着新经济、高新技术的发展，为金融创新提供了技术和手段的支撑与保障，信用衍生工具及其交易日益创新发展，数据技术融入金融交易之后，信用工具创新经常呈迭代方式出现，这种创新为生产和生产提供了更为便利的信用工具。

（五）信用风险常态化

信用风险主要是指借款人因各种原因未能及时、足额偿还债务或银行贷款而违约的可能性。在信用关系日益普遍的情况下，发生违约时，债权人或银行因为未能得到预期的收益而承担财务上的损失现象已经司空见惯。

第三节 信用的形式

信用作为一种借贷行为，要通过一定方式表现出来。表现借贷关系特征的形式称为信用形式。在现代市场经济中，随着商品货币关系的发展，信用形式日趋多样化。按照借贷关系中信用主体的不同，信用可分为商业信用、银行信用、国家信用、消费信用等几种基本形式。其中，商业信用和银行信用是两种最基本的信用形式。

一、商业信用

商业信用（Commercial Credit）指的是在商品交易过程中，由企业之间相互提供的，与商品交易直接联系的信用形式。商业信用的具体形式包括企业间的商品赊销、分期付款、预付货款、委托代销等。由于这类信用与商品流通紧密结合在一起，因此被称为商业信用。商业信用最典型的形式是商品赊销。

在商品经济条件下，由于生产者之间的生产时间和流通时间通常不一致，商品运动和货币运动在时间上和空间上分离。即在社会再生产过程中，一些企业生产出商品等待销售，而需要购买商品的企业又暂时没有现款，因为这些企业只有在售出自己的产品后，才

能获得足够的现款。商业信用通过商品赊销、延期付款的方式解决了买卖双方暂时的矛盾。这样，既使卖方顺利地实现了商品价值，又满足了买方补充现款的需要，从而加速了商品价值实现的过程，缩短了生产时间和流通时间，促进了社会再生产的顺利进行。

商业信用的特点：（1）商业信用的债权人和债务人都是企业，属于直接信用形式；（2）商业信用的对象是处于资本循环周转过程中的商品资本阶段；（3）商业信用主要依靠商业票据建立信用关系；（4）商业信用状况与经济周期变化有着高度相关性，在经济复苏、繁荣时期，生产增长、产业资本扩大、商业信用的规模也随之扩大，反之亦然。

商业信用的优点在于方便和及时。商业信用的提供，既解决了资金融通的困难，也解决了商品买卖的矛盾，从而缩短了融资时间和交易时间。同时，商业信用直接为商品流通服务，以商业信用作为优惠的销售条件，是商品销售的一个有力竞争手段。而且卖方企业提供商业信用后，由于证明这种信用关系的商业票据在一定条件下可以流通转让，特别是持票人在必要时可以向金融机构以贴现方式融入资金，因此无论是有闲置资金的卖方企业，还是无闲置资金的卖方企业都愿意运用商业信用来推销商品。正因为如此，一般在商业信用能够解决贷款融资的情况下，购货企业无须求助于银行信用。商业信用是西方国家信用制度的基础和基本形式之一。

商业信用虽有优点，但由于其本身所具有的特征，决定了它的存在和发展具有局限性，即规模和数量上的局限性。

第一，信用的规模受到商品交易量的限制。商业信用是企业间买卖商品时发生的信用，是以商品交易为基础的。因此，生产企业不可能超出自己所拥有的商品量向对方提供商业信用。商业信用无法满足由于经济高速发展所产生的巨额的资金需求。

第二，方向上的局限性。因为商业信用的需求者也就是商品的购买者，这就决定了企业只能同与自己的经济业务有联系的企业发生信用关系，通常只能由卖方提供给买方，而且只能用于限定的商品交易。

第三，信用能力上的局限性。商业信用的借贷行为之所以能成立，不仅是因为买卖关系的成立，更重要的是出卖商品的人比较确切了解需求者的支付能力。也只有商品出售者相信购买者到期后能如数偿付货款，这种信用关系才能成立。因此，在相互不甚了解信用能力的企业之间就不容易发生商业信用。

第四，信用期限的局限性。企业在向对方提供商业信用时，一般受到企业生产周转时间的限制，期限较短。所以，商业信用只能解决短期资金融通的需要。

第五，商业信用在管理上具有一定的局限性。商业信用是企业之间自愿发生的，有其盲目、自发、无序的一面。对商业信用如果不正确地加以引导和管理，其中也潜伏着危机，容易掩盖企业经营管理中的问题，可能引起虚假的繁荣，也可能引发信用规模膨胀，造成微观或宏观效益低下。

二、银行信用

银行信用（Banke's Credit）是指银行和非银行金融机构以货币形式向企业和个人提供的信用。银行信用是在商业信用的基础上发展起来的一种更高层次的信用，它和商业信用一起构成现代经济社会信用体系中两种基本的信用形式。

在商品经济发展过程中，由于商业信用产生了商业票据（商业信用的书面凭证），当一些持有商业票据的企业和个人急需现金时，他们可以到银行要求贴现。可见，商业信用不仅先于银行信用而存在，而且商业信用的票据化也给银行信用的发展提供了新的业务领域。同时，银行信用的出现，又为商业信用赋予了崭新的活力和更广阔的发展空间。首先，通过承兑银行信用直接介入商业信用，这大大提高了商业票据的信用度，而且明显降低了商业票据的违约风险；其次，通过银行贴现，商业票据具有可流通性和可转让性，进一步加快了资金周转速度，从而极大地提高了商业信用的适用范围和社会欢迎程度；最后，银行信用使商业信用更加规范化、市场化。

与商业信用相比，银行信用具有以下几个特点：

第一，银行信用是种间接信用。从银行信用的借贷双方来看，一方是银行和非银行金融机构，另一方是企业和个人。即银行和非银行金融机构通过吸纳全社会暂时闲置的货币资金，然后以贷款的方式将集中起来的这部分货币资金贷放给企业和个人，投入社会再生产过程中去。因此，银行是以信用中介的身份间接地对全社会的货币资金余缺进行合理的调剂。

第二，银行信用是以资金形式进行的借贷，可克服商业信用在数量上和方向上的局限性。一方面，银行信用有效集聚了社会上的各种资金，形成巨额的借贷资本，从而克服商业信用在数量上的局限性；另一方面，银行信用是以单一货币形态提供的，不受商品流转方向的限制，从而克服了商业信用在方向上的局限性。

第三，银行信用的主体包括银行、其他非银行金融机构、工商企业以及个人等，它们在信用活动中交替地以债权人和债务人的身份出现。

由于银行信用具有以上特点，所以它克服了商业信用的局限性，成为一种被广泛接受的信用形式。其优点主要体现在：（1）银行信用的规模庞大；（2）银行信用的投放方向不受限制；（3）银行信用的期限长短不受限制；（4）银行信用的能力和作用范围大大提高和扩大。正是由于银行信用具有以上的特点和优点，因而自它产生以后，对商品经济的发展起到了巨大的推动作用，成为现代经济中最基本的信用形式之一，在现代经济社会信用体系中占核心地位，发挥主导作用。

三、国家信用

国家信用（Goverment Credit）是以国家为债务人，从社会上筹措资金来解决财政需要的一种信用形式。其基本形式有：（1）政府债券，包括国库券和公债；（2）专项债券，即政府特地为某个项目或工程发行债券；（3）银行透支或借款。其中最主要的形式是政府债券。

国家信用的特点和优点主要体现在以下几个方面：

第一，国家信用可以动员银行信用难以动员的资金。银行信用动员社会资金只能根据自愿的原则来组织，不能强迫。同时，银行要考虑成本和利润，不可能无限提高利率筹集资金。而国家信用在动员社会资金时，有两个优势：一方面，国库券有“金边债券”之称，风险极小；另一方面，必要时国家可以采取强制手段或较高利率来筹集资金。

第二，国家信用筹集的资金期限灵活。国家信用既可以筹集长期资金，也可以筹集短期资金。长期资金期限可长达三五十年，短期资金多以半年为期限。国家信用筹集的长期资金偿还期限较长，又不能提前支取，比较稳定，可以用于解决国家长期资金不足或用于投资期限较长的设施或项目建设；短期资金则流动性强，可用于弥补预算收支中的不平衡。

第三，国家信用的利息承担者是纳税人。国家信用的利息要纳入预算，形式上利息是政府支付，实际上由纳税人承担。所以，国家信用的规模受到财政的负担能力的约束。

国家信用的发达程度从一个侧面反映了一个国家的经济发展水平。国家信用的积极作用体现在：（1）国家信用是弥补财政赤字的重要工具；（2）国家信用是商业银行调节资产结构的工具；（3）国家信用可以筹集大量资金，改善投资环境，创造投资机会；（4）国家信用是实施宏观调控的重要杠杆。对国家财政部门来说，在总需求不足的情况下，通过发行政府债券，可以增加投资需求，刺激经济增长，可以通过有选择的支出安排和优惠政策等调节社会总产品需求的结构。

四、消费信用

消费信用（Comsamer Credit）是指消费者延期付款方式购买各种消费资料而形成的信用。这种信用以借款者的未来收入作为偿债的保证。相对于商业信用、银行信用和国家信用而言，消费信用是一种小额信用的形式。从授信对象来看，消费信用的债务人是消费者，即消费生活资料的个人和家庭。从授信目的来看，是满足和扩大消费者对消费资料的需求。起初，消费信用主要用于住宅、高档耐用消费品购买，后发展到教育和旅行等。而信用卡支付方式的形成使生活品购买成为消费信用又一主力模式。

现代消费信用的主要形式有以下几种：

（一）分期付款

分期付款（Installment Plan）是最常见的消费信用形式，是指销售单位直接向消费者提供的一种消费信用。分期付款适用于一切家庭耐用消费品，如汽车、家具、家用电器等。采用分期付款购买的物件或商品的价格总价高于用现金购买的价格，差价就是利息。分期付款的操作程序可以概括为：买方先支付一定比例的货款（首付款），并与卖方签订分期支付剩余货款和利息的书面合同；然后由卖方交付商品，但在贷款结清之前，商品的所有权归属由合同约定。一般地，贵重物品如房屋所有权属于卖方，买方按照合同规定分期付清本息后，房屋所有权由卖方转移到买方。

（二）信用卡

信用卡（Credit Card）是指发卡机构（如银行）与零售商联合起来，对消费者提供的一种“透支”型消费信用。消费者不需要预先存款，也不需要事先缴纳保证金，便可凭卡在规定的透支额度内向约定商家购买商品或劳务，然后定期与银行结账，并还本付息。信用卡的推广，对于持卡人而言，可以转账结算、储蓄存款、提现消费和透支信贷等；对于特约商户而言，可以增加营业额；对于发卡机构而言，则可以吸收存款和通过垫付客户欠款扩大利息收入。

（三）消费贷款

相对于分期付款和信用卡而言，消费贷款（Consumer Loan）是一种中长期消费信用形式，它是银行或其他金融机构直接以货币形式向消费者提供的以消费为目的的贷款。按照接受信贷对象的不同，消费贷款可以分为对购买消费品的买方发放贷款和对销售企业发放贷款两种方式，一般意义上的消费贷款是指前者。按照贷款方式的不同、消费贷款可分为信用贷款和抵押贷款。在大多数情况下，消费信贷都需要消费者以其所购货物或其他资产作为贷款抵押，其中，最典型的消费贷款就是住房抵押贷款，也称为住房按揭贷款。

消费信用的积极作用主要体现在：一方面，它在一定程度上缓和了消费者购买力水平与生活需求水平之间的矛盾，有利于提高消费水平，发挥消费对生产的促进作用，刺激经济不断发展；另一方面，它有利于商业银行调整信贷结构，寻找新的利润增长点。商业银行以抵押物为担保或面向有稳定收入的人群发放消费贷款，是风险较小的资产业务。增加消费贷款在贷款结构中的比重，将增强贷款的盈利性。

消费信用在一定情况下也会对经济发展产生消极影响。它的过度发展会增加经济的不稳定性，造成通货膨胀和债务危机。（1）对于供给不足，特别是消费品供给不足的国家，这种信用会加剧供求的紧张状态，容易引发需求拉动型的通货膨胀；（2）即使在生产相对过剩的国家，虽然它可以改变一定的消费不足的状况，但是超前消费并没有从根本上解决生产和消费的矛盾，只是把问题向后推移，如果不能得到妥善解决，势必会加深供给和需求脱节的矛盾，在更大程度上造成供求脱节，并且最终影响消费者的收入水平，从而造成支付困难乃至经济危机。

☞ 情景案例

房贷！天堂上中美老太太的两次对话

场景一：

中美老太太初次在天堂相遇。

“老姐姐，咱都在天堂了咋还有啥闹心事啊?”美国老太太问到。中国老太太无不沮丧的回答：“我攒了30年的钱，晚年终于买了一套大房子，可是现在我……”美国老太太乐呵呵地说：“我住了30年的大房子，临终前终于还清了全部贷款。”

场景二：美国次级房贷危机爆发后

中美老太太再次在天堂相遇。

美国老太太一直闷闷不乐。“老妹妹，怎么这么憔悴啊？难道天堂的房子没有你在美国的大?”中国老太太调侃道。美国老太太黯然神伤地说：“房子还是小点好，女儿刚退休，当初买的房子太大靠的都是贷款，这不国内闹次级房贷危机，还款压力骤增，股票也受其影响贬值了。现在房子、钱都要没了……”

☞ **阅读专栏**

正确处理储蓄和消费的关系

正确处理储蓄和消费的关系，对保持国民经济平稳较快发展具有重要意义。消费增长对于经济增长具有平稳、可持续的拉动作用，但消费增长需要一定规模的储蓄作为支撑，在储蓄不足情况下过度消费，必然损害经济的健康运行。此次全球金融危机的主要原因之一是有关经济体长期低储蓄高消费的发展模式难以为继，我们必须从中认真吸取教训。

……

消费需求是经济增长真正和持久的拉动力量，我们着力扩大消费需求特别是居民消费需求，努力消除制约消费的制度和政策障碍，逐步提高消费对经济增长的贡献率。从短期来看，可考虑针对农村低收入户、中低收入户和城镇低收入户的消费鼓励措施，如增加补贴提高收入、扩大消费信贷等，对消费产生直接拉动作用；从中期来看，提高城镇中等收入居民消费应是鼓励消费政策的着力点；从长期来看，改善社会保障状况以及改善国民收入分配结构、缩小居民收入差距是促进消费增长的根本之路。

资料来源：中国人民银行货币政策分析小组，中国货币政策执行报告（2008年第四季度）.

除了以上四种主要的信用形式外，随着商品经济的发展及全球化趋势的推进，在当今，保险信用、租赁信用、民间信用、国际信用等其他信用形式的作用也日益增强。

第四节　信用工具

一、信用工具的特征

（一）信用工具的含义

信用工具又称金融工具，是资金供应者和需求者之间以书面形式发行和流通，借以保证债权人和债务人权利、义务关系的具有法律效力的凭证。信用工具是在各种信用形式的基础上，随着信用交易方式的演变而逐步形成的。

（二）信用工具的特征

1. 偿还性

偿还性指信用工具按照其不同的偿还期限要求偿还的性质。除股票和永久性债券只付息不还本外，其他大多数信用工具都既要求付息，也要求还本。偿还期指债务人全部偿还债务之前所经历的时间。但实际上，在信用工具流通和可转让的条件下，债权人偿还期计算以信用工具实际持有人或购买人的购买日期到票据到期日来进行计算。

2. 流动性

流动性是指信用工具在短期内转变为现金而不受或少受损失的能力。信用工具的流动性各不相同，有的可迅速兑现且不受损失，我们称为流动性强，如活期存款具有完全的流动性；有的在短期内不易兑现或兑现时要遭受损失，我们称为流动性弱，如定期存款等。通常，信用工具的流动性与偿还期成反向变动，与债务人的信用成正向变动，即信用工具的偿还期长，则流动性减弱；债务人的信用程度越高，则信用工具的流动性越强。

3. 风险性

风险性是指投入的本金和所获收入遭到损失的可能性。信用工具都有不同程度的风险，主要有：（1）违约风险。它是指债务人不按合同履约，或是公司破产等因素造成持有人本息方面损失的风险。这种风险首先视债务人的信誉而定，如政府发行的债券要比企业发行的债券风险小。（2）市场风险。这是由于市场利率上升而引起证券价格下跌的风险。（3）购买力风险。它是指信用工具的本金和利息收入所表示的实际购买力水平由于通货膨胀等因素造成下降的风险。（4）流动性风险。它是指在金融市场上，因信用工具不兑现或不易转让而造成其流动性下降的风险。

4. 收益性

信用工具都有一定的利息或股息收益，尤其是可流通和转让的债券和股票在二级市场上还可能得到一定的资本利得。当然收益性包括净收益或净损失。信用工具的收益性通常用收益率来表示，收益率是年净收益与本金的比率，通常有三种表示方法：（1）名义收益率，即票面利息与票面金额的比率。如某种 10 年期 100 元债券的年息为 8 元，它转让时的市场价格为 95 元，则该债券的名义率为 8%。（2）即期收益率，即规定的利息与信用工具市场价格的比率。上例中该债券的即期收益率为 8.42%。（3）实际收益率，即平均实际收益与市场价格的比率。

☞ 阅读专栏

信用评级与信用发展

信用评级又称为资信评级、违约信誉评级，其基本方式是使用某种评级规则来计算某种金融资产或者某个经济主体的违约概率。信用评级机构的出现可以追溯到两个世纪以前。19世纪初，美国国内的投资开始向全国尤其是西部地区扩张，由于商人和投资目的地的距离越来越远，商人无法充分了解投资项目的信用情况，因此商人需要参考第三方机构提供的信用评估报告来作出投资决策。特别是在1837年金融危机中，大量的债券违约，市场对于信用评估报告的需求迅速增加。在此背景下，1841年路易斯·塔班（Lewis Tappan）在纽约建立第一个商人信誉评级机构，这便是信用评级的雏形。信用评级为资金融通即信用发展的基础性设施。我国的信用评级行业开始于20世纪80年代。

信用评级主要特点如下：

（1）信用评级的根本目的在于揭示受评对象违约风险的大小，而不是其他类型的投资风险，如利率风险、通货膨胀风险、再投资风险及外汇风险等。

（2）信用评级所评价的目标是经济主体按合同约定如期履行债务或其他义务的能力和意愿，重点不在企业本身的价值或业绩。

（3）信用评级是独立的第三方利用其自身的技术优势和专业经验，就各经济主体和金融工具的信用风险大小所发表的一种专家意见，它不能代替资本市场投资者本身作出投资选择。

二、短期信用工具

短期信用工具一般是指期限在一年期以内的各种票据。票据是具有一定格式、一定日期，到期由付款人对持票人无条件支付款项的书面凭证。短期信用工具主要有：

（一）本票

本票又称期票，是一种承诺式的信用凭证。即债务人（发票人）承诺在一定日期支付一定金额给债权人（持票人）的债务凭证。按签发人不同，本票可分为银行本票和商业本票。经持票人背书后，未到期的本票可以转让或向银行贴现。

（二）汇票

汇票是一种命令式信用凭证，即由债权人签发，要求债务人在一定期间向收款人支付一定金额的支付命令书。按出票人不同，汇票可分布商业汇票和银行汇票。由于汇票是由债权人开出的，必须经付款人承兑后才能生效。经过承兑的汇票叫“承兑汇票”。凡由企业承兑的称为“商业承兑汇票”，凡由银行承兑的称为“银行承兑汇票”。商业汇票经持票人背书后，未到期的也可以转让或向银行贴现。

（三）支票

支票是活期存款的支付凭证。支票按其支付方式分为现金支票和转账支票。前者可用于支取现金，后者只能用来转账。支票按是否记名可分为记名支票和不记名支票。前者是银行只对票面上指定的人付款；后者是银行可以对支票的任何持有人付款，故又称“来人支票”。

支票按支付期限可分为即期支票和远期支票。此外，还有保付支票、旅行支票等。

（四）国库券

国库券是国家财政当局为弥补短期财政收支失衡而发行的一种政府债券。国库券的债务人是国家，其还款保证是国家财政收入，所以它几乎不存在信用违约风险，是金融市场风险最小的信用工具。由于期限短、流动性强、安全性高，被视为零风险债券或“金边债券”。我国于1981年恢复国库券发行。

三、长期信用工具

（一）债券

它是一种借款者向贷款者出具的、承担还本付息义务的书面凭证。一般可分为政府债券、企业债券和金融债券。政府债券主要包括国家公债和国库券；企业债券是由工商企业发行的债券；金融债券是由包括银行在内的金融机构发行的债券。

（二）股票

股票是股份公司为筹集资金而公开发行的证明股东持有公司股份的所有权凭证。股票一经发行，持有者即为发行股票公司的股东，有权参与公司的决策，分享公司的利益，同时分担公司的责任和经营风险。股票一经认购，持有者不能要求退还股本，只能通过证券市场转让和出售。但在发达的资本市场，股票投资人大多将股票作为交易对象，股票已成为资本市场上主要的、长期的信用工具。但实际上，股票只代表股份资本所有权的证书，其本身并没有价值，只是独立于实际资本之外的虚拟资本。

☞ **阅读专栏**

我国现行的信用工具

我国现行的信用工具，随着金融信用制度改革的推进，不断革陈除旧，去除不适应市场经济发展的信用工具，创立新的信用工具并逐渐完善起来的，大致情况为：

1. 短期信用工具。短期信用工具主要是以存款账户为基础的银行转账结算凭证。改革开放后逐步建立起新的银行结算制度。确定了以汇票、本票和支票为主体的结算制度，增加了票据的流通性；既维护了存款人资金的自主支配权利，又分清了客户和银行办理结算的职责义务。实行银行汇票、商业汇票、银行本票、支票、国内信用证、银行卡、汇兑、托收承付、委托收款9种信用支付工具。

2. 长期信用工具。目前我国长期信用工具主要包括股票和债券。改革开放以来，随着多种经济成分和市场经济的发展，推行以股份制为核心的企业制度改革，经有关主管机关的批准．企业发行股票的数量和种类正在日益增多。

在债券方面，主要有以下几类：

（1）国库券。自1981年起至今，连续每年发行，并逐步实现了流通转让。

（2）金融债券。这是政策性银行或商业银行为吸收专门用途资金而发行的债券。

（3）建设债券。这是由财政部为筹集资金作专门用途而发行的债券。

（4）企业债券。经主管机关批准，由企业发行的债券。

第五节　融资方式与融资结构

一、融资方式与融资体制

在市场经济中，企业一般通过两种方式获取资金：内源融资和外源融资。内源融资是企业不断将企业的储蓄（留存盈利和折旧）转化为投资的过程。内源融资对企业的资本形成具有原始性、自主性、低成本性和抗风险性的特点，是企业生存与发展不可或缺的重要组成部分。外源融资是企业吸收其他经济主体的储蓄，使之转化为企业投资的过程。它对企业的资本形成具有高效性、灵活性、大量性和集中性的特点。因此，在经济日益货币化、信用化和证券化的进程中，外源融资成为企业获取资金的主要方式。一般来说，企业外源融资是通过金融媒介机制的作用实现的，见图2－1（箭头表示资金流向）。

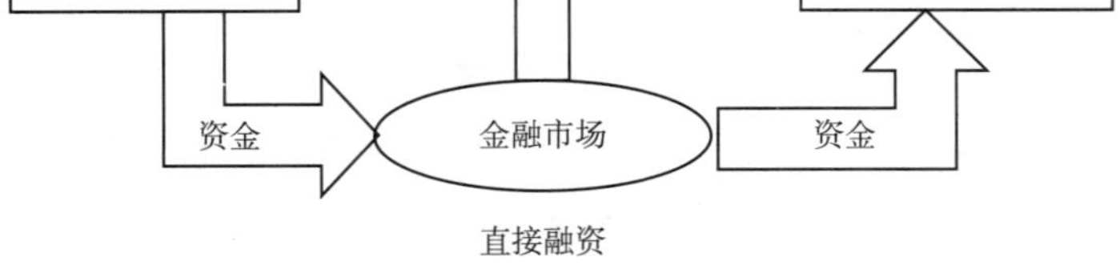

图2－1　企业直接融资和间接融资过程

二、间接融资与直接融资

直接融资和间接融资是社会储蓄转化为投资的两种形式，也是企业取得外部资金的基本形式，在社会资源配置过程中起着极为重要的作用。按照直接融资和间接融资在社会融资总量中所占的比重，以及对国民经济发展所起的作用不同，相应形成了两种金融体制：直接金融体制和间接金融体制。前者是指以直接融资为主导的金融体制；后者是指以间接融资为主导的金融体制。

不同的国家由于历史、文化、传统不同，经济发展的水平、阶段以及对资金需求的程度不同，所形成的金融体制也不相同。从国际上看，英美等市场经济比较发达国家的企业历来主要依靠资本市场的直接融资。20 世纪 70 年代以前，通过企业债券和股权进行的直接融资占企业外源融资总额的 55%—60%，通过银行中介的间接融资占 40%—45%。日本等亚洲后起的资本主义国家则相反，主要依靠银行的间接融资。1975 年以前，日本企业间接融资占外部融资中的比重为 80%—85%，直接融资只占 15%—20%。20 世纪 70 年代以后，情况缓慢地发生了变化。英美企业增加了间接融资的比重，日本增加了直接融资的比重。

（一）间接融资

间接融资即间接信用，是以银行等金融机构为媒介的资金融通活动（或信用活动）。从集聚资金角度，银行等金融机构是货币资金供给者的债务人；从贷放资金角度，它们是货币资金需求者的债权人。真正的资金所有者同资金需求者之间并不发生直接的债权债务关系。所以，这种资金融通方式称为“间接融资”或“间接金融”。在间接融资方式中，资金的流向是由银行支配的，即银行将资金贷给哪个企业，存款者是无权干涉的。中介机构获利的方式是以利差为主。

（二）直接融资

直接融资或直接金融，是指公司、企业在金融市场上从资金所有者那里直接融通货币资金，其方式是发行股票或债券。在直接融资方式中，通常也需要中介机构的帮助，如债券、股票的发行和交易都需证券机构的介入。但是资金的使用权在其所有者手中，即购买何种债券、股票的决定权属于资金所有者，证券中介机构无权决定。同时，证券中介机构一般是以手续费或佣金方式获得收入。

（三）两种融资效能的比较

间接融资的优点在于：（1）银行等金融机构以其网点多，吸收存款的起点低，能够广泛筹集社会各方面闲散资金，积少成多，形成巨额资金。（2）在间接融资中，由于金融机构的资产、负债是多样化的，融资风险便可由多样化的资产和负债结构分散承担，从而安全性较高。（3）可降低融资成本。因为金融机构的出现是专业化分工协作的结果，它具有了解和掌握借款者有关信息的专长，而不需要每个资金盈余者自己去搜集资金赤字者的有关信息，因而降低了整个社会的融资成本。

间接融资的局限性，主要是由于资金供给者与需求者之间加入金融机构为中介，隔断了资金供求双方的直接联系，极大地减少了资金供给者对资金使用者经营状况的关注。筹资者在资金使用方面的压力和约束主要来自金融中介。

直接融资的优点在于：(1) 资金供求双方直接形成债权、债务关系，双方可以根据各自融资的条件，如借款期限、数量和利率水平等方面的要求，实现资金的融通。(2) 由于资金供求双方直接形成债权、债务关系，债权方自然十分关注债务人的经营活动。债务人面对直接债权人的监督，在经营上会有较大的压力，从而促进资金使用效益的提高。(3) 通过发行长期债券和发行股票，有利于筹集具有稳定性的、可以长期使用的资金。在较发达的证券市场条件中，短期性资金也可以进入市场参与交易，支持这类长期融资的发展。

直接融资也有其局限性，主要表现在：(1) 直接融资双方在资金数量、期限、利率等方面受到限制比间接融资较多。(2) 对资金供给者来说，直接融资风险由于缺乏中介的缓冲，其承担的风险比间接融资要大。

总之，两种融资方式各有相对比较优势和适用范围，而投融资者各有不同偏好，因此，在任何国家均没有出现一种融资方式取代另一种融资方式的倾向。

三、我国的融资结构

改革开放以前，我国实行的是高度集中的计划管理体制，在融资体制中以财政为主，银行为辅。财政在整个国民经济资金分配体系中占有绝对主导地位，国家的基本建设投资、国有企业固定资金、定额流动资金的供应均有财政拨款供给，而银行融资只局限在企业超定额流动资金的范围内。财政为主的无偿分配资金结果是资金使用效益低下，整个国民经济发展缓慢。

改革开放以来，我国的融资结构发生了以下变化：(1) 融资格局由财政主导型转向金融主导型；(2) 在金融主导型格局下，直接融资的比重正在逐步扩大，但间接融资仍占主导地位；(3) 间接融资体系中多种金融机构和非国有金融机构融资比重逐步扩大，国有银行贷款比重下降，但仍占主导地位；(4) 直接融资体系中，货币市场和资本市场得到发展，其中股票市场融资比重上升较快。我国的融资结构正朝向融资主体多元化、融资方式多源化、融资渠道多样化、融资结构合理化的方向发展。

20 世纪 90 年代以来，我国加大了对国有企业和国有商业银行的改革力度，同时又发展了直接融资市场，如债券市场和股票市场，但仍未改变间接融资为主、直接融资为辅的局面。

☞ 深度阅读

信用和金融的发展对未来经济产生的可能影响

第一，未来经济一定具有比现在经济更大的资金的动员能力。这是由于信用经济越来越发达，可以通过一切信用手段把众多的资金充分地动员起来。

第二，信用的发展会使未来经济更复杂。因为信用本身包含着利息，人们要经常考虑利率的波动；同时，信用机制通过信用扩张，还可能会造成虚假的购买力，甚至会因金融货币投机过度形成经济泡沫，导致金融、经济危机。

对此我们应该进一步思考以下几个方面问题：

一是宏观经济运行要充分理解和洞察金融在整个经济体系中的地位和作用。在国际金融一体化程度持续加大的大背景下，我国经济要稳定持续快速发展，一定要通过金融体系的深化改革，充分发挥它在整个国民经济中的积极作用。

二是在宏观经济中，要让市场在利润率、利率、汇率等经济手段作用的发挥上起到应有的作用。

三是在经济活动中要更注意发生金融信用危机的可能性，随着人们对价格、利率、资金收益率预期的偏离，信用规模过度膨胀、虚假购买力等的出现，通货膨胀以至金融危机仍可能发生，如由美国次贷危机演化的金融危机将有可能再次“变异”重现。

本章关键词

信用　金融　高利贷信用　商业信用　商业票据　商业汇票　商业本票　银行信用　国家信用　消费信用　直接融资　间接融资

复习思考题

1. 简述信用的产生和发展。
2. 为什么资本主义以前高利贷信用能占统治地位，它有何作用？
3. 商业信用有何特点、作用、局限性？
4. 银行信用与商业信用的区别和联系？
5. 试述国家信用的作用。
6. 试述现代信用的作用。
7. 在我国发展消费信用有何意义，如何进一步发展我国的消费信用？
8. 比较间接融资和直接融资的优点和局限性，并结合我国实际情况谈谈发展直接融资的意义。

第三章　利　息

利率是现代市场体系中连接金融经济和实体经济的、最重要的变量之一，是调节经济活动的重要杠杆，也是影响经济决策的重要因素。在现实生活中，小到普通百姓纠结应该拿年终奖去买心仪的新汽车还是投入股市？企业考虑是否应该向银行借钱去增设一条新的生产线？大到一国的中央银行如何通过货币政策调控宏观经济？利率都在其过程中有着重要的影响。因此，与利率有关的理论与知识，成为货币金融理论和实践的重要组成部分。本章系统阐述了利率相关的概念、理论，讨论了利率在实践中的作用。

第一节　利息与利息率

一、利息的含义

经济范畴的信用是以还本付息为条件的借贷活动，在现代信用中，货币几乎成为唯一的载体。以货币形态借出一定的本金，在约定的时间内收回本金和利息。在借贷本金和其他条件相同的情况下，借贷时间越长，支付的利息越多。换言之，在借贷活动中时间是影响利息多少的重要因素。即货币是有时间价值的，而利息则成为货币时间价值的载体和体现。

根据货币的时间价值（Time value of money）概念，当前持有的一定量货币比未来等量金额的货币具有更大的价值。利息是信用关系中货币所有者（或债权人）因贷出货币或者货币资本而从借款人（或债务人）处获得的报酬，也是借款人（或债务人）借入货币或者货币资本所付出的成本。利息随着信用行为的产生而产生，只要信用关系存在，利息就必然存在。在一定意义上，利息还是信用存在和发展的必要条件。

二、利息率表示方法、计算方法及其分类

利率就是利息率，是指借贷期间所形成的利息额与本金的比率，也就是将借贷期间的报酬或成本表现为本金的百分比形式，便于对不同本金规模的借贷或投资的收益进行对比。

（一）利息率的表示方法

在众多的利息率表示方法中，主要有三种：日利率、月利率和年利率。

日利率是以天为时间单位计算利率，通常以万分之几计算（毫）。

月利率是以月为时间单位计算利率，通常以千分之几计算（厘）。

年利率是以年为时间单位计算利率，通常以百分之几计算（分）。

三者可相互换算。

传统上，不论是年息、月息、日息我国都习惯用“厘”作单位，而且之间还存在换算关系，如年利 7 厘，月利 5 厘，日息 2 厘。表达方式是：年利 7 厘为 7%，月利 5 厘为 5‰ 或 0.5%，日息 2 厘为 2‱ 或 0.02%；换算关系上，日息 2 厘折合月利 6‰，即（2‱ × 30）；年利率 7.2%，即（2‱ × 360）。

☞ 想一想

虽然我国央行在 2021 年 4 月 5 日宣布要求在营 P2P 网贷机构全部停业，但是目前打开很多网站和手机小程序还是会经常跳出很多网络借款的广告，广告中经常会看到“利率低至万分之几”的字眼。

问：为什么网贷都喜欢用日息或日利率来表示，而银行贷款一般都用年息或年利率来表示？

（二）利息率的计算方法——单利与复利

1. 单利

单利就是不管贷款期限的长短，仅按本金计算利息。以存款为例，其隐含的假定条件是不将前期获得的利息转做新增存款，即不对投资期内产生的收益进行再投资，仅依据期初投资计算收益。单利的现金流量见图 3－1。

以本金为 1 000 元，利率为 10%（年），期限以 3 年为例，3 年后的本息和为 1 300 元，即（1 000 + 1 000 × 10% × 3），也即

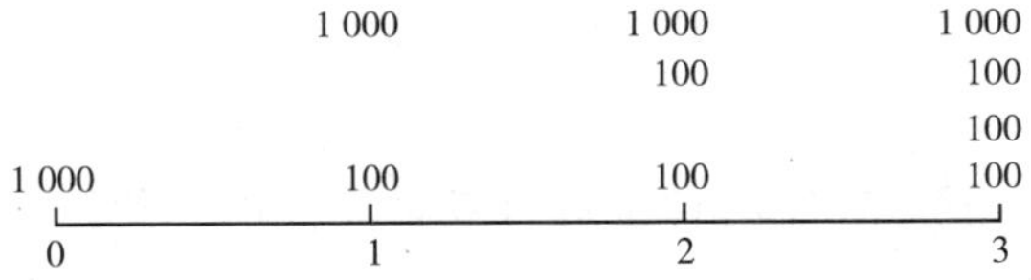

图 3－1

从图 3－1 可以看出，这 1 000 元贷款到第一年年底时的现金流量为 1 100 元，即本金 1 000 元和利息 100 元；第二年年底时为 1 200 元，即本金 1 000 元和 1 000 元从时点 0 到时点 1 产生的利息 100 元，再加上 1 000 元从时点 1 到时点 2 产生的利息 100 元；从时点 1 到时点 2 的利息仍然是（1 000 × 10%），从时点 0 到时点 1 获得的 100 元利息在时点 1 到时点 2 期间不参与计息；第三年年底时为 1 300 元，即（1 000 + 1 000 × 10% × 3），前两年获得的利息在第三年都不参与计息。

单利计算公式为：

$$R = P \cdot r \cdot n$$

其中，R 为利息；P 为本金；r 为利率；n 为与利率指标相对应的期限。

单利的本息额为 S，则

$S = P\ (1 + r \cdot n)$

2. 复利

复利就是经过一定时间（通常约定为 1 年）将本金所生利息，加入原本金一起计算利息的方法。以存款为例，复利是指除了对本金求利息外，还要对前期获得的已转为新增存款的利息求利息，其隐含的假定条件是对投资期内产生的收益进行再投资，即我国民间常说的“利滚利”。现在仍以上例数据作复利的现金流量图，见图 3 – 2。

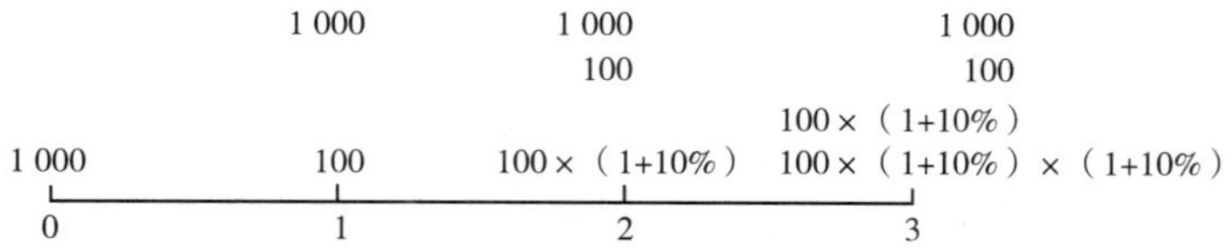

图 3 – 2

如图 3 – 2 所示，到第一年年底，现金流量总额为 1 100 元，即本金 1 000 元和当年利息 100 元；到第二年年底时，现金流量总额为 1 210 元，即（1 100 + 1 100 × 10%），当年的计息本金变成了最初的本金 1 000 元加上 1 000 元从时点 0 到时点 1 的利息 100 元，共计 1 100 元，第一年获得的 100 元利息在第二年也参与了计息；到第三年年底，现金流量总和为 1 331 元，即（1 210 + 1 210 × 10%），即前两年本金获得的利息以及第一年的利息成为新增的本金后在第二年获得的“利上利”在第三年都进行了计息。

复利一般计算公式为：

$S = P \cdot (1 + r)^n$

$R = P \cdot [(1 + r)^n - 1]$

式中，S、P、R、r、n 的含义与前面相同，只是 r 为复利。

3. 单利和复利的关系

通过上例可知，如果资金按复利计算进行投资或借出，利息也将被再投资或再借出，而单利情况下，利息没有进行再投资或再借出。在上例中，31 元就是利息的利息，这个数字似乎不大，这是因为本金仅为 1 000 元，如果贷款金额足够大，刚才不起眼的小数字也会变成一大笔资金。另外，贷款期限越长，利息的利息也会变得越为重要。

☞ 课堂随练

假如现在你想向银行借贷款 10 万元，为期 2 年，银行在和你签订贷款合同时提出了两种还款方案，一种是贷款按单利计息，年利率为 7%；另一种是贷款按复利计息，年利率为 6%。两种还款方案都是在贷款到期时一次性付清本息和，贷款期间不需偿还任何款项。

问：你会选择第一种还款方案还是第二种还款方案？如果现在不是你向银行贷款，而是你去银行存钱，银行同样提供了这两种付息方案，你又会选择哪一种呢？

（三）利息率的分类

现实生活中的利息率都是以某种具体形式存在的，如 6 个月的贷款利率，2 年期的存款利率、贴现利率，10 年期国债的到期收益率，等等。金融市场不断发展，利率的种类不断增加，构成了一个庞大的利率体系，在这个体系中，按照不同的标准可以划分出多种利率类别，其中主要有以下几种：

1. 以时间长短为标准，可以把利息率分为短期利率和长期利率

短期利率一般指借贷时间在一年以内的利率。

长期利率一般指借贷时间在一年以上的利率。

一般来说，资金借贷期限长短与利率大小及投资风险有直接关系。期限越长的投资，风险越大，利率越高；期限越短的投资，风险越小，因而利率越低（见表 3－1）。

表 3－1　　中国人民银行法定贷款利率调整情况　　单位：%

时间	短期利率		长期利率		
	6 个月以内	6 个月至 1 年	1～3 年	3～5 年	5 年以上
1989.02.01	11.34	11.34	12.78	14.4	19.26
1990.08.21	8.64	9.36	10.08	10.8	11.16
1991.03.21	9	10.08	10.8	11.52	11.88
1991.04.21	8.1	8.64	9	11.54	11.72
1993.05.15	8.82	11.36	10.8	12.06	12.24
1993.07.11	9	10.98	12.24	13.86	14.04
1995.01.01	9	10.98	12.96	14.58	14.76
1995.07.01	10.08	12.06	13.5	15.12	15.3
1996.05.01	11.72	10.98	13.14	14.94	15.12
1996.08.23	11.18	10.08	10.98	11.7	12.42
1997.10.23	7.65	8.64	11.36	11.9	10.53
1998.03.25	7.02	7.92	9	11.72	10.35
1998.07.01	6.57	6.93	7.11	7.65	8.01
1998.12.07	6.12	6.39	6.66	7.2	7.56
1999.06.10	5.58	5.85	5.94	6.03	6.21
2002.02.21	5.04	5.31	5.49	5.58	5.76
2004.10.29	5.22	5.58	5.76	5.85	6.12
2006.04.28	5.4	5.85	6.03	6.12	6.39
2006.08.19	5.58	6.12	6.3	6.48	6.84

续表

时间	短期利率		长期利率		
	6 个月以内	6 个月至 1 年	1 ~ 3 年	3 ~ 5 年	5 年以上
2007. 03. 18	5. 67	6. 39	6. 57	6. 75	7. 11
2007. 05. 19	5. 85	6. 57	6. 75	6. 93	7. 2
2007. 07. 21	6. 03	6. 84	7. 02	7. 20	7. 38
2007. 08. 22	6. 21	7. 02	7. 20	7. 38	7. 56
2007. 09. 15	6. 48	7. 29	7. 47	7. 65	7. 83
2007. 12. 21	6. 57	7. 47	7. 56	7. 74	7. 83
2008. 09. 16	6. 21	7. 20	7. 29	7. 56	7. 74
2008. 10. 09	6. 12	6. 93	7. 02	7. 29	7. 47
2008. 10. 30	6. 03	6. 66	6. 75	7. 02	7. 20
2008. 11. 27	5. 04	5. 58	5. 67	5. 94	6. 12
2008. 12. 23	4. 86	5. 31	5. 40	5. 76	5. 94
2010. 10. 20	5. 1	5. 56	5. 6	5. 96	6. 14
2010. 12. 26	5. 35	5. 81	5. 85	6. 22	6. 40
2011. 02. 09	5. 6	6. 06	6. 1	6. 45	6. 6
2011. 04. 06	5. 85	6. 31	6. 4	6. 65	6. 8
2011. 07. 07	6. 1	6. 56	6. 65	6. 90	7. 05
2012. 06. 08	5. 85	6. 31	6. 40	6. 65	6. 80
2012. 07. 06	5. 6	6	6. 15	6. 4	6. 55
2014. 11. 22	5. 6	5. 6	6	6	6. 15
2015. 03. 01	5. 35	5. 35	5. 75	5. 75	5. 9
2015. 05. 11	5. 1	5. 1	5. 5	5. 5	5. 65
2015. 06. 28	4. 85	4. 85	5. 205	5. 25	5. 4
2015. 08. 26	4. 6	4. 6	5	5	5. 15
2015. 10. 24	4. 35	4. 75	4. 75	4. 75	4. 9
2016. 07. 14	4. 35	4. 75	4. 75	4. 75	4. 9
2017. 11. 01	4. 35	4. 75	4. 75	4. 75	4. 9
2018. 01. 01	4. 35	4. 75	4. 75	4. 75	4. 9
2019. 08. 20	4. 25	4. 25	4. 25	4. 25	4. 85
2019. 09. 20	4. 2	4. 2	4. 2	4. 2	4. 85
2019. 10. 21	4. 2	4. 2	4. 2	4. 2	4. 85
2019. 11. 20	4. 15	4. 15	4. 15	4. 15	4. 8
2020. 02. 20	4. 05	4. 05	4. 05	4. 05	4. 75
2020. 04. 20	3. 85	3. 85	3. 85	3. 85	4. 65

资料来源：银行信息港，https：//www. yinhang123. net/.

2. 按照利率与通货膨胀率之间的关系，利率又分为名义利率和实际利率

名义利率是指货币数量所表示的利率，通常即银行挂牌的利率。实际利率则是指名义利率扣除通货膨胀率之后的差数。即

$r = i + p$

式中，r 为名义利率；i 为真实利率；p 为通货膨胀率。

在信用关系中，债权人不仅要承担到期无法收回本金的风险，而且要承担购买力风险，即由于通货膨胀而使得债权人的真实收益下降的风险。

按照上述公式，假设最初真实利率等于名义利率，即 $r = i$，则

p 提高，$r > i$

p 下降，$r < i$

实际利率概念或真实利率就是从这一角度而产生的。

☞ **案例分析**

名义利率和实际利率的计算

假定某年物价没有发生变化，某人从其他人那里取得一年期的 100 万元贷款，年利息额为 5 万元，则名义利率与实际利率相同，都是 5%。

在现实生活中，物价不发生变化的情况是极为少见的。如果某一年的通货膨胀率为 10%，这一年年初的 100 万元，相当于当年年底的 110 万元，或者年底的 100 万元相当于年初的 90.91 万元。为了避免通货膨胀给本金带来的损失，假设债权人依然要获得 5% 的真实利率收益。那么，该债权人要以多大的名义利率贷出他手中的货币呢？

答案一：

$r = i + p$

式中，r 为名义利率；i 为真实利率；p 为通货膨胀率。

答案二：

$(1 + r) = (1 + i)(1 + p)$

式中，r，i 与 p 的定义同前。则

$i = (1 + r)/(1 + p) - 1$

上述哪一个答案更符合理论分析？为什么？

名义利率与通货膨胀之间存在很复杂的关系，原因是通货膨胀的变化非常复杂。一般情况下，名义利率会因物价上涨而上涨，又会因物价的回落而回落，但由于通货膨胀发生在前。因此，名义利率与通货膨胀之间的关系就变得更加令人困惑。

☞ **想一想**

实际利率可以为负吗?

负利率概念是由德国经济学家格赛尔在1916年提出的。他认为，在经济危机期间，出于避险需要，人们会主动囤积现金，使一部分货币没有进入流通市场，这将导致信用收缩，不利于经济健康。在此基础上逐渐产生了负利率政策，即通过实施负利率对现金征税，刺激投资和消费，减少对经济产生的不利影响。

所谓“实施负利率对现金征税”，就是指当你把钱存入银行，银行不仅不给你利息，还要扣一部分钱。你被扣掉的这部分钱，就相当于“现金税”，如日本在2016年宣布将商业银行存放在日本央行的超额准备金率从之前的0.1%降至-0.1%。一般来说，负利率常出现在经济危机爆发后。

还有一种负利率是指投资理财的实际收益率为负，即当名义利率或者收益率小于通货膨胀率时，实际利率为负。

问：在负利率时代，你会怎么处置你手里的钱呢?

3. 按借贷期内利率是否变动，可将利率分为固定利率和浮动利率

固定利率是指在整个借贷期限内，利率不随借贷供求状况而变动的利率，它适用于短期借贷。

浮动利率是指在借贷期限内随市场利率的变化而定期调整的利率，它适用于借贷时间较长，市场利率多变的借贷关系。

实行固定利率对于借贷双方准确计算成本和收益比较方便。但由于在通货膨胀情况下，债权人，特别是长期放贷的债权人要承担较大的通货膨胀风险和市场利率上升的风险。为了减少债权人的风险，浮动利率就应运而生。

4. 按利率决定的主体，可将利率分为市场利率和官定利率

市场利率是指由货币资金的供求关系决定的利率，其水平高低由市场供求的均衡点决定。官定利率是由政府金融管理部门或者央行确定的利率。它是国家实现宏观调控目标的一种政策手段。

发达国家的利率大多是市场利率。这些国家的市场利率也分为完全不受限制的利率和有上下限约束的利率。随着西方国家金融自由化的发展，对市场利率变化的限制也越来越少。

官定利率是国家实现宏观调控的一个政策手段。我国的利率属于官定利率。利率由中国人民银行统一制定并管理。1981年后，我国实行了差别利率和浮动利率的政策。这里的浮动利率是指基层银行在国家统一规定的利率基础上，可以在一定幅度内上下浮动利率，而浮动的幅度是较小的。

改革开放以来，我国一直在稳步推进利率市场化，建立健全由市场供求决定的利率形成机制，中央银行通过运用货币政策工具引导市场利率。经过 30 多年的持续推进，我国的利率市场化改革取得显著成效，已形成比较完整的市场化利率体系。

还有一种介于官方利率与市场利率之间的利率，即公定利率，它是由非政府部门的金融行业的自律性组织（如银行公会）所确定的利率。

5. 按在整个利率体系中产生的影响不同，利率可以分为基准利率和非基准利率

基准利率是指在多种利率并存的条件下起决定作用的利率，这种利率变动，其他利率也相应变动。西方国家的基准利率通常是指中央银行的再贴现率，不过也不尽然，也有一些国家和地区的基准利率是金融机构同业拆借利率，比如著名的伦敦银行间同业拆借利率（LIBOR），我国的基准利率是中国货币市场基准利率。基准利率以外的利率被之为非基准利率。

☞ 阅读专栏

中国基准利率体系建设现状及展望

党的十九届四中全会提出，健全基准利率和市场化利率体系。基准利率作为各类金融产品利率定价的重要参考，是重要的金融市场要素，也是货币政策传导中的核心环节。健全基准利率体系既是建设金融市场的关键，也是深入推进利率市场化改革的重要内容，对于完善货币政策调控和传导机制具有重要意义。

在国际金融市场上，运用最广的基准利率是伦敦银行间同业拆借利率（LIBOR）。2008 年国际金融危机以来，各国同业拆借市场有所萎缩，LIBOR 报价的参考基础弱化。尤其是在国际金融危机期间爆发多起报价操纵案，严重削弱了 LIBOR 的市场公信力。此后，为避免重蹈 LIBOR 报价操纵的覆辙，LIBOR 管理机构对 LIBOR 及与之类似的银行间报价利率（IBOR）推出了一系列改革举措，但仍未获得市场广泛认可。2017 年英国金融行为监管局（FCA）宣布，2021 年底后将不再强制要求报价行报出 LIBOR。这意味着届时 LIBOR 或将退出市场。随后，其他使用 LIBOR 作为基准利率的美国、欧元区、日本、瑞士等主要发达经济体，也开始研究退出 LIBOR 和培育替代基准利率。

为应对 LIBOR 退出，各主要发达经济体积极推进基准利率改革，目前已基本完成替代基准利率的遴选工作，墨西哥、巴西等新兴经济体也效仿英、美等发达经济体研究推出新基准利率。各经济体选定的新基准利率多为无风险基准利率（RFRs），由各经济体独立发布，均为实际成交利率，为确保交易基础稳固，仅有单一的隔夜期限，交易主体样本也较为广泛，并且绝大多数由中央银行管理，以增强其基准性和公信力。主要发达经济体推进基准利率改革主要有两种模式：一种是采用 RFRs 完全替代 IBOR 类基准利率，如美国和英国分别选择了有担保隔夜融资利率（SOFR）、英镑隔夜平均指数（SONIA）；另一种是在引入 RFRs 的同时，对现 IBOR 报价机制进行改革，提高 IBOR 报价的可靠性，并允许多个基准利率并存，如欧元区和日本分别选择了欧元短期利率（€STR）和日元无担保隔夜拆借利率（TONA）。

考虑到新的基准利率均只有隔夜单一期限，国际上正在研究构建各期限利率的方法，主要有两种：一是参考实际已生成的隔夜基准利率，计算单利或复利得出各期限利率的后顾法；二是根据相关利率衍生品交易计算各期限利率的前瞻法。目前，交易基础更为牢固的后顾法受到较多关注，也有部分机构在研究构建前瞻法计算的期限利率。同时，各方面都在积极推进新基准利率的运用和新旧基准利率的转换。目前衍生品的基准转换方案已基本确定，现货产品中新签合约的基准转换方案也已公布，但存量合约则尚未完全明确。

中国境内一些银行开展了基于 LIBOR 定价的美元等外币业务，同样面临基准利率转换问题。中国人民银行积极参与国际基准利率改革，指导市场利率定价自律机制，成立了专门工作组，主动开展研究。目前已明确境内涉及 LIBOR 等国际基准利率转换将借鉴国际共识和最佳实践，积极推动新的基准利率运用。根据这一总体思路，中国人民银行指导制定了境内基准转换的路线图和时间表，从参与新基准利率设计运用、推进新签合约基准利率转换、探索存量合约基准转换方案等方面入手，组织开展深入研究，指导相关银行尽早启动基准利率转换的各项准备工作。

与国际相比，中国基准利率体系建设虽整体起步较晚，但在培育基于实际交易的基准利率方面，具有明显的优势。自中国建立银行间市场之初，就已培育形成了基于实际交易的债券回购利率等基准利率，具有较好的基准性和公信力，至今已超过 20 年。经过多年来持续培育，目前中国的基准利率体系建设已取得重要进展，货币市场、债券市场、信贷市场等基本上都已培育了各自的指标性利率。存款类金融机构间的债券回购利率（DR）、国债收益率、贷款市场报价利率（LPR）等在相应金融市场中都发挥了重要的基准作用，为观测市场运行、指导金融产品定价提供了较好参考。

总体来看，中国基于实际交易的基准利率运行已久，具有全面、透明、易得的市场交易数据，并且中国人民银行始终高度重视对基准利率的监督管理，这些特征为中国基准利率体系建设奠定了良好的基础，有利于保障各个基准利率具有较强的公信力、权威性和市场认可度。

随着利率市场化改革的深入推进，中国的基准利率体系还需不断健全。对此，中国人民银行做了深入研究，提出了以培育 DR 为重点、健全中国基准利率和市场化利率体系的思路和方案。下一阶段，中国银行间基准利率体系建设的重点在于推动各类基准利率的广泛运用，通过创新和扩大 DR 在浮息债、浮息同业存单等金融产品中的运用，将其打造为中国货币政策调控和金融市场定价的关键性参考指标。

资料来源：中国人民银行．参与国际基准利率改革和健全中国基准利率体系白皮书［R］．2020.

6. 按利率是否有优惠，利率可以分为一般利率和优惠利率

优惠利率（Prime Interest Rate）是指国家通过金融机构对于认为需要重点扶植或照顾的企业、行业所提供的低于一般贷款利率水平的利率。我国所实行的贴息贷款，本质上就是优惠利率。所谓贴息贷款是指接受贷款的单位支付低于一般利率水平的利息，发放这种贷款的银行因此而少收的利息由批准贴息贷款的地方或中央政府部门支付。我国在技术改造、重点基本建设项目、贫困地区经济建设、出口贸易、黄金生产等方面都执行着优惠利率政策。

优惠利率政策在发展中国家应用得很普遍。

（四）利率的计算

1. 现值和终值

（1）基本概念。现值和终值问题是从借贷资金时间价值的角度来讨论。

所谓资金的时间价值，是指同样数额的资金在不同的时间点上具有不同价值。例如，现在将 1 000 元存入银行，假设年利率是 12%，1 年后的本利和为 1 120 元，经过 1 年的时间，资金从存入到取出增加了 120 元，也就是说这 120 元是 1 000 元本金在 1 年中的时间价值，这种价值的通常衡量方法是利率，即以所得报酬与让出的本金额相比。可见，利率也是衡量资金时间价值的一种标志，这与前面利率概念的内涵并无冲突，只不过多了一个观察理解问题的角度而已。

一般我们把资金运动起点的金额称为现值，常用符号 PV（Present Value）表示。把资金运动结束时与现值等值的金额称为终值或未来值，常用符号 FV（Future Value）表示。由于用利率来测算资金的时间价值，我们很容易看出：现值和终值是等效值，即两者处于不同时点上，虽然金额不等，但实际经济价值是一样的。沿用上面例子，年末 1 120 元在年利率为 12% 时，其实际经济价值与年初的 1 000 元是等值的。

（2）复利与终值。单利和复利都可以计算终值。以下从复利角度讨论终值计算。

上面复利公式 $S = P \cdot (1 + r)^n$ 中，S 就是终值 FV。FV 的大小与现值、利率和时间长度成正比。

前面我们在讨论单利和复利时都假定计息是以年为单位进行，但是在现实中，复利计息常会在一年之内进行多次，而且在其他因素不变时，FV 的大小也受付息次数影响。

例如，假定本金为 1 000 元，年利率为 12%，期限为 1 年，分别以 1 年 1 次复利计息，1 年 4 次按季利率复利计息，1 年 12 次按月利率复利计息，则 1 年后的 FV 值分别为：

1 年 1 次计息 $FV_1 = 1\,000 \times (1 + 12\%) = 1\,200$（元）

1 年 4 次计息 $FV_4 = 1\,000 \times \left(1 + \frac{12\%}{4}\right)^4$

$= 1\,000 \times (1 + 3\%)^4$

$= 1\,125.51$（元）

1 年 12 次计息 $FV_{12} = 1\,000 \times \left(1 + \frac{12\%}{12}\right)^{12}$

$= 1\,000 \times (1 + 1\%)^{12}$

$= 1\,126.83$（元）

从上例可以看出，每月按复利计息的终值要高于每季按复利计息和年复利计息的终值。这是因为，如果以年为单位按复利计息，全年计息的本金是最初的本金 1 000 元；而每月按复利计息时，这 1 000 元就只是第一个月计息的本金，后面每个月计息的本金都会包括之前获得的利息。所以，在其他因素相同时，付息次数越频繁，最终获得的终值也就越大。

一般地，设 m 为每年的计息次数，则 1 年内多次付息的终值为：

$$FV_m = PV \cdot \left(1 + \frac{r}{m}\right)^m$$

如果上面假定的借贷时间不是 1 年，而是 n 年，则 n 年内每年 m 次付息的终值为：

$$FV_{m \cdot n} = PV \cdot \left(1 + \frac{r}{m}\right)^{m \cdot n}$$

式中，如果 m 趋近于∞，即每次复利计息的时间间隔无限短，则 $\left(1 + \frac{r}{m}\right)^{m \cdot n}$ 项趋近于 $e^{r \cdot n}$。其中，e 是自然对数的底数。

$$e = \lim_{m \to \infty}\left(1 + \frac{1}{m}\right)^m \approx 2.71828$$

这时的终值为：

$$FV_{m \cdot n} = PV \cdot e^{r \cdot n}$$

我们把 $FV_{m \cdot n} = PV \cdot e^{r \cdot n}$ 称为连续复利，它相当于借贷期间每时每刻都在计息并进行复利时所获得的终值。

（3）现值的计算。现值是终值的逆运算。在 $FV_{m \cdot n} = PV \cdot \left(1 + \frac{r}{m}\right)^{m \cdot n}$ 中，现值 PV 为：

$$PV = \frac{FV_{m \cdot n}}{\left(1 + \frac{r}{m}\right)^{m \cdot n}}$$

例如，假定 3 年后可以收到 1 000 元，年利率 r = 12%，每 1 季度计 1 次息，则：

$$PV = \frac{1\ 000}{\left(1 + \frac{12\%}{4}\right)^{4 \times 3}} = 701.4 \text{（元）}$$

可见，现值 PV 的求法实际上是把终值按照一定的利率折现为现在的价值，习惯上把上述计算中的年利率称为贴现率或折现率，本例贴现率为 12%。同时，把 1 元终值的现值称为贴现因子或现值系数，本例中当 $FV_{m \cdot n} = 1$ 元时，贴现因子为 0.70 元，如果知道各年的贴现因子，可以很方便地求现值。

通过上面的讨论，可以发现：与终值计算一样，现值大小与计息次数有关。

☞ 相关链接

现值与终值的一个应用

现值与终值在投资方案选择时是非常有用的工具。例如，某一建设项目建设期为 3

年，投资有两种方案，一是第 1 年年初投资 500 万元，第 2 年与第 3 年年初各投资 200 万元。二是第 1 年年初投资 100 万元，第 2 年年初投资 300 万元，第 4 年年初投资 600 万元。从静态的角度，第一种方案投资共 900 万元，第二种方案为 1 000 万元，看上去同一个项目应该采用第一个方案。但是按现值或终值法会得出与前面不同的结论。如果市场投资收益率为 15%，则第一种方案的投资现值为

$$I_1 = 500 + \frac{200}{1+15\%} + \frac{200}{(1+15\%)^2} = 825\ (万元)$$

第二种方案的现值为

$$I_2 = 100 + \frac{300}{1+15\%} + \frac{600}{(1+15\%)^2} = 815\ (万元)$$

结果是方案二优于方案一。值得一提的是，在投资决策中，应以现值法为决策依据。

现值的观念有悠久的历史。现代银行收买票据的业务，其收买价格就是根据票据金额和利率倒算出来的现值。

2. 衡量利率高低的确切指标：到期收益率

所谓到期收益率，是使从债务工具上获得的未来收益的现值等于其今天的价格的贴现率。

不同的债务工具的到期收益率有不同的算法，下面简要介绍。

（1）普通贷款的到期收益率。

$$PV = \frac{FV}{(1+r)^n}$$

式中，r 为到期收益率。

（2）分期偿还贷款的到期收益率。

例如，某甲向银行借了 1 000 元的分期偿还的贷款，分 25 年还清，每年归还 126 元，其到期收益是多少？贷款行所用的算法是：

$$1\ 000 = \frac{126}{(1+r)^1} + \frac{126}{(1+r)^2} + \cdots + \frac{126}{(1+r)^{25}}$$

求解上式中的 r，得 $r = 0.12$。$r = 12\%$ 就是银行的到期收益率或是某甲支付给银行的贷款利率。

设每年归还的利息为 C，贷款期限为 n，其他符号的含义不变，则分期偿还贷款到期收益率计算的一般公式为：

$$PV = \frac{c}{(1+r)^1} + \frac{c}{(1+r)^2} + \cdots + \frac{c}{(1+r)^n}$$

注意，上式有一系列假定，例如利率是固定的，本息是等额均还的等等。如果放松这些假定条件，r 的求法会复杂些，但基本原理不变。

（3）息票债券的到期收益率。息票债券是一种在某一期间只定期还利息，在借款到期日按照债券面值清偿本金的金融工具。由于这里债券利息的支付以年为时间单位居多，并

且是固定的，所以只要在分期偿还贷款的公式后面加上债券本金的贴现值，就可以求出息票债券的到期收益率。

$$PV=\frac{c}{(1+r)^{1}}+\frac{c}{(1+r)^{2}}+\cdots+\frac{c}{(1+r)^{n}}+\frac{F}{(1+r)^{n}}$$

式中，r 为到期收益率，F 为息票债券面值。

读者可以从上式看出债券现值 PV 与 r 的关系，从而可以判断债券现价、市场利率和到期收益率的关系，这些关系是发行或投资债券的部分依据。

（4）永久债券的到期收益率。永久债券的期限无限长，即没有到期日，并且定期支付固定利息，假定每年一次付息额均为 c，则永久债券到期收益率公式推导为：

$$PV=\frac{c}{(1+r)^{1}}+\frac{c}{(1+r)^{2}}+\frac{c}{(1+r)^{3}}+\cdots+\frac{c}{(1+r)^{n}}$$

$$=\frac{c}{r}\left[1-\frac{1}{(1+r)^{n}}\right]$$

当 $n\to\infty$ 时，符合永久债券期限无限长的条件，此时$\left[1-\frac{1}{(1+r)^{n}}\right]\to 1$，所以

$$PV=\frac{c}{r}$$

上式又可称为永续年金的收益现值公式。永久债券及优先股的长期持有的利率均可通过上式计算。

（5）折扣债券的到期收益率。折扣债券与息票债券不同，发行时折价出售，期间并不支付利息，到期按面值兑现，其复利计算的到期收益率公式为：

$$PV=\frac{F}{(1+r)^{n}}$$

上式与普通贷款的到期收益率形式相似，但含义不同，请注意区别。

第二节 利率的决定

一、马克思的利率决定理论

（一）主要观点

马克思的利率决定理论是以剩余价值在货币资本家与职能资本家之间分割作为起点的。马克思认为，利息是货币资本家从职能资本家那里分割来的一部分利润，而利润是剩余价值的转化形式。利润本身就成为利息的最高限，达到这个界限，职能资本家能获得的利润即为零。利息也不可能为零，否则货币资本家就不会贷出资本。因此，利率的变化范围是零与平均利润率之间，特殊的情况是利率超出平均利润率或为负。

马克思认为，平均利润率随技术发展和资本有机构成的提高，有下降趋势，因此利息率也有下降的趋势。虽然平均利润有下降趋势，却是极为缓慢的过程，在一个阶段，在一个国家内，平均利润率和利息率是相当稳定的。

马克思认为，利息率的高低取决于两类资本家对利润分割的结果，因而利率的决定带有很大的偶然性。

（二）影响利率水平的基本因素

1. 平均利润率

马克思认为，平均利润率构成利率的最高限，利率无论如何都不会同平均利润率相等，利率只是平均利润率的一部分。利率的最低界限为零，低于它就没有人愿意出借他的资本了。所以，利率总是在零和社会平均利润率之间摆动。

值得注意的是，平均利润是在市场经济条件下形成的：当某一行业的利润率高，而另一行业的利润率低时，追求利润的资本家就会将资金投入到利润率高的行业中去，使利润率高的行业产品供给增加，从而其产品价格及行业利润率下降，反之则相反。这样，通过市场机制的自动调节作用，各行业的利润率最终将趋于均等，这就自然形成了平均利润率。

2. 市场竞争和资金供求状况

马克思认为，平均利润率对利率的决定和约束作用是从总体上讲的。具体如何分割，由借贷双方通过竞争即借贷资本的供求状况决定的。当资金需求大于资金供给时，市场利率就会提高；反之，当资金供给大于需求时，市场利率就会降低。

马克思还指出，当借贷资本和需求达到平衡时，“习惯、法律和传统等等都和竞争本身一样，对它的决定发生作用”。

3. 物价水平

一般的物价变动会引起名义利率相应变动。当资本的供求双方在决定接受某一水平的名义利率时，还会加进对未来物价变动的估计值，以防止自己因货币本身价值的变动而发生实际的损失。

4. 经济周期的影响

马克思具体分析了包括危机、萧条、复苏、繁荣等四个阶段在内的经济周期对利率水平的影响。马克思认为，在危机阶段，由于物价下降，工厂倒闭，商品积压，资本需求减少，故利率开始下降；而在萧条阶段，由于生产减缩，对资本的进一步需求减少，因此利率下降到最低限度；在复苏阶段，由于投资逐步增加，生产及交易规模渐渐扩大，因此利率开始回升；在繁荣阶段，由于生产大规模扩张，因而对资本的需求大幅度增加，这就必然导致利率上升到最高水平。

5. 国际利率水平

在各国经济联系日益加强的情况下，国际利率水平及其变动对本国利率水平有很大的影响。马克思曾指出：“不以一个国家的生产条件为转移的世界市场，对确定利息率的直接影响比它对利润率的影响大得多。”这种影响，使得各国的利率水平呈现出一种“趋同”趋势。

☞ 重要提示

对影响利率水平基本因素的进一步思考

从现实角度考察，除了马克思所论述的影响利率水平的基本因素外，一个国家或地区的利率管制程度、中央银行的货币政策、政府财政赤字等对利率水平都有较大影响。

在一些经济不发达地区，或者发达国家的非常时期，利率管制也是直接影响利率水平的重要因素。利率管制的基本特征是由政府有关部门直接制定利率或规定利率变动的上下界限。由于利率管制具有高度行政干预的力量，利率决定的经济因素就被排斥了。

中央银行通过运用货币政策工具改变货币供给量，来影响可贷资金的数量。当中央银行想要刺激经济时，会增加货币投入量，使可贷资金的供给增加，这时可贷资金供给曲线向右移动。利率下降，同时会刺激对利率敏感项目如房地产、企业厂房和设备的支出。当中央银行想要限制经济过度膨胀时，会减少货币供给，使可贷资金的供给减少影响（供给曲线向左移动）；利率上升，家庭和企业的支出受抑制。

如果其他因素不变，政府预算赤字与利率水平将会同方向运动，即政府预算赤字增加，利率则会上升；政府预算赤字减少，利率则会下降。

二、古典利率理论

古典利率理论流行于19世纪末至20世纪30年代西方经济学中，其基本观点认为利率是由储蓄和投资所决定。代表人物有庞巴维克、费雪和马歇尔。

马歇尔运用了“供求均衡原理”来解释利率的决定，认为利息是资本需求与资本供给达到均衡时的价格。资本的需求决定于资本的边际生产力，资本的供给则取决于抑制现在消费而对享受的“等待”，利息率就由资本的供求双方共同决定。

古典利率理论认为，资本的供给来源于储蓄，储蓄取决于“时间偏好”“节欲”“等待”等因素。在这些因素既定的条件下，利息率越高，储蓄的报酬越多，结果储蓄量会增加，反之则减少。因此，储蓄是利率的增函数。资本的需求取决于资本边际生产力与利率的比较。只有当前者大于后者时，才能导致净投资。在资本边际生产力一定的条件下，利率越高，投资越少，利率越低，投资越多，即投资是利率的减函数。用公式表示则为：

投资函数：$I = I(r)$ $dI/dr < 0$

储蓄函数：$S = S(r)$ $ds/dr > 0$

当投资等于储蓄时，即

$I(r) = S(r)$

上式就决定了社会上的一般利率水平以及储蓄和投资的数量，公式中 I 代表投资，S 代表储蓄，r 代表利率，用图 3－3 表示。

图 3－3 就是古典利率理论的基本模型，按照古典利率理论，储蓄函数 $S(r)$ 与投资函数 $I(r)$ 的交点 E 所决定的利率 r_e 为均衡利率。

根据古典利率理论，利率具有自动调节储蓄和投资，使其达到均衡状态的功能，这是因为在市场经济中，利率是自由波动的，当储蓄供给大于投资需求时，利率将下降，较低的利率会自动刺激人们减少储蓄，扩大投资；反之，若储蓄供给小于投资需求时，利率将上升，而较高的利率又促使人们增加储蓄，减少投资。因此，利率的变动总能使储蓄量与投资量达到相等的均衡状态。

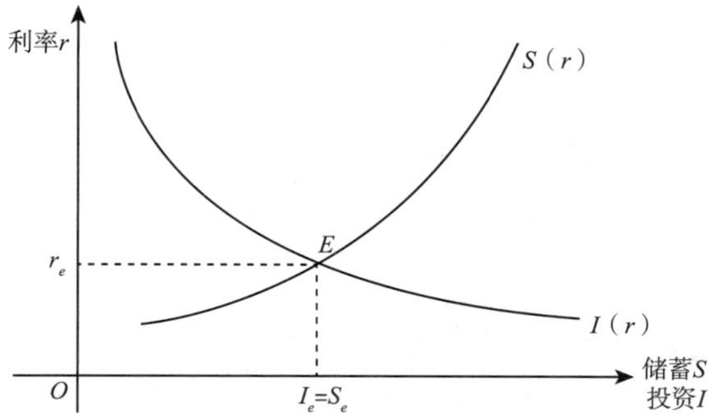

图 3－3　古典利率理论

三、“流动性偏好”利率理论

20 世纪 30 年代西方经济大危机，撼动了古典经济学的基石，同时也摧毁了以利率自动调节为核心的古典利率理论。随着凯恩斯经济思想的盛行，“流动性偏好”利率理论逐渐占了上风。

（一）凯恩斯对古典利率理论的批判

凯恩斯首先抨击了古典利率理论。他认为，古典利率理论将储蓄和投资看作是两个独立的因素，这两个因素的相互作用决定利率。这种理论不但在实际上难以论证，并且在逻辑上也不能成立。凯恩斯认为，储蓄主要取决于收入，而收入又受到投资的影响。所以，储蓄与投资是两个相互依赖的变量，而不是两个独立的变量。凯恩斯还指出，在古典利率理论中，充分就业条件下收入不变的假设，与储蓄和投资两条曲线可以独立地变动，从而引起利率变动的假设是相矛盾的。因为储蓄和投资两者之中只要有一个因素变动，收入必定会变动。此外，在现实的经济社会中，储蓄和投资是由两种不同的群体——储蓄者和投资者——根据不同的动机决定的。储蓄是由收入和边际消费倾向决定的，投资则随企业家利润预期的变动而变动。因此，储蓄并非必然转化为投资，利率也并不能自动调节储蓄和投资的均衡。对储蓄和投资的均衡起作用的，是收入或产量水平与利率共同作用的结果。

（二）凯恩斯利率理论的主要内容

凯恩斯认为，利率不是由储蓄和投资所决定的，而是在货币市场由货币的供应和需求所决定的。这是因为，货币最富于流动性，在任何时间都能转化为其他财产，利息是在一定时期内放弃货币、牺牲流动性所得的报酬，而不是“节欲”或“等待”的报酬。利率水平主要取决于货币数量和人们对货币的偏好程度。货币供应由中央银行控制，是一外生变量，故没有利率弹性。货币需求则取决于人们心理上的“流动性偏好”（Liquidity Preference），即由于货币具有完全的流动性而引起的人们对货币的偏好。由此，凯恩斯提出了他的货币需求函数，即：

$L = L_1(Y) + L_2(r)$

凯恩斯认为，利率决定于货币供应和货币需求的均衡点，设货币供应为 M，货币需求为 L，则利率的决定由下式表示：

$M = L = L_1(Y) + L_2(r)$

如图 3－4 所示，已知货币需求曲线 $L = L_1(Y) + L_2(r)$ 和货币供应曲线 $M = \bar{M}$（由中央银行所决定的外生变量）后，利率也就随之决定于 L 和 M 均衡点。

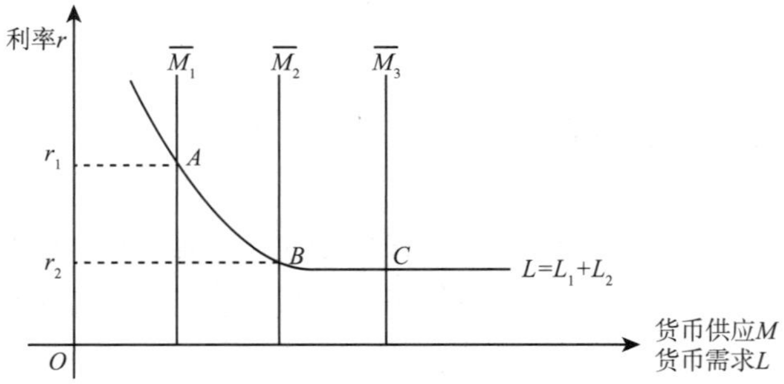

图 3－4 “流动性”利率理论

根据图 3－4，当货币供应固定时，利率高低就取决于货币需求。如果货币需求曲线向上移动，则利率上升，反之则下降。而当货币需求不变时，利率高低就取决于货币供应量，如果货币供应增加，利率会下降，货币供应减少，利率则上升。因此，利率高低就由货币需求和货币供应所决定。

但是，当利率降低到一定程度之后，人们预计有价证券的价格不可能继续上升，因而会持有货币，以免证券价格下跌时遭受损失。这时，人们对货币的需求趋向于无穷大，这便是凯恩斯利率理论中著名的“流动性陷阱”论断。图 3－4 中的货币供应量从 M_1 增加到 M_2 时，均衡利率从 r_1 下降到了 r_2，但是当货币供应量进一步增加到 M_3 甚至更多时，利率也没有再下降，这就是“流动性陷阱”的影响。

四、可贷资金利率理论

可贷资金利率理论（Loanable－funds Theory of Interest）是新古典学派的利率理论，是古典利率理论的延伸。此理论产生于20世纪30年代后期，是为修正凯恩斯的“流动性偏好”利率理论而提出的。首倡此说的是凯恩斯早年在剑桥在大学任教时的学生罗伯逊（D. H. Robertson），后来得到瑞典学派经济学家俄林（Ohlin）和米尔达尔（Myrdal）的支持，以后由英国经济学家勒纳（A. P. Lerner）将其公式化而成为现代流行的一种利率决定理论。

（一）可贷资金的供给与需求

可贷资金利率理论一方面批评古典利率理论完全忽视货币因素和存量分析，另一方面也反对凯恩斯完全否定实际因素（如“时间偏好”“忍欲”“等待”以及资本边际生产力等）的错误和忽视流量分析。可贷资金利率理论的宗旨是将货币因素与实际因素、存量分析与流量分析综合为一种新的理论体系，其特点就是综合了古典利率理论和凯恩斯的“流动性偏好”利率理论。这一理论的核心是利率决定于可贷资金的供给与需求的均衡点。因此，要分析利率是如何决定的，首先必须分析构成可贷资金的供应和需求的各种因素。

从现实来看，对可贷资金的需求一方面来自投资需求，另一方面还可能来自窖藏需求。这是因为，第一，货币不只是交易媒介，也是贮藏手段，储蓄者也可能窖藏一部分资金而不用于投资。因此，可贷资金的需求包括投资和窖藏两个部分。第二，可贷资金的供应不限于储蓄，这是因为中央银行可通过增加货币来提供可贷资金，商业银行可以不依靠储蓄的增加而通过创造信用来提供可贷资金。因此，可贷资金包括储蓄和中央银行增发的货币以及商业银行所创造的信用。

总之，可贷资金的需求包括：（1）投资 I，它与利率成反比关系，故有 $I(r)$，$dI/dr<0$。（2）可贷资金的净窖藏 ΔH，这也与利率成反比关系。因为窖藏货币会牺牲利息收入，所牺牲的利息收入则为窖藏货币的机会成本。故利率越高，窖藏货币的机会成本就越大，因而窖藏的货币数量就越少。反之亦然。故有 $\Delta H(r)$，$d\Delta H/dr<0$。因此，可贷资金的需求为 $I(r)+\Delta H(r)$。

可贷资金的供应包括：（1）储蓄 S，它与利率成正比关系，故有 $S(r)$，$ds/dr>0$。（2）货币供应增量 ΔM，包括中央银行所增发的货币和商业银行所创造的信用，假定 ΔM 没有利率弹性，则可贷资金的供应为 $S(r)+\Delta M$。

（二）可贷资金利率的决定

按照可贷资金利率理论，利率取决于可贷资金的供应与需求的均衡点，故可贷资金利率理论可用以下公式表示：

$$S(r)+\Delta M=I(r)+\Delta H(r)$$

在上式中，除 ΔM 外，其他因素均为利率的函数。当可贷资金的供应等于需求时，就决定了均衡利率水平，如图 3－5 所示。

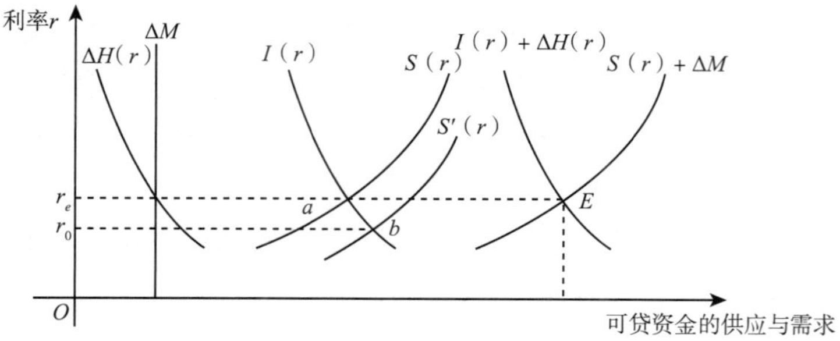

图 3－5　可贷资金利率理论

在图 3－5 中，可贷资金的供应曲线 $S(r)+\Delta M$ 为 $S(r)$ 曲线与 ΔM 曲线的水平距离之和，而可贷资金的需求曲线 $I(r)+\Delta H(r)$ 则为 $I(r)$ 曲线与 $\Delta H(r)$ 曲线的水平距离之和。由可贷资金的供应曲线与需求曲线的交点 E 所决定的利率 r_e 即为均衡利率。从图 3－5 中可看出，可贷资金供应与需求中任何一个因素的变动均会导致利率的变动，如储蓄或货币供应量增加，而其他因素不变，利率会下跌；若投资或窖藏增加则导致利率上升。

可贷资金利率理论的主要特点是同时兼顾了货币因素和实际因素，以及存量分析和流量分析；它的缺点是忽视了收入和利率的相互作用。

五、IS－IM 分析的利率理论

古典利率理论和凯恩斯“流动性偏好”利率理论分别从商品市场和货币市场的均衡来说明利率的决定，可贷资金利率理论则试图把两者结合起来。但是，英国著名经济学家希克斯（J. Hicks）等人则认为，以上这三种利率理论都没有考虑收入的因素，因而无法确定利率水平，不能明确得出利率究竟是多少的结论。

按照希克斯的说法，古典利率理论并不能确定利率究竟是多少，因为储蓄是取决于收入的。因此，不知道收入，也就无法知道储蓄，从而利率也无法确定。但是要知道收入，需要先知道投资，可是利率不确定，投资也无法得知，所以收入也不能确定。凯恩斯的“流动性偏好”利率理论也不能说明利率到底是多少，因为按照“流动性偏好”利率理论，利率取决于货币需求与货币供应的均衡点，但货币需求是取决于收入的，因此，要知道货币需求，也必须知道收入，否则，就不能够确定利率。可贷资金利率理论撇开了收入也不能够确定利率，因为可贷资金供应中的储蓄和可贷资金需求中的窖藏都与收入有关，并不仅仅是利率的函数。因此，希克斯认为，若不将收入考虑进去，任何理论都不能明确确定利率究竟是多少。

为弥补以上 3 种利率理论的缺陷，希克斯于 1937 年发表了一篇著名的论文《凯恩斯与古典学说》，首倡著名的 IS - LM 模型，后经美国经济学家汉森加以说明和解释，从而建立了一种使利率与收入在储蓄和投资、货币供应和货币需求这四个因素的相互作用之下同时决定的利率理论，这就是由 IS - LM 分析所表述的利率理论。希克斯认为，在现实社会中，收入水平和利率水平必然是同时决定的，这就意味着商品市场和货币市场必须同时达到均衡。

（一）商品市场的均衡

从商品市场来看，储蓄 S 与收入 Y 正相关，投资 I 与利率 r 负相关，储蓄等于投资是商品市场均衡的必要条件，因为只有在这一条件下，才能使商品市场的供给与需求相一致。商品市场的均衡可由图 3 - 6 四象限绘图法加以表示。

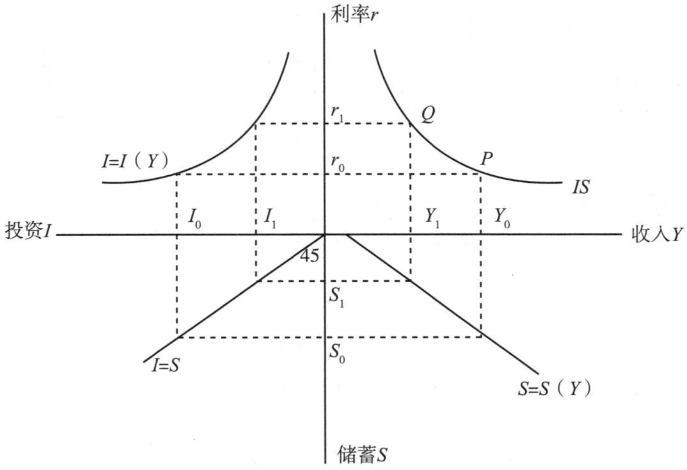

图 3 - 6　IS 曲线

在图 3 - 6 中，第二象限表示投资函数：$I = I\ (r)$，$dI/dr < 0$，故投资 I 与利率 r 成反比关系。第三象限的 45°角对角线表示商品市场的均衡条件：$I = S_0$，第四象限表示储蓄函数：$S = S(Y)$，$dS/dY > 0$，故储蓄 S 与收入 Y 成正比关系。第一象限表示收入 Y 与利率 r 之间的关系。

现在，若收入水平为 Y_0，则依据储蓄函数 $S = S(Y)$，可知道储蓄量为 S_0，通过第三象限商品市场的均衡条件 $I = S$ 可得知投资量为 I_0，再根据第二象限的投资函数 $I = I(r)$ 得知，为了使投资量为 I_0，利率就必须为 r_0。于是可得知，当收入为 Y_0时，使储蓄与投资相等的利率必为 r_0，这样，便得到一个使储蓄和投资相等的收入和利率的组合 $P(Y_0,\ r_0)$。同理，若收入为 Y_1，则可得到使储蓄等于投资的另一利率水平 r_1，因而就又得出了使储蓄等于投资的各种利率之间的相互关系，即表示商品市场的均衡。IS 曲线向右下方倾斜，表示 IS 曲线的斜率为负，这是因为投资与利率负相关，当利率下降时，投资就会增加，于是就会得到较高的收入水平和与收入相对应的较多的储蓄。

（二）货币市场的均衡

从货币市场来看，由货币市场的供求均衡也可求出收入与利率之间的关系。按照凯恩斯的流动性偏好理论，利率决定于货币供应与货币需求相等的均衡点。货币需求 L 是收入 Y 和利率 r 的函数，其中又分为满足交易和预防动机的货币需求 L_1，以及满足投机动机的货币需求 L_2。货币供应是由中央银行所决定的外生变量，用 M 表示。故货币市场的均衡条件为：$M=L=L_1(Y)+L_2(r)$。货币市场的均衡也可用四象限绘图法加以表示，如图 3－7 所示。

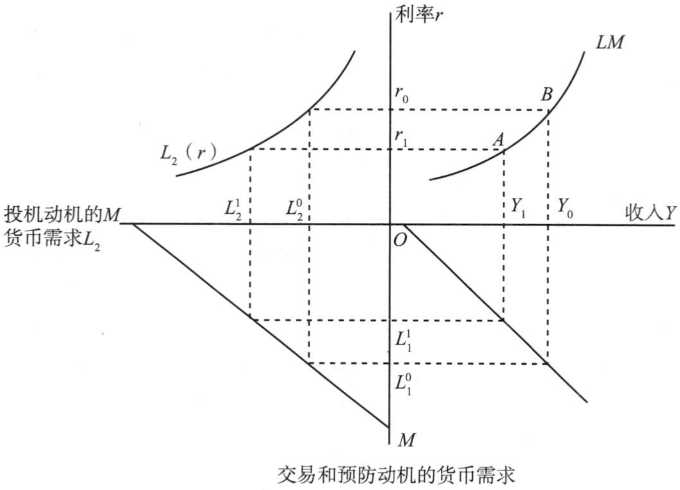

图 3－7　LM 曲线

在图 3－7 中，第三象限的横轴代表满足投机动机的货币需求 L_2，纵轴则代表满足交易和预防动机的货币需求 L_1。第二象限描绘了满足投机动机货币需求的曲线 $L_2(r)$，因为 L_2 是利率的减函数，故 L_2 曲线向左下方倾斜。在第四象限，描绘了满足交易和预防动机货币需求的曲线 $L_1(Y)$，因为 L_1 是收入的增函数，故 L_1 曲线向右下方倾斜。第三象限表示货币市场的均衡，即货币供应等于货币需求。由于假定货币供应固定为 M，故用于满足投机动机货币需求的货币供应量至多只能为 M；同理，用于满足交易和预防动机货币需求的货币供应量也以 M 为限（即图中 OM 的数量），第三象限中 MM 直线上的各点就表示总货币供应 M 在投机动机的货币需求 L_2 和交易及预防动机的货币需求 L_1 之间加以分配的各种不同组合。第一象限同样也是表示收入 Y 与利率 r 之间的关系。

现假定收入为 Y_0，则由第四象限的 $L_1(Y)$ 可知，社会上为满足交易和预防动机的货币需求为 L_1^0。由于货币供应量固定为 M，故由第三象限的 MM 直线可知，为满足投机动机的货币需求则为 $M-L_1^0=L_2^0$。又根据第二象限的 $L_2(r)$ 可得出，当社会上为满足投机动机的货币需求为 L_2^0 时，利率水平就必然为 r_0。由此就得到一组使货币供应等于货币需求的收入和利率的组合 $B(Y_0,\ r_0)$。同理，可得到另一组使货币供应等于货币需求的收入利率的组合 $A(Y_1,\ r_1)$。如此反复，就可求出所有满足货币供求相等的各种不同收入和利率组合点的轨迹，这条各种组合的轨迹曲线，即称为 *LM* 曲线。*LM* 曲线表示货币市场的均衡，即表示使货币供应与货币需求相等时的收入与利率之间的关系。*LM* 曲线向右上方倾斜，这是因为当收入增加时，为满足交易和预防动机而持有的货币量也就增加，而在货币供应量一定的条件下，就必须相应地减少为满足投机动机而持有的货币量，这样，利率就必须相应提高，以使投机动机的货币需求降低。

（三）商品市场和货币市场均衡状态下的利率决定

以上所导出的 *IS* 曲线和 *LM* 曲线分别代表商品市场和货币市场的均衡，但是，无论是 *IS* 曲线还是 *LM* 曲线，都不能单独决定均衡收入和均衡利率。只有商品市场和货币市场同时达到均衡，即同时储蓄等于投资、货币供应等于货币需求时，均衡收入和均衡利率才能确定（见图 3－8）。因此，就应把 *IS* 曲线与 *LM* 曲线同时并入同一个直角坐标系内。

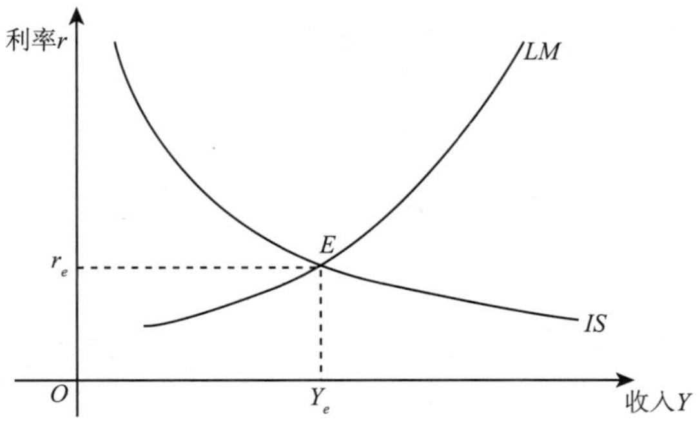

图 3－8 均衡收入和均衡利率的决定

在图 3－8 中，*IS* 曲线和 *LM* 曲线的交点 *E* 所决定的收入 Y_e和利率 r_e就是使整个经济处于一般均衡状态的唯一的收入和利率水平。由于 *E* 同时是 *IS* 曲线和 *LM* 曲线上的点，因此 *E* 点所决定的收入 *Y* 和利率 *r* 能同时维持商品市场和货币市场的均衡，故为真正的均衡收入和均衡利率。*E* 则为一般均衡点，处于这点以外的任何收入和利率的组合，都会通过商品市场与货币市场的调整而达到均衡。

综上所述，IS－LM 模型认为，只有在储蓄与投资、货币供应与货币需求同时相等，即在商品市场和货币市场同时达到均衡的条件下，收入与利率同时被决定时，才能得到完整的、能使利率得以明确决定的利率理论。这种理论的特点是一般均衡分析，故该理论具有一定程度的确定性和稳定性。IS－LM 模型已成为宏观经济学中一个极为重要和基本的模型。

☞ 阅读专栏

IS－LM 模型的局限性

IS－LM 模型是传统宏观经济学理论体系与政策实践的核心内容，被多恩布什和费希尔称为“现代宏观经济学的核心”，被帕廷金认为是凯恩斯的“主要信息”，因此 IS－LM 模型曾长期居于西方宏观经济学的支配地位，并成为经济学家讨论宏观经济政策的普遍框架，但是从 20 世纪 70 年代末 80 年代初开始，很多宏观经济学家开始争论 IS－LM 模型的合理性并讨论修正。

传统的 IS－LM 模型受到的抨击主要集中在以下几点：（1）缺乏微观基础，IS－LM 模型通过事前特定假设而把复杂的经济简化为几个粗糙的总量方程，这些关系并不是由理性主体的最优化行为推导而来的，而按照卢卡斯批评，IS 和 LM 曲线代表的函数在经济政策规则变化时并非保持不变，因此模型的政策评断往往不可靠。（2）IS－LM 模型的短期静态性质。工资、价格、货币存量的变动都只是作为外生变量考虑。由于动态特性被隐藏于均衡的稳定性中，经济的动态结构在决定收敛的过程中不起任何作用，Chick 称之为“IS－LM 的伪动态学”。IS－LM 模型没有引入时间和经济变量的滞后效应，因此有必要以动态时序分析取代 IS－LM 模型。（3）模型的逻辑不一致。IS 曲线作为流量均衡同 LM 作为存量均衡不一致（Hicks），结果，储蓄会使得财富存量变化而影响 LM 曲线的位置，作为 IS 与 LM 交点的均衡就不能维持。解决方法要么令时期足够长从而可以实现完全调整，要么时期足够短可以忽略存量的变化。这就限制了模型的分析能力……

资料来源：李海明．IS－LM 分析范式的局限及其新发展［J］．淮海工学院学报，2015（10）．

第三节　影响利率的主要因素

利率决定理论讨论的是决定利率的最基本和最重要的因素。在现实经济生活中，最基本、最重要的因素往往与其他一些影响利率变化的重要因素共同影响着利率的走势。其他重要因素主要有宏观经济周期、风险因素、时间即期限因素和一国对利率进行的制度安排。

一、宏观经济周期对利率的影响

尽管宏观经济周期对利率的变化影响可以纳入时间及期限结构中讨论，但是在经济全球一体化条件下，单独将宏观经济周期作为影响利率变化的因素讨论，会使问题更清晰。

在宏观经济波动中，社会再生产会表现为衰退、萧条、复苏、繁荣四个往复循环的过程。在经济周期不同的阶段，经济增长、投资、消费及通货膨胀等会发生相应的变化，进而主要由财政、金融政策组成的宏观经济政策会作出相应的调整，并会对利率变化及其走势产生重要的影响。

在衰退阶段，工商企业由于商品销售困难导致库存增加、资金紧张局面。经济中开始出现失业，居民消费意愿不足导致消费信用下降；居民收入下降导致投资意愿下降；工商企业商品赊销意愿下降导致商业信用下降。商品市场和资金市场的双重信用下降紧张，导致资金供求紧张加剧，引发利率走高。

在萧条阶段，市场参与者从短期的消费意愿和投资意愿不足，转向对未来经济预期缺乏信心，失业率加大。从需求看，市场对资金需求下降，从供给面看，为刺激经济增长而实施的扩张宏观调控政策扩大了货币供给量。两个方面的因素导致利率不断走低，极端情况下甚至会出现零利率的情况。

经济进入复苏阶段，市场各主体对经济预期充满信心，就业会出现恢复性增加，居民收入水平提高，消费需求和投资需求双双增长，对资金需求相应增加，此时，利率水平逐步提高。

经济进入繁荣阶段，生产快速增长，利润水平不断提高。新的投资机会不断出现，就业率持续攀升，生产对借贷资金需求不断上升。在此阶段，宏观调控部门为了控制物价水平，防止经济运行过热，往往采取偏紧的调控政策，会在一定程度上抑制货币供给的增加。这样在需求增加、供给偏紧或收缩的条件下，市场利率承受着不断提高的压力，这为下一轮的衰退埋下伏笔。

☞ 阅读专栏

美国实际利率转正　流动性盛宴彻底“曲终人散”

周二，美国10年期通胀保值债券（TIPS）的收益率终于突破负值区间，为2020年3月以来的首次，当时美联储宣布了针对新冠疫情大流行的前所未有的刺激措施，就此揭开了向市场天量注水的大幕。而眼下，这一被业内视为象征美国实际利率的关键指标重返零值以上，无疑也预示着这场流动性狂欢即将加速“退场”!

行情数据显示，10年期TIPS收益率日内盘初一度升至0.005%。TIPS收益率通常被视作美国的实际利率。实际利率是剔除通胀影响后的利率，对借款人来说，他们的收益可能随着通货膨胀而增加，而实际利率则代表了一种更为真实的资金成本。这一通胀保值债券（TIPS）收益率重回正区间也意味着，在计入通胀预期因素后，投资者将在未来10年内实现投资国债的收支平衡。

在过去两年，通过将实际利率保持在零以下，美联储试图抵消经济滑坡带来冲击，因新冠病毒的快速传播一度导致大量企业倒闭和裁员。不过，养老金领取者等固定收益投资者也因此受到了牵连，因为他们的投资回报不足以抵消消费者物价上涨造成的打击。

在2021年11月，10年期TIPS收益率曾触及－1.26%的最低位。而随着美联储眼下终于开始意识到通胀正变得愈发难以遏制，并转而采取更为激进的“收水”举措，实际收益率开始逐渐脱离历史性的低位水平。自2022年3月初以来，10年期美债实际收益率已累计飙升了逾1个百分点。

市场对美联储政策利率上调幅度的预期在2022年以来已大幅上升。目前利率掉期预计美联储在3月加息之后，年内余下时间还将采取相当于9次25个基点的加息。其中，美联储很可能在5月、6月和7月会议上各加息50个基点，然后在9月、11月和12月再分别加息 25 个基点。

美国加息是下半年全球金融市场最关注的问题之一，特别是为了抑制高企的通胀，美联储已连续大幅加息，经济增速明显放缓。此外，欧洲央行近期也宣布了自 2011 年以来的首次加息。美联储的激进加息做法已经严重影响了各国，特别是发展中国家的经济复苏，“衰退交易”开始主导全球资本市场。

资料来源：财联社.

二、风险因素对利率的影响

相同期限金融资产因风险差异而产生的不同利率，被称为利率的风险结构，通常以债券为分析载体。现实中有很多风险因素影响利率的大小，其中主要有违约风险、流动性风险、税收风险等。

（一）违约风险

违约风险，或者叫信用风险，或者叫倒账风险，是债券的主要风险之一。债券的违约风险是债券的发行人不能或不愿意按期还本付息而给债券购买者造成损失的可能性。债券种类繁多，不同债券的违约风险有很大的不同。

中央政府发行的债券通常被认为是没有信用风险的，而地方政府债券由于其偿还来源不同，其违约风险有很大的区别。例如，地方政府发行的融资债券是以其税收作为偿还来源的，信用风险很低；而地方政府发行的收益债券，是以某一投资项目所产生的收益或者说是净现金流量作为偿还来源的，风险相对较高。

一般情况下，公司债券信用风险较政府债券高，而风险的大小与该公司的信用级别相关。信用级别高则风险低，反之亦然。通常认为，金融债券的信用风险较低，原因是金融债券的发行者是商业银行、投资银行、证券公司等，这些金融机构的信用级别相对较高。

债券的违约风险是非常难以计量的，而它又是极为重要的风险，因此，证券市场对不同的债券进行级别的评定，用信用级别表示违约风险的大小。

☞ **案例分析**

中国恒大债务风波

2020 年 8 月，中国人民银行与住房和城乡建设部，开始座谈中国大型地产开发商，提出融资“三条红线”的要求，于 2021 年 1 月 1 日起正式实施。善用杠杆和资本运作的中国房企，顿时风声鹤唳。因为已上市的 224 家房企中，只有 68 家一条红线都没踩中。其中，资产巨头恒大集团更是被推到风口浪尖，因为其 2.3 万亿人民币的总资产中，有 1.41 万亿是债务，负债比率高达 85%。

2021 年 6 月 22 日，全球三大评级机构之一的惠誉评级（Fitch Ratings）发布了对中国地产巨头恒大集团，以及其子公司的降级通告，两家公司的信用评级均从“B+”下调至“B”。这是恒大集团5年多以来，首次遭遇评级机构的信用下调，公司财务状况蒙上阴霾。

果不其然，不久之后苦苦支撑了几个月的中国恒大终于走到了海外债实质性违约的一步。2021年12月3日晚间，该公司发布公告称，公司收到一笔金额为2.6亿美元的私募债的偿还通知，而该公司未能履行该笔债务的偿还义务，此举可能导致债务的加速到期。此举意味着，恒大海外债务出现了第一笔违约。其实早在2021年9月末，该公司就有一笔海外债利息未能及时兑付，触发了一个月的宽限期，此后的两三个月时间内，该公司先后支付了多笔美元债利息。

据悉，过去一段时间，恒大董事局主席许家印通过变卖个人股权和资产的方式筹集资金，合计筹资近100亿元，多数用于支付海外债利息、恒大财富理财产品的兑付，以及集团一般运营和员工工资等。此番该集团宣布这笔2.6亿美元私募债违约，极有可能意味着该公司将停止兑付未来的利息及到期债务。

资料来源：https：//www.yicai.com/news/101248560.html.

想一想

为什么中国恒大的信用评级会被下调？你觉得信用评级的有效期限应该是多久？

违约风险除了包括债券违约可能性大小不同之外，还包括两个方面，一是信用风险溢价发生变化，二是信用级别发生变化。

即使债券不会发生违约，但投资者关心债券的市场价值，而债券的市场价值则与一般债券的到期收益率与无风险债券到期收益率之间的差额有关系。这一差额的一部分来自于违约风险，这部分溢价被称为违约风险溢价，它说明了必须赚取多少额外利息人们才愿意持有风险债券。

债券信用级别不是一成不变的，而是由评级公司随时监控和调整的。债券级别可能提升，也可能下降。如果债券本身或者发行公司的信用级别发生出乎意料的下调，将扩大违约风险溢价。

（二）流动性风险

流动性是指证券在必要时能够以低成本地迅速转换为现金的能力。流动性风险是指债券因其流动性不足而在交易证券时可能遭受的损失。流动性的强弱有很多种衡量方法，主要是指证券转让过程中所发生的交易成本，既包括各种税费支出，也包括价格的折让。

流动性强的证券，需求就会增加，价格就会向上移动；而流动性弱的证券需求就会下降，价格就会向下移动。例如，图3-9有两种证券A和B，在初始状态时，二者的到期收益率相等。

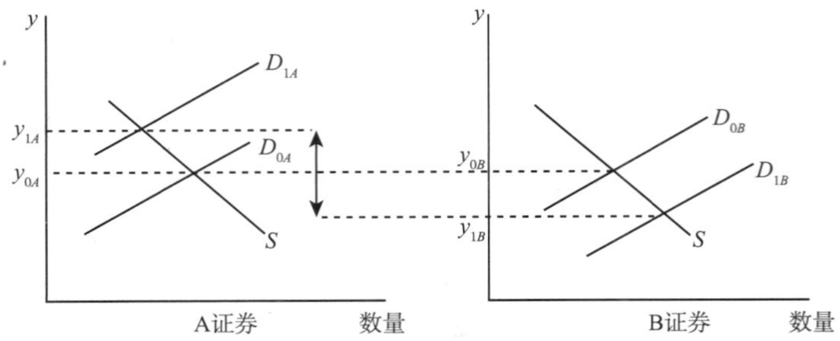

图 3-9　流动性风险与到期收益率

假定 A 证券由于某种原因使其交易活跃程度下降，因此证券需求下降，从 D_{0A} 下降到 D_{1A}，证券 A 的价格下降，到期收益率从 y_{0A} 上升到 y_{1A}；而证券 B 的交易活跃程度上升，需求增加，从 D_{0B} 扩大到 D_{1B}，从而证券 B 的价格上升，到期收益率从 y_{0B} 下降到 y_{1B}。证券 A 和 B 初始的到期收益率相等，而由于二者流动性发生变化，它们的到期收益率发生变化，流动性差的证券 A 的到期收益率 y_{1A}，超过了流动性好的债券 B 的到期收益率 y_{1B}。这一差别被称为流动性溢价。

在证券业中，通常用做市商买入价（Bid Price）与卖出价（Ask Price）之间的差额来表示流动性的大小。如果做市商买卖差价小，说明证券的流动性好；而买卖差价大，则说明证券的流动性不好。表 3-2 反映的是美国债券市场的流动性。

表 3-2　美国不同债券不同经济情况下的买卖价差

证券	Bid - ask Spread（价格的%）	
	一般情况	经济萧条
国库券	0.002	0.005
A 级金融公司债券	0.12	0.5
B 级产业公司债	0.5	5
MBS	0.06	0.25
长期 Aa 级市政债券	0.25	0.75

流动性风险的大小，与证券自身的特点有很大的关系。如果证券符合大多数投资者的需求，那么投资者购买和持有的积极性就高。

流动性风险的大小，与债券交易场所能够吸引的投资者数量也有关。如果债券在集中的交易所交易，由于投资者或潜在投资者分散而且为数众多，交易必然活跃，流动性风险就低。而如果债券由某一证券自营商，如某一投资银行来做市，这种证券的交易的活跃程度就取决于该做市商的实力和声誉。如果做市商实力强大，覆盖面广，服务柜台分布密集，该做市商的做市能力就强，其经营的证券的流动性就强。

流动性风险大小，与该证券发行规模有很大关系。如国库券发行量大，发行周期固定而且规律性强，投资者众多，自然流动性强。又如，美国住房抵押支撑证券由于发行规模大，投资者也相当广泛，尽管其交易不在交易所进行，而是在场外市场进行，其买卖也非常活跃。而相比之下，某些公司发行的证券由于发行量小，投资者人数少，其流动性自然受到影响。

（三）税收风险

有些证券是免税的，有的则必须纳税；有些投资者是免税的，更多的则必须纳税；有些投资者收入多而税率高，有些投资者收入少而税率低。税收问题很复杂，但分析利差时，不得不考虑税收对收益率的影响，否则你可能会很难理解为什么在过去100年中的大部分时间里，明显风险更高、流动性更差的美国市政债券的利率要低于美国国债。为了分析税收待遇不同对利率高低的影响，需要建立两个概念，即税后收益率与等税收益率。

税后收益率是指相同投资者购买不同证券的纳税之后的收益率，税后收益率的计算公式为：

税后收益率 = 税前收益率（1 - 边际税率）

例如，投资国债的利息是免税的，而一般公司债券的利息税为20%，这样，投资公司债券的税后收益率就是：

公司债券税后收益率 = 税前收益率(1 - 20%) = 税前收益率 ×0.8

与税后收益率相近的概念是等税收益率，即把免税债券收益率还原为纳税前的收益率，计算公式为：

等税收益率 = 免税收益率/(1 - 边际税率)

所以，美国市政债券的利率较低正是因为其利息免付联邦所得税；而在我国，购买国债的利息免税。假定国债的到期收益率为5%，由于一般债券的利息税为20%，那么国债的等税收益率就等于6.25%。

三、期限因素对利率的影响

除了风险、流动性和税收因素外，到期期限是影响利率的另一个因素。收益与到期时间的关系被称为利率的期限结构。利率期限结构方面，即债券期限与收益关系方面，有两个经验事实特别明显：一是各种期限债券的利率往往是同向波动的；二是长期债券的利率往往高于短期债券。对于这两种现象，有三种流行的理论可以解释，构成了利率期限结构理论的主要内容。

（一）预期假说

该假说的关键是假定整个债券市场是统一的，不同期限的债券具有完全替代性，并且长期债券的利率等于长期债券到期之前人们对短期利率预期的平均值。

例如，有两种不同的投资策略：某投资者有两年期的闲置资金打算投资债券。策略一，先购买1年期的债券，1年后将收回的本息再用于购买1年期债券。策略二，直接购买2年期债券。假设：

i_t为 1 年期债券的年利率；

i_{2t}为 2 年期债券的年利率；

i_{t+1}^e为预计 1 年后 1 年期债券的年利率。

则有：

策略一的预期收益率 $=(1+i_t)(1+i_{t+1}^e)-1$

策略二的预期收益率 $=(1+i_{2t})(1+i_{2t})-1=(1+i_{2t})^2-1$

由于假定两种债券可互相替代，所以，在均衡的情况下，策略一、策略二预期收益率应相等，即有：

$(1+i_{2t})^2-1=(1+i_t)(1+i_{t+1}^e)-1$

即 $2i_{2t}+i_{2t}^2=i_t+i_{t+1}^e+i_t\cdot i_{t+1}^e$

上式中 i_{2t}^2，$i_t\cdot i_{t+1}^e$的值均很小，可以忽略不计，上式可简化为：

$$i_{2t}=\frac{i_t+i_{t+1}^e}{2}$$

可见，上式表示 2 年期利率等于当年和次年 1 年期利率的平均值。推而广之，可以得出 N 期债券的利率算式为：

$$i_{nt}=\frac{i_t+i_{t+1}^e+i_{t+2}^e+\cdots+i_{t+n}^e}{n}$$

上式的意义在于将不同期限的债券视为一个相互联系的统一体，从而为债券市场上不同期限利率的同向波动作出了解释。例如，上式中的 i_t上升时，人们往往倾向于预计 i_{t+1}^e也会上升，因而 i_{2t}也会上升。

但是，预期理论有个缺陷，即它不能对经验事实做出令人满意的解释，即收益率曲线通常是向上倾斜的。长期债券的利率一般要高于短期债券，即预期未来短期利率会上升。但实际上，短期利率可能上升，也可能下降，故预期假说得出的结论应该是：典型的回报率应该是稳定的，回报曲线应为水平形状，即不应该出现从短期到长期向上爬升的情况。

（二）分割市场理论

与预期理论相比较，分割市场理论假说正好处于两个极端：它假定债券市场是完全独立和分割开的市场，不同期限的债券不是替代品，各种期限债券的利率仅由该种债券的供求所决定，不受其他债券预期回报率的影响。

这种假说的理由是：投资者对所要投资的债券都有一个具体的预期持有期，一般只对某种期限的债券有强烈偏好，对其他期限债券并非如此。因此，当他们把债券持有期与债券到期日匹配起来，就可以获得稳定的无风险回报。考虑到机构投资者、居民甚至政府在债券市场上的习惯做法，上述理由显然是有根据的。

分割市场理论可以对“当短期利率较低时，收益率曲线更有可能向上倾斜；当短期利率较高时，收益率曲线更有可能向下倾斜”呈现出翻转的形状的经验事实给出恰当的解释：因为人们一般会偏好期限较短、利率风险较小的债券，而不愿持有期限长、风险大的债券，因而对长期债券的需求相对于短期债券来说要少些，所以短期债券利率低，长期债券利率高。

但是，由于分割市场理论假设前提与预期理论的假设前提是矛盾的，它显然不能解释为什么不同期限债券的利率常随时间推移一起变动。能不能找到一种能同时解释这两种经验事实的理论呢？

（三）期限选择理论

期限选择理论的关键假设是不同期限的债券是替代品，但并非完全替代品。这意味着一种债券的预期回报率可以影响具有不同期限债券的预期回报率，同时考虑到时间的风险因素，长期债券的利率等于该种债券到期之前短期利率预期的平均值加上这种债券随供求条件变化而变化的期限升水。上述内容用公式表示为：

$$i_{nt} = \frac{i_t + i_{t+1}^e + i_{t+2}^e + \cdots + i_{t+(n-1)}^e}{n} + k_{nt}$$

式中，k_{nt}为债券期限升水。k_{nt}随债券期限延长而增大，一般为正值。

为了说明上述理论，下面举个具体的例子。

假定今后5年里，1年期利率预期分别为5%、6%、7%、8%和9%，投资者偏好持有短期债券时1年期、2年期至5年期的期限升水为0、0.25%、0.5%、0.75%和1%。这样2~5年期债券的利率分别为：

$$i_2 = \frac{5\% + 6\%}{2} + 0.25\% = 5.75\%$$

$$i_3 = \frac{5\% + 6\% + 7\%}{3} + 0.5\% = 6.5\%$$

$$i_4 = \frac{5\% + 6\% + 7\% + 8\%}{4} + 0.75\% = 7.25\%$$

$$i_5 = \frac{5\% + 6\% + 7\% + 8\% + 9\%}{5} + 1\% = 8\%$$

结果表明：加上升水后的长期预期利率高于预期假说算出的长期利率（2~5年期分别为5.5%、6%、6.5%、7%），这样就解释了不同期限债券的利率随时间一起变动的经验事实。同时，上述计算结果也表明，由于期限升水与期限呈正向关系，期限越长，期限升水越大；在投资者偏好短期债券时，即使未来短期利率预期的平均值稳定不变，长期利率也会高于短期利率，从而使回报率曲线向上倾斜，这就解释了“当短期利率较低时，收益率曲线更有可能向上倾斜；当短期利率较高时，收益率曲线更有可能向下倾斜，呈现出翻转形态的经验事实”。

当然也不排除极端情况：有时未来短期利率预期大幅下降，使短期利率的均值大大低于当期短期利率，即使加上长期正值的期限升水，长期利率仍然低于当期短期利率，即使加上长期正值的期限升水，长期利率仍然低于当期短期利率，结果是长期回报率曲线出现了偶尔向下倾斜的情况。

第四节 利率的作用及条件

一、利率的作用

利率作为经济杠杆，在发达的市场经济中具有“牵一发而动全身”的效应，对一国经济的发展发挥着至关重要的作用。利率的作用，不仅体现在宏观经济运行当中，还表现在对企业及个人经济活动等微观方面的影响上。

（一）利率在宏观经济活动中的作用

（1）利率能够调节社会资本供给。一般而言，生产的发展会带动资本需求的扩大，足够的资本供给是生产发展的必要条件。通过调节利率，能够调节国民储蓄水平，调节借贷资本的供给，调节银行集中资金的能力，调节储蓄向投资转化的程度。在其他条件不变的情况下，利息率提高，国民储蓄率上升，借贷资本增多，社会资本供给就增加。反之，社会资本供给就会减少。

（2）利息率可以调节投资。利率对投资在规模和结构两方面都具有调节作用。企业进行投资，单纯依靠自身积聚资金往往不够，还要大量使用借贷资本。因此，利息率降低，企业贷款成本降低，投资成本相对减少，就会增加投资，从而使整个社会投资规模扩大；反则反之。所以，利率的升降与社会投资规模的大小呈反向变化。由于利率是资本的“价格”，它的变动影响资本的流向和数量，并影响投资的结构。这样，国家政府可以利用利率对资本流动所起的导向作用，通过实行差别利率政策，影响资本的流向。可以在一定程度上调节投资总量和投资结构，协调各部门比例关系，合理调整产业结构，使社会经济结构更趋合理。

（3）利息率可以调节社会总供求。要达到经济持续增长的目标，须保证社会总需求与社会总供给不断变动，处于一种动态平衡。而利息率对供求总量的平衡具有一定的调节作用。这是因为，总需求与市场价格水平、利率之间有着相互联系、相互作用的机制。由于生产者和消费者进入市场从事经济活动，市场机制通过价格水平和利率水平的变动在一定程度上能够调节各个企业和消费者的投资与储蓄活动，有利于实现总供给和总需求的平衡。

（二）利率在微观经济活动中的作用

（1）对企业而言，利率能够促进企业加强经济核算，提高经济效益。因为企业利润收入 = 销售收入 -（产品成本 + 利息 + 税金）。在通常情况下，产品成本和税金是相对稳定的。如果企业的销售收入不变，企业的利润就取决于应付利息的多少，而利息的多少，又与企业占有信贷资金的多少、占用的时间长短以及利息率高低有关。企业占有信贷资金多，占有时间长，利息率高，由于需要支付的利息多，所得利润就少，反之亦然。如果利率变动，利润大小也随之变动。企业作为最大可能利润的追求者，就会加强经营管理，加速资金周转，努力节约资金的使用和占用，提高资金使用效益。

（2）对个人而言，利率影响其经济行为。一方面，利率能够诱发人们的储蓄行为，合理的利率能够增强人们的储蓄和热情，不合理的利率会削弱人们的储蓄愿望和热情。因此，利率的变动，在某种程度上可以调节个人的消费倾向和储蓄倾向。另一方面，利率可以引导人们选择金融资产。人们在将收入转化为金融资产保存时，通常会考虑资产的安全性、流动性与收益性。在金融商品多样化的今天，在保证一定安全性与流动性的前提下，主要由利率决定的收益率的高低往往是人们选择时着重考虑的因素。在这种情况下，金融商品的利率差别成为引导人们选择金融资产的有效依据。

二、利率作用的条件

在现实生活中，某些人为的因素或非经济因素可能会使其作用的发挥受到种种的限制。要使利率充分发挥作用必须具备以下有条件：

（一）市场化的利率决定机制

市场化的利率决定机制是指利率不是由少数银行寡头协定或政府人为决定，而是主要通过市场和价值规律机制由市场供求因素决定。市场上资金供不应求，利率就会上扬；资金环境相对宽松，利率就会下降。因此，由市场因素决定的利率能够真实灵敏地反映社会资金供求状况，通过利率机制促使资金合理流动，缓和资金供求矛盾，发挥筹集资金、调剂余缺的作用。利率管制作为国家宏观经济管理的一种手段，具有可控性强、作用力大的特点，但也可能因为制定的利率水平不恰当或调整不及时而限制利率作用的发挥。

（二）没有授信限量管制

授信限量管制既包括授信配给制，也包括实施其他授信条件，如首期付款量、质押品、分期还款量限制等。这使许多消费需求和投资需求得不到满足，容易扭曲信贷资金的供求，使银行利率与市场利率之间的距离不合理地扩大，阻碍了利率机制正常发挥作用，还会引起整个利率体系的结构和层次的扭曲。

（三）市场开放程度高

如果国内资金流动受到各种限制，金融市场不能成为有机的统一市场，利率体系各组成部分之间就失去了有机联系，整个利率体系就会失去弹性，作用的发挥就有了很大的局限性。在对外关系中，如果政府实行严格的外汇管制，限制资本的流出流入，就会使一国的利率体系孤立起来，失去了与世界利率体系的有机联系。在这种情况下，利率体系就失去了对本国货币与外国货币的汇率发生影响，从而对国际收支产生影响的汇率效应。

（四）利率弹性大

利率弹性表示利率变化后其他经济变量对利率变化的反应程度。某一变量的利率弹性高，表示该变量受利率的影响大，对利率变动的反应十分灵敏，利率的作用就能充分发挥出来；反之，利率对经济变量及对真实经济的影响就很微弱了。

影响利率弹性的因素有：

（1）合理的利率结构。它包括利率的期限结构、行业结构以及地区结构等。合理的利率结构可以体现经济发展的不同时期、区域、产业及风险差别，在一定程度上弥补利率水平变动作用的局限性。通过利率结构的变动引起连锁的资产调整，从而引导投资结构、投资趋向的改变，使经济环境产生相应的结构性变化，更加充分地发挥出利率对经济的调节作用。

（2）灵活的利率联动机制。利率体系中，各种利率之间相互联系、相互影响，当其中的一种利率发生变动时，另一种利率也会随之上升或下降，进而引起整个利率体系的变动，这就是利率之间的联动机制。各种利率当中，尤以基准利率变动引起的变化最为明显。例如，近年来美国联邦储备委员会曾多次针对经济形势，调高或降低其基准利率—再贴现率，由于美国具有灵活的利率联动机制，因而再贴现率的升降引起联邦基金利率、商业银行利率和其他市场利率的迅速变动，从而起到紧缩信用或扩张信用的作用。可见，利率对经济调节作用的有效发挥离不开灵活的利率机制。

合理的利率结构和灵活的利率联动机制与经济体的金融发展阶段有关。

（3）适当的利率水平。过高或过低的利率水平都不利于利率作用的发挥。利率水平过高，会抑制投资，阻碍经济的发展与增长；利率水平过低，又不利于发挥利率对经济的杠杆调节作用。在市场决定利率的条件下，在市场失灵时，有时可能会出现利率水平扭曲。

☞ 阅读专栏

2022 年第二季度货币政策操作

2022 年二季度，人民银行坚决贯彻党中央、国务院决策部署，按照“疫情要防住、经济要稳住、发展要安全”的要求，落实好稳经济一揽子政策措施，加大稳健的货币政策实施力度，更好发挥货币政策工具的总量和结构双重功能，引导金融机构加大对实体经济特别是小微企业、绿色发展、科技创新的支持力度，努力服务实体经济，有效防控金融风险，支持稳定宏观经济大盘。

从具体措施来看，下调了金融机构人民币存款准备金率，支持实体经济发展，促进综合融资成本稳中有降。自 2022 年 4 月 25 日起，全面下调金融机构人民币存款准备金率 0.25 个百分点（不含已执行 5% 存款准备金率的金融机构）。为加大对小微企业和“三农”的支持力度，对没有跨省经营的城商行和存款准备金率高于 5% 的农商行，在下调存款准备金率 0.25 个百分点的基础上，再额外多降 0.25 个百分点。此次降准释放长期资金约 5 300 亿元，降准后金融机构加权平均存款准备金率为 8.1%。此次降准的目的，一是优化金融机构资金结构，增加金融机构长期稳定资金来源，增强资金配置能力，加大对实体经济的支持力度。二是引导金融机构积极运用降准资金支持受疫情严重影响行业和中小微企业。三是降低金融机构资金成本每年约 65 亿元，通过金融机构传导可促进降低社会综合融资成本。

同时，人民银行还下调金融机构外汇存款准备金率，提升金融机构外汇资金运用能力。自 2022 年 5 月 15 日起，下调金融机构外汇存款准备金率 1 个百分点，由 9% 下调至 8%，释放外汇流动性约 100 亿美元。

2022 年以来，我国继续深化利率市场化改革，持续释放贷款市场报价利率（LPR）改革红利，优化存款利率监管，推动实际贷款利率进一步降低。一是持续推进 LPR 改革，发挥 LPR 的指导性作用。引导 1 年期 LPR 下行 0.1 个百分点，5 年期以上 LPR 下行 0.2 个百分点，下调常备借贷便利利率 0.1 个百分点，带动企业贷款利率稳中有降，企业融资成本明显下降。6 月，贷款加权平均利率为 4.41%，同比下降 0.52 个百分点。企业贷款加权平均利率为 4.16%，同比下降 0.42 个百分点。二是建立存款利率市场化调整机制，推动存款利率进一步市场化。加强存款利率监测管理，规范协议存款等存款产品的利率定价行为，督促金融机构依法合规开办协议存款。三是积极推动境内 LIBOR 转换工作。境内主要银行受 LIBOR 退出影响的业务均已做好定价基准转换安排，大部分境内新发生外币浮动利率业务的参考基准已由 LIBOR 转为替代基准利率。

资料来源：中国人民银行货币政策分析小组．中国货币政策执行报告（2022 年第二季度）[R].

三、我国的利率市场化改革

改革开放初期，我国的利率是属于行政管理制性质的，曾经存款和贷款利率都是严格管制的，经过 40 多年来不断的改革，我国利率制度已经有了很大变化。

（一）我国利率市场化的总体历程

1. 借鉴国际经验渐进推进利率市场化

以利率形成市场化为核心内容的利率改革是许多发达国家曾经面临的重大课题。20 世纪 80 年代以来，西方主要国家境内外自由利率市场的发展，直接冲击了传统的利率管制，并导致了全面的利率自由化。从具体国家看，美国是在高利率背景下以资金大规模地向自由利率的金融商品市场注入为突破口；日本是从国内和国外两条线索展开利率自由化的，在国内是促进国债市场的发展和市场利率的形成，在国外则利用了欧洲市场的发展；英国则是以国内伦敦市场自由利率的发展为契机推进利率自由化的。

根据中国人民银行的披露，我国利率市场化改革的起始阶段总结了国际经验，确定了推进利率市场化的总体思路与基本步骤。

2. 总体思路与基本步骤

我国利率市场化改革的总体思路是：先放开货币市场利率和债券市场利率，再逐步推进存款贷款利率的市场化。存贷款利率市场化按照“先外币、后本币；先贷款、后存款；先长期、大额，后短期、小额”的顺序进行。我国多年来的利率市场化进程中，充分体现了这一总体思路。

利率市场化改革的基本步骤是：第一，通过将利率提高到市场均衡状态下来保持经济金融运行的稳定；第二，完善利率浮动制，扩大利率浮动范围，下放利率浮动权；第三，实行基准利率引导下的市场利率体系。

☞ **阅读专栏**

我国存款利率市场化改革回顾与展望

我国利率市场化改革秉持“先放开货币市场利率和债券市场利率，再逐步推进存、贷款利率市场化”的总体思路，本币存款利率市场化改革是总体改革的最后一环，也是最为关键的一环。人民银行2022年第一季度《中国货币政策执行报告》以专栏形式介绍了近两年市场利率定价自律机制在人民银行的指导下在存款利率市场化改革方面取得的最新成果。

我国存款利率市场化改革可追溯至1999年，在此之前，金融机构存款利率锚定人民银行公布的存款基准利率。回顾我国存款利率市场化改革，大致可分为五个阶段：

（一）1999—2003年：存款利率市场化改革早期的有益尝试

1999年10月，人民银行批准中资商业银行法人对中资保险公司法人试办由双方协商确定利率的大额定期存款。2002年2月、12月，全国社会保障基金理事会已完成养老保险个人账户基金改革试点的省级社会保险经办机构分别试点协议存款。2003年11月，国家邮政局邮政储汇局获准与商业银行和农村信用社开办邮政储蓄协议存款。

（二）2004年：实现存款利率“放开下限，管住上限”目标，利率市场化改革迈出重要一步

2004年10月，人民银行在放开金融机构贷款利率上限的同时，允许存款利率下浮，所有存款类金融机构对其吸收的人民币存款利率，可在不超过各档次存款基准利率的范围内浮动，同时政策明确规定“存款利率不能上浮”。

（三）2012—2014年：允许存款利率区间内上浮，区间上限逐步扩大

实现存款利率“放开下限”阶段目标后，我国利率市场化改革重点落在货币市场基准利率体系建设等工作上，直至2008年美国“金融危机”基本平息后，才于2012年在取消存款利率上浮约束上取得突破。2012年6月、2014年11月，人民银行先后将金融机构存款利率浮动区间的上限调整为基准利率的1.1倍、1.2倍。2014年11月，人民银行对基准利率期限档次适当简并，不再公布人民币5年期定期存款基准利率，金融机构自主定价空间进一步扩大。

（四）2015年：建立存款保险制度，存款利率上限全面放开，利率市场化改革取得关键性进展

从利率市场化的国际经验来看，存款利率上限放开后，金融机构有高息揽储、高风险投资倾向，需要建立起以存款保险制度为代表的金融安全网防范风险。因此，我国在存款保险制度上做出先行建设，2014年10月国常会通过《存款保险条例》，2015年4月国务院批复同意《存款保险制度实施方案》，同年5月1日起《存款保险条例》正式施行。

随着改革安全网的推进落地，存款利率市场化改革进入快车道。2015年3月、5月人民银行先后将存款利率浮动区间的上限由基准利率的1.2倍调整至1.3倍、1.5倍。6月人民银行颁布《大额存单管理暂行办法》，规定大额存单发行利率以市场化方式确定。8月人民银行决定放开金融机构1年以上（不含1年）定期存款利率浮动上限。10月人民银行决定，放开商业银行、农村合作金融机构、村镇银行、财务公司、金融租赁公司、汽车金融公司等金融机构活期存款、1年以内（含1年）定期存款、协定存款、通知存款利率上限。

（五）2019年至今：市场利率定价自律机制对存款利率自律管理明显加强

市场利率定价自律机制（以下简称利率自律机制）于2013年9月成立，通过行业自律监管，激励约束金融机构利率定价行为。2019年以来，利率自律机制在存款利率定价自律管理方面发挥重要作用。

2019年12月，人民银行组织利率自律机制提出自律倡议，将结构性存款保底收益率纳入自律约定。2020年3月，人民银行指导利率自律机制加强存款利率自律管理，包括将结构性存款保底收益率纳入自律管理范围。2021年6月，人民银行指导利率自律机制优化了存款利率自律上限的确定方式，将原由存款基准利率一定倍数形成的存款利率自律上限，改为在存款基准利率基础上加上一定基点确定。2022年4月，人民银行指导利率自律机制建立了存款利率市场化调整机制，利率自律机制成员银行参考以10年期国债收益率为代表的债券市场利率和以1年期LPR为代表的贷款市场利率，合理调整存款利率水平。

资料来源：https：//finance. sina. com. cn/money/bank/bank_hydt/2022 - 08 - 02/doc - imizirav6394735. shtml.

（二）深化我国利率市场化改革

从我国利率改革的进展看，目前已经进入阅读专栏中所讲的第三个阶段，即实行基准利率引导下的市场利率体系。具体做法是：通过推进金融市场的发展、金融资产的多元化来推进利率形成机制的市场化，并根据市场利率的波动状况，及时调整贷款利率，增大贷款利率的波动幅度，最后实行基准利率引导下实现包括存款利率在内的利率市场化。

利率市场化是一个复杂的过程，而存款利率的上限和贷款利率的下限的放开，将引起

非常大的震动，对此，金融管理当局必须高度重视，必须认清利率完全市场化还存在哪些障碍，当这些障碍消除后，利率完全市场化就会水到渠成。

目前，深化我国利率市场化改革还需要做好以下几个方面的工作：

第一，要建立健全充分公平的市场竞争环境。利率市场化所需要的竞争机制和金融机构自主定价权的条件要得到维护。资金的提供方要在自主定价的基础上承担风险，建立健全自律性竞争秩序；资金的需求方也要通过学习，充分理解市场化的利率行为特征，充分认识和理解自己的权益。

第二，要推动整个金融产品与服务价格体系的市场化。在进一步规范和完善的条件下，扩大票据承兑贴现业务，培育和发展包括商业票据在内的票据市场；完善同业拆借市场和债券市场运作机制。

第三，需要进一步完善货币政策传导机制。无论是在正常经济环境下，还是在危机时期，只有当中央银行货币政策得到充分有效的传导，政策意图作用于金融系统和实体经济的路径才会通畅，才能实现微观利益与宏观、整体利益的相互协调，社会效果才能最大化，副作用也最小化。

第四，利率市场化与汇率市场化统筹安排。利率市场的开放应与汇率市场化、资本项目的开放联系起来进行考虑，并有整体安排。

第五，加快发展金融衍生产品市场，如金融期货市场等套期保值市场。因为利率市场化之后，需要金融期货市场来规避和分散利率风险。这是利率市场化顺利推进的一个重要条件。

本章关键词

利息　利率　短期利率　长期利率　名义利率　实际利率　固定利率　浮动利率　市场利率　官定利率　公定利率　基准利率　非基准利率　单利法　复利法　现值　终值到期收益率　一般利率　优惠利率　利率的风险结构　流动性

复习思考题

1. 马克思是如何论述利息本质的？
2. 简述利率的分类。
3. 何为现值、终值？如何应用？
4. 什么是到期收益率？常见的债务工具到期收益率如何计算？
5. 简述马克思的利率决定理论的主要内容及其特点。
6. 古典利率决定论的主要内容。
7. 流动性“偏好利率”理论的主要内容。
8. 可贷资金利率理论的主要内容。
9. 可贷资金利率理论与均衡价格论和流动性偏好利率理论的异同。

10. IS－LM 模型中利率理论的主要内容。
11. 利率风险结构的主要影响因素有哪些？
12. 简述利率期限结构理论的主要内容。
13. 利率的一般功能与作用如何？
14. 利率市场化的国际经验如何？
15. 我国利率市场化的主要障碍如何？

第四章　外汇与汇率

在开放经济条件下，外汇是使一国的对外经济能够正常进行的不可或缺的支付手段，而汇率则因此成为一国的重要经济变量。汇率的高低变化会对一国的宏观经济状况产生举足轻重的影响。所以，深入了解汇率与其他因素的相互关系，根据一国自身的特点选择合适的汇率制度、稳定汇率水平，已经成为金融学的重要课题。

第一节　外汇与汇率概述

一、外汇的概念

通常情况下，一国的货币只能在该国国境内使用，所以，在国际经济交易中至少有一方需要使用以外国货币表示的支付手段，由此就形成了外汇（Foreign Exchange，Forex）的概念。从完整的角度来看，外汇具有动态（Dynamic）和静态（Static）两方面的含义。外汇的动态含义是把一国货币兑换成另一国货币的国际汇总行为和过程，即借以清偿国际债权债务关系的一种专门性经营活动。可见，外汇的动态含义所强调的是外汇交易的主体，即外汇交易的参与者及其行为。外汇的静态含义则是以外币表示的可用于对外支付的金融资产。外汇的静态含义所强调的是外汇交易的客体，即用于交易的对象。在人们日常的经济生活中最广泛使用的是外汇的静态含义。

我国1996年1月29日发布的《中华人民共和国外汇管理条例》第三条对外汇的范围作了这样的规定："本条例所称外汇，是指下列以外货币表示的可以用作国际清偿的支付手段和资产：

（1）外国货币，包括纸币、铸币。

（2）外币支付凭证，包括票据、银行存款凭证、邮政储蓄凭证等。

（3）外币有价证券，包括政府债券、公司债券、股票等。

（4）特别提款权、欧洲货币单位。

（5）其他外汇资产。"

根据以上有关外汇概念的描述，我们可以发现，外汇是静态意义上的、包括外币在内但比外币的范围更广的概念。

☞ **相关链接**

欧元介绍

从2002年1月1日起，世界上出现了一种新的货币，即欧元（EUR）。欧元是欧洲货币联盟国家单一货币的名称，是一种超国家的货币，是欧元区内各国使用的统一货币。它不是由某个主权国家发行的，而是由欧洲中央银行发行的。欧洲中央银行（European Central Bank，ECB）于1998年7月1日正式成立，总部设在德国法兰克福。它是根据1991年12月签订的《马斯特里赫特条约》成立的，其职能是“维护货币的稳定”，管理主导利率、货币储备和发行以及货币政策的制定。2002年1月1日，欧元开始在比利时、德国、希腊、西班牙、法国、爱尔兰、意大利、卢森堡、荷兰、奥地利、葡萄牙、芬兰12个欧盟成员国流通；2007年后斯洛文尼亚、塞浦路斯、马耳他、斯洛伐克、爱沙尼亚、拉脱维亚和立陶宛相继加入，组成现有的19个欧元区成员国。欧盟理事会于2022年7月12日宣布完成所有法律程序，确定克罗地亚将于2023年1月1日改用欧元，正式成为欧元区第20个成员国。

欧元面值为元（Euro）、生丁（Euro cent）。欧元有7种面值的纸币：5元、10元、20元、50元、100元、200元和500元。欧元还有8种硬币：1生丁、2生丁、5生丁、10生丁、20生丁、50生丁、1元和2元。

根据有关条约，欧元于1999年1月1日正式诞生，至2002年1月1日，为各国货币和欧元共存的过渡时期，企业和个人可以同时使用两种货币。2002年1月1日开始全面使用欧元，各国货币开始撤出市场。2002年7月1日欧元取代各国货币正式成为欧洲货币联盟国家统一货币。

二、外汇的特征

根据外汇的定义，我们可以得出外汇的三个基本特征：

（一）外汇是一种金融资产

所谓“资产”，是具有货币价值的财物或权利，或者说是用货币表现的经济资源。资产可以是实物性的，即所谓的实物资产，如土地、机器等；也可以是金融性的，即金融资产，如现金、存款、商业票据、有价证券等。外汇只能以货币形态得到表现，因此，它必然属于金融资产。所以，实物资产和版权、专利权等无形资产不能构成外汇。

（二）外汇必须以外币表示

少数国家的货币，如美国的美元，由于种种特殊的原因而在国际被普遍接受，因此，美国居民常常可以直接用美元对外支付。但是，美元对美国居民而言，显然只是本币，所以，尽管美元有时具有对外支付功能，但美国居民仍然不能由此而将其视为外汇。

（三）用作外汇的货币必须具有较充分的可兑性

这里的可兑性，是指一种货币能够不受限制地兑换成其他国家货币的特性。如前所述，人们持有外汇的最基本动机是用于对外支付。但是，由于各国（或地区）货币制度不同，外汇管制宽严程度不同，以及政府维持货币主权的要求，一国货币一般不能在另一国流通使用。在这种情况下，一种货币，如加拿大加元的持有者为了清偿由于对外经济交易而产生的国际债权债务关系，或为了在国与国之间进行某种形式的单方面转移，就不得不将加元按一定的比率兑换成另一种货币，如新加坡元。显然，如果一种货币不具有可兑性，即不能兑换成其他货币，则其对外支付的能力就几近丧失，外国居民就不愿持有该种货币，其结果就是无法具有外汇的功能。

货币按其可兑性程度，可分成以下三类：

（1）完全的可自由兑换货币。当一国政府对本币兑换成外币的行为没有严格限制，不采取差别性的复汇率措施时，该国的货币就成为完全的可自由兑换货币。

（2）有限的或部分的可兑换货币。当一国政府对本币兑换成外币的行为实行某些方面的严格限制时，该国的货币就成为有限的或部分的可兑换货币。这种限制通常表现在两个方面：一是按居民身份实行限制，如外国居民可以自由兑换，本国居民则不能兑换；二是对于经常项目交易的货币兑换没有限制，但对涉及资本项目交易等额兑换仍施加限制。

（3）不可兑换货币。有些国家对贸易收支、劳务收支和资本项目收支都是严格的外汇管制，境内没有外汇市场，所有本币对外的兑换行为都必须经过政府审批。这些国家的货币就称为不可兑换货币。

国际货币基金组织为了促进国际经济交易的发展，在《国际货币基金组织协定》第八条“成员国的一般义务”中规定，各成员国不能对因经常项目交易而发生的货币兑换要求予以限制。货币的完全可自由兑换意味着任何该种货币持有人均可不受限制地在外汇市场上将其转换成其他货币。在这种情况下，一旦由于国际收支严重恶化、本币遭受投机性攻击或资本外逃等原因，一国的外汇市场就会出现大量抛售本币、抢购外币的风潮，以至于本币汇率面临冲击，外汇储备急剧流失，甚至酿成金融危机。所以，一国是否有能力实行本币的自由兑换，取决于其是否具有稳定对外经济的强大实力，具体而言，取决于其稳定国际收支和汇率的能力以及是否持有充足的外汇储备。

从目前的情况看，实行完全的货币自由兑换的国家主要是西方发发国家和收入相对较高的发展中国家。许多发展中国家由于对外经济实力相对较弱，在世界经济中处于不利地位，因而缺乏实行货币自由兑换条件。我国自实行改革开放政策以来，对外经济实力得到了很大的提高，在市场经济体制有了一定程度的发育，国际收支状况不断改善，外汇储备迅速增加的时候，即 1996 年 11 月 27 日，中国人民银行行长戴相龙致函国货币基金组织，正式宣布从 1996 年 12 月 1 日起接受《国际货币基金组织协定》第八条款，基本实现了经常项目交易的人民币自由兑换，成为所谓的“第八条款成员国”。但是，我国对少部分经常项目兑换，如劳务收支方面的出国旅游、留学和转移支付方面的侨汇、捐赠等，仍然实行一定的限制。不过，随着我国国际收支规模的不断扩大和外汇储备的增加，人民币自由兑换的限制也在持续放宽。例如，我国对因私出国旅游购买外汇的次数原先规定每年1次，1999年宣布不再受次数的限制。预计在不远的将来将完全实现经常项目交易的人民币自由兑换。在此基础上，资本项目交易的人民币自由兑换将会成为下一步目标①。

三、汇率的概念与标价

外汇的动态含义引出了不同货币的折算问题，这就涉及汇率。汇率（Exchange Rate）是一个国家的货币折算成另一个国家货币的比率，即用一国货币所表示的另一国货币的兑换比率。换言之，汇率就是两种不同货币之间的比价，它反映一国货币的对外价值。由于汇率为外汇买卖确定了标准，因而又称外汇牌价，简称汇价或汇行市（Foreign Exchange Quotation）。

外汇交易有两种形式。最主要的形式被称为即期交易，指的是交易的金融资产立即（2天内）交割②。远期交易，指的是交易的金融资产在未来某个特定日期交割。

即期汇率是即期交易使用的汇率，而远期汇率则是远期交易使用的汇率。

如果某一货币价值上升，就称为升值；如果它的价值下跌，就称为贬值。升值时一个标准单位的本币量可以兑换更多的外汇，贬值时则相反。

为了表示两种不同货币之间的比价，先要确定哪个国家的货币作为标准，由于确定的标准不同，因而便产生了两种不同的汇率标价方法。

（一）直接标价法

直接标价法（Direct Quotation）又称应付标价法（Giving quotation），是指一国以整数单位（如1、100、10 000等）的外国货币为标准，折算为若干数额的本国货币的标价法。在直接标价法下，外国货币数额固定不变，汇率涨跌都以相对的本国货币数额的变化来表示。一定单位的外币折算的本国货币增多，说明外币汇率（Foreign Exchange Rate）上升，或本币汇率下降；反之，一定单位的外币折算的本国货币减少，说明外币汇率下跌，或本币汇率上升。由此可见，在直接标价法下，汇率数值的上下起伏波动与相应的外币的价值变动在方向上是一致的，而与本币的价值变动在方向上却是相反的。

美国长期以来一直采用直接标价法，但在第二次世界大战后，随着美元在国际结算和国际储备中逐渐取得统治地位以及国际外汇市场的高速发展，为了与各国外汇市场上对美元的标价一致，美国从1978年9月1日起，除了对英镑（以及后来的澳元和欧元）继续

① 为进一步优化资本项目业务办理流程，提升跨境投融资便利化水平，更好地服务实体经济，国家外汇管理局根据近年来资本项目外汇管理改革进展，制定了《资本项目外汇业务指引（2020年版）》。

② “交割”为金融产品交易术语，意为交易双方交易标的易手。

采用直接标价法外，对其他货币一律改用间接标价法。我国的人民币汇率也采用直接标价法。

（二）间接标价法

间接标价法（Indirect Quotation）又称应收标价法（Receiving Quotation），是指一国以整数单位（如1、100、10 000等）的本国货币为标准，折算为若干数额的外国货币的标价法。间接标价法的特点正好同直接标价法相反，即本币金额不变，其折合成外币的数额则随着两种货币相对价值的变化而变动。如果一定数额的本币能兑换成更多的外币，说明本币汇率上升；反之，如果一定数额的本币兑换的外币数额减少，则说明本币汇率下跌。在间接标价法下，汇率数值的上下起伏波动与相应的外币的价值变动在方向上刚好相反，而与本币的价值变动在方向上却是一致的。目前，除了英国、美国、澳大利亚和欧元区外，国际上绝大多数国家都采用直接标价法。从历史上看，英镑曾长期用作国际结算的主要货币，因此，伦敦外汇市场一直采用间接标价法。

直接标价法和间接标价法之间存在着一种倒数关系，即直接标价法下的汇率数值的倒数就是间接标价法下的汇率数值，反之亦然。例如，根据我国中国银行按直接标价法挂牌的100美元＝686.82元人民币，我们可很方便地推算出1元人民币＝100/686.82＝0.1456美元，即100元人民币＝14.56美元。又如，根据伦敦外汇市场上的1英镑＝1.2527美元，运用倒数关系，即可将外汇市场的间接标价法换成直接票价法，即1美元＝1/1.2527＝0.7983英镑。

由于在不同的标价法下，汇率涨跌的含义恰恰相反，因此，我们在谈论某种货币汇率的变动时，必须说明具体的标价方法，否则就容易引起歧义。我们也可以在汇率之前加上外汇或本币等限定词，以说明外汇汇率或本币汇率的变动情况，如外汇汇率上升或本币汇率下跌。

想一想

如果按直接标价法100美元＝647.25元人民币，那么，100元人民币等于多少美元？

四、外汇市场

不同国家间的贸易涉及不同货币（通常情况是以不同货币计价的银行存款）的相互兑换。这种货币之间相互兑换的交易发生在外汇市场（Foreign Exchange Market）上。在一般意义上，外汇市场上的需求和供给，决定了货币兑换的比率，进而决定了购买外国商品和金融资产的成本。

货币在全球各地的外汇市场交易，大多数多由北美、欧洲和亚洲的大型商业银行的交易员完成。像纳斯达克股票市场一样，外汇市场是由通过计算机连接在一起的外汇交易商组成的场外无形市场，而不是有形的物理场所。因为大型商业银行愿意随时买卖主要货币，所以被称为做市商。大部分小银行和企业不是直接进入外汇市场，而是向大型商业银行支付一笔费用来完成外汇交易。大部分外汇交易发生在位于伦敦、纽约和东京及二级中心中国香港、新加坡和苏黎世的商业银行之间。

外汇市场的日交易量高达数万亿美元，是世界上最大的金融市场。除商业银行外，外汇市场的主要参与者还包括投资组合经理和中央银行，如美联储。参与者全天交易美元、日元、英镑和欧元等货币。最繁忙的交易时间是美国东海岸时间上午，此时伦敦和纽约金融市场都开盘了，但交易总是在某个地方发生。纽约的一个货币交易员可能会在半夜接到电话，获悉的消息导致他或她买卖美元或其他货币。

第二节 汇率变动的影响因素及作用

一、影响汇率变动的主要因素

影响汇率的因素可以说极为纷繁芜杂，但其主要因素如下：

（一）利率

通常情况下，一国的利率水平较高，在该国表现为债权的金融资产，如存款、贷款、存单、债券、商业票据等的收益率也相对较高。这就会吸引大量国外资金流入，用以投资这些金融资产。结果，在外汇市场上，外汇的供应就急剧增加，从而导致本币汇率上升。反之，一国若降低利率，就会使短期资本流亡国外，该国对外国货币的需求增加，造成本币汇率下降。所以，各国利率的变化，尤其是国内外利差，是影响汇率的一个十分重要的因素。由于国际上追求利息受益的短期资本对利率的高低十分敏感，会对利率变动迅速作出反应，因此，利率对汇率的影响可在短期内很快发生作用。从各国的政府行为来看，提高利率往往成为稳定本国货币汇率、防止其大幅度下跌的重要政策手段。

（二）国际收支

国际收支是在一定时期内一个国家或地区与其他国家或地区之间进行的全部经济交易的系统记录。它包括对外贸易状况和对外投资状况，是贸易和投资以及其他国际经济交往的总和。国际收支既包括用外汇收付的经济交易，也包括以实物、技术形式进行的经济交易。为了全面反映国际收支状况，各国都要编制国际收支平衡表。

国际收支的具体项目通常划分为三类：经常账户、资本和金融账户以及净误差与遗漏。现以我国为例加以说明。

（1）经常账户。经常账户反映本国与外国交往中经常发生的项目，也是国际收支中最重要的项目。它包括货物和服务、初次收入（包括雇员报酬和投资收益）以及二次收入

（即经常转移）三个子项。

（2）资本与金融账户。资本账户记录的是资本性质的转移和非生产性、非金融性资产的获得或者出让。资本性质的转移包括生产设备的无偿转移、国外投资款项的汇入和向国外投资款项的汇出以及单方面的债务减免等。非生产性、非金融性资产的获得或者出让是指专利、版权、商标等资产的一次性买断、卖断。

金融账户分为非储备性质的金融账户和储备资产两类。非储备性质的金融账户记录的是影响一国对外资产和负债的所有权变动的所有交易，按投资方式分为直接投资、证券投资、金融衍生工具和其他投资四项。储备资产是指由中央银行持有（有的是由财政部门持有），并可随时直接使用的金融资产，包括货币黄金、特别提款权、在国际货币基金组织的储备头寸、外汇储备以及其他储备资产。

（3）净误差与遗漏。国际收支平衡表是按复式簿记原则编制的，每一笔经济交易要同时记入有关项目的借方和贷方，数额相等。但在实践中，由于不可能完全跟踪每一项经济交易进行记录，所以国际收支平衡表的编制是通过对各个子项目的统计进行的。由于各个子项目的统计数据来源不一、时间不同等原因，借方合计与贷方合计之间总是存在一定的差额。为此，就需要有一个平衡项目——净误差与遗漏。当贷方大于借方时，就将差额列入该项目的借方；当借方大于贷方时，就将差额列入该项目的贷方。

国际收支的变化是影响汇率的重要因素。一国国际收支发生顺差，意味着外汇收入大于支出，这在外汇市场上就表现为：需要卖出的外汇数量大于需要买进的外汇数量，也即外汇供过于求，外汇汇率就有可能下跌；若为逆差，则该国对外国货币的需求增加，外汇供不应求，外汇汇率就有可能随之上升。可见，国际收支差额及其大小对汇率有很大的影响。但是，由于国际收支差额对汇率的影响须通过外汇市场上供求状况的变化才能逐步体现出来，这就需要一个时间过程，因此国际收支对汇率具有中期的影响作用。

（三）商品价格水平

一国商品价格水平的上升，势必削弱该国商品在国际市场上的竞争能力，对出口不利，同时却会鼓励进口，这样将造成进口增加、出口减少，使国际收支出现逆差，引致外汇市场上出现外汇供不应求的现象，进而导致该国的货币汇率下降。

由于商品价格水平的变动须通过国际收支，进而是外汇供求才能对汇率产生影响，况且价格水平的变动本身具有趋势特征，因此，价格水平对汇率具有长期的影响，往往成为影响汇率变动趋势的因素。

（四）中央银行的直接干预

由于汇率变动对一国的进出口贸易和资本流动等有着直接的影响，并转而影响到国内的生产、投资和价格等，所以，各国中央银行为了避免汇率变动，尤其是短期内的剧烈起伏波动对国内经济造成不利影响，往往对汇率进行干预，即由中央银行在外汇市场上买卖外汇，当外汇汇率过高时卖出外汇，回笼本币，而在外汇汇率过低时则买进外汇，抛售本币，使汇率变动有利于本国经济。这种干预有三种情况：一是在汇率变动剧烈时使其趋于缓和，二是使汇率稳定在某个水平上，三是使汇率上浮或下浮到某个比较合适的水平上。

（五）重大意外事件

重大意外事件包括政治风险、国家间爆发战争、国际重大政治与外交事件、主要国家重大自然灾害等。外汇市场比股票、债券等市场受政治的影响要大得多，当某一件重大国际事件发生时，外汇行情的涨落幅度会经常超过债券市场。其主要原因是外汇作为国际性流动的资产，在动荡的政治格局下所面临的风险会比其他资产大，加上外汇市场的流动速度快，又进一步促使外汇市场在政治局势动荡时更加剧烈地波动。

外汇市场的政治风险主要有政局不稳引起经济政策变化、国有化措施等，从具体形式来看，有大选、战争、政变、边界冲突等。从资本安全角度出发，由于美国是当今世界最大的军事强国，其经济也仍处于领先地位，所以一般政治动荡产生后，美元就会起到“避风港”的作用，美元会立刻走强。战争及政治事件经常是突发性事件，出乎外汇市场的意料，这又使外汇市场的现货价格波动异常剧烈，其波动幅度大大超过外汇价格的长期波动幅度。进入21世纪以来，在大国间的国际争端中，汇率往往成为进攻和防守的武器之一。

从下面的例子可以了解政治事件对外汇市场短期走势的影响。

☞ 小链接

苏联解体事件对汇率产生了怎样的影响?

1991年，在苏联8·19事件发生以前，外汇市场已在流传苏联政局不稳的消息，美元连续7天小涨，但谁也没有预料到会有突发事件发生。8月19日，当外汇市场所有交易者的计算机屏幕上打出“苏联发生政变”的字样时，便立刻出现一股恐慌性的买美元风。以英镑为例，英镑兑美元的汇率在短短的几分钟内从1英镑兑换1.6633美元猛跌至1.6130美元，跌幅达3.1%。第二天，外汇市场又传出戈尔巴乔夫失去联系，发动事件者似乎难以控制局面等消息的不断出现，使汇价反复涨落。直到第三天，8·19事件宣布失败，外汇市场立刻抛出美元。同样以英镑为例，在事件的第三天，英镑兑美元的汇率从1英镑兑1.6363美元，涨到1英镑兑1.6915美元，涨幅达3.4%，使英镑兑美元的价位迅速超过8·19事件前的高点。此后，其他外汇同英镑一样，其兑换美元的汇价一路上扬。

资料来源：https：//www.zcaijing.com/whjyyc/188521.html.

☞ 阅读专栏

俄乌冲突下美俄金融制裁影响

2022年2月，俄罗斯与乌克兰就卢甘斯克和顿涅茨克地区爆发冲突以来，以美欧为首的西方国家对俄罗斯的制裁不断加码，俄罗斯在金融、进出口贸易等领域也相继出台一系列反制裁措施。

一、西方对俄制裁措施

第一，冻结资产，降低俄政府、企业、金融机构及居民的外币资产的支付、划转及变现能力。

俄乌冲突爆发后，美国针对俄罗斯和白俄罗斯加大SDN制裁力度，扩大特别指定国民清单（SDN List是美国阻断程度最高的制裁清单，其特点是全面阻断美国“连接点”，包括冻结美元资产、限制与“美国人”发生往来以及禁止进入美国境内等），将23名自然人、125个实体及5艘船舶纳入SDN清单。凡是列入SDN清单的实体，其所拥有的位于美国、来自美国或者由美国人控制的财产均被冻结，且禁止美国人与其有任何业务往来。不仅如此，SDN清单还实行“穿透式”管理，清单上单独或合计拥有50%以上财产性权益的实体也视同列入SDN清单，适用同样的制裁措施，从而使得制裁范围进一步扩大。

欧盟继续扩大与SDN清单类似的限制性措施清单（Restrictive Measures List），该清单主要制裁措施包括冻结在欧资产、切断融资渠道等。俄乌冲突升级后，欧盟将俄全部351位国家杜马、多位自然人和企业实体纳入限制性清单。截至2022年2月25日，欧盟制裁的俄罗斯自然人为654名，实体52家。除美欧外，英国、澳大利亚、日本、韩国等国家也对俄罗斯实施了类似的清单制裁措施。

第二，限制俄罗斯的国际融资和资金使用能力。

俄乌冲突爆发后，美国将俄16个实体纳入非SDN菜单式制裁清单，禁止美国人向俄罗斯中央银行、国家财富基金、财政部提供融资或进行任何其他形式的交易。此外，对部分头部金融机构以及能源、电信、贵金属、运输行业的龙头企业，禁止美国人参与所涉实体的股权融资交易或者超过一定期限的债券融资交易。这将切断俄政府、重要企业从西方融资的渠道，使得俄罗斯的主权融资和金融机构融资直接受限。

欧盟禁止俄国实体股权在欧盟交易场所上市并为之提供服务，禁止接受俄国民或居民超过特定规模的存款，禁止欧盟中央证券托管机构管理俄罗斯客户账户及向俄罗斯客户出售欧元计价的证券和票据，禁止与俄罗斯中央银行进行交易，禁止参与俄罗斯直接投资基金的联合融资项目。这些措施将在较大程度上限制俄罗斯向欧盟的资金流入。依据俄罗斯央行提供的数据，截至2021年6月底，俄罗斯对外直接投资的68%流向欧盟，俄罗斯银行业接近50%的资产和负债来自欧盟。欧盟严厉的制裁对俄罗斯经济、金融会产生重大负面冲击。

第三，将俄罗斯部分银行移除SWIFT系统，阻断跨境支付渠道。

2022年2月27日，美国白宫发表声明称，与欧盟委员会、德、法、英等国领导人决定将部分俄罗斯银行排除在SWIFT支付系统之外。同年3月1日欧盟发布公报，宣布自3月12日禁止向7家俄罗斯银行提供用于交换金融数据的专用金融信息服务。7家银行具体包括俄罗斯外贸银行、俄罗斯工业通讯银行、发现银行集团、社会银行、诺维克姆银行、俄罗斯银行和俄罗斯国家开发银行。被制裁银行业务主要涉及国家战略性行业、基础设施、原油和天然气、外贸、军工等领域。

被多国单独列入制裁名单的俄最大国有银行俄罗斯联邦储蓄银行（Sberbank）并没有

出现在这张名单上，而俄能源交易的主要渠道俄罗斯天然气工业股份（Gazprombank）也没有被列入其中。另外，8家俄罗斯D－SIBs也未被切断SWIFT系统服务，这给俄罗斯金融体系支持外贸活动留下了一定空间。

第四，针对俄产业结构短板，加强对俄进出口管制。

俄乌冲突升级以来，美国商务部对俄罗斯采取了一系列进出口管制措施，包括禁止进口原油、石油、石油燃料、油类及其蒸馏产品、液化天然气、煤炭等源自俄罗斯的能源产品；强化出口审批管理，对出口到俄罗斯的电子、电信项目、传感器、导航设备、航空电子设备、海洋设备和飞机部件实施许可证要求；对俄罗斯出口、再出口、转移的许可申请采用“推定拒绝”政策等。

欧盟出口管制主要体现在以下领域：能源领域禁止向俄罗斯销售、供应、转让或出口特定的炼油产品和技术，并对提供相关服务实施限制。运输领域，对航空航天业商品和技术实施出口禁令，禁止提供与这些商品和技术相关的保险、再保险和维修服务，禁止提供相关技术和财政援助，禁止向俄罗斯航空公司出售所有飞机、备件和设备。科技领域，将对军民两用商品和技术的出口实施限制，限制特定可能有助于俄罗斯加强其国防和安全部门技术的商品和技术出口，包括半导体或尖端技术等产品。美欧出口管制措施直击俄罗斯要害，对其关键产业链造成一定打击。

第五，强化对顿涅斯克和卢甘斯克的制裁，限制其长期发展。

2022年2月21日，美国签发14065号总统行政令，对俄罗斯承认独立状态的“顿涅茨克人民共和国”和“卢甘斯克人民共和国”实施制裁，禁止美国主体与上述两地区开展除通用许可规定外的任何商业活动。同时，欧盟采取一揽子制裁措施，以回应俄罗斯承认顿涅茨克和卢甘斯克的非政府控制地区的独立，包括制裁俄罗斯国家杜马351名投票赞成承认顿涅茨克和卢甘斯克共和国独立的议员、制裁27个引人注目的个人和实体；禁止从顿涅茨克州和卢甘斯克州的非政府控制地区进口商品，并禁止相关融资和金融援助；限制对该地区的投资以及相关投资服务；禁止提供旅游服务；禁止对其出口运输、电信、能源、石油、天然气和矿产等商品；禁止在运输、电信、能源、石油、天然气和矿产等领域提供与非政府控制区域的基础设施直接相关的技术援助、中介、建筑或工程服务等。此外，英国、日本也出台一系列措施，对顿涅茨克和卢甘斯克地区的金融、航运以及贸易领域实施制裁。

美欧通过强化对顿涅斯克和卢甘斯克的制裁，将遏制当地经济发展，限制俄罗斯在乌克兰乃至东欧地区的影响力。同时，美欧针对上述两地区的制裁也可能升级为对第三国主体的二级制裁。

美西方制裁令一公布，俄罗斯货币卢布大幅“跳水”。

二、俄罗斯的反制裁措施

俄罗斯在金融、进出口贸易等领域也相继出台一系列反制裁措施，对西方国家制裁进行了有力反击，主要可以分为四个方面：

第一，发布天然气“卢布结算令”，稳定卢布币值。2022年3月23日，俄总统普京指示俄天然气工业股份公司将不友好国家（3月7日俄罗斯政府批准发布了不友好国家和地区的名单，包括美国、新加坡、加拿大、英国、瑞士、日本、澳大利亚、新西兰、韩国、乌克兰、挪威、冰岛、中国台湾、欧盟27个成员国等，共计48个）的天然气合同改用卢布结算，如果拒绝以此方式付款，俄方将视为买方违约，一切后果应由买方承担。欧洲每年从俄罗斯获得天然气约占总量的40%，长期以来国际能源交易都是以美元或欧元计价和结算。该制裁措施发布后，天然气价格迅速拉高，卢布止跌回升。俄乌冲突前，1美元兑换77卢布，俄乌冲突后两周内跌至1美元兑换120卢布，2022年3月11日盘中最低跌至154.25卢布。卢布换能源的“威胁”稳定了卢布汇率，自3月以来卢布汇率持续走强，6月开始进入震荡区间，8月22日约为1美元兑换59卢布。

第二，选择等值卢布支付外债，减轻外汇储备压力。对于列入不友好国家地区清单的外国债权人，如俄国家、个人和企业对其负有外汇债务，可使用卢布偿还。俄罗斯用卢布直接还债，目的就是在资本管制仍在持续的情况下避免违约，进而避免可能出现的经济危机。对于拥有大量俄罗斯外债的国家，如果卢布一直贬值，后续俄罗斯选择用卢布进行还款，势必会给这些国家造成十分大的经济损失。由于这些国家基本都在美元体系中，所以后续肯定会将卢布兑换成美元，从而使他们原有的收益大幅缩水。因此，使用卢布支付外汇债务，将使俄罗斯的海外债权人面临巨大的金融风险冲击，以及非常不确定的汇率风险敞口。

第三，实施资本管制，有效控制外汇储备流失。俄罗斯央行严格要求所有出口商自2022年年初以来上缴出口创汇的80%。由于俄罗斯多年以来一直保持可观的贸易顺差（主要得益于石油和天然气的出口），通过这一行动以及阻止大多数资金转移，俄罗斯央行确保了足够的外汇流动来支付必要的进口，进而有效控制了俄罗斯外汇储备的外流。

第四，加强出口管制，确保关键部门正常运转，强势回应西方制裁。一是俄北方钢铁公司停止向欧盟国家出口钢铁产品，海外钢材供需趋紧，将对俄罗斯国内钢价起到有力的支撑作用；二是停止向美提供火箭发动机，并停止为已交付的发动机提供技术维护；三是在2022年底前将禁止科技、电信、医疗、汽车、农业和电气设备的出口，以回击西方国家对俄罗斯的贸易管制；四是禁止向欧亚经济联盟（EEU）成员国出口谷物、白糖和蔗糖，以保护俄罗斯国内粮食市场供应稳定。

俄罗斯反制裁措施出台后，外汇市场迅速反应，卢布快速反弹，很快走出“V”字形，回到制裁前的水平。

资料来源：涂永红，任屹颖．俄乌冲突下美俄金融制裁影响及我国的对策［J］．当代金融家，2022（5）：6.

二、汇率变动对经济的影响

汇率是一个重要的经济杠杆。汇率变动能反作用于经济。

（一）汇率变动的贸易效应

一般来说，本币汇率下跌会起到鼓励出口和抑制进口的作用。当一国货币升值（相对于其他货币价值上升）时，该国出口商品在国外就变得相对昂贵，而外国进口商品在该国就会变得相对便宜（假定两国国内价格保持不变）。相反，当一国货币贬值时，其商品在国外就会变得相对便宜，而外国商品在该国就会变得相对昂贵，进而影响两国商品市场的供求变化。

（二）汇率变动的资本流动效应

汇率变动对长期资本流动影响较小，但短期资本流动常常受到较大的影响。在汇率下跌条件下，投资者就不愿持有以贬值国货币计值的金融资产，而将其转兑成外汇，发生本国和外国投资资本外流现象；同时，由于纷纷挤兑外汇，加剧外汇供求紧张，会促使本币汇率更趋下跌。

（三）汇率变动对国内物价的效应

以本币汇率下跌为例，当本币汇率下跌，一方面，有利于本国商品出口，而出口扩大会使国内市场商品供应发生缺口，促使价格上涨；另一方面，进口商品的本币成本因汇率下跌而上升，促使进口消费资料和生产资料价格提高。通过这两个方面的影响，能够波及国内的物价总水平上升。

（四）汇率变动的利率效应

以本币贬值为例，货币贬值会鼓励出口，增加外汇收入，外汇收入增加的过程有本币投放增加机制效应。因此，货币贬值会扩大货币供应量，引起物价水平上升，促使利率水平下降，这会带来通货膨胀的效应。但通货膨胀又会引起货币需求的增加和利率的上升，对一般国家来说，随汇率贬值而来的总是利率的上升。

（五）汇率变动对外汇储备的效应

如果某种储备货币升值，持有该货币的国家就会增加收益，而发行该货币的国家就会增加债务；如果某种储备货币贬值，则持有该货币的国家就会遭受损失。因此，从长期来看，储备货币汇率的变动可以改变外汇储备资产的结构。

（六）汇率变动对国民收入、就业的效应

货币贬值有利于出口的增加，会带来国内投资、消费和储蓄的增加；同时，进口价格上涨，一些消费者把原要买进口商品的支出转向购买国内生产的商品上，这会产生出口增加同样的作用，即增加国民收入。这一效应的发生，需要该国不存在严重依赖进口或存在资源稀缺的条件，否则进口生产资料价格上涨，会使生产成本上涨，企业利润减少。生产

成本上涨，企业利润减少会产生促使经济增长速度下降的效应。

（七）汇率变动对国际经济关系的影响

汇率变动是双向的，本币汇率下降就意味着其他国家货币汇率上升，会导致其他国家的国际收支逆差，经济增长减缓，由此招致其他国家的抵制和报复，掀起货币贬值和贸易保护主义。

需要指出的是，一国货币对外贬值，只有在适度的范围内才可能产生正面效应。如果一国货币贬值幅度过大，反而会使投资者失去信心，从而产生负面影响，甚至引发货币危机。

☞ **相关链接**

脱欧、汇率和英国企业的盈利能力

英国自 1973 年以来一直是欧盟（EU）的成员，这个由 28 个国家组成的组织通过消除大多数贸易壁垒并允许工人和公司基本不受限制地在各国之间流动已经实现经济一体化。当大多数欧盟成员国从 2001 年开始使用欧元作为共同货币时，英国决定继续使用英镑。2016 年 6 月，英国举行全民公决，多数人投票决定退出欧盟。这次投票以“英国脱欧”而闻名。在投票之前，许多投资者认为英国退出欧盟将产生两个重要后果：（1）伦敦作为金融中心的重要性会下降；（2）英国经济会受到伤害，因为英国公司在向欧盟国家出口时很可能必须支付关税。大多数政治分析人士曾预测大多数人会投票决定留在欧盟。因此，实际的投票结果令许多投资者感到震惊，当金融市场在公投后的早晨开盘时，英镑对美元的价值下跌了近 8%，从 1.48 美元 =1 英镑下跌到 1.36 美元 =1 英镑。

抛开英国离开欧盟的其他后果，英镑贬值对英国公司而言是好消息还是坏消息？答案是，贬值总体上有利于英国出口商，但会损害与外国进口品竞争或供应商在英国以外的公司。赢家之一是布朗普顿自行车（Brompton Bicycle），该公司在伦敦的一家工厂生产流行的折叠自行车，该公司 80% 的自行车出口到其他国家。由于汇率下降，在美国以美元出售的每辆自行车将美元兑换成英镑后会带来更高的收益。同样，劳斯莱斯（Rolls - Royce）在英国制造大部分用于出口的飞机发动机。公司管理者估计，美元/英镑汇率每下降 1 美分，公司年利润的增加相当于 200 万美元。脱欧公投后的几天，汇率下跌了 16 美分，因此，如果下跌得以维持，那么劳斯莱斯的利润将增加 3 200 万美元。相反，AirandGrace 制鞋公司却受到英镑价值下跌的伤害。该公司在英国设计和销售鞋子，但在使用欧元作为货币的葡萄牙的一家工厂生产鞋子。因为英镑对欧元的价值下降了，以 AirandGrace 进口的鞋子的成本在换算成英镑后就增加了。该公司的创始人表示：“有两种选择——让企业承担利润下降的代价或通过提高零售价格将其转嫁给消费者。”她表示，她的公司正在承担更高的成本，但怀疑能否长期这样做。英国脱欧公投后的英镑价值下跌再次表明汇率经常在决定企业的获利能力方面发挥重要的作用。

综合以上分析，如果英镑和美元的汇率从1.45英镑=1美元变为1.30英镑=1美元，那么这对于像布朗普顿自行车这样的英国公司来说是个好消息吗？对美国消费者来说这是个好消息吗？对于出口到英国的美国公司来说这是个好消息吗？对英国消费者来说这是个好消息吗？

资料来源：William Wilkesand Costas Paris, "Pound's Plunge Benefits Some Businesses, Punishes Others," Wall Street Journal, July 3, 2016; Suzanne Bearneand Helen Lock, "Opportunityor Disaster? Small Firms Describe the Impact of the Brexit Vote," guardian. com, July 3, 2016; and Mike Bird, "Pound Falls to Fresh Lowas Brexit Fears Return," Wall Street Journal, July 5, 2016.

三、汇率发挥作用的条件

汇率作为一个重要的经济杠杆，其作用程度的大小，还要取决于是否具备相应的条件。第一，一国对外开放的程度。一国经济对外依赖程度较深，进出口贸易在国民生产总值中所占比重较大者，汇率变动对该国经济进程影响就较大。反之，则较小。第二，一国商品生产是否多样性。汇率变动对生产单一商品的国家的经济影响较大，对商品生产多样化的国家影响较小。第三，与国际金融市场的联系程度。联系密切的国家影响就较大，对较少参与国际金融市场活动的国家影响就较少。第四，通货的可接受性。一国货币完全自由兑换、在国际支付中使用较多者，影响就较大，否则影响较小。第五，汇率制度的选择。浮动汇率制度下一般的汇率可以充分发挥作用；在固定汇率制度下，汇率能否发挥作用取决于汇率是否处于均衡水平。

☞ 专家观点

汇率自由浮动可以实现贸易平衡吗？

以为自由的汇率制度可以自动促进商品进出口平衡，完全是一种理性的自由主义式幻想。德国、日本在20世纪60年代和80年代本币对美元升值约200%之后，两国对美贸易顺差的格局至今也未改变。之后的新加坡、韩国、中国台湾及泰国等经济体的经验，也或多或少地说明了相同的事实。

资料来源：郭树清．中国经济的内部平衡与外部平衡问题［J］．经济研究，2007（12）：10.

第三节 汇率制度

一、固定汇率制度

固定汇率制度（Fixed Exchange Rate System）是以某些相对稳定的标准或尺度，如货币的含金量作为依据，以确定汇率水平的一种制度。由于据此确定的汇率水平一般不轻易变动，故称为固定汇率制度。从历史上看，国际性的固定汇率制度主要有两种类型：一是从1816年到第二次世界大战前的国际金本位制度时期的固定汇率制度；二是1944—1973年的布雷顿森林体系下以美元为中心的固定汇率制度。货币局制度是固定汇率制度的特例。有关金本位制度下的固定汇率制度已在前文有较详尽的论述，本节主要讨论第二次世界大战后建立的布雷顿森林体系和货币局制度。

（一）布雷顿森林体系

1. 布雷顿森林体系概述

20世纪30年代期间，由于西方各国经济受到“大萧条”的冲击，不得不采取竞相贬值（Compeitive Devaluation）和外汇倾销的手段，以获取国际竞争的优势。但由此造成的结果却是外汇市场极度混乱，国际货币关系陷于瘫痪。为此，1944年在美国布雷顿森林（Bretton Woods）召开的联合国货币金融会议决定建立一个稳定的国际货币体系，尤其是稳定的汇率制度。鉴于美国当时所具有的无与伦比的政治、经济和军事实力，与会各国只能接受美国提出的方案，同意建立以美元为中心的固定汇率制度。这一制度或体系后来就称作布雷顿森林体系，其基本内容如下：

与会各国确认1934年1月美国规定的1美元含纯金0.888671克的含金量，即35美元1盎司的黄金官价。美国则承诺美元对黄金的可兑性，即参与这一固定汇率制度的国家的中央银行可用美元向美国兑换黄金。各国也可为本国货币规定一个含金量，这一含金量与美元的含金量之比称作黄金平价，用作与美元的汇率的基准。各国也可不规定本国货币的含金量，而只规定与美元的比价，称作中心汇率。这样，各国货币便通过黄金平价或中心汇率与美元建立了固定关系。同时，还规定，各国货币对美元的汇率，一般只能在黄金平价或中心汇率上下各1%的幅度内波动，各国的中央银行有义务在外汇市场上进行干预，以便保持外汇行市的稳定，使它不至于偏离规定的波动幅度。若一国的国际收支出现根本性不平衡（Fundamental Disequilibrium），则可在10%的限度内调整其含金量或兑美元的中心汇率；至于10%以上的调整幅度，则须报经基金组织批准。这一汇率制度规定不能超过平价的1%，波动幅度不算大，所以，仍属固定汇率制度，或称可调整钉住汇率制度（Adjustable Peg Rate System）。

2. 布雷顿森林体系的终结

布雷顿森林体系的建立为战后世界经济发展提供了良好的稳定环境，促进了各国的经济增长。但是，该体系在建立之初就已经具有重大的内在缺陷。美国耶鲁大学教授罗伯特·特里芬（Robert Triffin）早在20世纪50年代就撰文指出了该体系的问题，后来，他在1960年出版的《黄金和美元危机》（*Gold and the Dollar Crisis*）一书中更加完整地提出了这一观点。特里芬指出，由于美元成为各国货币的钉住对象，结果就衍生为具有干预货币、储备货币和结算货币功能的国际货币。因此，为了满足世界经济对国际货币需求量的不断增长，美国就必须通过国际收支逆差源源不断地对外输出美元。但是，美国国际收支的持续逆差会导致美元汇率不稳，这就会引发整个世界经济的动荡。此外，随着美元的不断地外流，美国的黄金储备量就不足以满足美元的兑付需要。一旦各国发现持有的大量美元不能全部转换成黄金，人们就不愿意接受美元，美元的末日也就来临了。

由此可见，在布雷顿森林体系中，美国若大量对外输出美元，会导致美元自身的危机；限制美元输出，国际货币体系就会面临国际货币的数量短缺。布雷顿森林体系的这种内在缺陷后来就被人们称作“特里芬难题”（Triffin Dilemma）。局势的发展果然被特里芬不幸言中。自20世纪60年代起，随着美国国际收支的极度恶化和美元的过度外流，人们对美元的前景日益看淡，纷纷开始以美元从美国兑付黄金，导致美国的黄金储备迅速下降，美国政府被迫于1971年8月15日宣布停止美元对黄金的兑付。在随后的一年多时间里，美国和其他西方国家虽然采取了种种挽救措施，但是，由于美国国际收支逆差的趋势没有逆转，国际外汇市场上再次出现大规模地抛售美元的浪潮，各国货币纷纷与美元脱钩，宣布实现浮动汇率制度，失去黄金支撑的布雷顿森林体系终于解体。

（二）固定汇率制度的特例——货币局制度

1. 货币局制度的定义及特点

货币局制度是指在法律中明确规定本国（或地区）货币与某外国可兑换货币之间保持固定的兑换比率，且本国（或地区）货币的发行受制于该国（或地区）外汇储备的一种汇率制度。由于这一制度中的货币当局被称作货币局，而不是中央银行，因此这一汇率制度也就相应地被称为货币局制度。

实行货币局制度的国家（或地区），其具体实施情况各不相同，但一般来说，货币局制度具有以下特点：第一，货币发行必须以一定的（通常是100%）外汇储备作为基础。货币发行量的多少不再完全听任货币当局的主观愿望或经济运行的实际状况，而是取决于可用作准备的外汇数量。第二，货币当局必须无条件地按照固定汇率接受市场对本国（或地区）货币所钉住的外汇的买卖要求。因此，货币局制度是一个高度规则化的金融制度，货币局无须承担许多央行职能。

货币局制度的这种高度规则化既是它的优点，也是其主要缺陷，如容易导致名义汇率僵硬。当名义汇率不能随着本国（或地区）价格水平上升而相应提升本国（或地区）实际汇率时，将会严重损害该国（或地区）的国际竞争力。

2. 中国香港的联系汇率制度

我国香港特别行政区实行的是货币局制度，称为联系汇率制度。香港的货币当局为金融管理局，于1993年由外汇基金管理局和银行业监理处合并而成，是香港的金融监管机构，但它不拥有发钞权。港元的发钞权掌握在汇丰银行、渣打银行和中国银行手中，这些机构的发钞运行机制由联系汇率制度来安排。香港的联系汇率制度产生于1983年10月17日，当时的港英政府在取消港元利息税的同时，对港元的发行和汇率制度作了新的安排：要求发钞银行在发行港元现钞时，必须按1美元兑7.8港元的固定汇率向外汇基金缴纳100%的美元，以换取港元的负债证明书，并以此作为发钞的法定准备金。发钞银行也可以同样的汇率用港元向外汇基金换回美元及负债证明书。其他银行向发钞银行取得港元时，也要以100%的美元向发钞银行进行兑换，但兑换比价用的是市场汇率。这一安排标志着香港联系汇率制度的诞生。因此，香港的联系汇率制度实质上是美元汇兑本位制度。

这样，在香港就形成了两个平行的外汇市场：在外汇基金与发钞银行之间形成公开外汇市场，以及在发钞银行与其他挂牌银行之间形成的同业外汇市场。相应地，存在两种汇率：联系汇率（官方汇率）和市场汇率。当联系汇率与市场汇率不一致时，会通过银行的套汇和套利活动使市场汇率围绕官方汇率上下波动并趋于后者。例如，当市场汇率低于联系汇率（即港元贬值，如1美元=7.9港元）时，公众会抛售港元购买美元，此时发钞银行按1美元=7.8港元向外汇基金以港元换取美元，再到市场上以1美元=7.9港元抛售美元，导致市场上美元供给增加、美元汇率下跌、港元汇率上升，直至回到1美元=7.8港元的汇率水平（在这一过程中，发钞银行赚取了0.1港元的套利收入）。

因此，香港的联系汇率制度通过套利机制形成了内在的自我调节机制，有利于香港金融的稳定，而市场汇率围绕联系汇率窄幅波动的运行也有助于香港国际金融中心、国际贸易中心和国际航运中心地位的巩固及加强。当然，联系汇率制度也存在一些弊端，如使香港的经济行为以及利率、货币供应量等指标过分依赖和受制于美国，从而严重削弱了运用利率和货币供应量杠杆调节本地区经济的能力。与此同时，联系汇率制度也使金融管理局通过汇率调节对外收支的功能无从发挥。

二、浮动汇率制度

浮动汇率制度是指一种汇率的变动主要由外汇市场上的外汇供求决定，因而不受任何指标限制的汇率制度。以美元为中心的固定汇率制度崩溃后，西方各国普遍实行了浮动汇率，由此形成了国际性的浮动汇率制度。在完全的浮动汇率制度下，政府不再规定本国货币与外国货币的黄金平价，不规定汇率波动的上下幅度，中央银行也不承担通过外汇干预维持汇率稳定的义务，汇率根据外汇市场的供求情况自由波动。汇率浮动的方式包括：

1. 自由浮动和管理浮动

这是根据货币当局是否对汇率变动进行干预所作的划分。自由浮动（Free Float）又称不干预浮动（Clean Float），是指货币当局对汇率上下浮动不采取措施，完全听任外汇市场的供求变化自由涨落。管理浮动（Managed Float）又称干预浮动（Dirty Float），是指货币当局采取各种方式干预外汇市场，使汇率水平与货币当局的目标保持一致。目前，各国普遍实行的浮动汇率制度都属于管理浮动，货币当局或多或少都会对汇率的变动施加影响，使之符合本国的利益。在这里，自由浮动仅仅是一个理论上的概念。

2. 单独浮动、钉住浮动和联合浮动

这是根据一国货币是否与他国货币建立稳定关系所进行的划分。单独浮动（Single

Float）是指一国货币的汇率不与其他国家的货币发生固定联系，其汇率根据外汇市场的供求变化而自动调整。另一种是钉住浮动（Pegged Float），这包括两种情况：

钉住某单一货币。由于历史、地理等方面的原因，有些国家，尤其是发展中国家的对外贸易、金融往来主要集中于某一工业发达国家。为了使这种货币贸易及金融关系得到稳定发展，免受相互之间货币汇率频繁变动的不利影响，这些国家通常使本国货币钉住该工业发达国家的货币，将其作为“货币锚”（Currency Basket），或者直接以特别提款权或欧洲货币单位（现为欧元）作为货币篮，并将本国货币钉住该货币篮，使本国货币与这些外币的汇率保持相对的稳定，而对其他国家的货币则随该货币篮浮动。

所谓“联合浮动”（Joint Float），即某些国家出于相互间发展经济关系的需要，组成某种形式的经济联合体（如欧洲经济共同体），建立稳定的货币区，对区内各国货币之间的汇率规定一个比值和上下波动幅度，而对区外国家货币的汇率则采取联合浮动。实行联合浮动的国家主要是欧洲经济共同体的成员国。

钉住浮动汇率制度和联合浮动汇率制度虽然在字面上被冠为“浮动”二字，而且实行这种汇率制度的国家的货币汇率也确实对“货币锚”以外或区外货币上下浮动，但从实质上看，由于这些国家的货币与经济关系最密切的其他国家的货币汇率保持着稳定的汇率关系，货币当局又频繁地在外汇市场上进行干预，因此，从对国内经济的影响方面看，这种汇率制度在性质上更接近于固定汇率制度而不是浮动汇率制度。

☞ 相关链接

特别提款权 SDR

特别提款权（Special Drawing Right，SDR），亦称“纸黄金”，是国际货币基金组织创设的一种储备资产和记账单位，它是基金组织分配给会员国的一种使用资金的权利。

布雷顿森林体系成型于第二次世界大战后期的 1944 年，在汇率制度安排上实行美元币值与黄金挂钩，其他主要国家的货币汇率钉住美元。不过到了 20 世纪 60 年代，美国一国为全球提供储备货币的这一体系，被认为存在根本性缺陷，即“特里芬难题”。

为了让布雷顿森林体系继续运转，国际货币基金组织提出创设一种补充性的国际储备资产，作为对美元供给以外的补充。1969 年，IMF 创设 SDR，初始价值被设为 1 单位 SDR 对 1 美元，相当于 0.888671 克黄金。SDR 相当于一种账面资产，也称为“纸黄金”。

根据 IMF 的解释，除了作为补充性的国际储备资产，SDR 还是 IMF 及其他一些国际组织的记账单位；特别提款权亦被用于 IMF 与其成员国的融资安排。“SDR 并不是一种货币，也不是对 IMF 的债权，而是对 IMF 成员国的（可自由使用货币的）潜在求偿权。”

要理解特别提款权这一名字及其运作机制，可以把 IMF 想象成一个信用合作社，每个成员国都享有提款权，类似一个信用卡透支系统。面临硬通货（货币）短缺的国家可以向 IMF 提款，而这一透支额度，由仍有富余未使用的硬通货的 IMF 其他成员国来支持。换而言之，IMF 成员国都享有从 IMF 提款的权利，而 SDR 是一种特别的提款权。

IMF 会员国在发生国际收支逆差时，可用它向基金组织指定的其他会员国换取外汇，以偿付国际收支逆差或偿还基金组织的贷款。SDR 还与黄金、自由兑换货币一样充当国际储备。但它不是真正货币，使用时必须先换成其他货币，不能直接用于贸易或非贸易的支付。因为它是国际货币基金组织原有的普通提款权以外的一种补充，所以称为特别提款权。

人民币 2016 年 10 月 1 日加入 SDR，权重为 10.92%。此外，美元权重为 41.73%，欧元为 30.93%，日元为 8.33%。在人民币未“入篮”之前，美元、欧元、英镑和日元四种货币的权重分别为 45%、36%、10% 和 9%。

2022 年 8 月起，国际货币基金组织（IMF）最新特别提款权（SDR）货币篮子正式生效，人民币在其中的权重由此前 10.92% 上调至 12.28%。此次人民币权重上调是国际社会对中国改革开放成果的肯定，意味着人民币在国际贸易、外汇储备、全球外汇交易、跨境投融资的使用范畴更广泛且更受欢迎，在国际金融市场的影响力逐渐提高，人民币被越来越多国家纳入官方储备货币之中。

资料来源：https：//mp. weixin. qq. com/s/51tqRlIKgFf6iJmn18TCLw.

http：//paper. people. com. cn/rmrb/html/2022 - 05/18/nw. D110000renmrb_20220518_3 - 04. htm.

https：//m. gmw. cn/baijia/2022 - 05/18/1302952649. html.

http：//magazine. caijing. com. cn/20151207/4027297. shtml.

三、两种汇率制度的利弊分析

（一）浮动汇率制度具有优势的方面

1. 在国际收支调节方面

在国际收支调节方面，浮动汇率制度优于固定汇率制度。

当一国发生国际收支逆差时，外汇市场上就会出现外汇供不应求的状况，在浮动汇率条件下，汇率就会迅速作出反应，通过外汇汇率的上浮，可刺激外汇供应，抑制外汇需求，使国际收支在市场机制下趋于平衡。此外，对外经济贸易、资本流动管理也简便易行、灵活主动。而固定汇率制度下，汇率不能自发调节，管理当局难以避免不恰当的行政干预或拖延实行调节措施，由此形成的汇率高估（Overvaluation）或低估（Undervaluation），以致国际收支状况迟迟得不到改善。

2. 在防止国际游资对本国经济的冲击方面

在固定汇率制度下，国际游资尤其是投机资金往往通过抛售软货币（又称软通货，Soft Currency），即可能发生贬值的货币，抢购硬货币（又称硬通货，Hard Currency），即可能出现升值的货币，以便从中谋利。而且，投机者常常表现出一致的行为，即共同抛售某一种货币，抢购另一种货币，形成所谓的“单向投机”（One - way Speculation），破坏力极大。由此会导致软货币国家出现货币危机，国际储备大量流失；而硬货币国家的货币当局则被迫进行外汇干预，收进外币，投放资本，最终酿成输入型通货膨胀（Imported Inflation），国际金融市场也会因此而动荡不安。在浮动汇率制度下，由于软货币的汇率及时下跌，硬货币的汇率及时上升，从而可化解国际游资的冲击。而且，货币当局没有必须进行外汇干预的义务，因而不必保留过多的国家储备。

3. 在内外均衡协调方面

当一国经济出现衰退，国际收支存在逆差时，在固定汇率下，只能通过紧缩性的财政货币政策来改善国际收支，但这却会加剧经济衰退。在浮动汇率制度下，国际收支可由汇率来调节，从而实现对外均衡，国内均衡则可依赖财政货币政策，内外均衡就不至于发生冲突。此外，在固定汇率制度下，外汇汇率的急剧下跌使外汇持有人处于不利的汇兑地位，因而可抑制外汇的流入；而在外汇大量流出之际，外汇汇率会相应上升，抑制资金流出。显然，浮动汇率可避免资本流动对政策效能的不利影响。

（二）固定汇率制度具有优势的方面

1. 在推进国际贸易和投资发展方面

在浮动汇率制度下，汇率的经常波动及其水平难以预测，使国际贸易和投资的成本、收益不易准确核算，原先有利可图的交易会因为汇率的变动而蒙受亏损，因此，人们不愿意缔结长期贸易和投资契约。在浮动汇率制度下，进出口商不仅要考虑进出口货价，而且要注意避免汇率风险。由于要考虑到汇率的变动趋势，往往报价也不稳定，还容易引起借故延期付款或要求减价、取消合同订货等现象。这种状况显然阻碍了国际贸易和投资的发展。而固定汇率制度可以稳定国际贸易和投资的成本、收益核算，减少汇率风险防范成本，进而有利于推进国际贸易和投资的发展。

2. 遏制国际金融市场投机活动方面

在浮动汇率制度下，虽然“单向投机”不复存在，但汇率波动的频率和幅度的加大却为日常的外汇投机活动提供了机会。随着世界经济的发展和财富的迅速增长，国际投机资金的数额也日趋庞大。这种巨额资金在国际外汇市场上的东奔西突，无疑加剧了国际金融局势的动荡。而固定汇率制度降低了国际金融市场的投机机会。

3. 在避免汇率竞相贬值方面

在浮动汇率制度下，一国往往可通过调低本币汇率的方法来平衡国际收支，但这会使其他国家的国际收支处于不利地位。因此，其他国家也会竞相调低本币汇率，引发周而复始的竞相贬值现象。结果，各国的国际收支状况依然故我，国际经济关系却会趋于紧张，国际金融局势也会因这种竞相贬值而剧烈动荡。而固定汇率制度具有的“货币纪律约束”（Monetary Discipline），可以遏制这类无序竞争。

4. 在避免通货膨胀国际传导方面

在固定汇率制度下，在“货币纪律约束”下，政府为了维持汇率水平，就不能以可能引发通货膨胀的速度增加货币供应量，以免本币受到贬值压力。在浮动汇率制度下，由于国际收支可完全依赖汇率的自由浮动而得到调节，在缺乏货币纪律约束的情况下，货币当局就会偏好采取扩张性政策来刺激国内的经济增长，而不必顾忌其对国际收支的不利影响。本币汇率的下浮固然有助于改善国际收支，但经汇率折算的进口商品的价格却会上扬，由此又带动国内价格水平的涨升，而在价格刚性的作用下，货币汇率上浮的国家的价格水平并不下跌。上述这些因素，都会诱发整个世界的通货膨胀。

上述对两类汇率制度的优劣分析是抽象的，舍去了许多保证汇率制度发挥其应有作用的条件。例如，“货币纪律约束”必须得到所有国家遵守，不能有汇率操纵等“以邻为壑”“旗帜鲜明”地宣称“M 国优先”的行为国。所以，实践中国际社会的实际汇率制度大多不是纯粹的，被 IMF 概括为 8 大类制度界限是不清朗的。

☞ **小链接**

IMF 的汇率分类

根据 IMF1999 年的分类，目前国际社会的实际汇率制度主要有以下 8 类：

1. 无独立法定货币。另一国家的货币作为唯一的法定货币在本国流通（即美元化），或者该 IMF 成员国属于某一个货币（通货）联盟，在该联盟内，各成员采用同一种法定货币。在这种汇率制度下货币当局完全放弃了对国内货币政策的控制。

2. 货币局。这一货币体制以法律形式明确承诺本币和某一特定的外币之间以固定的汇率进行兑换，同时要求本币发行机构确保履行自己的法律义务。本国货币的发行需要完全的外汇资产作支撑，本国丧失了货币政策自主权，失去了传统中央银行功能，如货币控制和最后贷款人。

3. 传统钉住。本国货币钉住另一国货币，并限制在 ±1% 甚至更狭窄的范围内波动；或者一种类似 EMRⅡ的协作安排；或者钉住一篮子货币，其中该货币篮子由该国的主要贸易伙伴和金融伙伴的货币组成，其权重反映了该国贸易、服务和资本流动的地理分布。货币篮子也可以标准化，像 SDRs（特别提款权）。在这种汇率制度下，钉住并不意味着一国承诺永久维持某一固定平价。名义汇率可以在中心汇率上下小于 1% 的幅度内波动，或者说汇率的波动幅度要小于 2%，而且要维持至少 3 个月。货币当局通过直接干预（通过买卖外汇）或者间接干预（例如运用利率政策、外汇管理、约束外汇交易的道德规劝或其他公共机构干预）来维持固定的平价。货币政策虽然灵活度有限，但比无法定货币和货币局的情况要灵活，货币当局至少可以调整汇率水平，虽然频率较低。

4. 波幅钉住。币值的波动范围维持在中心汇率上下至少 1%（或者说波幅超过 2%）。就像传统的钉住汇率制度一样，可以参考单一货币，也可以参考货币篮。货币政策的灵活性受到限制，并且与波幅大小有关。

5. 爬行钉住。币值以固定速率或应所选数量指标的变化而定期小幅调整，所选指标可以是本国和主要贸易伙伴国之间的历史通货膨胀率之差、主要贸易伙伴国的通货膨胀目标值与预期值之差。爬行的速率可以根据度量的通货膨胀或其他指标，也可以根据事先宣告的固定速率。维持爬行钉住对货币政策的约束类似于钉住汇率制度。

6. 波幅爬行钉住。币值的波动范围维持在中心汇率上下至少1%（或者说波幅超过2%），并且中心汇率或波幅以固定的速率或应所选数量指标的变化而定期调整。汇率灵活程度与波幅有关。将名义汇率保持在波幅以内的承诺约束了货币政策，货币政策的独立性也与波幅宽度有关。

7. 管理浮动。货币当局试图影响汇率，但并没有确定的路径和目标，汇率管理的指标也大都基于货币当局自身的判断（例如国际收支头寸、国际储备、平行市场发展程度），而且调整不是自动的。干预可以是直接的或间接的。

8. 独立浮动。汇率由市场决定，当局外汇市场干预的目标在于缓和汇率变动速率和阻止汇率的过度波动，而不在于建立一个汇率水平。

1、2、3 属于固定汇率制度，8 属于浮动汇率制度，4－7 属于中间汇率。

IMF 的分类，仅仅是一种分类。事实上，不同汇率制度之间的界限是很模糊的。

本章关键词

外汇　自由外汇　记账外汇　汇率　直接标价法　间接标价法　即期汇率　远期汇率　汇率制度　钉住汇率制度

复习思考题

1. 什么是汇率制度？简要比较固定汇率制度与浮动汇率制度。
2. 汇率变动对经济有何影响？
3. 试述决定和影响汇率变动的因素。

市场与机构篇

第五章　金融市场

第一节　金融市场概述

一、金融市场的概念

（一）金融市场定义

金融市场通常是指以金融资产为交易对象而形成的供求关系及其机制的总和。包括三个层面的含义：一是金融市场是进行金融资产交易的场所。可以是有形的也可以是无形的。二是金融市场反映了金融资产的供应者与需求者之间的供求关系，揭示了资金的集中传递过程。三是金融市场包含金融资产交易过程中所产生的各种运行机制：价格机制、定价过程、分配风险和收益。

金融市场赖以存在和发展的基础是发达的商品货币经济，是商品经济发展和信用形式多样化的必然产物。从历史上看，金融资产交易历经了私人间的直接借贷、借助金融机构的间接借贷以及通过金融市场进行金融工具交易这三个不同阶段。金融市场的发展，事实上即表现为金融机构的创新发展和金融工具的发明演进：各种金融机构及专门人才是金融市场的参与者、组织者和中介者；种类和数量日益庞杂的金融工具是金融市场的交易对象；而完备的经济、金融法规则是金融市场正常运作的根本保障。

（二）金融市场的地位

1. 金融市场是储蓄向投资转化的关键环节

一个有效的金融市场使得工商业能够对未来进行投资，通过资金的融通及时把握、利用每一个可能的获利机会。另外，从储蓄者的角度来看，从金融资产获得的收益意味着明天更高的消费。就经济整体而言，一个有效的金融市场意味着更大的产出和更高的消费（也即更高的生活水准），没有发达的金融体系，现代意义上的经济增长和生活水平提高将是不可思议的。

2. 随着经济的金融化，金融市场成为市场机制的主导和枢纽

在一个有效的金融市场上，金融资产的价格和资金的利率能及时、准确和全面地反映所有公开的信息，资金在价格信号的引导下迅速、合理地流动。金融市场作为货币资金交易的渠道，以其特有的运作机制使千百万居民、企业和政府部门的储蓄汇成巨大的资金流动，润滑着商品经济这个巨大的经济机器，使之顺畅、持续地运转。金融市场还以其完整的信号系统和灵活有力的调控机制引导着经济资源向着合理的方向流动、优化资源的配置。

二、金融市场的经济功能

金融市场在市场体系中具有重要的地位，首先，从整个社会经济体系来看金融市场在促进储蓄向投资转化机制，即实际资源市场配置中处于主导和枢纽地位；其次，从金融产业的角度看，金融市场既是直接融资的交易、流通平台，也已逐渐成为连接直接融资、间接融资的交易、流通中介，金融市场已成为市场体系的核心。

金融市场具有以下功能：

（一）金融市场具有促进储蓄向投资转化功能

金融市场为储蓄者和投资者之间的交易建立了有效平台：多种多样的金融工具为交易者提供了良好的流动性，可满足资金供求双方不同期限、收益和风险的要求，引导众多分散的小额资金汇聚成可以投入社会再生产的大规模资金，聚集和吸纳着经济系统的储蓄和投资的能量，为经济系统得以在更大规模上开展生产提供资金的供给；通过资金的融通为每一个投资者及时把握、利用每一个可能的获利机会创造条件。

（二）金融市场引导着经济资源合理流动功能

在金融市场上，资金在价格信号的引导下迅速、合理地引导着经济资源向着合理的方向流动；金融市场作为货币资金交易的渠道，以其特有的运作机制为各类经济主体提供资产定价、金融投资和风险管理的机会。

（1）金融市场通过提供交易场所（有形或无形），将资金供求双方聚集在一起，从而减少信息收集的费用，一方面有利于金融交易的开展，另一方面有利于降低金融资产的交易成本。

（2）金融市场中大量的金融产品为投资者提供了金融资产替代机制。这种机制的存在使得投资者可以随时在不同的金融资产间买卖，此种机制为投资者提供了“流动性”，使其可以以较小的代价在很短的时间内进行资产替代，从而拥有有效的风险管理机会。

（3）通过金融市场的竞争机制、信息机制和有价证券的交易机制运作，使企业能够进行资产重组、兼并和合并等，使以企业为交易对象的资源配置成为可能，从而使经济社会拥有了更高的资源配置平台。

（4）利用日益发达的网络系统广泛收集和传递着各种金融信息，将全球金融市场联成一体，从而使人们得以及时了解世界经济发展变化的情况。在开放经济条件下，金融市场为经济在更大范围内整合资源提供了可能。而一个有效的金融市场意味着更大、更有效率的投资和产出。

（三）金融市场的宏观经济调控功能

（1）从经济系统运行的整体看，金融市场具有灵活的价格信息传递系统和竞争机制，从而使其成为政府宏观经济调控政策的最重要的传导途径、成为宏观经济管理最重要的平台。宏观经济政策通过影响金融市场主体的选择行为，通过分散决策机制，对各类微观主体经济与金融决策产生着巨大的影响力量，从而形成宏观间接调控机制。

（2）金融市场往往被称为国民经济的“晴雨表”，宏观经济管理当局可以通过各种经济、政治、法律等政策工具，改变市场预期，进而传递宏观调控意图。

三、金融市场的主体与客体

（一）金融市场的主体

金融市场的主体指的是金融市场的参与者，政府、工商企业、居民、各类金融机构都是金融市场的参与者。

基于金融活动特点，金融市场的主体大致可分为筹资者、投资者（储蓄者）、投机者、套期保值者、套利者和监管者六大类。筹资者与投资者的划分是基于在资金融通过程中所处的供求地位的不同。事实上，任何金融市场主体都不会总是充当筹资者或者投资者，比较经常的情况是它们同时扮演两种角色，例如，很多家庭在市场中担任投资者，他们将收入中用于支出后的盈余部分存入银行，这部分资金随后会被贷放给企业或者地方政府，但是当这些家庭需要买汽车、房子或者贵重家具时，他们也会从银行借款，这时他们又成为了筹资者。监管者是指对金融市场宏观调控和监管的中央银行和其他金融监管机构，以及一些自律性组织机构。

投资者和投机者的主要区别在于，投资者往往是围绕价值基于长期收益进行投资决策的，而投机者是以短期低买高卖为主要投资策略的。但在实际中这两者也经常会出现角色转换甚至角色并存，并没有明确的区分，如有些投资者会把大部分仓位放在长期投资标的，同时也在短期用小仓位进行投机。

投机者、套利者、套期保值者的区别在于他们从事的金融活动的性质不同，他们在金融交易中采取的策略不同，持有的资产结构不同，因而面临的风险和预期收益也不同。通过拥有净头寸，以期在资产价格发生波动时获利的是投机者；在持有一项金融资产的同时进行反向对冲交易，实现净头寸为零、转移资产价格风险的是套期保值者；利用金融资产价格短暂偏离均衡价格或者同一资产在不同市场价格短暂偏离时低买、高卖以赚取差价的是套利者。

☞ 相关链接

同在 1930 年 8 月出生的沃伦·巴菲特与乔治·索罗斯都是世界闻名的投资大师，在投资界都留下了许多经典的投资案例，但是他们的理财理念却有很大不同。沃伦·巴菲特作为一名投资者，其理财理念大概可以概括为两个词语：绩优、长期，他基本只选择基本面较好的公司的股票，在其市场价格低于内在价值时果断买入，并长期持有，部分个股的持有期甚至超过 10 年。而乔治·索罗斯则是一名典型的投机者，其理财理念则是：捕捉机会逢低买进、逢高卖出，他非常善于发现机会，一旦发现某类金融工具的价格偏高，他就会毫不犹豫地大量做空，甚至动用巨额杠杆，从中获取利润。

（二）金融市场的客体

金融市场的客体就是金融工具。在金融市场发展的不同阶段，货币资金的融通依据不同的信用关系，借助不同的金融工具，采用不同的金融交易方式进行。金融工具在融通资金的过程中发挥着两方面的重要作用：促进资金从盈余方向短缺方流动；使收益和风险在资金供求双方重新分布。为此，金融工具必须具有如下特性：收益性、流动性和安全性。

金融市场的客体大致分为基础性交易工具和衍生性交易工具。其中，基础性交易工具包括货币头寸、票据、债券、股票、外汇等，衍生性交易工具包括远期合约、期货合约、互换合约、期权合约等。

四、金融市场的分类

（一）按标的物划分

1. 货币市场

货币市场以融资期限在 1 年以下的金融资产为交易标的物。它的主要功能是保持金融资产的流动性，将金融资产转换成现实的货币。它一方面满足了借款者的短期资金需求，另一方面也为暂时闲置的资金找到了出路。市场主要进行国库券、商业票据、银行承兑汇票、可转让定期存单、回购协议、联邦资金等短期金融工具的买卖。货币市场是一个无形的市场。市场交易量大，富有竞争性。

2. 资本市场

资本市场以融资期限在 1 年以上的金融资产为交易标的物。一般来说，资本市场包括两大部分：银行中长期存贷款市场和有价证券市场，常见的交易标的有股票、债券、投资基金。

3. 外汇市场

外汇市场是进行各种短期金融资产交易的市场，是不同种货币计值的两种票据之间的交换。外汇市场的主要功能在于：（1）各国债权债务关系的货币清偿和资本的国际流动；（2）进出口商进行借贷融资，调剂国际资金余缺；（3）缩短了世界各地间的远程货币收付时间；（4）有效地避免或减少因汇率变动带来的风险，提供供求信息及其价格动态，各国政府和企业据以正确地进行有关决策。

4. 金融衍生品市场

金融衍生品市场是近些年金融市场最显著的市场之一。金融衍生品是从传统金融工具的基础上派生出来的，以杠杆或信用交易为特征，如期货、期权、互换等。

5. 黄金市场及其他投资品市场

黄金市场是专门集中进行黄金买卖的交易中心或场所。现在，伦敦、纽约、苏黎世、芝加哥和中国香港的黄金市场被称为五大国际黄金市场。而其他投资品市场主要是大宗商品交易市场。

☞ 阅读专栏

上海期货交易所

上海期货交易所（以下简称“上期所”）是受中国证券监督管理委员会（以下简称“证监会”）集中统一监管的期货交易所，宗旨是服务实体经济。根据公开、公平、公正和诚实信用的原则，上期所组织经证监会批准的期货交易。目前，已上市铜、铝、锌、铅、镍、锡、黄金、白银、螺纹钢、线材、热轧卷板、原油、燃料油、石油沥青、天然橡胶、纸浆、20号胶、不锈钢、低硫燃料油、国际铜20个期货品种以及铜、天然橡胶、黄金、铝、锌、原油6个期权合约。上期所现有会员201家。上期所挂牌交易的产品中，原油期货是我国首个国际化期货品种，对我国期货市场对外开放具有标志性意义。铜期权是我国首个工业品期权，为企业提供了更加精细化的风险管理工具。铜期货已成为世界影响力最大的三大铜期货市场之一，并与铝、锌、铅、镍、锡期货形成了完备的有色金属品种系列，能较好地满足实体行业需求。天然橡胶期货的权威定价地位逐步巩固，“保险+期货”精准扶贫试点喜结硕果。黄金、白银期货，促进了贵金属市场体系的健康发展，丰富了期货市场的参与结构和功能作用。螺纹钢、热轧卷板、线材等黑色金属期货，进一步优化了钢材价格形成机制，助力我国钢铁工业健康有序发展，提高了我国钢铁价格的国际影响力。燃料油、石油沥青期货加快推进能源类期货产品的探索，提升我国石油类商品的市场影响力。上期所首创的保税交割和连续交易，为期货市场对外开放和国际化打下了基础，促进了相关品种国内外价格的及时联动，为投资者实时进行风险管理提供了便利。上期标准仓单交易平台的成功上线，为标准仓单交易提供了开户、交易、交割、结算、风控等一站式服务，更好地满足实体企业的多元化需求。

为确保市场功能发挥，切实维护市场“三公”原则及期货交易各方的合法权益，上期所坚持依法全面从严监管，严字当头，稳字为要，组织市场运行，依托以交易规则为基础的制度体系和多元结合的风险控制体系，监督会员和投资者的交易行为，履行一线监管职责，在牢牢守住不发生系统性风险底线的基础上，保障市场的正常交易秩序。上期所实行保证金和每日无负债结算制度，每日对会员的交易进行集中结算，期货公司会员负责对其客户交易进行结算；实行实物交割制度，合约到期以实物交割方式履约，全国交割仓库119家，存放点223个；坚持监管、服务两手抓的理念，为会员及投资者提供全面及时的各项服务。上期所拥有高可用、高性能的计算机交易、结算、风控等系统，通过大容量光纤、数据专线等通信手段确保远程交易的实时高效和安全可靠。

（二）按金融资产的发行和流通特征划分

1. 发行市场

资金需求者将金融资产首次出售给资金的供应者时所形成的交易市场称为发行市场或者一级市场。一级市场筹集的资金直接流入筹资者的账户。金融资产的发行有两种方式：私募发行和公募发行，发行过程中一般都需要投资银行等金融中介机构的协助，常见的协助形式是证券承销。政府一般都对公募发行实行较严格的管制，以保护中小投资者的利益，公募发行要花费更多的精力，成本比私募发行要高，手续复杂。发行市场是一个无形的市场，它并不位于任何特定的场所。

2. 流通市场

证券发行后在不同的投资者之间买卖、转让所形成的市场叫流通市场或者二级市场。这个市场的资金是在金融投资者间流动。流通市场的作用在于为金融工具提供良好的流动性。发行市场是流通市场的基础和前提，没有发行市场就没有流通市场；而流通市场是发行市场存在与发展的重要条件之一，无论从流动性上还是从价格的确定上，发行市场都要受到流通市场的影响。

从组织形式上看，流通市场又可分场内市场和场外交易市场。我国的上海证券交易所和美国的纽约股票交易所都属于场内市场。场内市场是依照各国有关法律规定，经政府主管机关批准设立的证券集中竞价交易的有形场所，一般大公司的股票都是在场内市场交易的。场外交易市场又称柜台交易或店头交易市场，它是在证券交易所之外进行证券买卖的市场，分处不同地点的场外交易商通过计算机网络相互联系交易。场外交易市场一般是针对未上市的证券或其他金融工具交易提供服务的，受到的监管相对场内市场较少，美国政府债券市场是最著名的场外市场。

（三）按市场微观结构划分

1. 经纪商市场

经纪商是具有丰富资源和专业化优势的金融中介机构。在经纪商市场中，交易都通过经纪商进行，经纪商被客户雇用，为之寻找合适的交易伙伴，经纪商自己并不真正持有头寸。

2. 交易商市场

交易商市场是指投资者不能直接互相交易，所有交易都是与交易商进行的市场。交易商通过保持一个证券头寸来应对市场的交易需求。在任何时候都以自己的账户进行证券买卖，同时提供买盘和卖盘的报价，随时准备在这些报价上进行交易。而买盘和卖盘的差价就成为交易商的酬金。

3. 拍卖市场

拍卖市场提供了一个以公开宣布的价格进行交易的集中的市场。所有的交易都可以得到公平的交易机会。拍卖市场上所达成的价格代表着市场参与者所能得到的最优惠的价格，并且他们不需要承担买卖的价差。

（四）按地域划分

1. 国内金融市场

国内金融市场是指金融交易的作用范围仅限于一国之内的市场，它除了包括以本币计值的金融资产交易市场之外，还包括一国范围内的地方性金融市场。

2. 国际金融市场

国际金融市场则是进行金融资产国际交易的场所，它有广义和狭义之分。广义的国际金融市场是指传统的国际金融市场。狭义的国际金融市场则包括离岸金融市场，是非居民间从事国际金融交易的市场。

此外，金融市场还可以根据中介机构的特征划分为直接金融市场和间接金融市场；根据成交和定价的方式划分为竞价市场（公开市场）和议价市场；根据有无固定的场所划分为有形市场和无形市场；根据交割方式的不同划分为现货市场和期货市场。

☞ 延伸阅读

集合竞价与连续竞价

集合竞价与连续竞价是世界上大多数股票竞价市场常实施的两种交易价格决定机制。

一、集合竞价

集合竞价即接收一定时间内的全部报价委托，并于某一时点一次性成交，成交时将买方和卖方的报价按价格高低排序，上下抵消，用卖方可以接受的最低价格去抵消买方可以接受的最高价格，直到不满足条件为止停止交易，最后价格为成交价。竞合竞价的成交价为满足最大成交量的价位，高于成交价的买单和低于成交价的卖单全部成交，且与成交价价格相同的买方或卖方至少一方全部成交。

二、连续竞价

连续竞价是指对买卖指令逐笔连续撮合的竞价方式，满足成交条件（价格优先、时间优先）的委托可以即时成交：当最高买入委托与最低卖出委托价位相同时即刻成交，一方未成交部分作为报价单等待成交；当买入委托高于即时最低卖出报价时，以最低卖出报价成交；当卖出委托低于即时最高买入报价时，以最高买入报价成交。

目前，我国沪深两大交易所在不同交易时段分别使用这两种竞价方式，在开盘前的9：15—9：25进行集合竞价报价，在9：25撮合成交，由集合竞价结果决定开盘价。常规交易时间9：30—11：30、13：00—14：57期间，实施连续竞价。而在14：57—15：00期间又再次接受集合竞价报价，在15：00撮合成交，由其集合竞价结果决定收盘价。

想一想

为什么我国交易所要在同一个交易日内先后使用两种不同的竞价方式？为什么在决定开盘价与收盘价时要使用集合竞价？

五、金融市场发展趋势

近40年来，国际金融市场发生了重大的变化：就宏观角度看，金融全球化和金融自由化倾向明显；就微观角度看，金融工程化和资产证券化渐成趋势。

（一）金融全球化

世界经济出现了一体化趋势。国家间的经济来往日益密切，国际金融市场逐步成为一个密切联系的整体市场。金融的全球化意味着资金可以在国际自由流动，金融交易的币种和范围超越国界，各国的利率水平趋于一致。它具体包括以下内容：金融交易的国际化，市场参与者的国际化。

金融全球化的原因与国际经济交往的日益密切是分不开的。金融管制放松所带来的影响；现代电子通信技术的快速发展，为金融的全球化创造了便利的条件；国际金融市场上投资主体的变化推动了其进一步的全球化。特别是各种类型的投资基金的崛起，产生了专为套利参与买卖的机构投资者。

☞ 相关链接

随着中国资本市场开放稳步推进，以及相关制度规则日益完善，越来越多的企业选择境外上市融资，发行GDR成为重要方式之一。

存托凭证（DR），是指由存托人签发、以境外证券为基础在境内发行、代表境外基础证券权益的证券。GDR即允许符合条件的沪深上市公司在规定海外交易所发行的DR。

2022年6月29日晚，东鹏饮料公告称，为拓展公司国际融资渠道，满足公司海内外业务发展需求，提升公司国际化品牌和企业形象，公司拟筹划境外发行全球存托凭证（Global Depository Receipts，GDR）并在瑞士证券交易所上市。

公司表示，本次境外发行GDR的目的，一方面，希望通过此次发行，提升品牌的国际知名度和竞争力，加快品牌的国际化，并通过国际化进一步做大做强“东鹏”品牌；另一方面，公司将充分利用资本市场改革的有利时机和政策的大力支持，与境外资本市场实现直接对接，提升公司的海外品牌知名度和影响力，拓宽海外金融融资能力，为公司的国际化发展提供充足的资金和金融资源保障。

有了华泰证券、国投电力、中国太保、长江电力等境外融资经验，近年来，我国筹划发行 GDR 赴海外上市的企业明显增多。据《证券时报》记者不完全统计，2022 年以来，已有 12 家企业发布境外发行全球存托凭证并上市的公告，其中，三一重工、乐普医疗、国轩高科、杉杉股份、科达制造、方大炭素、格林美、健康元、东鹏饮料、韦尔股份 10 家企业明确拟在瑞交所上市，明阳智能拟在伦交所上市，而欣旺达拟在瑞交所或伦交所上市。

分析人士指出，A 股企业赴境外发行 GDR 是中国资本市场改革的重要一步，有利于提高国内资本市场的开放程度，同时也有利于国内企业树立在国际资本市场的形象。对于公司而言，境外发行 GDR 可以拓宽公司融资渠道，同时通过与境外资本市场直接对接，可以吸引海外长期投资者，改善公司股权结构。

（二）金融自由化

金融自由化是指 20 世纪 70 年代中期以来在西方发达国家出现的逐渐放松甚至取消对金融活动的管制措施的过程。金融自由化的主要表现：减少或取消国与国之间对金融机构活动范围的限制，放松或解除外汇管制，放宽各种金融机构业务活动范围的限制，放宽或取消对银行的利率管制，鼓励金融创新活动。

值得注意的是，金融自由化与金融监管并非相互矛盾，强化金融监管确实会抑制金融自由化。但国际金融发展的历史证明，金融监管是金融自由化的基础和保障，严格监管下的金融自由化才是真正的金融自由化；反之，缺乏金融监管的金融自由化将给经济与金融带来灾难性的影响。因此，在金融自由化的大背景下，各国监管当局也普遍更加重视金融监管。

（三）金融工程化

所谓金融工程是指将工程思维引入金融领域。综合采用各种工程技术方法（主要有数学建模、数值计算、网络图解、仿真模拟等）设计、开发新型的金融产品，创造性地解决金融问题。金融工程化的趋势为人们创造性地解决金融风险提供了空间。金融工程的出现标志着高科技在金融领域的应用，它大大提高了金融市场的效率。但是金融工程同时又是一把双刃剑，一些在数学模型上天衣无缝的金融工程产物在特殊环境下反而更会使风险进一步加剧，如 2008 年次贷危机期间，原本设计出来为了防止系统性风险发生的信用违约互换反而成了进一步加剧次贷危机的凶手。

（四）资产证券化

资产证券化（Asset Securitization），是指把流动性较差的资产，如金融机构的一些长期固定利率放款或企业的应收账款等通过商业银行或投资银行的集中及重新组合，以这些资产作抵押来发行证券，实现相关债权的流动化。资产证券化最早起源于美国的住宅抵押贷款的证券化。

资产证券化的影响主要表现在以下几个方面：一是对投资者来说，资产的证券化趋势为投资者提供了更多的可供选择的新证券种类；二是对金融机构来说，通过资产的证券化，可以改善其资产的流动性；三是对整个金融市场来说，资产的证券化为金融市场注入了新的交易手段。同时也应看到，资产证券化中的许多资产固有的风险也不可避免地影响到新证券本身的质地，把传统贷款功能重新组合，使风险表现出更多的不透明和复杂性，也使金融监管当局在信贷扩张及货币供应量的估计上面临更复杂的问题。

☞ 阅读专栏

美国次贷危机与金融市场

（一）美国次级抵押贷款兴起与次贷市场发展

美国次级抵押贷款（以下简称“次贷”）的兴起绝非偶然，多种因素促成了其发展：

1. 低利率政策推动了房地产市场的繁荣和消费者负债消费。自2000年网络泡沫破灭美国经济不景气开始，美国政府实行了低利率政策，再配合减税措施，鼓励消费者购房以拉动经济。自2002年起，美国房价每年以10%速度上涨，美国房地产一片繁荣。在房价不断走高、利率的持续走低的情况下，即使借款人现金流不足以偿还贷款，也可以通过房产增值获得贷款来填补缺口，这进一步增加了房贷需求。近5年美国新增GDP中有50%来自房地产业，居民消费增长的70%依赖于房地产增值的财富效应。

2. 面向次级市场的贷款公司大力营销扩张房贷，创新贷款政策和品种，造成房地产交易剧增。在政策方面，一是对借款人不作任何信用审核，购房无须提供首付，前几年可只付息而不还本。二是推出很多贷款品种，如3年、5年、7年可调整利率贷款，选择性可调整利率贷款等。这些都刺激了美国居民负债买房。

3. 资产证券化的兴起为次贷市场的发展提供了良机。投资银行将这些贷款包装成为债务抵押凭证（CDO）。到2005年，至少60%的次贷已被证券化，经过评级机构的评级“打分”后，由投行承销卖给对冲基金、退休基金、保险基金、教育基金甚至各种政府托管基金，因其年收益比相同信用等级债券高出30%左右，受到很多投资机构的追捧。更有甚者，一些投资银行如美国第五大投资银行贝尔斯登公司旗下避险（或私募）基金专门投资这种债券，而且再以这些债券抵押，投资新的次级债券。此外，美国对利率及有关税收的法律规定在一定程度上有助于次贷市场的发展。

在上述因素的共同作用下，美国次贷市场发展迅猛。1995年，美国次贷总量在650亿美元左右，仅占整个房贷总量的9%，此后，次贷总量每年不断增长，只在亚洲金融危机时有所萎缩。到此次危机前，美国次贷已发展到相当大的规模。美国公布的2005—2006年累计发放的次贷统计数字是1.5万亿美元，而美国GDP总量不过14万亿美元，次贷资产规模已占GDP总量的10%。

（二）市场环境变化对次贷的影响

引起次贷市场风波的背景和直接原因是住房市场持续降温和利率上升。自2006年第二季度开始，美国住房市场开始大幅降温。在家庭高负债情况下，任何利率的上升，都可能导致消费者债务失控，加重购房者的还贷负担。随着住房价格下跌，购房者难以将房屋出售或者通过抵押获得融资。受此影响，很多次贷公司的借款人无法按期还借款。2006年以来美国房贷呆账金额不断攀升，次贷危机开始显现，众多次贷公司遭受严重损失。而随着次贷人违约率升高，债券等级便被调降，债券价格因此大跌。很多金融机构因为涉足次级抵押市场出现亏损。

……

资料来源：吴念鲁，郧会梅，高远达．美国次级抵押贷款的警示与思考［J］．金融研究，2007（12）．

第二节 货币市场

一、货币市场的概念

所谓货币市场是指1年期以内的短期金融工具交易所形成的供求关系和运行机制的总和。货币市场的基本功能是为暂时性的资金盈余者和资金短缺者提供资金融通渠道，这是由供需双方共同需要的内在性决定。货币市场还为中央银行实施货币政策提供场所和工具，中央银行货币政策的主要工具都是通过货币市场实施的，而一国货币市场的发展程度，通常用作衡量该国经济发展水平和社会现代化程度的标准。

☞ **相关链接**

所谓短期金融工具，指固有期限不超过1年的金融工具。固有期限（Original Maturity）指证券或其他金融资产发行日和到期日之间的时间间隔；实际期限（Actual Maturity）则是当日和到期日间的时间间隔，显然实际期限总是小于或等于固有期限。

二、货币市场的特征

（一）货币市场的参与者特征

货币市场是一个虚拟市场，没有统一的如证券交易所似的集中场内交易场所，所以交易者们主要通过电话或计算机网络进行交易。货币市场上并不存在固定的借方或贷方，参与者可以是有真实的资金供求的交易者，也可以是为了套利或防范风险而参与市场交易的交易者。同一机构经常同时操作于市场的两个方面，既作为借款方需求资金，又作为贷款方提供资金。在这个市场上，对于交易者而言，速度是至为关键的因素，市场套利机会稍纵即逝。

（二）货币市场的风险特征

货币市场是个风险较小的市场。由于货币市场工具期限短，流动性强，多数货币市场属于固定收益类金融工具，因而其利率风险小并且易于规避；货币市场工具易变现，价格稳定，再投资风险小；市场极注重参与者声誉（通常借款者必须有完美无缺的履约声誉才得以进入这一市场发行其证券，一次违约足以使其完全被市场摒弃），因而违约风险小；通货膨胀风险和汇兑风险虽然难以避免，但货币市场的强流动性使投资者易于撤离市场，不至于被套牢；同时，国家法律和规章在短期内不可能频繁变动，因此其政治风险也不大。

☞ **提示**

货币市场的参与者所面临的市场风险、信用风险和政治风险

市场风险是指由市场利率变化以及物价水平变化引起金融工具实际价格变化而给交易者带来不利影响的可能性。

信用风险是指金融市场中筹资方不能履行相关承诺而给投资方造成损失的可能性。

政治风险是指由于政治原因，如政局的变化、政府法令和决定的颁布实施，以及冲突、叛乱、战争等引起社会动荡而使交易者遭受损失的可能性。

（三）货币市场深度、广度和弹性特征

市场深度是指市场交易的活跃程度；市场广度是指市场参与者的多样化程度；弹性则是指市场在应付突发事件或大额成交之后的价格迅速调整的能力。由于货币市场进入障碍小、工具庞杂，交易途径多，吸引了众多机构及个人投资者以及筹资者；而货币市场工具价格稳定、流动性强、易变观，市场交投异常活跃，交易频繁不断，当然大多数货币市场工具的交易面值很大，个人投资者一般是没有实力购买的，所以他们一般都是通过货币市场基金或者其他机构参与这个市场；还有重要的一点，由于市场上充斥着各类的证券交易商、投资银行家和基金管理者，他们日夜不眠的守在屏幕之前搜寻套利机会，一旦良机出现，巨额资金即刻蜂拥而至，价格瞬息间就得到调整，货币市场可称得上是世界上最有效率的金融市场。

三、货币市场的种类

货币市场种类繁多，主要包括短期借贷市场、同业拆借市场、回购市场、商业票据市场、银行承兑票据市场、大额可转让定期存单市场、短期政府债券市场等。

（一）短期借贷市场

所谓短期借贷市场，是指商业银行发放期限 1 年以内的短期贷款所形成的市场。在广大的发展中国家，金融市场落后，金融工具匮乏，这一市场的地位和作用更是重大。

短期借贷市场的需求方一般是工商企业，经常通过短期信贷市场或票据市场融资来满足其经常性和非经常性的流动资金需求。在金融市场不发达、金融工具匮乏的市场经济早期，工商企业所能依靠的，只有商业银行的短期流动性贷款。短期借贷市场的供给方一般是商业银行，其信贷资金相当大的一部分是活期存款、储蓄存款等短期待用资金，为了保证发放的贷款与吸收的存款期限相匹配，流动性贷款遂成为商业银行短期资金运用的首选。

短期贷款期限短、发生频繁，并具有自偿性特点，因此在实际操作中商业银行常根据客户的资信状况和以往记录发放，不再对每一单笔贷款申请作严格精密的贷款定价分析。短期信贷市场中短期贷款的定价规律可概括为：一旦确定，沿用数期，定期评估，及时调整。我国理论界一般将短期贷款分为临时性流动资金贷款和周转性流动资金贷款两类。前者一般用于解决企业季节性、临时性原因引起的非经常性资金周转需求，贷款通常采用逐笔核贷的严格程序；后者是为解决企业生产经营过程中经常性占用的流动性资金需要，贷款可采用事先确定借贷期，借款人在借贷期内随用随借，多次循环使用贷款。

（二）同业拆借市场

同业拆借市场也称同业拆放市场，是金融机构之间进行短期、临时性头寸调剂的市场。同业拆借的资金主要用于弥补短期资金的不足、票据清算的差额以及解决临时性的资金短缺需要。同业拆借市场交易量大，能敏感地反应资金供求关系，影响货币市场利率。例如伦敦同业拆放利率（LIBOR）和美国联邦资金利率（Federal Funds Rate）是目前国际最重要和最常用的市场利率基准，也是银行从市场上筹集用于转贷资金时确定融资成本的重要参考指标。

同业拆借市场的主要参与者是商业银行，有时也扩展到银行与其他金融机构之间。商业银行既是主要的资金供应者，又是主要的资金需求者。同业拆借市场的拆借期限以 1—2 日最为常见，最短的是隔夜拆借，一般不会超过 1 个月，也有极少数拆借交易期限长达 1 年之久。

同业拆借市场最早出现于美国，其形成的根本原因在于法定存款准备金制度的实施。1921 年在美国纽约形成了以调剂联邦储备银行会员银行的准备金头寸为内容的联邦基金市场，联邦储备体系中的每一家会员银行都需要在美联储中开设一个准备金账户，并根据自身的存款总额保持一定的最低准备金账户余额，这个账户中的资金叫作联邦基金。每一天准备金账户余额低于最低标准的银行会向准备金超额的银行通过联邦基金市场借款，就形成了同业拆借，而银行间拆借的利率叫作联邦基金利率。在当今西方国家的同业拆借市场，特别是同业拆借已成为银行实施资产负债管理的有效工具。由于同业拆借的期限较短，风险较小，许多银行都把短期闲置资金投放于该市场，以利于及时调整资产负债结构，保持资产的流动性。

我国的同业拆借市场建立于1984年，1996年1月3日启动的全国统一同业拆借市场标志着中国同业拆借市场的发展进入了一个全新的阶段。我国的统一同业拆借市场分为两个交易网络。位于上海外汇交易中心的全国统一拆借屏幕市场是全国银行间拆借的一级网络，其中包括全国15家商业银行总行、全国性的金融信托投资公司以及挂靠各地方人民银行的35家融资中心。二级网络以35家融资中心为核心组成，进入该网络交易的有经商业银行总行授权的地市级以上分支机构。1997年10月后，我国撤销了各地的融资中心和二级拆借市场。信用拆借是目前同业拆借的主要交易方式，市场参与者包括：商业银行、证券公司、财务公司、基金和保险公司等。由于银行同业拆借市场是我国规模最大的一种货币市场，因此该市场也成为中国人民银行进行公开市场操作的场所。

☞ 相关链接

上海银行间同业拆借利率（SHIBOR）

上海银行间同业拆借利率（Shanghai Interbank Offered Rate，SHIBOR），始用于2007年1月4日，它是以位于上海的全国银行间同业拆借中心为技术平台计算、发布并命名，每天上午由国内16家信用等级较高的银行组成报价团自主报出人民币同业拆出利率，并计算确定算术平均利率得到，因此该利率直接反映了银行对市场资金需求情况的判断，从而成为资金需求量的风向标。

SHIBOR利率是单利、无担保、批发性利率。目前，对社会公布的SHIBOR品种包括隔夜、1周、2周、1个月、3个月、6个月、9个月及1年。报价银行是公开市场一级交易商或外汇市场做市商，在中国货币市场上人民币交易相对活跃、信息披露比较充分的银行。全国银行间同业拆借中心受权SHIBOR的报价计算和信息发布。每个交易日根据各报价行的报价，剔除最高、最低各2家报价，对其余报价进行算术平均计算后，得出每一期限品种的SHIBOR利率。同时，由于SHIBOR价格的确定和变化还要受制于银根松紧、中央银行的货币政策意图、货币市场其他金融工具的收益率水平、拆借期限、拆入方的资信程度等多方面因素，因此SHIBOR利率的变动也相对更加敏感。

（三）回购市场

回购市场是指通过回购协议进行短期资金融通交易的场所。所谓回购协议（Repurchase Agreement），是指在出售证券的同时和证券购买者签订回购协议，约定在一定期限后，按原定价格或约定价格购回所卖证券，证券出售者由此获得即时可用资金。从本质上说，回购协议是一种质押贷款，质押物即为交易的证券。而贷款利息一般在证券的买卖差价中体现。回购协议中的证券交付一般采用实物交付方式。

回购市场中另外一种常见的交易是逆回购，逆回购实际上就是回购的镜像，证券购买者找到持有证券的投资者买入证券，并约定在未来某一日期以稍高的价格将证券售回给投资者。在我国，中国人民银行经常进行国债逆回购的操作。

我国的国债回购市场是在20世纪90年代证券市场大发展的背景下发展起来的。1991年全国证券交易自动报价系统（STAQ系统）成立。当年7月，该系统宣布国债回购业务开始试行。我国国债回购市场资金供给者主要是商业银行，资金需求者则是非银行金融机构。

（四）商业票据市场

商业票据是大公司为筹措资金，一般以贴现方式出售给投资者的一种短期无担保的承诺凭证。有资格和能力发行商业票据的一般都是规模巨大、信誉卓著的大公司，且商业票据往往由一定的银行信用额度支持，进一步保证了票据到期时的清偿。商业票据市场就是这些大公司发行的商业票据交易的场所。

商业票据是货币市场上历史最悠久的工具，最早可追溯至19世纪初。历史上，商业银行是商业票据的主要购买者。现在，该市场的主要投资者是保险公司、非金融企业、银行信托部门、地方政府、养老基金组织等。

商业票据市场的要素包括：（1）发行者，主要是信誉优良的大型工商企业和金融公司；（2）投资者，投资者可通过以下三种渠道投资于商业票据：从交易商手中购买；从发行者手中直接购买；购买投资于商业票据的基金份额；（3）面额与期限，在美国商业票据市场上流通的票据面额都很大，商业票据期限较短；（4）商业票据的销售渠道有二：发行者通过自己的销售力量直接出售和通过商业票据交易商间接销售；（5）信用评估，商业票据的评级和其他证券的评级一样，也分为投资级和非投资级；（6）发行商业票据的非利息成本包括信用额度支持费用、代理费用、信用评估费用。

我国票据市场以银行承兑汇票为主要工具，目前，以企业短期融资券为名的金融工具事实上也类同于国外的商业票据。

（五）银行承兑票据市场

经银行承兑的汇票称银行承兑汇票，由于银行承兑汇票由银行承诺承担最后付款责任，实际上是银行将其信用出借给企业，以银行承兑汇票作为交易对象的市场即为银行承兑汇票市场。

银行承兑汇票是为方便商业交易活动而创造的一种工具，最初在对外贸易中运用较多，在交易双方互不知晓对方信用情况时，银行的介入可以使双方更放心地进行交易。一般地，进口商首先要求本国银行开立信用证，作为向国外出口商的保证。信用证授权国外出口商开出以开证行为付款人的汇票，可以是即期的也可是远期的。若是即期的，付款银行（开证行）见票付款。若是远期汇票，付款银行（开证行）在汇票正面签上“承兑”字样，填上到期日，并盖章为凭。银行背书承兑后的银行承兑汇票可以像其他很多债务类资产一样在二级市场上交易。现在，银行承兑汇票不仅在国际贸易中运用，也在国内贸易中运用。银行承兑汇票最常见的期限有 30 天、60 天和 90 天等几种。银行承兑汇票的违约风险较小，但有利率风险。

☞ 资料

银行承兑汇票最早起源于 19 世纪的英国。20 世纪初，美国政府为了发展对外贸易和将纽约建成能够与伦敦竞争的国际货币市场，采取了一系列措施积极刺激银行承兑汇票市场的发展。在第二次世界大战以后，随着政府各项扶持和鼓励政策的停止以及货币市场的演变，包括美国、英国、日本等西方国家在内的大部分发达国家的银行承兑汇票正经历从过去的快速发展到缓慢发展，乃至逐渐停滞的过程。

我国的银行承兑汇票市场发展，对比其他市场而言缓慢得多。但是，银行承兑汇票市场在我国仍然有着广阔的发展前景。银行承兑汇票市场的发展不仅是保证供货方合法权益、使交易得以顺利进行的需要，而且是强化债务约束、加快我国信用制度建设的需要。

（六）大额可转让定期存单市场

大额可转让定期存单一般由较大的商业银行发行，主要是由于这些机构信誉较高，可以相对降低筹资成本，且发行规模大，容易在二级市场流通。

大额可转让定期存单的市场特征：可转让存单主要以固定利率的方式发行，存单上注明特定的利率，并在指定的到期日支付，不能随时提取。大企业是存单的最大买主，金融机构也是存单的积极投资者。这一市场在我国发展较为迟缓。

（七）短期政府债券市场

短期政府债券，是政府部门以债务人身份承担到期偿付本息责任的，期限在 1 年以内的债务凭证。从广义上看，政府债券不仅包括国家财政部门所发行的债券，还包括了地方政府及政府代理机构所发行的债券。狭义的短期政府债券则仅指国库券。一般来说，政府短期债券市场主要指的是国库券市场。

政府短期债券市场的特征：违约风险小、流通性强、面额小、收入免税等。国库券市场的最大投资者是个人、商业银行、外国投资者及中央银行。

我国政府于 1994 年首次发行期限短于 1 年的国库券，至 1996 年短期国债发行额 649 亿元，至 1997 年因种种原因停止了短期国债的发行。2003 年我国恢复短期国债的发行，2003 年 12 月 23 日，财政部在全国银行间债券市场进行了为期 3 个月的记账式国债发行招投标，发行计划总额为 100 亿元。此后，短期国债发行量逐年增加，但总体来说，我国短期国债在总国债中所占比例相对于发达国家依然较低。

第三节 资本市场

一、资本市场的概念

资本市场通常指的是期限在1年以上的资金融通活动的总和，通常习惯地将长期银行信贷市场也列在其中。在资本市场上交易的金融工具主要有债券、股票、衍生证券和衍生产品等。在我国，人们谈到的资本市场，一般指的是证券市场，主要由股票市场、债券市场和投资基金等三个子市场所构成。

二、股票市场

（一）股票的概念

股票（Stock），又称为权益证券，是股份公司发给股东作为其投资入股的证书和索取股息红利的凭证，也是持股人拥有公司所有权份额的书面证明。股票一经发行，持有者即为发行股票的公司的股东，有权参与公司的决策，分享公司的盈利，同时也要分担公司的责任和经营风险。股票作为投资工具，具有非返还性、高风险性、潜在的高收益性、强流通性等特点。股票发行人在股票一级市场中发行股票，股票投资者可在股票一级市场中申购股票并在二级市场中买卖股票。

☞ **背景资料**

我国股票市场的建立与发展

我国股票市场是在改革开放以后，随着经济体制改革的深化和商品经济的发展而产生和发展起来的。企业股份制试点、居民储蓄大幅度增加、投资制度和企业融资制度的改革，这些都为股票市场产生创造了条件。1983年7月，深圳宝安县联合投资公司，在深圳首次公开发行了股份证。1984年7月，北京天桥百货商场发行了一批股票，这是新中国成立以来企业第一次面向全社会发行股票。1986年以后，一些国有大中型企业开始向社会公开发行股票，促使了我国股票发行市场的规范化发展，20世纪90年代后股票发行市场进入快速发展期。1991年底，我国股票发行市场出现新的尝试性突破，成功地发行了人民币特种股票（B股）。

我国股票交易市场的形成始于1986年9月，经上海市人民银行批准，中国工商银行上海信托投资公司静安业务部开办了代理股票买卖业务，标志着我国股票交易市场的开始。1990年12月上海证券交易所的成立和1991年7月深圳证券交易所的成立，标志着我国股票交易市场进入了一个新的阶段。经过多年的持续发展，上海证券交易所和深圳证券交易所取得了长足发展。2004 年 5 月 27 日，深圳证券交易所正式启动了中小企业板，标志着我国资本市场从单一层次市场向多层次市场体系迈出了第一步；2009 年 10 月 23 日，证监会举行创业板开板仪式，宣布创业板市场正式启动，30 日首批 28 家创业板公司集中在深交所挂牌上市；2019 年 6 月 13 日，试点注册制的科创板正式开板；2021 年 2 月 5 日，证监会宣布批准深圳证券交易所主板与中小板正式合并，合并后深交所主板与中小板总体安排为“两个统一，四个不变”：即主板中小板的业务规则统一、运行监管模式统一，合并后上市条件不变、投资者门槛不变、交易机制不变、证券代码及简称合并。截至 2021 年底，在两市上市公司数达 4 697 家，交易品种包括股票、基金、债券、可转换债券、权证、ETF 等，可开展融资融券、资产支持证券以及双边报价等业务。一大批国民经济支柱企业、重点企业、基础行业企业和高新科技企业通过上市，既筹集了发展资金，又转换了经营机制；众多个人投资者和机构投资者通过参与沪深两市交易，实现了分享经济增长成果的目的。

（二）股票的发行市场与流通市场

1. 股票发行市场

股票发行市场（Primary Market）也称一级市场（Issuance Market），是指发行人直接或通过承销商向投资者出售新发行的股票，包括初始发行和增加发行两种情形。前者是公司向投资者出售原始股，即卖出从未发行过的股票，后者是在原始股的基础上增发新的份额。在一级市场上，发行人着手完成准备工作之后即可按照预定的方案向投资者发售股票。对于承销商来说，就是执行承销合同，批发认购股票，然后出售给投资者。具体方式主要有包销和代销。包销（Firm Underwriting）是指承销商把公司发行的股票全部买进，再转卖给投资者，一般包销的发行价格较低。代销（Best Effort Underwriting）即“尽力销售”，指承销商承诺尽力销售股票，但不保证能够完成预定的销售额，没有售出的股票将全额退给发行人。

2. 股票二级市场

二级市场（Secondary Market）也称交易市场或流通市场，是投资者之间买卖已发行股票的场所。二级市场最基本的功能是提供流动性便利，使出资者将所持有的具有非返还性的股票转让出去。此外，二级市场还具有优化对股份公司控制权的配置和为未来发行的股票提供“价格发现”的重要功能。二级市场通常分为证券交易所和场外交易市场。

（1）证券交易所。证券交易所是依据国家有关法律，经证券管理部门批准设立的证券集中竞价交易的有形场所，是二级市场的主体。证券交易所本身不参与证券买卖，只提供交易场所和服务，同时也兼有监管证券交易的职能。证券交易所可以分为公司制证券交易所和会员制证券交易所。我国上海证券交易所和深圳证券交易所都属于会员制。为了保证证券交易所交易有序、顺利地进行，各国的证券交易所都对进入交易所的会员作了资格限制，确定会员的标准包括背景、能力、财力、从业经验、信誉状况等。很多国家交易所的会员除了要满足会员资格并经交易所同意外，还必须拥有交易所的席位才能成为正式会员。

（2）场外交易市场。场外交易市场是相对于交易所市场而言，凡是在证券交易所之外的股票交易活动都可以叫作场外交易。第三市场和第四市场都属于场外交易市场范畴。第三市场是指已经在交易所上市的股票，现在转移到场外进行交易而形成的市场。第四市场是指大机构投资者彼此之间利用电脑网络直接进行的大宗证券交易所形成的市场。

☞ 背景资料

第三市场最早出现在20世纪60年代的美国。在美国，证券交易所长期以来都实行固定佣金制，而且大宗交易也没有佣金折扣，导致买卖大宗上市证券的机构投资者和个人投资者在证券交易所以外的市场交易上市证券以降低其交易费用。但在1975年，美国的证券交易委员会宣布取消固定佣金制，由交易所会员自行决定佣金，从而使第三市场的吸引力有所降低。

第四市场是指大型机构投资者和一些富有的个人投资者完全绕开经纪商和交易所，通过电子计算机网络进行交易的市场。第四市场的产生最大限度地降低了交易费用，它的存在和发展一方面对证券交易所和第三市场产生了巨大的竞争压力，另一方面也给证券市场的监督带来了更大的难度。

（三）股票二板市场

1. 二板市场的概念与特征

二板市场是相对于主板市场或者一板市场而言的市场。一板市场通常是指主板市场，其上市企业多为大型成熟企业，具有较大的资本规模以及稳定的盈利能力。二板市场是为了促进中小型创新企业发展而专门设立的针对中小型企业尤其是创新型企业的股票市场。二板市场的出现丰富了资本市场层次。在我国，上证主板和深证主板属于一板市场，创业板和科创板属于二板市场。

☞ 背景资料

目前，海外的二板市场主要有香港创业板（GEM）、美国纳斯达克（NASDAQ）小型市场、日本的“二部市场”或“第二板市场”、伦敦证券交易所二板市场（AIM）、法国的新市场（LeNouveauMarche）、德国的新市场（NeuerMarkt）等。国外的二板市场都有一些共同的特征，如对过去的业绩灵活要求，并不设立最低盈利的规定，以免排除高成长的公司因盈利低而未能挂牌；提高对最低公众持股量的要求，以保证公司有充裕的资金周转；设定主要股东的最低持股量及出售股份的限制，要求两年内不得出售名下的股份等，以使公司管理层对发展业务时保持对股东的承诺。另外，对新上市公司的市值，股东的最少数目等都有规定，以防止过分投机，使股价大幅波动。

☞ 提示

二板市场与场外交易

场外交易这种方式20世纪70年代就开始在美国出现。一些中小公司因不能上市，便直接委托银行买卖，后来有了中间人（经纪人），就由他们代企业出售，代投资者购买，买卖做大了，经纪人的行会组织便出面管理，订立了规章制度，逐渐形成了规范化的市场。美国证券商工会于1971年2月8日正式建立了电子股市系统，也就是纳斯达克（NASDAQ），而纳斯达克也成了全世界最大的电子交易市场。不过，千万不要因其排名“第二”，便小看了它的重要作用，截至2021年12月，纳斯达克的总市值为154.71万亿人民币，与世界上最大也是最早成立的一板市场“老大哥”纽交所已经相差无几，而且纳斯达克的市值增速更快，有望在短期内在市值方面赶超纽交所。近年来，越来越多的国家意识到发展二板市场的重要作用，欧洲的二板市场更是十分火爆。

2. 二板市场的特征

（1）风险较高。与主板上市公司相比，二板市场的上市规模小，业务处于初期阶段，而行业竞争又较激烈，未来发展的不确定性较大，因而使投资者面临更大的投资风险。

（2）监管严格。由于风险较高，监管当局对发行人实行更严格的监管标准，在信息披露方面要求更高，以保证市场透明度和维护投资者的利益。

（3）具有明显的高新技术导向。

3. 二板市场的功能

（1）为中小企业提供融资便利。二板市场为中小企业的可持续发展提供资金支持，它从风险投资家的手中接过“接力棒”，帮助企业发展壮大。

（2）为风险投资提供退出渠道。通过二板市场，风险投资企业向社会公开发行股票，风险投资家可以得到增值数倍的资本回报，创业人员也能得到较高的报酬。

4. 二板市场的监管

（1）上市标准方面。二板市场主要是为基础较薄弱、不符合主板市场要求的新兴公司设立的，上市要求相对较低。

（2）对管理层或主要股东限制方面。为了新兴公司的持续发展和二板市场的健康运行，有些市场对公司高级管理人员和大股东出售其所持股进行了限制。如在我国，大股东减持或者特定股东减持，采取集中竞价交易方式的，在任意连续90个自然日内，减持股份的总数不得超过公司股份总数的1%；大股东减持或者特定股东减持，采取大宗交易方式的，在任意连续90个自然日内，减持股份的总数不得超过公司股份总数的2%。

（3）公众持股比例方面。为了保证二板市场的流动性，避免股权过于集中，大多数市场规定了最低的公众持股比例，如香港联合交易所规定上市公司的公众持股数量需要保持在25%以上。

（4）公司治理制度方面。为了保护投资者利益和降低市场系统性风险，世界上各主要二板市场对上市公司治理制度都有明确要求。

☞ 阅读专栏

科创板满两岁，这片“试验田”怎么样了

作为注册制改革“试验田”，科创板于2021年7月22日迎来两岁生日。两年来，科创板上市包容性不断增强，一系列基础制度也在注册制带动下不断完善。这片“试验田”取得了哪些成果?。

两年来科创板上市公司达310家，募资金额超3 800亿元，总市值超4.7万亿元。其中新一代信息技术上市公司占比35.2%，生物医药占比23.3%，高端装备制造占比16.3%，三大行业公司占比接近75%。同时，科创板设置了多元包容的上市标准，19家未盈利企业、2家特殊股权架构企业和3家红筹企业成功登陆。

亮眼成绩背后，是科创板聚焦“硬科技”的板块定位。华泰联合证券董事长江禹认为，当今世界形势深刻变化、我国前沿领域面临创新突破重大节点，科创板对科创属性的坚持契合了国家发展的需要。

在清华大学五道口金融学院副院长田轩看来，科创板正逐步成为规模较大、市场认可度较高、技术实力较强、成长性较高的科技企业的投融资平台。“这对形成金融市场与实体经济良性循环，促进企业自发进行更大创新投入有着深远影响。”

科技部火炬中心主任贾敬敦认为，科创板实现了两大跨越：“一是为科创企业定制上市条件，接棒产业投资基金为企业高质量发展提供更持久资金支持；二是以市场化方式为科技成果这类无形资产定价，提升了企业科技成果产业化能力，继而促进了科技成果的有效转化。”

目前，科技部、工信部等都已经建立常态化工作机制，充分发挥资本市场资源配置和促进创新资本形成作用，推动科研成果走出象牙塔，实现技术、投资、生产相融合。

证监会表示，科创板初步建立了“一个核心”（以信息披露为核心）、“两个环节”（交易所审核和证监会注册）、“三项市场化安排”（设立多元包容的发行上市条件、建立市场化的新股发行承销机制、构建公开透明可预期的审核注册机制）的注册制制度框架。

在该框架下，发行、上市、交易、退市、再融资、并购重组等一系列制度创新全面展开。两年中，科创板形成诸多可复制可推广的经验。2020年，相关经验成功复制到创业板，注册制改革进入“深水区”。

科创板改革运行至今，市场关注哪些焦点？未来改革的新契机蕴藏其中。

焦点一：发行上市审核效率如何？

目前，科创板从受理申请到完成注册平均用时6个多月，少于其他板块，审核节奏较快。但2021年以来，科创板IPO出现排队现象，市场比较关注。

业内专家认为，这是多重因素造成的，总体上反映了中国实体经济的发展活力和资本

市场的吸引力在逐步增强。这与历史上的“堰塞湖”有区别。以前IPO停停开开，预期不明朗，有的排队要两三年。注册制改革后，注册审核周期已经大幅缩短。

晨壹投资创始人刘晓丹表示，科创板充足的IPO供给并没有引发市场大幅波动，打破过去多年IPO因为市场波动而关关停停的魔咒，提高了企业的“获得感”。

证监会表示，当前正按照优化服务、加强监管等思路，充分运用市场化法治化手段，积极创造符合市场预期的IPO常态化。

焦点二：如何把好上市公司“入口关”？

截至7月14日，科创板累计受理647家企业上市申请，342家完成注册，118家因主动撤回材料或被否决终止审核。自科创板开板以来，审核淘汰率保持在15%—20%。

中介机构是资本市场的“看门人”，是把好“入口关”的重点。据了解，监管部门将从三个方面压实中介机构责任：

一是加强与市场机构沟通交流，听取市场声音、回应市场关切。在项目审核过程中，及时指出问题，督促中介机构转变执业习惯，提高执业质量。

二是对于审核中发现的违规行为，坚决从严处罚，有效传导监管压力，形成监管威慑。研究制定保荐机构执业质量评价机制，扶优限劣，促进构建良好行业生态。

三是推动上市推广、辅导验收、保荐承销、交易所审核、证监会注册、发行定价等全链条监管工作协同，完善制度建设，提高监管效能。

焦点三：支持红筹企业发行上市的情况如何？

目前，科创板红筹企业已上市3家，还有5家处于审核阶段。

刘晓丹指出，虽然有一部分新经济公司考虑到资本兑换、外资股东等问题，选择境外上市，但科创板和注册制改革给了它们回归A股的可能。“未来一定会看到越来越多的海外公司分拆部分资产或者整体回A股上市。应该继续优化制度安排，吸引这些优质公司回归。”

对于企业境外上市和红筹企业回归事项，监管部门将积极研究推动增加制度供给，明确预期，提高科创板制度竞争力，为市场主体自主决策提供更丰富选项。

资料来源：http://www.sse.com.cn.

（四）三板市场的概念与历史沿革

三板市场，又称“代办股份转让系统”，是中国的资本市场的创新。

三板市场分为老三板和新三板，主要从事非上市企业或退市企业股份转让业务。

老三板是指代办股份转让系统中交易的两类企业股。2001年7月16日中国证券业协会创立了代办股份转让系统，此系统指证券公司以其自有或租用的业务设施，为不具备上市条件的公司或退市的上市公司提供的股份转让服务业务。当时主要包含两类企业股：第一类是历史遗留问题公司，主要指原证券公司代办股份转让系统挂牌的STAQ、NET系统公司（两网公司）股票；第二类是因为连年亏损、走投无路而被迫从主板上摘牌的企业（退市公司）。这两类企业股的交易目前统称为“老三板”。

新三板全称为全国中小企业股份转让系统。2001 年，为了改变中国资本市场柜台交易过于落后的局面，同时也为更多的高科技成长型企业提供股份流动的机会，有关方面在北京中关村科技园区建立了新的股份转让系统。2006 年，《证券公司代办股份转让系统中关村科技园区非上市股份有限公司股份报价转让试点办法》规定，中关村科技园区的非上市股份有限公司作为试点企业，进入代办股份转让系统交易，成为新三板前身。2013 年 1 月 16 日，全国中小企业股份转让系统在北京举行揭牌仪式，新三板正式上线。自此，非上市公司股份转让的小范围、区域性试点将开始渐次走向面向全国的正式运行。此后，新三板发展迅速，截至 2021 年 12 月 31 日，共计 6 932 家企业挂牌新三板，总股本为 4 596.6 亿股。

此前，新三板挂牌企业分为基础层和创新层，分别可采用做市和集合竞价方式交易。截至 2021 年 12 月 31 日，基础层和创新层股票数量为 5 707 家和 1 225 家。

2019 年 10 月 25 日，证监会宣布将对全国中小企业股份转让系统进行全面改革。改革后将允许符合条件的创新层企业向不特定合格投资者公开发行股票。同时，设立精选层，在精选层挂牌一定期限，且符合交易所上市条件和相关规定的企业，可以直接转板上市。

2021 年 9 月，北京证券交易所正式设立，北交所设立后，精选层挂牌公司全部转为北交所上市公司，后续北交所上市公司由符合条件的挂牌公司产生。

1. 新三板市场的特征

（1）挂牌门槛和挂牌成本显著低于交易所市场；

（2）对挂牌公司的行业包容性较强；

（3）限售和转让条件较为宽松；

（4）灵活、弹性的信息披露制度给企业取舍、平衡的选择权；

（5）做市转让方式带动流动性逐步改善。

2. 新三板市场的功能

（1）对非上市公司来说：

①成为企业融资的平台。“新三板”的存在有利于公司拓宽融资渠道，使得企业的融资不再局限于银行贷款和政府补助，更多的股权投资基金将会因为有了“新三板”的制度保障而主动投资。

②提高公司治理水平并完善公司资本结构。依照“新三板”规则，园区公司一旦准备登陆“新三板”，就必须在专业机构的指导下先进行股权改革，明晰公司的股权结构和高层职责。同时，“新三板”对挂牌公司的信息披露要求比照上市公司进行设置，很好地促进了企业的规范管理和健康发展，增强了企业的发展后劲。

（2）对投资者来说：

①为投资提供更多选择。“新三板”的存在，使得投资者可以投资一些风险更大但潜在收益也更为丰厚的选择，投资范围进一步扩大。

②通过监管降低股权投资风险。“新三板”制度的确立，使得挂牌公司的股权投融资

行为被纳入交易系统，同时受到主办券商的督导和证券业协会的监管，投资者在投资时更为放心。

③成为私募股权基金退出的新方式。股份报价转让系统的搭建，对于投资“新三板”挂牌公司的私募股权基金来说，成为一种资本退出的新方式，挂牌企业也因此成为私募股权基金的另一投资热点。

☞ 拓展阅读

“北交所效应”激活新三板做市交易

北京证券交易所（简称“北交所”）于2021年9月3日注册成立，是经国务院批准设立的我国第一家公司制证券交易所，受中国证监会监督管理。经营范围为依法为证券集中交易提供场所和设施、组织和监督证券交易以及证券市场管理服务等业务。

2021年9月2日，习近平总书记在2021年中国国际服务贸易交易会全球服务贸易峰会上的致辞中宣布：“我们将继续支持中小企业创新发展，深化新三板改革，设立北京证券交易所，打造服务创新型中小企业主阵地。”这是对资本市场更好服务构建新发展格局、推动高质量发展作出的新的重大战略部署，是实施国家创新驱动发展战略、持续培育发展新动能的重要举措，也是深化金融供给侧结构性改革、完善多层次资本市场体系的重要内容，对于更好发挥资本市场功能作用、促进科技与资本融合、支持中小企业创新发展具有重要意义。在北京证券交易所建设过程中，我们将重点把握好以下原则：

坚守“一个定位”。北京证券交易所将牢牢坚持服务创新型中小企业的市场定位，尊重创新型中小企业发展规律和成长阶段，提升制度包容性和精准性。

处理好“两个关系”。一是北京证券交易所与沪深交易所、区域性股权市场坚持错位发展与互联互通，发挥好转板上市功能；二是北京证券交易所与“新三板”现有创新层、基础层坚持统筹协调与制度联动，维护市场结构平衡。

实现“三个目标”：一是构建一套契合创新型中小企业特点的涵盖发行上市、交易、退市、持续监管、投资者适当性管理等基础制度安排，提升多层次资本市场发展普惠金融的能力；二是畅通北京证券交易所在多层次资本市场的纽带作用，形成相互补充、相互促进的中小企业直接融资成长路径；三是培育一批优秀的创新型中小企业，形成创新创业热情高涨、合格投资者踊跃参与、中介机构归位尽责的良性市场生态。

申请北交所公开发行并上市需要满足以下基本条件：

（1）在全国股转系统连续挂牌满12个月的创新层挂牌公司；

（2）符合中国证监会规定的发行条件；

（3）最近一年期末净资产不低于5 000万元；

（4）向不特定合格投资者公开发行的股份不少于100万股，发行对象不少于100人；

（5）公开发行后，公司股本总额不少于3 000万元；

（6）公开发行后，公司股东人数不少于200人，公众股东持股比例不低于公司股本总额的25%；公司股本总额超过4亿元的，公众股东持股比例不低于公司股本总额的10%；

当符合上面的条件并且在创新层满12个月后，可以选择以下四套条件之一申报：

（1）市值≥2亿元，近两年净利润均≥1 500万元，且加权平均ROE平均≥8%，或者最近1年净利润≥2 500万元，且加权平均ROE≥8%；

（2）市值4亿元，近两年营业收入平均≥1亿元，且最近1年营业收入增长率≥30%，最近1年经营活动净现金流为正；

（3）市值8亿元，近1年营业收入≥2亿元，近两年研发投入累计占比≥8%；

（4）市值15亿元，最近两年研发投入累计≥5 000万元。

现今，北交所设立运行已有数月，期间市场整体平稳运行，呈现出投资者数量大幅增加、投资者结构持续改善、长期资金持股占比稳步提升等良好态势。“新三板”创新层、基础层的做市交易也受到了“北交所效应”的有效带动，更多“新三板”公司获做市商加入报价。

上海证券报记者获悉，后续北交所还将在现有基础上逐步推进改革，优化基础性制度。业界呼吁称，北交所服务的企业为创新型中小企业，尤其是“专精特新”中小企业，具有良好的发展前景和潜力，且整体估值偏低，期待北交所能尽快引入做市商交易机制，推出混合交易制度，撬动更为活跃的交易，引入更多资金入场。

记者从全国中小企业股份转让系统公司（下称“全国股转公司”）获得的数据显示，2021年，在深化“新三板”改革、设立北交所的背景下，“新三板”做市交易的市场活力显著增加，做市总成交额较2020年增长38.3%。

新鼎资本董事长张驰认为，北交所开市之后，北交所上市公司显示出巨大投资机会的同时，北交所效应也带动部分资金，去“新三板”创新层和基础层挖掘空间更大的投资标的。

新增做市标的的变化印证了这种看法，创新层公司尤其被做市机构看好。兴和股份2022年以来先后获得海通证券、第一创业、东海证券、东北证券、首创证券等5家做市券商的青睐，雅达股份、三祥科技、巨峰股份、丰电科技先后成为3家做市商的新增标的。

与此同时，2022年基础层公司也明显“崛起”，苏州沪云、中机试验、景尚旅业、凌志环保、亚锦科技、华龙期货等受到了做市券商的关注。其中，苏州沪云在2022年1月25日一天内被包括安信证券、中天证券、中山证券、万和证券、首创证券、东吴证券在内的6家做市商列入做市标的；中机试验在2022年1月28日成为安信证券、东北证券、红塔证券、中山证券4家做市商的新增标的。凌志环保则在2022年1月、2月先后增加了东海证券、国都证券、红塔证券等做市商。

值得一提的是，不少收到多家做市商新加入报价的“新三板”挂牌企业，均宣布了启动北交所上市的计划。

在被6家做市商“加入”并变更股票交易方式为做市交易方式前，苏州沪云公告称，公司在2022年1月17日与中信建投签订了上市辅导协议，并于1月20日向江苏证监局提交了北交所上市辅导备案材料。该公司2019年度、2020年度经审计的研发投入分别为3 298.91万元、2 768.43万元，合计不低于5 000万元，符合北交所上市财务标准四。

创新层企业欧普泰于2022年1月21日获上海证券加入为公司提供报价业务。同日，公司宣布启动北交所IPO辅导。巨峰股份也于2021年11月17日宣布启动北交所IPO辅导。

资料来源：上海证券报，2022年3月23日 https：//paper. cnstock. com/html/2022 - 03/23/content_1582492. htm.

三、债券市场

（一）债券的概念与特征

（1）债券（Bond）是一种表明债权债务关系的凭证，证明持券者有按约定的条件（如面值、利率和偿还期等）向发行人取得利息和到期收回本金的权利。

根据偿还期限的不同，可以将债券分为短期债券、中期债券、长期债券。根据利率波动与否，债券利率有固定利率与浮动利率之分。

（2）债券作为一种有价证券，从投资者角度来看具有以下四个特征：

①期限性。债券一般都规定了偿还期限，由债务人按期向债权人支付利息并偿还本金。

②流动性高。其前提是债券发行人的信誉卓著或存在发达的二级市场。

③安全性较好。这是相对于债券价格下跌的风险性而言，并且取决于债券发行人的资信和债券本身的流动性。

④收益性较高且稳定。债券的收益率通常高于银行存款，较股票的收益率又更稳定。

债券的返还性、流动性、安全性和收益性之间存在着一定的置换关系，一种债券很难同时具备以上四个特征。如果某种债券的流动性强，安全性高，那么它在市场上就容易出现供不应求，价格就会走高，这样一来它的收益率就会随之下降。

（二）债券的种类

债券的种类繁多，最基本的分类方法是按发行主体不同划分为政府债券、公司债券和金融债券三大类。

（1）政府债券是指中央政府、政府机构和地方政府发行的债券，它以政府的信誉作保证，因而通常无须抵押品，风险在各种投资工具中是最小的，而且很多国家对于投资者从政府债券中获得的利息收入免征所得税，因此政府债券相对于其他品种的债券具有税收优势。在金融资产定价中，政府债券常常被当作无风险资产的替身。主要种类有：①中央财政债券，也称国家公债（简称国债）；②政府机构债券；③地方政府债券。

（2）公司债券是公司为筹措营运资本而发行的债权债务凭证。公司债券的持有者是公司的债权人，而不是公司的所有者，这与股票持有者有很大区别，持有者有按约定条件从公司取得利息和到期收回本金的权利。公司债券的偿还顺序先于股票，因此其风险小于股票但高于政府债券。公司债券的种类很多，通常可以分为以下几类：

①按抵押担保状况可分为信用债券、抵押债券、担保信托债券和设备信托债券。

②按利率可分为固定利率债券、浮动利率债券、指数债券和零息债券。

③按内含选择权可分成可赎回债券、偿还基金债券、可转换债券和带认股权证的债券。

（3）金融债券是银行和非银行金融机构为筹集资金而发行的债权债务凭证。发行金融债券，表面看来同银行吸收存款一样，但由于债券有明确的期限规定，不能提前兑现，所以筹集的资金要比存款稳定得多。更重要的是，金融机构可以根据经营管理的需要，主动选择适当时机发行必要数量的债券以吸引低利率资金。因为金融机构的资信要高于一般企业，所以金融债券的信用风险要低于公司债券。

☞ 相关链接

我国从1985年开始发行人民币金融债券，发行机构包括原各专业银行、综合性银行和其他金融机构，发行对象主要是城乡居民。1994年，政策性金融债券开始在我国出现，国家开发银行、中国进出口银行和中国农业发展银行先后多次在境内外发行人民币和外币金融债券，在国内发行的政策性金融债券的发行对象是银行与非银行金融机构。

（三）债券的一级市场与二级市场

1. 债券一级市场

债券一级市场是债券的发行市场，是发行新债券的市场。发行人通过债券的发行将新债券出售给投资者，同时筹集到资金。与股票相比，债券的发行有几点不同：一是存在债券发行合同书也称信托契约，是说明公司债券持有人和发行人双方权益的法律文书，由受托管理人（银行或信托机构）代表债券持有人利益监督合同书中各条款的履行。其内容以保护债权人利益的各种限制性条款为主，分为否定性条款（即不允许或限制发行公司的股东做某些事的规定）和肯定性条款（即公司应该履行某些责任的规定）。二是需要信用评级，因为债券违约风险的大小与投资者的利益密切相关，也直接影响着发行人的筹资能力和成本，所以需要专门的评级机构来对发行的债券进行信用评估。三是债券存在偿还问题。

2. 债券的二级市场

债券的二级市场有证券交易所和场外交易市场两类，其中在证券交易所申请上市的主要是公司债，国债具有上市豁免权，而大多数的债券交易是在场外进行的。由于债券价格波动幅度较小，因而债券二级市场的风险小于股票二级市场，但是债券二级市场的流动性相对股票二级市场较弱。

四、投资基金

（一）投资基金的概念

投资基金是通过发行基金券（包括基金股份和受益凭证），将众多投资者分散的资金集中起来，由专业的投资机构分散投资于股票、债券或其他金融资产，并将投资收益分配给基金持有者的投资制度。投资基金一般具有以下几个特点：规模经营、分散风险、专家管理、服务专业化，所以投资基金很受投资者的青睐，近年来的发展速度也非常迅速。投资基金在各国的称法有些不同，如美国称“共同基金”或“互助基金”，也称“投资公司”，英国和我国香港称“单位信托基金”，日本、韩国和我国台湾则称“证券投资信托基金”。

（二）投资基金的种类

（1）根据组织形式可分为公司型基金和契约型基金。公司型基金是依据公司法成立的，以营利为目的的股份公司形式的基金。其特点是基金本身是股份制的投资公司，基金公司通过发行股份筹集资金，投资者通过购买基金公司股份而成为其股东，享有基金收益的索取权。契约型基金是依据一定的信托契约组织起来的基金，其中作为委托人的基金管理公司通过发行受益凭证筹集资金，并将其交由受托人保管，基金公司负责基金的投资运营，投资者凭借受益凭证索取收益。

（2）根据基金能否增加或赎回可分为开放型基金（Open - end）和封闭型基金（Close - end）。开放型基金是指基金在设立时发行的基金总额不固定，可继续发行新的基金券，投资者可随时选择认购或赎回基金券，而购买或赎回的价格由当时基金净值决定。封闭型基金是指基金发行总额是固定的，且规定封闭期（一般为10—15年），在封闭期内不能发行新的基金券，投资者也不得向基金管理公司要求赎回，而只能采取在证券交易所上市的办法解决基金的流通问题，交易的价格由当时该基金的供求决定。一般情况下，封闭型基金的市场价格要低于其基金单位净值。

☞ **想一想**

同一只基金的两个价格

南方瑞合3年定期开放混合型发起式证券投资基金（LOF）是一只混合型的封闭型基金，其运作方式为每3年开放一次，下一次开放要等到2024年9月，开放期也只有短暂的半个月，届时投资者才可以进行申购和赎回，申购赎回按照当时的基金净值进行交易，2022年8月19日该基金的单位净值是1.2669元。

但是作为一只上市交易的封闭型基金，投资者现在也可以选择在二级市场买入这只基金，同样是2022年8月19日，这只基金的二级市场单位价格却“仅有”1.224元，相对于其当日的单位净值打了4%的折扣。同一只基金在同一个交易日竟有两个明显不同的价格。

想一想

为什么南方瑞合二级市场的价格要明显低于其单位净值？假如目前这只基金处在开放期，看到这样的价格差距你会有什么投资想法？

另外，按照基金投资目标的不同，可分为收入型基金、成长型基金和平衡型基金；按照地域的不同可分为国内基金、国家基金、区域基金和国际基金；按照投资对象细分包括股票基金、债券基金、货币市场基金、专门基金、衍生基金和杠杆基金、对冲基金与套利基金等。

（三）投资基金的参与主体

（1）基金发起人与管理人。基金是由基金发起人发起设立的。基金发起人在基金设立后往往成为基金的管理人。基金管理人也称基金经理公司（契约型）或基金管理公司（公司型）。我国《证券投资基金管理暂行办法》规定，基金管理人的职责主要有：按照基金契约的规定运用基金资产投资并管理基金资产；及时、足额向基金持有人支付基金收益；保存基金的会计账册、记录15年以上；编制基金财务报告并及时公告，并向中国证监会报告；计算并公告基金资产净值及每一基金单位资产净值。

（2）基金托管人。托管人是基金保管公司，一般由投资银行、商业银行或保险公司等金融机构充当。基金托管人是对基金投资操作进行监督及保管基金资产、确保基金持有人利益的金融机构。

（3）基金投资人。基金投资人是基金资产的投资者和所有者。在基金投资模式下，基金投资人委托基金托管人管理基金资产，委托基金管理人进行投资运作。基金的主要投资对象为证券市场内外的各种有价证券，包括股票、新股认股权证、政府债券、公司债券和金融债券等。

为了分散基金的投资风险，避免影响股价的正常形成，各国对基金投资数量也进行了一定的限制，如我国规定一个基金不得持有任何一家上市公司10%以上的股份，基金对每一个发行公司发行的证券投资额不得超过其资产净值的10%。对基金运用方法的限制主要包括：禁止与自身有关系的交易，限制基金资产相互间的交易，禁止用基金资产进行信用交易，禁止动用基金资产进行抵押、担保及经营贷款业务等。各种基金可以根据基金的投资目标和投资对象来确定其投资政策，投资政策的内容包括：投资组合的选择，资产分散的程度，各项投资的比重，基金派息情况等。

☞ 阅读专栏

ETF 基金

ETF（Exchange Traded Fund）又称“交易型开放式指数证券投资基金”，简称“交易型开放式指数基金"，又称"交易所交易基金"。ETF是一种跟踪"标的指数"变化且在证券交易所上市交易的基金。ETF综合了封闭式基金和开放式基金的优点，投资者既可以在二级市场买卖ETF份额，又可以向基金管理公司申购或赎回ETF份额，不过申购赎回必须以一篮子股票（或有少量现金）换取基金份额或者以基金份额换回一揽子股票（或有少量现金）。由于同时存在二级市场交易和申购赎回机制，投资者可以在ETF二级市场交易价格与基金单位净值之间存在差价时进行套利交易。

ETF最早产生于加拿大，而其发展与成熟则主要在美国。以美国为例，从1993年底到2003年底，美国ETF基金资产从4.64亿美元增长为1 509.83亿美元，相当于翻了324倍。截至2021年底，全球ETF产品资产总值已经逼近10万亿美元，遍布世界各大证券市场，是近10年来发展最为迅速的金融产品之一，成为一种大众化的投资工具。

ETF因其在产品设计上的种种创新而在国际市场中迅速崛起，它有如下几大优势：

第一，ETF采用指数化投资策略。ETF与标的指数偏离度小，投资ETF能获得与标的指数相近的收益；可以让投资者以较低成本投资于标的指数，使得投资者投资指数像投资一只股票一样简单。

第二，ETF可以上市交易。ETF像股票一样在交易时间内持续交易，投资者可根据即时揭示的交易价格进行买卖，从而更好地把握成交价格。

第三，ETF费用低廉。通过复制指数和实物申赎机制，ETF大大节省了研究费用、交易费用等运作费用。ETF管理费和托管费不仅远低于积极管理的股票基金，而且低于跟踪同一指数的传统指数基金。ETF二级市场交易费用类似股票，大大降低了投资者的交易成本。ETF是全新的投资工具。在投资领域，ETF已经不再仅仅是一个投资产品，而是一个越来越工具化的产品。投资者可以通过投资ETF来进行股票再投资、资产配置、长期投资、套利交易、时机选择和短线投资等。

我国第一只上市交易的ETF是2005年2月23日上市交易的华夏上证50ETF，采用完全复制法，紧密跟踪上证50指数，组合中的股票种类和上证50指数包含的成分股相同，股票数量比例和该指数成分股构成权重一致，追求跟踪偏离度和跟踪误差最小化，在上交所上市交易后，其申购与赎回也通过上交所系统进行。

第四节　金融衍生工具市场

一、金融衍生工具的概述

（一）金融衍生工具的定义

金融衍生工具是由金融基础工具衍生出来的各种金融合约及其组合形式的总称。所谓金融基础工具主要包括货币、利率工具以及股票等。在金融基础工具的基础上借助各种衍生技术，可以设计出品种繁多、特性各异的金融衍生工具来。

（二）金融衍生工具的种类

（1）按照基础工具种类的不同，金融衍生工具可分为：

①股权式衍生工具，是指以股票和股票指数为基础工具的金融衍生工具，主要包括股票期货、股票期权、股票指数期货等；

②货币衍生工具，是指以各种货币作为基础工具的金融衍生工具，主要包括远期外汇合约、货币期货、货币期权、货币互换等；

③利率衍生工具，是指以利率或利率的载体为基础工具的金融衍生工具，主要包括远期利率协议、利率期货、利率期权、利率互换等。

（2）按照金融衍生工具交易性质的不同可分为：

①远期类工具。交易双方均负有在将来某一日期按一定条件进行交易的权利和义务，双方的风险收益是对称的。例如远期外汇合约、货币期货、利率互换等。

②选择权类工具。交易中的买方有权根据市场情况选择是否履行合约，而卖方只负有在买方履行合同时执行合同的义务。例如股票期权、认股权证等。

（3）按照金融衍生工具自身交易的方式及特点可分为：远期合约、金融期货、金融期权和互换。

（三）金融衍生工具的特征

金融衍生工具交易是在现在对基础工具未来可能产生的结果进行交易，交易的盈亏结果只有在未来时刻才能确定。因此，金融衍生工具与金融基础工具相比，具有以下明显的特点：金融衍生工具的性质复杂，具有充分的弹性，能够满足使用者的特定需要；交易成本较低，深得保值者和投机者的偏爱；能够以较少的成本实现现货市场需较多资金才能完成的交易，具有高度的财务杠杆作用，是一种高风险的投资工具；易于形成所需要的资产组合，理论上讲，可以有无数种具体形式。

二、金融远期合约

金融远期合约是指交易双方约定在未来某一确定时间按照事先商定的价格，以预先确定的方式买卖一定数量的某种金融资产的合约。主要有远期外汇合约、远期利率协议和远期股票合约。值得注意的是，远期合约多为场外交易，所以相对于期货合约，灵活性更强，可以定制非常复杂的个性化合约，但是个性化的合约一般几乎无法转让，所以流动性较差。同时，远期合约也存在更大的违约风险。

☞ 案例分析

远期外汇合约的运用

某一位英国进口商从美国进口一批货物，合同价值1亿美元，约合5 000万英镑，交割约定在3个月后进行。3个月后的汇率是多少呢？目前并不知道。3个月后汇率如果发生较大的波动，就会导致这位英国商人实际支付的货款数额发生变化。如利率变成1镑兑换1.7美元，那么英国商人将需要支付5 882万英镑，比预计多支付882万英镑，这显然是这位英国商人不愿看见的结果，怎样规避由于汇率变动带来的风险？他可以在与美国出口商签订合同时向银行买进远期外汇：数量是1亿美元、汇率是1英镑兑换2美元、期限是3个月。这样一来，当3个月到期时，无论汇率怎样变动，英国商人通过在现货市场和远期合约市场的交易，就可以将自己的进口成本限定下来。这就是远期外汇合约的套期保值作用。

三、金融期货市场

（一）金融期货合约的定义

金融期货合约是指协议双方在有组织的交易所以竞价的形式达成约定，在将来某一特定的时间按约定的条件买卖一定标准数量的某种特定金融工具的标准化协议。合约一般包括交易的标的、交易量、标准交割时间和交易价格等内容。

（二）金融期货交易的特点

（1）间接清算制。期货合约交易均在交易所进行，通过交易所的清算部或专设的清算公司进行结算。这样一来就克服了远期交易信息不对称和违约风险高的缺陷。

（2）合约标准化。期货合约的合约规模、交割日期、交割地点等都是由交易所设计标准化的，即在合约上有明确的规定。交易双方只需要通过交易所竞价确定成交价格即可。

（3）灵活性。期货合约的买者或卖者可在交割日之前采取对冲交易结束其期货头寸，而无须进行最后的实物交割。这也克服了远期交易流动性差的缺陷，并且通过平仓来结束头寸更加省事和灵活，目前已经成为主要的交易形式。

（4）每日清算制。每天交易结束时，清算公司都要根据期货价格的升跌对每个交易者的保证金账户进行调整，以反映交易者的浮动盈亏，这就是所谓的盯市。

（三）金融期货交易的种类

（1）外汇期货，是指交易双方约定在未来特定的时间进行外汇交割，并限定了标准币种、数量、交割月及交割地点的标准化合约。外汇期货交易是指在期货交易所中通过喊价成交外汇期货合约买卖。目前，世界上主要的期货市场大多都进行外汇期货交易。

（2）利率期货，是指标的资产价格依赖于利率水平的期货合约，如长期国债期货、短期国债期货和欧洲美元期货。利率期货交易是指在有组织的期货交易所中通过喊价成交的、在未来某一时期进行交割的债券合约买卖。

（3）股票指数期货，是指期货交易所与期货买卖者签订的，约定在将来某个特定的时期，买卖者向交易所结算公司收付等于股价指数若干倍金额的合约。也就是说，股票指数期货合约的价值等于股票指数乘以若干倍数的金额，倍数可能是500、250、100或50。合约的价格也是通过公开喊价决定的。目前美国比较著名的股票指数期货有价值线综合指数期货、标准·普尔500股票价格综合指数期货、纽约证券交易所综合股票指数期货等。

（四）金融期货的功能

（1）套期保值功能。进行期货交易可以利用套期保值交易把价格风险转嫁出去，以实现规避风险的目的。所谓的套期保值是指在现货市场某一笔交易的基础上，在期货市场上做一笔价值相当、期限相同但方向相反的交易，以期保值。金融期货的套期保值分为两种形式：多头套期保值和空头套期保值。

（2）价格发现功能。金融期货交易是在有组织的、正规化的期货交易所内进行的，期货价格是由买卖双方公开竞价产生的，它反映出众多的买卖方对当前几个月及1年以后金融现货供求关系、价格走势预期的均衡。并且期货价格具有持续性和公开性的特征，这就进一步提高了期货价格的真实性和可预见性。

（3）投机功能。投机行为一般没有现货交易的基础，而是根据投机方对市场价格的预期而低价吸进，待涨而售；或逢高抛出，待落买进，通过不断地买卖赚取买卖中的差价。

☞ 案例分析

利用期货市场的避险操作

某食品加工厂在5月份时计划于2个月后购进100吨小麦使用，当时小麦的现货价格是每吨1 560元，7月份小麦的期货价格是每吨1 600元，考虑到当前出现了世界性的粮食危机，该加工厂担心小麦的价格会大幅上涨，于是买入了100吨小麦现货，但是该加工厂为了避免未来小麦价格下降的风险，同时又在期货市场委托交易商卖出100吨7月份交割的小麦期货合约。到了7月份，小麦的价格意外出现了下降，降至每吨1 530元，该加工厂决定执行期货合约，结果：

现货市场有损失：(1 560 − 1 530) × 100 = 3 000（元）

期货市场有收益：(1 600 − 1 530) × 100 = 7 000（元）

经过规避风险的操作，该食品加工厂不仅没有在市场变化中受到损害，反而还获得额外收入4 000元（7 000 − 3 000）。

四、金融期权市场

（一）金融期权合约的概念

期权又称选择权，是指赋予期权购买者在规定期限内按双方约定的价格购买或出售一定数量某种金融资产的权利的合约。

金融期权是买卖双方订立合约并在合约中规定，由买方向卖方支付一定数额的权利金，即赋予买方在规定时间内按双方约定的价格购买或出售一定数量某种金融资产的权利。标准化的期权合约通常包含六方面的要素，即标的资产的种类与数量，协议价格、有效期限、交易地点、期权费和合约的格式。

（二）金融期权的种类

（1）按期权买者的权利划分，可有看涨期权和看跌期权。期权购买方到期有按约定价格购买标的资产权利的合约称为看涨期权，即预计未来标的价格会上涨；期权购买方到期有按约定价格出售标的资产权利的合约称为看跌期权，即预计未来标的价格会下降。

（2）按照买者执行期权的时限划分，可有欧式期权和美式期权。欧式期权的购买方只能在到期日选择执行期权；美式期权的购买方被允许在到期日之前的任何交易日选择执行期权。

（3）按照标的资产划分，可有利率期权、货币期权、股票指数期权、股票期权以及金融期货期权。

（三）金融期权合约的特征

期权最显著的特征是，它交易的对象不是任何金融资产实物，而是一种买进或卖出金融资产的权利，这种权利有很强的时间性，只能在合约规定的有效期内行使，并且交易双方的权利义务不对等。期权的卖方只有义务没有权利；合约一旦订立，买方须事先向卖方支付一定的期权费，且不论买方是否行使期权，期权费都不退还。

☞ **阅读专栏**

中证 1000 股指期货、期权

北京时间 2022 年 6 月 22 日，中国金融期货交易所（简称“中金所”）在官网发出通知，宣布就中证 1000 股指期货和股指期权合约及相关规则向社会征求意见。这一消息在金融圈内引起广泛关注。此前，中金所已上市沪深 300 股指期货、中证 500 股指期货、上证 50 股指期货和沪深 300 股指期权四大权益类衍生品，如果中证 1000 相关品种未来顺利上市，将与现有品种形成良好互补，更好地服务多元化的风险管理需求。

中证 1000 股指期货的合约交易代码为 IM。合约乘数为每点人民币 200 元，其他主要条款均与现有已上市三个股指期货产品保持一致。如最小变动价位设计为0.2点；涨跌停板幅度为上一交易日结算价的±10%；最低交易保证金标准设计为合约价值的8%；交割方式为现金交割。

中证1000股指期权合约的主要条款与已上市的沪深300股指期权一致。合约乘数为每点人民币100元，合约类型为看涨期权、看跌期权，最小变动价位为0.2点，每日价格最大波动限制为上一交易日中证1000指数收盘价的±10%；行权价格覆盖中证1000指数上一交易日收盘价上下浮动10%对应的价格范围；行权方式为欧式；交割方式为现金交割。中证1000股指期权合约看涨期权交易代码为MO合约月份－C－行权价格，看跌期权交易代码为MO合约月份－P－行权价格。

中国的指数衍生品市场近年来稳步发展。以中金所产品为例，中证500股指期货市场规模逐年提升，持仓量已达30万手以上；上证50股指期货持仓量也平稳提高，突破10万手大关；最早上市的沪深300股指期货在恢复常态化交易后持仓量也持续回升，最新在20万手附近。2019年底上市的沪深300股指期权同样发展势头良好。从历史上看，指数衍生品的推出，往往会带动相关金融产品的创新发展。对于中证1000相关金融衍生品的推出，以量化私募为代表的投资机构普遍非常期待。

五、金融互换市场

（一）金融互换的定义

按照国际清算银行的定义，金融互换是买卖双方在一定时间内，交换一系列现金流的合约。具体说，金融互换是指两个或两个以上当事人按照商定的条件，在约定的时间内，交换金融工具的一系列支付款项或收入款项的合约。金融互换产生的理论基础是比较优势理论，互换交易正是利用交易双方在筹资成本上的比较优势而进行的。

（二）金融互换的种类

（1）利率互换。即双方同意在未来的一定期限内根据同种货币同样的名义本金交换现金流，其中一方的现金根据浮动利率计算出来，而另一方的现金流根据固定利率计算。双方进行利率互换的主要原因是双方在固定利率和浮动利率市场上具有相对优势。2006年2月，国家开发银行与光大银行完成我国历史上第一笔银行间人民币利率掉期交易，标志着我国人民币利率互换市场正式创立。

☞ **案例分析**

利率互换

假设有A、B两家企业此时都希望借入3年期的800万美元的借款，A企业希望借入浮动利率贷款，B企业则希望借入固定利率贷款，两家企业的融资成本见表5－1：

表 5-1

	固定利率	浮动利率
A 企业	7%	3 个月期 LIBOR +0.5%
B 企业	8%	3 个月期 LIBOR +1.0%

从表 5-1 中可以看出，A 企业在两个市场都具有绝对的优势，而 B 企业只有在浮动利率市场具有一定的相对优势（两企业在浮动利率市场的差距较小）。此时，A、B 两企业就可以利用各自的相对优势为对方借款，同时交换利息的支付，这样一来就实现双方降低成本的目的了。通过利率互换，双方减少的成本是：

(8% +3 个月期 LIBOR +0.5% -7% -3 个月期 LIBOR -1.0%) =0.5%

A、B 两个企业分享互换的收益，各自降低 0.25% 的成本，即 A 企业借浮动利率贷款的成本是 3 个月期 LIBOR +0.25%，B 企业借固定利率贷款的成本是 7.75%。

由于双方借款的本金是相同的，所以两企业只需要每 3 个月与对方进行利息差额的结算就可以了。

（2）货币互换。即将一种货币的本金和固定利息与另一种货币的等价本金和固定利息进行交换。货币互换的主要原因是双方在各自国家的金融市场上具有比较优势。

由于货币互换还涉及本金互换，因此当汇率变动很大时，双方就可能面临一定的汇率风险。

（3）其他互换。互换的本质是现金流的交换，由于计算或确定现金流的方法很多，因此互换的种类也很多，如交叉货币利率互换，是利率互换与货币互换的结合，以一种货币的固定利息交换另一种货币的浮动利率。此外，还有增长型互换、减少型互换、基点互换、可延长互换、可赎回互换、零息互换等。

六、其他金融衍生工具市场

（1）认股权证市场。认股权证是指一公司发行的赋予持有人在一个约定的时期内以约定价格认购或出售该公司若干股份的权利的金融凭证。认股权证和股票期权的主要区别是认股权证的交易对手始终是股票的发行公司，而股票期权的交易对手可以是任一投资者。

（2）可转换公司债券市场。可转换债券是一种附加可转换条款的公司债券，他允许持有人在规定期限内按照规定的价格将持有的债券转换为发债公司的普通股。可转换债券具有双重属性，即债券性和期权性。

☞ 案例分析

可转换债券背后的赚钱机会

近年来，随着新可转换债券的发行越来越密集，越来越多的投资者对可转债趋之若鹜，不少公司的可转债日均成交额都达到数亿元，但是截至目前还没有公司的新发可转债在规模上可以挑战浦发银行在2019年创下的记录，当年10月发行的浦发转债（代码110059）的规模高达500亿元。

可转换债券，顾名思义，首先它是债，一般每张面值100元，期限5年、6年，发行的上市公司每年付息，到期还本，平均年化利率大概是2%左右。上市公司发行可转债，是要经过证监会的严格审核，达到一定的标准才可发行。有证监会替我们把关，它的安全性就比买一般公司的债券要好得多。所以，投资可转债非常适合新手投资者。

但是对于不少投资老手来说，投资年化才2%的收益也太低了。所以，更多人投资可转债看重的收益不是它的“债”性，而是它的“股”性。可转债是可以转换成为上市公司的普通股的，在可转债发行的时候，就会约定好一个转股的价格，叫“转股价”。以浦发银行转债为例，其最初约定的转股价为15.05元，那么每张可转债（票面价值100元）就可以转成6.64（100/15.05）股浦发银行的股票。

想一想

如果浦发银行目前的股价是7.2元一股，那么你会行使转换权吗？如果转换了，你的盈利或损失是多少？如果浦发银行的股价涨至18.3元，你又会怎么选择呢？

（3）存托凭证市场。存托凭证是一种可以流通转让的，代表投资者对境外证券所有权的证书，是基于信托制度演变成的一种投资工具，存托凭证最初被设计出来的目的是使投资者更便捷地投资境外公司股票。存托凭证产生的过程是：A国某公司（发行人）为使其股票在B国流通交易，将一定数额股票委托某一中间机构（通常为银行，称为保管人）保管。同时，根据这家公司和境外某金融机构（存托人）签署的存托合同，存托人成为这一部分股票的名义持有人，也是公司的名义股东。之后，存托人在B国发行代表该股份的存托凭证，进而在B国的交易市场上流通。

本章关键词

金融市场　货币市场　资本市场　外汇市场　发行市场　流通市场　金融工程　金融远期　金融期货　金融期权　金融互换　回购协议　同业拆借　投资基金债券　股票　二板市场　风险投资　资产证券化

复习思考题

1. 简述金融市场的功能。
2. 金融市场的发展趋势如何？
3. 货币市场有哪些种类？
4. 简述资本市场的构成？

5. 试述金融期货的功能。
6. 套期保值的含义与做法是什么？
7. 投资基金有哪些当事人，他们有何种关系？
8. 试分析货币市场与资本市场的关系。

第六章　金融中介机构体系

在当今世界经济中，除少数经济欠发达国家外，大多数国家和地区在经历了相当长的发展过程后，都已形成各自比较复杂的金融中介机构体系。在目前的金融中介机构体系中，商业银行的历史最悠久、规模最大，对社会经济的影响也最为深远，因而人们通常把商业银行看作金融中介机构的代名词。随着经济贸易的发展，相继出现了为不同经济活动提供金融服务的其他金融中介机构，如投资公司、证券公司、金融公司、保险公司等。本章先分析金融中介机构的功能，在此基础上分别介绍西方国家和我国的金融中介机构体系。

第一节　金融中介机构体系概述

一、金融中介机构体系的概念

金融中介机构是指从事金融活动以及为金融活动提供相关服务的各类机构。金融中介机构是为实体经济部门提供融资、投资等服务的金融机构，在现实金融活动中发挥着重要的作用，处于金融体系的中心环节，金融中介机构的效率与安全对社会经济和金融活动具有决定性的影响。

早期金融中介机构的出现是与商品经济和对外贸易发展联系在一起的。最早的金融中介机构是商业银行，商业银行的前身是货币经营业。在西方商业银行最早出现在中世纪的欧洲，它的形成与对外贸易的发展有密切的关系，主要提供贸易结算和融资服务，工业革命后才有了为工业企业服务的股份制商业银行。

☞ **提示**

金融中介的出现是经济发展和专业化分工的必然结果，金融中介的发展又成为经济发展的极大推动力量，在现实金融活动中处于极为重要的地位，各项金融活动基本上都是通过金融中介推动、运作和完成的。个人或家庭的货币节余大部分存入银行等金融中介机构，提前消费一般要向提供消费信贷的银行或其他金融中介机构申请贷款；把自己的货币节余用于投资，大多数家庭是通过金融中介机构购买股票、债券、基金等；购买各类保险要到保险公司及其他专门的社会保障机构。企业的融资活动，无论是存款、贷款、证券发行还是投资，都是通过各类金融中介机构完成的。政府债券的发行与偿还一般也是由金融中介代为实现。国际金融活动更是离不开金融中介。

金融中介机构体系就是由各种金融中介机构组成的整体体系。发达的市场经济国家都有一个规模宏大、分工精细的金融体系。其中的金融中介机构种类繁多、形态各异，但是大都有共同的特点，即众多的银行和非银行金融中介机构并存。

我国早在封建社会就有"票号""钱庄"等形式的金融中介机构；19 世纪中叶，英国人在中国设立第一家商业银行；中国自办的第一家银行是 1897 年成立的中国通商银行。1949 年以前我国已有一些金融中介机构，新中国成立以后进行一系列金融改革，目前已经形成比较完整的金融中介机构体系。

二、金融中介机构的分类

随着经济的发展和人类的进步，继最早的商业银行产生后，保险公司、投资银行等各类金融中介机构相继出现。但是，在不同国家，从事同种业务的机构的名称并不一定相同，如美国的储蓄贷款协会（Saving & Loan Association）主要从事吸收储蓄存款和发放住房按揭贷款业务；在英国，从事类似业务的机构却是建房贷款协会（Building Association）；美国的投资银行在日本被称作证券公司，在英国类似的机构却叫商人银行。相反，有着同一名称的机构却不一定从事相同的业务，如美国的商业银行与德国的商业银行就不大一样，美国的商人银行业务不能与英国的商人银行混为一谈。为了了解不同金融中介机构各自具有的运作特点和它们之间共有的规律，对各类金融中介机构进行一定的划分是必要的。根据划分标准的不同，金融中介机构可以有以下几种分类：

（一）按业务特征划分

按业务特征及创造货币、交换媒介和支付手段的能力划分，金融中介可以分为银行类金融中介机构和非银行类金融中介机构。银行类金融中介机构一般是以存、放款和汇兑结算等传统银行业务为主要内容；非银行类金融中介向社会提供与金融交易相关的各种金融服务。随着竞争的日趋激烈和金融创新的不断发展，各机构业务不断相互渗透，形成了许多综合经营多种金融业务的混合业性金融中介机构。

（二）按所从事业务的类型划分

按所从事业务的类型划分，可将金融中介机构区分为融资类金融中介、投资类金融中介、保障类金融中介和金融信息咨询服务类金融中介四大类。融资类金融中介也称存款类金融中介，是接受个人、机构存款并发放贷款的金融机构，包括商业银行、储蓄贷款协会、互助储蓄银行、信用社等。保障类金融中介是在契约的基础上取得资金，以收取费用为条件，向投保人或指定受益人提供某种风险保障的金融中介机构，包括人寿保险公司、财产损失与灾害保险公司以及公共养老基金和私人养老基金。投资类金融中介主要有投资银行、证券公司和基金管理公司等，是为一级证券市场的融资和二级证券市场上的证券交易提供中介服务的金融中介机构。金融信息咨询服务类金融中介，其业务种类繁杂，机构名称多样，各国划分标准不一，泛指不从事上述金融服务活动，但其业务内容与金融交易息息相关的中介机构。

（三）按机构经营目的划分

按机构经营目的划分，可将金融中介机构分为商业性金融机构和政策性金融机构。商业性金融机构按照市场原则从事金融活动，以营利为目的。政策性金融机构则是按照政府意图从事金融活动，不以营利为目的。

☞ 阅读专栏

政策性金融产生于一个半世纪以前，经过100多年的实践和发展。由于市场的局限性，无论是发展中国家，还是发达国家，都需要政策性金融机构来实现政府的发展目标，完成单纯依靠市场和商业性金融无法办到的事情，促进经济社会协调发展。例如，处在现代化建设起步阶段的经济欠发达国家，由于国家财力有限，不能满足基础设施建设和战略性资源开发所需的巨额、长期投资需求，需要设立政策性开发金融机构；一些经济结构需要进行战略性调整或升级，薄弱部门和行业需要重点扶持或强力推进的国家，设立政策性金融机构，如农业发展银行，以其特殊的融资机制，将政府和社会资金引导到重点部门、行业和企业，可以弥补单一政府导向的财政的不足和单一市场导向的商业性金融的不足。世界银行、亚洲开发银行、德国复兴信贷银行、美国进出口银行、法国农业信贷银行、韩国产业银行、巴西开发银行等，都是国际知名的政策性金融机构。我国于1994年先后成立的国家开发银行、中国进出口银行和中国农业发展银行等三家政策性银行，对我国国民经济的发展起到了一定的促进作用。

三、金融中介机构存在性和功能分析

想一想

想象一下，没有金融中介机构的生活：工资、收入要到发放处领取现金，贸易往来需要携带大量不同货币奔赴交易地；投资项目需要提前许久的积攒，或向亲朋好友逐个借贷；积累下来的资金没有适当的投资渠道，无法保证资金价值不变，而你更希望它能增值。金融中介的存在，能很好解决投资与储蓄之间相互转化问题。

假设王明已经年近40岁，他要为以后的养老准备好足够资金，攒下的钱该如何处理？没有金融中介，他只有放在家里某个神秘的角落，要防止小偷盗窃，更让他担心的是货币贬值怎么办！如果存在金融中介，王明就可以选择适当的金融工具（或组合），在有收入的年份内进行投资，在积累资产的同时保持资产价值适当增值并获取收益，确保晚年的安逸生活，有哪些金融机构可以帮助他呢？

金融中介机构与市场经济和货币信用的发展密切相关，其功能是在满足经济社会发展的客观需要的过程中逐步成长起来的。

（一）有关金融中介存在性的理论观点

金融中介机构的发展与经济社会的发展密切联系，金融中介的各项功能极大地推动和引导着经济社会的发展。近几十年金融中介的演变和功能作用的发展，引起了理论界的关注，出现了对金融中介的存在性、功能等进行系统分析的学说，并不断被充实、完善。格利（John G. Gurley）和肖（Edward S. Shaw）是现代金融中介理论研究的创立者，他们的主要贡献是：首次提出金融中介具有“资产转换”功能，首次构造出对金融中介进行研究的语言范式。

1. “资产转换”功能说：传统观点

1956 年，格利和肖首次提出金融中介具有“资产转换”功能。他们认为，金融中介的基本功能是通过发行间接融资证券，在资金剩余单位和资金不足单位之间进行资金融通，从而提高资金的可获得性。银行所提供的间接融资证券（存款）具有货币性，其他金融中介提供的间接证券没有货币性。

格利和肖还对金融中介的研究思路和语言进行了规范，提出“从经济中基本部门开始研究的分析框架”“盈余与赤字单位”“初级和二级证券”“直接和间接融资”等几个重要概念，这些都为后来的研究者提供了基本分析思路和工具。

2. “风险分担与转移”功能说

1974 年，坎尼斯·阿罗（Kenneth J. Arrtw）提出金融中介具有“风险分担与转移”功能。他认为，通过不同的资产组合可以增加资金流动性和分担、转移风险。保险公司的风险转移功能较其他金融中介发挥得更为充分。

3. “降低交易成本”功能说

1976 年，乔治·本斯顿（George Benston）和小柯利福德·史密斯（Clifford Smith）提出“降低交易成本”功能说。他们认为，金融中介是特殊的金融产品制造者，金融产品的制造与生产其他产品一样需要人力、物力、财力，制造过程能否顺利进行取决于其未来销售价格能否弥补该产品制造的直接成本和机会成本。因为交易成本的存在是金融机构存在和发展的基础，因而“交易成本”成为金融中介理论研究的核心内容。

4. “提供信息的专业代理人”功能说：缓解事前不对称信息问题

1977 年，海恩·莱兰德（Hayne E. Leland）和大卫·佩勒（Dovid H. Pyle）提出金融中介作为“提供信息的专业代理人”，对于贷款者充分获取借款人财务信息十分有利，有助于推动融资的顺利实现。

在金融市场上，一方主体对另一方主体的了解往往会有不足，导致信息不对称，使前者难以作出准确的决策，从而产生逆向选择。金融市场上的逆向选择是指，那些最有可能造成不利（逆向）后果，即信贷风险大的潜在借款人，就是那些最积极寻求贷款而最可能被选中最终获得贷款的人。正是由于这种交易前信息不对称导致的逆向选择，贷款人可能决定不做任何贷款，即使市场上有风险小的信贷机会存在。而“提供信息的专业代理人”的出现，可以在一定程度上为市场弥补事前不对称信息问题造成的“市场失灵”。

5. “代理监督”模型：缓解事后不对称信息问题

1984 年，戴蒙德（Douglas W. Diamond）提出“代理监督”功能说，他认为金融活动中事后不对称问题的实质是借款人能够无成本地获得投资的最终结果，使金融合同对具体借款人活动适用的约束降低。金融中介可以作为贷款人和存款人的一个实体代表来代理监督并实施贷款合同，从而节约对单个项目进行监督所造成的成本。随后的学者经过研究，得出“利用金融机构的审查功能”，可以减少在劣质项目上的投资或“更具节约性的监督模型”等结论。

在金融市场上，交易发生之后也会产生信息不对称问题，即道德风险。金融市场中的道德风险是指，借款人从事不利于贷款人（不道德）的活动的风险。由于道德风险会使贷款被清偿的可能性下降，贷款人也许会决定宁可不放贷。金融中介作为“代理监督”人，可在一定程度上缓解事后不对称信息问题造成的“市场失灵”。

6. “信用配置”功能说

1990 年，约瑟夫·斯蒂格利茨（Joseph E. Stiglitz）和安德鲁·魏斯（Andrew Weiss）提出金融中介具有“信用配置”功能，他们认为，“金融中介的作用在于减少信息不对称”。银行在充当“征信设置和社会簿记”的过程中，可以缓解因逆向选择和道德风险而导致贷款数量减少的问题。

7. “范围经济”理论

范围经济的概念是 20 世纪 80 年代初由美国学者 Teece（1980）、Panzar & Willing（1981）以及 Chandler（1990）等首先使用。范围经济最初产生于经济学中，即只要把两种或更多的产品合并在一起生产比分开来生产的成本要低，就会存在范围经济。随着经济金融的发展，金融中介机构通过向客户提供多种金融服务，也可以获取范围经济。也就是说，通过将同一信息资源应用于多种金融服务，它们能降低每种金融服务的信息产生的成本。例如，银行发放企业贷款时，需要评估公司的信用风险，这可以帮助银行判断向公众销售该公司债券的难易程度。

（二）金融中介机构的功能分析

资金从贷款人转移到借款人手中有两条路径：一是直接融资；二是间接融资。金融中介机构的做法就是从储蓄者（贷款人）手中借入资金，之后再将这些资金贷放给需求者（借款人），其实质就是一种间接融资。利用中介机构进行间接融资的过程被称为金融媒介。其功能主要有以下几个方面：

1. 资金融通功能

金融中介机构主要是通过吸收存款或发行推销各种金融工具、提供各种条件或服务，从不同部门聚积资金，积少成多、续短为长，然后通过专业化运作将资金提供给需求者，满足了投资者的资金需求，促进资金价值的增长。

资金融通功能满足了经济主体资金需求。由于各经济主体收入和支出在时间和数量上无法时时保持一致，这样就会出现货币的盈余或短缺。货币短缺者为维持经济活动的正常运行，愿意付出一定的代价以获取资金；货币盈余者也愿暂时将闲置资金借出去，并获取一定的报酬（即利息），这就形成了融资活动。但是单个经济主体独自寻找借贷对象，成本昂贵、时效性差、便利度低。这样，在经常性融资活动中，由专门机构为双方提供服务的融资类金融机构应运而生。金融中介这一功能不仅为经济发展提供了必要的生产性资金，还对储蓄转化为投资的有效性产生了深刻的影响，并最终对社会资源的配置效率产生影响。

第一，金融中介机构通过规模经营与专业化操作，为资金供给者提供既盈利又能保证安全性和流动性的金融工具、交易方式和金融服务，有效的动员和筹集社会闲散资金。

第二，金融机构通过选择贷款或投资对象、确定贷款或投资条件、制定差别化的利率、影响有价证券的价格、提供差别化的服务等，能够引导资金流向最需要的地方，流向那些经营管理好、产品畅销、有发展前景的单位，合理地分配和引导资金。

第三，金融中介机构通过多种形式的金融交易形式，纵横交错的融资活动，为客户提供改善资金转移质量的服务，包括改善金融资产的期限限制，增加金融资产的分割性、分散金融资产的风险、提高金融资产的流通性等。

2. 便利支付结算功能

便利支付结算的功能是指金融中介通过一定的技术手段和流程设计，为客户之间完成货币收付或清偿因交易引起的债权债务关系提供服务，实现货币资金的转移。

便利支付结算功能满足了支付结算的需求。随着商品生产和交换范围的不断扩大、交换频率的不断提高、需求的多样性发展，特别是异地交易和跨国交易的发展，使货币流通和支付需要更强的技术性和服务性。如最早银行业从事的货币鉴定和兑换业务，就是由于不同货币重量和成色存在差异，阻碍了直接交易，需要有专业知识、技术和经验的人员进行不同货币的鉴定和兑换。又如，在异地和跨国贸易中，为了便利交易和避免长途携带货币的风险，往来各地的商人需要有人向他们提供异地兑换服务。衡量（评价）支付结算系统效率的标准包括：安全性高低、便利度高低、时速快慢和成本大小等。

金融中介机构便利支付结算的功能，对国民经济的高效运行产生着重要的影响力。

第一，保证资金在经济各部门的顺畅转移，使债权债务得以清偿，维护了信用链条。

第二，资金的快速、有序流动，缩短了经济运行周期，提高了经济运行效率。

第三，金融中介机构承担了经济运行中巨额资金的支付交割以及最终顺利流转的重任，其支付结算能力和效率以及支付系统运行的安全性对经济运行具有至关重要的作用。

3. 专业化服务功能

专业化服务功能满足了经济发展中的金融投资需求。收入和财富的增加，使人们产生了投资的愿望，以债券、股票等有价证券为工具的投资性金融活动日益活跃，出现了许多与证券相关的投资性需求和技术性服务需求，这样产生了专司为投资服务的投资公司和专司有价证券发行与流通业务的证券公司。金融中介机构通过规模化经营和专业化运作，在为投融资双方提供资金融通服务的同时，降低交易的单位成本。规模化的经营可以合理控制利率、费用、时间和机会成本等，使拥有闲置资金的经济各部门愿意向金融中介提供资金；各种金融机构的专业化运作可以实现各自领域内的价格优势、服务优势或产品优势，使资金需求者愿意获取金融中介的融资支持。降低交易成本的专业化服务功能是金融中介得以生存和发展的重要原因。

4. 风险管理功能

风险管理功能满足了降低经济活动的不确定性的需求。经济活动中风险的存在和发生具有客观性，风险事故一旦造成损失，单个经济主体很难独自承担，需要有效的管理回避和防范风险，便产生了专门从事风险转移和管理的保障类金融中介机构。专业金融机构投资为投资人提供了新的选择：通过金融中介机构各种业务、技术和管理，分散、转移和控制金融、经济和社会活动中的各种风险，这是金融中介机构独具的功能。商业银行通过高度分散资产组合来降低储户风险；保险和保障机构通过收取所有投保人保费的方式，形成保险基金，用于被保险事故的赔偿和给付，降低了被保险人的损失程度；投资基金管理公司是通过组合投资、分散风险的典型机构。

5. 信息服务功能

信息服务功能满足了改善信息不对称的需求。投融资活动的成功关键是获取与交易相关的真实、完整信息，否则可能造成逆向选择或道德风险。金融中介机构通过自身的优势，能够及时搜集、获取比较真实完整的信息，据此选择合适的借款人和投资项目，对所投资的项目进行专业化的监控，从而有利于投融资活动的正常进行，并降低信息处理成本。如商业银行可以在与客户的往来中获取客户的信用记录、基本财务情况和现金流等，并根据这些资料作出是否向其发放贷款的决定；或者商业银行在对已经发放贷款的客户进行贷后监督时，利用自己掌握的多渠道、专业化信息，及时监控贷款，防止发生损失。在经济与金融活动扩大的过程中，参与者日益多样，彼此间可能完全不了解；交易对象更加复杂，参与者可能无法掌握相关信息，造成信息不对称。获取充分信息是金融交易活动决策的前提。每个参与者独自收集交易对方的信息要承担高昂的费用，且费用和交易价值可能很不对等，就可能产生逆向选择，以及借款人的道德风险。金融中介机构通过专业分工在搜集、加工、分析、研究信息等方面形成优势，满足金融活动参与者的各种信息需求。

☞ 提示

交易之前的信息不对称所导致的问题是逆向选择，而交易之后信息不对称所导致的问题是道德风险，大家需要充分理解这两个概念，因为这两种风险的存在将极大地阻碍经济正常运行。

综上所述，金融中介是专门为非金融经济部门提供融资、支付、投资、保障、信息等服务的机构，它们通过提供特定的金融服务与产品，形成了一种特殊的行业，在经济社会发展中具有特别重要的地位与作用。金融中介产生于经济社会发展中的各种需求，其发展与经济社会的发展紧密相关。二者的基本关系一方面表现为金融中介的发展对经济社会的发展具有重大的推动和引导作用；另一方面表现为金融中介在经济社会的发展中得到充分的发展机会和广阔的发展空间。

第二节 西方发达国家金融中介机构体系①

金融中介机构的存在是以满足经济社会客观需求为基础，各个国家的金融中介机构体系也体现了这一特征。虽然在具体的机构名称和业务要求上有所差异，但是在构成格局和业务内容上各国大致相似。随着经济社会的不断发展和变化，金融中介机构也会作出相应调整，以适应新的社会要求。由于中央银行、商业银行在金融体系中的重要性，以及相关内容在金融学教科书中的重要地位，本书将有专门章节阐述、分析和讨论中央银行和商业银行。故本节的主要内容将介绍除中央银行和商业银行以外的其他金融中介机构。

一、政策性金融机构

（一）政策性金融机构的定义与特征

1. 政策性金融机构的定义

政策性金融机构是指那些由政府出资参股或保证成立，不以营利为目的，为了贯彻和配合国家经济政策，在特定领域内从事金融业务的金融机构。由于一般金融机构经营的目标是追求利润最大化，因而对一些投资规模较大、资金回收较慢、经济效益较差（尽管社会效益较高）的项目，往往不愿或不能承担。而这些项目对国家经济社会发展又具有重要意义，政府为了扶持这些项目的发展，通过建立政策性金融机构对其进行融资，实现对重大项目建设的支持，对产业结构优化的目的。

2. 政策性金融机构的特征

与商业银行等一般商业性金融机构相比，政策性金融机构的特征主要有：

（1）经营目标是为了实现政府的社会经济政策目标，不是为了营利。政策性金融机构

① 在金融资源配置中，中央银行和商业银行有着独特的地位，本教材将用单独篇章阐述相关内容。

的经营活动主要是贯彻配合政府的社会经济政策。政策性业务是非营利或低营利的，不是追逐利润。经济的平衡发展与社会的安定关系重大，但是在现代市场经济发展中，相对稀缺的资金若追求利润就会流向相对发达地区或利润丰厚的经济领域，落后地区或产业很难得到资金的青睐。如此经济发展不平衡、产业发展不平衡和贫富差距将加大。政府创立政策性金融机构，把社会效益摆在首位，为宏观经济社会发展目标融资，在一定程度上可以规避金融交易的“嫌贫爱富”机制。政策性金融机构的亏损由政府给予补贴或担保其债务。

（2）政策性金融机构由政府创立、参股或担保。大多数政策性银行是由政府直接出资创立的，如日本的开发银行、进出口银行和“九库”，美国的进出口银行，韩国开发银行均由政府全资创立；也有政府参与部分资本、联合商业银行和其他金融机构共同设立的，如法国对外贸易银行，由法兰西银行、信托储蓄银行以及几家商业银行和其他金融机构共同投资组成；也有政府通过另一机构间接持有，如泰国产业金融公司由一家政府银行持有13%的股份。总之，政策性银行均由政府作为后盾，与政府有密切的关系。

（3）政策性金融机构有特定的资金来源渠道。由于各国的经济、金融环境不同，发展水平不同，政府对经济金融的干预程度和市场发育都是不同的，因而政策性金融机构筹措资金的渠道也不一样，主要有以下几种渠道：①政府预算拨款提供全部或部分资本金；②借入资金，主要的借入渠道有财政资金、中央银行资金、其他政府部门资金、公共资金，甚至有向世界银行和各大洲开发银行等金融机构借款的；③发行债券，这是发达国家政策性金融机构的主要筹资方式，也是发展中国家政策性金融机构的辅助筹资方式。金融市场的发育程度和规模大小是决定发行债券筹资的主要因素。另外，政策性金融机构的资金来源还有吸收存款、社会福利、社会保险基金和职工住房公积金等。

（4）政策性金融机构具有特定的业务领域和业务对象。政策性金融机构的业务领域多为对国民经济发展有较大现实意义的产业，或属于国家重点扶植的产业，如农业、住房、中小企业、对外贸易等。其融资对象一般是从其他金融机构按照市场条件无法获得资金的借款人。如日本中小企业金融公库规定，中小企业振兴事业所需的长期资本，在向一般金融机构融通发生困难时，由该公库资助。

（5）政策性金融机构的资金运用有贷款、投资和担保，主要以发放中长贷款为主。政策性金融机构最主要的资产业务是发放贷款，且主要或全部提供中长期资金，利率明显低于商业性金融机构的同期同类贷款利率，有的甚至低于筹资成本，要求借款人按期偿还本金利息，如果因偿还出现亏损，则由政府予以补贴。政策性金融机构贷款业务的种类有普通贷款和特别贷款、直接贷款、间接贷款和直接间接并举贷款，还有独家贷款和联合或协议贷款等。

（二）政策性金融机构的分类

1. 按业务经营覆盖的范围划分

政策性金融机构按业务经营覆盖的范围可划分为全国性政策金融机构和地方性政策

性金融机构。全国性政策性金融机构是指业务范围覆盖全国，由中央政策设立的从事政策性融资活动的金融机构。在世界范围中，全国性政策性金融机构占的比重大，如日本的开发银行、进出口银行、农村渔业金融公库，美国的联邦企业信贷机构，德国的复兴信贷银行，法国的农业信贷银行，韩国的开发银行等。地方性政策性金融机构是指为支持某一地区的发展，由地方政府从事政策性融资活动的金融机构，如日本在其工业化过程中为开发相对落后地区，先后设立了北海道东北开发金融公库、冲绳振兴金融开发公库。

2. 按组织结构划分

政策性金融机构按组织结构划分可划分为单一型政策性金融机构和金字塔形政策性金融机构。单一型政策性金融机构是指只有一家机构，无成员机构，如美国的进出口银行，日本的开发银行、进出口银行和“九库”，韩国的开发银行。金字塔形政策性金融机构是指一个中央机构领导的具有不同层次会员或分支机构组成的呈金字塔状的政策金融体系。基层会员机构往往是民间或合作性质的，而中央机构由政府所有，如法国的农业信贷银行有三个层次，最上层是全国农业信贷中央金库，中间一层是 94 个区域金库，第三层是 3 010 个地方金库。

3. 按业务范围划分

政策金融机构按业务范围划分可分为开发性政策金融机构、农业政策性金融机构、进出口政策性金融机构、住房政策性金融机构以及中小企业政策性金融机构等。

（三）政策性金融机构的职能

各国政府都普遍设立了政策性金融机构，这与政策性金融机构的职能密切相关。与商业性金融机构相比，政策性金融机构既有与之相似的一般性职能，也有商业性金融机构所不具备的特殊职能。一般性职能使政策性金融机构具备了金融机构的基本特征，而特殊职能则使得政策性金融机构反映出它的政策导向特征。

1. 政策性金融机构的一般性职能

一般功能是指政策性金融机构作为金融机构所应具有的功能，这就是它的金融中介职能。政策性金融机构通过其负债业务，吸收资金，再通过资产业务把资金投放出去。它与其他金融机构一样，作为货币资金借贷者的中介人来实现资金从贷出者到借入者的融通。不同之处在于它一般不接受社会公众的活期存款，其资金来源多为政策资金或在金融市场筹集的资金，少部分接受外国资金，资金运用多为中长期的贷放或资本投放。并且，在发挥金融中介职能时，政策性金融机构不具备其他商业性金融机构的信用创造能力。

2. 政策性金融机构的特殊职能

与一般商业性金融机构相比，政策性金融机构的特殊职能体现在它特有的政策性职能上，这种职能概括起来包括：引导性职能、选择性职能、补充性职能和服务性职能。

（1）引导性职能。政策性金融是直接体现政策意图并由财政负责贴息的金融业务活动。政府通过控制政策性金融的资金投向，即对某些领域、某些部门提供贷款，表明政策对这些产业的支持以及对这些领域在资金上的倾斜，同时更重要的是反映了国民经济发展的目标和侧重点。由于有政府的财政作后盾，使得其他金融机构向这些领域投资的风险降低，吸引其他金融机构的投资，引导了资金的流向。一旦商业性金融机构对某一产业的投资热情高涨起来，政策性金融机构就逐渐减少其份额，把该投资领域让给商业性金融机构，再转而扶持其他行业。所以，在产业融资活动中，存在着政策性金融机构首倡性先行投资，商业性金融机构随之投资，政策性金融机构再转移投资方向，并开始另一轮循环，形成一种政策性金融机构对商业性金融机构资金运用方向的诱导机制，从而使商业性金融机构的活动力得以充分发挥，政策性金融机构的作用又恰到好处。

（2）选择性职能。政策性金融机构是有选择地进行融资活动，其依据是国家的产业政策、国民经济均衡发展的要求。因而，政策性金融机构所选择的融资项目都是国家的重点发展产业，需要扶持的产业和项目等，以便使产业结构合理。但这样选择是以市场机制的选择为前提的。如果某些重要的基础产业能够被市场机制选择，那么依靠市场机制的作用，它会得到相应的资源配置，则就没有必要进行政策干预。只有当市场机制不予选择，依靠市场机制的自发作用，某些重要产业或部门得不到应有的发展时，政策便以行政机制来选择。因此，尊重市场机制的选择是前提，对市场不予选择的领域进行政策选择是结果。政策性金融机构的主要活动领域如中小企业、基础设施建设、农业、落后地区开发、住房等正是商业性金融机构不予或不愿意选择的领域，其融资活动对这些领域的发展尤其对于经济结构调整发挥了明显的积极作用。

（3）补充性职能。政策性金融机构的金融活动，补充完善了金融机构的金融职能，表现在对商业性金融机构不愿融资的，技术、市场风险较高的领域进行倡导性投资，对投放回收期过长、收益率低的项目进行融资补充等；还表现在以间接的融资活动或提供担保来引导商业性金融机构的资金流向，并针对商业性金融机构主要以提供短期资金通而产生的长期资金融通不足这一缺陷予以补充。因此，政策性金融机构不是替代而是补充商业性金融机构，进而完善金融机构体系的整体功能，增强其在经济社会发展中的作用。

（4）服务性职能。服务性职能是指政策性金融机构为企业和相关部门提供的金融与非金融服务。政策性金融机构的专业性较强，在某一领域积累了丰富的经验和专业技能，并聚集了一批精通业务的专业人才，可以为企业和相关部门提供各方面的金融与非金融服务，如分析财务结构、诊断经济状况，提供经济信息等；可以成为政策方面的顾问，参与有关规划的制定，甚至代表企业组织实施。这些特殊的社会服务职能，是商业性金融机构所无法替代的。

（四）美国主要的政策性金融机构①

1. 互助合作性质的农业信贷机构体系

根据美国有关农业信贷的法律规定，全美被划分为12个农业信贷区，每个农贷区设立一个联邦土地银行、联邦中期信贷银行和合作银行，它们为农业生产和与农业生产有关的活动提供信贷资金的服务，并且通过贷款活动，调节农业生产规模和发展方向，贯彻实施政府农业政策，对农业实施有效控制。

2. 政府农业信贷机构

（1）农民家计局（FMHA），是美国政府办理农业信贷的主要机构，其宗旨是创立自耕农户，改进农业生产，改善农民生活，不以营利为目的。

（2）商业信贷公司，是为应付农业危机、提高农民收入而建立的联邦政府直属机构，其主要任务是管理实施价格和收入支持计划，进行价格支持，控制农业生产，扩大需求，以稳定农业生产者收入，保护广大消费者利益。

（3）农村电气化管理局，其任务是对农村电业合作社和农场等借款人发放贷款，提高农村电气化水平，资本金完全由政府提供。

3. 进出口银行

美国进出口银行是联邦政府所属的独立企业，其功能是通过提供优惠的出口信贷条件增加美国商品的竞争力以扩大出口，同时承担私人出口商和商业性金融机构所不愿或无力承担的风险，目的在于促进美国的进出口贸易，并通过对外援助贯彻美国对外政策。

4. 联邦住房贷款银行体系

联邦住房贷款银行是依据《1932年住房贷款银行法》建立的，由12家地区性的联邦住宅贷款银行组成，大部分储蓄贷款协会都是该系统的成员。其职能主要是通过发行债券筹集资金，然后向其会员提供贷款，对私人住宅业提供支持。

5. 小企业管理局

美国是一个垄断资本居统治地位的国家，小企业发展处于不利地位，小企业管理局专门为那些不能从其他正常渠道获得充足资金的小企业提供融资帮助。另外，还提供管理方面的协助，帮助小企业与大学加强沟通，更多利用大学技术资源等。

6. 学生贷款市场协会

这是一个政府支持机构，通过购买私人机构发放的学生贷款，从而促进更多资金流入学生贷款市场，使无力支付高等教育学费的学生能够更容易获得贷款。

此外，还有为促进海外私人投资的海外私人投资公司等形式的政策性金融中介机构。

---

① 美国的政策性金融机构较为发达，故本节以美国为例加以介绍。

二、投资类金融机构[①]

（一）投资类金融机构的定义与作用

1. 投资类金融机构的定义

投资类金融中介机构是以投资服务业为主的金融中介机构，主要服务于资本市场，包括证券公司、投资基金管理公司、证券交易所等类型的机构。投资类金融中介机构作为直接融资中介人，资金流动的渠道更加多样化，通过各种证券、票据等债权、产权凭证，将资金供需双方直接联系起来，对资金的有效配置和货币的高效运转起到重要的引导作用；作为间接融资的中介，可以从事信托投资等业务。

投资类金融中介机构业务运作具有技术性强、风险较大并且有良好的经济信用关系等特征。在开展业务的过程中必须遵循“三公”的原则，即公开、公平和公正。

2. 投资类金融机构的作用

（1）促进证券投资活动的顺利进行。以证券公司为例，它的业务基本是围绕着证券投资的各环节来开展的。首先，是与证券发行以及经营相关的证券承销、证券经纪和自营业务等；其次，还为投资者提供各种投资业务服务，包括基金管理、资产证券化，以及风险投资等；最后，是提供各种与投资活动密切相关的重组、兼并、收购和理财等服务。这样证券的发行、流通才得以顺畅完成，各项证券投资活动才能成功实现。

（2）降低交易成本。投资类金融中介机构在提供投资的过程，可以有效地降低投资人的交易成本。一方面，投资类金融中介机构可以通过专业化的服务和规模经营，有效降低融资双方的融资成本，或有效降低投资单位成本；另一方面，投资类金融中介机构通过各自开展的业务，促进金融市场的活跃，易于形成稳定、有效的市场价格，有助于降低交易成本。

（3）提供规避风险工具。这是投资类金融中介的一项重要作用，它们通过提供灵活多样的融资工具与方式进行有效的投资组合，达到降低风险的目的。另外，这些机构创新的衍生工具多数具有转移风险、控制风险的功能，为投资人规避风险创造了适宜的投资工具。

（二）主要投资类金融机构

1. 证券公司

（1）证券公司的概念。证券公司是由政府主管机关依法批准设立的证券市场上经营证券业务的金融机构，是现代金融中介适应金融和经济发展的需要而形成的，是发达证券市

---

① 下文各类金融机构均为商业性金融机构。为了遵循惯例和表述上的简洁，故在行文中不在各类金融中介前冠以“商业性”字样。

场和成熟金融体系的重要主体。

现代意义上的证券公司产生于欧美，主要是由十八九世纪众多销售政府债券和贴现企业票据的金融机构演变而来的。证券公司主要有四种类型：独立的专业性证券公司、商业银行拥有的证券公司（商人银行）、全能型银行直接经营证券公司业务、一些大型跨国公司兴办的财务公司。

（2）证券公司的作用。证券公司的作用是：作为资金需求和资金供应者相互结合的中介，以最低成本实现资金所有权与经营权的分离。具体表现在以下几个方面：

①资金的中介。证券公司通过帮助资金需求方发行证券，并出售给资金供给方，把资金供需双方联系起来。在这里，证券公司的信誉对交易的达成起着重要的作用。

②资金的运作。首先，证券公司通过对不同企业和不同项目融资的收益和风险的确定，对其进行不同的评级，从而引导了社会资金的流向，促进了社会资金的有效配置。其次，证券公司掌握的大部分基金主要进行股票、债券等金融资产的投资，为金融市场的发展提供了稳定的资金来源渠道，成为稳定市场供求关系的重要力量，培育了新的优质上市公司，明显地降低了市场运行的风险。最后，证券公司通过参与并购与产权交易，影响企业组织乃至产业结构的调整，并提供相应的信息服务和融资安排。

（3）证券公司的业务。经过近百年的发展，现代证券公司已经突破传统业务框架，形成了多样化的业务组合，具体来看一些业务内容：

①证券承销。证券承销是证券公司最本源、最基础的业务活动。在承销过程中，证券公司一般要按照承销金额及风险大小来权衡是否要组成承销团并选择承销方式。通常的承销方式有四种：第一种是包销，即承销商同意以承销价格向发行公司买断全部新发行的证券，然后以稍高于承销价的公开发行价出售证券，证券公司承担全部发行风险。第二种是投标承销。对于一些信用较高，颇受投资者青睐的证券，证券公司用投标的方式竞得承销权。第三种是代销。对一些信用等级较低的证券，证券公司接受委托代理销售证券，发行期结束后，若未能将证券全部销售出去，则剩余部分返还给发行人，证券公司不承担发行风险。第四种是赞助推销。通过在发行人面向现有股东增资扩股时，为保证现有股东都认购证券，发行人委托证券公司办理对现有股东发行新股的工作，证券公司承担发行风险。

②证券经纪交易。证券经纪交易是证券公司在二级市场代理客户买卖有价证券的行为。具体可分为：做市商有义务创造活跃的二级市场、维护市场稳定；经纪商按客户要求价格代理买卖；交易商受托管理大量资产，需要自营买卖证券。

③证券私募发行。私募发行是面向特定投资人进行的，不受公开发行规章限制，有可能给证券公司和投资人带来较高收益，因而近年来私募发行规模不断膨胀，但其流动性差。

④兼并与收购。企业兼并与收购已成为现代证券公司除证券承销与经纪业务之外最重要的业务组成，证券公司可以通过寻找兼并与收购对象，向猎手公司和猎物公司提供有关买卖价格或非价格条款的咨询，帮助安排融资等方式参与企业收购活动。

⑤项目融资。项目融资是对一个特定的经济单位或项目策划安排的一揽子融资的技术

手段，借款者可以只依赖经济单位的现金流量和所获收益作为还款来源，并以该经济单位的资产作为借款担保。证券公司在项目融资中的主要工作是：项目评估、融资方案设计、有关法律文件的起草、有关的信用评级等。

除上述业务外，证券公司还从事公司理财、基金管理、投资咨询、资产证券化、金融创新、风险投资等业务。

2. 投资基金管理公司

（1）投资基金的概念。投资基金是通过专门的投资管理机构，把具有相同投资目标的众多投资者资金集中起来，根据证券组合投资原理将基金分散投资于各种有价证券和其他金融工具，投资者按出资比例分享收益和承担风险。

（2）投资基金的分类。

①按投资基金的组织形态分类，可分为公司型和契约型。公司型投资基金是依据公司法组成以营利为目的，投资于有价证券的股份投资公司，一般投资者购买公司股份后就成为公司股东。在公司型投资基金的组织形式中，基金的实际经营和管理活动由一个独立的基金管理公司来负责，基金管理公司实际上也是投资基金的投资顾问。

契约型投资基金是通过订立信托契约，发行受益凭证将资金筹集起来，交由管理人根据信托契约进行投资。基金管理人，即管理公司，一般由专门的投资机构共同出资组建，主要职责是根据信托契约发行受益凭证，筹集资金，设立基金并负责基金的管理操作。契约型投资基金在运行中实行经营和保管分开的原则。

②按投资基金能否赎回分类，可分为开放式和封闭式。开放式基金是指资金总额或股份总额不固定，根据需要可以随时发行新份额或赎回的投资基金。开放式基金投资的证券市场多为开放程度高、灵活性强的金融市场，可在股市低迷期用以规避投资风险，它的发行无须证券交易所批准。

封闭式基金是指基金资本总额及发行份数在发行之前就已确定下来。在发行完毕和规定期限内，基金资本总额及发行份数都得保持不变。投资者可以在证券市场上买卖。

（3）投资基金的运作和管理。

①投资基金的募集活动。

投资基金的发行是指基金管理公司或投资机构在申请经主管机构批准之后将基金证券或受益凭证向社会公众推销出去的经济活动。发行对象包括自然人和法人。在我国，基金发行有公募和私募之分。

基金的发行价格是指基金发行时由基金发行人所确定的初始价格。封闭式基金的发行价是按面值确定，再加一定的手续费用，以后的买卖价格则由基金的供求决定。开放式基金的发行价也是由面值再加上一定的手续费组成，以后的买入或赎回价则由基金管理公司按基金的净资产值来报价。

②基金资产的管理活动。基金资产的运用是投资基金管理中的重要内容，一般有严格的限制。首先，各国或地区对投资基金的投资范围均作出不同程度的限制，基金的投资范围一般在招募说明书、信托契约或保管协议中都清楚写明。其次，投资基金为分散投资风

险，均实行投资组合管理。最后，投资基金有明确的交易限制，如禁止与基金管理公司自身或关系人交易，禁止自我交易、禁止内幕交易等。

3. 证券交易所

（1）证券交易所的概述。证券交易所是依法设立、不以营利为目的、证券集中和有组织交易的场所，是证券流通市场的核心。证券交易所本身不从事证券买卖业务，只为证券交易提供场所和各项服务，并履行对证券交易的监管职能。

证券交易所的组织形式有会员制和公司制。会员制是证券交易所的传统形式，它只为会员提供交易服务，会员按“一个会员一票”进行集体决策，交易佣金和上市费用较低。公司制证券交易所以营利为目的，提供交易场所和服务人员，以便利证券商的交易与交割，并允许非会员成为客户。

（2）证券交易所的功能。

①筹集资金功能。这是证券交易所的重要功能之一，企业通过上市可迅速汇集大量、长期可供使用的资本。

②形成公开竞价功能。交易所内的交易价格是由买卖双方竞争确定的，降低了人为操纵市场的可能。

③提供有效经济信息功能，交易所定期公布各家上市公司财务报表，揭示重大事件，为投资行为提供参考；证券价格与交易量的变动也反映了宏观经济形式。

④配置资源功能。投资者为了实现利润最大化的目标，必将把资金投向效率最高的部门或行业，从而保证了这些部门或行业的持续、快速发展，效率差的部门最后将遭受自然淘汰。

此外，证券交易所还有维持连续市场、优化产业结构、分散风险等正面功能。但是，证券交易所也为泡沫价格和过度投机行为的产生提供可能。随着全球经济一体化的加剧，交易所也呈现国际化、现代化和多元化的发展趋势，社会服务功能得到强化。

4. 其他投资类金融机构

（1）共同基金。共同基金属于信托投资，世界上第一家投资基金是英国于 1886 年成立的海外殖民信托基金，美国 1924 年在波士顿成立了第一家投资基金，被称为共同基金。这类金融中介机构向社会公众个人（即共同基金投资人）出售股权（或基金单位）筹集资金，并把资金用于购买多样化的股票和债券。共同基金通过股份（或基金单位）集聚大量资金，实现交易成本的规模节约。此外，共同基金中介的出现使个人投资者能持有比在其他情况下更加多样化的资产，从而拥有组合资产，降低投资风险。共同基金投资人可以在任何时候（通过出售或赎回方式）收回投资所形成的资产，但是这些资产的价格由共同基金持有的证券价值决定。

（2）金融公司。金融公司通过发行商业票据、股票或从银行借款获得资金，并利用这些大额资金对个人和企业进行小额贷款。此外，还收集、分析信息以评价潜在客户的违约风险。

金融公司可分为三类：①销售金融公司。常与大企业结合在一起，存在的目的是为企业产品的销售提供融资。如通用汽车金融公司就常为通用汽车售出的汽车提供贷款。②消费者金融公司。这类公司为家庭购买家具、家用大型电器设备以及房屋修缮提供小额贷款。③企业金融公司。通过以面值一定折扣购买小企业的应收账款。这些公司还积极从事购买昂贵的设备（如飞机）并把它租赁给企业的业务。

（3）货币市场共同基金（MMMFs）。货币市场共同基金是在市场的刺激下进行金融创新的结果，为了克服法律规定的利率最高限和躲避储备要求，1971 年美国金融市场出现了第一家货币市场共同基金。通过出售股份（或基金单位）筹集资金，用于购买大量高流动性的货币市场工具，如商业票据、国库券、回购协议、可转让 CD 等。这些基金的主要特征是基金持有者可依据他们股份的价值签发支票。然而，对于签发支票的权利通常有所限制，签发数额不得低于某一最低标准，如 500 美元，最初开设账户时，还要求存入相当数量的货币。实际上，货币市场共同基金的股权（基金单位）是一种支付利息、然而签票权又受到限制的支票账户。

（4）按揭证券公司。按揭证券公司是专门从事购买商业银行房地产按揭贷款，并通过发行按揭证券募集资金的中介机构。按揭证券公司的存在有利于增加按揭贷款资金，降低按揭贷款利率，分散银行风险，促进债券市场的发展，因此在发展初期一般会得到政府的支持，我国尚无此类机构。

（5）投资咨询公司。投资咨询公司又称投资顾问，是证券投资的职业指导者。主要向顾客提供参考性的证券市场统计分析资料，对证券买卖提出建议，代拟某种形式的证券投资研究分析，向客户提供分析报告和操作建议，帮助客户建立投资策略，确定投资方向。它的出现适应了证券市场专业化的要求。

（6）证券结算公司。证券结算公司是专门为证券与证券交易办理存管、资金结算交收和证券过户的中介服务机构。主要有三种模式，分别是单一市场中的证券结算模式、多个市场中的证券结算模式和跨国的证券结算模式。我国沪、深两市均属于单一市场证券结算模式，证券结算公司的功能有中央登记、中央存管和中央结算。

（7）信息咨询服务中介机构。信息咨询服务中介机构是专门为金融活动提供咨询、经纪、代理和资信评估等服务的机构，它的存在是十分必要的。这类机构虽不直接参与投融资活动，但却为投融资的顺利进行提供必要的信息服务，其业务经营是投融资活动中不可缺少的环节。

信息对现代活动起着至关重要的作用，金融活动中信息不对称问题是客观存在的，人们为了获得真实信息可能要花费很多的精力和成本，有时甚至超出了可能的收益，容易发生逆向选择和道德风险，阻碍金融活动的进行。专业化的信息服务机构，可为人们提供真实、可靠、低成本的有用信息，帮助完成金融活动，间接具有了促进储蓄向投资转化的功能，因而具有了金融中介机构的属性。

信息咨询服务类金融中介机构主要有三种：一是与直接融资活动和保障类业务活动密切相关机构，如投资咨询公司、经纪公司等；二是专门从事信用评估和债券等级评定的机构，如资信评估公司等；三是专门从事企业财务信息服务和资格认证的机构，如会计师事务所、律师事务所等。

☞ 阅读专栏

打通信息“生命线”小微企业“多一家抬”

科创型小微企业迎来了一家属于自己的金融服务公司。

作为全国首家科创型小微企业综合性金融服务公司，北京小微企业金融综合服务有限公司（以下简称“北京金服”）由北京金融控股集团有限公司发起，于2019年年中成立，旨在推进北京小微企业金融综合服务平台的建设。据了解，该平台将为小微金融服务提供基础设施保障和大数据支撑，促进政务数据汇聚共享，构建社会信用信息链闭环，为企业“精准画像”，连通融资供给方和需求方。

这家“专业服务商”的出现，为支持小微企业提供了新思路。在以往的“几家抬”中，参与方是政府、财政、金融监管部门、金融机构，也就是市场监管者和融资供给方。作为市场监管者，大力支持小微企业固然是其本意，但也存在政策传导不畅、市场化程度有限的问题。而作为融资供给方，银行支持小微企业格外需要数据与信息支撑。对于数据储备雄厚、资金技术实力强的大型银行来说，构建自有信息平台、为客户“精准画像”也许并非难事，但很多中小银行则无力建设功能完备的信息数据平台，这会增大服务小微企业的风险，降低积极性。因此，支持小微企业，确实需要专业信息服务商“多一家抬”。

如同审计需要专业的会计师事务所、战略规划需要专业的咨询公司、诉讼需要专业律所一样，小微金融服务中的信息难题也需要专业机构来破解。例如，北京金服这样的专业市场化机构，它的诞生有助于打通银企之间的信息“生命线”，使小微企业获得更市场化、可持续的支持。不但能在融资担保、资产处置、股权融资、增信等方面帮到企业，也能作为外部服务商，为实力较弱的中小银行提供可用的数据信息，助其降低风险，提高服务效率。更重要的是，金融信息服务机构能在构造信息链、整合多方数据中起到“粘合剂”作用。“几家抬”中多出这样市场化的一家，有利于提高支持小微企业的市场化水平与商业可持续性，也有望破解信息不对称，使各项政策在微观层面更顺畅地传导。

资料来源：www. financialnews. com. cn/pl/cj/201907/t20190706_163322. html.

（三）拥有部分银行功能的非银行金融中介

这类金融机构也有被称为“银行”的，由于这类金融机构仅具有商业银行部分业务范围，因而不具有创造派生存款功能，故将其单列一类。

1. 储蓄银行

储蓄银行是指办理居民储蓄并以吸收居民个人储蓄存款为主要资金来源的银行。在西方国家，储蓄银行大多是专门的、独立的。对其也有专门的管理法令，主要包括：一方面是旨在保护小额存款人的利益，另一方面则是规定它们所聚集的大量资金应该投向何处。

储蓄银行既有私营的，也有公营的，其具体名称，各国也有所差异，有的甚至不以银行相称，但它们的功能基本相同。在英国称之为信托储蓄银行，日本称之为储蓄银行等。储蓄银行汇聚起来的储蓄存款余额较为稳定，所以主要用于长期投资，如发放不动产抵押贷款（主要是住房贷款），投资于政府公债、公司股票及债券，对市政机构发放贷款等。储蓄银行的业务活动受到较严格的约束，如不得经营支票存款和一般工商贷款等，但近年来已有所突破。

2. 储蓄与贷款协会（S&L）

最初被称为“建筑和贷款协会”的储蓄贷款协会在19世纪30年代首先成立于美国东海岸，由一群试图建立房屋的人发起。储蓄贷款协会的主要资金来源是储蓄存款（通常称为股份）以及定期存款和支票存款，其资金大多用于发放抵押贷款。因为储蓄贷款协会借短贷长，所以在市场利率急剧上升时对他们的风险很大。1980年美国国会通过法律，允许它们开放股票账户，发放消费者信贷，从事以前只允许商业银行从事的许多业务，其存款也受联邦储备体系的准备金要求的约束。总之，储蓄贷款协会与商业银行之间的界限日趋模糊，两者之间竞争日益激烈。

3. 互助储蓄银行

互助储蓄银行建立于19世纪初期，其目的是鼓励美国工薪阶层储蓄。互助储蓄银行与储蓄贷款协会十分相似。它们靠接受存款（常常被称为股份）来筹措资金，并主要从事发放抵押贷款。它们组合的结构与储蓄贷款协会不同，因为它们是“互助”的，也就是说，它们是由存款者所有的合作组织。这类机构只有500家左右，主要分布在纽约州和新英格兰地区。1980年之前，它们与储蓄贷款协会一样，被限于发放抵押贷款，20世纪60年代后期至80年代初期利率高攀时，它们也碰到相同的难题。1980年的银行立法同样影响了它们，现在它们可以发行支票存款并可以发放抵押贷款以外的其他贷款。

4. 信用合作社

信用合作社是在西方国家普遍存在的一种互助合作性的金融组织。有农民的信用合作社，也有城市手工业者等特定范围成员的信用合作社。这类金融机构一般规模不大，它们的资金来源于合作社成员缴纳的股金和吸收的存款，贷款主要用于解决其成员的资金需要。起初信用合作社主要发放短期生产贷款和消费贷款，现在一些资金充裕的信用合作社已开始为解决生产设备更新、技术进步等问题提供中长期贷款，并逐步采取了以不动产或有价证券为抵押的贷款方式。

三、保险类金融中介机构

（一）保险类金融中介机构概述

自从有了人类社会，人们为谋求生活的安定，一直在寻求防灾避祸的方法。现代社会的科学水平已取得飞跃发展，但各经济主体在生产、生活中会遇到各种市场风险、经营风险和意外风险，为确保生产和生活的顺利进行，各企事业单位和个人都十分关注风险的防范、转移以及损失补偿问题，由此产生了关于保险和保障的话题。

近代保险制度最先以海上保险形式产生于 15 世纪末的地中海沿岸城市，这与当时海洋运输业发展程度密切相关；17 世纪，英国人首创了火灾保险公司；18 世纪，伦敦公平保险公司成为世界上第一家人寿保险公司；自 19 世纪 80 年代开始，德国率先实行一种由政府对劳动者因工伤事故所遭受的各种损失进行补偿的社会保险制度，随后欧美各国纷纷建立以公共养老保险为主体的社会保险制度；1875 年，美国通用公司为雇员建立了世界上第一个正式的雇主养老金计划，并从 1950 年开始，建立私人养老基金，由专业机构投资于资本市场。真正使社会保险充分发挥出保证社会安全作用，是在社会保险进入政府立法以后，19 世纪的德国通过颁布《疾病保险法》《工伤保险法》和《伤残及养老保险法》三个保险法，成为最早建立社会保险制度的国家。

保险公司集中投保人特定范围的风险，为投保人提供风险损失补偿的同时，还必须对保险基金进行运作，即通过一定的方式向外融通资金，以期获得资金增值，这样就促进了储蓄资金向投资的转化，发挥了金融中介功能，具有了金融中介机构的属性。

（二）保险公司存在的基础

保险公司是拥有专业化风险管理技术的机构组织，具体表现在：一是具有独特的风险管理技术，通过掌握出险概率来确定补偿方法和赔付计划；二是符合大数法则，少数人的风险损失由具有同种风险的大群人共同分担；三是通过对保险基金的投资运作，保险公司有利可图。基于以上特性使得保险得以存在和发展，并在社会经济生活中发挥重要功能。

1. 保险公司的社会功能

保险公司在承保风险的过程中，有着独特的社会功能：一是在被保险人发生保险事故时，按照保险合同规定给予一定的经济补偿，体现了少数人的损失由多数人分担的社会保障功能；二是为被保险人提供了精神上的支撑作用，免去其对风险发生后产生损失的担忧，保证了生产、生活的正常进行；三是强化了人们的风险意识，引导人们更多关注风险、积极防范风险。

2. 保险公司在经济运行中的功能

（1）积聚风险、分散风险、降低个体损失。保险公司作为风险的管理者，将众多个体的风险集中，然后运用特有的风险管理技术将其分散和转移，并通过签约对在约定范围内出险的投保人进行一定的经济补偿。

（2）融通长期资金、促进资本形成、重新配置资源。保险公司通过在资本市场上运作保险基金。为金融市场提供大量资金来源，为资本市场的繁荣作出贡献。

（3）提供经济保障、稳定社会生活。保险公司为投保的个人、家庭和企事业单位提供了预期的生产和生活保障，使其能保持健康、有序的发展。

西方国家的保险业十分发达，几乎是人人保险，物物保险，事事保险，因而按照保险种类分别设有形式多样的保险公司。美国的保险公司分为两类，即人寿保险公司、火灾和意外伤害保险公司。

（三）保险公司的基本业务运作

保险公司的基本业务就是提供风险管理服务，从被保险人那里获得保费收入，根据约定承担保险赔偿责任，按照规定管理运用保险基金。

（1）筹集资本金。保险公司根据各国保险管理机构的要求。在申请营业时必须拥有一定的实缴货币资本。作为保险公司经营实力的象征，担当保险金支付的最后保证。

（2）出售保单，收取保费。这是保险公司的主营业务，保险公司的保单类型很多，但各国一般都不允许单一保险公司同时经营寿险与财险业务。

（3）给付赔偿款。保险公司在收取保费后就要承担相应的责任，即被保险人发生保险事故造成损失，要依照合同予以给付赔偿款，但要注意防止道德风险。

（4）运作保险资金。保险公司只有有效地运作保险基金，才能保证有足够的赔偿款，进而保证保险公司的正常经营，乃至盈利。保险基金的运作方式包括银行存款、证券投资、发放抵押贷款等。

随着经济、金融的快速发展，保险业也出现了新的发展趋势，如保费收入分布状况与各地区经济、金融发展水平密切相关，金融创新改变了保险业经营的环境，全球保险业发展受到更多复杂因素的影响。

☞ 阅读专栏

逆向选择和道德风险的控制

在投保的情况下，当保险的存在鼓励受保一方冒增加保险赔付可能性的风险时，道德风险产生了。例如，一个买了盗窃险的人可能不再小心防范失窃，因为如果失窃了，保险公司会赔偿大部分的损失。逆向选择是这样一种情况，最可能收到巨额保险赔付的是最愿意购买保险的人。例如，一个患了不治之症的人可能会购买保额数最大的人寿和医疗保险单，这就使保险公司蒙受潜在的巨大损失。逆向选择和道德风险能够造成保险公司的大额损失，因为它们引起了较高的保险偿付。因此，减少逆向选择和道德风险以减少赔付，成为保险公司一项极为重要的目标，而这个目标有助于我们理解下面将要讨论的保险实践。

筛选

为了减少逆向选择，保险公司试图从不可保风险中筛选出可保风险。因而，有效的信息收集程序是保险管理的一个主要原则。

当你投保汽车险时，保险代理人要做的第一件事就是询问你的驾驶记录（超速罚单和事故次数）、你投保的车型以及某些个人问题（年龄、婚姻状况）。如果你购买人寿保险，你也会经历相同的询问，但是你还将被询问更私人的问题，例如你的健康、抽烟习惯以及吸毒和酗酒情况。人寿保险公司甚至安排身体检查（通常由独立的公司进行），包括提取血样和尿样。就像银行评价潜在借款者的信用等级一样，保险公司使用这些你提供的信息分配你的信用等级——显示你提出保险索赔的可能性的统计估测值。在这些信息的基础上，保险公司可以决定是接受你的保险，还是因为你带有太高的风险，从而不能给保险公司带来利润而回绝你。

限制性条款

保单中的限制性条款是减少道德风险问题的一种保险管理手段。这样的条款限制了投保人从事更可能引起保险索赔的风险性活动。例如，人寿保险公司在保单中规定这样的条款，如果被保险人在保单生效的头两年内自杀，将取消死亡赔付。限制性条款也可能对被保险人的某些行为作出要求。为了防止与租赁有关的任何责任，出租小型摩托车的公司可能被要求向租车人提供头盔。限制性条款的作用是通过排除不受欢迎的行为，减少道德风险。

防止欺诈

保险公司也面临这样的道德风险，被保险人有向保险公司撒谎并寻求赔偿的动机，即使这个索赔不是有效的。例如，一个没有遵守保险合约中限制性条款的人，可能仍然会提出索赔。更糟糕的是，投保人可能就根本没发生过的事故提出索赔。于是，对保险公司来说，一条重要的管理原则就是展开调查，防止欺诈，从而只使有正当索赔要求的投保人获得赔偿。

有效的保险管理要求在信息搜集和筛选潜在投保人、限制性条款、防止欺诈等方面做足专业活动。使投保人难以从增加索赔金额和可能性的活动中受益，从而减少道德风险和逆向选择。由于很难获利，那些冒不可保风险的人（即最初要可能从事风险活动的人）看到从保险中获利甚少，因而就不大可能参与保险。

资料来源：弗雷德里克·S. 米什金. 货币金融学 [M]. 北京：中国人民大学出版社.

四、社会保障机构

1. 社会保险和社会保障基金

社会保险是政府利用制度手段，聚集和动员社会资金，在职工因退休、生病、失业或遭遇其他不测而减少或丧失经济来源的情况下，所给予的满足其基本生活需要的经济援助。包括养老保险金、医疗保险、失业保险、工伤保险等，在我国还包括住房公积金制度，共同构成社会保障体系的核心。

社会保险基金是由国家强制征缴的单位、职工个人所交纳的费用，以及政府补充部分在未作开支前形成的社会保险基金，以及用于社会救济、社会福利、优抚安置等方面的专项资金组成。为保证其保障功能顺利发挥，我国于 2000 年设立“全国社会保障基金理事会”，专门负责对全国社保基金的运作进行管理。

2. 全国社保基金的来源与运用

全国社会保障基金是中央政府专门用于社会支出的补充调剂基金，是国家财政的重要储备，主要由四部分构成：一是国有股减持划入的资金和股权资产；二是中央财政拨入资金；三是经国务院批准以其他方式筹集的资金；四是投资收益。其他社会保险资金的来源多为单位和个人按工资比例共同缴纳形成，如医疗保险金、住房公积金等；也有政府、单位、和个人三方共同筹资形成，如养老保险金。

全国社保基金的投资运作与托管情况，受劳动和社会保障部与财政部的共同监督，其投资范围仅限于银行存款、国债和其他具有良好流动性的金融工具，包括上市流通的证券投资基金、股票、投资级的企业债券、金融债券等。全国社保基金的投资运作方式可以由理事会直接运作或理事会委托投资管理人运作相结合，因此全国社保基金理事会具有了金融中介机构的属性。

☞ 相关链接

其他西方发达国家的金融中介机构体系

1. 日本的金融中介机构体系。日本实行的是比较典型的“专业化”金融制度，表现为长短期金融业务相分离以及一般性业务与专业性业务相分离的特点。日本金融中介机构主要由两方面组成。

（1）商业银行和专业性金融机构。日本商业银行分为全国性的城市银行和地方性的地方银行，主要从事短期金融业务。专业性金融机构大致可包括从事长期金融业务的银行、从事外汇业务的银行、为中小企业服务的金融机构、为农林渔业服务的金融中介机构、保险公司、证券公司、消费者信用公司、住宅金融公司等金融中介机构。

（2）政府金融机构，主要指的是“两行+库”，即开发银行、输出银行、国民金融公库、中小企业金融公库等。其他类型的政府金融机构还包括邮政局、海外局、资金运用部、海外经济协会基金等。

2. 英国的金融中介机构体系。英国的金融中介机构可大致划分为银行类金融中介机构与其他金融中介机构。银行类金融中介机构有清算银行（由伦敦清算银行、苏格兰清算银行和北爱尔兰银行组成）、英格兰银行银行部、国民计划银行、信托储蓄银行、商人银行、海外银行、贴现行、国际财团银行等，其中前四类银行从事零售性业务。英国的其他金融中介机构还有房屋互助协会、金融行、国家储蓄银行、保险公司、养老基金机构、投资信托公司、单位信托公司等。

3. 德国的金融中介机构体系。德国实行的是全能银行制度（综合化银行制度），这与日本等国实行的专业化银行制度形成鲜明的对照。在这种制度下，商业银行可以从事各种金融业务。既可以从事长期的资金融通，也可以从事证券投资与信托等业务，德国的金融机构组成有以下特点：

三大银行与两大中心在金融体系中占主导地位。三大银行是指德意志银行、德累斯顿银行和德国商业银行，在此层次以下还有地方银行和私人银行等。两大中心之一是指储蓄系统的中央机构，即“德意志汇划中心”负责德国储蓄系统的资金调节；之二是指德国信用合作银行系统的地区信用合作银行中心，这类信用合作银行具有互助合作性质，在社员中开展存放款业务，也对中小企业发放贷款。

除此之外，德国的金融机构中还包括抵押银行、消费信贷银行、复兴信贷银行、保险公司等。

第三节　中国的金融中介机构体系的发展与现状

中国金融中介机构体系经历了与西方发达国家在发展背景、发展时间长短、发展方式等多方面的完全不同的历史变迁，形成了新中国金融中介体系建立发展的独特路径，也形成了金融中介体系在中国的独特定位。

一、新中国金融中介机构体系的建立

新中国的金融机构体系的建立是通过组建中国人民银行，合并解放区银行，没收官僚资本银行，改造私人银行与钱庄，以及建立农村信用社等途径实现的。

1948 年 12 月 1 日，在原华北银行、北海银行和西北农民银行的基础上建立了中国人民银行，总行以华北银行为基础，设在石家庄市（1949 年迁到北京），并于当天发行人民币，这标志着新中国金融体系的诞生。中国人民银行建立后，随着解放战争在全国的胜利推进，原来各解放区的银行都逐步改组为人民银行的分支机构，形成了大区分行体制。

根据对官僚资本实行剥夺的总政策，中国人民银行接管了官僚资本的银行及其他金融机构，包括国民党政府的中央银行、省市地方银行和资本全部属于官僚资产阶级的商业银行，其中的交通银行和中国银行根据其业务特点改组为专业银行，分别从事长期投资业务和外汇业务。官僚资本银行及“官商合并”银行中的私人股份权益则予以保留。

根据对待民族资本的总政策，国家对民族资本银行和钱庄进行严格监督与管理，并逐步通过国家资本主义形式实行社会主义改造。通过一些形式的过渡，所有的私人钱庄于 1952 年 12 月成立统一的公私合营银行，完成了私人金融业的社会主义改造。1955 年，公私合营银行确定专营储蓄，并分别与中国人民银行有关机构合并。

根据对农业实行社会主义改造的总政策，在打击农村高利贷活动和改造农村旧的信用关系的基础上，采取互助组、供销社信用部、信用合作社等形式，建立和发展农村信用合作组织。到 1955 年底，信用合作已基本覆盖全国范围，成为新中国金融体系的一个特点。

我国社会主义金融体系的创建有自己的特点，其演变过程可分为两个阶段：

1953—1978 年，金融机构形成“大一统”的银行体系模式。

自 1953 年起，我国开始经济建设的第一个五年计划，参照苏联模式，逐步建立起高度统一的计划经济体制，并一直持续到 20 世纪 70 年代末。金融体系作为整个经济体制的一个重要组成，在此期间也走向高度统一，建立起“大一统”的银行体系模式。概括起来，有以下内容：中国人民银行实际上是那时我国唯一的一家银行；它的分支机构按行政区划逐级普设，各级分支机构按总行统一的指令和计划办事；它既是金融行政管理机关，

又是具体经营银行业务的经济实体，是作为政权机构和金融企业的混合体而存在的；信贷、结算和现金出纳等制度的设计出发点，都是为了严格监督和保证中央高度集中的计划任务的执行实现。

“大一统”的金融体制指挥协调，便于政策贯彻，有利于全局控制，在特定的历史条件下，这种格局有利于国民经济的迅速恢复，有力地支持了国有经济的发展。但是，它也有与社会生产力发展要求不相适应的地方，较为突出的表现在：统得过多过死，忽视商品生产、价值规律和市场调节作用；只依靠行政指令，使金融系统缺乏活力、主动性和积极性。随着社会经济体制改革开放的发展进程，金融体制改革也进入新的阶段。

1979 年以来，金融机构朝向多元化的现代金融体系方向改进。

二、市场化金融中介机构体系的创建

随着改革开放步伐的加快，建设社会主义市场经济需要种类更多和专业性更强的金融机构为其服务，中国金融中介机构体系进入现代金融中介机构体系的全面发展阶段。

（一）建立独立经营、实行企业化管理的国有银行体系

1979 年 2 月，为适应农村经济体制改革，振兴农村金融事业，加快农业发展，再次恢复了农业银行（曾于 1951 年成立，后经历过多次设立、撤销）。1979 年 3 月，专营外汇业务的中国银行从中国人民银行中分设出来，独立经营。1979 年上半年，中国人民建设银行从财政部分设出来，下半年开始实行基本建设投资“拨改贷”的试点。1983 年明确建设银行为全国性金融实体，除执行拨款任务外，大量开展一般银行业务，1998 年改名为中国建设银行。1983 年 9 月，中国人民银行专司中央银行职能，另设中国工商银行，于 1984 年 1 月办理中国人民银行原来办理的全部工商信贷业务和城镇储蓄业务。

（二）建立中央银行体制

鉴于中国人民银行管理业务的加重，以及双重身份的矛盾，1983 年 9 月国务院决定：中国人民银行专门行使中央银行职能，另设中国工商银行办理原中国人民银行的工商信贷业务和城镇储蓄业务。1995 年 3 月 18 日《中国人民银行法》的颁布，从法律上明确了人民银行的地位、性质和职能，确保了人民银行各项职能的发挥。

（三）组建政策性银行

从 1993 年底开始，我国先后组建了三家政策性银行，主要解决政策性信贷和商业性信贷混营的问题，帮助国有商业银行实现战略性转变。这三家政策性银行分别是国家开发银行、中国农业发展银行和中国进出口银行。

（四）新建投资信托类型金融机构

信托投资公司是一种以委托人的身份，代人理财的金融机构，具有收益高、责任重、风险大、管理复杂的特点。作为金融中介体系的重要组成部分，信托投资业在拓宽融资渠道、完善信用体系、促进经济发展等方面发挥着重要的作用。1979 年 10 月，在经济体制改革迅速推出对外开放的背景下，成立了中国国际信托投资公司；1981 年 12 月，成立了专司世界银行等国际金融机构转贷款的中国投资银行。自 1980 年开始，银行开始大办信托，各部委、地方也纷纷办信托。经国务院批准，中国人民银行自 1995 年开始，对信托投资业进行清理整顿，上收审批权，要求银行系统所办的信托投资公司与银行彻底脱钩，对经营不善的信托投资公司及时采取接管、收购、关闭等措施，化解信托业风险。目前我国有中国中信集团公司、中诚信托投资有限责任公司、中国国际信托投资公司等 100 多家全国性和地方性的信托投资公司。

（五）建立其他商业银行

1986 年 7 月，中国首家股份制商业银行交通银行成立，以后又陆续建立了中信实业银行、招商银行、华夏银行、光大银行等 10 多家商业银行。城市信用合作社是改革后在城市中出现的金融组织，1979 年河南省驻马店成立第一家城市信用社，1984 年后，大中城市也相继成立城市信用社。由于大多数信用合作社并不具有真正合作金融的性质，1998 年以来又相继改建为城市商业银行。进入 21 世纪后，许多省开始建立区域性商业银行。至此以城市为中心的多层次商业银行体系框架基本形成，增加了银行体系的活力和竞争性。

（六）农村信用社的发展和改革

中国农村信用社体系最早是在建国初期的合作化运动的过程中建立的。在计划经济体制下，农村信用社蜕变成“非马非牛”的经济单位。1979 年以后，国家开始推动农村信用社进行管理体制改革，以促其恢复为“三农”服务的定位。1997 年，国家将其从农业银行体系中独立出来，推动向农业合作金融机构方向发展。2003 年以来，农村信用社通过新一轮的产权制度改革，走上了商业化转型发展的道路。经过股份制改革的农村信用社，大多成长为服务“三农”、服务县域经济的农村商业银行。

（七）保险公司

保险公司是保险中介机构，以经营保险业务为主的经济组织。保险公司的运营原理是大数法则和概率论，即保险公司搜集所有投保人缴纳的保费，形成保险基金，在其中部分被保险人发生保险事故后给予补偿或给付。从微观上看，保险公司对单个被保险人具有分散风险、减少损失的职能；从宏观上看，保险公司对整个宏观经济具有聚集资金支持国民经济发展、增强对人类生命财产的安全保障、承担国家财政后备范围以外的损失补偿和为社会再生产各环节提供经济保障等功能。

1980 年中国人民保险公司恢复国内保险业务，1988 年 3 月和 1991 年 4 月中国平安保险公司和中国太平洋保险公司先后建立。

我国目前的保险类型有人身保险、财产保险、责任保险和保证保险。人身保险公司有中国人寿保险（集团）公司、中国太平洋人寿保险股份有限公司等；财产保险公司有中国人民财产保险股份有限公司、中华联合财产保险公司等；另外，还有许多家再保险公司、保险集团、政策性保险公司、保险经纪公司和上百家的保险代理公司。

（八）投资类金融中介机构

1990 年 12 月和 1991 年 7 月，上海证券交易所和深圳证券交易所成立，随后各种证券公司、投资银行也相继出现，证券投资业得到快速发展。2021 年 9 月 3 日北京证券交易所正式成立①。

我国《证券法》中所称证券公司是指依照公司法规定和依法批准的从事证券经营业务的有限责任公司或股份有限公司。国家对证券公司实行分类管理，分为综合类证券公司和经纪类证券公司。综合类证券公司可以经营证券经纪业务、证券自营业务、证券承销业务和证监会批准的其他业务。经纪类证券公司只允许专门从事证券经纪业务。其中，证券公司自营业务必须使用自有资金和依法筹集的资金，禁止银行资金违规流入股市，禁止证券公司挪用客户交易结算资金。我国目前有银河证券公司、申银万国证券公司、海通证券公司、国元证券公司等 100 多家证券公司。其他投资类金融中介机构还有中国证券业协会（证券市场的自律性机构），上海和深圳两家证券交易所，中国证券登记结算公司、华安基金管理公司、富国基金管理公司等。

（九）其他金融机构

（1）金融资产管理公司。我国于 2000 年 11 月 1 日公布实施《金融资产管理公司条例》，条例中明确，经国务院决定设立的收购国有银行不良贷款、管理和处置因收购国有银行不良贷款形成的资产的国有独资非银行金融机构并非完全意义上的公司，而是负有特殊历史使命、具有浓厚政策性的金融机构。经营目标是“最大限度保全资产，减少损失”，不以商业营利为目的。资产管理公司同时肩负着推动国有企业改革的使命，即运用债权转股权、资产证券化、资产置换、转让和销售等市场化债权重组手段，实现对负债企业的重组、推动国有大中型企业优化资本结构，转变经营机制，最终建立现代制度。四家金融资产管理公司在完成历史使命后，先后完成了转型和体制改革。

（2）财务公司。财务公司是金融业与工商企业相互结合的产物，1716 年首先产生于法国，其后英美各国相继效仿成立。西方的财务公司与投资银行无异，从事消费信贷、企业融资财务、投资咨询等业务。我国的财务公司是由企业集团内部各成员单位入股，向社会募集中长期资金，为企业技术进步服务的金融股份有限公司。财务公司的宗旨和任务是

---

① 详细内容详见第五章。

为本企业集团内部各成员单位提供融资服务，一般不得在企业集团外部吸收存款，在业务上受中国人民银行领导和管理，在行政上则隶属于各企业集团。其主要业务有人民币存贷款投资业务、信托和融资性租赁业务、发行和代理发行有价证券等。

除上述商业性金融中介机构外，我国金融体系中还有其他商业性金融中介机构，如期货交易所、黄金交易所、中国银联、全国社会保障基金会理事会、证券评级机构、证券投资咨询公司、典当行、信用担保公司等中资金融机构和多种类型的外资金融机构及其分支机构。

2000 年 8 月建立的“全国社会保障基金理事会”管理中央财政拨入的资金、减持国有股所获资金及其他方式筹集的资金。社保基金会以获得资产增值为目的，所以也具备商业性金融中介机构的属性。

三、多层次金融中介机构体系改革的新进展

金融中介机构多样化、规范化的发展，是社会主义市场经济体制进一步发展的需要。中国金融中介体系经过 40 多年的改革，目前已经拥有以中央银行为主导、国有（控股）商业银行为主体，包括政策性银行、全国性股份制商业银行、城市商业银行、农村商业银行、跨国商业银行、农村信用社、村镇银行、民营银行在内的多层次银行机构体系；拥有以证券公司、投资基金为主，以各类投资咨询中介、信托机构为辅的多元化投资中介体系，拥有人寿保险公司、财产保险公司、再保险公司以及提供多种多样保险服务的保险中介体系，以及信托公司、财务公司、租赁公司为主的其他类金融中介体系。目前，有中国特色的金融中介体系仍处在不断调整、优化、完善的过程中。

（一）政策性金融机构体系优化与发展

根据《国务院关于金融体制改革的决定》，1994 年我国组建了 3 家政策性银行，即国家开发银行、中国农业发展银行和中国进出口银行。

1. 国家开发银行（简称“国开行”）

国家开发银行成立于 1994 年 3 月，直属国务院领导。目前在全国设有 32 家分行和 4 家代表处。20 多年来，国开行认真贯彻国家宏观经济政策，发挥宏观调控职能，支持经济发展和经济结构战略性调整，在关系国家经济发展命脉的基础设施、基础产业和支柱产业重大项目及配套工程建设中，发挥着长期融资领域主力银行的作用。作为政府的开发性金融机构，国开行把融资优势与政府的组织优势相结合，用建设市场的方法实现政府的发展目标，构建支持中国经济发展的体制动力，实现项目建设和体制建设双成功的目标。

为了进一步明确不同的政策性银行的经营战略定位，优化金融机构体系，在 2015 年 3 月，国务院明确国开行定位为开发性金融机构，从政策银行序列中剥离。

☞ 知识点

开发性金融和政策性金融的区别

开发性金融是政策性金融的深化和发展，以服务国家发展战略为宗旨，以国家信用为依托，以市场运作为基本模式，以保本微利为经营原则，以中长期投融资为载体，在实现政府发展目标、弥补市场失灵、提供公共产品、提高社会资源配置效率、熨平经济周期性波动等方面具有独特优势和作用，是经济金融体系中不可替代的重要组成部分。

政策性银行不以营利为目的，专门为贯彻、配合政府社会经济政策或意图，在特定的业务领域内，直接或间接地从事政策性融资活动，充当政府发展经济、促进社会进步、进行宏观经济管理工具。换言之，政策性银行是“国家兜底”的，虽然基本可实现中长期可持续发展，但不排除在特定年景、特定项目局部赔钱。

截至2018年，国开行资产总额达161 798亿元人民币，贷款余额达116 789亿元人民币，不良贷款率仅为0.92%，资本充足率继续保持高水平达11.81%。国开行的经营业绩得到国际审计机构和评级机构的一致认可。

国开行大力支持国家重点项目建设，贷款主要集中在电力、公路、铁路、石油、石化、煤炭、邮电通信和公共基础设施等重点行业。支持南水北调、国家石油储备、辽宁棚户区改造等一大批经济社会重点热点项目建设。积极支持区域协调发展，增加对西部和东北老工业地区的贷款支持力度。国开行还通过对农业、中小企业、教育和环境保护等领域的投入，加大对社会瓶颈领域发展的支持。在国际合作业务中，国开行与世界银行和德国复兴信贷银行合作商业可持续微小企业贷款，通过建立融资新机制，促进科技创新和产业化，保持中小企业和具有自主知识产权的企业更快更好地发展壮大。

☞ 阅读专栏

国开行“一带一路”的资金融通与金融合作

“一带一路”倡议是推动构建人类命运共同体的重要实践平台，也是各方共商共建、共享共赢的互利合作平台，倡导平等参与、机会共享、对话协商、合作共赢，具有平等性、开放性、普惠性、非排他性的特质，得到国际社会的积极支持和热烈响应。作为全球最大的开发性金融机构，国开行始终坚持“发展包容、成果共享、风险分担”的合作原则，不断深化与各方战略对接和金融合作，有力支持“一带一路”建设高质量发展。截至2018年末，国开行累计为600余个“一带一路”项目提供融资超过1 900亿美元，在沿线国家国际业务余额1 059亿美元。

习近平主席在首届“一带一路”国际合作论坛开幕式上宣布，由国开行提供2 500亿元专项贷款用于支持共建“一带一路”。截至2019年6月，国开行秉持绿色、环保、可持续发展理念，完成专项贷款评审承诺 5 065 亿元，合同签约 2 607 亿元，为“一带一路”建设提供了长期、可持续、风险可控的金融支持。

国开行注重示范带动，支持了雅万高铁、亚马尔 LNG 等一大批“一带一路”旗舰项目，以及印度尼西亚青山产业园区、中国—白俄罗斯工业园、中国—埃及苏伊士经贸合作区等十几个重点境外合作园区，对所在国的经济社会发展产生了良好的影响，充分发挥了开发性金融的先导引领作用。

国开行注重合作共赢，近年来先后发起设立了中国—中东欧银联体、中阿银联体、中非金融合作银联体和中拉开发性金融合作机制，建立了有效的金融合作平台，为长期金融合作奠定了基础。

国开行注重规划合作，通过承担多项政府间多（双）边规划，推动与合作国战略对接，重点开展了澜湄国家互联互通、中蒙俄经济走廊、印度尼西亚区域综合经济走廊等多（双）边规划，为共建“一带一路”凝聚国际共识、谋划重大项目奠定了基础。

下一步，“一带一路”发展要以“开放包容”为原则完善金融支持格局，把开放包容和互利共赢的精神，用在对接区域发展战略及合作国发展战略上，用在深化与各类国际金融机构的务实合作中，不断完善金融支持格局，为共建“一带一路”提供更高质量、更有效率的金融服务。

资料来源：中国《金融时报》网站，2019 - 6 - 13 http：//www. financialnews. com. cn/zgjrj/201906/t20190613_161757. html.

2. 中国农业发展银行（简称“农发行”）

根据国务院 1994 年 4 月 19 日发出的《关于组建中国农业发展银行的通知》成立的国有农业政策性银行——中国农业发展银行，直属国务院领导。主要任务是按照国家的法律、法规和方针、政策，以国家信用为基础，筹集农业政策性信贷资金，承担国家规定的农业政策性金融业务，代理财政性支农资金的拨付，为农业和农村经济发展服务。农发行实行独立核算，自主、保本经营、企业化管理，实行总分行制，系统内实行垂直领导的管理体制，各分支机构在总行授权范围内依法开展业务经营活动。

农发行的具体业务范围由国务院根据具体时期国民经济发展和宏观调控的需要，并考虑农发行的承办能力来界定。如 2005 年，农发行共计发放粮棉油收购、调销、储备贷款 3 423.7 亿元人民币，确保了粮棉油购销、政策性增储的资金需要，保证了国家各项粮棉油宏观调控政策的落实。建立风险管理的长效机制，防范和化解金融风险，努力降低不良贷款额度与比例。同时，农发行的保险代理业务持续快速发展，代理险种范围进一步扩大，已经涵盖财产保险和人身保险的全部险种，可以为客户提供全方位的保险代理服务，业务合作伙伴进一步增加，2005 年开办了代理资金结算和代收代付等中间业务。

为了满足生存和发展的需要，为了进一步加大对“三农”发展的支持力度，农发行正在进行一系列改革，如增加市场筹资力度，使长期以央行再贷款为主体的单一负债结构得到改善。2004 年，农发行首次在银行间债券市场通过公开招标方式发行政策性金融债券，拉开了市场化筹资的崭新序幕，从 2004 年的发行量 408 亿元人民币到 2018 年的发行量 11 100 亿元人民币，农发行债券发行规模增长了 26 倍，累计发行量超 8 万亿元人民币，债券余额超 4 万亿元人民币，稳居境内债券市场第三大发行主体。

☞ 背景资料

农发行深化八项重点领域改革 引领高质量发展

全面谋划“十四五”开局之年的重点领域改革工作。日前，农发行制定并印发《关于 2021 年持续推进八项重点领域改革的实施意见》，明确了 2021 年改革重点任务和重点工作规划。

2018 年 4 月，总行党委以问题为导向，对深化农发行经营管理体制机制改革工作作出全面部署，明确了“资产负债管理体制改革、以客户为中心的服务管理体系改革、全面风险管理体系改革、内控合规管理体系改革、信贷管理体系改革、财务管理体制改革、运营集约化改革、人力资源管理体制改革”八项重点领域改革任务。3 年多来，八项重点领域改革成效显著，改革主体框架已经确立，改革重点任务取得突破，配套科技建设成果丰硕。资产负债统筹管理从无到有，业务经营计划及组合管理、资本管理、流动性风险管理体系逐步构建，内外部定价体系日趋完善，“量、价、险”协同力度明显增强；以客户为中心的服务管理体系有力推进，客户分级分类管理、客户经理制等改革举措取得突破，客户服务理念和顶层设计明显增强，客户服务管理质量显著提升；全面风险管理体系整体框架基本搭建，风险综合管控能力有效提升，资产质量持续处于同业最好水平，为打好防范化解重大风险攻坚战保驾护航；内控合规管理体系初步建成，内控合规垂直管理、风险合规专员等改革举措多点突破，内控合规三道防线基本建立，案防管理机制不断优化，制度管理体系愈加健全，全面依法治行深入人心；信贷管理体系加快完善，信贷产品体系、信贷政策制度体系、信贷流程、信用风险防控体系、信贷队伍和信贷系统建设迈出新步伐；财务管理更加科学，全面预算管理稳步推进，财务资源配置持续优化，财务集中核算取得突破，管理会计系统研发上线，两类业务精细化核算基本完成；运营集约化改革效果显著，完成省行集中运营，实现分散运营向集约化运营重要转轨，有序推进运营全国大集中，实现电子渠道“7×24 小时”对客服务，运营全流程标准化基础进一步夯实，运营“支撑战略、服务客户、集中作业、安全运行、创造价值”的作用发挥更加充分；人力资源管理体系建立健全，人力资源改革等多项方案正式出台，选优配强各级领导班子，多渠道引进急需人才，广泛开展教育培训，人才队伍持续优化。此外，改革配套信息科技建设成果丰硕，新核心系统等重大项目高效完成，一大批管理系统接连上线，科技赋能改革发展成效显著。下一步，农发行将继续坚持“传承、创新、夯实、提高、加强”的工作要求，把思想和行动统一到总行党委的决策部署上来，在新的历史起点谋划和推进改革，努力打造现代化高质量发展的农业政策性银行，为开启全面建设社会主义现代化国家新征程、向第二个百年奋斗目标奋进贡献力量。

来源：旗帜网，2021年05月17日.

3. 中国进出口银行

成立于1994年的中国进出口银行是直属国务院领导的，政府全资拥有的国家政策性银行。目前，在国内设有9家营业性分支机构和5个代表处，在境外设有东南非代表处和巴黎代表处。中国进出口银行是我国外经贸支持体系的重要力量和金融体系的重要组成部分，是我国机电产品，成套设备和高新技术产品出口和对外承包工程及各类境外投资的政策性融资主渠道、外国政府贷款的主要转贷行和中国政府援外优惠贷款的承贷行，为促进我国开放型经济的发展发挥着越来越重要的作用。

进出口银行开展的出口信贷业务推动了我国对外贸易结构和客户结构的优化，对外优惠贷款业务不仅建成了一批关系受援国国计民生和社会效益显著项目，还帮助中国企业和出口产品进入当地市场，支持了我国拥有自主知识产权的高新科技产品出口。另外，进出口银行继续加强市场开拓，积极参与和创新多种交易方式，加强资金计划管理，确保本外币资金良好的流动性和效益性。

☞ 背景新闻

进出口银行召开推动落实全行“十四五”规划工作会议

2021年8月26日，进出口银行在京召开推动落实全行“十四五”规划工作会议。会议以党的十九届五中全会精神为指导，就贯彻落实好进出口银行“十四五”规划统一思想、明确任务、安排部署。

会议总结回顾了“十三五”期间进出口银行在发展指标、全面改革和发挥政策性金融作用等方面取得的成就。5年来，进出口银行资产规模稳健增长，聚焦主责、发力主业，在重点领域和薄弱环节深耕细作，政策性业务保持主体地位、比重稳中有升，逆周期、优结构、当先导、补短板作用充分显现。5年来，进出口银行不断在实践中探索中国特色政策性金融发展道路。

会议指出，“十四五”时期进出口银行改革发展的指导方针是：高举中国特色社会主义伟大旗帜，深入贯彻党的十九大和十九届二中、三中、四中、五中全会精神，坚持以习近平新时代中国特色社会主义思想为指导，立足新发展阶段，贯彻新发展理念，构建新发展格局，把政治性摆在首位，紧扣政策性金融职能定位，以推动高质量发展为主题，以政策性金融改革优化为动力，以服务好国家战略和实体经济为目的，坚持系统观念，实施由五大基本原则、五大发展目标、五大重点领域、五大业务板块和五大能力建设构成的“五五”战略。要根据国家战略要求和政策导向，结合进出口银行职能定位与业务实际，进一步优化大类资产、重点领域和重点区域资产布局。要加强客户服务与管理，优化客户结构，强化金融机构客户合作管理。要完善风险管理，加强信贷业务全周期管理，立体化构建风险预警体系，健全风险资产处置和资产保全的体制机制。要强化资本与财务管理，加强资本精细化管理，向提升内部管理水平要效益。要实施信息科技管理体系再造，提升科技赋能运营、服务、管理的水平。要推进组织体系保障和软实力建设，优化机构布局和组织架构，建强干部人才队伍，加强企业文化和品牌建设。

会议强调，必须在规划执行中，处理好改革和发展的关系、发展和安全的关系、业务经营和金融科技的关系、当前和长远的关系、业务发展和队伍建设的关系。全行上下必须进一步凝聚共识、坚定信心、激发干劲、勇担使命，为“十四五”规划目标的实现，为进出口银行改革发展的美好未来不懈奋斗。

资料来源：http：//www. eximbank. gov. cn/info/news/202108/t20210827_33634. html. 2021 - 08 - 27.

4. 金融资产管理公司

依据2000年11月1日国务院公布的《金融资产管理公司条例》设立的信达、华融、东方、长城四家资产管理公司，是为了规避银行自行清理不良资产可能遇到法规限制、专业技术知识不足、管理能力不够和信息来源不充分等问题，由专业人士组成的、拥有一定行政权力的专门机构来处置不良资产的政策性金融资产管理公司。成立的直接目的是规范国有银行不良资产的处置，降低清理成本、盘活资产，减少清理损失。金融资产管理公司接收和处置银行不良资产，是一项涉及面广、技术性强、专业化程度高的工作，因而金融资产管理公司在开展业务时，需要政府部门的大力支持与配合，包括资金支持及法律、法规和行政规章规范等。我国于2000年11月1日公布实施《金融资产管理公司条例》，条例中明确规定：经国务院决定设立的收购国有银行不良贷款、管理和处置因收购国有银行不良贷款形成的资产的国有独资非银行金融机构，并非完全意义上的公司，而是负有特殊历史使命，具有浓厚政策性的金融机构。经营目标是“最大限度保全资产，减少损失”，不以商业利润为目的。资产管理公司同时肩负着推动国有企业改革的使命，即运用债权转股权、资产证券化、资产置换、转让和销售等市场化债权重组手段，实现对负债企业的重组、推动国有大中型企业优化资本结构，转变经营机制，最终建立现代制度。

经过多年的努力，四家金融资产管理公司（分别是信达、华融、东方、长城资产管理公司）政策性不良资产处置工作基本完成，完成了历史赋予它们的使命，先后完成了商业化转型：2013年12月12日，中国信达在香港联合交易所主板上市（股票代码013511. HK），成为首家登陆国际资本市场的中国金融资产管理公司。2015年10月30日，中国华融在香港联交所主板上市。2016年，经国务院批准，东方资产管理公司改制为股份有限公司。2016年12月11日，长城资产管理公司改组，由中华人民共和国财政部、全国社会保障基金理事会和中国人寿保险（集团）公司共同发起中国长城资产管理股份有限公司。

5. 中国进出口信用保险公司（简称“中国信保”）

中国进出口信用保险公司是专营出口信用保险的金融机构。出口信用保险是国家为了推动本国的出口贸易，保障出口企业的收汇安全而制定的一项由国家财政提供保险准备金和非营利性的政策性保险业务。中国信保是我国唯一的政策性出口信用保险公司，成立于2001年12月，由中国政府全资拥有，注册资本金40亿元人民币，资金来源为出口信用保险风险基金，由国家财政预算安排。目前，已形成覆盖全国的服务网络，并在英国伦敦设有代表处。

中国信保的主要任务是：积极配合国家外交、外贸、产业、财政、金融等政策，通过政策性出口信用保险手段，支持货物、技术服务等出口，特别是高科技附加值大的机电产品等资本性货物出口，支持中国企业向海外投资，为企业开拓海外市场提供收汇风险保障，并在出口融资、信息咨询、应收账款管理等方面为外经贸企业提供快捷、完善的服务。为了分担我国出口企业对外贸易的风险，开拓国际市场，在贸易领域中更具竞争力。中国信保承保国家风险和买方风险。国家风险包括买方国家外汇管制、政府征收、国有化和战争等；买方风险包括买方信用风险（拖欠货款、货款及破产等）和买方银行风险（开证行或保兑行风险）。出口信用保险业务遵循最大诚信原则，风险共担原则和事先投资原则。并且给投保企业带来了较大的利益，包括出口贸易收汇有保障、融资更便利、信息更充分，有利于企业自身信用评级的提高。

（二）商业银行金融机构体系的改革

2003年以来，5家国有或控股商业银行即中国建设银行、中国银行、中国工商银行、中国农业银行和交通银行分别进行了股份制改造，引入战略投资者，并在境内外成功上市。

2006年12月3日，经银监会批准，中国第6大商业银行——中国邮政储蓄银行由中国邮政集团公司以全资方式组建，并于2007年3月20日正式挂牌。

2003年开始了新一轮农村金融体制改革。中国农村金融机构体系逐渐向多元化、多层次方向推进。2007年3月1日，中国首批三家村镇银行（仪陇惠民村镇银行、吉林东丰诚信村镇银行、吉林磐石融丰村镇银行）正式挂牌开业，标志着中国农村银行体系的发展进入一个新的历史阶段。到目前为止，全国共有1 561家农村信用社成功转型为农村商业银行。

遍布全国的城市商业银行的股份制改革正在深入进行之中，目前已有18家城市商业银行成功上市。

目前，来自境外金融机构（包括银行、证券、保险）数量不断增多，设置的地点从特区向沿海大中城市和内地大中城市扩散，金融开放程度不断提升。

为了顺应我国金融改革与发展过程对金融监管体系提出的新要求，2017年11月8日成立了国务院金融稳定发展委员会，负责统筹协调金融稳定和改革发展重大问题议事。2018年3月17日第十三届全国人民代表大会第一次会议审议通过，决定在整合中国银监会和中国保监会的基础上，组建中国银行保险监督管理委员会。加上继续履行中央银行职能的中国人民银行和继续行使我国证券业及资本市场统一监管职能的中国证监会，至此我国原有的金融监管体系格局由“一行三会”转变为“一委一行两会”（见表6－1）。

表 6－1　　中国金融中介体系一览表（截至 2021 年底）

银行类机构	开发性金融机构（1 家）	国家开发银行
	政策性银行（2 家）	中国进出口银行、中国农业发展银行
	国有大型商业银行（6 家）	中国工商银行、中国农业银行、中国银行、中国建设银行、交通银行、中国邮政储蓄银行
	全国性股份制商业银行（12 家）	中信银行、光大银行、招商银行、浦发银行、民生银行、华夏银行、平安银行、兴业银行、广发银行、渤海银行、浙商银行、恒丰银行
	住房储蓄银行（1 家）	中德住房储蓄银行
	城市商业银行（123 家）	北京银行、上海银行、河北银行、包商银行、盛京银行、吉林银行、天津银行、江苏银行、南京银行、宁波银行、徽商银行、长沙银行等
	农村商业银行（1 595 家）	北京农村商业银行、天津农村商业银行、上海农村商业银行、杭州联合农村商业银行、武汉农村商业银行等
	农村信用社（576 家）	河北省农村信用社、山西省农村信用社、辽宁省农村信用社、山东省农村信用社等
	民营银行（19 家）	深圳前海微众银行、浙江网商银行、天津金城银行，上海华瑞银行、蓝海银行、江苏苏宁银行、安徽新安银行等
	村镇银行（1 651 家）	深圳宝安融兴村镇银行有限责任公司、天津蓟县村镇银行、北京密云汇丰村镇银行有限责任公司等
	农村资金互助社（39 家）	青海省海东市乐都区雨润镇兴乐农村资金互助社、黑龙江省齐齐哈尔讷河市新农合农村资金互助社等
	外资法人银行（41 家）	大华银行（中国）、星展银行、汇丰银行（中国）、渣打银行（中国）、花旗银行（中国）、东亚银行（中国）等
	农村合作银行（23 家）	昆明官渡农村合作银行、甘肃榆中农村合作银行、天水秦州农村合作银行等
证券类机构	证券公司（134 家）	中信证券、广发证券、华泰证券、海通证券、华安证券等
	证券投资咨询公司（89 家）	北京合众汇富科技、安徽大时代证券投资咨询公司等
	公募基金管理公司（156 家）	华夏基金、天弘基金、易方达基金、南方基金等
	私募基金管理公司（316 家）	景林资产、高毅资产等
	证券交易所（3 家）	上海证券交易所、深圳证券交易所、北京证券交易所
	期货交易所（4 家）	郑州商品交易所、上海商品交易所、大连商品交易所、中国金融期货交易所
	期货公司（149 家）	中国国际期货、永安期货、中信期货、中粮期货等

续表

保险类机构	人身保险公司（97 家）	中国人寿、平安人寿、新华人寿、泰康人寿等
	财产保险公司（87 家）	人保财险、国寿财险、太保产险、平安产险等
	再保险公司（12 家）	中再产险、太平再保险（中国）、前海再保险等
	政策性公司（1 家）	中国出口信用保险公司
	保险集团和控股公司（12 家）	中国人民保险集团、中国人寿保险集团、中国太平保险集团等
	专业保险经纪公司（32 家）	华泰保险经纪、联合保险经纪、安润保险经纪等
	保险资产管理公司（24 家）	人保资产、泰康资产、太平资产、新华资产等
其他类机构	金融资产管理公司（5 家）	华融资产管理公司、东方资产管理公司、信达资产管理公司、长城资产管理公司、银河资产管理有限责任公司
	信托公司（68 家）	中信信托、中粮信托、金谷信托、英大信托等
	财务公司（255 家）	中石化财务、中海油财务、国投财务、中华财务等
	金融租赁公司（71 家）	中银金融租赁有限公司、中车金融租赁有限公司、厦门金融租赁有限公司等
	汽车金融公司（25 家）	大众、东风日产、比亚迪、上汽通用、奇瑞徽银等
	货币经纪公司（6 家）	上海国际货币经纪有限责任公司、上海国利货币经纪有限公司、中诚宝捷思货币经纪有限公司、平安利顺国际货币经纪有限责任公司、天津信唐货币经纪有限责任公司、上田八木货币经纪（中国）有限公司
	消费金融公司（30 家）	中银消费金融、捷信消费金融、华融消费金融等
	贷款公司（13）	天津市静海区兴农贷款有限责任公司、大连瓦房店花旗贷款有限责任公司等

资料来源：中国人民银行、中国银保监会、中国证监会、中国证券投资基金业协会等网站（个别数据略有出入，供参考）

第四节 国际金融中介机构体系

一、国际金融中介机构的形成和发展

第二次世界大战以后，国际社会为了避免再次陷入第二次世界大战前世界范围内的金融混乱，在美国主导下，由 40 多个国家共同发起建立了布雷顿森林货币体系。为了保证这一货币体系的顺利实施，国际社会同时建立了几个全球性的国际金融中介机构，包括国际货币基金组织（IMF）、国际复兴开发银行也称世界银行、国际开发协会（IDA）、国际金融公司（IFC）。它们目前也是最重要的全球性国际金融中介机构。

到 20 世纪 70 年代，欧洲、亚洲、非洲、拉丁美洲、中东等地区的国家为了发展本地经济，同时也为抵制美国对国际金融事务的控制，通过互助合作的方式，先后建立起区域

性的国际金融中介机构。例如，泛美开发银行、亚洲开发银行、非洲开发银行和阿拉伯货币基金组织等。国际金融中介机构在发展世界经济和区域经济方面发挥了积极作用。不过有些机构领导权却被西方发达国家控制，发展中国家的呼声和建议往往得不到应有的重视。

二、国际金融中介机构简介

（一）国际货币基金组织

1944 年联合国国际货币金融会议通过，建立国际货币基金组织（IMF），1947 年 11 月 15 日国际货币基金组织成为联合国的一个专门机构，总部设在华盛顿。国际货币基金组织是以会员入股的方式组成的企业性质的金融机构，其最高权力机构是理事会，由各成员选派理事和副理事各 1 人组成。国际货币基金组织处理日常业务的机构是执行董事会，由 22 人组成，其中 7 人分别由美国、英国、德国、法国、日本、沙特阿拉伯和中国单独指派。

国际货币基金组织的宗旨是：通过各成员共同研讨和协商国际货币问题，促进国际货币合作；促进国际贸易的扩大和平衡发展，开发各成员的生产资源；促进汇率稳定和各成员有条不紊的汇率安排，避免竞争性的货币贬值；协助各成员建立多边支付制度，消除妨碍世界贸易增长的外汇管制；协助各成员克服国际收支困难。

中国是国际货币基金组织的创始成员之一，1980 年 4 月国际货币基金组织恢复了代表权。国际货币基金组织的资金主要来源于各成员国认缴的基金份额、借入资金和出售黄金。凡参加国际货币基金组织的成员都要缴纳一定数额的资金，其认缴份额根据成员的黄金和外汇储备、对外贸易量和国民收入的大小而定。

（二）世界银行

世界银行与国际货币基金组织同时组建，是按股份公司原则建立起来的金融中介机构。世界银行的最高权力机构是理事会，负责处理日常业务的是执行董事会，执行董事会选举行长。国际开发协会和国际金融公司是世界银行的两个附属机构，三者统称世界银行集团。它们的共同宗旨是通过提供和组织长期贷款及投资，解决各成员恢复和发展经济的资金需要，资助他们兴办特定的基本建设工程。三者的贷款对象和方式有所不同：世界银行主要向成员国提供长期的优惠贷款；国际开发协会则主要向低收入成员提供长期低息援助性贷款；国际金融公司主要是向成员的私人部门提供贷款。

中国是世界银行的创始成员之一，1980 年 5 月 15 日中国在世界银行集团的合法席位得到恢复。世界银行的资金来源主要有：一是成员缴纳的股金；二是向国际金融市场借款；三是出让债券；四是经营中的利润收入。

（三）亚洲开发银行

亚洲开发银行是亚洲和太平洋地区的区域性金融中介机构。它由联合国亚洲及太平洋经济社会委员会赞助，于1966年11月正式成立，总部设在马尼拉。其主要组织机构有理事会和董事会。由所有成员代表组成的理事会是最高权力和决策机构，负责接纳新成员、变动股本、选举董事和行长、修改章程等，通常每年举行一次会议。2007年2月，随着格鲁吉亚的加入，亚洲开发银行的成员数量共67个，其中来自亚太地区的有48个。

亚洲开发银行的宗旨是通过发放贷款和进行投资、技术援助，促进本地区的经济发展与合作。其主要业务是向亚太地区加盟银行的成员国和地区的政府及其所属机构、境内公私企业以及发展本地区有关的国际性或地区性组织提供贷款。其资金的主要来源是加入银行的国家和地区认缴的股本、借款和发行的债券，以及某些国家的捐助款和由经营收入所积累的资本。

（四）非洲开发银行

非洲开发银行成立于1964年，总部设在科特迪瓦的阿比让，2003年因科特迪瓦国内局势问题迁至突尼斯。非洲开发银行有77个成员，非洲53个国家全部都是其成员。中国于1985年5月加入，成为其正式成员。

非洲开发银行的宗旨是：为成员的经济和社会发展服务，提供资金支持；协助非洲大陆制定发展的总体规划，协调各成员的发展计划，以期达到非洲经济一体化的目标。其资金来源主要是各成员认缴的份额。

（五）金砖国家新开发银行

传统的“金砖四国”是指巴西、俄罗斯、印度和中国。2010年随着南非的加入，更名为“金砖国家”。2013年3月，金砖国家领导人第五次会晤决定建立金砖国家新开发银行，其初始资金为1 000亿美元，由5个创设成员国平均出资，总部设在上海。2015年7月21日，金砖国家新开发银行正式开业。

金砖国家新开发银行致力于为金砖国家和其他发展中国家的基础设施及可持续发展项目筹集资金。其作用和形式上类似于世界银行。有媒体认为，金砖国家新开发银行的成立是对西方国家控制的世界银行地位的挑战。

（六）亚洲基础设施投资银行

亚洲基础设施投资银行（简称“亚投行”）是一个政府间性质的亚洲区域多边开发机构。2014年10月24日，包括中国在内的21个首批意向创始成员国的财长和授权代表在北京签约，共同决定成立亚洲基础设施投资银行。2015年3月12日，英国正式申请加入亚洲基础设施投资银行，成为首个申请加入亚投行的主要西方国家。随后，法国、意大利、德国等西方国家纷纷以意向创始成员国身份申请加入。亚投行是首个由中国倡议设立的多边金融机构，总部设在北京，法定资本1 000亿美元。截至2021年10月，亚投行有104个成员国。

亚投行成立的宗旨是通过在基础设施及其他生产性领域的投资，促进亚洲经济可持续发展、创造财富并改善基础设施互联互通；与其他多边和双边开发机构紧密合作，推进区域合作和伙伴关系，应对发展挑战。其主要业务是推动亚洲地区国家的基础设施建设和可持续发展。在全面投入运营后，亚洲基础设施投资银行将运用多种支持方式为亚洲乃至全球的基础设施项目提供融资支持——包括贷款、股权投资以及提供担保等，以促进包括交通、能源、电信、农业和城市发展在内的各个行业投资。

亚洲基础设施投资银行正式成立并开业，将有效增加亚洲地区基础设施投资，多渠道动员各种资源特别是私营部门资金投入基础设施建设领域，推动区域互联互通和经济一体化进程，也有利于改善亚洲发展中成员国的投资环境，创造就业机会，提升中长期发展潜力，对亚洲乃至世界经济增长带来积极提振作用。

本章关键词

金融中介机构　共同基金　政策性金融机构　存款机构　储蓄银行　金融公司　保险公司　资信评级　证券公司　社会保险　社会保障基金　货币市场共同基金　证券交易所　证券结算公司　投资基金　投资咨询公司　证券投资公司

复习思考题

1. 金融中介机构体系存在的必要性有哪些？
2. 如何理解金融中介机构体系的脆弱性？怎样防范？
3. 试述现代金融中介理论的主要观点。
4. 金融中介机构的分类是怎样的？
5. 怎样理解政策性金融机构存在的必要性？
6. 简述美国的金融中介机构体系的构成。
7. 简述投资基金的运作和管理。
8. 证券交易所存在的功能是什么？
9. 保险公司存在的基础是什么？
10. 试述目前我国金融中介机构体系的基本框架。

第七章　商业银行

在金融机构体系中，处于主体地位的是商业银行。商业银行在产生的初期，主要是发放基于商业行为的自偿性贷款，从而获得了“商业银行”的名称。随着经济的发展，商业银行的业务范围早已超越了传统的界限，内容与名称相去甚远。不过，“商业银行”这一名称却一直沿用了下来。本章首先介绍商业银行的产生、性质、职能等基本知识，然后就商业银行的业务和经营管理进行讨论，并对商业银行的发展趋势作出展望。

第一节　商业银行概述

一、银行业的起源

银行业是随着商品货币关系的发展而发展起来的。现代银行的先驱是历史上的货币经营业。

货币经营业主要是从事货币兑换、保管和汇兑。它在古代社会就开始出现了。

在资本主义社会，由于商品生产和商品交换的发展，促进了地区之间、国家之间贸易的发展。商业活动需要进行货币支付。但是，由于铸币是不同国家、不同地区分别铸造的，各种铸币的材料、重量和成色并不一致，因此，在地区之间和国家之间的贸易中，需要对不同铸币进行兑换。货币兑换活动，开始是由一些商铺兼营，后来出现了专门的铸币兑换商，专事铸币的鉴定和兑换业务。

铸币兑换商最初只是办理铸币兑换的技术性业务，并从中收取一定的手续费，并不办理信用业务。以后，随着商品经济的进一步发展，经常来往于各地的商人，为了避免自己保存货币与长途携带货币的麻烦和风险，就把自己的货币交给兑换商人保管，并委托他们办理支付与汇兑。委托保管货币与存款不同，不但得不到利息，而且要交纳保管费。由于保管业务与汇兑业务的扩展，在兑换商人手中聚集起大量的货币资金，这些货币资金就成为他们放款生息的基础。当他们用于贷款的资金来源不仅是依靠保管业务所集聚的货币资金，而是主要靠向货币持有者以提供服务和支付利息为条件吸收存款来扩展贷款业务时，则意味着货币经营业向现代银行业的演变。

二、现代商业银行的产生和发展

现代商业银行是随着资本主义生产方式的产生和发展而产生和发展起来的。随着资本主义生产方式和社会化大生产的出现，早期高利贷性质的银行已经不能满足大生产对货币资本的要求，而且极高的利息使职能资本家利润过低甚至无利可图，客观上需要建立起能适应资本主义生产方式的现代银行。

资本主义现代银行是通过两条途径建立起来的：一条途径是高利贷性质的旧式银行逐渐适应新的经济条件而转变为资本主义的银行。这种转变极为缓慢，而且多是在客观环境的逼迫之下逐步变化。另一条途径是按照资本主义经营原则组织的股份银行，起主导作用的是后一条途径。1694 年，在英国政府的支持下，由英国商人集资建立起来的英格兰银行是世界上第一家股份制商业银行。它一开业，就把贴现率定为 4.5%—6%，大大低于当时旧银行的贷款利息。英格兰银行的建立标志着资本主义现代商业银行制度的诞生，意味着高利贷在信用领域中的垄断地位被粉碎。继英格兰银行之后，欧洲其他国家也先后建立了不少股份制银行。股份制银行资本雄厚，经营规模大，成为资本主义银行的主要形式。到 18 世纪末 19 世纪初，银行业得到了普遍发展，一些比较发达的资本主义国家陆续建立了各种各样的银行和专业金融机构。

中国的现代银行发展较晚。当先进的资本主义国家先后建立起自己新的银行体系时，在中国信用领域内占据统治地位的依旧是高利贷性质的钱庄和票号。直到 1845 年英国资本在香港、广州开设丽如银行（后称东方银行），中国才有了第一家新式银行。此后，外国资本纷纷侵入中国，相继在华设立银行或分支机构。这些银行除经营中国的对外结算和进出口信贷外，还发行钞票，攫取了很多特权。它们控制和操纵中国的金融市场，其业务经营带有明显的侵略性质。1897 年在上海设立的中国通商银行是中国自办的第一家新式银行，它的成立标志着中国现代银行事业的创始。这家银行是以商办面目出现的股份银行，但实质上受控于官僚、买办。在这以后，各种官商合办银行和私营银行陆续发展起来。

三、商业银行的性质

商业银行是以经营公众存款、放款、汇兑（各种转账结算方式的概称）为主要业务，并以利润为主要经营目标的金融机构，是一种特殊的企业。说商业银行是企业，是因为它与一般工商企业一样，依法设立，依法活动，自主经营、自负盈亏，以盈利为核心目标。其的业务活动处在社会再生产过程之中，是实现资本循环周转的一个必要环节。说商业银行是特殊企业，是因为它与一般工商企业还有差别：其经营的对象不是普通商品，而是货币资金这种特殊商品；其活动领域是货币信用领域，信用业务是其经营活动的特征。由于经营货币资金而形成的社会信用关系和社会支付关系使得商业银行在现代经济金融体系运行中，成为影响经济与金融稳定的最重要环节。因此，商业银行也成为特许经营行业。

四、商业银行的职能

商业银行的职能可以概括为以下四个方面。

1. 充当信用中介

这是指商业银行通过自身的信用活动，充当货币资金借贷的中介人。它是银行最基本的、最能表现其经营特征的职能。银行一方面以吸收存款等形式动员和集中社会上一切闲散的货币资金，另一方面通过贷款或投资等方式将这些货币资金提供给暂时需要补充资金的企业、单位使用，从而银行成为货币资金贷出者与借入者之间的中介人，其实质是在资金盈余与资金短缺的企业、单位之间融通资金。

2. 充当支付中介

银行通过为客户开立账户办理转账结算而成为货币收付的中介人。由于银行信誉高，拥有大量的分支机构和代理行关系，通过银行办理货币结算安全、快捷，所以企业、单位甚至一部分个人都在银行开设账户，委托银行办理货币结算与货币收付业务。在这里，银行是以客户的出纳员资格出现的，成为社会的公共簿记。

3. 把货币转化为资本

这一职能是从信用中介职能派生出来的。意指银行通过开展储蓄等业务，把社会各阶层居民个人的货币收入和积蓄集中起来，贷放给企业使用。个人收入是供个人消费用的，积蓄是为了应付不测之需或供将来消费用的。显然，它们都不是资本。如果没有银行，这些暂时不能完全用去的货币收入和小额积蓄就只能转化为闲散的货币储藏。但是，由于银行的发展，这些收入和积蓄就被银行汇集起来并贷放给企业，参与企业的资本循环和周转，这样，非资本的货币就转化为货币资本。

4. 创造信用流通工具

在上述各项职能发挥的基础上，商业银行成为银行券和存款货币的创造者。发行银行券的权力后来被取消了，但在吸收存款和组织支票转账结算基础上对存款货币的创造，则在经济生活中发挥着日益重要的作用。商业银行创造存款货币的实质，从整个社会再生产过程来看，是流通工具的创造，并不是资本的创造。它的意义是在于满足流通中对流通手段和支付手段的需要，同时也节约了与现金流通相关的费用。这对经济发展也是有重要意义的。

五、商业银行的组织制度

商业银行的组织制度是指其存在形式。由于各国政治经济环境不同，商业银行的组织制度也有所不同。

1. 单一银行制

单一银行制又称单元银行制或独家银行制，是指银行业务完全由一个独立的银行经营而不设或限设分支机构的制度。这种制度在美国比较典型。美国是各州独立性较大的联邦制国家，各地经济发展不平衡，为适应各地需要，特别是中小企业的需要，防止金融垄断和银行合并，各州政府通过银行法禁止或者限制银行开设分支行。尽管如此，随着经济的发展，地区经济联系的加强，大多数的美国银行仍希望能建立多家分行，以便于打开新的市场和分散风险。事实上，美国现在对开设分支行的限制已经大大放松了。单一银行制有其优点，如有利于同本地政府协调，为地方经济服务、具有独立性和自主性、经营比较灵活等；但它也存在弱点，如规模较小、经营成本高、风险集中、易于倒闭、业务发展受到限制。虽然这种制度在美国一直存在争议，但单一制向分支行制发展已形成一个趋势。

2. 分支行制

分支行制也称为总分行制度，是指银行机构除总行外，还在国内外各地设立分支机构的制度。总行一般设在大城市，所有分支行由总行统一领导指挥。这种银行制度源于英国的股份银行。目前，世界上大多数国家主要采用这种制度，尤其以英国、日本、德国、法国最具代表性。我国也是以分支行制为主的国家。

分支行制的优点是：银行规模可以按业务发展需要而扩展，实现规模效益；分支行之间能够相互调度资金，可以提高资金的运用程度；放款分散于各分支行，便于分散风险。其缺点是：会使银行业过分集中，造成垄断，且分支机构太多会给管理工作带来困难。尽管就其优劣依然有不同的见解，但分支行制却已经成为一种基本趋势，世界各国普遍采用，并且未采取这种制度的也在向这个方向发展。

3. 银行持股公司制度

银行持股公司制度也叫作集团银行制，一般是指由某一集团成立一个股权公司或叫持股公司，再由该公司收购和控制两家以上银行的股票。在法律上，这些银行是独立的，但其业务和经营政策属于同一持股公司。从形式上看，持股公司拥有银行，但实际上持股公司往往是银行建立并受其操纵，大银行通过持股公司把许多小银行甚至企业置于自己的控制之下。这种制度在美国最为流行，成为回避限制开设分支行的一种策略，也是银行避开限制进入其他行业的手段。目前，美国的银行持股公司可以直接或间接经办各种金融业务，如各种贷款、投资、租赁、信托、保险、咨询和信息服务等，并可获准在其他行业中设立与银行业务有密切关联的子公司，如财务公司、证券公司、信托公司、房地产公司、信用卡公司等。这种银行组织制度现在已被许多国家采用，我国的中信集团、光大集团也属于这种金融控股公司形式。

4. 连锁银行制度

连锁银行制度是指两家以上商业银行受控于同一个人或同一集团，但又不以股权公司形式出现的制度。成员银行在法律上是独立的，但受控于某一个人或个人集团。这种银行组织通常是多家独立的小银行围绕在一家主要银行的周围，几个银行的董事会由一批人组成。其中的主要银行为集团确立银行业务模式，并以它为中心，形成集团内部的各种联合。连锁银行曾流行于美国西部，在20世纪20年代达到高峰，以后逐渐衰落。目前，许多连锁银行或者转为大银行的分支机构，或者组织成持股公司。

第二节 商业银行业务

商业银行的业务总体上可以分为三类：负债业务、资产业务、中间业务和表外业务。

一、商业银行的负债业务

商业银行的负债业务是指形成其资金来源的业务。商业银行的资金来源包括自有资本和吸收外来资金两部分。外来资金主要包括存款负债和非存款负债。非存款负债主要包括从中央银行借款、同业拆借、发行金融债券、回购协议、从国际货币市场借款、结算过程中的短期资金占用等。

表7－1是中国人民银行公布的我国存款性金融机构的资产负债表，从中也反映了商业银行资金来源和运用的情况。表7－2是简化的商业银行资产负债表。

表7－1　　存款性金融机构资产负债表　　单位：亿元人民币

报表项目 Items	2008.06	2009.06
国外资产	20 155.05	19 477.24
储备资产	83 884.50	89 480.62
准备金存款	80 990.23	86 401.08
库存现金	2 894.27	3 079.54
对政府债权	30 037.72	34 624.11
其中：中央政府	30 037.72	34 624.11
对中央银行债权	38 101.15	63 923.70
对其他存款性公司债权	68 746.26	90 116.57
对其他金融机构债权	12 005.48	14 532.78
对非金融机构债权	255 526.98	336 876.55
对其他居民部门债权	55 300.86	67 684.34
其他资产	32 547.17	42 091.86
总资产	**596 305.07**	**758 807.79**
对非金融机构及住户负债	410 464.81	534 415.70
纳入广义货币的存款	396 889.61	521 212.01
企业活期存款	124 638.83	159 497.17

续表

报表项目 Items	2008.06	2009.06
企业定期存款	77 981.31	112 491.19
居民储蓄存款	194 269.47	249 223.66
不纳入广义货币的存款	10 377.30	11 134.71
可转让存款	3 660.75	4 644.33
其他存款	6 716.55	6 490.39
其他负债	3 197.90	2 068.97
对中央银行负债	6 255.21	4 778.02
对其他存款性公司负债	27 699.33	44 351.85
对其他金融性公司负债	38 239.49	43 247.13
其中：计入广义货币的存款	16 070.09	14 063.21
国外负债	5 558.73	4 769.32
债券发行	38 220.29	45 256.76
实收资本	18 666.01	22 047.87
其他负债	51 201.20	59 941.13
总负债	**596 305.07**	**758 807.79**

资料来源：中国人民银行网站，http：//www.pbc.gov.cn.

表 7－2　　简化的商业银行资产负债表

资产	负债和资本
现金	存款
贷款	非存款负债
证券投资	其他负债
其他资产	银行资本

（一）银行自有资本

银行自有资本包括成立时发行股票所筹集起来的股份资本、公积金以及未分配利润。银行自有资本只占资金来源的一小部分，但却是吸收外来资金的基础。根据国际清算银行巴塞尔委员会颁布的资本协议标准，商业银行自有资本最低可以是风险资产的 8%。

银行创立时，首先必须有符合规定的资本金，这是银行存在的前提，而要想进一步扩展业务，就必须增加资本数量。自有资本是银行实力的象征，它代表补偿损失的能力，是风险的最后承担者，是防止亏损的最终防线。所以，银行自有资本越充足，破产可能性就越小。严格来讲，自有资本不属于负债。

一般来讲，银行自有资本大体包括下面几种基本类型：

（1）股本。包括普通股股本和优先股股本，它等于股票发行数量乘以每股面值，是股东行使所有者权益的依据。

（2）公积金。包括资本公积和盈余公积。前者来自股票发行溢价，后者来自利润分配。

（3）未分配利润，又称留存利润，是指商业银行税后利润中未分配给股东的部分。未分配利润是商业银行增加资本的重要渠道，对于那些难以进入股票市场进行外部融资的中小银行来说尤其如此。

（4）补偿性准备金，是指银行为应付意外损失而从收益中预先提留的资金，包括资本准备金和贷款、证券损失准备金。资本准备金用于应付优先股的赎回和股份损失等股票资本的减少；贷款、证券损失准备金则用于应付贷款呆账损失，证券本金拒付或价格下跌所造成的损失。补偿性准备金和前述三项不同，它不是永久性资本。

（5）从属债务。这是银行资本中较为特殊的一项，严格说来，它不是资本，但是在现实中，各国的银行监管当局一般都认可将某些从属债务算作资本。从属债务是指当商业银行破产清算时，偿还顺序较为靠后的债务。由于这些债务的清偿排在担保债务、存款和其他一般性债务之后，所以也具有一定的资本属性。

上述资本类型在《巴塞尔协议》中分别包含在核心资本和附属资本中。2009 年，巴塞尔银行监管委员会对金融机构的资本质量提出了新的标准，明确要求商业银行提高一级资本充足率，规定一级资本主要由普通股和留存收益构成。

我国商业银行的资本定义与《巴塞尔协议》中关于资本的定义不完全相同，但大体上是一致的。根据我国《商业银行资本充足率管理办法》，商业银行资本包括核心资本和附属资本。核心资本包括实收资本或普通股、资本公积、盈余公积、未分配利润和少数股权。附属资本包括重估储备、一般准备、优先股、可转换债券和长期次级债务（参见延伸阅读）。

☞ 延伸阅读

商业银行资本定义

一、核心资本

实收资本：投资者按照章程或合同、协议的约定，实际投入商业银行的资本。

资本公积：包括资本溢价、接受的非现金资产捐赠准备和现金捐赠、股权投资准备、外币资本折算差额、关联交易差价和其他资本公积。

盈余公积：包括法定盈余公积、任意盈余公积以及法定公益金。

未分配利润：商业银行以前年度实现的未分配利润或未弥补亏损。

少数股权：在合并报表时，包括在核心资本中的非全资子公司中的少数股权，是指子公司净经营成果和净资产中不以任何直接或间接方式归属于母银行的部分。

二、附属资本

重估储备：商业银行经国家有关部门批准，对固定资产进行重估时，固定资产公允价值与账面价值之间的正差额为重估储备。若银监会认为，重估作价是审慎的，这类重估储备可以列入附属资本，但计入附属资本的部分不超过重估储备的70%。

一般准备：一般准备是根据全部贷款余额一定比例计提的，用于弥补尚未识别的可能性损失的准备。

优先股：商业银行发行的、给予投资者在收益分配、剩余资产分配等方面优先权利的股票。

可转换债券：商业银行依照法定程序发行的，在一定期限内依据约定条件可以转换成商业银行普通股的债券。计入附属资本的可转换债券必须符合以下条件：

1. 债券持有人对银行的索偿权位于存款人及其他普通债权人之后，并不以银行的资产为抵押或质押。

2. 债券不可由持有者主动回售；未经银监会事先同意，发行人不准赎回。

长期次级债务：是指原始期限最少在5年的次级债务。经银监会认可，商业银行发行的普通的、无担保的、不以银行资产为抵押或质押的长期次级债务工具可列入附属资本，在距到期日前最后5年，其可计入附属资本的数量每年累计折扣20%。如一笔10年期的次级债券，第6年计入附属资本的数量为100%，第7年为80%，第8年为60%，第9年为40%，第10年为20%。

想一想

附属资本中债务也需要偿还，为什么它能当作银行资本？

（二）存款负债

存款业务是银行接受客户存入的货币资金，存款人可随时或按约定时间支取款项的一种信用业务。存款是银行吸收外来资金的主要渠道，是负债业务的主要内容。

实际生活中，存款名目繁多，分类方法多种多样。传统的方法是将其分为活期存款、定期存款、储蓄存款三类。

（1）活期存款。活期存款指无须事先通知银行，存款人即可随时存取和转让的一种存款，其形式有支票存款账户、保付支票、本票、旅行支票和信用证等。活期存款不仅有货币支付手段和流通手段的职能，同时还具有较强的派生能力，因此，商业银行都必须把活期存款作为经营重点。由于支付频繁，银行提供服务要付出较高费用，所以一般不对储户支付利息。

（2）定期存款。定期存款是指在存入时预先约定期限，到时才能提取的存款。定期存款存入时，银行要向储户出具存单（也可以是存折），存单（存折）不能流通，只是到期取款的凭证。由于定期存款的期限较长，而且在到期前一般不能提取，所以银行给予较高的利息。

20世纪60年代后发展起来一种大面额可转让的定期存单（CD），其最明显的特点是定额、定期、不记名、可以转让。这种存单只有到期才能支取，但是存单到期前，加上利息可以自由转让，具有活跃的二级市场，所以对存单购买人来说，能够满足流动性和盈利性的双重要求。这是美国商业银行为了稳定和扩大存款而创新的一种金融工具。目前，各国已广泛采用。

（3）储蓄存款。这主要是针对居民个人储蓄货币的需求而开办的一种存款业务。通常由银行发给存户存折或银行卡，作为存款和提款的凭证。一般不能据以签发支票，支用时只能提取现金或者先转入存户的活期存款账户。储蓄存款有活期和定期之分，而以定期储蓄居多，但不论活期和定期都支付利息，只是活期储蓄利率较低，而定期储蓄利率较高。

由于银行间的竞争日益激烈，为了扩展贷款业务，商业银行无不千方百计地吸收储蓄存款，业务不断创新，吸引存款的新方式也不断涌现，如可转让支付命令存款账户（NOW）和超级可转让支付命令存款账户（S－NOW）、自动转账服务账户（ATS）等，这些存款形式既提供支付便利，又对存户付息，模糊了传统存款不同形式之间的界限，增加了对客户的吸引力。

☞ 延伸阅读

存款保险制度

存款保险制度是一种对存款人利益提供保护、稳定金融体系的制度安排。在这一制度安排下，吸收存款的金融机构根据其吸收存款的数额，按规定的保费率向存款保险机构投保，当存款机构破产且无法满足存款人的提款要求时，由存款保险机构承担支付法定保险金的责任。

1985 年 4 月，中国人民银行在《关于我国社会主义资金市场问题的研究提纲》中，首次提出在中国建立存款保险制度问题。1993 年 12 月 25 日，《国务院关于金融体制改革的决定》首次动议建立存款保险制度，随后进入 20 余年的漫长酝酿期。2004 年，中国人民银行曾设立专门部门负责存款保险制度的实施事宜。2014 年 11 月 30 日，中国人民银行公布了《存款保险条例（征求意见稿）》。2015 年 3 月 31 日，国务院正式公布了《存款保险条例》（国务院令第 660 号），并决定从 2015 年 5 月 1 日起正式实施。中国成为全球第 114 个实行存款保险制度的国家。2019 年 5 月 24 日，中国人民银行出资设立存款保险基金管理有限责任公司，注册资本为 100 亿元。截至 2018 年底，全国 4 017 家吸收存款的银行业金融机构按规定办理了投保手续，存款保险基金专户余额 821.2 亿元，未发生支出和使用。

根据《存款保险条例》，我国存款保险的偿付上限为 50 万元人民币，为人均 GDP 的 12 倍。据统计，中国存款在 50 万元以下的账户数量占全部存款账户的 99.70%，这就意味着全额保障账户的比例和人均 GDP 倍数均处于全球较高水平。我国存款保险制度的建立将弱化银行体系，特别是国有商业银行体系背后的国家隐性担保，促进中小银行的发展，并在制度上允许银行倒闭，改善银行市场结构。

想一想

正常情况下，很多人可能是不会到村镇银行进行线下存款的，大部分人都会觉得这种没有任何知名度的小银行保不住是个坑。但如果是线上存款那就不一样了，很多人没有亲眼看见过这些银行的大概情况，但在第三方平台的大力吹捧和推荐之下，受到蛊惑的储户们就进行了异地存款。2022年4月，河南省有6家村镇银行出现了线上无法正常取款问题，这些储户的存款总金额有400多亿元。事情发生后，这些储户能够根据我国存款保险制度获得相应赔偿吗？

（三）其他负债业务

其他负债主要有理财产品、结构性存款、同业拆借、回购协议、向中央银行借款、发行金融债券、中间业务中临时的资金占用等。

（1）理财产品。这种产品主要是由商业银行自行设计并发行，商业银行将募集来的资金根据合同约定购买相关的金融产品，并将所获的投资收益分配给投资人。银行理财产品大致分为债券型理财产品、信托型理财产品、挂钩型理财产品及QDII型理财产品。与传统意义上的存单持有人不同，商业银行的理财产品投资人必须承担一定的投资风险。广义上讲，商业银行理财产品分为表内理财产品与表外理财产品。表内理财产品通常以结构性存款科目反映在资产负债表的交易性金融负债项下，此类产品通常为商业银行自营并承担主要风险。表外理财则以备忘、备查类形式反映在银行资产负债表外，由投资者承担亏损风险。商业银行的表外理财产品不在存款准备金率政策的管理范围之内，但具有一定的存款替代特征，因此成为商业银行争夺客户资金资源的重要方式。

（2）结构性存款。又称收益增值产品，是指投资者将合法持有的本（外）币资金存入银行，银行通过在普通存款的基础上嵌入金融衍生工具，从而使存款人在承担一定风险的前提下获得较高预期回报的存款类产品。结构性存款的收益与风险有别于普通存款和理财产品。结构性存款的一部分收益来自存款产生的固定收益，另一部分收益来自所投资资产的价格波动，因此结构性存款的总体收益和风险会高于普通存款。与银行理财产品相比，结构性存款的风险与收益相对较低。

（3）同业拆借。它是指银行之间相互提供的短期资金融通，即需要准备金的银行向有剩余准备金的银行借款。借入资金的银行主要是用以解决本身临时资金周转的要求，但也可以是为了获得发放额外贷款所需要的资金。同业拆借一般是短期的，有的只是一天，今天借，明天还。

同业拆借通常是通过各商业银行在中央银行的存款账户进行，即通过中央银行把款项从拆出行账户转到拆入行账户。在美国称为买卖“联邦基金”。

（4）回购协议。它是指银行在卖出证券的同时承诺在未来某日购回，实际上是银行以证券作为担保品借入资金。大多数回购协议以政府债券作担保。期限短的为一个营业日，长的几个月。回购协议的实际交易有几种方式，通常的做法是：交易双方同意按相同的价格出售与再购回证券，再购回时，其金额为本金加双方约定的利息额。另一种定价方法是，把再回购价格定得高于原出售价格，其差额就是合同收益额。

（5）向中央银行借款。商业银行在必要时可向中央银行借款。这有两种形式：一种是再贴现，即商业银行把自己办理贴现业务所买进但尚未到期的票据，如商业票据，短期国库券等，再卖给中央银行；另一种是直接借款，即商业银行开出借据，以合格票据、政府债券等有价证券作为抵押品向中央银行取得抵押贷款。

（6）发行金融债券和境外借款。1985 年以来，我国商业银行按照国家有关规定，经中国人民银行批准，面向社会发行金融债券，为指定用途筹集资金。近年来，商业银行尤其是大型商业银行，在国际货币市场上通过办理定期存款，发行大额定期存单，出售商业票据、银行承兑汇票及发行债券等方式筹集资金。

（7）临时资金占用。银行在办理中间业务和其他业务过程中，可以占用一部分客户资金，例如，通过办理汇兑业务、信用证业务、代客买卖业务等，占用客户资金。通过同业间的代理业务，占用同业资金。

二、商业银行资产业务

商业银行的资产业务是指将资金通过负债业务所聚集的货币资金加以运用的业务。这是商业银行取得收益的主要途径。商业银行的资金运用一般有四个方面：（1）现金资产；（2）贷款（包括贴现）；（3）证券投资；（4）其他资产。现金资产主要有库存现金、在中央银行的存款、存放同业、托收中现金。贷款（包括贴现）和证券投资是盈利资产，是银行资金运用的两种最主要的方式。银行作为信用中介，向资金短缺者提供融通主要就是通过这两种资产业务实现的。其他资产一般包括固定资产、应收未收款项、预付费用等，在资产业务中所占比重不大。

（一）现金资产

现金资产是指商业银行占用在现金形态上的资产，是随时可以运用的资金，在所有资产中具有最强的流动性，属于一级准备资产。一般包括四部分：

（1）库存现金。库存现金是指银行金库所保留的现钞，随时可用于支付。商业银行在其经营过程中，为了保证客户提取存款的需要，总要保留一定数额的现金。由于现金是一种不盈利的资产，再基于安全性考虑，一般不宜保留过多，它只占银行一级准备的很小一部分。

（2）在中央银行的存款。商业银行要在中央银行保持一定数额的存款。该存款叫准备金存款，主要用于满足中央银行规定的法定准备金的要求和用于银行之间的金融交易（如用于实现支票的清算和支付等）。因此，在中央银行的存款包括法定准备金存款和超额准备金存款。

（3）存放同业。存放同业是指本行存放在其他银行的资金（其他银行存在本行的资金称为同业存款）。商业银行相互之间存款的目的主要是便于同业之间的结算收付和相互代理业务。

（4）应收现金。应收现金又称托收中现金，是指银行收到客户交来的由其他银行付款的票据，应向其他付款银行收取、但尚未收到的资金。

（二）贷款

贷款又称放款，是银行将资金按一定的利率贷放给客户并约期归还的业务。与其他资产业务相比，贷款的风险较大，但利率较高，并可密切与企业的关系，利于银行拓展业务。贷款是商业银行最主要的资产业务，是银行业务经营的重点。贷款业务种类繁多，可以按不同的标准进行归类。

1. 按贷款方式及保障程度划分，可分为信用贷款、担保贷款和票据贴现

信用贷款是指银行完全凭借客户的信誉而发放的贷款，通常仅由借款人出具签字的文书。由于信用放款只凭借款人的信用，因而一般是贷给那些资信良好且与银行往来密切的客户。发放信用贷款的风险较大，所以银行对信用贷款的客户要严格控制。

担保贷款是指银行对具有一定的财产作还款保证而发放的贷款。根据担保方式的不同，具体可分为保证贷款、抵押贷款和质押贷款。

保证贷款是指按《民法典》规定的保证方式，以第三人承诺在借款人不能偿还贷款时，按约定承担一般保证责任或者连带责任而发放的贷款。这种贷款由于有借款人和保证人的双重保证，因而安全程度较高。

抵押贷款是指按《民法典》规定的抵押方式，以借款人或第三者的财产作为抵押物发放的贷款。

质押贷款是指按《民法典》规定的质押方式，以借款人或第三者的动产或权利作为质物发放的贷款。

票据贴现是指银行买进未到期商业票据的方式对票据持有人进行的融资。它是贷款的一种特殊方式。在票据贴现业务中，银行不是按票面额付款，而是要扣除贴现利息，即是从贴现日起至票据到期日止这段时间的利息，然后以票面余额付款给客户。所扣的利息要根据票面额、贴现率以及贴现天数来计算。贴现率是贴现利息与票面额的比率，一般是事前规定的。贴现天数是指票据从贴现之日起到票据上载明的到期之日为止的时间。票据到期时，银行持票据向票面载明的付款人按票面额索取款项。票据贴现付款额的计算公式是：

$$\text{贴现付款额} = \text{票据面额} \times \left(1 - \text{年贴现率} \times \frac{\text{贴现天数}}{360\text{ 天}}\right)$$

例如，某顾客持一张面额为 1 万元，90 天到期的票据提请银行贴现，银行规定的年贴现率为 8%，则银行应从票面额中扣除 200 元作为贴现利息，实际付给顾客 9 800 元。

票据贴现从形式上看是票据的买卖，但实质上却是一种信用业务，是一种特殊的放款。因为票据付款人对持票人是一种负债关系，在票据未贴现前，付款人应对持有票据的客户负债；贴现后，改为向购入票据的银行负债。所以，银行买进的是一种债权，是通过贴现间接地向票据付款人提供贷款。

不过，票据贴现与一般的贷款还是有些区别的，不同之处是：（1）贷款一般是到期后收取利息，贴现则是在业务发生时即预扣利息；（2）贷款的债务人即借款人，而贴现时的债务人不是来贴现的客户，而是票据的付款人；（3）贴现的期限一般较短。

票据贴现业务，过去主要是以商业票据为对象，现在已扩展到政府债券。银行办理贴现，既可获得利息收入，又能在需要时通过再贴现随时收回资金。

想一想

信用贷款的风险一定高于担保贷款吗？

2. 按贷款对象划分，可分为工商业贷款、不动产贷款、消费者贷款、农业贷款等

工商业贷款是商业银行贷给工商企业用于固定资金和流动资金需要的贷款。固定资金贷款的形式主要有基本建设贷款、技术改造贷款等。流动资金贷款的形式主要有临时性贷款、周转性贷款等。由于工商企业都是营利企业，贷款本息的收回通常比较可靠，在商业银行的贷款中所占的比重最大。

不动产贷款是一种以不动产作为抵押物的贷款，主要用于房屋建筑、土地开发等。这种放款期限较长，流动性较差，风险较大。

消费者贷款是贷放给个人用来购买耐用消费品或支付其他费用的贷款，主要用于购买汽车、住房、教育、度假旅行、小额生活费支出等。

农业贷款主要用于资助农民的季节性开支和中期投资，如购买种子、化肥、农药、饲料、改良土壤、兴建水利设施等。对乡村中的商业银行来讲，农业贷款是主要的贷款，但从整个商业银行系统来看则比重较小。

按贷款对象划分的种类除上述之外，还有对金融机构的贷款、证券经纪人贷款和国外贷款等。

3. 按贷款期限划分，可分为活期贷款和定期贷款

活期贷款是指没有确定的放款期限，银行可以随时收回或借款人可以随时归还的放款。西方商业银行的活期放款大多是贷放给从事证券交易的证券经纪人。银行在收回时，一般应预先（至少三五天前）向借款人发出通知，所以又称通知放款。

定期放款是指具有确定期限的放款。银行在向客户提供资金时，事先确定一个期限，客户应在到期时向银行归还贷款。在到期之前，银行一般不得要求客户归还款项。定期放款根据期限的长短，又分为短期、中期、长期三种。短期放款期限不超过 1 年，一般用于满足借款人经常性营运资本、季节性临时性的流动资金需要。中期放款期限在 1 年以上，5 年以下，主要用于企业的设备更新改造。长期放款则期限更长，主要用于企业各种固定资产的购置、土地开发，还有一些是贷放给消费者个人购买房屋。一般商业银行的贷款以中短期为主，长期放款所占比重不大。

随着支票账户和信用卡的使用，出现了一种叫“透支”的放款形式，它是与存款联系在一起的。银行允许客户在彼此约定的限额内超过存款金额支出款项，客户对透支款项应支付利息并随时归还，具有活期放款的特点。

4. 按还款方式划分，可分为一次偿还的贷款和分期偿还的贷款

一次偿还的贷款是在贷款到期时一次偿还本金，而利息则根据约定，或在贷款到期时一次支付，或在整个贷款期间分期支付。分期偿还的贷款是按年、按季、按月以相等的金额还本付息。

5. 按贷款风险大小可分为以下五类

正常贷款：借款人能够履行合同，没有足够理由怀疑贷款本息不能按时足额偿还。

关注贷款：尽管借款人目前有能力偿还贷款本息，但存在一些可能对偿还产生不利影响的因素。

次级贷款：借款人的还款能力出现明显问题，完全依靠其正常营业收入无法足额偿还贷款本息，即使执行担保，也可能会造成一定损失。

可疑贷款：借款人无法足额偿还贷款本息，即使执行担保，也肯定要造成较大损失。

损失贷款：在采取所有可能的措施或一切必要的法律程序之后，本息仍然无法收回，或只能收回极少部分。

6. 按贷款的规模和对象可分为批发贷款和零售贷款

批发贷款是指银行对规模较大的借款人（如大中型企业）发放的金额较大的贷款。零售贷款是指银行对小客户和个人发放的金额较小的贷款。

（三）证券投资

证券投资是商业银行在金融市场上购买有价证券的业务。银行购买的有价证券主要是国库券、公债、政府机构证券、地方政府证券以及少量的大公司债券。因为这类证券安全可靠，期限较短，变现能力强。对于股票的购入，许多国家都有限制性规定或者完全禁止，虽然近年有所放宽，但管理仍然较为严格。

银行证券投资的目的主要是增强资产的流动性和增加收益，此外还可降低风险。贷款是银行最重要的资产业务，也是取得收入的主要途径，但是银行并不总能找到理想的客户，当出现资金闲置时，就需要寻找适当的投入对象。银行投资于证券，为一时多余资金找到出路，从而取得收益。另外，银行在需要现金时又可在金融市场上迅速售出证券，这比贷款灵活，因而为银行流动性提供了补充来源。同时，投资于证券也是资产分散化的一种方式。商业银行资产管理的一个重要原则是资产分散化，全部资金不是投入在一种资产上，而是投入于多种资产，即是“不把全部鸡蛋放在一个篮子里”。这样做的好处是：当银行的某项资产由于某种原因而跌价时，其他资产的价值却可能上升，几种资产相互抵消，银行将免受或者少受损失。投资活动的开展，为银行分散资产提供了重要条件。自然，证券投资本身也是有风险的，因而要将投资分散在不同种类的证券、不同的发行者、不同的期限上，也要根据经济周期状况选择证券的购买时机。

三、商业银行的中间业务和表外业务

（一）中间业务

商业银行的中间业务也称中介业务、居间业务，是指银行不运用或较少运用自己的资金，以中间人的身份替客户办理收付或其他委托事项，为客户提供各类金融服务并收取手续费的业务。按照我国《商业银行中间业务暂行管理办法》中的解释，中间业务是指不构成商业银行表内资产、表内负债，形成银行非利息收入的业务。中间业务具有成本低、收益高、风险小、收入稳定、安全可靠等特点，已成为商业银行业务拓展的主要方向。

常见的中间业务有结算、信托、租赁、代理、咨询等。中国人民银行 2001 年 6 月发布的《商业银行中间业务暂行规定》，确定了商业银行中间业务品种见表 7－3。

表 7－3　　中国人民银行确定的商业银行中间业务品种

适用备案制的品种	适用审批制的品种
1. 各类汇兑业务	1. 票据承兑
2. 出口托收及进口代收	2. 开具信用证
3. 代理发行、承销、兑付政府债券	3. 担保类业务，包括备用信用证业务
4. 代收代付业务，包括代发工资、代理社会保障基金发放代理各项公用事业收费（如代收水电费）	4. 贷款承诺
5. 委托贷款业务	5. 金融衍生业务
6. 代理政策性银行、外国政府和国际金融机构贷款业务	6. 各类投资基金托管
7. 代理资金清算	7. 各类基金的注册登记、认购、申购和赎回业务
8. 代理其他银行银行卡的收单业务，包括代理外卡业务	8. 代理证券业务
9. 各类代理销售业务，包括代售旅行支票业务	9. 代理保险业务
10. 各类见证业务，包括存款证明业务	10. 适用审批制的其他业务品种
11. 信息咨询业务，主要包括资信调查、企业信用等级评估、资产评估业务、金融信息咨询	
12. 企业、个人财务顾问业务	
13. 企业投融资顾问业务，包括融资顾问、国家银团贷款安排	
14. 保管箱业务	
15. 适用备案制的其他业务品种	

下面简单介绍几种传统的中间业务。

1. 结算业务

银行办理结算业务是指受客户委托将款项从付款人账户划转到收款人账户完成货币收付的行为，我国习惯称为转账结算。结算业务的方式，同城的主要是支票结算，异地的主要是汇兑、托收、信用证结算。

（1）支票结算。支票是付款人签发的，委托其开户银行向持票人或指定人支付款项的一种票据。支票有现金支票和转账支票之分，现金支票是存款户向银行支取现金的凭证，转账支票是办理转账的凭证。

（2）汇兑结算。汇兑是指付款人委托银行将款项汇给外地收款人的结算方式。银行接到付款人的汇款请求后即收下款项，然后通知收款人所在地的分支行或代理行，请其向收款人支付所汇的款项。汇兑结算不需实际寄送货币，只需将付款命令通知汇入行即可。若汇出行与汇入行为不同银行，需要事先确定代理关系，并定期结清两行间的债权债务。汇款方式根据付款命令通知的方式不同分三种情况：①电汇，即汇出行以电报或电传形式通知汇入行解付款项；②信汇是汇出行将付款委托书邮寄给汇入行，通知其付款；③票汇，这是汇款人委托汇出行开立以汇入行为付款人的汇票，交汇款人自行寄送给收款人或亲自携带，凭票向汇入行取款的汇款方式。

（3）托收。托收是债权人开立汇票，委托银行转托其分支行或代理行向债务人收取款项的结算方式。办理托收时，要由债权人签发一份以外地债务人为付款人的汇票，将汇票和其他单据交给开户银行，由开户行寄给债务人所在地分支行或代理行，请其向债务人收取款项寄回，然后转交给债权人。银行的托收业务具有两类：①光票托收是指汇票不附带货运单据的托收；②跟单托收是指汇票附同货运单据一起交银行代收。

（4）信用证结算。信用证是银行开出保证支付款项的证书。信用证结算是付款人（购货方）把款项预先交存开户银行作为结算保证金，委托银行开出信用证，通知异地收款人（销货方）的开户银行转告收款人，收款人若按合同和信用证所载条款发货以后，银行即按信用证规定代付款人付给货款。这种业务在异地采购，尤其是国际贸易中得到了广泛的开展。银行经办信用证业务，除可以从中收取手续费外，还可以占用一部分客户资金。

以上几种是传统的结算方式，这些方式主要通过票据交换（同城）和邮电部门代为传递票据（异地）实现资金结算和调拨。随着电子计算机及现代通信手段在银行业务中的应用，结算手段也开始发生变化，出现了电子转账系统，即资金划拨直接通过电子计算机及其网络办理。无论是同城还是异地，一笔结算业务只需三五分钟即可。

2. 信托业务

信托是信用委托的意思，是指一方委托另一方代为管理、经营和处理某项经济事务的行为。银行经营的信托是金融信托，即银行作为受托人受客户的委托，代为管理、经营、处理有关钱财方面的事项。

信托业务一般具有三个关系人：委托人、受托人、受益人。（1）委托人，是资金或财产的原所有者，他是最初提出信托要求的人。凡是资财的合法所有者都可以成为委托人。（2）受托人，是接受并承办信托要求的人，他要根据委托人的授权和信托合同的规定对信托财产进行管理、营运或处理，并从中收取一定的手续费。（3）受益人，是享受到信托财产本身及其收益的人，他可以是委托者本人，也可以是委托人指定的第三者。但受托人不得成为受益人。

信托关系是围绕信托对象或信托财产而存在的，信托财产可以有多种多样的形式，如金钱、有价证券、动产、不动产等。信托关系的成立要以财产权的转让为条件。

在经营信托业务中，受托人受托经营信托财产是为了受益者的利益，他不能占有信托财产的收益和本金。由于受托经营管理，对并非受托人重大过失造成的损失，受托人一般不承担亏损。为了保证受益人利益，各国法律对信托财产运用范围都有严格规定，若受托人超出限定范围，或者违反信托合同的规定，不负责任地运用信托财产而致亏损，则要负赔偿责任。可见，在信托关系中，受托者的行为是关键的，他对信托财产管理或处理的经济效果直接决定了一项信托事务的成效。

信托一般由专门的信托公司经营。大的商业银行由于条件优越，也设立信托部办理信托业务。我国各商业银行曾大量涉足信托业务，但从 1995 年开始，根据分业经营、分业管理的原则，各商业银行所办的信托投资公司均与银行脱钩，所以，我国银行目前不再经营信托业务。

3. 代理业务

代理业务是指银行（代理人）接受客户（被代理人）委托，代为办理指定的经济事项。银行代理业务有两个特点：一是综合性的服务业务，具有代客服务的性质；二是以收取手续费为收益来源。

代理业务种类繁多，主要的有：(1) 代收业务，主要是银行根据各种凭证以客户名义代替客户收取款项的业务。(2) 代客买卖业务，是银行接受客户的委托，代替客户买卖有价证券、贵金属和外汇的业务。(3) 代保管业务，即代委托人保管各种珍贵物品、有价证券等。(4) 代理融通业务，是由银行代客户收取应收款项并向客户提供资金融通的一种业务方式。(5) 其他代理业务，如代理监督合同执行、代理执行遗嘱、代理会计事务、代理保险、代理清理债务等。

4. 银行卡业务

银行卡是指由各商业银行（含邮政金融机构）向社会发行的具有消费信用、转账结算、存取现金等全部或部分功能的信用支付工具。

银行卡一般有借记卡和信用卡之分。借记卡是一种不具备透支功能的银行卡。信用卡是指由银行或非银行金融机构向其客户提供具有消费信用、转账结算、存取现金等功能的信用支付工具。持卡人可依据发卡机构给予的消费信贷额度，凭卡在特约商户直接消费或在其指定的机构、地点存取款及转账，在规定的时间内向发卡机构偿还消费贷款本息。

信用卡按是否向发卡银行交存备用金分为准贷记卡和贷记卡两类。贷记卡是指发卡银行给予持卡人一定的信用额度，持卡人可在信用额度内先消费、后还款的信用卡；准贷记卡是指持卡人须先按发卡银行要求缴存一定金额的备用金，当备用金账户余额不足支付时，可在发卡银行规定的信用额度内透支的信用卡。

使用信用卡，银行可以得到手续费、利息、扩大存款；持卡人不使用现金，不开支票就可以消费，方便、安全；商店可以及时收回款项，扩大营业。因此，信用卡业务在世界上发展迅速。近年来，我国信用卡业务量也在稳步上升。

（二）表外业务

根据巴塞尔委员会提出的判定标准，表外业务可分为广义和狭义两种。

狭义的表外业务即这里所讨论的表外业务，是指商业银行所从事的按国际会计准则不计入资产负债表内因而不影响资产负债总额，但在一定条件下会转变为表内资产或负债的业务，即狭义的表外业务构成了商业银行的或有资产和或有负债。

广义的表外业务，除了包括狭义的表外业务，还包括商业银行从事的所有不需要列入资产负债表中的业务。

表 7 – 4 罗列了一些西方商业银行的代表性表外业务。

表 7 – 4　西方商业银行表外业务的代表性产品

或有债权类	金融服务类
贷款承诺	贷款相关业务
透支便利	贷款发起
信贷额度	贷款服务
商业票据备用额度	贷款转让
备用信用额度	无追索权的资产销售
循环信用额度	销售贷款参与凭证
互惠存款协议	银团贷款代理行
回购协议	信托和咨询服务
票据发行便利	资产组合管理
担保	投资咨询服务
承兑	并购安排
有追索权的资产出售	税务和财务计划
备用信用证	信托和不动产管理
商业信用证	养老金计划管理
履约保函与赔偿	受托服务
背书	保管箱服务
互换和套期保值交易	离岸金融服务
外汇远期合约	经纪/代理服务
货币期货	股票债券经纪
货币期权	共同基金经纪
多币种互换	财产险经纪
利率互换	不动产代理
利率封顶、区间和保底合约	旅游代理服务
投资银行业务	结算服务
证券承销	数据处理
证券交易/分销	网络规划
黄金和商品交易	支票清算所服务
进出口服务	信用卡/借记卡
代理行服务	销售终端机
贸易咨询	家庭银行和网络银行
出口保险业务	现金管理系统
对销贸易	

近年来，新技术的发展和政府对监管的放松为银行开拓表外业务创造了良好的条件。同时，来自其他非银行金融机构对商业银行贷款客户业务的竞争威胁，也迫使其必须开拓新的收入来源。表外业务的发展，给银行带来了更多的发展机会，有利于提高其收益与竞争能力。但是，也必须重视与之俱来的高风险。

第三节　商业银行的经营原则与管理

商业银行是经营金融业务的企业。与其他企业一样，银行也是依法成立，有从事业务活动所需要的自有资本，实行自主经营，自负盈亏，依法活动，照章纳税，并遵循市场经济原则，以利润最大化为核心目标，在竞争中生存和发展。不一样的是商业银行在履行信用中介职能时，会吸纳风险，要管理风险须控制风险，以实现盈利和可持续发展。为了促进经营目标的实现，商业银行在长期的经营活动中逐渐形成了指导其业务经营活动的一些原则、理论和方法。

一、商业银行的经营原则

商业银行的经营要遵循安全性原则、流动性原则、盈利性原则，简称“三性”原则。

安全性原则是指银行在经营中要控制风险、弥补损失、保证银行稳健。银行与一般工商企业不同，它的自有资本所占的比重很少，主要靠负债经营。如果存户要求提款，银行必须予以满足，否则就会触发挤兑风潮，造成银行倒闭。这要求银行妥善地安排资产。从贷款和投资看，由于种种不确定因素，存在着拖欠和呆账风险、利率风险、流动性风险，风险一旦发生，必然影响银行存款的兑付和资金周转，影响银行收益，甚至危及银行本身的存亡。所以，安全性历来都是银行家高度重视的事情。

流动性原则是指银行应有能够随时应付客户提取存款、满足必要贷款等方面要求的能力其关键是在必要时能满足用款要求。保持流动性的必要，来自于银行资金来源的性质和资金运用的特点。银行的资金来源大部分是客户的存款和借入款，它们或者是要按时提取或者要随时兑付的。对于提取和兑付的要求，较为规律的，银行可以较精确地预计并做好安排。社会恐慌性提款往往由一些突发社会性事件引起，并且客户集中涌来，同时要求提存和兑付，这就是通常讲的“挤兑”。对此，银行难以预料。如果处置不当，就会丧失清偿力，甚至造成破产。流动性的要求也来自于资产运用方面，贷款和投资有收有放，它们也有一定的不确定性，这也要求银行保持流动性。为了保持流动性，银行在安排资金运用时，一方面要力求使资产具有较高的流动性，另一方面必须力求使负债业务结构合理并确保自己有较多的融资渠道和较强的融资能力。

追求盈利是商业银行经营总目标的要求，是银行改进服务、不断开拓业务经营的内在动力，也只有在保持理想盈利的水平上，商业银行才能不断充实资本，加强经营实力，巩固信誉，在竞争中发展壮大。这一原则占有核心地位。

以上三个原则有统一的一面，也有矛盾的一面。一般说来，安全性与流动性正相关，流动性较强的资产，安全有保障，风险较小。但它们与盈利性往往有矛盾。流动性强，安全性好，盈利率一般较低。如现金资产的流动性最强，也最安全，但不生利；反之，盈利性较高的资产，往往流动性较差，风险较大。因此，银行在其经营过程中经常面临两难选择：为增强经营的安全性、流动性，就要尽量把资金投放在短期运用上，但这样必然影响银行的盈利水平。为了增加盈利，就要把资金投放在周期较长的贷款和投资上，这也必然会影响银行经营的安全性和流动性。银行经营管理的艺术就是要在各方面进行权衡和协调，在保证安全和流动的前提下，追求利润最大化。

二、商业银行的经营管理理论

究竟如何才能实现盈利性、安全性、流动性三原则的要求？理论界和业界一直在探索。随着各个历史时期经营环境条件的变化和实践的创新，西方商业银行的经营管理理论和实践依次经历了资产管理、负债管理、资产负债综合管理的演变过程。

（一）资产管理理论

资产管理理论是商业银行的传统管理理论。在20世纪60年代以前，银行资金来源比较单一，大多是吸收活期存款，主动权在客户手上，银行管理起不了决定影响，而资金运用的主动权却在银行手上，这样，银行经营管理的重点就放在资产方面。资产管理的重点是流动性管理。随着经济环境的变化，银行业务的发展，资产管理理论也经历了三个不同发展阶段。

第一阶段：商业贷款理论，又称真实票据理论。它产生于200多年前，认为银行放款应该是短期商业性的，并有真实商业票据为凭，因为这种贷款具有自动清偿性质，既符合流动性要求，又能带来适当的收益。这种典型的资产管理理论，在相当长的时期内支配着商业银行的业务经营，在此理论影响下，银行只发放短期易变现的贷款。

第二阶段：可转换理论。它产生于第一次世界大战之后。这一理论认为，银行能否保持流动性，关键在于资产的变现能力。把可用资金的一部分投放于能在二级市场出售的证券上，是可以满足银行流动性需要的。显然，这种理论是以金融工具和金融市场的发展为背景的。可转换理论的实际应用是把银行的资产业务拓展到了证券上。

第三阶段：预期收入理论。第二次世界大战后，经济发展带来了多样化的资金需求，不仅短期贷款的需求有增无减，而且产生了大量的设备投资贷款需求，在这样的背景下，产生了预期收入理论。这种理论强调的不是放款的用途和期限，也不是担保品是否容易变现，而是借款的预期收入。它认为，放款的偿还是以借款人未来收入为基础的，如果一项投资的未来收入有保证，哪怕是长期放款仍然可以保持流动性；相反，如果一项投资的未来收入没有保证，即使是短期贷款也有违约风险。所以，银行根据借款人的预期收入或现金流量确定放款计划，安排放款的到期日，银行就能保持规律性的现金流入，维持高度的流动性。

预期收入理论强调了贷款偿还与未来收入的关系，推动了商业银行业务经营向中长期设备贷款、分期付款的不动产贷款和消费贷款以及设备租赁等方面的扩展。

以上三种资产管理理论，反映了商业银行在不同发展阶段经营管理的特点。资产管理的各种理论也不是相互排斥的，而是相互补充的关系，反映了一种不断完善和发展的演进过程。各种理论都为银行的资产管理提供了新的思路，推动了资产业务的不断发展。

（二）负债管理理论

负债管理理论是在20世纪60年代的金融创新中发展起来的，银行一方面面临资金不足的窘境，另一方面为了维护与客户的良好关系，又必须满足客户的贷款需求，因此，不得不以创新方式去获取新的资金来源。这一理论的核心思想是把保证银行流动性的重点，从资产方面转到负债方面，主张以借入资金的办法来保持银行流动性。负债管理理论认为，银行流动性不仅可以通过资产管理来获得，也可以通过向外借款来得到。银行无须经常保持大量的准备资产，完全可以将资金更多地投放到高收益的资产上去，而一旦需要周转资金，则可向外筹借。

负债管理开创了保持银行流动性的新途径，它使银行不再单纯地依靠吸收存款的被动型负债，而是发展了向外借款的主动型负债。这种理论的运用改变了银行过去按照已有的负债来调整资产以适应之的做法，银行开始根据资产的需要来调整负债，让负债去适应和支持资产。负债管理使银行更富于进取精神。

但是这一理论是建立在对吸收资金抱有信心并能够如愿以偿的基础上的，它存在着明显的缺陷：一是提高了银行的融资成本，因为借款成本通常要比存款利率高；二是增加了经营风险，当银行不能从市场借到相应的资金时，就可能陷入困难，而市场是变幻难测的；三是不利于银行稳健经营，短期资金来源比重增大，借短放长的问题日趋严重，银行不注意补充自有资本，风险增加了。

（三）资产负债（综合）管理理论

目前流行的是资产负债管理理论产生于20世纪80年代初。这种理论认为，只有根据经济的变化，通过资产结构和负债结构的共同调整，通过资产、负债两方面的统一协调管理，才能实现盈利性、安全性、流动性的均衡，为银行谋取最大利润。而单纯的资产管理过于偏重安全和流动，往往以牺牲盈利为代价，不利于鼓励银行家进取经营；单纯的负债管理过于强调依赖外部借款，增大了银行经营风险。它们都带有一定的偏向。把资产和负债两个方面结合起来的管理才是更有效率的管理。

三、资产负债（综合）管理方法

资产负债综合管理的具体方法多种多样，目前各国商业银行较常采用的有缺口管理法和资产负债比例管理法。

（一）缺口管理法

缺口管理法，是根据期限或利率等指标将资产和负债分成不同的类型，然后对同一类型的资产和负债之间的差额，即缺口，进行分析和管理。以利率指标为例，商业银行的资产和负债都可以分为固定利率和浮动利率两种类型，根据这两类资产和负债的不同组合，可以有三种不同的缺口管理战略。

（1）零缺口，即浮动利率资产等于浮动利率负债。在这种情况下，利率水平上升，资产收益和负债成本都将同比例上升；反之亦然。所以，从理论上讲，银行收益不受利率波动的影响。

（2）正缺口，即浮动利率资产大于浮动利率负债。在这种情况下，利率水平上升，资产收益增加较大，而负债成本增加较少，所以银行利差收入会扩大；反之，利率水平下降，银行利差收入会减小。

（3）负缺口，即浮动利率资产小于浮动利率负债。这种情况与正缺口相反，若利率水平上升，银行收益会下降；反之则上升。

因此，银行管理者应根据对利率波动方向的判断和愿意承担的风险选择不同的战略。

（二）资产负债比例管理

资产负债比例管理是通过一系列资产负债比例指标来对商业银行的资产和负债进行监控和管理的办法。它既可以作为商业银行自身的一种业务管理方式，也可以作为监管当局对商业银行实施监管的一种手段。商业银行从业务管理角度确定比例指标时，应受监管当局确定的比例指标的约束。

四、风险管理

风险管理不仅对商业银行极为重要，对所有金融机构也同样重要。前面介绍的资产管理、负债管理和资产负债综合管理，都属于风险管理的范畴。随着全球经济的不断发展，许多国家和地区取消了利率和汇率管制，使利率和汇率以及金融产品的价格波动加剧，金融的风险也日益增大。同时，随着现代通信技术，特别是互联网的发展，使金融风险的扩散速度加快。基于此，近年来商业银行的风险管理备受关注并在商业银行管理中占据重要地位。

从事经济金融活动就必须承担相应风险，风险是无法消除的，但是可以采取一些措施来降低风险发生的概率和减小风险发生时所产生的不利影响，这就是风险管理。在风险管理中，商业银行通过识别、评估、预警和控制风险等工具与手段，吸纳、对冲、分散、转移风险，以实现在风险管理中稳健经营。

（一）风险管理的含义

风险管理是指通过对风险的认识、衡量和分析，选择最有效的方式，主动地、有目的、有计划地处置风险，争取以最小成本获得最大安全保证的系统的制度和方法。商业银行的风险管理是贯穿银行经营的“事前”“事中”和“事后”全过程管理。特别是对于贷款等资产业务及具体项目进行风险评价，对商业银行的决策有重大意义。

（二）风险管理与内部控制

风险管理不只是风险的计量和据以进行经营决策的问题，更值得关注的是，商业银行内部控制失效所引发的风险。商业银行内部控制是指商业银行为实现经营目标，通过制定和实施一系列制度、程序和方法，对风险进行事前防范、事中控制、事后监督和纠正的动态过程和机制。

（三）风险管理原则

（1）全面性。银行风险管理不是只针对某一方面进行的，而应当渗透到商业银行的各项业务过程和各个操作环节，覆盖所有的部门、岗位和人员。不能留有死角和空白。

（2）审慎性。风险管理应当以防范风险、审慎经营为出发点，商业银行的经营管理，尤其是设立新的机构或开办新的业务，都应当体现风险“内控优先”的要求。

（3）有效性。风险管理应当具有高度的权威性，真正落到实处，任何人不得拥有不受内部控制约束的权力；内部控制存在的问题应当得到及时反馈和纠正。

（4）独立性。风险管理中的内部控制的检查，评价部门应当独立于内部控制的建立和执行部门，并有直接向董事会和高级管理层报告的渠道。

☞ 阅读专栏

中行“原油宝”事件

“原油宝”是中国银行面向个人客户发行的挂钩境内外原油期货合约的交易产品，按照报价参考对象不同，包括美国原油产品和英国原油产品。中国银行作为做市商提供报价并进行风险管理。个人客户在中国银行开立相应综合保证金账户，签订协议，并存入足额保证金后，实现做多与做空双向选择的原油交易工具。

2020 年 3 月以来，国际原油期货价格不断波动，此后甚至一度收于负值。由于中行交易产品“原油宝”在 2020 年 4 月 20 日晚 10 时中止交易，这就使得还未及时移仓的中行“原油宝”客户，不仅赔光本金，还倒欠银行不少钱。由此导致了“原油宝”事件。

2020 年 12 月 5 日，银保监会官网公布针对中国银行“原油宝”事件的处罚通报。通报指出，中国银行“原油宝”产品风险事件相关违法违规行为主要包括：一是产品管理不规范，包括保证金相关合同条款不清晰、产品后评价工作不独立、未对产品开展压力测试相关工作等；二是风险管理不审慎，包括市场风险限额设置存在缺陷、市场风险限额调整和超限操作不规范、交易系统功能存在缺陷未按要求及时整改等；三是内控管理不健全，包括绩效考核和激励机制不合理、消费者权益保护履职不足、全行内控合规检查未涵盖全球市场部对私产品销售管理等；四是销售管理不合规，包括个别客户年龄不满足准入要求、部分宣传销售文本内容存在夸大或者片面宣传、采取赠送实物等方式销售产品等。

对此，银保监会以事实为依据，以法律为准绳，对中国银行及其分支机构合计罚款5 050万元；对中国银行全球市场部两任总经理均给予警告并处罚款50万元，对中国银行全球市场部相关副总经理及资深交易员等两人均给予警告并处罚款40万元。除依法实施行政处罚外，银保监会还暂停了中国银行相关业务、相关分支机构准入事项，责令中国银行依法依规全面梳理相关人员责任并严肃问责；同时，责令中国银行立即采取有效措施对有关问题进行整改。

通报后，中国银行对此进行了回应：我们坚决接受处罚，认真落实相关监管措施，针对产品管理不规范、风险管理不审慎、内控管理不健全、销售管理不合规等问题，深刻反思、汲取教训、举一反三，对有关责任人员依法依规严肃问责。

五、我国现行的资产负债管理及风险管理

中国人民银行于1994年起对商业银行实施资产负债比例管理，并提出了应遵循的原则和具体指标体系。

这一管理办法的基本原则是：第一，以资金来源制约资金运用的原则。各银行均应根据资本和负债的数量合理确定贷款规模，防止超负荷经营。第二，结构对应原则。即资产与负债的偿还期应保持一定的对称关系，安排长期性资金运用要以长期性资金来源为基础，流动性资产要与流动性负债相适应。第三，风险分散及防范原则。即银行在进行资产分配时，应尽量将贷款与证券投资的种类和对象分散开来，避免过分集中，以分散资产风险。同时，银行还要加强资产风险管理，不断降低资产风险含量，提高经营效益。

1998年1月1日起，我国取消了规模管理，实行“计划指导、自求平衡、比例管理、间接调控”。从直接调控转为间接调控，为增强商业银行的自主经营能力创造了条件。2015年8月29日，新修订的《中华人民共和国商业银行法》删除了贷款余额与存款余额比例不得超过75%的规定，将存贷比由法定监管指标转为流动性监测指标。

在风险管理方面，20世纪90年代度中期以前，我国商业银行整体上几乎没有专门的风险管理，随着《巴塞尔协议》及资产负债比例管理的推行，我国商业银行才逐步建立了专门的风险管理。

☞ 阅读专栏

中国人民银行、中国银行保险监督管理委员会关于接管包商银行股份有限公司的公告

鉴于包商银行股份有限公司（简称“包商银行”）出现严重信用风险，为保护存款人和其他客户合法权益，依照《中华人民共和国中国人民银行法》《中华人民共和国银行业

监管法》和《中华人民共和国商业银行法》有关规定，中国银行保险监督管理委员会决定自2019年5月24日起对包商银行实行接管，接管期限1年。现将有关事项公告如下：

一、接管期限

自2019年5月24日起至2020年5月23日止。

二、接管组织

接管组有中国人民银行、中国银行保险监督管理委员会会同有关方面组建。接管组组长：周学东；接管组副组长：李国荣。

三、接管内容

自接管之日起，接管组全面行使包商银行的经营管理权，并委托中国建设银行股份有限公司（简称“建设银行”）托管包商银行业务。建设银行组建托管工作组，在接管组指导下，按照托管协议开展工作。

接管后，包商银行正常经营，客户业务照常办理，已发保障银行存款人和其他客户合法权益。

中国人民银行 中国银行保险监督管理委员会

2019年5月24日

资料来源：中国人民银行官网.

第四节 商业银行的发展趋势

一、商业银行的综合经营

伴随着经济全球化的发展和人类社会科技的进步，商业银行的一个重要发展趋势是走向综合经营。

经济全球化导致全球金融市场竞争激烈。为适应经济全球化，银行业加强调整、兼并、合并和金融创新已使分业经营和分业管理名存实亡。在这种境况下，传统的经营模式被打破，银行与非银行金融机构之间的业务界线逐渐模糊，金融机构业务交叉并走向多元化、综合化。银行已经开始从传统的放款业务向证券投资领域进军，有些银行还将业务范围拓展到信托、抵押、保险等一些非传统银行业务领域，而证券、租赁、保险等金融公司也已开始向特定顾客发放贷款。

信息技术在以工具的形式形成金融业生产方式的同时，也通过对整体社会经济生活的改造来影响金融服务所面临的经营环境，尤其是互联网的发展。一方面，信息技术导入金融市场，进而产生了能提供极为廉价服务“网上经纪商”。高度的专业化分工使商业银行、大小券商、其他金融机构，甚至非金融机构（如资讯公司、网络公司等）都有机会发挥各自的特长参与投资理财类的网上交易。另一方面，电子商务的软件化和无形化使得原来的银证分离地带变得模糊，网上交易无疑为银行等其他金融机构参与证券业务、保险业务等提供了保护屏障，金融业务活动在信息技术的支持下日益融合。

可以说，当代以新型化、多元化、数字化为特征的金融创新，改变了传统的金融运作模式，银行与非银行金融机构之间的业务界限越来越模糊不清，金融机构业务交叉呈现自由化、综合化、国际化的新趋势。尤其是信息化和自由化是其中关键——信息技术对于金融业生产方式改变为综合经营提供了技术上的可行性，自由化则为综合经营在制度领域的确立开辟了道路。现今，发达的市场经济国家的混业经营有两种基本形式：一是在一家银行内开展信贷中介、投资、信托、保险等业务；二是以金融控股公司的形式把分别独立经营某种金融业务的公司链接在一起。

现阶段我国实行的是分业经营、分业管理的制度，其主要原因在于我国金融市场仍处于转型发展阶段，为减少信用扩张风险，防止资金过多流向证券和房地产等部门而助长投机，最终导致经济秩序紊乱。虽然这对于保证金融企业的规范运作和证券市场的健康发展都是十分必要。然而，面对目前国际金融业发展趋势，信息化和全球化以及我国金融改革的深化，我国既要求坚持分业经营与分业管理的基本框架，同时也放松了管制，并支持商业银行金融创新。从商业银行自身来讲，也有突破分业经营限制的内在要求和积极举措。因此，无论是考察日益激烈的国际金融竞争，还是从我国市场经济的内部因素考虑，综合经营都必将成为我国金融业发展的未来趋势。

二、商业银行的资产证券化

由于商业银行综合经营趋势的日益明显，以及与资本市场的联系更加广泛，商业银行的主要业务将更多地通过证券方式来运作。不仅商业银行负债业务的证券化（如发行股票、债券等）越发重要，资产的证券化趋势也日益明显，尤其是后者。

资产证券化是指发起人将可以产生稳定收入现金流的资产，通过结构设计、信用增级等技术手段转换为可在资本市场上流通的证券的过程；资产证券化是将存在的具有稳定未来现金流的非证券化资产集中起来，进行重新组合，据此发行证券的金融创新；资产证券化通常是将缺乏流动性的资产，转换为在金融市场上可以出售的证券的行为。由于资产证券化可以有效地使信用风险得以转换、分散，降低了风险累积的可能性。因此，它在化解金融风险方面具有重要的作用。

具体到商业银行的资产证券化就是对存量资产，如贷款、应收账款等进行结构设计、重新组合、信用增级转换成可销售的有价证券。资产证券化不仅降低了商业银行的信用风险，提高了商业银行的资本运营能力，还通过对初级产品的加工，提高了贷款组合的质量，分散了风险，使证券的担保人和投资人等众多市场参与者从中获得可观的收益。可以说，资产证券化是近年来世界上最重大的融资机制创新。

从国外的金融市场发展的经验来看，金融产品创新对推动金融体系结构调整有重要作用，源于美国资产证券化产品正是这样的创新。它在 20 世纪 80 年代清算信托公司（RTC）解决储贷机构住房抵押贷款流动性危机的过程中发挥了重要作用。近年来，MBS

和ABS发行规模和资产范围都得到迅速增大，有力地促进了美国商业银行资产风险的分散和流动性的改善，进一步强化了资本市场地位。目前，在我国金融市场发展现状下，资产证券化将能够丰富资本市场产品，打通货币市场同资本市场的通道，进一步推动资本市场健康发展；能够促进商业银行功能回归，分散和转移过度集中的金融风险，缓解流动性压力，最终促进资本市场和银行体系的协调发展。

资产证券化是金融市场与金融中介的关键结合点，其意义远远超出银行化解流动性风险的范畴。但同时我们也应该看到，资产证券化在化解某些风险的同时，由于资产结构的复杂性，风险信息的隐蔽性，有可能导致监管缺失而带来其他风险，即所谓的“双刃剑”作用。美国的次贷危机就是最好的例证。

三、商业银行经营的信息数据化

随着信息技术的发展，电子商务与现代银行业结合的产物——网络银行，已成为现代银行业发展的方向。

网络银行又称网上银行或在线银行，是指通过互联网或其他电子传送渠道，提供各种金融服务的新型银行，是因特网技术与现代银行业相结合的产物。它不同于传统的以物理形态存在的银行服务，是存在于电子空间中的金融活动，其存在形态是虚拟化的、运行方式是网络化的。网络银行发展迅猛的一个重要原因是，网络银行比传统银行具有明显的优势，例如，网络银行的许多服务方便快捷，超越了时空的限制，大大提高了服务效率；网络银行可以少设甚至不设分支机构，大大降低了各项成本；网络银行不仅提供大部分传统银行业务，还提供一些公共信息服务、投资咨询服务、综合经营服务等全新的业务，大大拓展了金融服务领域；网络银行以客户为导向的营销方式具有更强的吸引力。

网络银行的发展对传统银行业产生了重大影响：

1. 商业银行和非银行金融机构之间的界限越来越模糊

网络银行的发展使银行和金融机构能够迅速地处理和传递大量的信息，打破了商业银行和非银行金融机构之间的专业分工，各种金融机构提供的服务日趋相似，商业银行向保险公司、投资银行等非银行金融机构进行业务渗透；由于网络银行的交易成本低廉，支付结算越来越成为大众化的金融服务，银行业逐步转变为理财型、咨询型的金融机构。

2. 金融机构和非金融机构之间的界限越来越模糊

在商业银行与非银行金融机构抢占市场的同时，金融机构和非金融机构之间的业务渗透，使金融机构和非金融机构之间的界限也变得越来越模糊。

3. 银行业将从“分业经营”转向“综合经营”

网络银行的发展使银行业务的内涵和外延发生了重要的变化，银行开始涉足资本市场或金融衍生品市场，传统业务给银行带来的收益已不足40%，银行服务的综合化、全能化已成为现代银行的发展趋势。

4. 传统银行和金融机构的作用受到削弱

由于网上交易摆脱了时间和空间的限制，交易成本不断下降，这将吸引更多的金融交易从传统的金融机构转向互联网金融机构，结果加剧了金融“脱媒”的趋势，而传统银行和金融机构的作用却受到削弱。

5. 加剧了金融机构的兼并

随着因特网的发展，银行（或金融机构）的兼并风愈演愈烈。这是因为越来越多的客户通过网络获得金融服务，使中小银行（或金融机构）逐渐失去了贴近消费者的优势，再也不需要那么多的分支机构和工作人员；另外，计算机设备的巨额耗资，只有大银行（或金融机构）才有能力购置，小银行（或金融机构）不得不联合起来或附属于大银行（或金融机构）。金融机构通过兼并既降低了成本，又实现了规模效益。

☞ 阅读专栏

我国网络银行的发展

中国第一家网络银行是由互联网巨头腾讯公司牵头发起并于2014年12月12日开业的首家民营银行——深圳前海微众银行。该银行既无营业网点，也无营业柜台，更无须财产担保，而是通过人脸识别技术和大数据信用评级发放贷款。2015年6月开业的另一家民营银行——浙江网商银行也定位为网络银行，不设实体网点，不经营现金业务，通过网络数据甄别个人信用。

此前为大众所熟知的网络银行都是传统银行通过网络开展业务。实际上，由于自身规模较小且受远程开户以及信用体系开放共享等限制，目前我国网络银行业务的开展依然离不开传统银行。深圳前海微众银行和浙江网商银行都已不约而同地选择与商业银行建立合作关系。有一种观点认为，网络银行的优势是提供一个网上平台，将大众客户、小微企业的金融需求与金融机构链接起来，以降低交易成本，增强金融服务的普惠性，而不是向客户直接提供金融产品。也就是说，网络银行与传统银行的关系是互补而非竞争。

近年来，我国绝大部分商业银行都提供网上银行服务，不少用户推出了直销银行平台。银行网络业务在我国的开展，先是1996年6月中国银行在国内设立网站，提供网上银行服务。1997年4月，招商银行推出网上金融服务“一网通——网上支付”，并于1999年实现网上支付业务的全国联网，初步构造了中国网上银行的经营模式。1999年，中国建设银行、中国工商银行也开始向客户提供网上银行服务。2015年3月23日，工商银行推出e-ICBC，开始全面提供互联网金融服务，其中包括国有大行的首个直销银行平台（融e行）。此前，2013年9月18日，北京银行宣布与全球最大的直销银行平台机构荷兰国际集团合作推出中国首家直销银行；随后，民生银行、平安银行、兴业银行等数十家商业银行依次跟进。目前，各方正在探讨直销银行平台法人化的可能性与适宜方式。

从总体上看，我国网络银行的业务开展尚处于起步阶段，业务种类与业务量较少。对于传统银行业来说，网上业务还不能成为银行营利的主要手段。进一步发展网络银行需要网络人才的培养、网络基础设施建设和技术开发以及更为重要的社会信用体系建设。当然，网络银行的发展会导致金融业为综合化发展趋势增强。这对我国实施“分业经营、分业管理”的金融体制也提出了挑战。如何完善与网络银行有关的法律法规，加强对我国网络银行的金融监管也是亟待解决的问题。

本章关键词

商业银行　存款负债　非存款负债　银行资本　活期存款　定期存款　储蓄存款　现金资产　信用贷款　保证贷款　抵押贷款　质押贷款　票据贴现　中间业务　表外业务　融资租赁　银行卡　资产证券化　网络银行

复习思考题

1. 为什么说商业银行是特殊企业？
2. 商业银行的主要功能有哪些？
3. 试述存款负债和非存款负债的变化趋势。
4. 银行资本对银行非常重要吗？
5. 商业银行的现金资产主要包括哪些？
6. 什么是中间业务？什么是表外业务？二者的关系怎样？
7. 商业银行经营遵循的原则是什么？
8. 商业银行的资产负债管理理论主要有哪些？
9. 为什么综合经营是商业银行发展的必然趋势？
10. 资产负债比例管理法的含义与原则是什么？
11. 试述综合化、证券化和网络化经营在我国商业银行的表现。

第八章　中央银行

在现代货币银行体系中，中央银行处于核心地位，在经济与社会发展中发挥着重要的作用。中央银行不但负责货币发行工作，为政府和各类金融机构提供服务，而且担负着调控宏观经济的任务。本章将对中央银行制度的基本情况及其职能和业务予以阐述。

第一节　中央银行概述

一、中央银行的产生与发展

（一）中央银行产生的客观原因

中央银行是在商业银行的基础上经过长期发展逐步形成的。在 18 世纪和 19 世纪，由于产业革命的兴起，银行业获得了迅速的发展。银行数量的迅速增加，虽然促进了资本主义经济繁荣，但也带来了一系列问题需要解决。

1. 银行券的发行问题

中央银行形成以前，没有专门的发行银行，各商业银行都有发行银行券的权力。许多商业银行为了扩大其资金来源，都把发行银行券作为自己的重要业务。随着资本主义经济和银行业的发展，银行券分散发行制度的缺陷便逐渐暴露出来。一是小银行的活动由于受到地区的限制，其发行的银行券只能在狭小的范围内流通，给生产和流通造成很多困难；二是为数众多、资金实力薄弱的小银行发行的银行券往往不能兑现成金属货币，加剧了货币流通的混乱与危机。银行券发行的混乱，严重阻碍了商品经济的发展，导致金融危机频繁发生，客观上要求在全国范围内由享有较高信誉的大银行来集中发行货币，以克服分散发行造成的混乱局面。

2. 票据交换和清算问题

随着银行业务的不断扩展，债权债务关系错综复杂。银行每天收受票据的数量也日益增多，由各家银行自行轧差进行当日结算便发生困难，不仅异地如此，同城亦然。虽然当时欧洲的一些大中城市已经建立了票据交换所，但还不能为所有的银行服务，也不能从根本上解决全国性票据交换和清算问题。这就在客观上要求建立一个全国统一的、有权威的、公正的清算机构为之服务。

3. 最后贷款人问题

随着资本主义生产和流通的扩大，对贷款的要求不仅数量增多，而且期限延长。商业银行如果仅用自己吸收的存款来发放贷款，不仅不能满足社会经济发展的需要，还可能因贷款过度削弱其清偿能力；若以自己发行的银行券为支撑，又要为防止挤兑风潮引致银行破产而担惊受怕。所有这些，常常使商业银行陷于资金调度不灵的窘境，使银行缺乏稳定性，从而在客观上要求有一个银行的银行作为其后盾，能够在商业银行发生资金困难时给予必要的贷款支持。

4. 向政府融资问题

在资本主义制度的确立过程中，政府的职能也逐步得到加强。政府职能的加强也增加了政府的开支，为了弥补政府的财政赤字问题，从银行融资成为政府获取资金的主要渠道。即使不发生财政赤字问题，由于政府在实行相关职能时出现的先支后收问题，也会造成财政的短缺，但是政府和银行的关系并不能保持长久稳定，当需要大额资金时，很难在第一时间获取，这就需要有一家专门的机构对政府的收支账户、资金往来和融资等问题进行专门管理。

5. 金融业监管问题

同其他行业一样，以营利为目的的金融企业之间存在着激烈竞争。人们逐渐发现，与一般企业不同，由于金融企业联系着千家万户，因而它在竞争中的破产、倒闭给经济造成的震荡要大得多。因此，为了防止经济危机，防范和化解金融风险，客观上需要有一个代表社会利益的超越于所有金融企业之上的专门机构专事对金融业的监督和管理，以保证金融业的安全与规范经营。

中央银行正是为解决上述问题而产生的。但上述问题又并非同时产生，中央银行的形成也有一个发展过程。

（二）中央银行的历史演进

中央银行的建立主要是通过两条途径：一是从众多的商业银行中逐渐分离出一家银行，专门执行中央银行职能，其典型代表是英格兰银行；二是由政府出面组建中央银行，其典型代表是美国中央银行。

☞ 阅读专栏

英国中央银行与美国中央银行的产生

英格兰银行成立于1694年，由于它最早全面发挥中央银行职能，因而被认为是现代中央银行的始祖。英格兰银行成立时是一家以股份制形式出现的商业银行，成立之初就已具有与其他银行不同的特权，例如接受政府存款并向政府提供贷款，在发行银行券上有优势等。但成为中央银行的决定性的第一步，即基本垄断货币发行权，却是其成立150年后的1844年。1844年通过的《英格兰银行条例》，使英格兰银行获得了银行券发行独占权。

同时，因为其他商业银行需要银行券时必须从英格兰银行提取，所以必须在英格兰银行存款，这就使英格兰银行又成了集中其他商业银行一部分存款准备金的银行，实际上奠定了英格兰银行作为中央银行的基础。1854年，英格兰银行成为英国银行业的票据交换中心；1872年，它开始对其他银行负起在困难时提供资金支持即“最后贷款者”的责任；并且由于它在发生金融危机时的特殊作用，使它具有相当程度的全国金融管理机构的色彩。英格兰银行就这样逐步从商业银行发展成中央银行。

美国的中央银行——联邦储备体系成立较晚。1791年，美国联邦政府批准成立第一国民银行，标志美国联邦政府管理银行的开始，是美国中央银行的雏形。该行注册年限为20年，这期间只执行了部分中央银行职能，由于政治因素到1811年期满后停业。迫于银行业发展的需要，1816年美国第二银行成立，仍是政治因素使然，1836年注册期满后停业。至此，美国早期两次成立中央银行的尝试都未能持久。1837—1863年是美国历史上的自由银行时期，在大多数州，只要具有一定资本，任何人都可申请设立银行，结果造成银行家数剧增，货币流通和信用混乱，每隔数年出现一次金融恐慌，倒闭一大批银行，史称“野猫银行”。这种状况使美国逐渐认识到建立中央银行的必要。1908年美国国会成立全国货币委员会，着手进行货币银行制度的改革。1913年12月国会通过《联邦储备法》成立联邦储备体系，美国历史上第一次创建了中央银行制度。

资料来源：http：//www. bankofscotland. co. uk/，http：//www. federalreserve. gov/.

中央银行的发展历史大致可以分为三个阶段。第一阶段是从19世纪中叶到第一次世界大战爆发前，这是中央银行的初创时期。这期间，世界上设立的中央银行约有29家，其中绝大部分是在欧洲国家。它们的产生主要是本国经济、金融发展的产物，并且除个别例外，都是由商业银行逐步演变而成的。

中央银行发展的第二个阶段是从第一次世界大战结束到第二次世界大战结束，这是中央银行的扩展时期。第一次世界大战结束后，面对世界性金融恐慌和严重的通货膨胀，1920年在比利时首都布鲁塞尔召开了一次国际经济会议，要求未设中央银行的国家尽快建立中央银行，以恢复和稳定国际金融。此后，各国纷纷建立自己的中央银行，已建立中央银行的国家也采取很多措施，加强中央银行的地位。这一时期改组或新建的中央银行有43家。由于有老的中央银行创设和发展的经验可资借鉴，所以多数都是运用政府力量直接设计而成，在法律上具有明确的权责。中央银行的职能在这一时期逐步得到完善。

中央银行发展的第三个阶段是第二次世界大战以后，这是中央银行制度的强化时期。随着国家干预经济的加强，政府加强了对中央银行的控制，并利用中央银行来推行其货币金融政策。中央银行自产生之日起，就与政府有着千丝万缕的联系，它要执行政府的意志，为政府服务，受政府的控制。各国政府不论是为战争筹措经费，还是在战后发展经济，或者在经济危机中稳定经济都离不开中央银行。特别是在20世纪30年代国家开始干预经济以后，中央银行就日益成为政府调节宏观经济的重要工具。中央银行的货币政策已不仅着眼于稳定金融业自身，而且着眼于调节整个国民经济。第二次世界大战后，各国政府不断强化和完善中央银行制度。其主要表现是：

第一，实行中央银行的国有化。第二次世界大战以前，许多国家的中央银行股份是私人所有，为了使中央银行更好地代表国家管理金融，法兰西银行于 1945 年首先被收归国有，紧接着英格兰银行于 1946 年实行国有化。此后，其他国家相继效法。第二次世界大战后走向独立的新兴国家为了更好地管理本国货币流通、发展民族经济，一开始就由政府出资建立中央银行。即使还有少数国家的中央银行仍是私有或公私共有，但私人股东都没有经营管理权。

第二，加强国家对中央银行的控制。无论中央银行名义上是隶属于政府，还是国会，中央银行的最高首脑都由政府任命，业务活动不能脱离国家社会经济发展的总目标。例如在日本，经济增长的重要资金来源于日本的中央银行日本银行的贷款。在美国，公开市场业务操作是美国的中央银行美国联邦储备体系调节货币供应量的重要手段。

第三，中央银行调控宏观经济的职责得到强化。过去，中央银行主要是提供服务，管理金融机构。战后，各国纷纷制定新的银行法，授予中央银行调节宏观经济的任务，如：美国 1946 年通过的《充分就业法》规定中央银行肩负着促进最大限度的生产、就业和购买力的责任。联邦德国 1957 年通过的《德意志联邦银行法》规定中央银行的主要任务是调节货币流通和信贷，以达到保证货币币值稳定的目的。法国 1973 年公布的《法兰西银行法》规定中央银行的总任务是在全国政治、经济和金融领域中承担有关监督货币和控制信贷的职责等等。这些立法为中央银行发挥宏观调节作用提供了保障。

二、我国中央银行的产生与发展

（一）旧中国的中央银行

我国的中央银行萌芽于 20 世纪初，由于清朝末年货币流通极其混乱，政府财政极度亏空，为了整理币制，满足财政需要，清政府户部于 1905 年在北京成立户部银行，1908 年改为大清银行。该行除经办存款、贷款、汇兑业务外，还拥有代理国库、发行纸币的特权。1908 年清政府邮传部又成立交通银行，该行也享有发行纸币、经理政府部分收支的特权。清政府垮台以后，大清银行改组为中国银行，中国银行和交通银行由北洋政府控制，部分地承担了中央银行职责。1924 年广东国民政府在广州设立中央银行，1927 年解散。武汉国民政府于 1927 年 1 月成立中央银行，同年 9 月停业。

南京国民政府建立后，1928 年 11 月在上海成立“中央银行”。该行被授予经理国库和发行钞票的特权，并在全国各地设立分支机构，行使中央银行职责。但是，“中央银行”并不是唯一的发行银行，中国银行、交通银行和 1935 年成立的中国农民银行都有货币发行权。1937 年国民党政府成立中央、中国、交通、农民四行联合办事总处，负责办理政府战时金融政策及有关业务。1942 年，四行联合办事总处发布命令，规定“中央银行”从 1942 年 7 月 1 日起，统一货币发行，集中管理和经营外汇，代理国库，集中存款准备金，集中办理票据交换，集中办理再贴现。这表明，国民党政府的中央银行制度基本形成了。1949 年国民党在大陆失败后，这家银行随国民党迁往台湾，成为中国台湾地区的中央银行。

（二）新中国的中央银行

新中国的中央银行的发展演变，有着显著的中国特色。

新中国的中央银行是中国人民银行，它是在革命根据地银行的基础上，于 1948 年 12 月 1 日正式成立的。中华人民共和国成立后，一直到 1978 年末，长期内实行的是“大一统”的银行体制，全国基本上只有中国人民银行一家，它既行使中央银行的职能，又办理普通银行业务，一身二任。这种体制与当时实行的高度集中的计划经济体制是相适应的。

1979 年，我国开始进行经济体制、金融体制改革。金融改革首先是要打破大一统的银行制度。1979—1983 年，陆续恢复和建立了一些专业银行和其他各种金融机构。与此同时，银行业务种类、信用形式、市场调节在经济运行中的地位都发生了很大变化，对外金融活动也日渐频繁。这些变化使得金融领域中的管理、调控问题上升到一个特别重要的位置。但这时中国人民银行仍然一身二任，既承担中央银行的职责，又继续兼办工商信贷、城镇储蓄和结算业务，这就不可避免地削弱了对金融业的管理和宏观控制。

1983 年 9 月 17 日，国务院发出《关于中国人民银行专门行使中央银行职能的决定》，决定中国人民银行为我国的中央银行，原由中国人民银行办理的工商信贷和城镇储蓄、结算业务则由新成立中国工商银行来承办。1984 年 1 月 1 日起，中国人民银行正式专门行使中央银行职能。至此，新中国真正意义上的中央银行制度得以确立。

但是，初期的中央银行制度还很不完善，如中央银行制度没有法制化，在日常工作中以条例和决定来代替法律法规；中央银行与政府的关系还没有理顺；中央银行宏观调控的货币政策工具尚未建立健全等。总之，这时的中央银行制度还相当不规范。

1995 年 3 月 18 日，第八届全国人民代表大会第三次会议通过了《中华人民共和国中国人民银行法》，这是新中国成立以来制定的第一部金融大法，为把中国人民银行建成真正的、规范的中央银行提供了有力的法律保障，开创了我国中央银行制度的新纪元。此后，我国中央银行制度进行了一系列的改革，逐步走向完善。

三、中央银行制度的类型

中央银行制度的形式，是由各国的社会经济制度、历史习惯等因素决定的。一般可将中央银行制度的形式划分为四种类型：单一的中央银行制度、复合式中央银行制度、跨国的中央银行制度和准中央银行制度。

（一）单一的中央银行制度

单一的中央银行制度是指一国单独建立中央银行机构，由其执行中央银行的全部职能，并领导全国金融事业的制度。单一的中央银行制度又有以下两种情况：

1. 一元式中央银行制度

这种体制是在一个国家内只设立一家中央银行，其机构设置一般采取总分行制，总行通常设在首都或该国的经济金融中心城市，目前，世界上大多数国家实行这种中央银行制度。我国在 1984 年之后也实行这种制度。

2. 二元式中央银行制度

这种体制是指在全国设立中央一级的中央银行机构和相对独立的地方一级的中央银行机构，按规定分别行使权力，中央级与地方级的机构共同构成一个体系的中央银行制度。采取二元式中央银行制度的主要是一些联邦制国家，如美国、德国等。美国联邦储备体系是这一类型的典型代表。美国的中央银行称为联邦储备体系，该体系包括联邦和地方两级央行机构。在联邦一级设立联邦储备委员会、联邦公开市场委员会和联邦顾问委员会三个机构。其中，联邦储备委员会是最高决策机构。在地方一级，美国将全国划分为 12 个联邦储备区，每一个储备区设一家联邦储备银行，各联邦储备银行可以根据需要设立分行。设在华盛顿的联邦储备委员会与各联邦储备银行形式上不是总行和分行的关系，而是一个指导和协调的关系。

（二）复合式中央银行制度

复合式中央银行制度是指一个国家没有专司中央银行职能的银行，而是由一家大银行集中央银行职能和商业银行职能于一身的银行体制。这种体制主要存在于实行计划经济体制的国家，如苏联、东欧国家，我国 1983 年以前也实行这种银行体制。

（三）跨国的中央银行制度

跨国的中央银行制度是指由参加某一货币联盟的所有成员国联合设立的中央银行制度。跨国中央银行的主要职能是发行货币、为成员国政府服务、执行共同的货币政策以及有关成员国政府一致决定的事项。其最大的特点是跨国行使中央银行的职能。

第二次世界大战后，一些地域相邻、经济贸易上联系密切的欠发达国家，为促进共同的经济发展，组建了货币联盟。在联盟内发行共同的货币，执行共同的金融政策，并建立共同的中央银行。例如，西非货币联盟设立的西非国家中央银行、中非货币联盟设立的中非中央银行，以及东加勒比海货币管理局等。1998 年，欧洲联盟建立了统一的中央银行——欧洲中央银行。欧洲中央银行是一个典型的跨国中央银行。欧洲央行行址设在德国的法兰克福，其基本职责是制定和实施欧洲货币联盟内统一的货币政策。从 1999 年 1 月 1 日起，欧洲中央银行开始正式运作。从 2002 年开始，欧元钞票和硬币进入流通，取代所有货币联盟参加国的货币。从制度构架上讲，欧洲中央银行由两个层次组成：一是欧洲中央银行本身；二是欧洲中央银行体系。后者除欧洲中央银行外，还包括所有欧元区成员国的中央银行，类似联席会议。前者具有法人身份，而后者没有。欧洲中央银行与各成员国中央银行之间的关系可以粗略地理解为决策者和执行者的关系，也就是说，欧洲中央银行要为欧元区内所有国家制定统一的货币政策，然后交由各成员国中央银行去实施。各国中央银行失去其独立性，从而事实上成为欧洲中央银行的分行。

（四）准中央银行制度

准中央银行制度也称类似中央银行制度，它是指某些国家或地区只设置类似中央银行的货币管理机构或授权商业银行行使部分中央银行职能的制度。

实行准中央银行制度的国家和地区有新加坡、中国香港、斐济、伯利兹、巴尔代夫、利比里亚、莱索托等。例如，新加坡是金融业较发达的国家，亚洲著名的离岸金融市场和国际金融中心。然而，新加坡却没有中央银行，中央银行的职能由金融管理局和货币委员会两家机构来承担，金融管理局行使除货币发行以外的所有中央银行职能，职能近乎完善，相当于中央银行。货币委员会主要负责发行货币，保管发行准备金。香港现行的中央银行职能由下列机构来承担：成立于1993年的金融管理局，集中行使货币政策、金融监管和支付体系管理等中央银行基本职能；香港银行公会参与协调货币和信贷政策；港币发行由汇丰银行、渣打银行和中国银行负责，辅币则由港府自己发行；票据交换所由汇丰银行管理。

四、中央银行的资本组成类型

中央银行的资本组成是指中央银行的初始资本金是如何形成的，一般来说，世界各国中央银行的资本组成形式主要有以下五种。

（一）全部资本为国家所有的中央银行

全部资本为国家所有的中央银行有两种情况，一种是由国家直接出面投资建立，另一种是将私人所有或者部分国家所有的中央银行，通过国有化改组成立的全部资本归国家所有的中央银行。例如，荷兰、挪威、澳大利亚等国家的中央银行属于此类型。

（二）国家和私人共同拥有股份的中央银行

国家和私人共同拥有股份的中央银行也被称为混合所有制的中央银行，其资本金的一部分为国家所有，另一部分为私人所有，一般国家持股占资本总额的一半以上。例如，日本银行资本总额为1亿日元，国家持有总资本的55%，私人持有剩余的45%。

（三）全部股份由私人所有的中央银行

全部股份由私人所有的中央银行，即全部股份非国家所有的中央银行，由政府赋予私人银行执行中央银行职能，但是在执行职能过程中某些职能会受到限制。意大利的中央银行——意大利银行是典型代表。1936年，意大利银行成为唯一发行货币的银行，并且资本全部来自私人。

（四）无资本金的中央银行

无资本金的中央银行指的是在建立之初根本就没有资本金，由国家授权执行中央银行职能。中央银行运用的资金，主要是各金融机构的存款和流通中的货币，作为中央银行，有无资本金在其实际业务活动中并不重要。例如，韩国的中央银行就是没有资本金的特殊法人。

（五）资本为多国共有的中央银行

多国共有是指跨国中央银行的资本不为某一国家所独有，是由共同组建中央银行的各成员国按照一定比例认缴中央银行资本，各国以认缴比例拥有对中央银行的所有权。例如，欧洲中央银行就是典型的代表。

五、中央银行的机构设置

中央银行机构设置包括最高权力机构的设置、总行内部职能机构设置和分支机构的设置等内容。

（一）中央银行最高权力机构的设置

中央银行的最高权力可分为决策权、执行权和监督权。就世界多数国家而言，中央银行最高权力机构的设置基本可分为两种类型：

1. 决策权、执行权、监督权合一型

这是将决策、执行、监督权集于一身的中央银行，其最高权力机构一般是理事会，英国、美国、马来西亚、菲律宾等国属于这一类型。如美国联邦储备系统的最高权力机构是联邦储备委员会。联邦储备委员会负责制定并执行金融政策，对联邦储备银行和会员商业银行的活动进行管理和监督。

2. 决策、执行、监督权分开型

日本、德国等属这种类型。如日本银行的最高决策机构是政策委员会，该委员会负责制定日本银行的重大政策措施，如货币政策的制定，政策工具的选择等。日本银行的执行机构是日本银行理事会，负责日本银行日常工作。监事会负责监督检查日本银行的业务和政策执行情况。

☞ 延伸阅读

纽约联邦储备银行的特殊作用

纽约联邦储备银行在联邦储备体系中地位特殊，其原因有：第一，美国许多最大的商业银行都位于纽约延伸地区，它们的安全性和稳健健性对于美国金融体系的健康发展至关重要。纽约联邦储备银行负责监管区内的银行控股公司和州注册会员银行，使之成为美国金融体系中最重要金融机构的监管者。毫无疑问，由于这些责任，银行监管组是纽约联邦储备银行最大的部门之一，也是到目前为止联邦储备体系中最大的银行监管组。第二，纽约联邦储备银行积极参与债券和外汇市场。该银行设有公开市场交易室，负责实施公开市场操作，即买卖债券，决定银行体系的准备金规模。由于对国债市场的积极参与，加之距离纽约证券交易所仅有数步之遥，纽约联邦储备银行官员与美国主要国内金融市场保持密切联系。此外，纽约联邦储备银行还设有外汇交易室，代表联邦储备体系和美国财政部进行外汇市场干预。参与这些金融市场，意味着纽约联邦储备银行是国内外金融市场动向的重要信息源，特别是在危机期间（例如最近发生的次贷危机），同时也是联邦储备体系官员与市场私人参与者之间的桥梁。第三，纽约联邦储备银行是联邦储备银行中唯一的国际清算银行（BIS）会员。于是，纽约联邦储备银行行长同联邦储备委员会主席一起，共同代表联邦储备体系参加与其他主要中央银行行长的BIS每月例会。与国外中央银行行长的密切接触，以及与外汇市场的互动，意味着纽约联邦储备银行在同其他中央银行行长以及私人市场参与者的国际交往中作用特殊。纽约联邦储备银行在国际金融圈的地位显赫，还因为它存储了世界上1 000多亿美元的黄金，比诺克斯堡（Fort Knox）金矿的储量还多。第四，在联邦储备银行行长中，纽约联邦储备银行行长是联邦公开市场委员会唯一有投票权的永久成员，担任联邦公开市场委员会副主席。这样，纽约联邦储备银行行长就同联邦储备委员会的主席和副主席一起，成为联邦储备体系最重要的三位官员。

资料来源：弗雷德里克·S. 米什金. 货币金融学［M］. 北京：中国人民大学出版社，2021：235－236。

（二）中央银行总行内部职能机构设置

为了适应中央银行所担负的任务、职能、业务和金融管理的需要，各国中央银行内部都设置一些具体职能机构。尽管这些职能机构的名称、分工等各不相同，但概括起来大致分为以下几类：

（1）行政办公机构。它主要负责中央银行的日常行政管理、秘书、人事、后勤等方面的工作。

（2）业务机构。它主要负责办理货币发行、再贴现、再贷款、收受存款准备金、集中清算等业务操作。

（3）金融管理机构。它主要负责对金融机构、金融市场的管理，对金融业务活动的监督等。

（4）经济金融调研机构。它主要负责对有关经济金融资料和情报的收集、整理、统计、分析，对经济和社会发展情况进行研究，向金融决策部门提出建议。

（三）中央银行分支机构的设置

中央银行的分支机构是总行的派出机构，在所辖区域内贯彻总行制定的方针和政策，完成总行交办的任务。在中央银行分支机构的设置上各国因政治、经济等方面的差异，存在着诸多不同，但大体上有三种情况：

（1）按经济区域设置分支机构。世界上大多数国家的中央银行分支机构是按经济区域设置的，如美联储、英格兰银行等。

（2）按行政区划设置分支机构。这种方式一般与计划经济体制相适应。中国人民银行在1998年底以前也是按行政区划设置分支机构。

（3）注意经济区域的同时，兼顾行政区划。一般是按经济区域设置分行，而分行之下的机构则尽量与行政区划相一致。德国和日本的中央银行即是如此。1998年11月，中国人民银行按这样的原则调整分支机构的设置。

第二节　中央银行的性质和职能

一、中央银行的性质

中央银行是代表国家制定和执行货币金融政策、管理金融的国家机关，是特殊的金融机构；或者说它是具有银行特征的国家机关。

中央银行首先是国家机关。因为它是全国金融事业的最高管理机构，是政府在金融领域内的代理人。它负责制定和组织执行货币金融政策，监督管理全国金融机构和金融市场的活动，履行着国家管理经济的部分职能，因而是政府的组成部分，具有国家机关的性质。正是如此，人们也习惯把中央银行称作“货币当局或金融当局”。

但是，中央银行又不同于一般的国家行政管理机构，它还具有银行的一些形式特征，它要办理存款、贷款和结算业务。除特定的金融行政管理职责须采用通常的行政管理方式之外，主要的管理职责都是通过日常金融业务的经营来实现，是以所拥有的经济力量，如货币供应、利率、贷款等，对金融和经济活动进行调节和控制。

二、中央银行的职能

对于中央银行职能，一般的、传统的归纳是表述为：发行的银行、银行的银行和国家的银行三大职能。

（一）发行的银行

所谓发行的银行，是指中央银行垄断了银行券（货币）的发行权，成为全国唯一的现钞发行机构。

目前，世界上几乎所有的国家钞票都是由中央银行发行。至于硬币和辅币的铸造、发行，有的国家是由中央银行负责，有的国家是由财政部铸造后卖给中央银行，即是说发行收入归财政，最后由中央银行投入流通。我国人民币的纸币和硬币都是由中国人民银行负责发行的。

对银行券发行的管理各国都有较为严格的制度。实行金本位制的时代，银行券的发行要求有一定的黄金作为准备或保证。20世纪实行了不兑现的信用货币制度，通过银行办理转账的结算制度广泛推行使货币的范围变化了，不仅包括现钞，而且扩展到存款货币。由于现钞只占货币供给量的一小部分，货币流通的正常稳定与否不能只看现钞数量的多少，而是要看较大口径的货币供给（M1，M2）状况，这样，多数国家都把货币控制的重点放在对货币供给量的管理上。许多国家已经取消黄金作为发行准备，而改以政府债券或其他金融资产充当，有些国家则不再有发行准备的规定了。

货币的发行是中央银行重要的资金来源，为中央银行调节货币流通、干预经济提供了资金力量。同时，中央银行作为发行银行，必须承担保持货币流通顺畅、稳定货币的责任。

（二）银行的银行

所谓银行的银行，是指中央银行只同商业银行和其他金融机构发生业务往来关系，而不与工商企业和个人发生直接的信用关系。这一职能最能表现中央银行的“银行”特征。如同商业银行把社会公众当作其客户，为社会公众提供“存、放、汇”服务一样，中央银行把普通的金融机构作为自己的客户，为它们提供“存、放、汇”服务。中央银行在为普通金融机构提供服务的同时，还能对它们的活动施加影响。这一职能具体表现在三个方面：

1. 集中存款准备

通常是由法律规定的，商业银行及有关金融机构必须向中央银行交存一部分存款准备金。目的在于：一方面保证存款机构的清偿能力，以备客户提现，从而保障存款人的资金安全以及银行等金融机构本身的安全；另一方面是有利于中央银行调节货币信用，控制货币供应量。交存准备金的多少，通常是对商业银行及有关金融机构所吸收的存款确定一个提存的法定比例，有时还分别就不同种类的存款确定几个比例。同时，中央银行有权根据调节货币信用的需要，调整存款准备金上缴比率。集中统一保管商业银行存款准备金的制度，是现代中央银行制度的一项极其重要的内容。

2. 组织全国的清算

各商业银行及金融机构相互之间应收应付的票据通过中央银行组织的票据交换所进行交换。由于中央银行集中保管商业银行的准备金，各商业银行都在中央银行开有往来账户，因此，票据交换后的差额就通过在中央银行的账户进行最后清算。

3. 最后贷款人

当商业银行资金周转不灵时，可以向中央银行融通资金，中央银行成为全国银行业的最后贷款者。商业银行从中央银行融通资金的方式主要有：将其持有的票据、国库券向中央银行办理再贴现；以其持有的票据或有价证券作为担保品向中央银行办理再抵押；回购协议；直接取得信用贷款，该种方式运用较少。中央银行作为最后贷款人，目的是对资金周转发生临时困难的商业银行和其他金融机构给予支持，保护银行免于倒闭，以防止金融危机的发生。同时，为配合政府的经济政策，中央银行主动采取提高或降低再贴现率的措施，以影响商业银行向中央银行融资的成本，进而影响商业银行的贷款规模和货币供应量。

（三）国家的银行

所谓国家的银行，也称政府的银行，是指中央银行代表国家制定和执行货币金融政策，代理国库收支以及为国家提供各种金融服务；作为政府的金融代理人，办理政府在金融方面的事务。这一职能的具体表现是：

1. 代理国库

中央银行经办政府的财政收支，执行国库出纳的职能。如为政府开立各种账户接受国库存款，代理收缴税款，为国库办理支付，经办政府的财政预算收支划拨业务。通常国库存款不付利息，代理国库业务也不收取手续费。

2. 代理发行国家债券

各国中央银行一般都是国家债券的代理机构，国家债券的发行以及到期时的还本付息事宜常由中央银行代为办理。

3. 对国家给予信贷支持

中央银行在国家财政出现困难时一般负有提供信贷支持的义务。中央银行向财政提供资金支持的方式主要有两种：一是直接给财政以贷款或透支。这种方式大多是用以解决财政先支后收等暂时性的困难。在正常情况下，中央银行不承担向政府提供长期贷款和无限额贷款（或透支）的责任。因为人们认识到，不如此就容易导致政府无节制地利用中央银行信用弥补财政赤字，逼迫中央银行为支持财政而增发货币，从而破坏货币的正常供给和通货稳定。因此，许多国家以立法形式严格限制中央银行对政府贷款的期限和最高限额。二是购买国家债券。若是在一级市场上购进国债，资金直接流入国库；若是在二级市场上购进国债，资金间接流入国库。无论是直接还是间接，只要中央银行持有国家债券，就表明是对国家提供了融资。

4. 代国家持有、管理和经营黄金和外汇储备

黄金、外汇是国际清算债权债务的手段。国家持有的黄金、外汇被称为国际储备，任何一个国家都有一定数量的国际储备。中央银行负责为国家保管国际储备，并根据经济情况的变化，适时、适量购进或售出某种外汇或黄金，起到稳定货币和汇率、调节国际收支、促进国际收支平衡的作用。

5. 制定和实施货币政策

货币政策是国家对经济进行宏观调控的基本经济政策之一，各国一般都规定由中央银行制定和实施货币政策。这是现代中央银行的最重要职责。

6. 代表政府管理和监督全国的金融活动

中央银行作为一国金融管理的最高当局，要维护金融体系的健全与稳定。因此，根据法律规定，它自身或与其他金融管理机构一道，应对金融市场、商业银行和其他各种金融机构的业务活动和经营情况进行管理和监督，通常称之为金融行政管理。

此外，作为国家的银行，中央银行还是政府国际金融活动的代表，代表政府参加国际金融组织，出席国际金融会议，从事国际金融活动，签订国际金融协定；在国内外经济金融活动中，中央银行充当政府金融政策的顾问和参谋，提供经济、金融情况和决策建议。

☞ **阅读专栏**

中央银行金融稳定职能

修改后的《中国人民银行法》第二条增加了人民银行“防范和化解金融风险，维护金融稳定”的内容，即新的人行法明确赋予人民银行维护金融稳定的职能，这是我国第一次在法律中提出金融稳定的术语，说明人民银行的金融稳定职责由原来的隐性职责变成了法律层面的义务。

据世界银行2001年统计，自20世纪70年代后期到2000年，共有93个国家先后暴发了112场系统性银行危机；还有46个国家发生了51次局部性金融危机。从而促使各国政府及国际机构高度重视维护金融体系的稳定这一问题。为此，国际清算银行于1999年发起成立了“金融稳定论坛”，世界银行和国际货币基金组织联合开展“金融部门评估规划”，对一国金融稳定状况进行判断和评估。从此，金融稳定作为一个世界性课题，摆在了各国政府及金融监管当局的面前。近年来定期公布《金融稳定报告》的中央银行逐年增加。

对“金融稳定”概念，目前尚无严格的定义，中外大多学者是从“金融不稳定”的特征如金融机构发生大量挤兑、倒闭、金融资产价格剧烈波动、巨额金融资产缩水、社会融资环境发生重大变化等负面影响以及“金融体系的脆弱性”等方面来展开对金融稳定及其重要性的分析。

金融稳定是对金融运行状态的一种描述。在该状态下，关键性的金融机构保持稳健运行、金融资产的价格短期内不会发生剧烈波动、金融基础设施（含支付体系正常运行需要的硬件环境、金融法律、金融机构的内控制度等）完备并能良好实施，金融业自身能保持稳定、有序、协调发展，金融发展与经济可持续发展之间能保持协调发展。

中央银行做好维护金融稳定工作则包含三个方面的内容：一是中央银行作为最后贷款人在必要时救助高风险金融机构，化解系统性金融风险；二是中央银行与金融监管部门共享监管信息，采取各种措施防范系统性金融风险；三是建立监管协调机制，协调监管政策和措施。

第三节　中央银行的业务

一、中央银行的资产负债表

中央银行的业务活动可以从其资产负债表得到比较概括的反映。世界各国中央银行的资产负债表不尽相同，但其基本结构是相近的，概括起来有这样一些项目，如表 8－1 所示。

表 8－1　　中央银行的资产负债表（简表）

资产（资金运用）	负债（资金来源）
贴现和放款	流通中现金
政府债券和财政借款	金融机构存款
黄金、外汇	财政和公共机构存款
其他资产	其他负债
合计	资本
	合计

中央银行的负债项目主要有：（1）流通中现金或称为现金发行，包括商业银行库存现金和公众手持现金；（2）金融机构存款，包括它们按照法定准备率上缴中央银行的法定存款准备金，也包括它们存入中央银行的超额准备金；（3）财政和公共机构存款，主要是指国库、政府机构、公共部门的存款；（4）其他负债，指表中未列出的各种负债项目；（5）资本项目，体现了中央银行的自有资金。

中央银行的资产项目主要有：（1）贴现和放款，指对商业银行等金融机构的再贴现和贷款，体现了对金融机构的债权；（2）政府债券和财政借款，包括中央银行直接和间接购进而持有的政府债券，向财政提供的贷款，体现了对政府的债权；（3）黄金、外汇，指为政府保管的黄金、外汇储备，其中外汇储备体现了对国外的债权；（4）其他资产，包括表中未列出的各种资产项目。

二、中央银行的中间业务

中央银行的中间业务主要是指中央银行为商业银行和其他金融机构办理资金的划拨清算和资金转移。这一业务与中央银行集中商业银行存款准备金紧密相联。商业银行彼此由于交换各种支付凭证所产生的应收应付款项可以通过中央银行的存款账户划拨，从而使中央银行成为全国的清算中心。

中央银行清算业务包括同城票据清算和异地资金汇兑。中央银行分支行在各地都设立专门的票据清算机构，处理同一城市各商业银行的票据交换并结清各银行的票据交换差额。参加中央银行票据交换的银行均须遵守票据交换的有关章程，并在中央银行开立往来账户。参加中央银行票据交换的银行均为“清算银行”。只有清算银行方可参加中央银行的票据交换，非清算银行要办理票据清算必须委托清算银行办理。

中央银行不仅为商业银行办理同城票据交换和清算，还在全国范围内办理异地的资金转移，这种资金转移现在是通过中央银行的电子清算网络进行的。

三、中央银行业务活动的原则

中央银行的业务活动不同于一般的商业银行，具有较大的特殊性，必须遵循一定的原则。

（一）不以营利为目的

中央银行的目标是维护币值的稳定，并代表国家来管理、调节金融，保证整个金融体系的稳定，由此而决定了其一切活动要以整个社会的利益为主要目标，而不能是以其自身的盈利为目标。这是中央银行与商业银行和其他非银行金融机构最本质的区别之一。

（二）经营对象限于金融机构和政府

中央银行不同于一般商业银行和其他金融机构，它不能对一般企业和居民办理金融业务，其经营对象只限于金融机构和政府。如果允许中央银行从事一般银行业务，势必与普通银行发生竞争，这不仅是不合理的，而且会使中央银行丧失自己的超然地位，难以实现对金融的调控，从而就无法完成其根本任务。

（三）资产应具有最大的流动性

中央银行对国民经济进行宏观调控，手中需要掌握相当数量的资金，以满足其调节资金供求、稳定金融体系、促进经济增长的需要。保证资产具有最大流动性成为中央银行履行其职能的前提条件。中央银行要保证其资产具有最大的流动性，在经营资产业务时就必须注意：对商业银行尽量不发放长期贷款，对有价证券投资时应尽量避免购买期限太长、流动性较弱的证券，黄金、外汇储备应该保持一定的数量。

（四）定期公布业务状况

中央银行必须定期公布自己的业务状况，向社会提供有关的统计资料。定期公布业务状况，一方面有利于提高中央银行的信誉，增加制定、执行货币政策的透明度；另一方面有利于国内外有关方面准确、及时了解中央银行的政策，以便各界分析研究这些金融政策对国民经济及其自身可能带来的影响，并据以调整经营方针和策略，从而实现中央银行政策所预定的目标。目前，各个国家中央银行通常以月报、季报、年报的形式对外公布经营状况。

（五）分支机构设置要适当

中央银行由于职能的特殊性、地位的特殊性等原因，在分支机构设置上与普通银行不同。总行一般设在首都，分支机构则按经济需要设置，通常在各大经济区域、中心城市和金融机构云集处设立分行，在中等城市设立支行，为加强与国际金融机构和其他国家金融管理当局的交往与合作，中央银行也可在国外设立代表处。

（六）业务活动的相对独立性

中央银行的业务活动是对宏观经济进行调控，监督管理金融业，维护良好的货币金融环境，因此中央银行的业务活动必须享有相对的独立性，才能保证业务活动达到上述目的。这种独立性不但表现在与政府的关系上，还表现在与政府部门和商业银行等金融机构的关系上。独立性的核心是要使中央银行不受干预地进行活动。

☞ 专栏

“中国人民银行”名称诞生记

1947 年 3 月，国民党发动了对山东解放区的重点进攻。山东解放区军民同仇敌忾，先后歼灭了国民党整编第七十二师和国民党军队“五大主力”之一的整编第七十四师，给国民党的重点进攻以沉重打击。在取得军事胜利的同时，华东财政受到战争影响，情况极为严重。华东工委张鼎丞、邓子恢因渤海财政困难，提议财政赶快统一、立即发行统一货币，并于 1947 年 9 月 14 日致电董必武同志并报中工委，明确指出：我们建议为适应前线作战，中央应立即创办联合银行或解放银行，越快越好。

董必武同志在收到电报后，立即与华北财办的同志商议。董必武同志指出：有关货币发行问题，在华北财经会议中，在土地会议代表谈话中，大家都说中央统一起来较为方便。目前，山东要求成立中央银行，发行一种通行各区的钞票，并说越快越好。这件事当然不能立即办到，但大势所趋，不容我们拖延不进行。现在战争是大兵团的运动战，今天在这里打，明天也许要转到另一个地方去打。华中的部队曾经转移到山东，华东的部队现在转移到冀鲁豫。在这个区域将来也有可能发生部队移进移出的情形。财政不统一就无法应对这样的运动战。

在商议的过程中，大家认为：华东政委“联合银行”或解放银行的名称虽不理想，但毕竟提示我们要抓紧这方面的准备。此外，票币的设计和制版需要花费大量的时间。如果这个发钞银行的名称定不下来，统一票币的设计工作就无法进行，那么后续的制版、印刷等更是无从谈起。有鉴于此，董必武同志立即指示南汉宸负责就新中国国家银行的名称组织征求意见。由于国民政府控制区的持续恶性通货膨胀，人民对国民党中央银行发行的纸钞早已是深恶痛绝，因此“中央银行”的名称自然不是南汉宸此次征求意见的选项。

石雷撰文回忆："还是在我调到中国人民银行筹备处不久，比我早一些调到筹备处的何松亭同志有一次与我谈起，今年（1947年）9月，南汉宸同志曾对他提起华北财经办事处准备统一银行的事情，并问他这个银行叫什么名称好。何松亭同志在考虑后说，可否像现在群众称我们为人民政府那样叫'中国人民银行'呢？南汉宸同志听后称赞说，这个名字好，好叫也好记，又可与国民党的银行区分开。后来，华北财办采纳了这个建议。董老认为，新创建的银行名称，不仅要考虑目前的货币统一问题，还要与将来建立人民共和国联结起来考虑，要考虑使其成为将来人民共和国国家中央银行的问题。用'中国人民银行'这个名称，既表示这个银行是人民的，也不失作为将来成为新中国国家中央银行的规格。"

为了比较详尽地掌握票币的印制情况，在广为征集名称的同时，董必武同志还在南汉宸同志的陪同下，于1947年9月28日赶赴南峪村印钞厂，详细考察了印制钞票的工艺流程，向工人们询问了设计、制版、印刷、纸张、油墨等方面的问题。时任南峪村印钞厂厂长秘书的张恩树同志回忆："董老考察很仔细，问了很多具体问题，尤其是关心单位时间内印钞数量及设计，制版所要花费的时间。董老当晚没有走，就住在了我的宿舍。"

在实地考察了南峪村印钞厂后，董必武同志向中央和毛主席详尽汇报了印制钞票的调研情况和决策过程。他在汇报中讲："当时考虑发行票币，从物质条件方面来看，我解放区最困难的是钞票纸。听东北来的同志说，东北已和远方（苏联）开始通商，下一次买卖契约就要定。我们想纸总是要的，所以打电报给东北，请代买钞票纸一万令。当时又估计到关内印刷机关彩色油墨的困难，在电报中问明那里能否代印。东北不久就回电说，纸可以代买，也可以代印。要印钞票，必须印出发行银行的名字和票面额。票面额我们可以自定，银行的名字则报请工委和中央核定。东北买的纸要明年（1948年）1月才能到哈（尔滨），印成票币还要5个月的时间。待哈市印好后何时能过来？简直无法判断。如果把筹备银行的诸条件都准备好了，要发行票币，即便不从东北搞纸张和印刷而在关内搞，实际开始也在半年以后。现在筹备银行尚处于萌芽阶段，印刷机关虽有，但纸张尚无迹象，所以发行票币无论如何是不会很快的。考虑到筹备印制票币工序繁多、耗时费力等，董必武同志于1947年10月2日致电中央工委："银行名称拟定为'中国人民银行'，是否可以？请考虑示遵。名称希望早定，印钞票时要用。"

中央工委收到董必武同志的电文后，当即讨论同意了董必武同志的"名称"建议，并立刻将此建议电告中共中央。1947年10月8日，中共中央复电中央工委："……根据上面各种情况，目前建立统一的银行是否过早一点？进行准备工作是必要的，至于银行名称可以用'中国人民银行'。"1947年10月8日这一天，是值得中国人民银行职工铭记的日子，这天不仅是"中国人民银行"名称的诞生日，还意味着创建中国人民银行的大幕就此拉开。

资料来源：马林．"中国人民银行"名称的由来［J］．中国金融，2018（17）．

本章关键词

中央银行　单一的中央银行制度　复合式中央银行制度　跨国中央银行制度　准中央银行制度　发行的银行　银行的银行　最后的贷款人　国家的银行

复习思考题

1. 中央银行产生的原因有哪些？
2. 第二次世界大战后各国政府是如何强化和完善中央银行制度的？
3. 中央银行有哪几种制度类型？
4. 试述中央银行的性质和职能。
5. 中央银行有哪些业务？
6. 中央银行的业务活动应遵循哪些原则？

货币需求与供给篇

第九章　货币需求

货币需求理论是整个货币理论的重心之一，是宏观经济金融理论的重要组成部分。从古典的现金交易方程式到流动性偏好理论和现代货币数量论，以及中国的理论工作者根据中国国情构造出的中国特色的货币需求函数，都曾为政府经济决策提供了理论上的依据。在本章中，我们首先分析货币需求的相关概念，然后着重考察主要的货币需求理论。

第一节　货币需求概述

一、货币需求与货币需求量

（一）货币需求的含义

所谓货币需求，是指在一定时期内，社会各阶层（个人、企业单位、政府）在一定的资源（财富拥有额、综合收入、经济增长等）约束下，对执行流通手段、支付手段和价值贮藏手段的货币需求。

一般来说，货币需求是一个商业经济的范畴，发端于商品交换。随商品经济及信用的发展而发展。在产品经济以及半货币化经济条件下，货币需求强度（货币发挥自身职能作用的程度，货币与经济的联系即货币在经济社会中的作用程度，以及社会公众对持有货币的要求程度）较低；在发达的商品经济条件下，货币需求强度较高。

货币需求是经济主体（如居民、企业和单位等）在特定的收入、利率条件下能够并愿意以货币形式持有财产的数量。经济学意义上的需求指的是有效需求，不单纯是一种心理上的欲望，而是一种能力和愿望的统一体。货币需求作为一种经济需求，理当是由货币需求能力和货币需求愿望共同决定的有效需求，这是一种客观需求。

☞ **重要提示**

正确理解货币需求的定义

1. 不能将货币需求理解为一种主观欲望、一种纯心理的占有欲望。经济学意义上的需求虽然也是一种占有欲望，但它与个人的收入水平及其社会经济状况有着必然的联系，始终是一种能力和愿望的统一。

2. 人们产生货币需求的根本原因在于货币所具有的职能。在现代市场经济社会中，人们需要以货币方式取得收入，用货币作为交换和支付的手段，用货币进行财富的贮存，由此对货币产生了有一定客观数量的需求问题。

3. 货币需求主要是一个宏观经济学问题。因为市场需求是由货币所体现的有现实购买力的需求，它的实现又必然要通过对货币供给的控制来进行，由此不能忽视与货币需求相对应的货币供给问题。

☞ 阅读专栏

经济中需要多少货币

人们可能会问，怎么还会有货币需求一说呢？谁不希望货币越多越好？这里不是说人们希望拥有多少“钱”，而是说，在人们已有的财富中，人们愿意把多少财富转化为货币的形式。举个简单的例子，假如您有100万元的财富，您愿意以什么形式持有它？有多少是股票、债券、房子之类的资产，又有多少是货币（现金和银行存款)?

20世纪30年代，大名鼎鼎的经济学家凯恩斯提出，人们对货币有偏好，因为货币变现的能力（即流动性）比其他资产都强，可以直接用于支付。他把人们持有货币的动机划分为交易性动机、预防性动机和投机性动机。通俗地说，假定您的月收入为5 000元，您首先要留点钱用于购买柴米油盐之类，这就是交易性动机；另外，您还要储蓄点钱，为将来的人情往来、医疗等支出作准备，这就是预防性动机；满足了前面两项，您一定还希望留点钱投资股票、债券等获利，这就是投机性动机。

20年后，另一位著名的经济学家弗里德曼为货币需求理论增添了新的智慧，在他眼里，货币不仅是一种买卖的交换媒介，还是一种资产。现金可以被看作是零收益的资产，而活期存款和定期存款都有利息，股票、债券之类资产的收益则更高了。谁不希望自己的财富多多益善呢！所以，当股票或债券市场变得火暴时，人们喜欢多买一些股票债券而少持有一些现金存款。人们总是在比较这些资产未来的收益状况，以便在不同的资产形式间作出选择。

现在，研究人员构建了许多数学模型，预测整个社会需要的货币数量，为相关经济决策提供必要的支持。然而，要准确预测整个社会需要多少货币是一件相当困难的事，许多国家的中央银行一直在为此不断努力。弄清了社会需要多少货币，中央银行也就可以据此调节货币供应量，实现供需的平衡。

资料来源：中国人民银行网站，http：//tianjin. pbc. gov. cn/fzhtianjin/2927296/113906/2657718/index. html.

（二）货币需求量

货币需求理论的研究内容是在一定时期内经济体货币需求量到底是多少，影响和决定货币需求量的因素有哪些，宏观货币需求量是多少，微观经济主体需要货币的动机和原因是什么，货币需求与经济发展、经济结构、经济周期之间的关系等。

货币需求量受到一国在一定时期内特定的国民经济发展水平、经济结构以及经济周期的影响。国民经济发展水平是决定货币需求量的主要因素，通常用货币媒介的最终产品和劳务的总价值即国民生产总值（GNP）来表示。也有学者以国民财富总值作为决定货币需求量的主要因素，但由于国民生产总值可视为国民财富总值在某一利率下的贴现值，故在统计学意义上二者意义接近。除经济发展水平外，不同的经济结构（农业、轻工业、重工业的比例，三大产业的比例等）和经济周期（繁荣阶段、停滞阶段或衰退阶段）也对货币需求量产生不同的要求。

货币需求量是一个内生变量，形成于国民经济运行系统内部，它属于存量指标，可在一定时期内的若干时点上加以预测和把握。货币需求量具有替代性特征，在信用和金融市场比较发达的条件下，如有价证券等金融资产具有迅速变为现金的能力，由此可以作为第二准备来替代现金需求，替代性的大小取决于金融资产的流动性、收益性和风险性等因素。

想一想

学者在研究货币理论时为什么把注意力主要放在与货币需求有关的问题上？

二、与货币需求相关的几对概念

（一）微观货币需求与宏观货币需求

当我们从个人、家庭或企业单位的微观角度考察其在既定的收入水平、利率水平和其他经济条件下保持多少货币最为合适，我们称这种类型的货币需求为微观货币需求（Micro Money Demand）。当我们从整个国民经济的宏观角度考察一个国家在一定时期内的经济发展和商品流通所必需的货币量，这种货币量能保持社会经济平稳、健康的发展，我们称这种类型的货币需求为宏观货币需求（Macro Money Demand）。

微观货币需求与宏观货币需求的差异性表现在以下三个方面：

1. 动机不同

宏观货币需求是从国民经济总体出发去探讨一国经济发展客观上所需的货币量；而微观货币需求则是从一个经济单位着眼，研究每一个经济单位持有多少货币最为合算，即机会成本最低和所得效用最大。

2. 包含内容不同

宏观货币需求一般是货币执行流通手段职能和支付手段职能所需要的货币量，而微观货币需求是个人手持现金或企业单位库存现金以及各自在银行保留存款的必要量。

3. 测度方法不同

宏观货币需求注重动态、客观的研究，需要利用宏观的计量模型；而微观货币需求则注重静态、主观的研究，当然也可借用货币需求方程和货币需求的函数表研究。同时，微观货币需求是宏观货币需求的基础，而宏观货币需求最终目标也是为了实现货币需求的微观化。

（二）名义货币需求和真实货币需求

名义货币需求是指社会各经济部门适应物价变化幅度在名义上增减的货币需求，即用货币单位来表示的货币数量，如5万元人民币、1万美元等，通常以 Md 表示。

在短期分析中，即价格不变的条件下，名义货币需求量有实际意义。当价格不变时，按票面金额计量的单位货币购买力不变，经济个体可以按票面金额计量的货币量安排生产和消费，即可以不考虑货币购买力的变化安排货币需求量。

一旦价格发生变动，名义货币货币量代表的购买力也就发生了变动。如果想要保持经济个体既有的生产和消费规模，名义货币需求量就必须发生变动。反之，如果名义货币需求量不变，生产和消费规模就必然发生变动。

实际货币需求是指名义货币数量在扣除了物价变动因素之后的那部分货币余额，它等于名义货币需求除以物价水平，即 Md/P，其中，Md 是名义货币需求，P 是价格水平。

名义货币需求与实际货币需求的根本区别在于是否剔除了通货膨胀或通货紧缩所引起的物价变动的影响。

对于货币需求者来说，重要的是货币所具有的购买力的高低而非货币数量的多少，因此，他们更为关注实际货币需求。但在物价总水平有明显波动的情况下，区分并研究名义货币需求对于判断宏观经济形势和制定并实施货币政策具有重要意义。

（三）主观货币需求与客观货币需求

依据货币需求动机，货币需求可以分为主观货币需求（Subject Money Demand）和客观货币需求（Object Money Demand）。前者是指个人、家庭、企业、政府等在主观上希望拥有货币的欲望，后者是指个人、家庭、企业、政府等在一定时期内能满足其客观要求的货币需求。主观货币需求属于欲望的一部分，由于欲望的无限性，主观货币需求在量上是无限制的，是一种无约束性的货币需求，并非我们所研究的对象。显然，客观货币需求是我们研究的重要目标。

想一想

区分名义货币需求和真实货币需求的意义。

第二节　马克思的货币需求理论

为了分析方便，马克思是以完全的金币流通为假设条件。以这个假设条件为背景，他的论证过程是：（1）商品价格取决于商品的价值和黄金的价值，而价值取决于生产过程，所以商品是带着价格进入流通的；（2）商品价格有多大，就需要有多少金币来实现它，如值5克金的商品就需要5克金来购买；（3）商品与货币交换后，商品退出流通，黄金却留在流通之中可以使另外的商品得以出售，一定数量的金币流通几次，就可使相应倍数价格的商品出售。因此，有：

$$执行流通手段职能的货币量=\frac{商品价格总额}{同名货币的流通次数}=\frac{PQ}{V}$$

公式表明：货币量取决于价格水平 P、进入流通的商品数量 Q 和货币的流通速度 V 这三个因素。这三个因素按不同的方向和不同的比例变化，流通货币量则可能有多种多样的组合。

第一，在商品价格不变时，由于流通商品量增加或货币流通速度下降，或者这两种情况同时发生，流通货币量就会增加，在相反情况发生时则减少。

第二，在商品价格普遍提高时，如果流通商品量的减少同商品价格的上涨保持相同的比例，或流通的商品量不变而货币流通速度的加快同商品价格的上涨一样迅速，流通货币量不变。如果商品量的减少或货币流通速度的加快比价格的上涨更迅速，流通中货币量还会减少。

第三，在商品价格普遍下降时，如果商品量的增加同商品价格的跌落保持相同的比例，或货币流通速度的降低同价格的跌落保持相同比例，流通货币量就会依然不变。如果商品量的增加或货币流通速度的降低比商品价格的跌落更迅速，流通货币量就会增加。

马克思在分析这个问题时还有一个极其重要的假设，即在该经济中存在着一个数量足够大的黄金贮藏：流通中需要较多的黄金，黄金从贮藏中流通出来；流通中有一些黄金不需要了，多余的黄金退出流通，转化为贮藏。也正是由于假设存在有这样一个调节器，所以流通需要多少货币，就有多少货币存在于流通之中。但在实际经济生活中，并不一定必然存在这样的假设条件。

然而，当金属货币的流通被纸币及不兑现信用货币流通取代时，货币供给就会对货币需求产生反作用，这是因为不兑现信用货币流通使货币供给量失去自动适应货币需要量的性能。在流通中，货币量对货币需要量经常存在的差异，必然引起商品价格的变动。如果流通中货币量超过货币需要量，多余的货币不会退出流通而滞留在流通内，就在商品价格上表现出来。这样，货币供给就会影响价格，影响货币需求。

为此，马克思分析了纸币流通条件下货币量与价格之间的关系。他指出，纸币是由金属货币衍生而来的。纸币之所以能够流通，是由于国家政权的强制力。同时，纸币本身没有价值，纸币只有处于流通时，才能作为商品价值和金币的代表。因此，纸币一旦进入流通成为商品价值凝结的表现形式后，就不会再退出流通。在金本位制条件下，流通中可以吸收的金币量是由商品流通的客观需要决定的，而流通中的纸币只能代表商品流通客观所需求的金币量；即在此种纸币流通制度下，单位纸币所代表的金属货币量等于流通中所需要的金属货币量除以流通中的纸币总额。用公式表示为：

$$单位纸币代表的金属货币量=\frac{流通中需要的金属货币量}{流通中的纸币总额}$$

在这个公式中，商品价格水平会随纸币数量的增减而涨跌。

第三节 古典货币数量论

在货币理论中，发展历史最长、影响最深远的是货币数量论。货币数量论（The Quantity Theory of Money）是说明货币数量的变化决定物价水平变化的理论。到了 20 世纪初，经美国经济学家欧文·费雪（Irving Fisher）和英国经济学家马歇尔（A. Marshall）及庇古（A. E. Pigou）的进一步研究，分别提出了现金交易说和现金余额说，才使货币数量论系统化，并初步了建立了货币需求理论的基本模型。

一、现金交易说——交易方程式

美国经济学家费雪于 1911 年出版了《货币的购买力》一书，创立了现金交易说，并提出了著名的交易方程式（Equation of Exchange）：

$$MV = PT \tag{9.1}$$

式中，M 代表流通中的货币数量，V 代表货币流通速度，T 代表商品和劳务的交易量，P 代表一般物价水平。等式右边 PT 为交易总值，等式左边 MV 为货币总值。显然，就事后观点而论，双方总是恒等。因此，$MV=PT$ 只是一个恒等式。为了使交易方程式 $MV=PT$ 具有理论上的价值和意义，费雪分析了决定方程式中 M、V、P、T 的各种因素以及方程式中各项因素的变化情况。

费雪认为，M（流通中的货币数量）是由银行准备金情况、准备金比例、货币政策和借贷等条件决定的，因此，费雪作出了三个假定：（1）V（货币流通速度）是由社会惯例（如支付制度）、个人习惯、技术发展状况（如交通运输和通信技术）以及人口密度等因素所决定的。由于这些因素在短期内是稳定的，在长期内变动也极慢，故 V 可视为不变的常数。（2）在充分就业条件下，商品和劳务的交易量 T 变动极小，故也可视为常数。（3）一般物价水平 P 完全是被动的，完全由其他因素决定，是一个因变数，P 对 M、V、T 没有影响。

这样，由于 V、T 是常数，而 M 是自变数，因此可得出结论：货币数量 M 的变动导致物价 P 的同比例变动。货币数量的变动是因，一般物价水平的变动是果。由于存在这种因果关系的推论，恒等式 $MV=PT$ 便具有了理论上的价值和意义。

如果将交易方程式改写成货币需求方程式，则为：

$$M = \frac{PT}{V} \tag{9.2}$$

这表明，人们之所以需要货币，是因为货币是一种交易媒介，因此人们需要货币的目的是便利商品或劳务的交易。由于该方程式强调货币的交易功能，故费雪的交易方程式也被称为“现金交易说”。

☞ 阅读专栏

货币供应量、经济增长和价格稳定

货币供应量、经济增长和价格稳定的关系可以用交易方程式 $MV \equiv PY$ 表示。式中，M 为货币供应量，V 为货币流通速度，P 为平均价格水平，Y 为实际产出。

长期来看，在其他条件不变的情况下，货币供应量的变动总会导致一般价格水平的变动，从这个意义上说，监测和控制货币供应量的变动十分重要。1980—2003 年，我国经历了四次通货膨胀和一次通货紧缩，在此过程中，货币供应量与经济增长基本呈同方向变动，即经济扩张阶段，货币供应量增长也快速上升，当货币供应量积累到一定程度后，通货膨胀上升，经济出现失衡，不得不压缩货币信贷进行被动性调整。20 世纪 80 年代，我国货币供应量年均增长 24.5%，GDP 增长 9.8%，CPI 上涨 7.5%；90 年代，货币供应量年均增长 24.9%，GDP 增长 9.7%，CPI 上涨 7.8%；2000—2004 年，货币供应量年均增长 15.9%，GDP 增长 8.9%，CPI 上涨 1.1%，保持了一种高增长、低通胀的良好态势。实践证明，过量的货币供应不会导致经济增长无限加快，只会导致物价上涨，而高通胀后惯常发生的萧条及通货紧缩会对经济产生巨大的破坏。因此，适度的货币增长对经济增长具有积极的促进作用，既可以防止通货膨胀，又可以防止通货紧缩。

但应用货币交易方程式时要慎重，要特别注意货币流通速度变动的影响。货币流通速度与货币需求密切相关，受多种因素影响，如决定收入和支出差额的制度性因素、“金融技术”状况、利率水平、经济不稳定程度或经济信心状况、通货膨胀预期和收入水平等。据研究，货币流通速度一般是先随着货币化的深入而下降，然后又随着金融创新和经济稳定化程度的提高而上升。自改革开放以来，我国经历了一个货币深化的过程，货币流通速度总体呈下降趋势，但也存在一定的波动，大致是经济增长较快时，货币流通速度上升，经济增长放缓时，货币流通速度增长率放缓或者下降。

资料来源：中国人民银行货币政策分析小组．2005 年第一季度中国货币政策执行报告［R］．

二、现金余额说——剑桥方程式

传统货币数量论的另一种形式是现金余额说。现金余额说（Cash - Balance Approach）是由以马歇尔和庇古为首的英国剑桥大学经济学家创立的。庇古根据马歇尔的观点，于 1917 年写了《货币的价值》一文，马歇尔则于 1923 年写了《货币、信用与商业》一书。他们都从另一角度研究货币数量和物价水平之间的关系。

剑桥学派经济学家认为现金交易说没有说明使货币流通速度发生变化的原因，而要发现这些因素，就必须考察公众意愿以货币形态保持其购买力的数额，而这又要分析人们持有货币余额的动机，即分析决定货币需求的因素。

剑桥学派十分强调货币的需求，即重视人们持有货币量多少的动机。他们认为，经济主体愿意持有的平均货币数量或现金余额，也即人们对货币的需求 M_d 在国民收入 Y 中是

一个稳定的比例 k，因此货币需求可以用公式表示为：

$$M_d = kY \tag{9.3}$$

由于国民收入是实际产量或实际收入（以 y 表示）与物价水平的乘积，即 $Y = Py$，因此上述公式又可写为：

$$M_d = kPy \tag{9.4}$$

这样，剑桥学派所建立的实际上是一种货币需求方程式。

由于包括传统货币数量论在内的古典经济学都认为经济可以自动趋于均衡，因此货币供求也趋于均衡，故 $M_d = M_s = M$，即 M 的下标可省略。此一替换便得：

$$M = kPy \tag{9.5}$$

式 9.5 就是剑桥方程式（Cambridge Equation）。该方程式表示人们意愿持有的货币存量 M（实际上是人们的货币需求量）与国民收入保持一固定的或稳定的比例。

式中 Py 相当于交易方程式中的 PT，k 表示国民收入中以货币形式持有的比例，它是货币流通速度 V 的倒数。剑桥学派采用 k，而不采用 V，是与剑桥方程式强调货币需求有关的。因为研究 k，就要研究人们持有货币的动机，即研究决定人们货币需求的因素，因此，k 的引入开创了对货币需求理论的研究。

根据供求均衡价格理论：(1) 在货币供应不变条件下，如果人们对货币的实际需求减少，这就表示人们手中持有的货币存量相对过多，结果货币价值趋于下降。由于货币价值与物价成反比，因此货币价值下降即表现为物价上涨。反之，若实际货币需求增加，则意味着人们手中持有的货币存量相对过少，结果货币价值上升，物价下跌。(2) 在实际货币需求不变条件下，如果货币供应增加，则人们手中持有的货币存量增多，这就是导致物价上涨。反之，若货币供应减少，使人们手中持有的货币存量减少，则使物价下跌。

现金余额学说从供求两个方面说明了物价水平取决于人们手中持有的货币存量，这就使货币、物价同个人动机和行为之间发生了联系。

在以上分析基础上，剑桥学派得出结论：k、y 都为常数，物价水平与货币存量成同比例且同方面的变化，这从另一个方面得出了与费雪相同的结论。

☞ 深度阅读

现金交易说与现金余额说的不同及两者的共同缺陷

现金交易说同现金余额说的不同之处主要有以下几点：第一，现金交易说看重货币的交易媒介功能，强调货币的支出，而现金余额说则强调货币的持有；第二，现金交易说则注重货币流通速度以及经济社会等制度因素，现金余额说重视人们持有货币的动机；第三，现金交易说所指的货币数量是某一时期的货币流通量，而现金余额说所指的货币数量是某一时点人们手中所持有的货币存量。

两者都属于传统的货币数量论，其共同缺陷是：第一，传统货币数量论是以充分就业的假定为前提的，而这种假定是不符合现实的。在非充分就业条件下，物价水平并不一定随货币数量的变动而变动。第二，货币数量论是一种长期的均衡理论和静态的理论，认为商品总供给恒等于商品总需求，短期内经济波动会通过市场机制而自动调节，经济在长期内总会自动趋向充分就业均衡。由于货币只是商品交易的媒介，因此，货币的供给和需求也同样会趋于均衡。基于此，传统货币数量论认为，短期的不均衡现象经过自动调节，在长期内必然趋于均衡，因此，经济学对短期问题没有深入研究的必要，而应主要分析在长期内货币数量及其他经济因素的变动情况。实际上，短期变动却是现实中的经常现象，是导致经济发生问题的主要原因。第三，传统货币数量论常假定某些因素，如假定产量、货币流通速度及货币持有比例不变，处于静止状态，而不深入探讨这些因素的变化过程和原因。因此，这是一种静态的理论。但实际上，方程式中的每一因素都处于动态的不断变化之中。第四，传统货币数量论将利率排除在货币分析之外，忽略了利率的作用。第五，传统货币数量论没有研究方程式中各项因素之间的相互关系，除了认为货币量变动会直接引起物价同比例变动外，对方程式中的其他各项因素之间的相互关系没有深入探讨。事实上，方程式中的各项因素都是相互作用的。例如，货币数量的增加，会因生产的增加或货币流通速度的减少而抵消，结果物价不因货币数量增加而上涨，或不与货币数量同比例上涨。此外，物价也不是被动的，物价的变动也影响其他因素，例如，物价的上升会使人们产生物价继续上升的预期，因而人们就会加快货币支出，抢购物资，减少货币持有量，结果将使货币流通速度提高。

第四节　凯恩斯的货币需求理论

20世纪30年代，资本主义世界爆发了经济大危机，长期的大规模失业成为资本主义经济的中心问题，而古典的一般经济理论认为，自由升降的价格机制能使所有市场自动实现供求均衡，从而确保充分就业，普遍的生产过剩和长期失业是不可能发生的。古典学派的货币理论（即传统货币数量论）则认为货币只影响物价，而不影响就业和产量。这样，古典经济理论就不能说明和解释现实的经济问题——严重的失业，也提不出有效的政策措施和解决办法。因此，20世纪30年代空前严重和持久的经济大危机宣告了古典理论包括传统货币数量论的破产。正是在这种历史背景下，凯恩斯提出了他的经济理论。

☞ **深度阅读**

凯恩斯货币理论的主题

凯恩斯（John Maynard Keynes）为了解决资本主义经济所面临的失业和经济危机问题，以就业作为货币理论的中心主题，并通过总量分析法，将就业理论同货币理论融合在一起，从而使货币决定物价的理论改变为货币对就业和产量产生影响的理论。这种转变被称为“凯恩斯革命”的重要内容之一。1936年，凯恩斯出版了划时代的名著《就业、利息和货币通论》，从而完成了从物价的货币理论到产量、收入与就业的货币理论的转变。

凯恩斯就业理论同货币理论融合在一起的中介是其所提出的有效需求理论。按照凯恩斯的经济理论、就业和产量是由有效需求决定的。有效需求指的是一个国家的总需求或总购买力，如果有效需求不足，就会导致失业。有效需求分为消费需求和投资需求。凯恩斯认为，在现实经济社会中，存在着边际消费倾向递减的基本心理规律，即随着收入的增加，消费也会增加，但增加的比例越来越小，这就会导致消费需求的不足。因此，有效需求能否保证充分就业的实现，就取决于投资需求的大小。而决定投资需求的有两个因素，一是资本边际效率，即资本家增加投资时预期可以得到的利润率，二是利息率。只有在资本边际效率大于利息率时，资本家才愿意投资，否则，资本家就不愿投资。凯恩斯认为，由于基本心理规律的作用，资本家预期增加投资可以得到的利润率是递减的，即资本边际效率是递减的，这将会引起投资需求的不足。于是，投资需求是否能产生足够的有效需求，使经济达到充分就业的关键，就取决于利息率的大小，而利息率又取决于货币的供给与需求。这样，凯恩斯就将货币通过利息率与投资、就业和国民收入等实际经济因素联系了起来，货币与利息一起成为凯恩斯解释就业的关键。由于货币供给量是由中央银行决定，可视为外生变量，因此，决定利息率的关键是货币需求。可见，货币需求理论在凯恩斯的经济理论中占有极为重要的地位。

一、凯恩斯的流动性偏好理论

凯恩斯为建立自己的货币需求理论，先批判了传统货币数量论关于产量 T 或实际收入 y，以及货币流通速度 V 和货币持有比例 k 都为不变常数的假设。凯恩斯认为，收入或产量并不是常数，V 或 k 也是变动不定的。为了具体解释 V 或 k 的不稳定性，凯恩斯将剑桥方程式加以修改，提出了自己的货币需求理论，以解释人们为什么总是保持一部分不生息的货币在手中。凯恩斯认为，货币具有完全流动性，而人们在心理上具有对流动性的偏好，即人们总是偏好将一定量的货币保持在手中，以应付日常的、临时的和投机的需求。因此，人们的货币需求就取决于人们心理上的“流动性偏好”（Liquidity Peference）。凯恩斯进一步分析，人们心理上的“流动性偏好”或人们的货币需求是由三个动机决定的：（1）交易动机，即由于收入与支出的时间不一致，人们必须持有一部分货币在手中，以满足日常交易活动的需要。（2）预防动机，即人们为应付意外的、临时的或紧急需要的支出而持有的货币。（3）投机动机，即由于未来利率的不确定性，人们便根据对利率变动的预期，为了在有利的时机购买证券进行投机而持有的货币。其中，交易动机和预防动机的货币需求主要取决于收入，是收入的增函数，与利率没有直接的关系。若以 L_1 表示这两种动机的货币需求，y 表示收入，则其函数式为：

$$L_1 = L_1(y), \frac{dL_1}{dy} > 0 \quad (9.6)$$

投机动机的货币需求主要取决于利息率，是利率的减函数。若以 L_2 表示投机动机的货币需求，r 表示利率，则其函数式为：

$$L_2 = L_2(r), \frac{dL_2}{dr} < 0 \tag{9.7}$$

这样，基于这三种动机的货币总需求为：

$$L = L_1(y) + L_2(r) \tag{9.8}$$

这就是凯恩斯根据他对人们持有货币的动机的分析所提出的货币需求函数，如图 9－1、图 9－2 所示。

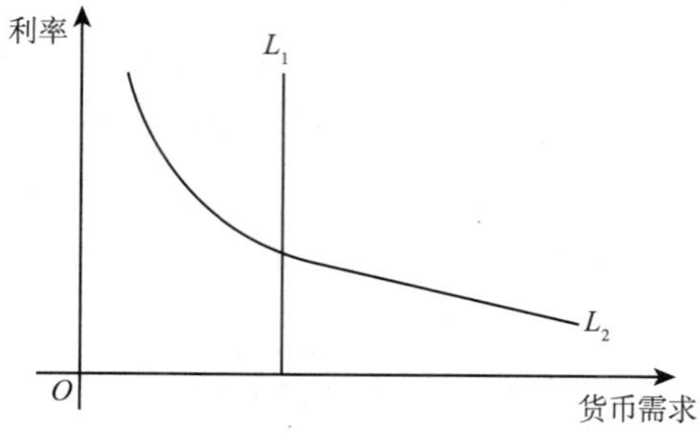

图 9－1　凯恩斯的 L_1、L_2 货币需求曲线

在图 9－1 中，L_1 与利率无关，故为一条垂直线，L_2 为利率的减函数，故从左至右向下倾斜。将 L_1 与 L_2 两条曲线相加，便得出货币总需求曲线，如图 9－2 所示。

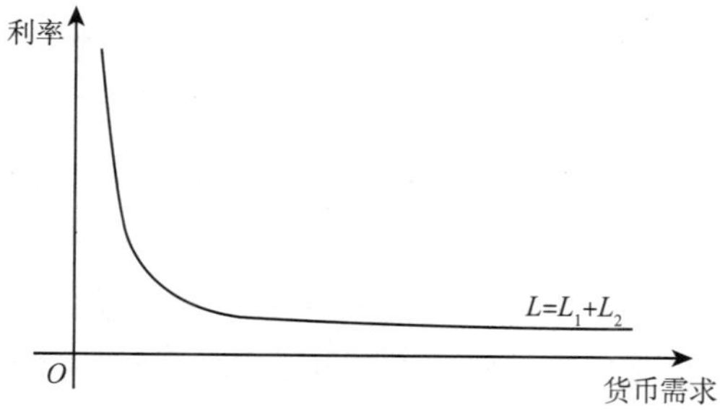

图 9－2　凯恩斯的货币总需求曲线

凯恩斯货币需求函数中的前半部分 $L_1(y)$ 与剑桥方程式的 kPy 相似，这两者都假定人们是以收入的一定比例持有货币，持有这些货币的目的是购买商品或劳务。凯恩斯货币需求函数中的后半部分 $L_2(r)$ 则是传统货币数量论所没有的。这部分货币需求取决于利率，是利率的减函数，持有这些货币的目的是购买证券，以赚取利息。

凯恩斯认为，自己的货币理论的一个重大突破就是提出了投机动机的货币需求。他认为，投机动机产生的关键在于未来利率的不确定性。当利率高时，人们预期利率在将来会下降，由于债券价格与利率的变动成反比，即人们预期债券价格会上升，那么，现在以低价买进债券将来就会获利。为了投机盈利，人们就会抛出货币，购买债券，即人们的货币需求减少；反之，当利率低时，人们预期利率今后会上升，即人们预期债券价格会下降，为了避免资本损失，人们就不愿持有债券，而愿持有货币，即人们的货币需求增加。因此，投机动机的货币需求是利率的减函数。由于在短期内收入是相当稳定的，因此，决定货币需求量的主要因素是利率的变动。由于利率的变动是经常的，所以经济社会对货币的需求量是不稳定的。当利率提高时，货币需求会减少，即人们抛出货币，结果加快了货币流通速度；反之，当利率下降时，货币需求增加，人们就持有更多的货币，结果减缓了货币流通速度。因此，货币流通速度 V 或其倒数 k 都极不稳定，它们并非传统货币数量论所设想的常数。这样，凯恩斯就将传统货币数量论中的 V 或 k 从假定为常数变换成取决于利息的变数，从而直接将利率列入影响货币需求的因素中。

☞ **知识链接**

货币需求的七动机

关于货币需求的动机到底有哪些，后来的新剑桥学派认为有七种，而并不仅仅是凯恩斯认为的三种。英国经济学家西德尼·温特劳布（Sidney Weintraub）扩展了凯恩斯的货币需求理论，认为现实经济生活中有七种货币需求动机。它们分别是产出流量动机、货币—工资动机、金融流量动机、预防和投机动机、还款和资本化融资动机、弥补通货膨胀损失的动机，以及政府需求扩张动机。

关于货币需求的动机虽然可以分为七种，但由于不同种类货币需求动机的影响因素、决定因素、特点、用途等方面都存在极大的相似性，这七种货币需求动机可以归结为三种类型。第一类是商业性动机。它涵盖了产出流量动机、货币—工资动机和金融流量动机。商业性动机是与生产或流通活动相连的。这种生产流通活动主要是企业家发起的，其流量是整体经济活动、工资率和产出价值的函数。当工资的年增长率比就业的年增长率高得多时，货币—工资动机在其中具有很重要的影响。由商业性动机产生的货币需求可以称为商业性货币需求。

第二类是投机性动机。它包括预防和投机动机、还款和资本化融资动机以及弥补通货膨胀损失的动机。由投机性动机产生的货币需求可以称为投机性货币需求。

第三类是公共权力动机。当政府采取扩张性财政政策和扩张性货币政策时，就会增加货币需求。由公共权力动机引起的货币需求，可以称为权力性货币需求。

资料来源：李健．当代西方货币金融学说［M］．北京：高等教育出版社，2006.

二、凯恩斯货币理论的政策含义

在凯恩斯的货币理论中，利息率是由货币的供给与需求共同决定的，其中，货币供给取决于中央银行，货币需求则取决于人们心理上的流动性偏好。在流动性偏好一定的条件下，中央银行增加货币供给会使利息率下降。这是因为货币供给量增加以后，人们就会感到他们所持有的货币超过了他们所愿意“贮藏”的数量，于是人们就将多余的货币用于购买债券，使对债券的需求增加，结果导致债券价格上升，利息率下降；反之，中央银行减少货币供给会使利息率上升。

在以上分析的基础上，凯恩斯得出结论：如果中央银行通过增加货币供给量、降低利率、使利率低于资本边际效率，就会刺激投资的增加，并通过投资乘数的作用，提高有效需求，使就业量与国民收入成倍增长。这也就是凯恩斯提出的解决失业问题的政策措施。

但是，凯恩斯又指出，当货币供给量大量增加，使利率降到某一低限以后，货币需求会变得无限大。这是因为在某一低利率情况下，人们一致认为未来利率会上升，债券价格会降低，这时，无人再愿意持有债券，而只愿意持有货币，如图 9－3 所示。

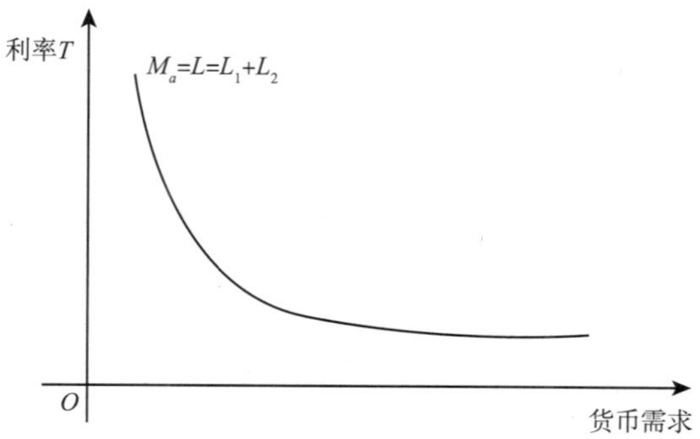

图 9－3　凯恩斯的“流动性陷阱”

图 9－3 中表示，在某种很低的利率水平下，货币需求曲线变成与横轴相平行的直线，该直线部分称为“流动性陷阱”（Liquidity trap），也就是说，在该直线部分，货币需求的利率弹性为无限大。这时，“不论条件如何合理，几乎没有人愿意把现金脱手”。由于“流动性陷阱”的存在，因此无论货币供给量增加多少，都只能被“流动性陷阱”所吸收，而无法使利率下降，结果也就无法刺激投资需求。同时，还有另一种情况，即由于资本家悲观情绪严重，对资本边际收益率的预期极低，这就导致投资对利率缺乏弹性，即使降低利率，资本家也不增加投资或者减少投资。

上述两种情况的存在都可能使货币政策完全失效，从而不能成为实现充分就业的有效工具。因此，解决的办法是采取财政政策，即由政府扩大财政支出，直接进行投资，以刺激有效需求的增长，从而使就业和国民收入增加。正是在这个基础上，凯恩斯主张，为了医治失业和经济危机，国家必须对经济进行直接的调节和干预，这就是凯恩斯整个经济理论的基本论点。

三、后凯恩斯学派的货币需求理论

凯恩斯的后继者，如美国经济学家威廉·杰克·鲍莫尔（William Jack Baumol）及詹姆斯·托宾（James Tobin）等继承了凯恩斯的货币需求理论，并主要从两个方面推进了凯恩斯货币需求理论。

威廉·杰克·鲍莫尔论证了交易动机和预防动机引起的货币需求同样也是利率的函数，提出了一个“平方根法制”，他们认为作为交易和预防准备的货币，其中一部分也可能用来购买可以带来收益的资产，如债券，因此交易性货币需求取决于收入水平外，还取决于债券的收益。其关系如下：

$$M = kY^{1/2}r^{-1/2} \tag{9.9}$$

式9.9说明，交易性货币需求是收入 Y 的函数，随着用于交易的收入增加，货币需求随之增加，但 Y 的指数1/2又说明其增加幅度较小。同时，货币需求又是利率 r 的函数，而 r 的指数 -1/2 说明其变动的幅度小于利率的变动。

詹姆斯·托宾发展了多样化资产组合选择理论，提出了著名的“资产选择理论”。

第五节 弗里德曼的现代货币数量论

第二次世界大战后，依据凯恩斯的理论制定的宏观经济政策使西方的经济得到了一定程度的恢复和发展。从20世纪50年代末期开始，大规模的经济萧条已不再是西方经济的主要问题，但长期实行凯恩斯主张的经济政策却带来了严重的经济问题——通货膨胀。进入20世纪70年代，单纯的通货膨胀又变为更复杂的“滞胀”问题，即高通货膨胀率与经济停滞、高失业率并存。曾被认为是灵丹妙药的凯恩斯理论失灵了。在这样的历史背景下，以弗里德曼（Milton Friedman）为首的西方经济学家，以“反对凯恩斯革命”自居，在传统货币数量论的基础上提出了现代货币数量论，试图对西方新的经济问题作出理论解说，并提出新的政策主张，从而成为与凯恩斯主义相抗衡的主要流派。

一、弗里德曼的货币需求理论

1956年，弗里德曼发表了题为《货币数量论——一种重新表述》的论文，这标志着货币数量论的重新复活。弗里德曼主张的现代货币数量论认为，物价水平或名义收入（货币收入）是货币需求和货币供给共同作用的结果，决定货币供给的是货币制度，即法律和货币当局的政策，而货币需求的决定则是货币数量论所要研究的问题。货币数量论是货币需求的理论，即货币需求是由何种因素决定的理论，因此，弗里德曼对货币数量论的重新表述是从货币需求入手的。

弗里德曼将货币看作是资产（财富）的一种形式，即货币同债券、股票、耐用消费品、房屋及机器一样，都是资产。因此，人们在考虑如何保有自己的财富时，就要选择是用货币形式还是用其他形式来持有资产。这样，就能运用消费者的需求和选择理论来分析人们对货币的需求。

消费者选择理论认为，消费者在选择消费品时需要考虑三类因素：（1）收入，这构成预算约束；（2）商品价格以及替代品和互补品的价格；（3）消费者的偏好。影响人们货币需求的第一类因素是预算约束，也就是说，个人所能持有的货币以其总财富量为限。总财富包括人力财富和非人力财富两类。人力财富是指个人获得收入的能力，非人力财富即物质财富。人力财富不能像非人力财富那样随时在市场上买卖以转换成收入或其他资产。若总财富中人力财富所占比例较大，人们为了对社会人力财富需求不足时的情况做好准备，也为了应付紧急需要，就会持有较多的货币；反之，则只需持有较少的货币。弗里德曼采用较稳定的“恒久性收入”作为总财富的代表。所谓“恒久性收入”，指的是过去、现在和将来收入的平均数，即长期收入的平均数。弗里德曼将非人力财富占总财富的比率作为影响人们货币需求的一个重要变量。

影响货币需求的第二类因素是货币及其他各种资产的预期收益率，它类似于消费理论中的商品与其替代品和互补品之间的价格关系。货币能否产生效益，决定于货币种类。货币的名义收益率可以为零（现金），也可为正（定期存款的利息），或为负（活期存款的各项费用）。债券和股票的名义收益率则由两部分构成：一是当期支付的收益，如利息、股息；二是这些资产的名义价格变动所导致的资本利得或资本损失。实物资产的名义收益率是物价水平的变动率，因为物价水平变动，会使实物资产的名义收益率发生变动。这些资产（除货币外）的名义收益率就是人们持有货币的机会成本，因此，它们自然影响人们的货币需求。

影响货币需求的第三类因素是财富持有的偏好。此类因素是指收入以外的影响货币效用的其他因素或变量。

根据以上分析，可得到最终财富持有者个人的货币需求函数。由于各种资产的实际收益取决于物价水平，货币需求函数又可分为名义和实际货币需求函数两种，实际货币需求函数为：

$$\frac{M}{p}=f(y,w;r_m,r_b,r_e;\frac{1dp}{Pdt};u) \tag{9.10}$$

式中，M 为财富持有者个人持有的名义货币量；P 为一般物价水平；$\frac{M}{P}$为实际货币需求，即持有的货币所能支配的实物量；w 为非人力财富占总财富的比率；r_m为货币的预期名义收益率；r_b为债券的预期名义收益率，包括债券价格的变动；r_e为股票的预期名义收益率，包括股票价格的变动；$\frac{1dp}{Pdt}$为预期物价变动率，因而是实物资产的预期名义收益率；u 为表示主观偏好以及其他影响货币服务效用的非收入变量。

以上是指财富持有者个人的货币需求函数。至于企业对货币的需求，弗里德曼认为，只需将 w 排除在外（将财富区分为人力财富和非人力财富对企业来说没有什么意义，因为企业均须通过市场购买这两种财富，因此 w 对企业的货币需求没有影响），而将 M、Y、w 分别视为人均货币持有量、人均实际收入和人均财产收入，那么，上述函数也可适用于整个社会。

从弗里德曼提出的货币需求函数来看，弗里德曼的货币需求理论一方面以传统货币数量论为基础，另一方面又吸收凯恩斯的流动性偏好理论加以发展。但弗里德曼的货币需求函数有自己鲜明的特点，其主要特点是强调恒久性收入对货币需求的主导作用。弗里德曼认为，一个人的消费支出不是取决于他现在的收入水平，而是取决于他一生、或较长时间的平均收入水平，由此提出了反映长期因素影响的恒久性收入概念。货币需求也同消费需求一样，主要由恒久性收入决定。由于恒久性收入具有高度的稳定性，所以受恒久性收入支配的货币需求也是稳定的，货币流通速度的变化也是不大的。可见，弗里德曼货币需求函数在理论上的关节点是恒久性收入概念的引入。

二、弗里德曼货币需求理论的政策含义

弗里德曼认为，在货币需求及货币流通速度稳定的情况下，一定时期的国民收入的变化都是一定时期货币供给量变动的结果。而国民收入的变化意味着产量和物价的变化，因此，产量的变动直接取决于货币供给量的变动。在这个基础上，弗里德曼进一步得出结论认为：货币供给量的变化对名义收入变动的影响有一个时滞。一般说来，货币供给量变动后，平均约需 6—9 个月，即产量变动在先，物价变动在后。所以，货币供给量变动到物价水平变动之间的总时滞，平均约需 12—18 个月。弗里德曼认为，在短期内，货币数量的变化既影响物价，又影响产量，因而是决定名义收入和产量的主要因素，从而成为经济波动的起因，这就是说，“唯有货币最重要”。但在长期内，货币数量的变动只影响物价水平，而不影响产量。至于产量，从长远来看，是由实际因素（如企业、人们的聪明才智、事业和干劲、创新和勤俭的程度，以及各生产部门比例的协调，政府各部门的配合，最后还有国际关系等）决定的。因此在长期内，要想增加产量，仅靠增加货币数量是不行的，而必须靠这些实际因素。

由于货币供给量的变动是物价水平发生变动最根本的决定因素，当货币数量的增加明显快于产量的增加时，通货膨胀便会发生。因此，引起物价全面上涨和持续性通货膨胀的根本原因只能是货币供给量的过度增长。

弗里德曼指出，要医治通货膨胀并实现经济的稳定增长，唯一有效的措施就是控制货币供给量的增长率，使它与经济增长率相适应。弗里德曼还根据美国的经济状况认为，要使货币供给量的增长率与经济增长率相适应，货币供给量就应按每年 4%—5% 的固定增长率有计划地增长（这是根据过去 100 年间美国年产量平均增长 3%，劳动力增长率年平均为 1%—2% 计算得出的），这样就能保证物价稳定。这种单一地控制货币供给量，使货币供给量始终不变地以一种固定的比率增加，并大致与经济增长率相适应的政策，就称为“单一规则”的货币政策。弗里德曼声称，只要实行他所主张的“单一规则”的货币政策，就能够保证经济稳定，这样，价格机制就能充分发挥合理配置资源的作用，以实现经济增长，同时，又不引起通货膨胀，经济就能稳定而协调地发展。

三、弗里德曼与凯恩斯货币需求理论的联系与区别

费里德曼的货币需求函数虽然复杂，但如经简化，就与 $MV = PT$ 或 $M = kPy$ 相似，只

不过弗里德曼并不将 k 或 V 当作一个固定的常数，而是当作某些变量的一个稳定函数。另外，y 也不是当期收入，而是指恒久性收入，并作为财富的代表。同时，弗里德曼的货币需求函数又是在凯恩斯的货币需求函数 $Md=L(y,r)$ 的基础上进一步发展，只不过弗里德曼货币需求函数中的 r 不只限于债券利息率，而是包括各种金融资产以及实物资产的收益率。由此可见，弗里德曼的货币需求函数是传统货币数量论与凯恩斯流动性偏好理论的综合。

弗里德曼提出了反映长期因素影响的恒久性收入概念，认为货币需求也同消费需求一样，主要由恒久性收入支配的货币需求也是稳定的，货币流通速度的变化也不大，因此，应从货币供给的调控来研究货币对产量和物价的影响。凯恩斯的收入概念是“当期的、绝对的”收入概念。

弗里德曼认为，货币需求对利率不敏感。在弗里德曼看来，货币需求之所以对利率不敏感，是因为利率的变动对货币需求函数中各项机会成本影响甚微。因此，当利率的上升引起其他资产的预期回报率增加时，货币的预期回报率也相应地上升，两者抵消后，货币需求函数中各项机会成本保持相对不变。凯恩斯的货币需求理论对利率非常敏感。

凯恩斯认为，货币需求是不稳定的；与凯恩斯相反，弗里德曼认为货币需求函数是稳定性的。弗里德曼认为货币需求的随机波动很小，因而通过货币需求函数可以对货币需求作出准确的预测。将这一观点与他的另一观点即货币需求对利率变动不敏感相结合起来，就意味着货币流通速度是可以准确预测的。

弗里德曼的货币需求理论采用了与凯恩斯和更早些的剑桥学派经济学家相类似的方法，但对持有货币的动机未作深入的分析。弗里德曼通过运用资产需求理论表明，货币需求是恒久性收入和货币相对于其他可替代资产的预期回报率的函数。

第六节　货币需求理论发展与实际影响因素

一、货币需求理论发展脉络

第一，货币需求理论中所考察的货币，一直在“扩编”。马克思讨论的货币流通规律重心是影响流通中货币量的因素，他用一定篇幅来分析纸币的流通规律，指出纸币流通条件下存在发生通货膨胀的可能性。当费雪方程式建立货币需求方程式的时候，金币本身在视野中已不再占有重要的地位，而存款通货已受到重视，方程式讨论的重心是货币量与商品价格的关系。至于凯恩斯的理论，重心在于影响货币需求的主要因素，其所指的收益为零的货币，明确是指现钞和支票存款；而货币主义所说的货币，其边界已是 M2 或较之更大的口径，简言之，考察货币需求时面对的具体货币形态，已从金到摆脱金，从纸币到一切可称为货币的金融资产。因此，影响货币需求的因素进一步被深入“解构”。

第二，将宏观总量作为考察这一问题的出发点是费雪之前的一贯思路。在这样的思路下，虽然也分析了个人对货币需求的动机，但并未由此建立微观主体的货币需求模型。源自剑桥学派的思路则是一个大转折，那就是把微观主体的持币动机作为考察货币需求这个宏观经济范畴的出发点。换了一个角度，就产生了质的变化——扩大了对货币需求观察的范围。仅从宏观角度考察这一问题，那么纳入视野的就只是商品实现的需求和各种支付的需求，从而需要的只是作为购买手段和支付手段的货币。而考察角度转向微观主体，则显然不仅有交易的需求、支付的需求，还有保存自己财富的需求。这样，人们所需求的就不只是起流通职能的货币，还有起保存价值职能的货币。

第三，如果货币需求函数可以这样粗略地加以表述，那就是货币需求从 $f(Y)$ 发展为 $f(Y,r)$，也即货币需求从是收入的函数发展为是收入和利率的函数，并不断纳入更多的自变量。

这样的演变过程说明，任何精辟的货币需求理论均受其时代条件的局限，只能构成这一理论发展中的一个环节。随着客观经济生活的不断发展，这一理论也在不断发展，永无止境。当然，古典货币需求理论的合理内核仍是发展了的货币需求理论的有机构成，但也只有从发展的观点把握它，才可用于指导当前的实践。同样，用发展了的论断来否定前人的理论成果，也不可能真正把握发展了的理论的精神。

二、影响货币需求的实际因素

（一）收入状况

收入状况是影响货币需求的最主要因素。从宏观的角度来看，国民收入表现为总产出。随着经济总量的不断增加，产出不断增加，国民收入不断增长，对交易性货币的需求必然增加。从微观角度来看，在一般情况下，货币需求量与收入水平成正比，当居民、企业等微观经济主体的收入增加时，他们对货币的需求也会增加；当其收入减少时，他们对货币的需求也会减少。同样，随着企业盈利水平的增加和企业规模的扩张，货币需求必然会增加。

人们取得收入的时间间隔也会影响货币需求。如果人们取得收入的时间间隔延长，则整个社会的货币需求量就会增大；相反，如果人们取得收入的时间间隔缩短，则整个社会的货币需求量就会减少。

（二）消费倾向

消费倾向是消费支出在收入中所占的比重。消费倾向可分为平均消费倾向（APC）和边际消费倾向（MPC）。平均消费倾向是消费总额在收入总额中的比例；边际消费倾向是消费增量在收入增量中的比例。在一般情况下，消费倾向与货币需求变动的方向一致，即消费倾向大，货币需求量也大；反之亦然。

（三）物价水平

物价水平反映了人们购买同样数量的商品和服务时所需要支付的货币量的多少。一般来说，物价水平越高，购买同样数量的商品和服务所需要的货币量就越多；反之，则越少。这是对于交易性货币需求而言的。对于资产性货币需求来说，物价水平则与之成反比。这是因为当物价水平下降时，居民手中持有的资产性货币的价值上升，必然增加资产性货币需求。

当物价水平上涨，很容易引起货币需求总量的增加。这是因为物价水平的上升很容易引起交易性货币需求的增长，而资产性货币需求对物价上升却不敏感。如果金融市场不发达，投资品稀少，那么即使面对物价上涨，人们也不愿将货币性资产转化为证券类资产。

（四）利率水平

在市场经济中，利率是调节经济活动的重要杠杆。在正常情况下，利率上升，货币需求减少；利率下降，货币需求增加。利率与货币需求呈负相关关系。造成利率与货币需求负相关关系的原因，一是货币市场利率提高，意味着人们持有货币的机会成本上升。因此，货币需求趋于减少；反之，市场利率下降，持有货币的机会成本减少，货币需求趋于增加。二是市场利率与有价证券的价格呈反向变动；利率越高，即有价证券价格越低，公众若认为这一价格已经降低到正常价格以下，预计很快会回升，就会抓住机会买进价证券，投机性货币需求就会减少；反之，利率越低，投机性货币需求就会增加。

（五）信用的发达程度

如果一个社会信用发达、信用制度健全，人们在需要货币的时候能很容易地获得现金或贷款，那么整个社会所必需的货币量相对于信用不发达、信用制度不健全的社会所必需的货币量就少些。

（六）公众的预期和偏好

公众的预期和偏好是影响货币需求的主观因素。货币需求在一定程度上受人们的主观意志和心理活动的影响。一般来说，人们的心理活动与货币需求有如下关系：

（1）当利率处于较高水平时，人们往往预期利率将下降，由于有价证券的价格与利率成反比，有价证券价格将上升，于是人们将减少手中持有的现金，增加有价证券的持有量，以期日后取得资本溢价收益，所以投机性货币需求减少了；反之则相反。

（2）预期物价水平上升，现金货币要贬值，则货币需求减少；反之，预期物价水平下降，则货币需求增加。

（3）人们偏好货币，则货币需求增加，人们偏好其他金融资产，则货币需求减少。

随着市场经济的发展，商业信用、国家信用和消费信用都实现了大规模扩张。商业信用的发展减少了交易性货币需求。国债的大规模发行，使居民拥有了良好的投资品种，减少了资产性货币需求。消费信用大规模发展，大量消费者以贷款或者分期付款的方式购买商品或服务，减少了交易性货币需求。

☞ 案例讨论

移动支付对货币需求的影响

移动支付是大众已经非常熟悉的一种新型支付方式，即用户通过手机、平板计算机等移动终端完成支付指令的确认，从而实现付款人向收款人的货币资金转移。

中国居民使用移动支付的用户已过亿，移动支付规模领先全球占据了很大的市场份额。移动支付将互联网、终端设备、金融机构有效地联合起来，形成了一个新型的支付体系。移动支付不仅能够进行货币支付，还可以缴纳话费、燃气费、水电费等生活费用。移动支付方式开创了新的支付方式，使电子货币开始普及。

移动支付从应用场景来分，主要包括远程和近场支付，如日常生活中，我们在电商App内调用电子钱包完成支付，在线下超市通过扫码等完成支付。基于支付账户，可以使用账户余额支付、绑定银行卡支付、货币基金支付、信用支付，在此过程中非银行支付机构可以沉淀资金。这种支付方式拓展了移动支付的外延，使支付不仅局限于现金和银行卡。

生活中的你，是否经常使用微信或支付宝进行支付？

我们假如社会上所有个人、公司、企业和政府都用移动支付，这样货币流通就不需要通过现金实现支付，这对于现金的需求就会大大减少。这是不是减少了对货币量的需求呢？

但是货币仍然在不同的微信、支付宝账户之间进行流通，同时也在微信、支付宝绑定的银行卡之间进行流通。可以认为，电子商务和移动支付对货币的需求并没有改变，人们对于商品和劳务的交易需求没有改变，只是改变了支付方式吗？

电子商务和移动支付有效促进了货币流通速度的增大，这是影响了货币供给量，还是影响了货币的需求量，或是从两个方面都发挥了影响力呢？

☞ 阅读专栏

中国货币需求函数的构造

（一）我国货币需求主体及其货币需求动机

我国的货币需求主体应分为个人、企业和机关团体。

不同货币需求主体愿意以货币形式持有其财产或收入的原因无非是出自以下三种动机：

1. 交易动机。交易动机是最基本的动机，对个人消费者来说，是确保日常生活开支的需要；对机关团体来说，是确保日常活动正常进行的需要；对企业来说，是确保简单再生产顺利进行的需要。

2. 储备动机。在现实经济生活中，常常会发生一些不测事件，如企业的预期收入未能实现或发生非政党的大量支出，个人会遇到不测事件或他日急需，这就需要储备一定数量的货币。

3. 投机动机。个人、企业和机关团体为等待或寻求有利的投资机会，需要保留一定数量的货币。这里的投资既包括购买金融资产的投资，也包括购买实物资产的投资。

与上述持币动机相适应，可以把货币需求分为三种类型，即货币的交易需求、货币的储备需求和货币的投资需求。

（二）主体货币需求的决定因素

由于决定个人、企业和机关团体的货币需求的因素不同，所以先来分析个人和企业的货币需求决定因素。决定个人和企业货币需求的主要因素有：

1. 收入水平。对个人来说，首先，收入是形成交易货币需求的唯一来源，个人交易货币需求是收入水平的递增函数；其次，收入水平越高，个人储蓄货币需求越大；收入水平越低，储备需求越小，甚至没有储备需求；最后，当人们的收入处于较低水平时，最基本的消费尚难满足，当然也就难以顾及投资。所以，个人投资货币需求是随着收入水平的提高而发生和增加的。对企业来说，首先，生产经营规模的大小决定交易货币需求和储备需求的大小，而企业生产经营规模与企业收入有着大致固定的比例关系，因此可以用企业收入水平作为决定企业交易货币需求和储备需求的因素。其次，从金融资产投资来看，企业购买有价证券必须使用自有资金，因而企业收入水平是决定企业金融资产投资货币需求的因素。最后，从实物投资来看，无论其资金来源主要靠自身积累，还是靠借入资金，由于借入资金是以进行实物投资以后能够取得足以偿还借款并有盈利的收入为前提的，所以，最终对实物投资货币需求起决定作用的仍然是企业的收入水平。

2. 利率。对个人货币需求来说，在我国利率对个人交易货币需求影响不大，这是因为：第一，我国目前个人的消费水平还没达到相当高的程度，即使有高利率的吸引，人们也不会压缩正常消费和减少交易货币需求。第二，我国的金融市场与发达国家相比还有待完善，证券的流通转让不是那么便捷，因而货币与证券之间的转化即使不考虑交易成本，也不能达到随心所欲的程度。因而利率再高，人们也不会压缩货币的交易需求而扩大投资需求。但是，利率对个人的储备货币需求和投资货币需求却是重要的决定因素。

对企业而言，利率是决定企业交易货币需求和储备需求的重要因素。如果借入资金利率很高，会直接增加企业生产成本，那么，企业就会尽力压缩用于增加存货的投资，从而持有相对多的货币余额。同时，也会增加满足储备动机的货币需求。利率对企业投资货币需求的影响是，在存款率较高，特别是高于金融资产收益率和预期投资收益率的情况下，会抑制企业投资欲望，使存款货币余额上升，投资货币需求增加。

3. 金融资产收益率。金融资产收益率主要影响个人的储备需求和投资需求以及企业的投资需求。金融资产收益率与个人的储备需求、个人投资货币需求成反方向变动，即金融资产收益率越高，用于储备的货币转化为证券的可能性越大，储备需求就会降低；金融资产收益率越高，人们为寻求有利投资机会而持有货币就会越少。金融资产收益率主要是影响企业投资货币需求，二者的关系是，企业投资货币需求与金融资产收益率成反向变动。

4. 价格水平。价格水平对个人货币需求的影响，主要是影响个人的交易货币需求和储备货币需求。在价格上涨比较严重时，人们会减少交易货币需求和储备需求，代之以商品的囤积和消费的扩大。

同理，价格水平对企业货币需求的影响，也主要是影响企业的交易性货币需求和储备需求。如果企业预期生产资料价格上涨，就会相应增加原材料储备，使用于交易的货币数量减少。但用于预防不测事件的储备货币需求数量却要相应增加。

由于机关团体货币需求的构成比较单纯，因而决定货币需求的因素也较为简单。机关团体属于预算拨款单位，其收入来源就是经费拨款，因而经费拨款的多少就决定了机关、团体交易货币需求的大小。另外，机关团体经费拨款的间距通常是固定的，支出也有较强的计划性，且受财务管理制度的监督管制，因此，机关团体的货币需求一般是稳定的，不会发生较大的波动。

（三）我国总体需求函数的构造

总体货币需求，是由单个货币需求构成的。因此，影响单个货币需求的因素也必然会影响总体货币需求。但是，总体货币需求不是单个货币需求的简单复合，因为有些因素的影响是因不同需求主体而有所差异的。因此，不能把影响单个货币需求的因素简单地引入总体货币需求函数中。例如，关于收入水平，在决定持币者货币需求的因素中，它表现为不同的持币者的收入水平，但在总体货币需求函数中，它应该是体现总体经济活动水平的指标。此外，在分析单个货币需求时，如市场商品供求状况、制度性因素等，都会对单个货币需求发生一定影响。但在进行分析时，一方面，这些因素的影响具有不确定性和非常态性；另一方面，这些因素本身也不易统计和观测，进行实证研究比较困难。因此，在总体货币需求函数中，我们将舍弃掉这些因为素。

根据上述分析，现在给出总体货币需求函数：

$$Md = f(Y, P, Id, Im, u)$$

式中，Md 为总体货币需求量；Y 为按不变价格计算的实际国民收入；P 为价格水平；Id 为银行存款利率；Im 为金融资产收益率；u 为随机变量，它包括了经济生活中许多可能出现的、偶然造成货币需求变动的因素，以及市场供求状况、制度性因素等。

根据理论推断，货币需求量与实际国民收入、价格水平和银行存款利率成同方向变动，而与金融资产收益率成反方向变动；货币需求量与随机变量的关系不确定，即有的随机因素变动可能导致货币需求增加，有的随机因素变动则可能导致货币需求减少。

资料来源：夏德仁，李念斋．货币银行学［M］．北京：中国金融出版社，2000：261－266.

本章关键词

现金交易方程式　现金余额方程式　流动性偏好　单一规则　恒久收入

复习思考题

1. 什么是货币需求，微观货币需求，宏观货币需求，名义货币需求与真实货币需求？
2. 阐述马克思货币需求理论的主要内容及其与西方货币需求理论的异同。
3. 古典货币数量论的核心思想。
4. 凯恩斯货币需求理论的发展如何？
5. 阐述弗里德曼的货币需求理论及其政策含义。
6. 凯恩斯主义与货币主义货币需求理论的主要关系有哪些？

第十章　货币供给

在货币银行理论发展中，货币供给理论发展较晚。在过去较长时期内，学者往往将货币供给量当作可绝对控制的外生变量来处理。因此，人们较多地注重研究货币需求理论与模型，而很少涉及货币供给理论与模型。20 世纪 60 年代以后，随着金融创新的发展，货币政策与货币供给机制逐步受到人们的重视，西方学者加大了对货币供给问题的研究，货币供给理论得到了迅速的发展。本章我们讨论货币供给机制和调控原理。

第一节　银行体系与货币供给

一、货币供给概述

（一）货币供给的含义

所谓货币供给，是指一国在某一时点上为社会经济运转服务的货币存量，它由包括中央银行在内的金融机构供应的存款货币和现金货币两部分构成。货币供给对经济有广泛的影响，它不仅影响着一国经济的总体状况，还影响着每个人的日常生活，因此货币供给的增加或者减少往往会引起广泛关注：货币是如何被供应到经济中来的？货币供给的数量由哪些因素决定？中央银行及商业银行在货币供给中的作用各有多大？

货币供应量是全社会的货币存量，是某一时点承担流通和支付手段的金融工具总和。中央银行为了便于进行宏观经济运行监测和货币政策操作，按照不同的统计口径确定不同的货币供应量。根据货币流动性的原则，以存款及其信用工具转换为现金所需时间和成本作为标准，货币被划分为不同层次。国际货币基金组织划分货币层次的口径有两个，即货币和准货币。“货币”等于存款货币银行以外的通货与私人部门的活期存款之和：“准货币”相当于定期存款、储蓄存款与外币存款之和。尽管世界各国中央银行都有自己的货币统计口径，但是无论存在何等差异其划分的基本依据是一致的，即都以作为流通手段和支付手段的方便程度为标准。随着金融市场发展和金融工具创新，各国对货币供应量统计口径会不断进行修订和完善。

我国中央银行——中国人民银行，根据《中国人民银行货币供应量统计和公布暂行办法》将我国货币供应量指标划分为四个层次：

M0 = 流通中的现金；

M1 = M0 + 单位活期存款 + 个人持有的信用卡类存款：

M2 = M1 + 个人储蓄存款 + 单位定期存款 + 外币存款 + 信托类存款：

M3 = M2 + 金融债券 + 商业票据 + 大额可转让定期存单。

目前，我国只公布 M0、M1 和 M2 的货币供应量，M3 只测算不公布。其中，M0 是狭义货币量，流动性最强；M1 是广义货币量，M2 与 M1 的差额称为准货币，流动性较弱。

一般情况下，现金是由中央银行供给的。国家赋予中央银行发行现金的特权，凡是从中央银行流出的现金，都是中央银行的负债，它构成中央银行的资金来源。存款形式的货币供给，是由商业银行和中央银行共同作用完成的，是商业银行和其他存款性金融机构的负债。商业银行借以发放贷款的资金来源，还可由中央银行向其提供贷款来供应。这种分工决定了中央银行和商业银行在货币供给过程中发挥着不同的作用。

中央银行控制的基础货币是商业银行借以创造存款货币的源泉，是整个货币供应过程中的最初环节。它最先影响的是商业银行的准备金存款，只有通过商业银行运用准备金存款进行存款创造活动后，才能完成最终的货币供应。货币供应的全过程，就是由中央银行供应基础货币，基础货币形成商业银行的原始存款，商业银行在原始存款基础上创造派生存款（现金漏损的部分形成流通中现金），最终形成货币供应总量的过程。

☞ 重要提示

关于货币供给定义的几点说明

1. 迄今为止，经济理论界对货币供给中所指的货币一直没有一个统一的认识，由此，许多金融理论和实务问题，如货币供给在整个社会经济活动中的重要性、货币政策对宏观经济的调控作用等还都存在争议。因此，有必要进一步弄清货币供给的定义和包含的内容。

2. 货币供给是一个存量概念，货币供给量是指一国某一时点上的货币存量。货币供给量不外乎是指被财政部门、各个生产经营单位、家庭个人所持有，由银行体系所供给的存款量和现金发行量。因此，影响和决定货币供给存量大小的是银行的信贷收支。银行是供给和改变货币存量大小的重要机构。

3. 货币需要量虽也是一个有客观数量界限的存量，但毕竟是一个预测量。而货币供给却是实实在在地反映在银行资产负债表上的一定时点上的银行负债总额。具体地说，存款量是商业银行的负债，而现金发行量则是中央银行的负债。

（二）货币供给理论的主要内容

货币供给理论主要是研究货币供给量的规定性、供给渠道或程序、决定因素以及中央银行调控等理论。其主要内容有：（1）货币供给的定义；（2）货币供给的形成和传导轨迹、中央银行与商业银行之间资产负债的账户关系，以及派生存款的形成；（3）货币供给的三个要素，即基础货币、货币乘数和货币供给量，以及货币供给量的决定；（4）不同经济模型下中央银行调控货币供给量的可能程度及其操作。

（三）名义货币供给和实际货币供给

名义货币供给是指一定时点上不考虑物价因素影响的货币存量（Money Stock）；实际货币供给是指剔除物价影响之后的一定时点上的货币存量。若将名义货币供给记作 Ms，则实际货币供给为 Ms/P。人们日常使用的货币供给概念，一般都是名义货币供给。例如，讲某年度、某季度货币量增长多少、增长率多高等，都是该时期货币供给的名义增加量以及与基期存量的比较。

如果一国的物价水平长期比较稳定，仅就名义货币供给量分析是不会有很大差异的，货币当局在作出决策之前，先要解决的是货币多了还是少了的基本判断问题。而分析货币多了还是少了，主要是采用货币供给增长率与商品、服务供给增长率相对比的方法。当价格水平变动不大时，以货币金额表示的商品、服务供给增长率，即是名义增长率，大体可以反映它们的实际增长率。此时的货币供给也无须考虑是名义货币供给还是实际货币供给，只要相应地增减，也就可以保证商品、货币的顺畅流通。但是，假若某经济体系正经历着物价水平的剧烈波动，那么只分析名义货币供给的变动，就可能导致错误的经济形势判断和错误的政策选择。

☞ 案例分析

货币供给的变动

设本期商品、服务的供给与货币供给是协调的。如果下期实物要素供给增长速度不变，货币供给增长速度也不变，只要价格稳定，一般来说，商品、服务供给与货币供给的关系仍然会是协调的。但是，假如出现了由某种外生因素导致的物价上涨或下跌，要是不区别名义货币供给与实际货币供给，相对于商品、服务的流通，就会出现明显的货币不足或过多。举个简单的数字例子：设一个国家流通中的现有货币是100亿元，在考察期间，商品、服务的实际增长率为0，但商品价格水平却提高了1倍，如果货币供给的名义增长率为0，显然，原有的100亿元货币就只能实现流通中商品、服务的50%。当把市场出清看成最佳状态时，这个国家该期间的货币存量显然严重不足，即整整少了一半，其原因是面对没有变动的实际商品、服务供给，实际的货币供给却由100亿元减少了一半，即

$$\frac{100}{1+100\%}=50\text{（亿元）}$$

二、银行系统的资产负债表与货币供给量

货币供给量实际上是非银行经济部门的一种资产，与其对应的是银行系统的负债。所

以，货币供给量与银行系统的资产负债业务息息相关。这样，货币供给量进入流通的出口以及某一时点的货币供给量大小都反映在银行系统的资产负债表上。

一般说来，一国整个银行系统（包括中央银行和商业银行）的资产可以简单地分为四类：（1）国外资产（用A_a表示），这大多是指黄金、外汇及特别提款权，是由对外收支产生的。（2）政府证券资产（用A_b表示），这是向政府提供借款而形成的对政府的债权。（3）对企业、团体及个人的债权，即银行对这些部门的贷款和投资（用A_c表示）。（4）其他资产（用A_d表示）。相应地，整个银行系统负债和净值分为：（1）货币性负债，即货币供给量，包括通货和活期存款（用M表示）。（2）准货币，即定期存款和储蓄存款（用L_a表示）。（3）政府存款（用L_b表示）。（4）外国存款（用L_c表示）。（5）净值及其他负债（用L_d表示）。将以上整个银行系统的资产和负债用表10－1表示如下。

表10－1　整个银行系统综合资产负债表

资产	负债
A_a：国外资产（包括黄金、外汇及特别提款权） A_b：政府债券 A_c：对企业、团体及个人的债权（包括对企业、团体及个人的贷款和投资） A_d：其他资产	M：货币供应量通货，活期存款 L_a：准货币（包括定期存款和储蓄存款） L_b：政府存款 L_c：外国存款 L_d：净值及其他负债
合计	合计

概括会计学原理，资产恒等于负债净值，因此有：

$$A_a + A_b + A_c + A_d = M + L_a + L_b + L_c + L_d \tag{10.1}$$

等式左边的资产项目代表各经济领域的经济实绩，等式右边的是银行系统对经济部门的负债。在因果关系上，资产增加导致负债增加，资产减少导致负债减少。因此，银行系统负债的变动是银行系统资产变动以及整个经济交易活动的结果。

将（10.1）式移项得：

$$\begin{aligned} M &= (A_a + A_b + A_c + A_d) - (L_a + L_b + L_c + L_d) \\ &= (A_a - L_c) + (A_b - L_b) + (A_c - L_a) - (L_d - A_d) \end{aligned} \tag{10.2}$$

这就是现存货币供给量的决定方程式。如果要得出货币供给量增量的决定方程式，则为：

$$\Delta M = (\Delta A_a - \Delta L_c) + (\Delta A_b - \Delta L_b) + (\Delta A_c - \Delta L_a) - (\Delta L_d - \Delta A_d) \tag{10.3}$$

式10.2具体说明了影响和决定货币供给量增减变化的各种因素：（1）国际收支增减净额（$\Delta A_a - \Delta L_c$），若为正数（即国际收支顺差或黄金外汇储备净增），则货币供给量增加。若为负数，则货币供给量减少。（2）财政支出与收入增减净额（$\Delta A_b - \Delta L_b$），若为正数，则表示财政净赤字，这必然导致货币供给量增加。若为负数，则表示财政净盈余，这必会使货币供给量减少。（3）银行对企业、团体及个人的贷款和投资增减净额（$\Delta A_c - \Delta L_a$），若为正数，则表示信用扩张，这直接引起货币供给量增加；若为负数，则表示信用收缩，这造成货币供给量减少。（4）（$\Delta L_d - \Delta A_d$）则可表示为银行内部平衡能力，其增减会引起货币供给量呈反向变动。

货币供给量之所以增加并进入流通，原因在于：（1）收兑黄金、外汇等国际储备资产；（2）购买政府债券而向财政提供借款；（3）对企业、团体及个人发放贷款及购买其所发行的债券。这些都是银行系统的资产业务，银行系统对它们有相当大的自主权，故货币供给量增长数额的大小是由银行系统资产业务规模的大小决定的。

第二节　商业银行的存款货币创造

存款货币是商业银行的负债，商业银行在货币供给方面也起着重要的作用。把小额的、零散的资金汇聚成大额的资金集中运用出去，是商业银行的基本业务，能够体现作为信用中介的功能。在这一过程中，通过转账和发放贷款，通过多家商业银行的运作，使得存款总额多倍增加，这是商业银行创造信用的功能。因此，商业银行的信贷活动是货币供给机制运作的基础。

一、商业银行存款创造的基本理论

（一）关于存款创造的基本概念

从商业银行创造存款的角度看，商业银行存款的来源有两种，一是原始存款，二是派生存款。所谓原始存款，狭义的是指客户以现金形式存入银行的款项，对整个商业银行系统来说，广义的也包括能同时增加准备金存款的存款。例如，财政拨款、黄金、外汇占款等形成的存款，是银行吸引的最初存款。而派生存款是指商业银行通过贷款、贴现、投资等业务转化而来的存款，也称衍生存款。原始存款是商业银行进行信用扩张和创造派生存款的基础。

（二）商业银行存款创造的前提条件

1. 实行部分准备金制度

部分准备金制度是指商业银行在经营活动中，只需要按存款的一定比例保留准备金，包括库存现金和中央银行存款，其余部分可以用来发放贷款或投资等。在部分准备金制度下，商业银行有存款创造的功能。

2. 采用转账结算的方式

在转账结算的方式下，企业通过银行完成交易活动款项的支付与收取。这样，一方面，商业银行的负债凭证——存款货币，如同法定货币——现金一样发挥流通手段和支付手段作用；另一方面，收款单位将资金存入银行，银行提留法定准备金之后，发放贷款给企业。这样循环往复下去，商业银行的资产与负债规模都得到扩大，也使得货币供给量增加。如果不通过银行结算，资金游离在银行系统之外，银行能吸引到的资金减少，限制了贷款的发放，存款创造的能力会受到影响。

二、商业银行的存款创造与收缩

为了说明商业银行创造存款货币的过程，必须首先作如下假设：(1) 银行只保留法定准备金，其余资金全部贷放出去，超额准备金为零；(2) 客户资金全部通过银行结算，没有提现的行为；(3) 法定存款准备金率为 10%。

现假设有 A 企业将销售所得 100 000 元支票存入开户银行甲。当这一支票经过中央银行组织的票据交换后，甲银行在中央银行的存款准备金增加 100 000 元，同时在客户的活期存款账户上增加余额 100 000 元。甲银行的 T 型账户见表 10－2。

表 10－2　　甲银行的账户情况　　单位：元

资产		负债	
存款准备金	100 000	A 存款	100 000

按照法定存款准备金率 10% 的要求，甲银行只需持有 10 000 元（100 000 × 10%）的存款准备金，其余的 90 000 元用于发放贷款。若该银行向 B 企业发放贷款 90 000 元，B 企业得到贷款后向 C 企业支付购货款，C 企业将收到的 90 000 元支票存入乙银行，其流转程序见图 10－1。

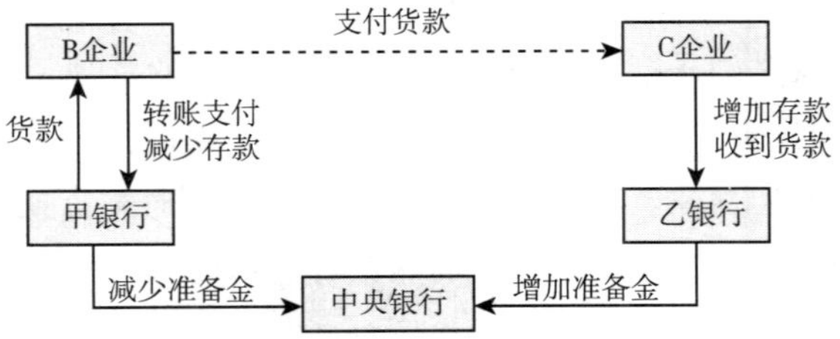

图 10－1　商业银行存款创造与收缩过程

该支票经过清算后，甲银行和乙银行的账户情况分别如表 10－3 和表 10－4 所示。

表 10－3　　甲银行的账户情况　　单位：元

资产		负债	
存款准备金	10 000	A 存款	100 00
B 贷款	90 000		

表 10－4　　乙银行的账户情况　　单位：元

资产		负债	
存款准备金	90 000	C 存款	90 000

乙银行在活期存款增加 90 000 元后，同样留 9 000 元（90 000 × 10%）用于作为存款准备金，余下的 81 000 元贷款给 D 企业。D 企业通过银行支付货款给 E 企业，若 E 企业继续将资金存入丙银行，则乙银行与丙银行的账户情况分别如表 10 – 5 和表 10 – 6 所示。

表 10 – 5　　**乙银行的账户情况**　　单位：元

资产		负债	
存款准备金	9 000	C 存款	90 000
D 贷款	81 000		

表 10 – 6　　**丙银行的账户情况**　　单位：元

资产		负债	
存款准备金	81 000	E 存款	81 000

存款增加的丙银行将会继续上述两家银行的做法，除了保留必要的存款准备金以外，将剩余的款项贷放出去，则其需要保留的存款准备金是 8 100 元（81 000 × 10%），发放贷款 72 900 元……以此类推，只要满足存款派生的前提条件，这个过程将循环往复下去，如表 10 – 7 及图 10 – 2 所示。

表 10 – 7　　**派生存款的创造过程**　　单位：元

银行 (1)	存款总额 (2)	法定存款准备金 (3) = (2) × 10%	贷款发放数 (4) = (2) – (3)
第一家银行	100 000	10 000	90 000
第二家银行	90 000	9 000	81 000
第三家银行	81 000	8 100	72 900
第四家银行	72 000	7 290	61 610
……	……	……	……
总计	1 000 000	100 000	900 000

经过这个派生过程，100 000 元的原始存款使得银行存款总额增加到 1 000 000 元，增加贷款 900 000 元。观察上述过程，各家银行的存款额表现为一个无穷递缩等比数列：100 000 元，90 000 元，81 000 元，72 900 元……该数列的求和可用以下公式：

$$S = \frac{a_1}{1 - q}$$

所以，存款总额为：

$$\frac{100\ 000}{1 - 0.9} = \frac{100\ 000}{0.1} = 100\ 000\text{（元）}$$

即原始存款乘上法定存款准备金率的倒数。

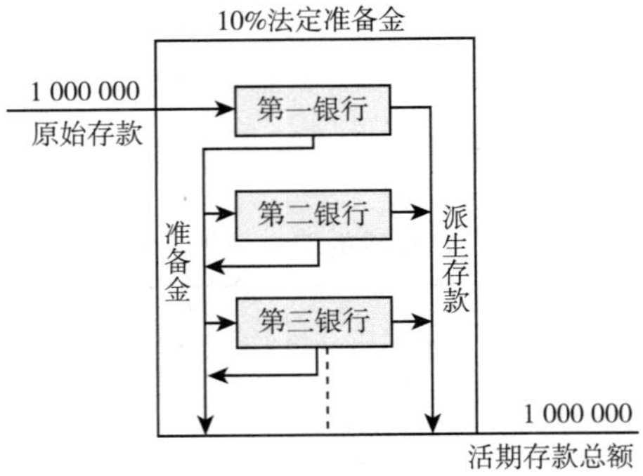

图 10－2 商业银行系统创造存款货币的过程

通过上述过程，我们可以更清晰地区别原始存款与派生存款。派生存款是商业银行系统资金运用所创造出来的存款，是存款总额超过原始存款的那部分。如果用 D 表示存款总额，以 ΔD 表示经过派生的存款变动额，以 ΔR 表示原始存款的变动额，以 r_d 表示法定存款准备金率，则存在以下计算公式：

$$D = \Delta D + \Delta R$$

$$D = \frac{\Delta R}{r_d} \text{或} \frac{D}{\Delta R} = \frac{1}{r_d} \quad (10.4)$$

$\frac{D}{\Delta R}$ 或 $\frac{1}{r_d}$ 表示存款总额与原始存款之间的倍数，我们用 m 表示。m 表示单位原始存款的变动可能引起的存款总额的最大扩张倍数，称为派生倍数。它是法定存款准备金率的倒数。法定存款准备金率越低，派生倍数就越高，商业银行存款创造的能力就越强；法定存款准备金率越高，派生倍数就越低，商业银行存款扩张的能力就越弱。

商业银行存款创造的原理在相反方向上也适用，也就是说，如果原始存款减少，可以引起存款总额的成倍减少。仍用上例中的条件，假设 A 企业动用其在甲银行的活期存款 100 000 元提取现金，则甲银行从中央银行提取相应现金，甲银行将减少 A 企业的活期存款余额 100 000 元，并减少在中央银行的存款准备金 100 000 元。该银行的账户变化如表 10－8 所示。

表 10－8　　甲银行的账户情况　　单位：元

资产		负债	
存款准备金	－100 000	活期存款	－100 000

在法定存款准备金率为 10% 的情况下，甲银行活期存款减少 100 000 元，法定准备金最多只能减少 10 000 元。但是，甲银行的准备金已经减少 100 000 元，因而它还缺少 90 000 元准备金，必须通过出售证券或收回贷款的方式予以弥补。假设甲银行收回贷款，收到客户归还的乙银行签发的支票 90 000 元。支票经过清算后，甲银行的账户情况如表 10－9 所示。

表 10－9　　甲银行的账户情况　　单位：元

资产		负债	
存款准备金	－10 000	存款	－100 000
存款	－90 000		

可见，甲银行处于平衡状态，而乙银行的账户如表 10－10 所示。

表 10－10　　乙银行的账户情况　　单位：元

资产		负债	
存款准备金	－90 000	存款	－90 000

乙银行签发的支票经过清算后，活期存款减少 90 000 元，在中央银行的存款准备金减少 90 000 元。同样，在 10% 的法定准备金率的要求下，乙银行的准备金短缺 81 000 元，它也要通过收回贷款或出售证券加以弥补。假设乙银行收回贷款 81 000 元，其账户变化如表 10－11 所示。

表 10－11　　乙银行的账户情况　　单位：元

资产		负债	
存款准备金	－9 000	存款	－90 000
贷款	－81 000		

乙银行收回贷款的结果是丙银行减少同量的活期存款与在中央银行的存款准备金。丙银行为了弥补准备金的不足，同样也要收回贷款或出售其他资产。在这个过程中，甲银行存款减少 100 000 元，乙银行存款减少 90 000 元，丙银行减少 81 000 元……存款以无穷递缩等比数列的形式降低。存款减少总额可用求和公式计算，是 1 000 000 元。因此，存款的收缩过程原理与创造过程相同，只是方向变化。

☞ 深度阅读

对存款创造与收缩过程的几点说明

1. 存款创造理论推导的结果是“可能”形成的最大存款货币。观察存款货币创造的过程，有许多是理想化的假设条件，是可能出现的最大值，并不是一个必然的数值。例如，在讨论中，假设商业银行只保留最低的存款准备金，其余全部运用出去。但在通常情况下，出于安全与经营谨慎的需要，商业银行一般不会把存款准备金降到最低限度。再者，就商业银行来说，贷款是利润之源，但是贷款需求并不是商业银行能够完全控制的。如果贷款需求不足或者贷款发放的风险较大，商业银行也不会有机会把资金全部运用出去，想把存款准备金压低到最低限度也是不现实的。

2. 存款货币创造过程中的任何一笔款项都是真实的。一笔存款以及与之相对应的存款准备金可以派生出数倍于原始存款的存款货币总额，这是商业银行系统运行机制的结果。就其中的第一笔资金的转移来看，是实实在在的资金在商业银行与客户之间的周转流动：客户到银行存款，如果用现金，银行存款的增加有等额的现金收入与之相对等；如果用支票，则通过清算系统的结算使得商业银行在中央银行的存款准备金等额增加。同样，客户得到贷款，可以提现，也可以用支票等进行转账。这些行为都是建立在有真实资金周转的前提下。

然而，从总体上看，货币供给确实增加了，新的货币被创造出来了。从商业银行来说，它们并没有刻意去做什么，经营的是一般的存款与贷款业务。其中的关键在于部分准备金制度和转账结算，当各家银行的行为形成一个衔接紧密的系统后，派生存款被创造出来。这正是现代银行体系的奥妙所在。

换个角度看，与存款与贷款、现金与支票周转流动对应的是商品、劳务的交易活动，存款货币派生过程相当于资金在一个企业内部的周转过程，周转次数越多，表明媒介的交易量越大，杠杆率越高。不一样的是，在银行体系周转派生对应的是资金的跨期交易和债权债务链的延伸，具有较高的风险性。而企业内部的资金周转所对应是与真实交易相关的活动。因此企业内部资金周转次数高，一般反映的是企业财务效率。

第三节　货币供给模型

一、货币供给 *M*1 的模型

货币供给模型也称为货币供给函数，它反映了货币供给量与影响供给量的各种因素之间的关系。货币供给模型可分为以下类型。

货币 $M1$ 由活期存款和银行系统以外流通的现金组成。我们从影响 $M1$ 的各有关因素入手，逐步分析 $M1$ 的供给模型。

（一）模型一：仅含有活期存款

1. 模型分析的有关假定

假定一：现代经济中的商业银行只吸收活期存款而不从事吸收定期存款的业务。

假定二：社会公众不持有通货，支票进入流通从而活期存款构成全面货币供给量。

假定三：建立现代法定准备金制度，全部准备金上交中央银行，商业银行不保留超额准备金，商业银行体系能够自行依其法定准备金，尽量创造活期存款负债。

假定四：D 为活期存款，r_d 为法定活期存款准备金率，R 表示银行准备金。

2. 模型分析的有关结论

根据以上假定，我们有计算公式如下：

$$M1 = D = \frac{R}{r_d} = m_1 R \tag{10.5}$$

货币创造乘数为 $m_1 = 1/r_d$

式 10.5 表明，m_1作为货币创造乘数，它等于法定活期存款准备金率的倒数；货币供给量由准备金和法定活期存款准备金率来决定。结论是：准备金越多，货币供给量也越多；法定活期存款准备金率越高，货币创造乘数越小，从而货币供给量也就相对减少。

（二）模型二：含有通货与活期存款

在模型一分析的基础上，我们定义基础货币（B）等于银行准备金（R）与通货（C）之和，仍假定商业银行没有定期存款，银行不保留超额准备金，通货比率即社会公众持有通货与活期存款的比率为 k，则有计算公式如下：

$M1 = C + D$

$$C = k \cdot D \tag{10.6}$$

$$R = r_d \cdot D \tag{10.7}$$

解之，可得：

$$M1 = \frac{1+k}{r_d+k}B = m_1^2 B$$

$$m_1^2 = \frac{1+k}{r_d+k} \tag{10.8}$$

式 10.8 表明：在现代经济运行中，货币供给量是基础货币与相应的货币创造乘数的函数。其结论是：现代经济中的基础货币总量虽然由中央银行控制，但基础货币的结构由社会公众的资产选择行为决定。社会公众的通货比率越高，商业银行系统吸收的活期存款越少，则商业银行系统借以创造货币的可用资产便越少，其货币创造能力也相应地变小。

（三）模型三：含有定期存款

1. 模型分析的有关假定

在模型一与模型二分析的基础上，我们仍然假定银行不愿意保存超额准备金，即使保存，也是出于被迫接受中央银行的指令。因此，在一定时期，倘若银行的准备金数额超过法定准备金数额时，则银行系统便会增加其放款与投资规模。同时，假定银行不仅吸收活期存款，而且吸收定期存款，即银行系统的存款规模由定期存款与活期存款两部分组成。

2. 模型分析的有关结论

在上述假定下，令社会公众持有定期存款和活期存款的比率为 t，定期存款的法定准备金率为 r_t，则有：

$T = t \cdot D$

$R = r_d \cdot D + r_t \cdot T$

$B = R + C$

$C = kD$

$M1 = C + D$

式中，T 为定期存款额；R 为银行准备金，即法定活期存款准备金与定期存款准备金之和。解上述方程组，便有：

$$M1=[(1+k)/(r_d+k+r_t\cdot t)]\cdot B=m1^3\cdot B$$

$$m_1^3=(1+k)/(r_d+k+r_t\cdot t) \tag{10.9}$$

显然，当 $r_t\cdot t>0$ 时，模型三中的货币创造乘数 m_1^3 要小于模型二中的货币创造乘数 m_1^2。其原因在于：模型三中的新增基础货币一部分以通货形式流入社会公众手中，另一部分成为新增定期存款的法定准备金，剩余部分支持活期存款的准备金，从而使商业银行系统的货币创造能力降低。

（四）模型四：含有超额准备金

1. 模型分析的前提：商业银行为何保存超额准备金

在前述三个模型中，商业银行被假定为不保存超额准备金。但在现实经济运行中，商业银行出于防范突然性有定额的存款结清或大量的通货提取，或供临时性投资之用的考虑，往往保留一部分超额准备金。其原因在于：在不确定的经济运行中，银行作为经营货币与接受信用的经济组织，必须权衡其持有超额准备金的成本与超额准备金不足而遇到突然而来的现金提取或结清不足，致使商业银行被迫向中央银行借款所付出代价的多少。当前者的机会成本（即为商业银行的贷款利率）小于后者的成本（即为向中央银行借款的利率）时，抑或准备金不足的风险的可能相当明确时，银行的利润极大化行为理所当然地会保存超额准备金。

2. 模型分析的基本内容

在上述分析的前提下，令 E 为商业银行保存的超额准备金，e 为超额准备金与活期存款的比率，则此时银行的准备金便由法定活期存款准备金、法定定期存款准备金和超额准备金之和来决定。据前分析，我们有：

$$M1=C+D$$

$$B=R+C$$

$$R=r_d\cdot D+r_t\cdot T+E$$

$$C=kD$$

$$T=t\cdot D$$

$$E=e\cdot D$$

上述6个方程式所组成的货币体系，既包括了通货与定期存款，又考虑了法定准备金要求，由于引入了超额准备金这一因素。因此，我们可称之为货币 $M1$ 的通用模型，解之可得：

$$M1=[(1+k)/(r_d+k+r_t\cdot t+e)]\cdot B=m_1^4\cdot B$$

$$m_1^4=(1+k)/(r_d+k+r_t\cdot t+e) \tag{10.10}$$

假定货币创造乘数在一定时期内相对稳定，则我们可据此给出货币供给的增量表达式，即：

$$\Delta M1 = m_1 \cdot \Delta B \qquad (10.11)$$

$$\Delta B = r_d \cdot \Delta D + r_t \cdot \Delta T + \Delta E + \Delta C$$

倘若货币乘数和基础货币均发生变化，则有：

$$G_{M1} = Gm_1^4 + GB \qquad (10.12)$$

在式 10.12 中，G 表示增长率。该式说明：一国在一定时期的货币 $M1$ 的增长率等于其相对应的货币创造乘数与基础货币各自增长率之和。

在式 10.10 中，m_1^4的分母又新增了一项超额准备金与活期存款比率 e，所以它相对地比模型二、模型三中的 m_1^2、m_1^3小。其结论是：模型四中的新增基础货币分别用于通货形式、用于定期存款准备金及用于超额准备金和活期存款准备金。

☞ 重要提示

模型使用

通过上述四种模型的研究说明，一方面，倘若已知货币创造乘数和基础货币增加量，据此可计算相应的货币供给量增长率；另一方面，如果已知货币供给增长率和货币乘数，亦可计算出为实现该货币供给增长率目标，中央银行应该增加多少基础货币，从而为货币政策操作提供数量上的依据。

二、货币 *M2* 的供给模型

相对货币 $M1$ 而言，人们对货币 $M2$ 统计范围的理论认识意见不一。尽管如此，一般还是认为货币 $M2$ 是由银行系统以外的通货、活期存款与定期存款所组成的。即货币 $M2$ 等于货币 $M1$ 再加上定期存款。据此理论假定，我们可以探讨货币 $M2$ 的供给模型。

根据前面对货币 $M1$ 通用模型即模型四的分析中所做的有关假定，我们可得如下关系方程式。即：

$$M2 = C + D + T$$

$$B = C + R$$

$$C = k \cdot D$$

$$T = t \cdot D$$

$$R = r_d \cdot D + r_t \cdot T + E$$

$$E = e \cdot D$$

求解上述方程组，可以得到：

$$M2 = [(C + D + T)/(C + r_d D + r_t \cdot t \cdot D + e \cdot D)] \cdot B = m_2 B \qquad (10.13)$$

$$M2 = (1 + k + t)/(r_d + k + r_t \cdot t + e)$$

对式 10.13 的两边进行微分，则有：

$$dM2 = Bdm_2 + m_2 dB + dm_2 \cdot dB \qquad (10.14)$$

式 10.13 和式 10.14 表明：无论是从静态角度还是从动态角度来看，货币 $M2$ 的供给量均决定于其相对应的货币乘数 m_2与基础货币 B 的变化。在货币 $M2$ 的供给模型中，货币乘数 m_2相应地大于货币 $M1$ 供给模型中的货币乘数，这是因为在其他条件相对不变的条件下，货币的统计计算范围相应地扩大了。可以这么认为：货币 $M2$ 的供给模型在分析上仅是较货币 $M1$ 的供给模型在范围上有所扩大而已。

第四节　基础货币及其决定与控制

一、基础货币的定义

在前面的分析中，我们已经给出基础货币等于社会公众所持有的通货与商业银行的准备金之和这一定义。为了更好地理解这一经济范畴，我们可以从静态和动态这两个角度来加以分析。

（一）静态意义上的基础货币 B_s

从静态角度来看，基础货币 $B=C+R$，货币 $M1=C+D$，基础货币 B 和货币 $M1$ 均包含着非银行部门持有的中央银行负债 C。这就表明：在货币 $M1$ 的供给过程中，随着基础货币 B 向货币 $M1$ 的转化，C 的货币乘数等于 1；发生变化的仅是商业银行所持有的存款准备金 R，即存款准备金 R 被多倍放大为活期存款 D（见图 10－3）所示。在此图中，上层为基础货币，下层为货币 $M1$，两者之间的联系即相应的货币乘数。因此，我们认为：从静态意义上讲，严格意义上的基础货币理应仅是商业银行所保存的存款准备金 R，而不是商业银行所保存的存款准备金与非银行部门所持有的中央银行负债之和，即是说：$B_s=R$。

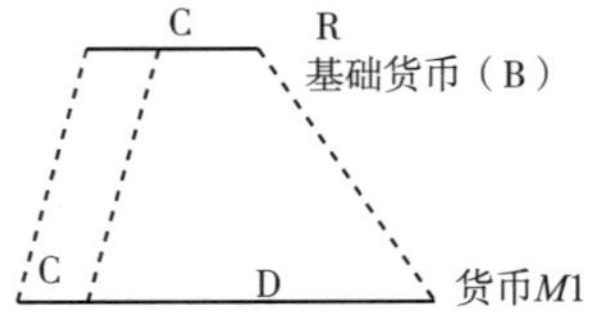

图 10－3　基础货币与货币 $M1$

（二）动态意义上的基础货币 B_D

从动态意义上来看，基础货币是商业银行所保存的存款准备金与非银行部门所持有的中央银行负债之和，即：

$B_D=C+R$

之所以这么认为，原因在于：

第一，假定在基期中央银行的资产负债相对一定，从而不再向商业银行和非银行部门提供新的负债，则在所分析的一定时期内，商业银行所保存的存款准备金的增加或减少便直接制约于非银行部门所持有的中央银行负债的减少或增加。

第二，从非银行部门对中央银行负债 C 的需求来看，若非银行部门对 C 的需求增加，就会从其在商业银行的存款账户上签发支票，支用现金；商业银行在其资产与负债相对一定时，为满足非银行部门的提现需求，要么动用库存现金，要么动用在中央银行的准备金存款，要么两者兼收并蓄，其结果是使商业银行所保存的存款准备金减少。若非银行部门对 C 的需求减少，其结果便会使商业银行所保存的存款准备金增加，因此，可以认为 C 的增减与 R 的减增是同一问题的两个方面。

基于上述对基础货币的静态与动态两个方面的分析，说明：现实经济运行中的基础货币理应是动态意义上的基础货币，即：$B = B_D = C + R$。

二、基础货币的决定

基础货币（Monetary Base）由流通中的通货和商业银行的准备金构成。由于基础货币是中央银行的负债，因此可根据中央银行的资产负债表来考察决定基础货币大小及其变动的因素。

（一）中央银行的资产负债表

从上述对基础货币的定义可知：若视商业银行的库存现金为中央银行的准备金存款，则基础货币便是商业银行和非银行部门所持有的中央银行负债凭证。因此，研究基础货币的决定机制，可以从中央银行的资产负债表（见表 10－12）入手来进行研究。

表 10－12　　中央银行的资产负债表

资产		负债	
对政府财政贷款	A_1	流通中的现金	C
对金融机构贷款	A_2	金融机构存款	R
金融外汇储备	A_3	政府财政存款	L_1
其他资产	A_4	外国存款	L_2
		其他负债	L_3
		资本项目	L_4
合计	$\sum_{i=1}^{4} A_i$	合计	$C + R + \sum_{i=1}^{4} L_i$

在表 10－12 中，中央银行的资产项目主要有四个方面：对政府财政贷款、对金融机构贷款、金银外汇储备和其他资产。与此相对应的负债项目主要有：流通中的现金即通货、金融机构存款、政府财政存款、外国存款、其他负债和资本项目等。

在表 10－12 中，金融机构存款可以视为金融机构在中央银行的准备金存款。根据会计核算原理，我们有：

$$\sum_{i=1}^{4} A_i = C + R + \sum_{i=1}^{4} L_i$$

$$B = \sum_{i=1}^{4} A_i - \sum_{i=1}^{4} L_i \qquad (10.15)$$

式 10.15 表明：基础货币作为中央银行资产总规模与其非基础货币负债规模的二元函数，当 $\sum L_i$ 相对一定时，基础货币是其中央银行资产总规模的递增函数，当 $\sum A_i$ 相对一定时，基础货币是其非基础货币负债规模的递减函数。

（二）资产项目的变动与基础货币的决定

中央银行资产项目的变动对基础货币决定的影响主要决定于前三项资产项目的制约作用。

1. 对政府财政的贷款与基础货币的决定

政府的财政收入主要来源于税收。当政府的财政收入不足以支付其支出时，政府便可能要求中央银行对其发放贷款，这样做无异于借中央银行的贷款来弥补政府财政赤字。中央银行向政府财政发放贷款对基础货币供给的影响可从两个方面加以分析：

第一，在所分析的时期内，若政府财政对向中央银行贷款所形成的政府财政存款不拟支用，则其对基础货币的变化并无影响。

第二，在所考察的期限内，若政府对这笔贷款所形成的政府财政存款支用，则使对应的基础货币增加，从而使货币供给增加。

事实上，中央银行向政府财政发放贷款起因于政府的财政赤字，而政府的财政赤字又远非中央银行所能影响。若法律制度允许政府财政向中央银行借款或透支弥补赤字，则中央银行在与政府的借贷关系中一般处于被动地位。因此，对于影响基础货币变化的这一因素，中央银行一般无力给予直接的控制。

2. 对金融机构的贷款与基础货币的决定

一般而言，中央银行对金融机构的贷款主要有三个项目：再贴现、贷款（含抵押贷款与信用贷款）和购买承兑汇票。

第一，再贴现的结果是：中央银行按当时的贴现利率扣除利息之后，将剩余金额加记在商业银行在中央银行的存款准备金账户之上，从而使商业银行所持有的中央银行负债即存款准备金增加。因此，在所分析的时期内，中央银行对商业银行开展再贴现业务的同时，也就使基础货币相应增加。

第二，中央银行对金融机构的贷款主要是就商业银行的贷款而言的，它是指中央银行与商业银行之间在协调好贷款的数量、期限和价款等有关条件之后，直接在商业银行的存款准备金账户上加记一笔相应的货币，从而使商业银行所持有的中央银行负债即存款准备金等量增加。即：在一定时期内，中央银行对商业银行开展再贷款业务的同时，也就使基础货币供给等量增加。

第三，中央银行从商业银行手中购买承兑汇票之后，便直接在商业银行的存款准备金账户上加记一笔货币，从而使商业银行所持有的中央银行银行负债即存款准备金增加，也就使基础货币供给等量增加。

3. 金银外汇储备对基础货币决定的影响

在分析了金银占款资产项目对基础货币供给的影响之后，继之来讨论外汇占款资产项目对基础货币的影响，道理就极为明显了。因为中央银行的外汇资产是以外币计算的债权，主要包括对外国中央银行、商业银行和政府财政的外币计算债权，这样，中央银行净购进外汇资产对其基础货币的影响与其净购进金银资产对其基础货币的影响十分类似。

（三）非基础货币负债项目的变化与基础货币的决定

在表 10－12 中，倘若将中央银行的其他负债和资本项目存而不论，那么影响基础货币决定的非基础货币负债主要有政府财政存款和外国存款两个项目。

在中央银行资产规模相对一定的条件下，政府财政存款的变化对基础货币供给的影响可归结为：政府财政存款的增加会使基础货币及相应的货币供给量减少；反之，政府财政存款的减少会使基础货币和货币供给量相应地增加。其原因在于：政府存款来自财政收入，而财政收入或是来源于其他经济主体缴纳的税款，或是来自于债券购买者的付款，这两种形式均是通过支票的签发而进行的。中央银行在收到税款缴纳者和债券价款的支付者开出的支票时，在财政的金库存款账户上减记相应金额。因此，中央银行常常又会将支票寄送对之签发支票的商业银行即税款缴纳者和债券支付者的开户银行，开户银行在收到支票后就会从开出支票的客户账上减记相应的金额。这样做的结果是：一方面，商业银行所持有的中央银行负债即存款准备金减少；另一方面，非银行部门所持有的商业银行的付款负债即货币供给减少。倘若政府财政存款减少，则会出现与上述相反的分析。

三、中央银行对基础货币的控制

上面分析了基础货币的决定，并论证了中央银行资产项目与非基础货币负债项目对基础货币决定的影响，但是中央银行对上述各有关因素的控制能力依各国制度的不同而相应不同。例如，在美国这样一个发达国家，中央银行对政府财政的贷款通过公开市场业务进行，这便大大增强了中央银行控制财政贷款的能力。值得说明的是，中央银行实施公开市场业务操作，需要有足够多的政府债券种类与数量以及较为发达的证券市场，而这些条件在经济落后、金融抑制的发展中国家是不具备的。因此，对于大多数发展中国家而言，中央银行对政府财政贷款和金银外汇储备变动的直接控制能力相对有限。中央银行控制基础货币供给的主要手段是控制它对金融机构的贷款，其中可直接控制贷款规模、贴现率或再贷款利率。

☞ 阅读专栏

货币供应量与社会融资规模合理增长

货币信贷总量合理增长，有力支持实体经济。2022 年 3 月末，广义货币供应量（M2）

余额为249.8万亿元，同比增长9.7%。狭义货币供应量（M1）余额为64.5万亿元，同比增长4.7%。流通中货币（M0）余额为9.5万亿元，同比增长9.9%。2022年一季度现金净投放43 178亿元，同比多投放2 088亿元。初步统计，2022年3月末社会融资规模存量为325.64万亿元，同比增长10.6%，增速比2021年末高0.3个百分点。2022年一季度社会融资规模增量累计为12.06万亿元，同比多增1.77万亿元。主要有以下特点：一是人民币贷款同比多增较多。2022年一季度对实体经济发放的人民币贷款增加8.34万亿元，同比多增4 258亿元。二是政府债券、企业债券和非金融企业境内股票融资同比多增，2022年一季度分别同比多增9 238亿元、4 050亿元、515亿元。三是信托贷款同比少减，未贴现的银行承兑汇票同比少增。2022年一季度委托贷款同比多增510亿元，信托贷款同比少减1 879亿元，未贴现的银行承兑汇票同比少增2 454亿元。四是存款类金融机构资产支持证券融资同比多减，贷款核销同比多增。数据如表10－13所示。

表10－13　　2022年一季度社会融资规模

	2022年3月末		2022年一季度	
	存量（万亿元）	同比增速（%）	增量（亿元）	同比增减（亿元）
社会融资规模	325.64	10.6	120 570	17 681
其中：人民币贷款	199.85	11.3	83 364	4 258
外币贷款（折合人民币）	2.33	0.7	1 750	－95
委托贷款	10.93	－1.0	460	510
信托贷款	4.18	－30.5	－1 690	1 879
未贴现的银行承兑汇票	3.08	－19.5	791	－2 454
企业债券	31.06	10.2	13 131	4 050
政府债券	54.65	17.0	15 822	9 238
非金融企业境内股票融资	9.76	14.9	2 982	516
其他融资	9.59	16.3	1 578	－214
其中：存款类金融机构资产支持证券	2.14	11.1	－370	－642
贷款核销	6.52	19.4	2 041	310

注：①社会融资规模存量是指一定时期末实体经济从金融体系获得的资金余额。社会融资规模增量是指一定时期内实体经济从金融体系获得的资金额。②2019年12月起，人民银行进一步完善社会融资规模统计，将“国债”和“地方政府一般债券”纳入社会融资规模统计，与原有“地方政府专项债券”合并为“政府债券”指标，指标数值为托管机构的托管面值；2019年9月起，人民银行完善“社会融资规模”中的“企业债券”统计，将“交易所企业资产支持证券”纳入“企业债券”指标；2018年9月起，人民银行将“地方政府专项债券”纳入社会融资规模统计；2018年7月起，人民银行完善社会融资规模统计方法，将“存款类金融机构资产支持证券”和“贷款核销”纳入社会融资规模统计，在“其他融资”项下单独列示。③表10－13中同比数据按可比口径计算。

资料来源：中国人民银行、中国银行保险监督管理委员会、中国证券监督管理委员会、中央国债登记结算有限责任公司、银行间市场交易商协会等部门.

第五节 货币乘数及其决定

在上述第三节货币 $M1$ 供给通用模型分析中，我们已经对货币创造乘数即货币乘数进行了扼要的分析。在模型中，影响货币乘数数值大小的因素主要有三个方面：一是中央银行的行为参数即法定存款准备金率 r_d 和 r_t；二是商业银行行为参数，即指超额准备金率 e；三是社会公众行为参数，即通货存款比率 k 和定期存款比率 t。在现代金融经济运行中，由于此三类行为参数并非固定不变，它们相互作用于货币乘数的结果是使货币供给乘数成为一个变量，从而影响经济运行中货币供给量的变化。本节主要根据货币供给 $M1$ 的通用模型来对影响货币乘数的各有关因素逐一加以研究。

$$M1=\left(\frac{1+k}{r_d+r_t\cdot t+e+k}\right)B \tag{10.16}$$

由式 10.16 可看出，货币乘数是由许多复杂的变量 k，t，e，r_d，r_t 组成的，这说明货币乘数是由多个变量决定的，下面逐一进行分析。

一、通货比率 k

k 是流通中通货占活期存款的比率，它主要取决于公众的流动偏好。流通中通货增加或减少，虽然一方面直接是货币供给量的同向增加或减少，但另一方面又直接导致超额准备金的反向增加或减少，从而引起货币供给量数倍的反向变动。因此，在基础货币确定的情况下，通货比率的变化反向作用于货币供给量的变动。

决定通货比率的主要因素有：（1）公众可支配收入水平的高低。一般来讲，可支配收入越高，通货比率也越高；反之则越低。（2）用通货购买或以支票购买的商品或劳务的相对价格的变化。例如，食物价格相对于耐用消费品的价格是上升的话，则通货比率会增加。（3）公众对未来通货膨胀的预期。如果公众认为通货膨胀会加剧，则会提取更多的通货，以抢购保值资产从而避免购买力的损失，这时通货比率会增高。此外，社会的支付技术、银行业的发达程度、信用工具的多寡，社会和政治的稳定性以及其他金融资产收益率的变动都会影响通货比率的大小。

二、定期存款占活期存款的比率 t

t 也由公众的资产偏好决定。定期存款比率的变动反方向作用于货币供给量的变动。影响定期存款比率的因素除公众的可支配收入外，定期存款利率的高低也起着重要作用。定期存款的利率越高，则定期存款比率越高，反之则越低。

三、商业银行持有的超额准备金占活期存款的比率 *e*

主要取决于商业银行的经营决策行为，商业银行留存的超额准备金越多，其贷款和投资规模越小，从而存款扩张的倍数，即货币乘数越小；反之则大。因此，e 的变动较强地反向作用于货币供给量的变动。商业银行的超额准备金比率的大小主要由下列因素决定：

第一，保有超额准备金的机会成本的大小，即市场利率的高低，市场利率越高，银行越愿意持有较少的超额准备金。

第二，借入超额准备金成本的大小，这主要是指中央银行再贴现利率的高低。再贴现利率高意味着借入超额准备金的成本增大，在这种情况下，商业银行会留存较多的超额准备金以备不时之需；反之，若借入超额准备金的成本很小，则商业银行就没有必要留存过多的超额准备金。

第三，经营风险和资产流动性的状况。在竞争的情况下，商业银行是在充满风险的状况中经营的。因此，为给付难以预料的意外提现、支票结清时所发生的准备金头寸短缺，或企业借款需求增加等会使商业银行在风险和收益的双重权衡中，改变所留存的超额准备金的大小。此外，整个经济的变化趋势及银行存款结构的变动等因素都会影响超额准备金比率。

☞ 延伸阅读

客观看待超额准备金率下降

21 世纪以来，我国支付清算系统效率提高、货币市场快速发展、金融机构流动性管理能力增强，加上央行实施存款准备金平均法考核等改革措施，金融机构在确保流动性安全的前提下，超额准备金需求逐步减少，超额准备金率（简称“超储率”）总体呈下降趋势。21 世纪初，我国金融机构季末超储率总体在 4% 以上，2012—2016 年下降至 2.2% 左右，2019 年下降至 1.9% 左右。近年来，尤其是 2021 年以来，人民银行通过下调超额准备金利率以及完善流动性管理和短期利率调控框架等措施，进一步降低了金融机构的超额准备金需求，金融机构超储率进一步下降。2022 年前三个季度末，金融机构超储率分别为 1.5%、1.2% 和 1.4%，同时货币市场利率运行更加平稳。具体来看：

一是下调超额准备金利率，促使金融机构主动降低备付水平。2020 年 4 月，人民银行将超额准备金利率由 0.72% 下调至 0.35%，与金融机构活期存款基准利率相同，消除金融机构吸收活期存款存放央行的套利空间，金融机构持有超额准备金的意愿随之下降。

二是钉住利率精准开展操作，政策目标更加明确清晰。人民银行通过每日开展公开市场操作连续释放短期政策利率信号，及时熨平流动性扰动因素，引导货币市场利率围绕央行公开市场操作利率为中枢平稳运行。同时，通过改革完善常备借贷便利（SLF）操作机制，进一步夯实利率走廊上限，约束市场利率波动幅度。此外，还通过多种渠道加强政策

宣传，引导市场主体多关注市场利率，避免对流动性和央行操作数量变化过度解读。

三是降低货币市场利率波动性，减少金融机构预防性资金需求。近两年来，货币市场利率与公开市场操作利率的偏离程度明显收窄。2021 年 1—9 月，银行间市场存款类机构 7 天期回购加权平均利率（DR007）的均值为 2.18%，与央行 7 天期公开市场操作利率的偏离幅度仅 2 个基点，这使央行维护流动性合理充裕和货币市场利率平稳运行的承诺更加可信，金融机构预防性流动性需求也随之进一步减少。

四是做好流动性跨周期调节，提前安排、精准操作。如 2021 年春节前，人民银行综合考虑疫情等影响因素，准确预判节前流动性缺口情况，以 7 天期操作为主精准投放跨节资金，流动性投放量为近年来春节前最低水平，既满足了节前流动性需求，又避免了节后流动性淤积，降低了利率的季节性波动。同时，还在公开市场业务交易公告中提前发布有关操作计划，说明流动性变化情况，引导金融机构前瞻性做好自身流动性安排。

综上所述，在坚持正常货币政策的背景下，我国金融机构超储率下降既是金融体系不断发展的结果，也是央行货币政策调控机制不断完善的表现。从国际经验看，流动性总量高低与市场利率运行的平稳性并不直接相关。例如，在 2008 年国际金融危机前的常态货币政策时期，美国存款类金融机构超额准备金总量仅 20 亿美元左右，但这并未影响其货币市场利率平稳运行。因此，当前不宜单纯根据流动性总量或超储率判断流动性松紧程度，更不能认为超储率下降就意味着流动性收紧，观察市场利率才是判断流动性松紧程度的科学方法。

资料来源：中国人民银行货币政策分析小组．2021 年第三季度中国货币政策执行报告［R］．

四、活期存款准备金比率 r_d 和定期存款准备金比率 r_t

r_d 和 r_t 是由中央银行直接决定的，因为规定或调整法定准备金比率是中央银行最基础的权力和货币政策手段。此外，政府部门的财政收支以及公债政策也会影响到货币乘数的变化。

综上所述，货币乘数是 k，t，e，r_d，r_t 等多个变量相互作用的结果，它取决于中央银行、政府部门、商业银行及社会公众的行为。因此，货币供给量是由中央银行、政府部门、商业银行及社会公众的行为共同决定的。

☞ **阅读专栏**

货币供给的内生性和外生性

通过对中央银行体制下货币供给过程的分析，我们知道，货币供给量是由基础货币和货币乘数共同决定的。其中，货币乘数又是由多个因素共同决定的，由此就引申出货币当局与货币供给量之间究竟是一种什么关系的问题，即货币供给量到底是外生变量（Externl - oriented Variable）还是内生变量（Internal - oriented Variable）。这一问题涉及货币供给的可控性以及货币政策的选择等问题。

如果说货币供给量是外生变量，其含义是指货币供给量并不是由经济主体的选择决定的，而是完全由货币当局决定的。如果说货币供给量是内生变量，其含义则是指货币供给量的变动是货币当局无法控制的，起决定作用的是经济体系内部的多种因素。

就货币供给和经济运行间的关系而言，存在着两种理论上的分析，这就是货币供给的外生性分析和货币供给的内生性分析。

一、货币供给的外生性分析

货币供给的外生性分析理论认为：中央银行可通过现金发行、规定存款准备金比率等方式来控制作为经济系统外生变量的货币供给量。

1. 在现代经济中，货币供给量主要决定于三个方面的因素，即基础货币，存款准备金比率，以及现金对存款的比率。在这三个因素中，基础货币反映了中央银行的行为，存款准备金比率反映了商业银行的行为，而现金对存款的比率反映了非金融部门的行为。

2. 如果假定存款准备金比率和现金对存款的比率等这些参数为一个常数的话，或者它们的变化较为稳定，那么，经济运行中的货币供给量的变化将完全取决于基础货币的相应变化，而基础货币的变化又直接处于中央银行的控制之下，因此，中央银行可以通过控制基础货币来控制货币供给量。

3. 强调货币供给的外生性并不否认经济系统中实际经济活动对货币供给量的影响，只是表明实际经济活动对货币供给量的影响远远不如中央银行对货币供给量的影响那么强。而且，货币供给的外生性分析是专门就宽口径的货币供给量即M2所言，这样一来，便把经济系统中的货币资产与其他金融资产区别开来，强调了商业银行和其他非银行金融机构之间的区别，更加强化了货币供给的外生性。

二、货币供给的内生性分析

货币供给的内生性分析理论认为，在现代经济运行中，货币供给量难以由中央银行直接控制，而是由经济体系内部各经济主体共同决定的：

1. 随着金融体系的日益发达及其内部竞争的加剧，随着公众可选择的资产持有形式的日益多样化及其相互替代性的增强，一方面，商业银行的存款和资产规模要受到存款的资产偏好和银行贷款、投资机会的影响；另一方面，其他非银行金融机构的存款创造能力也会随着其贷款融资活动的增加而提高，而公众的资产偏好所导致的资产结构又是现实经济运行经常调整变化的结果。这就使得货币供给的变化具有内生性。

2. 具体到银行的存贷关系而言，银行的资产是由银行的负债决定的。但是，在金融体系高度发达的现代经济运行过程中，只要存在贷款要求，银行部门就能够提供信贷并由此创造出存款货币，致使货币供给量增加，这样便形成从金融部门到企业等实业部门的信贷货币流。

3. 就金融中介的创新而言，金融中介的创新能够起到动用闲置资金、节约头寸、改变货币流通速度的作用。因此，即使中央银行只是部分地提供所需货币，通过金融创新也可以相对地扩大货币供给量。

4. 就现代企业的功能而言，现代企业可以通过创造非银行形式的支付而扩大信用规模。这是因为银行信贷并非满足企业新增投资支出的唯一途径，企业可以通过发行或交换期票，甚至通过不履行还款义务等途径创造出非银行形式的支付。

5. 在现代金融体系中存在着大量的非商业银行金融机构，中央银行对其信用工具发行的控制力是较弱的。

当然，强调货币供给的内生性并不等于否认中央银行控制货币供给量的有效性。即使不受控制的非银行金融机构资产和负债的增减完全能够抵消受控制的商业银行的货币资产强制性的反向变动，中央银行对货币供给量的控制仍然起作用，只不过货币资产与其他金融资产之间、商业银行的货币创造能力与非银行金融机构的货币创造能力之间的替代性会大大降低中央银行对货币供给量的控制效应。

由此得出的结论就是：在现代经济中，货币供给量不完全是中央银行可以操作的外生变量。

货币供给的外生性和内生性分析从中央银行控制货币供给量这一角度对货币供给与经济运行进行了分析，虽然两者的结论迥异，但其研究货币供给的思路可供我们借鉴。

思考：货币供给能否既视为内生变量又视为外生变量？

本章关键词

货币供给　货币供给量　货币供给函数　货币乘数　基础货币　原始存款　派生存款　超额准备金　法定存款准备率　现金比率　超额准备比率

复习思考题

1. 什么是货币供给？货币供给理论研究的主要内容有哪些？
2. 从银行系统的资产负债表看，影响货币供给的因素主要有哪些？
3. 商业银行存款货币创造的前提条件是什么？
4. 简述货币供给的通用模型及其理论意义。
5. 什么是基础货币？基础货币是如何决定的？
6. 什么是货币乘数？货币乘数的各项因素是如何影响货币乘数数值大小的？
7. 决定通货比率的因素主要有哪些？
8. 决定超额准备金比率的因素主要有哪些？
9. 如何理解货币供给的外生性和内生性？

第十一章　通货膨胀

第一节　通货膨胀及其衡量

一、通货膨胀的定义

通货膨胀成为一个世界性的问题，是近大半个世纪的事情。此前，它只存在一些国家的特定时期。在西方国家，人们通常会把通货膨胀和现代经济生活紧密联系在一起。因为在古代流通的货币主要是金属货币，金属货币流通存在的主要问题是由于成色低、重量轻而造成货币流通的混乱。一般来说，通货膨胀是发生在纸币信用货币制度条件下的一种经济现象，是指一定时期货币过多而引发商品和劳务的货币价格总水平的持续上涨的现象。这一定义一般包含以下几个内容：

1. 通货膨胀意为通货过多

一定时期货币量过多，是通货膨胀最直接、最表面化的促成因素。无论引发物价上涨的具体因素有哪些，只要物价上升了，就肯定有货币供给增加做支撑。只有过多的货币存在，才会有商品价格总水平的持续上涨。尽管物价上涨既可能是由于货币供给增加太快，也可能是货币需求上的相对减少，或是其他因素，但其表现的却是经济生活中货币过多。因此，货币发行量过多，是通货膨胀的直接原因。

2. 强调考察对象是商品和劳务

通货膨胀强调的是商品和劳务价格的上涨。现代经济高度发达，由于收益的资本化，使得一切产品或非商品都可以用货币价格来表现。一些虚拟资本，如金融资产中的股票、债券、商业票据等，都有其价格，而它们价格的涨跌每时每刻都在发生着。例如资金的价格——利率、股票等金融资产的价格会因各种人为或客观的因素而不断变动。这些变动并不是我们所要考察和说明的对象。

3. 强调以货币表示的价格

即每单位商品用货币数量标出的价格。换言之，也就是单位货币的购买力水平。对通货膨胀的分析，主要侧重的是货币与商品之间的对比关系。因为商品之间的比价可能会受供求关系的改变或商品本身价值的波动等因素的影响而发生变动，但商品货币价格的普遍提高，对应变化的是单位货币的购买力。

4. 注重“总水平”的考察

通货膨胀最显著的特征表现为物价上涨，但物价上涨并不一定都是通货膨胀。这里强调的是商品和劳务的货币价格总水平。区域性或整体结构上某种商品的价格调整，并不一定就是通货膨胀。例如，我国在理顺价格体系的过程中，适当地提高农副产品的价格，对一些工业品价格则相应地降低，只要总体价格水平保持不变，就不能视为通货膨胀。

5. 强调“持续上涨”

由于季节性、偶然性因素引起的商品价格的暂时上涨，就不属于通货膨胀。通货膨胀强调的是一个价格水平持续向上推进的过程。

引发通货膨胀产生的几方面因素是相互联系的：物价上涨是标志，货币的发行量过多是原因，通货贬值是实质，不能仅仅将其理解为其中任意一方面。

值得注意的是，在价格管制下的通货膨胀现象，如果政府实行人为管制，如对物价实行冻结或者计划管制，压抑经济力量的正常运行，那么货币的超额发行也不会引起物价上涨。过量的货币供应会对市场施加巨大压力、扩大供求差额、造成供给短缺，这同样是通货膨胀的公开表现形式。因此，商品供给配额制、凭票供应、因供给短缺而持币待购等是通货膨胀的非价格表现形式。

☞ 阅读专栏

恶性通货膨胀导致的购买力下降

1935 年的法币改革为国民党政府推行通货膨胀政策铺平了道路。由于国民党政府过分依赖增发货币来为巨额的政府预算赤字融资，在从 1935 年法币开始走上中国历史舞台至 1949 年的短短十几年间，法币经历了一个持续而且不断加速的贬值，最后完全形同废纸。且看 100 元法币购买力：

1937 年　可买大牛两头；

1941 年　可买猪一头；

1945 年　可买鱼一条；

1946 年　可买鸡蛋一个；

1947 年　可买油条 1/5 根；

1948 年　可买大米两粒；

其贬值速度简直超乎人们的想象。

资料来源：石柏林．凄风苦雨中的民国经济［M］．郑州：河南人民出版社，1993．张公权．中国通货膨胀史［A］．工商经济史料丛刊，1（4），文史资料出版社．

二、通货膨胀的衡量

既然通货膨胀是指物价水平持续上升的过程，那么物价水平的上涨幅度也就基本反映了通货膨胀的程度。如何测量物价水平，从世界各国的实际做法来看，通常都采用以下一种或几种物价指数：

1. 消费物价指数（CPI）

消费物价指数也称零售物价指数或生活费用指数，它是根据具有代表性的家庭的消费开支所编制的物价指数，以反映消费者为购买消费品而付出的价格的变动情况。这种指数的优点是较能迅速地反映直接影响居民生活的物价趋势，在检验通货膨胀效应方面具有其他指标难以比拟的优越性，世界各国普遍地采用它作为测量通货膨胀的尺度。其缺点是范围较窄，消费品只是社会最终产品的一部分，遗漏了许多资产的价格，不足以说明全面的情况。而且，它也不能正确地表现消费商品与劳务的质量改善。

2. 批发物价指数（PPI）

批发物价指数也称生产者物价指数，它是根据制成品和原材料的批发价格编制而成的指数，它反映了一国商品批发价格的上升或下降的幅度。这种指数的优点是对商业循环较为敏感，能在最终商品价格变动之前，获得工业投入品及非零售消费品的价格变动信号，从而能预先判别其对最终进入流通的零售商品价格变动可能带来的影响，进而预见通货膨胀压力的变动。其缺点是它将各种劳务剔除在外，其范围更加狭窄，另外，批发价格波动常小于零售价格波动幅度，可能会造成某种信号失真现象，影响对供需对比关系的判断。

3. 国民生产总值折算指数（GNP Deflator）

国民生产总值折算指数是指按当年价格计算的国民生产总额对按固定价格计算的国民生产总额的比率。在计算 GNP 折算指数时，所采用的公式是，先以基年价格为基础算出当年可能获得的国民生产总值，然后用它再去除当前存在的国民生产总值。例如，以 2008 年 =100 为基期，计算 2018 年国民生产总值折算指数则是：

$$2018\text{ 年 GNP 折算指数}=\frac{2018\text{ 年 GNP}}{\text{以 2008 年价格计算出的 2018 年的 GNP}}\times 100\%$$

假设 2018 年的 GNP 为 42 000 亿美元，如以 2008 年价格来计算 2018 年的 GNP 是 17 000 亿元美元，则：

这就意味着，从 2008 年到 2018 年的 10 年间，国民生产总值中的物品价格增加了 147.1%（247.1/100－1）。

GNP 折算指数是一个能综合反映物价水平变动情况的指标。它的优点是覆盖面广，能度量各种商品价格变动对价格总水平的影响，较能准确地反映一般物价水平的趋向。其缺点是资料较难搜集，公布次数不如消费物价指数频繁（多数国家为一年一次），容易受价格结构因素影响。

以上三种指数是衡量通货膨胀的主要指标，各有其优缺点，而且由于三种指标涉及商品和劳务的范围不同，计算口径不一致，即使在同一国家、同一时期，各种指数反映的通货膨胀程度也是不同的，所以需要合理适当地选择指数，才能正确地把握通货膨胀的程度。一般而言，在衡量通货膨胀时，消费物价指数使用得最为普遍。

三、通货膨胀的类型

通货膨胀在各个时期、各个国家或地区都有不同的表现形式、生成机制和作用后果。在经济分析活动中，人们常常根据不同的标准将通货膨胀分为若干种类型，借以说明各种不同的经济现象和问题。通货膨胀的具体分类方法有：

（一）按通货膨胀的表现形式来划分

（1）公开性通货膨胀（Open Infaion）。这是在市场经济中表现出来的通货膨胀形式。在市场经济条件下，由于市场机制较为完善，没有政府的直接干预一般物价，货币的多少直接影响物价的升降，因此，通货膨胀便从物价水平直接明显上升中表现出来。物价水平的上升幅度大体上反映为通货膨胀的程度。这种通货膨胀普遍存在于西方发达国家和大多数发展中国家，但在市场机制不完善、价格还未完全放开的国家，物价水平的上升幅度还不能完全准确地反映通货膨胀的真实程度。

（2）隐蔽性通货膨胀（Hidden Inflation）。这是指货币工资水平没有下降，物价总水平也未提高，但居民实际消费水平却下降的情况，主要表现为政府冻结物价，市场物价表面不上涨，但却因物资供应紧张而存在着变相的或隐蔽性上涨。这种通货膨胀在苏联、东欧国家和我国计划经济时代都出现过。其显著特征是：第一，政府对物价实行严格管制，即使货币过多，商品供不应求，通货膨胀也不以物价上涨表现出来，市场机制作用不完全；第二，由于冻结物价，市场商品的官方定价与黑市价格有较大差异，极易导致投机活动和黑市交易。

（二）按通货膨胀的程度来划分

（1）爬行的通货膨胀（Creeping Inflation）。这是指一般物价水平上涨的幅度在5%以下的通货膨胀。弗里德曼把这种通货膨胀称为公众可承受的通货膨胀。这种缓慢的物价上升意味着通货膨胀程度较轻，对社会经济不会产生太大的负面影响，反而能像润滑油样刺激经济的发展。

（2）温和的通货膨胀（Moderate Inflation）。这是指一般物价水平上涨的幅度在5%以上、10%以下的通货膨胀。这种通货膨胀会使人明显地感受出来，并可能产生物价还将继续上升的心理预期。

（3）严重的通货膨胀（Severe Inflation）。这是指一般物价水平的上涨幅度在10%以上、50%以下的通货膨胀。它是种不稳定的、迅速恶化的、加速的通货膨胀。在这种通货膨胀发生时，人们对货币的信心产生动摇，经济社会产生动荡，所以这是一种较为危险的通货膨胀。

（4）恶性通货膨胀（Hyperinflation）。这是指一般物价水平的上涨幅度超过了50%，甚至达到3位数的通货膨胀。这种极其严重的通货膨胀导致物价持续飞速上涨，货币大幅度贬值，人们对货币彻底失去信心，给社会经济带来灾难性的后果，严重时可能导致货币制度瓦解、国民经济崩溃或政府倒台。

恶性通货膨胀在经济发展史上是很少见的，通常发生于战争或社会大动乱之后。例如，1923 年第一次世界大战刚结束，德国的物价在一个月内上涨了 2 500%，马克的价值急剧下降。

（三）按照通货膨胀是否能预期来划分

（1）预期型通货膨胀（Expected Inflation）。这是指通货膨胀可以被人们预测并据此调整自己的行为。一般来讲，预期型通货膨胀是政府有意识地实行通货膨胀政策，因而未来通货膨胀趋势在一定程度上可以确定或预测。

（2）非预期型通货膨胀（Unexpected Inflation）。这是指通货膨胀的变化不能被人们预测，在这种通货膨胀中，真实利率及实质工资有显著变动，市场信号被扭曲，资源和利益的重组会产生不公平现象。

（四）按通货膨胀的成因划分

（1）需求拉上型通货膨胀（Demand Puiied Inflation）。需求拉上型通货膨胀指的是在社会再生产过程中，由于社会总需求过度增加，超过了既定价格水平下商品和劳务等方面的供给而引起的货币贬值、物价总水平上涨。这理论有两种形态，一种是凯恩斯的过度需求论，另一种是货币学派的数量说。

（2）成本推进型通货膨胀（Cost Pushed Inflation）。成本推进型通货膨胀是供给型通货膨胀的主要类型，是指在社会商品和劳务需求不变的情况下，由生产成本上升引起的物价上涨。成本推进理论认为，生产成本上升主要有两方面原因：一是工会对工资成本的影响；二是垄断组织为追求垄断利润而制定的垄断价格。因此，成本推进型通货膨胀又细分为工资推进型和利润推进型两类。

①工资推进型通货膨胀。在总需求不变的情况下，由于工资上涨，生产成本加大，导致物价上涨超过劳动生产率，企业就会因人力成本的增加而提高产品价格，以维持盈利水平。在物价上涨后，工人为维持先前的实际工资水平要求工资进一步上涨，从而出现工资物价螺旋上升。但是应当明确的是，并非任何货币工资率的提高都会导致工资推进型通货膨胀，只有货币工资率的增长超过边际劳动生产率的增长，通货膨胀才会产生。

②利润推进型通货膨胀。这是指由于生产投入品或要素的价格因垄断力量的存在而上升所形成的通货膨胀。一方面，寡头企业和垄断企业在追求更大利润时，依靠其垄断市场的力量，运用价格上涨的手段来抵消成本的增加，从而导致价格总水平上升；另一方面，政府或者其他社会力量拥有某种垄断力量，他们也可以运用这种力量来保持自己在总收入分配中所占的比重，进而导致通货膨胀。

除了工资推进和利润推进的成本推进型通货膨胀外，现今人们把凡是从供给方引起的生产要素价格提高，如生产资料价格提高、进口半成品价格上涨而造成生产成本提高所产生的通货膨胀，均称为成本推进型通货膨胀。

（3）混合型通货膨胀（Hybrid Inflation）。这是指需求拉上型通货膨胀与成本推进型通货膨胀交织在一起，共同作用使一般物价水平迅速提高。需求拉上型通货膨胀与成本推进型通货膨胀，在理论上解释是有区别的，但在实际生活中，这两种通货膨胀又往往是交叉的。成本推进型通货膨胀往往以社会需求扩张为先导，需求膨胀型通货膨胀直接促使物价水平上涨和产品成本上升，成本提高又转化为下一轮的成本推进，于是就出现了成本推进型通货膨胀与需求拉上型通货膨胀并存的混合型通货膨胀。

（4）结构性通货膨胀（Structural Inflation）。这是指在整个经济总供给与总需求处于均衡状态时，由于经济结构方面的因素，导致一般物价水平的上涨，具体可分为以下两种：

①价格刚性造成的结构性通货膨胀。价格刚性是指价格一旦被提高后就难以下跌的特征。价格刚性造成的结构性通货膨胀是指在社会总供给与总需求完全相适应的情况下，有些部门的商品因供不应求而出现价格上涨，而另一些部门则虽供过于求但价格不下跌的现象，从而使社会在总需求没有过度的情况下，仍然出现物价水平的持续上涨。实际上，这种所谓价格刚性的实质，就是经营不善的供过于求的部门，力图保持价格不变，把它们遭受的损失或增加的成本转嫁给购买者。

②部门发展不平衡引起的通货膨胀。在一个社会经济中，经济部门可以分为两类，即扩展中的部门和停滞、衰退的部门。前一类部门因劳动率较高，货币工资率也较高；后一类部门劳动生产率停滞甚至下降，货币工资率也相应较低。然而后一类部门的工人，却要求在工资报酬方面实行公平待遇、提高工资。后一类部门的企业为了避免因罢工造成损失，不得不仿效前一类部门提高工资率。结果后一类部门在劳动生产率没有提高的情况下提高了工资，必然会造成整个社会的货币工资增长率大于劳动生产率增长，从而引发通货膨胀。

☞ 链接

需求拉上——1921—1923 年德国恶性通货膨胀

在 1921 年，德国在偿付战争赔款和恢复经济的压力下，其财政支出大大超过收入。为了缓解财政危机，政府可以采用提高税收的办法，当然这种做法在政治上不受欢迎，且需很长时间。政府还可以通过向公众借款办法来筹措资金，但由于资金需求过大，这种做法只能是杯水车薪。这样唯一的做法就是印发钞票。当时德国通过多发行通货来对个人和企业进行支付，结果货币供应量急剧上升，物价水平也急剧提高。

在 1923 年，德国财政状况不但没有好转，反而更加恶化。在这一年初，由于德国未能按期支付战争赔款，法国侵占了鲁尔区。鲁尔工人以罢工来反对法国行径，德国政府则以对罢工工人提供资金以支持他们的罢工行为。结果政府支出大幅增加，政府又只能通过印发更多的钞票来支持高额支出，结果物价爆炸性上升，1923 年德国通货膨胀率达 1 000 000%。

对鲁尔区的侵占和印制钞票支付给罢工工人恰好满足外生性条件。因此不会发生颠倒因果的情况（物价水平的升高是法国入侵行为引起），也不会有外部其他因素对通货膨胀和货币供应量有同时的推动作用。因此，德国的恶性通货膨胀可以描述为一次“可控实验”，它能证明弗里德曼认为通货膨胀是货币现象的论断是正确的。也是典型的货币供给过多导致需求拉上型通货膨胀。

资料来源：Frank D. Graham，Exchange，Price and Production in Hyperinflation：Germany 1920—1925（Princeton，N. J.：Princeton Univercity Press，1930）：105 - 106.

☞ **阅读专栏**

津巴布韦的恶性通货膨胀

2000 年，政府征收农场，将其重新分配给总统罗伯特·穆加贝（Robert Mugabe）的支持者，此后津巴布韦的农业产量急剧下跌，同时税收收入锐减。因此，政府支出大幅超过税收收入。政府本可以通过增加税收的方式来弥补政府支出，但考虑到经济已经进入了衰退状态，通过这种方式增加收入不仅很难做到，而且在政治上是不受欢迎的。或者，政府也可以尝试通过向公众借款为其支出融资，但是由于公众不信任政府，这种选择也不可行。于是只剩一条路可走——印钞机。政府只需要印更多钞票（增加货币供给）来偿付个人和企业，就可以付清自己的支出。这正是河津巴布韦政府当时所做的，于是货币供给开始迅速增长。

根据货币数量论，货币供给的飙升会带来物价水平上扬。2007 年 2 月，津巴布韦的中央银行——津巴布韦储备银行宣布许多商品的价格上涨不合法。虽然这一方法在之前经历过恶性通货膨的国家也曾经被政府尝试使用，但从未奏效过，在中央银行持续印钞的情况下，认定通货膨胀非法也不能阻止通货膨胀的发生。2007 年 3 月，通货膨胀率超过 1 500%，创下了历史纪录。到 2008 年，津巴布韦官方公布的通货膨胀率已经超过 2 000 000%（非官方机构统计的通货膨胀率已经超过了 10 000 000%）。2008 年 7 月，津巴布韦中央银行发行了面值为 1 000 亿津巴布韦元的钞票，面值之高也创下了历史记录。零虽然很多，但别高兴得太早。虽然拿一张这样的钞票就能让人变成亿万富豪，但这样一张钞票甚至连一罐啤酒也买不了。津巴布韦的钞票还不如厕纸值钱。

2009 年，津巴布韦政府允许在交易中使用美元等外国货币，但破坏已然造成，恶性通货膨胀对经济而言是一场大浩劫，使一个本来就很穷的国家变得更穷。

资料来源：弗雷德里克·S. 米什金. 货币金融学［M］. 12 版. 北京：中国人民大学出版社，2021.

第二节 通货膨胀的效应

一、收入再分配效应

所谓收入再分配效应，是指由于通货膨胀形成的物价上涨而造成的收入再分配。

在通货膨胀时期，由于物价的变动，人们的名义货币收入与实际货币收入间会产生差距。判断通货膨胀对收入分配的影响程度，则主要是以实际收入变动为标准的。在物价变动作用下，虽然名义收入变动不大，甚至无变化，但实际的收入变化会千差万别。对不同收入种类的人，在通货膨胀中，各自的利益所受影响不同。

1. 以工资或薪金为主要收入者

工资受通货膨胀的影响程度，取决于货币工资调整时延的长短（即工资调整的时间间隔）。而货币工资率调整的时延与劳工市场的松紧有关，也与工会的议价力量有关。如果市场劳动力过剩，工会力量弱，工资调整间隔就长；反之，工资调整间隔就短。由于失业是普遍的社会经济现象，因此工资的增长常常落后于物价的上涨，货币工资的增长，滞后的时延越长，则受通货膨胀影响的损失越大。另外，感受到通货膨胀的存在和实际的通货膨胀发生，要求增加工资和实行增加工资的时间上，总是存在一定的间隔，工资增加总是滞后于通货膨胀。因此，总的说来，只要有通货膨胀的存在，以工资、薪金为主要收入者，总会受到损害的。

2. 以利息和地租及其他租金为主要收入者

通货膨胀发生后，由于利息、租金的调整也存在延时问题，在名义利率、地租不变条件下，实际利息、地租收入水平下降，使得利息和租金收入者，在通货膨胀期间遭受损害。另外，通货膨胀还存在一个资产调整效应的问题，因此，这些人的损失会更大。

3. 以利润为主要收入者

通货膨胀中，利润因货币工资调整时延长短而受影响：货币工资调整的时间间隔越大，或者增长的相对减少，利润增长得越多；反之，则利润增长趋缓；当货币工资率与通货膨胀率一致时，利润不变。如果企业采用按成本利润的定价方式，则利润可以不受通货膨胀的影响。因此，以利润为收入者，在通货膨胀中至少可以不受影响，如果因企业工资调整的滞后，举债，产品销售提价等因素，则可以大获其利。

总之，通货膨胀的收入分配效应的具体表现为：以工资和租金、利息为收入者，在通货膨胀中会遭受损害；而以利润为主要收入者，却可能获利。

二、财富分配效应

通货膨胀不仅会引起收入的再分配，而且会引起人们持有财富的再分配，又称资产结构调整效应。

每个社会成员，可能不仅拥有像房屋、土地、耐用消费品、珍宝等实物资产，也可能拥有像存款、现金、债券、股票等各种金融资产，同时他还可能有各类性质的借款、债务，因此每个人的财富的净价值是他的资产价值和负债价值之间的差额。由于各种资产、债务在通货膨胀中的以货币表示的价格变动幅度和方向的差别，发生财富分配效应。例如，像房屋、土地、珍宝等实物资产的货币值，大体上会随着通货膨胀率的变动而变动，因此受通货膨胀影响不大；而像存款、现金、债务、债权等金融资产或负债，其共同的特征是有确定的货币金额，这样的名义货币金额不会因通货膨胀存在与否或通货膨胀率的高低而变化。然而，物价上涨，实际货币价值减少。当然物价上涨，实际货币价值减少，可以通过提高利率办法来弥补，但一般难以补足。至少像股票这类金融资产，由于其价格变化影响的因素太多，比较复杂，虽然一般情况下，通货膨胀的发生会促使股价呈上升趋势，但并非绝对。所以，一般说来，通货膨胀有利于债务人而不利于债权人。

受通货膨胀的影响程度财富分配效应主要取决于以下几个方面：

1. 资产与负债的差额

从理论上说，负债的差额越大，在通货膨胀中受益越大；相反净资产越多（如持有存款、债券之类的资产），受到损失就越大。而在实际中，一般地说小额存款人和债券持有人最易受通货膨胀的打击。至于大的债权人不仅可以采取各种措施避免通货膨胀带来的损失，而且他们往往同时是大的债务人，则可享有通货膨胀带来的巨大好处。

2. 资产的构成状况

一般来说，实物资产的价格是随着通货膨胀率的提高而上涨的，所以它在通货膨胀中不易受损。而存款和货币资产则要受通货膨胀的损失。因此，存款和货币之类资产在整个资产结构中的比重越大，遭受通货膨胀的损失就越多，反之则越小。

3. 负债的偿还条件

即债务的利率是否随通货膨胀率的变动而变动，若浮动利率，债权人在通货膨胀中受损较少。反之，若固定利率，债权人受损就大。

三、强制储蓄效应

强制性储蓄的含义是指政府可通过通货膨胀手段，来增加储蓄的比重。正常情况下，从个人和企业的角度来看，储蓄的来源主要是收入与支出后的差额，它的总量在特定的阶段是一定的，并且是由个人和企业自主决定储蓄量的多少。而作为政府的储蓄来源主要有二：一可通过增税办法，增加对生产的投入来扩大储蓄量；二可采用财政及信用上的扩张政策来实现。如采用宏观经济上的扩张政策，如财政向中央银行借款或透支，就会直接或间接地造成增发货币，使流通中的货币量增加，在公众名义收入不变，价格上涨，货币购买力下降的条件下，个人和企业按原有的模式和数量进行储蓄，其实际额就会减少，而其减少部分大体相当于政府运用扩张政策实现的强制储蓄的部分。这种储蓄，虽有强制性，但全社会的储蓄总量并不会增加，因这部分储蓄是从个人和企业等储蓄中挤出来的，政府储蓄的增加，相对应的其他部分储蓄就会下降。

四、资源配置效应

通货膨胀时期，会引起整个社会资源配置上的紊乱，运作效率降低，以致总产出减少，国民生活水平下降。

首先，通货膨胀侵蚀了货币的余额（资产结构调整效应），因此人们总是尽量地缩减手头的货币财产（存款与现金），同时力图保有那些能在通货膨胀中盈利的资产作为财富，这就需要更多的时间料理财务，从而造成本来应当用于生产服务，或享受闲暇的时间被占用。从整个社会角度看，由于通货膨胀，使得企业公司人员注意力和精力，从生产活动中引向非生产性活动，以对待反复无常的通货膨胀。如在商品期货交易和远期外汇市场上进行的套利活动等。这种精力的损耗也是资源的浪费，人们通常将通货膨胀的这类代价叫“鞋底成本”。

其次，在劳动力市场和金融市场中，合同的短期化，使资源的使用受到影响。由于通货膨胀的存在，为避开风险，公司、企业和个人总是尽量避免签订任何类型的长期合同。在证券市场上，短期货币资金占的比重越来越大，影响了公司的财务与投资决策；在劳动力市场上，由于合同期越来越短，更多的时间和精力被耗在合同谈判上，从而用于生产和服务的资源相对减少。

最后，通货膨胀时期价格表现出不稳定性，在不同产品中，因价格调整滞后而对通货膨胀率的反应也不尽相同，微观经济信号可能被扭曲。相对价格的变化会引起资源转移，在价格信号失真情况下，资源配置容易发生决策上的失误。特别是在通货膨胀高涨时期，价格信号失真可能表现得更为剧烈。

总之，通货膨胀对资源配置的影响就是使得资源配置的成本增加。当通货膨胀演变成恶性的时候，这种代价就非同小可了。

五、恶性通货膨胀的社会危机效应

恶性通货膨胀会对生产、流通投资、消费等一系列社会经济活动造成极大的破坏，甚至导致整个国民经济的彻底崩溃，引发经济社会危机。在物价飞涨时，产品销售收入往往不能抵消原材料成本，导致生产难以为继；疯狂抢购商品和银行“挤兑”成为消费者的应激反应，进一步刺激商业“囤积”的恶性投机行为。同时，恶性通货膨胀在不同地区和不同产业间上涨幅度可能极不均衡，这会造成原有的商路被破坏，正常的经济联系被阻断，导致社会各部门难以保持正常的生产经营，大量企业破产清算。恶性通货膨胀使债务实际价值大幅下降，破坏了正常的信用关系；影响了货币职能作用的正常发挥，人们根本无法用日益贬值的货币作为计价单位，人们在流通中往往逃避接受货币，有时甚至退回到以物易物的原始状态；恶性通货膨胀对依靠固定工薪收入的人群伤害极大，加上失业人口大幅度增加，恐慌心理快速蔓延，最终引发社会和政治动荡。综上所述，恶性的通货膨胀最终必将导致整个经济社会的危机，引起政治上的动荡不安。所以，各国政府在未遇到特殊的政治麻烦的情况下，总是将通货膨胀视作大敌。

☞ 阅读专栏

委内瑞拉经济危机

委内瑞拉是位于南美洲北部的一个国家，石油资源丰富。但自2014年全球能源价格下跌以来，这个完全依赖石油出口的国家做着一场又一场的噩梦：通胀飙升，货币贬值惊人，物价飞涨。

委内瑞拉恶性通货膨胀

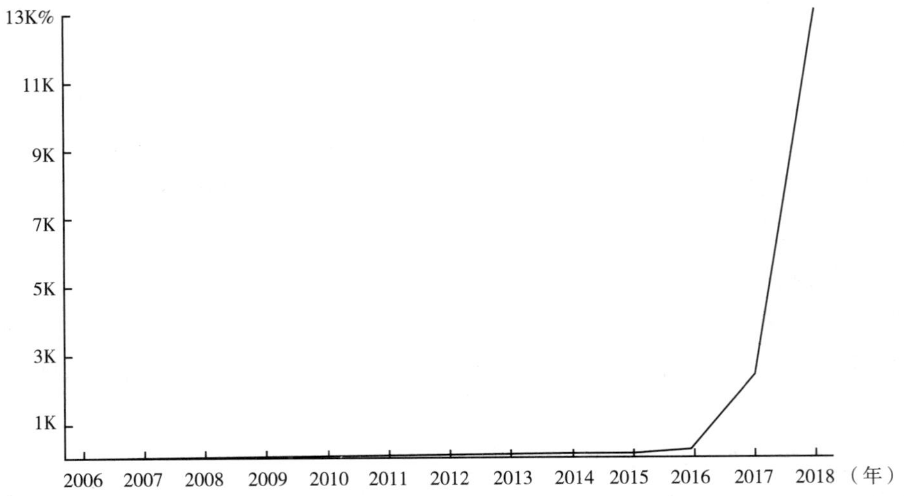

注释：IMF估计的通货膨胀率要比其他经济学家估计的要高，据IMF估计，截至2018年底，委内瑞拉的通货膨胀高达13 000%。

资料来源：国际货币基金组织.

卡图研究所（Cato Institute）根据委内瑞拉中央银行的数据计算得出，2017年，委内瑞拉的通胀率是946%；仅仅一年前，这个数字还远不到100%。

举一个例子：假如你在2016年7月，前往加拉斯加的一间酒吧消遣，一杯酒只需要花费50个玻利瓦尔（委内瑞拉的货币）；但要是你三个月后再光顾这家酒吧，再点同样的一杯酒，对不起，你得支付100玻利瓦尔，相当于之前价格的2倍。

现在的情况还要更糟，10万玻利瓦尔才能买到半个鸡蛋。恶性通货膨胀带来货币贬值，人们手上的钱变为废纸，于是街头出现了令人惊讶的一幕：小贩将玻利瓦尔编成花篮，向采访的媒体玩笑道：你把它买回家，你就成了"百万富翁"。

还有令人望而却步的消费者物价指数。国际货币基金组织统计显示，以2010年基数100来算，委内瑞拉2014年的CPI为348.17，2015年涨了1倍，为772.02。但在2016年，委内瑞拉的CPI为2015年的30倍，2010年的274倍！

2010—2016年委内瑞拉消费者物价指数
（以2010年为100计算）

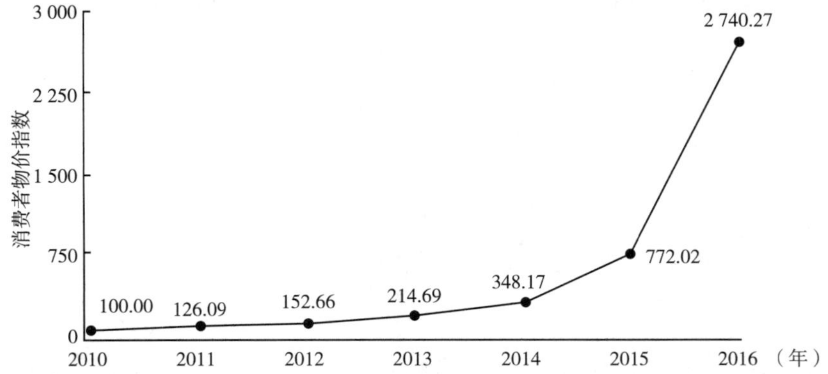

资料来源：新浪网，http：//k. sina. com. cn/article_3118279457_vb9dd2b2101900ek2c. html？from = history.

六、通货膨胀与经济发展

关于通货膨胀对真实的经济投资和经济增长率的影响，理论界存在三种不同的观点。

（一）促进论

这种观点认为经济增长与通货膨胀正相关。当实际经济增长率低于潜在经济增长率，政府可以实施通货膨胀政策，用增加赤字预算、扩大投资支出、提高货币增长率等手段来刺激有效需求，促进经济成长。对于许多发展中国家来说，通货膨胀促进经济成长的效应尤为明显。

（二）促退论

这种观点认为经济增长与通货膨胀负相关。通货膨胀不仅不会促进经济增长，反而会损害经济发展。这是因为：首先，通货膨胀期间，生产与合同的短期性行为不利于经济的发展。其次，由于人们的精力被引向对非生产性的其他因素的考虑，对生产性的投资就会锐减，大量资金流向非生产性部门，用于投机套利交易，而生产性资金流失，经济增长就受到损害。再次，通货膨胀不利于资金的节约使用。通货膨胀会降低借款成本，从而诱发过度的资金需求。而过度的资金需求会迫使金融机构加强信贷配额管理，从而削弱金融体系的运营效率。同时，也造成资金使用上的极大浪费。最后，通货膨胀持续一段时间后，迫于公众舆论压力，政府可能采取全面价格管制办法，从而使经济运行更加缺乏竞争性和活力。

（三）中性论

中性论认为通货膨胀对经济成长，既无正的产出效应，也无负的产出效应。原因是通货膨胀的各种效应的作用会相互抵消。

尽管对于通货膨胀与经济成长的关系问题有三种完全不同的争论，然而在当今的经济学界，还是有一个比较共同的主流看法，即相对剧烈的持续通货膨胀，对经济成长是十分有害的。

想一想

是否存在零通货膨胀的经济成长？

第三节　通货膨胀治理

通货膨胀对国民经济的发展，特别是恶性的通货膨胀，对经济社会具有巨大的破坏作用，易引起公众的不满和政局的动荡，因此，各国政府为减轻或消除通货膨胀的压力做出了不懈的努力，拟定和执行着各式各样的通货膨胀对策。以下介绍几种较为常见的通货膨胀对策方案。

一、宏观紧缩政策

这是比较传统的抑制和治理通货膨胀的手段。它的基本原则就是收缩通货减少需求。这种政策主要适用于经济处于或接近充分就业水平，通货膨胀是由过度需求造成的，或者是出现了恶性通货膨胀。宏观紧缩政策的主要内容由紧缩性货币政策和紧缩性财政政策构成。

（一）紧缩性货币政策

紧缩性货币政策，即货币当局通过压缩限制商业银行信贷规模，减少货币供给量，实现宏观紧缩的目的。我国习惯上称之为抽紧银根。具体办法是运用中央银行的三大政策工具来实现。

（1）通过公开市场业务的操作，出售证券，回笼货币资金，以相应减少经济体系中的货币存量。

（2）通过提高贴现及再贴现率，来影响市场利率，以期提高借款成本，控制商业银行的信贷规模，减少对信贷的需求。

（3）通过提高法定准备率，用以缩小货币扩张乘数。

（二）紧缩性财政政策

紧缩性财政政策，即政府通过增收减支的办法来抑制总需求的增长，实现宏观紧缩。具体的办法有：

（1）增税。增税一方面可以增加政府的收入，减少财政赤字，达到减少货币发行量的目的。另一方面，增税使得企业利润相对减少，企业的投资需求旺盛的局面得到缓解。

（2）削减政府开支。政府支出的减少，在财政收入不变的情况下，就可以削减财政赤字，从而减少货币发行，也直接地减少社会总需求。

☞ 重要提示

宏观紧缩政策作用的发挥是有一定条件的，可能会产生一些不利的消极后果，如果通货膨胀不是由于需求方面原因，而是其他因素造成的，采用紧缩政策，非但不能从根本上医治通货膨胀，反而会造成失业增加和经济衰退等负作用。例如，英国的撒切尔政府、美国的里根政府，都分别实施过宏观紧缩性财政和货币政策，虽然通货膨胀率有了显著下降，但两个国家都经历了严重的衰退、失业和广泛的财政困境。

二、物价与工资政策

它的含义即政府当局拟订一套关于物价和工资的行为准则，由价格的决定者（即劳资双方）共同遵守。这些政策准则的实施，可以是自愿性的，也有可能是强制性的。所谓自愿性的，是指政府当局运用劝导方法，使劳资双方自愿地约束其加价和加薪的要求；所谓强制性的，是指政府当局通过立法程序，规定物价和工资上升率不能超过一定水平，违犯者将受到法律的制裁。

具体地来看这些政策准则，其包含了两个方面的内容，即价格政策和工资收入政策。

（一）价格政策

该政策的具体措施有：

（1）政府与企业订立反涨价合同。政府与企业界达成协议、订立合同，直接地限定价格（包括商品和劳务），或规定其波动的幅度和范围。

（2）立法限制垄断高价。垄断高价是通货膨胀的诱发和推动因素之一，许多国家对于垄断行业、部门或企业的产品价格实行限制，有助于物价的全面稳定。

（3）非常时期，采用管制和冻结物价的强制性措施。当经济运行出现非常情况或通货膨胀达到一定程度，政府当局有时会采取比较激进的冻结物价措施来阻止迅速上涨的价格水平。

（二）收入政策

该政策的具体举措有：

（1）确定工资——物价指导线。所谓“指导线”即政府当局在一定年份内允许货币总收入增长的目标数值线，并据此相应地采取控制每个部门工资增长率的措施。在“指导线”内，由工会和企业自愿设定工资的实际增长率，但不得超过“指导线”。

（2）管制或冻结工资。政府动用行政或法律手段，强制性地将职工工资收入总额或增长率固定在一定的水平上，严禁擅自调整工资水平。

（3）运用税收手段。即按工资增长率征收特别税，对工资增长较快的企业课以重税，借此来抑制收入增长速度，降低单位生产成本，缓和通货膨胀的压力。

从历史经验上看，自愿性的物价与收入政策，因当事人（政府、资方、劳方）之间的利益冲突而难以实现，且无法律保障，不易推行。而强制性的物价与收入政策，在民主政体下不易施行，而且长期性的工资和物价管制，势必歪曲市场的调节机能，引起供应短缺、黑市猖獗，所以并不为大多数经济学家赞同。

三、收入指数化政策

所谓收入指数化，是指工资、利息、各种证券收益以及其他收入一律实行指数化，同物价变动联系起来，使各种收入按物价指数滑动或随物价指数的变动而进行调整，以避免通货膨胀所带来的损失，并减弱由通货膨胀所带来的分配不均的问题。

实施收入指数化政策，大体可分为两种：

一种是有限的指数化方案，即在实施指数化时，范围上仅限于某几种或一种收入、债券或其他因素。例如，美国实行的有限的指数化方案。在这个方案中，政府发行一种债券："购买力"，它逐年的利息率是随通货膨胀率而变动的；同样，政府还使联邦税收制度指数化，以消除物价水平膨胀，使流入美国财政部的实际收入部分呈增加的趋势。

另一种是全面的指数化方案，即在实施范围上，建立更为全面、更为复杂的综合性升降条款系统，在这个方案中，与生活费用指数紧连在一起的，不仅有所得税和政府债券的收益率，还有工资、薪金、退休金、抵押利率、公司和市政债券收益率，储蓄账户、房租以及汇率。全面指数化的体系已在巴西、以色列和芬兰实行多年。

收入指数化政策的功效主要有以下几点：

第一，收入指数化政策能趋向于减少与通货膨胀相关的不公平以及带有争议性的收入和财富的再分配，借以抵消或缓解物价波动对个人收入水平的影响。避免在通货膨胀条件下，出现抢购商品、贮物保值等使通货膨胀加剧的行为。

第二，税收制度和政府公债及其他货币收入的指数化，可以借以剥夺政府在通货膨胀中获得的收益，杜绝人为制造通货膨胀的动机。

第三，经济的全面指数化，有利于经济的稳定成长。劳资双方纠纷的减少，各自真实收入不变，各种经济合同，因指数化方案期限可能会订得更长一些，加之政府通货膨胀政策被扫除，有利于经济稳定成长。

第四，收入指数化政策对于面临世界性通货膨胀的小国更具有积极意义。因为在开放的经济条件下，小国很难阻止世界的通货膨胀输入，只能寻求能与通货膨胀适应或共处的手段，以抵消或消除通货膨胀的消极后果。收入指数化，就是可用的办法之一。

收入指数化政策会抵消通货膨胀中一系列相互冲突的力量，因此，其净结果是含糊而有争议的。一些学者提出自己看法，对此作出了尖锐的批评，意见的焦点集中在：

第一，收入指数化政策不能解决通货膨胀根本性问题，是对通货膨胀的一种投降。收入指数化政策通过减少那些为人们易察觉到的通货膨胀的恶劣影响，也就在很大程度上降低了人们对抗通货膨胀的意志，而引发通货膨胀的根本性因素并未得到改观，进一步通货膨胀的可能性依然存在。

第二，全面指数化方案的实现，技术上的许多要求难以达到。任何政府都难以实施包罗一切的指数化方案，而有限的指数化方案，对指数化作用的发挥是有一定影响的。

第三，收入指数化，使得工资收入随物价上升而上升，极易造成工资—物价的螺旋上升，进一步加剧通货膨胀。

综上所述，收入指数化政策对减少通货膨胀产生的各种负效应，是有一定益处的，但它也绝非一剂治理通货膨胀的灵丹妙药。历史的经验也证明了这一点：以色列采用了全面指数化，而它的通货膨胀率在 20 世纪 80 年代却剧烈上升到了 3 位数字。

四、治理通货膨胀的其他对策

除了上述三种比较常见的反通货膨胀政策以外，各国在长期的反通货膨胀斗争中，总结了许多宝贵经验，提出了许多有针对性的反通货膨胀的其他对策。这些对策有供应政策、改革市场结构、国际合作等措施和政策。

（一）供应政策

主要针对过去一直注重对需求方面来制定的一系列反通货膨胀对策，而忽视了供应方面因素，即忽视了运用刺激生产力的方法，通过增加有效供给，降低边际税率以刺激投资，刺激产出，来对付通货膨胀。1981 年美国里根政府的新经济政策，就属于供应政策。它具体内容大致包括：一是降低货币增长率，削减政府开支增长率；二是降低所得税率并提高折旧率；三是取消政府对工商界不必要的管制。希望通过减税，减少干预来提供工作、储蓄和投资的诱因，从而在供应方面提高生产率；在需求方面，则以消减政府开支和限制货币量来压抑总需求，从而相对地增加供给。这在通货膨胀和失业并发的社会里，有其独到的作用。

（二）改革市场结构

主要针对市场结构的不合理，可能造成的诱发物价上扬的影响。这里的市场结构，主要指的是劳动力市场和商品市场的结构。在劳动力市场方面，除应取缔或减少对就业和转业的限制外，政府当局也应设法改善有关就业的信息，对失业者提供转业训练，否则，易引起劳动力的部门不平衡，增加劳动力成本，从而引发成本推动的通货膨胀；在商品市场上，应打破垄断，降低关税，鼓励消费者成立保障消费者权益的团体，以便增加对物价任意上涨的抗力。不过，这些措施奏效的时间周期较长，且易引起既得权益集团的反对。

（三）国际通力合作

主要针对通货膨胀可能在国际传递，因此单靠一国的力量，很难从根本上杜绝它的产生，因此需国际通力合作。按结构论中的北欧模型分析，通货膨胀不仅受国内因素影响，还可以在国际传递。现实经历也告诉我们，通货膨胀已成为了一种世界性现象，因此，单靠一个或几个国家对付通货膨胀，很难办到，要彻底减轻或消除通货膨胀的压力，则需要世界各国货币金融当局通力合作，共同行动。如认为世界通货膨胀的根源在于过快的货币增长率，则需要各国货币当局共同来紧缩本国通货；如认为根源在于垄断组织的操纵（如石油输出国组织），则应由各国联合起来，共同制止和打击这些垄断价格。当然，世界局势风云变幻，各国的国情和利益千差万别，总的说来，国际性反通货膨胀政策计划很难实施。

想一想

反通货膨胀是不是一个永恒的施政目标？

五、中国的通货膨胀问题

新中国成立至今，中国对通货膨胀的治理有着自己独到的经验和教训，特别是改革开放以来，伴随经济的高速发展，通货膨胀时有发生。如何从理论和实践角度来讨论和研究医治通货膨胀的对策，是经济学界的一大理论课题。

改革开放以来，随着价格体系的改革，聚积在经济体系中的通货膨胀压力，一下子释放出来，连续出现了较高膨胀率的通货膨胀，这对我国经济持续稳定增长不利。因此，理论界针对不同的通货膨胀成因理论，提出了各种各样的治理通货膨胀的办法，许多的政策建设已被采纳，也取得一定的效果。

从需求管理角度，强调从货币政策和财政政策方面着手，主张控制货币供给增长速度，紧缩信贷，抽紧银根，同时，增税发债，减少货币发行，压缩基本建设规模，调整投资结构，抑制国有经济的“投资冲动”，借以压缩过于膨胀的总需求。

从控制成本推动的角度，强调从收入政策和价格政策方面着手，将工资成本的迅速增长作为主要因素考虑，同时，原材料和其他价格水平的上涨，也是成本增加的重要因素，主张放慢工资的增长速度，必要时可以管制工资，以抑制需求、降低成本。

从综合性角度来考虑中国通货膨胀的成因，它的诱发因素是诸多方面的，许多学者认为，不能单单从一个侧面来强调治理通货膨胀，而应该全面、综合地来实施一系列整套的措施。这些具体的措施包括：深化体制改革、压缩过热的基本建设规模、控制消费基金过快增长、调整产业结构，增加有效供给，整顿经济秩序以及开展增产节约、增收节支运动等。

☞ 阅读专栏

新中国成立之初对恶性通货膨胀的治理

20 世纪整个 40 年代，中国的恶性通货膨胀在世界上曾是一个突出的典型。据统计，上海从 1937 年 6 月到 1949 年 5 月，物价上涨 3.68×10^{13} 倍，每月平均上涨 24.5%，每年平均上涨近 14 倍。

新中国成立之初，面临许许多多严重的经济困难：（1）战争破坏后的生产萎缩，1949年与过去最好年份的经济指标对比，工业总产值下降50%，农业总产值下降20%；（2）交通堵塞，流通阻滞，物资匮乏；（3）财政困难，入不敷出；（4）投机猖獗，物价迭涨。在连续十多年恶性通货膨胀的基础上，1949年1月、4月、7月和11月，出现过4次涨价风。全国13个大城市的批发物价指数，如以1948年12月为100，1949年11月高达5 376。1950年2月再次出现一次大的涨价风。物价总水平比1949年底又上涨了1倍多。

在这种形势下，稳定物价成为压倒一切的经济任务，物价能否稳定也对新生的革命政权能否巩固有关键意义。制止恶性通货膨胀的斗争，是在“统一财经工作”这个总口号下展开的。统一财经工作包括三项内容：（1）统一财政收支。在此以前，为了弥补赤字，于1950年初，国家发行了1亿份折实公债。与此同时，紧缩行政开支。加强税收的课征。而统一财政收支则要求财政收入全部收归中央，支出由中央统一筹划，以力争财政收支平衡，减小赤字，并压缩弥补赤字的钞票发行。（2）实行现金管理，力争现金收支平衡。现金管理的内容是规定各公营企业、机关、部队的现金必须存入中国人民银行，除规定项目外，一律采用转账结算办法，不得使用现金。其目的是回笼货币，减少市场货币流通量。（3）统一全国物资调度，争取物资调拨平衡。当时，粮食、纱、布、工业器材等主要物资均由国家集中调剂供求，以控制市场。

在一个具有极高行政效率的决策核心指挥之下，这些要求立即得到贯彻。自1950年3月起，物价就开始下跌并很快趋于平稳。批发物价指数如以1950年3月为100，12月为85.4，1951年为92.4，1952年为92.6。在第二次世界大战后，即20世纪50年代初，许多国家遭受通货膨胀的煎熬，一时难以制止，而中国却在制止恶性通货膨胀方面取得成功，成为世界公认的奇迹。

资料来源：黄达，张杰．金融学［M］．5版．北京：中国人民大学出版社，2020.

本章关键词

通货膨胀　消费物价指数　批发物价指数　国民生产总值平减指数　公开型通货膨胀　抑制型通货膨胀　需求拉上型通货膨胀　成本推进型通货膨胀　结构型通货膨胀

复习思考题

1. 西方国家通货膨胀的成因有哪些？
2. 通货膨胀会产生哪些效应？
3. 治理通货膨胀的对策有哪些？
4. 通货膨胀的种类有哪些？
5. 能否说通货膨胀是资本主义制度下特有的经济现象？
6. 衡量通货膨胀的指标主要有哪些？

第十二章　通货紧缩

第一节　通货紧缩及其影响

一、通货紧缩的定义

怎样定义通货紧缩？理论界有不同的意见。一种较为通用的定义是：通货紧缩是指物价总水平持续下降的现象，它是与通货膨胀相反的现象。

按这一定义，判断一个国家是否发生了通货紧缩，着重是看物价下降的状况。那么，物价下降的幅度为多少时就可以判断通货紧缩已经出现呢？经济学家们有不同看法。有一种意见认为，如果我们认定价格指数高于100的情形就是通货膨胀，则必须承认低于100的价格指数就是通货紧缩。而部分经济学家甚至把通货膨胀率逐年下降并接近100的价格指数或零通货膨胀的情形也称为通货紧缩。目前，比较通行的看法是，物价水平长时间的负增长（一般认为在半年以上）才能称为通货紧缩。而负增长到底是多少则可判断为通货紧缩，也是一个必要的主观判断标准。也许可以和通货膨胀相对应，在通货紧缩前冠以“微弱”“温和”或“严重”等加以描述。至于度量通货紧缩的具体统计指标，与通货膨胀一样，目前各国主要采用三个指数：即消费物价指数、批发物价指数和国内生产总值平减指数。

二、通货紧缩的分类

对于通货紧缩通常可以按照其严重程度、持续时间和形成的原因等进行如下分类：

（1）按通货紧缩的严重程度可分为轻度通货紧缩、中度通货紧缩和严重通货紧缩。如果通货膨胀率持续下降并转为物价指数负增长的时间不超过两年即出现转机且物价负增长的幅度较小，可视为轻度通货紧缩；如果通货紧缩超过两年仍未见好转，但物价指数降幅在两位数以内，则可视为中度通货紧缩；如果通货紧缩超过两年并继续发展，且物价降幅超过两位数，或者伴随着比较严重的经济衰退，则应视为严重的通货紧缩。例如，美国在20世纪30年代的大萧条时期即是陷入了严重的通货紧缩。

（2）按持续时间长短可分为长期性通货紧缩、中长期通货紧缩与短期性通货紧缩。在历史上，一些国家曾经发生历时达几十年的长期性通货紧缩（尽管其中包含个别年份价格水平的上升）。例如英美两国 1813—1849 年长达 35 年的通货紧缩、美国 1866—1896 年长达 30 年的通货紧缩、英国 1873—1896 年长达 23 年的通货紧缩等，都属于这类长期性的通货紧缩。一般将 10 年以上的通货紧缩划分为长期性通货紧缩，5—10 年为中长期通货紧缩，5 年以下为短期性通货紧缩。

（3）按通货紧缩的成因进行分类，可分为政策紧缩型、需求拉下型、成本抑制型、体制转轨型、外部输入型和混合型。对这些不同原因形成的通货紧缩将在下一节中展开讨论。

三、通货紧缩的理论

（一）马克思的经济周期论

有关通货紧缩的最早探讨，可追溯到马克思在《资本论》及其手稿中的论述。马克思在分析流通中货币的膨胀和收缩问题时指出，通货的膨胀和收缩可能由产业周期引起，可能由投入流通中的商品数量、价格变动引起，也可能由货币流通速度的变化引起，还可能由技术因素产生。马克思关于通货膨胀和紧缩的论述主要是建立在货币流通规律，尤其是作为价值符号的纸币流通条件下的货币流通规律的基础上。

（二）凯恩斯的“有效需求不足”论

英国经济学家凯恩斯于 1923 年在《币值变动的社会后果》一文中联系 1914—1923 年英国物价水平的变化与货币政策讨论了通货紧缩问题，并指出从 1920 年起，重新恢复对其的金融局势控制的那些国家，并不满足于仅仅消灭通货膨胀，因而过分缩减其货币供给。于是又尝到了通货紧缩的苦果。凯恩斯的代表作《就业、利息和货币通论》，不仅是关于通货膨胀的经典文献，也是治理通货紧缩的经典之作。他针对 20 世纪 30 年代大危机中存在的大量非自愿性失业和严重通货紧缩提出的“有效需求不足”的论断，抓住了当时资本主义国家经济严重失衡和发生通货紧缩的症结所在。

（三）费雪的“债务—通货紧缩”理论

在美国，经济学家欧文·费雪于 1933 年根据对 20 世纪 30 年代世界经济危机状况的研究提出了“债务—通货紧缩”理论。他认为，在经济处于繁荣阶段时，企业家追求利润最大化的动机会导致“过度负债”；经济繁荣末期，利率上升，债务成本上升，同时资产价格处于泡沫状态，随时面临崩盘风险；由于利率高企和泡沫破裂，企业往往会为了清偿负债被迫降价倾销商品，结果导致物价水平下跌即通货紧缩，进而陷入“债务人被迫清偿债务—资产价格下跌—商品价格下跌—未偿还债务更高”的恶性循环，乃至发生经济危机。费雪这种“债务—通货紧缩”理论实际上将通货紧缩过程看作商业信用被破坏的过程和经济危机的过程，并认为在这一过程中，起关键作用的是货币当局的收缩政策与收缩行为，而促使货币当局奉行收缩政策和发生收缩行为的原因在于预期资本的边际效率下降。

（四）货币学派的货币政策失误论

弗里德曼认为，大萧条的原因在于货币量的外生性变动，即货币的急剧减少。大萧条时期，美国发生了四次银行危机，银行为此一方面惜贷，另一方面不断提高准备金率，而公众则不断提高现金比重，结果导致货币乘数下降，信贷萎缩，货币供应量不断下降，因而进一步导致社会购买力不足和物价下跌（通货紧缩），结果进一步恶化经济危机和恶性循环。弗里德曼认为，美联储当时正确的应对措施是：及时采取扩张货币等政策，救助问题银行，刺激信贷，以抵消货币供给量的下降。

四、通货紧缩的影响

一般而言，通货紧缩意味着商品价格下降、企业利润下降、失业率和公司破产率上升，其对经济和民生的影响不亚于通货膨胀。

具体讲，通货紧缩对经济的影响可以从以下几个方面来看。

（一）通货紧缩对投资的影响

通货紧缩对投资的影响主要是通过影响投资成本和投资收益发生作用。通货紧缩还通过资产价格变化对投资产生间接影响。

一方面，通货紧缩会使实际利率有所提高，社会投资的实际成本随之增加，从而产生减少投资的影响。同时，在价格趋降的情况下，投资项目预期的未来重置成本会趋于下降，就会推迟当期的投资。这对许多新开工项目所产生的制约较大。另一方面，通货紧缩使公司的预期利润下降，投资的预期收益也随之下降，这就使投资倾向降低。

通货紧缩还经常伴随着证券市场的萎缩。公司利润的下降使股价趋于下探。而证券市场的萎缩又反过来加重了公司筹资的困难。

（二）通货紧缩对消费的影响

物价下跌对消费需求有两种效应：一是价格效应；二是收入效应。一方面，物价的下跌使消费者可以以更低的价格得到同样数量和质量的商品和服务，这是对消费者有利的一面。但是，如果消费者预期将来价格还会下降，他们将推迟消费。另一方面，通货紧缩也会对消费者产生收入减少的效应。在通货紧缩的情况下，就业预期和工资收入因经济增幅下降而趋于下降，收入的减少将使消费者缩减消费。因此，在通货紧缩情况下，价格效应倾向于使消费者缩减消费；而收入效应使他们缩减支出。

（三）通货紧缩对财富分配的影响

通货紧缩时期的财富分配效应与通货膨胀时期正好相反。

在通货紧缩情况下，普通商品的价格下跌，金融资产也常常面临价值缩水。虽然名义利率很低，但由于物价呈现负增长，实际利率会比通货膨胀时期高出许多。高的实际利率有利于债权人，不利于债务人。不过，如果通货紧缩持续时间很长，而且相当严重，导致债务人失去偿还能力，那么债权人也会受到损失。

（四）通货紧缩对银行业的影响

通货紧缩可能导致银行业的危机。这是因为：

第一，通货紧缩加重了借款者的实际负担，而且产品价格下降，收益率也随之下降，使借款者归还银行贷款的能力有所减弱，银行贷款面临的风险也随之增大。

第二，资产价格的持续下降也会降低资产的抵押或担保价值，银行被迫要求客户追加抵押品或尽快偿还贷款。一旦贷款到期无法偿还，银行将出售客户的抵押资产，这又导致资产价格的进一步下跌，贷款者的净资产进一步减少，从而加速破产过程，最终致使银行遭受损失，甚至破产。银行经营环境的恶化会使人们对银行产生一种不信任感，为了保护自己资金的安全，他们一方面将钱放在手边，不存入银行，另一方面会把钱从银行提出，而这又会增加银行的流动性危机。

第三，如果人们预期通货紧缩还将继续，在任何名义利率下他们都不会愿意借款，否则他们最终偿还贷款的价值要高于现在的价格。同时，考虑到逆向选择的风险，如果银行预期资产或商品价格会下降，它们就会惜贷。这就容易造成信贷供给和信贷需求的萎缩。

（五）通货紧缩对经济增长的影响

通货紧缩的经济衰退效应可以理解为物价总水平的持续下跌，对经济产生促退作用。通货紧缩使物价水平不断下跌，企业利润减少甚至亏损，投资与消费大幅度降低，失业率升高，出现经济增长乏力或负增长。

然而也存在通货紧缩与经济增长并存的情况，这种现象的发生可能是由于生产力的提高和技术的进步所产生的价格走低，并不会阻碍经济增长，因为生产力的提高所带来的好处抵消了价格下跌所带来的各种消极效应。

例如，19 世纪最后 30 年，美国出现过高经济增长和高通货紧缩并存的情况。从 1874 年到 1900 年，国民生产总值增长了 2.3 倍，而从 1870 年到 1900 年，物价增长率在大部分年份为负数，消费物价指数下降了 40%。这一时期美国经济的增长得益于自然资源的大规模开发，同时工业得到了长足发展，使美国从农业国成为工业国。同时这一时期，货币、银行制度进行了一系列改革，基本建立了现代金融制度，大大地促进了美国经济的发展。

可见，在一定的条件支持下，温和的通货紧缩不一定对经济产生破坏作用。不过，严重的通货紧缩对于经济的危害是很大的。物价下降趋势的存在必然导致对经济前景的悲观预期。经营者不敢投资或者想投资而苦于找不到合适的项目；消费者不敢放手消费。于是，有钱不花，更不敢借钱花，社会有效需求不足，使经济无力脱出负增长的困境。特别是对于那些借贷过多的公司和家庭来说，由于物价和收入的下降使他们很难偿还他们的借贷。最坏的情况是，许多公司和个人的破产会引起整个金融体系的混乱。1929—1933 年的世界性大危机及其随后的长期萧条，以及 2008 年美国次贷危机波及全球，即是最典型的例证。

第二节　通货紧缩的成因

一、通货紧缩的一般原因

（一）紧缩性的宏观经济政策

一方面，在中央银行抑制通货膨胀的过程中，有时由于货币政策的时滞作用，在通货膨胀问题得到解决以后，如果继续采取紧缩的货币政策，会导致货币供给不足，可能产生物价的持续下跌，导致通货紧缩。另一方面，政府为了预防通货膨胀或为了降低财政赤字，而采取了紧缩性的财政政策，大量削减公共开支，增加税收，就会减少社会总需求，加剧商品和劳务市场的供求失衡。这样也可能促进通货紧缩的形成。

（二）有效需求不足

首先，当实际利率提高时，消费和投资会出现大幅下降，消费和投资的有效需求不足会导致物价的持续下跌，产生通货紧缩。其次，金融体系效率较低，金融机构不愿意贷款或提高贷款利率，便会出现“信贷紧缩”。信贷过度扩大产生大量不良贷款时，金融机构“惜贷”引起信用紧缩，也会减少社会总需求，导致通货紧缩。最后，体制因素导致消费需求不足。由于制度变迁和转型，居民的消费行为发生了深刻变化，即期支出大量地转化为远期支出。“少花钱，多储蓄”日渐成为一种时尚，引起有效需求不足，导致物价下降，形成体制转轨型的通货紧缩。

（三）经济周期的变化

经济周期达到繁荣的高峰阶段，生产能力大量过剩产生供过于求，可引起物价下跌、出现经济周期型通货紧缩。

（四）技术进步和科技创新

科技进步与创新提高了生产力水平，放松管制和改进管理使生产成本下降，造成了生产能力过剩。在供给大于需求的情况下，物价必然下跌。如果这种供给大于需求的情况不能得到及时调整而持续存在，则物价下跌的趋势也会相应持续下去，这样就会出现成本抑制型通货紧缩。

（五）本币汇率高估

如果一国采取钉住强币的汇率制度时，货币币值高估，则会导致出口下降，增加进口，加剧国内企业经营困难，促使需求趋减，出现物价的持续下跌。同时，其他国家货币的大幅贬值，也会造成货币贬值国家的商品的大量流入，进一步加大国内物价的持续下跌态势。

（六）体制和制度因素

体制和制度方面的因素也会加重通货紧缩，如企业制度由国有制向市场机制转轨时，精简下来的大量工人现期和预期收入减少，导致有效需求下降；还有住房、养老、医疗、保险、教育等方面的制度变迁和转型，都可能影响到个人和家庭的收支和消费行为，引起有效需求不足，导致物价下降，形成体制转轨型的通货紧缩。

（七）供给结构不合理

一个社会在经历短缺经济后，往往会盲目扩张和增加投资，导致大量类似的产品涌向市场，过度的商品供给一方面会导致企业为价格的恶性竞争而纷纷杀价，另一方面大量的企业无法实现其收入，进而降低了对个人的收入分配，减少了有效需求，导致结构型通货紧缩。

二、我国通货紧缩的原因

我国自 1993 年起物价水平持续上升，1994 年更是发生了改革以来最严重的通货膨胀，全国零售商品价格上涨了 21.7%。1994 年后，为了治理通货膨胀，国家采取了多项宏观紧缩措施，物价上涨率逐渐回落；1997 年，我国成功地治理通货膨胀实现宏观经济的软着陆以后，不久，社会经济生活中出现了物价持续下降，这是改革开放以来，中国经济第一次出现的通货紧缩问题。

从 1997 年第四季度起，物价开始持续负增长。到 1999 年 8 月，我国居民消费价格指数持续 17 个月负增长，商品零售价格指数持续 23 个月负增长。与此同时，经济增长率持续下降，有效需求出现不足，失业率提高。

为什么我国在通货膨胀多年反复发作后，会出现通货紧缩局面呢？其原因十分复杂。主要有以下几个方面：

（一）消费需求不足

首先，20 世纪 90 年代末，中国居民收入及收入分配状况发展了深刻的变化：在城乡居民收入增长缓慢的同时，收入差距拉大，基尼系数持续加大，大部分居民消费能力受到抑制。其次，伴随着经济体制改革力度的加大，下岗职工增加，人们的收入预期下降。最后，在公费医疗制度改革、福利分房制度改革、高等教育收费制度改革等措施推出后，人们的支出预期上升。在这种背景下，社会出现总体的边际消费倾向下降，有效消费需求不足。

（二）投资需求不足

长期以来，我国企业投资基本集中于传统产业，形成传统产品生产过剩，由于技术落后，开发能力不足，许多高技术含量的产品又不能生产，再加上有效需求不足，市场景气指数低迷，导致企业投资机会相对不足。同时，金融机构加强风险约束机制后，出现了强烈的信贷紧缩现象，这就加剧了投资规模的下滑。

（三）结构失衡性产能过剩

这里所说的生产结构失衡，不是指像前些年那样，存在部门的结构比例失调，所谓的“长短”线问题，即农、轻、重比例失调，能源交通、电力等基础产业的短缺，形成“瓶颈”制约整个国民经济的发展，而是指一般加工工业生产能力过剩，产品普遍供大于求，促使价格下降。由于技术创新跟不上，不能开发生产出科技含量高的新产品，以至于形成企业产品卖不掉、开工不足，工人工资收入下降，人们更不敢消费，产品更加过剩的恶性循环的局面。

（四）国际因素的影响

1997 年爆发的东南亚金融危机使我国承受了外需减少和进口商品价格下降的双重压力。在我国经济与国际经济的关联度大大提高的背景下，出口需求的快速增长已经成为支持我国社会总需求快速增长的重要组成部分。东南亚金融危机以后，我国出口需求急剧下降。同时，东南亚金融危机使亚洲大部分长期高速增长的国家和地区经济衰退，亚洲需求减少导致国际市场多数商品价格下跌。此外，20 世纪 90 年代，因供给过剩出现的世界性通货紧缩现象对我国国内价格也有不可忽视的影响。

（五）宏观紧缩政策的惯性作用

国内为抑制通货膨胀实行的财政、货币双紧政策没有随短缺经济现象消失而及时得到调整。1993 年后，为了治理高达 2 位数的通货膨胀，我国实行了长达 5 年的财政、货币双紧政策。伴随本轮经济增长率和价格指数回落，我国经济生活中出现了一些实质性的变化，社会总需求和社会总供给的对比迅速朝着相反方向失衡。在转轨时期长期与短缺经济、通货膨胀作战的宏观经济调控部门，对于生产过剩、通货紧缩警惕不够，没有及时调整宏观经济政策，财政、货币事实上的“双紧”政策使我国真实利率水平高，货币供应量增幅迅速下降，通货紧缩的压力不断增大。

第三节　通货紧缩的治理

一、治理通货紧缩的一般对策

通货紧缩发生的根本原因是宏观经济的供求关系发生了变化，致使供给相对过剩，需求相对不足。企业生产的产品难以按照合理的价格售出，不得不压低价格。为此，要治理通货紧缩，就要采取扩张性政策，努力增加货币供给量，刺激有效需求，使一般物价水平得到合理回升。国外的经验说明，治理通货紧缩的措施犹如治理通货膨胀一样是综合性的，并根据各国具体的情况而选择最适宜可行的对策。

（一）扩大总需求的财政政策、货币政策

通货紧缩的一个重要原因是有效需求不足，因此治理通货紧缩应主要从增加需求着手，主要运用财政政策与货币政策两大需求管理政策。

实施扩张性财政政策，主要是扩大财政开支，兴办公共工程，增加财政赤字，减免税收。扩张性财政政策常常被作为解决通货紧缩的处方。政府在治理通货紧缩扩张财政支出时，应同时降低税率，以此避免财政政策产生的“挤出效应”，真正发挥积极财政政策的作用。

扩张性的货币政策，主要是通过调整法定存款准备率、再贴现率、公开市场业务等手段，增加商业银行提供贷款的能力，扩大货币供应量。但理论分析（如凯恩斯的“流动性陷阱”）和实践（如近年来日本的情况）表明，以治理通货紧缩为目标的扩张性货币政策可能是乏力的。因此，在治理通货紧缩的对策中，货币政策主要是配合财政政策来运用。

☞ **小链接**

治理通货紧缩的成功范例——罗斯福新政

在美国历史上的1929—1933年大萧条中，当时的罗斯福总统采取的一系列“新政策”，其中包括：政府发行巨额国债，大力兴办公共工程，刺激国内需求；由美联储购进银行持有的政府债券，扩大货币发行；控制过剩农产品生产，以提高农产品价格来增加农民收入；暂停实施反托拉斯法，避免市场萎缩中的恶性竞争；实行最低工资制和社会救济；运用税收手段调节居民收入差距；降低税率；鼓励出口。

罗斯福“新政”有效地遏制了通货紧缩的持续。

（二）引导经济主体预期

治理通货紧缩之所以困难，主要是因为预期心理发挥较大的作用。通货紧缩发生后，

投资者预期价格进一步下降，价格下跌的压力较大。此时，经济活动中投资冲动很微弱，投资需求大幅下降。消费者预期收入下降，并相应减少消费支出，出现持币待购倾向。其中，投资者和消费者对未来经济消极的心理起着重要作用。

治理通货紧缩，要努力促进社会消费需求和投资需求的回升，通过政策引导，调整人们对未来的预期行为。为此，政府公开宣布有关治理通货紧缩的政策措施，引导消费需求和投资需求，可以起到一定的导向作用。

（三）鼓励消费

通货紧缩从根本上来说，是由消费需求不足所产生的。因此，要治理通货紧缩，就必须努力提高消费需求，其中个人收入和消费支出的稳定上升是防止物价持续下跌的重要条件。鼓励消费的政策应该是综合的，要充分利用各种政策组合，从财政政策、货币政策、收入政策等方面，创造增加社会消费的条件，引导社会消费的稳定增长。一方面要取消各种不利于增加消费的政策措施和制度约束，另一方面要使居民收入能够稳定增加，增强居民对未来收入的预期和信心，以增加居民的消费需求。

（四）改革汇率制度或实施汇率调节

通货紧缩可能由僵化的汇率制度所导致，这种汇率制度容易使本币过高估值，产生输入型通货紧缩。如果是这样，就需要对汇率制度进行改革，采取灵活的汇率制度，使汇率自由浮动或者扩大浮动范围，减轻外部冲击通货紧缩的压力。

☞ 阅读延伸

日本对经济衰退和通货紧缩的应对实例

20世纪90年代末期，面对严重的经济衰退和通货紧缩问题，日本政府采取了积极的应对措施。首先，在财政政策方面，日本政府再次使用了积极财政政策这一经济刺激工具。1998年4月，日本政府实施了有史以来最大规模（16万亿日元）的财政“综合经济政策”。1998年7月小渊政权诞生，面对经济增长率的进一步下降、失业率和不良债权大幅度增加以及金融机构破产增多等严重问题，于当年11月通过了更大规模（24万亿日元）的“紧急经济对策”，实行永久性减税政策，将最高税率由65%降低至50%，法人税（公司税）的税率由46%降低至40%。1999年再度实施18万亿日元的“经济新生对策”。其次，日本在货币政策领域实施了空前的零利率政策和量化宽松政策。由于1998年后期日本经济面临多重恶劣条件，日本银行在1999年2月12日决定采取追加的货币政策，金融政策决策会议作出决定，立即将银行间隔夜拆借利率目标下调为0.15%，并且尽可能地促使其向下调整，结果隔夜拆借利率在3月末已经接近0。这就是著名的“零利率政策”。

2001年3月，日本银行开始实施宽松的数量型货币政策，即所谓的“量化宽松型货币政策”，该政策一直持续到2006年3月。量化宽松货币政策以商业银行在日本银行的准备金账户存款金额取代了传统政策的拆借市场利率作为操作目标，公布增加日银账户存款金额的目标值，通过购买长期国债的市场操作手段实现该操作目标，并约定该政策的实施将一直持续到消费者价格指数变化稳定为正的情况出现。

面对2008年国际金融危机引发的严重的经济衰退，日本政府的应对措施主要是以积极的财政政策为主，通过一系列的紧急扩大财政支出对策，积极谋求就业稳定和实现社会保障目标，消除社会民众的不安心理。2008年12月，日本政府出台了大规模（总额为43万亿日元）的“生活防卫紧急对策”，主要包括约10万亿日元的财政对策和约33万亿日元的金融稳定对策。具体包括：（1）就业对策支出（1.1万亿日元）；（2）增加地方交付税（1万亿日元）；（3）新增经济紧急应对预备费（1万亿日元）；（4）减税1.1万亿日元；（5）继续落实“生活对策”的相关政策措施。2009年4月，又出台了更大规模（总额为56.8万亿日元）的“经济危机对策”。

这一时期，日本银行也再次采取了积极的货币金融政策，主要包括三个方面：首先，是下调政策利率，2008年12月18日将无担保隔夜拆借利率下调至0.1%，基准贷款利率由原来的0.5%下调至0.3%；其次，采取了增加购买长期国债数额和扩大购买对象、再次购买金融机构股票等措施，确保金融市场的稳定；再次，日本银行直接介入金融市场，通过购买企业融资产品等措施，保证企业融资的顺畅。从诸多货币金融政策的具体措施看，已经接近于量化宽松政策的内容，但是在通货紧缩压力加大后，日本银行的货币政策仍受到指责，政府要求日本银行进一步放宽货币政策，在抑制通货紧缩中承担主要责任。

二、我国治理通货紧缩的措施

我国在1998年发生通货紧缩后，政府推行了以积极的财政政策和稳健的货币政策为重心的综合配套的治理措施，经过近五年的努力，到2003年物价开始止跌回升，走出通货紧缩阴影。综合看来，我们主要采取了以下措施。

（一）扩大有效需求

抑制通货紧缩的一项有效措施是增加有效需求。总需求包括投资需求、消费需求和出口需求，这几个方面，我们都采取了一些有效措施。

扩大投资需求的对策是：（1）扩大政府公共投资支出，以启动经济。所以，从1998年起连年增发国债，作为预算内建设投资资金。（2）刺激民间投资。政府对基础设施建设的公共投资主要对经济景气回升起杠杆作用，但要使启动经济政策真正见效，还必须刺激民间投资热情较快回升。这些措施包括：加快国有企业技术创新，扩大投资的积极性；改善对非国有企业，特别是中小企业的金融服务，在扩大对非国有企业贷款规模的同时，开辟非国有企业直接融资渠道，充分发挥非国有企业增长潜力；增强金融机构参与经济活动的活力。（3）增加投资与结构调整结合。当时经济增长速度回落的一个重要原因，是产业结构调整滞后，结构升级迟缓。因此，扩大投资规模应与结构调整结合起来。（4）增加投资与技术进步相结合，这样才能在提高经济增长速度的同时，提高经济增长的质量。

增加消费需求的对策是：(1) 进一步加快住房制度改革，同时努力抑制房价，降低城镇居民购买商品住宅的成本。(2) 扩大消费信贷规模，创新支持消费升级的消费信贷品种。(3) 加快社会保障制度建设，尽快消除消费者在新旧体制交替时期的不安定感。(4) 加大开拓农村市场的力度。

此外，在出口形势不利的情况下，积极促进出口，如增加出口信贷，完善出口退税政策，进一步扩大民营企业的外贸出口权等。

（二）实行积极的财政政策和稳健的货币政策

治理通货紧缩，扩大需求，首要的办法就是政府通过扩张性财政政策来刺激投资，并通过投资的乘数作用，带动全社会的投资和消费，从而达到刺激经济增长的目的。要指出的是，单纯扩大公共支出政策只是弥补总需求缺口的临时性应急措施，长期扩大低效率和无效率的投资，最终将引发经济衰退和通货膨胀并存。健全有效的财政政策应该是运用财政杠杆作用来推动经济自身的投资和消费需求。

实行稳健的货币政策，一是使货币供应量与经济正常增长对货币的客观需求基本平衡。在保持币值稳定的基础上，对经济增长所必需的货币给予足额供应。二是在稳定物价与经济增长之间寻找合理的平衡点。就我国当时现实情况看，主要是适当增加货币供应量，疏通企业融资渠道，及时下调利率。另外，在运用财政政策和货币政策时，注意相互配合，提高了政策的组合效应。

（三）深化供给和需求改革

治理通货紧缩，需要消除经济运行中的自我收缩倾向，为此，必须加快改革的步伐。通过供给侧和需求侧的结构性改革，提高供给质量，矫正要素配置扭曲。供给侧结构性改革要关注劳动力、土地、资本、制度创造、创新等要素的配置，需求侧改革主要从投资、消费、出口三个方面提高有效需求。在扩大有效供给，提高供给结构对需求变化的适应性和灵活性，提高全要素生产率，更好满足广大人民群众的需要，促进经济社会持续健康发展。通过制度创新，实现政府宏观调控与民间活力相互促进；通过优化投融资结构，努力改善金融服务，为货币政策作用的充分发挥创造必要的条件，促进资源整合，实现资源优化配置与优化再生；通过优化产业结构、提高产业质量，优化产品结构、提升产品质量；通过优化分配结构，实现公平分配，使消费成为生产力；通过优化流通结构，节省交易成本，提高有效经济总量；通过优化消费结构，实现消费品不断升级；此外，在面对“百年未遇之大变局”的国际大环境下，要实现“以国内大循环为主体、国内国际双循环相互促进的新发展格局”，需要在持续增强国内生产配套能力和挖掘国内超大规模市场优势的基础上，通过以“外”促“内”、以“内”提“外”，推动“内”“外”协调并举。

（四）推动技术创新

由于我国通货紧缩的一个重要原因是由供给结构不合理引起的，因此，治理通货紧缩的一个有效手段就是加大技术创新力度，通过技术创新改善供给，积极有效落实供给侧结构性改革，以有效供给创造有效需求。

☞ 阅读专栏

改革开放后我国历次通缩分析

（一）1998 年

1997 年以前，中国一直处于通货膨胀的经济时期，1996 年由于银行积累了大量的坏账，加之为了治理 1994 年的通胀，银行紧缩银根后积累了大批的不良贷款，银行的这种现象到 1996 年已经达到非常严重的状态，为了防范银行风险，政府开始控制银行不良贷款，银行出现惜贷现象，企业不再像以前一样可以轻松地获得贷款，面临着发不出工资的局面，经营困难，不得不降价销售产品，推动物价下滑。同时，1997 年 7 月，亚洲金融危机暴发，出口市场收缩，国内供给压力增大，加剧国内通货紧缩。1997 年 CPI 价格指数下滑至 2.8%，到 1998 年，CPI 增速出现负增长，为 -0.8%。

通货紧缩，也使经济增速从 1997 年的 11.2% 下降至 1998 年的 7.8%，为了保持经济稳定，政府将货币政策从“适度从紧”转为“稳健的货币政策”，由于银行惜贷，货币供应传导受阻。积极的财政政策在当时发挥了关键的作用，政府通过发行国债，投资基建设施来提高社会总需求。2000 年，通缩得到控制，历时两年。

（二）2002 年

2002 年，CPI 指数再次为负值，当年的物价总水平连续下跌了 10 个月，从这一点来讲，可以认为当时出现了通货紧缩。2001 年中国加入 WTO，吸引了大量的外资，企业技术水平得到提升，生产效率提高，成本下降而引发物价总水平的下滑。企业生产成本的下降伴随着的是利润的增长，企业再生产意愿得到激发，而物价水平的下降刺激需求的增加。这次通缩和 1998 年不同，是由总供给的增长快于总需求的增长而导致的物价水平下降，并不是需求不足引发的，所以当时并没有出现货币供应量和投资增速的快速下滑。2003 年 CPI 指数恢复正增长，结束了这次非典型的通货紧缩，历时一年。

（三）2009 年

从 2007 年下半年，由美国开始的次贷危机演变为金融危机，并迅速向世界蔓延，我国也未能独善其身。我国的经济明显受了金融危机的影响，2009 年每月的出口额增速均在 -20% 以下，大量中小企业破产，大批农民工返乡，货币供应量 M2 增速从 18.92% 下降至 14.8%，经济增速快速回落，2009 年一季度 GDP 的增长率仅为 6.6%，CPI 物价指数从 2008 年末开始下滑，2009 年出现连续 10 个月负值。

为了应对这种危局，中国政府实行积极的财政政策和适度宽松的货币政策，推出“4 万亿投资计划”，加快基建投资，扩大内需。4 万亿的投资计划也为 2011 年的通胀埋下了伏笔。大规模的政府投资使得经济快速升温，CPI 物价指数上涨，该次通缩历时一年。

资料来源：宗华烨．从中国历次通胀通缩看逃不掉的经济周期［EB/OL］．和讯网，2016-01-13.

本章关键词

通货紧缩　紧缩性的宏观经济政策　扩张性的财政政策　扩张性的货币政策

复习思考题

1. 什么叫通货紧缩？怎样判断一国经济是否发生了通货紧缩？
2. 通货紧缩有哪些影响？为什么物价下跌也会对经济产生不利影响？
3. 通货紧缩的成因有哪些？
4. 治理通货紧缩一般有哪些手段？
5. 对于我国 1998—2002 年的通货紧缩现象，你有什么见解？

第十三章　货币均衡

在金融体系中，中央银行是如何影响产出和价格的呢？在整个经济体系中各个市场的联系又是怎样的呢？在本章中，我们通过货币市场均衡、货币市场与产品市场共同均衡来试图回答这些问题。

第一节　货币均衡概述

一、货币均衡的含义

货币均衡状况是宏观经济考察的对象。许多文献将货币均衡表达为货币市场出清，即在给定的价格之下，市场上的意愿供给等于意愿需求。如果只观察货币市场的均衡状况，那么，观察点有三个：货币需求、货币供给和利率水平。理论上货币均衡实现时，货币需求、货币供给和对应的利率水平处于稳定的状态。

二、货币均衡状态的理论分析

尽管货币均衡实现时，货币需求、货币供给和对应的利率水平三个变量处于相对稳定状态①。但对于什么是货币均衡状态的回答，在理论界不同学派的认识存在很大的分歧。

根据凯恩斯货币需求理论，在灵活偏好的基础上，把货币需求分为交易需求、预防需求和投机需求，突出的是货币的流动性特征。投资者对未来预期的变动直接影响人们对流动性的偏好，进而改变利率水平，均衡利率是由货币市场的货币供求状况决定的。由于凯恩斯认为货币供给是外生变量，所以其主要的观察变量是利率。

传统货币需求理论认为货币需求所对应的主要是商品和劳务的实际交易，货币供给主要为这种交易提供购买和支付手段，因此，货币均衡的状态就表现为在市场上既不存在商品滞销，也不存在商品短缺或价格上涨。所以，其主要的观察变量是产品和劳务的价格水平。

---

① 在认可利率是资金的价格条件下，理论上货币均衡时货币需求、货币供给和利率三变量间关系稳定。

然而根据资产选择理论，人们会以多样化资产方式保有自己的财富，其所持有的各种资产可以有不同的组合，人们会使用新古典的边际分析法在不同的组合中进行选择。人们在进行资产选择时是遵循等边际原则的，即对一定的资产组合进行调整，直到所有资产的边际收益率相等，资产持有人才能实现最优组合和得到最大效用。资产选择理论的代表人物托宾强调资产选择在货币供给中的作用。托宾认为，在现代金融制度下，货币和其他金融资产，在商业银行和其他金融机构之间的差别越来越小，人们可以在范围广泛的金融资产之间进行资产选择与组合。对于公众来说，银行和非银行金融机构的资产并没有实质性的区别。由于公众的资产偏好和资产选择结构在很大程度上受社会经济活动和经济环境的影响，因此，不能单纯地从中央银行的角度孤立地研究货币数量的决定。托宾进一步考察了存款－准备金比率和存款－通货比率的变动情况，分析了影响二者变动的因素，指出这两个比率是由经济过程内生决定的，货币乘数因此具有内生性。这样，在“货币幻觉效应”和“货币余额效应”的作用下，无论是价格变动还是利率变动，人们都会调整自己的资产组合。因此，货币均衡不可能单独以货币市场价格或产品市场价格的变动情况作为判断货币均衡与否的指标，应该以资产市场出现“无套利机会”为判断货币均衡存在的依据。

三、货币均衡的显示指标

在市场经济条件下，货币均衡是货币供给和货币需求对比关系自发调节和适应的结果，在均衡实现的过程中，起决定作用的是利率。货币供给者总想以较高的利率供应货币，以期取得最大的收益，货币需求者总想以较低的利率接受货币，以求使用货币成本最低。因此，货币供给是利率的增函数，货币需求是利率的减函数。由货币供给曲线 Ms 和货币需求曲线 M_d 的交点所决定的利率 r_o 为供求双方都接受的均衡利率。或者说，在均衡利率水平 r_o 上货币供给与货币需求达到均衡状态。可见，在完全竞争的市场条件下，理论上，均衡的市场利率是使货币供求均衡的基础变量。

☞ **重要提示**

利率作为外生变量时不一定是货币均衡的显示指标

当货币供应完全是由货币当局决定的外生变量，或者利率是一个完全由货币当局制定的政策变量时，货币需求与货币供给的联系不是通过利率，而是通过货币当局的主观判断和计划决策等实现的。在这种情况下就会出现，有时候货币供求的对比并未发生变化，当局却调整了利率；有时候货币供求的对比已经发生了较大变化，利率却未作调整。因此，利率显然就不能作为反映货币供求均衡的指标。

但在现实经济生活中，相对于产品市场和劳动市场的均衡状态，货币市场的均衡状态是相对较难进行判断的。

根据前面章节有关货币及货币供给的定义，在信用经济条件下，货币集价值尺度、流通手段、支付手段和贮藏手段四种职能于一身，货币供给量按一定的统计口径或记账方式存在于银行系统的账户体系中，并以不同的资产形态存在着[①]。无论货币怎样供应，供应多少，它都会以一定的方式为人们持有，表现为人们对它的需求。从这个意义上讲，货币供给与需求在数量上总是相等的，不存在非均衡的问题。但是，这种相等显然是根据名义货币需求量与货币供给量的大小来判断的，它不是真正的货币均衡。真正的货币均衡是指货币供给量与由经济的稳定运行或客观因素所决定的货币需求量相符合的状态。因此，从记账或统计角度观察到的货币量并不能直接为货币均衡与否提供判断依据，同时由于市场失灵的存在，经济常常处于货币失衡状态。因此，研究货币均衡首先要回答货币均衡时的存在状态，其次要回答货币均衡的实现过程和实现机制。

按照主流理论，货币需求是收入和利率的函数，在收入水平一定的条件下，货币市场是否均衡与进入货币市场的资金量动态有关。货币市场的资金流量又与产品市场的均衡状态有关。这样单独观察货币市场是否均衡就很难作出客观的判断。

货币均衡不仅仅是通过货币供给和货币需求的对比，从而通过利率来显示。现实生活中，人们更直接关注的是社会总供给和总需求，因此，货币均衡还可以通过社会总供给和总需求的对比，从而通过价格和失业率等指标来显示。如果考虑到金融市场的“无套利均衡”机制的存在，以及金融市场信息的不完备性所导致的金融市场的易波动性，应将观察范围扩大至资产市场，但也很难对货币是否均衡做出直接的、客观的判断。

由于社会总供给是决定货币需求的主要因素，社会总需求又是由货币供给形成的，因此，依据社会总供给变化决定的货币需求，供给的货币量所形成的社会总需求，与社会总供给之间一定是相均衡的。问题是，货币供给者能否依据社会总供给变化的要求来确定货币需求[②]，从而作出正确的货币供给决策，这是其一。其二，即使是货币供给按照实际的货币需求进行，是否一定就能够形成与总供给相对应的总需求呢？事实上，这是实现货币供求均衡从而实现社会总供求均衡的两个最经常、最基本的现实问题。

第一个问题，当货币供给者对社会总供给的变化缺乏了解、认识和正确分析时，就可能作出对货币需求的错误判断，从而作出错误的货币供给决策，由此产生的货币供给量就可能大大超过或小于货币需求量，形成过大或过小的社会总需求。

第二个问题，当货币供给实施以后，一部分货币会很快被人们作为流通手段，形成现实的购买力，变为社会总需求，而另一部分货币则被人们作为价值贮藏手段长期保存起来，这部分货币是潜在的购买力，是否变为社会总需求要取决于各种经济的或非经济的复杂因素，这就是说，并非所有的货币供给都能够按照供给者的愿望而形成社会总需求。既然如此，社会总供求的均衡，就有可能由于对货币需求的判断和货币供给决策的失误而不

---

① 详见有关货币供给口径定义及划分的论述。

② 这里还要假设货币供给是外生变量，由货币当局控制。

能实现；也有可能因货币供给在向社会总需求的传导过程中发生变异而不能实现。社会总供求不能实现均衡，无非表现为两种情况：一种是总需求大于总供给，表现为商品价格上涨或商品供应短缺；另一种是总需求小于总供给，表现为商品滞销，企业开工不足和失业率上升。由此可见，货币供求的均衡与否，不仅要观察利率水平，还要结合产出水平、物价水平和失业率等指标的变化来显示。

四、货币失衡与货币中性

货币均衡是经济运行的理想状态，货币供求失衡在现实中却是常见的。货币失衡的表现主要有：第一，货币供给量小于货币需求量；第二，货币供给量大于货币需求量；第三，货币供求结构失衡，其主要表现为货币期限错配、币种错配等。货币失衡作为一种与货币均衡对应的概念，总量意义上的货币失衡与结构意义上的失衡并不是非此即彼的简单替代关系，现实中往往总量失衡与结构失衡相互交织、互相联系，以至难以辨认。因此，货币管理当局在宏观调控中须兼顾总量和结构两个方面的问题。

理论界将名义货币供给的每一个百分点的增加会造成物价水平同幅度的上升，而实际货币余额保持不变的情况称为“货币中性”。货币中性说明名义货币供给量的一次临时变动只影响如名义产出和价格水平这样的名义变量，实际产出和实际利率则保持不变。

货币中性的概念是建立在价格能够灵活多变的基础之上的。货币要保持中性是通过价格水平上升的方式达到的，在短期内，价格灵活性的假定并非现实。许多经济学家相信，货币供给量的变化的确影响短期的实际经济。尽管如此，经济学家们还是接受长期货币中性的观点。

☞ 专家视点

王永利：为何很难维持货币政策中性

“理想丰满，现实骨感”，这话现在用在维持货币政策中性上，并不为过。

尽管，理想或理论上的货币政策目标应该就是维持货币币值稳定；但鲜为人知的是：现实中，物价水平的变化更多影响货币的需求与供给，而非货币投放更多地影响物价水平的变化；以及信用货币是建立在整个国家财富价值的信用基础之上这一事实逻辑。

不只是囿于此次新冠疫情危机，1929—1933 年大萧条暴发后，随着陆陆续续国家性、区域性、全球性经济金融危机的不断爆发，所涉及的国家往往都大量投放货币进行救市或者进行经济刺激，全球范围内货币总量增长越来越超出可交易社会财富的增长，越来越多的国家走上了零利率甚至负利率，不得不实施量化宽松乃至财政赤字货币化之路，信用货币体系似乎已经走上了一个越来越偏离维持币值稳定的本源和宗旨，各国货币竞相贬值，甚至可能彻底摧毁整个货币信誉和踏上货币体系的不归之途。

由此，有关货币本质定位和货币政策目标的争论持续不断、日趋激烈，其中最根本的问题就是：货币政策应该只是追求币值稳定，保持货币政策中性吗？真的能做到保证央行独立性并保持货币币值持续稳定吗？

这是影响巨大、需要准确把握的最基础的货币理论问题；甄别是非，厘清方向，方能洞悉我们真正需要做的是什么。

货币中性及其背后

货币中性其实是很难成立的。“货币中性”是货币数量论的一个基本命题。传统的货币数量论认为，货币数量的增减只会导致一般物价水平同方向、同比例的变化，而不会带动实际收入水平的变化，货币是中性的。货币政策根本目标就是要通过货币投放与货币总量调节来维持货币币值稳定，从而维护社会公平与经济社会健康发展。由此必须维持中央银行的独立性。这也成为中央银行与货币政策的经典理论。

但这种认为一般物价水平的变化只是受到货币数量变化影响的观念其实并不准确，在理论和实务上都很难成立。因为物价水平的变化，最根本的是受到供求关系变化的影响，而供求关系的变化，并非仅仅受到货币供应变化的影响，而是会受到多种因素的影响。在一般物价水平只能用少量有代表性的物品或服务的价格予以表示（如 CPI）的情况下，这种现象就更加突出。

更需要看到的是物价水平的变化更多地影响到货币的需求与供给，而不是货币投放更多地影响到物价水平的变化。信用货币体系下，没有货币需求，要扩大货币投放，其实并不容易。

要弄清楚这一点，还需要弄明白信用货币体系下，货币是如何投放出来的，货币投放最主要的影响因素到底是什么。

信用货币投放主要存在两大渠道或方式：

其一，货币投放机构购买货币储备物进行基础货币投放。货币投放机构主要是购买以往曾经充当货币的贵金属（如黄金、白银），或者购买国际硬通货（主要国际货币）等，作为货币的价值储备或支撑物，据以确定货币币值并增强货币信誉。由此投放的货币属于最严格意义上的“基础货币”。

其二，货币投放机构按照约定的条件将货币出借给借款人进行派生货币投放。货币投放机构通过发放贷款或购买债券等方式，按照约定的期限和条件，将货币投放给借款人。由此投放的货币属于在“基础货币”之上衍生出来的“派生货币”。

这种以借款方式派生货币背后的原理是：

信用货币体系下，要保持货币币值的基本稳定，充分发挥货币作为价值尺度与交换媒介的核心功能，就需要保持一国货币总量与该国主权范围内、法律可以保护的可交易财富的价值规模相对应，保持同步增减变化。

这样，原来充当货币的黄金、白银等，由于其供应受到其自身开采、加工等诸多因素的限制，难以跟随全社会可交易财富价值规模的变化而变化，所以必须退出货币舞台，回归其社会财富的本源，其价值也需要用新的货币加以表示。

货币则必须从社会财富中脱离出来，成为纯粹的价值单位或价值表征物，其本身可以不再具有物理价值，但需要以整个国家可交易社会财富的价值作为支撑，受到国家主权和法律保护，建立在整个国家总体财富信用基础之上，所以被称作信用货币，也叫作主权货币或法定货币。

由此，通过购买储备物投放基础货币并不是越多越好，而应该尽可能控制在必要范围之内，否则，货币就可能倒退回金属本位制了。

在基础货币之外，社会主体如果需要货币，就可用其已经拥有或者在约定期限内将会拥有的可交易财富，并能够及时变现以偿还借款本息为条件，向货币投放机构借取货币。由此就引入整个社会主体与货币投放机构一起，共同对可交易社会财富的价值规模进行评估，据以投放货币，就可以做到货币总量与财富规模的基本对应。如果借款人不能按照约定偿还借款本息并由此形成坏账损失，意味着货币超出财富真实价值形成超发，需要及时识别坏账损失并予以核销，将超发的货币消除掉。由此造成资不抵债的借款主体和货币投放机构，则必须及时进行重组或破产处理。其中，为防止货币投放机构破产造成整个货币体系崩溃，需要将货币投放机构划分成中央银行和商业银行，赋予其不同职责并实施不同的管理：中央银行负责货币现金的印制和管理，并负责货币币值的监测与调控，同时作为银行的银行，负责银行之间的资金清算和必要的资金供应；面向社会公众的各种金融业务，特别是发放贷款或购买债券等派生货币的业务，交给商业银行等金融机构办理，商业银行等金融机构要接受中央银行和专业监管机构的监管，资不抵债的同样要进行重组或破产清理。

这样，货币投放机构对外借出货币就成为信用货币体系下越来越重要的货币投放渠道或方式。这种情况下，社会财富的增长与社会主体对货币的需求就成为扩大货币投放最重要的影响因素。

在社会主体货币需求旺盛的情况下，货币投放机构要控制货币投放是相对主动和有效的，而在社会主体货币需求萎缩情况下，货币投放机构要扩大货币投放则是相对被动和低效的，甚至可能出现货币投放机构以零利率、负利率发放贷款，但由于借款人对能否归还本金都没有把握，也难以刺激其扩大贷款（货币）需求，从而陷入持续通货紧缩难以自拔的困境。

中央银行难以保持独立和维持币值稳定

实物货币之所以要转化为信用货币，最根本的要求就是保持货币总量与社会财富规模相对应，维持货币币值的基本稳定，这是信用货币产生的本源和初衷。

在信用货币体系下，为保持货币总量与财富规模的对应，维持货币币值的基本稳定，就需要加强全社会物价总指数的监控并据以调节货币投放。由此就形成了包括物价指数构成与调整、物价指数变化（通货膨胀率）目标确定和监控、物价指数变化超出预期的调节工具与具体实施等在内的货币政策体系。

理论上，货币政策目标应该就是维持货币币值稳定，保持货币政策中性，并因此需要保持中央银行独立性，避免政府对货币投放的行政干预。

但由于现实生活中可交易社会财富种类繁多、分布极广，而且又大量处于流通和再加工过程之中，不断转换所有者和表现形态，要全面准确地掌握全社会所有财富价格整体变化情况极其困难，几乎难以做到，所以实践中只能选取部分与人们生活生存密切相关的最终消费品作为样本，按照其影响程度赋予不同的系数，形成消费者物价指数（CPI），近似地反映社会物价及货币币值变化。在此基础上，再考虑其他一些影响因素，据以进行货币投放和总量的逆周期调节，主要是在经济步入上升阶段，投资消费需求旺盛，带动物价加快上涨情况下，通过提高政策利率、提高准备金率或限制贷款规模等方式抑制货币投放；而在经济进入下行阶段，投资消费需求萎缩，带动物价加快下降情况下，则通过降息、降准或放松贷款限制等刺激货币投放。

这种调节最终体现为社会利益或社会财富在不同群体之间的重新分配：利率水平提高，意味着财富更多地倾向于货币提供一方，而会减少货币需求一方的收益（或增加其成本）；利率水平降低，则出现反向调节。这就使货币政策具有很大程度上的财政功能，或者说，具有税收调节的功能了，而且还比税收调节的影响更广泛更深刻更容易实施。

同时，信用货币是建立在整个国家财富价值的信用基础之上，受到国家主权和法律保护，是国家将货币投放与总量调控的职责赋予中央银行，中央银行成为国家或政府的重要组成部门，货币不再是中央银行自身的负债，由此也就很难完全脱离国家意志保持货币政策中性和中央银行独立性。

国家要为全社会提供公共服务，维持社会公平与稳定发展。执政党为赢得民心，维护执政地位，往往更愿意刺激投资消费和经济增长，更容易选择降低利率、扩大货币投放，并由此无形之中压低货币币值，将社会财富更多地配置给愿意借款并扩大投资消费的群体。这样，确实很容易推动通货膨胀。

但从结果看，这实际上会实现社会财富从货币性资产持有方（财富储蓄方）更多地转向扩大借款增加投资消费的群体，从而激活社会财富，不断刺激经济社会发展。其中，作为国际货币的发行国，还可以因此实现财富从境外债权方向国内债务方的转移。即使由此推高了通货膨胀，只要通过财政转移支付能够支持扩大社会就业，保障社会最低生活水平，避免引发社会动乱，其影响就是可控的，总体上就是利大于弊的。

当然，由于社会对投资消费的需求很大程度上是顺周期的，越是经济发展向好，财富价格上涨，投资回报率提高，就越容易增加货币需求，促进扩大投资和消费。这又很容易推动投资发展走过头，最终造成产能过剩、需求不足，导致经济增速下滑，陷入持续低迷状态。此时，政府或国家宏观政策自然的选择还是加大刺激力度，不断降低利率、实施减税让利。最后，越来越多的国家步入零利率、负利率困境，不得不实施越来越大规模的量化宽松货币政策，甚至不得不实施财政赤字货币化（央行直接购买政府债券或提供透支），现代货币理论（MMT）因此成为越来越多国家货币政策的真实写照与理论总结。这在很多曾经参与全球化高速发展，产能超出本国需求，但国际竞争力又转弱，需求严重不足，特别是货币大量流入金融市场乃至国际金融市场的国家，这种状况更加突出。

结论：真正需要做的……

在货币转变成为国家信用货币或主权货币，不再是投放机构自身负债的情况下，要维持货币币值稳定，维护货币政策中性和中央银行独立性实际上是很难做到的，刻意去做甚至也难以充分发挥货币政策应有的积极作用。

党的十九届五中全会提出“建设现代中央银行制度”，从而支持经济高质量发展；这就要求健全现代货币政策框架——这个时候，把握好最基础的货币理论问题更显得尤为重要。

真正需要做的，其实是需要推动整个国家转变发展理念，改进治理机制，合理确定发展目标，避免追求短期暴发而刺激过头，造成经济暴涨暴跌并引发社会剧烈动荡，真正坚持科学发展观，追求长期可持续健康发展。在这一前提下，货币政策与财政政策作为国家两大宏观调控政策工具，应该努力维持在正常区间内，既要合理分工，又必须加强合作，共同发挥应有作用，维护经济社会健康稳定发展。

除此之外，还应积极运用先进技术，推动法定货币数字化发展，在坚持中央银行与商业银行分离，面向社会公众的金融业务，特别是发放贷款或购买债券等派生货币的业务，仍交给商业银行等金融机构办理，实施市场化运作，并接受中央银行与专业监管部门的监管，努力防止虚估财富价值而相应超发货币的基础上，实现数字货币用户信息和交易数据在中央银行的大集中，帮助中央银行全面准确地掌握数字货币的总量与分布情况，从而实现对数字货币运行全流程、全方位的严密监控，大大提高货币政策的前瞻性、准确性和有效性，推动信用货币体系趋利避害，更好地发挥作用。

资料来源：http：//baijiahao. baidu. com.

第二节　货币市场的均衡及其均衡实现机制

货币市场的均衡分析是局部均衡分析，是指不考虑其他市场时，货币市场均衡的实现和均衡变动的状况分析。货币市场能够在不同的利率水平和国民收入水平下达到均衡，即在货币供给等于货币需求的情况下，会存在利率水平和国民收入水平的各种不同组合。货币市场均衡可以用 LM 曲线来表达。

一、LM 曲线与资产市场

（一）资产市场均衡及其简化

货币资产和非货币资产（如股票和债券）的存在给储蓄者们（居民户和企业）提供了组合他们财富的多种选择。人们对货币金额的需求 M^d，加上对非货币资产的需求 N^d，等于他的总财富 W。

当货币资产和非货币资产的供需数量相等时，货币市场和非货币资产市场就处于均衡中。对整个经济而言，从需求方面看，对货币余额的总需求 M^d 与非货币资产的总需求 N^d

之和等于总财富 W，即

$$M^d + N^d = W \tag{13.1}$$

从供给方面看，总财富 W 等于货币总供给数量 M^s 加上非货币资产的总供给数量 N^s，即

$$M^s + N^s = W \tag{13.2}$$

因为市场机制能够保证在均衡中资产的供给数量等于需求数量，这样我们就得到了这两种资产市场之间的关系式。

$$(M^d - M^s) + (N^d - N^s) = 0，或$$

$$M^d - M^s = N^s - N^d \tag{13.3}$$

当货币的需求总量超过供给量时，即 $M^d > M^s$ 时，式 13.3 左边为正数，表示货币的超额需求。当 $N^s > N^d$ 时，非货币资产的供给总量超过需求总量，产生了非货币资产的超额供给。上式可以说明对一种资产（货币或者非货币）的超额需求等于另一种的超额供给。通过市场主体的"跨市场套利"行为，资产价格会调整到在货币市场上没有超额的供给或者超额需求为止的均衡状态中。换句话说，等式的左边等于零，因而等式的右边也必须等于零。这样当非货币市场处于均衡时，货币市场也处于均衡。知道了两种资产市场之一的均衡与另一市场均衡的联系，我们就可以做一个重要的简化：使货币市场均衡的任何当期产出和实际利率的组合意味着资产市场也处于均衡中，反之，使货币市场不均衡的当任何当期产出和实际利率的组合意味着资产市场也处于不均衡中。运用这个简化，我们就可以把我们对均衡决定因素的分析放在货币市场中。

想一想

什么是"跨市场套利"？什么是"无套利均衡"？

（二）构建 LM 曲线

在供给方面，实际货币余额的供给数量等于货币供给量 M 除以一般价格水平 P：$(M/P)^s$ 或用 m^s 表示，而对实际货币余额的需求为 $(M/p)^d$，或用 m^d 表示，但是货币需求取决于实际收入（或产出）y，非货币资产的利率 i，货币收益 i^m，和其他等因素，因此，我们就用函数 $L(y,i,i^m)$ 代替 $(M/p)^d$。当实际货币供给数量等于需求数量时，就达到了如下的均衡：

$$\left(\frac{M}{P}\right)^s = \left(\frac{M}{P}\right)^d = L(y,i,i^m)$$

这时的 L 就是把实际货币余额和它的决定因素联系起来的流动性偏好关系。

让我们更仔细地考察这些决定因素。变量 i 表示非货币资产的名义市场利率，等于潜在的实际利率 r（假定为预期的实际利率）与预期通货膨胀率 π^e 之和。即

$$i = r + \pi^e$$

将名义利率代入前面的表达式，我们得到

$$\frac{M}{P} = L(y, r + \pi^e, i^m) \tag{13.4}$$

式 13.4 对我们分析 r 和 y 而言，包含了太多的变量。如果我们令式 13.4 中的其他因素——名义货币供给量 M，价格水平 P，预期通货膨胀率 π^e 和货币的名义收益 i^m 保持不变的话，我们就能够描述使货币市场总体上处于均衡的当期产出 y 和实际利率 r 的组合。

图 13－1 说明了使货币市场处于均衡的当期产出和实际利率的组合，即 LM 曲线的点集。该曲线是式 13.4 中关系的图示，在该图示中，实际货币需求数量（流动性偏好方程 L）等于货币的供给数量。因为在货币市场均衡中更高的利率与更高水平的产出相联系，因此，LM 曲线的斜率取决于实际货币余额需求对名义利率反应的敏感程度。如果货币需求对利率是敏感的，LM 曲线相对平坦；反之，如果货币需求对利率是不敏感的，LM 曲线相对陡峭。

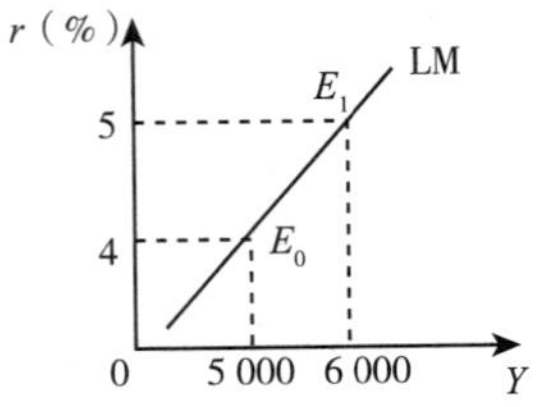

图 13－1 LM 曲线

在 LM 曲线的任何点上，货币的需求数量等于供给数量，然而只有 LM 曲线上的点代表了资产市场的均衡。为了理解其中原因，看一看图 13－2（a），当当期产出为 5 000 元，实际利率为 5% 时，存在着货币的超额供给，如图 13－2（a）所示，居民户和企业用部分超额货币去购买非货币资产，使这些资产的价格上升，利率则下降直至实际利率等于 4%（在点 3）。相反，当产出等于 5 000 元，实际利率等于 3% 时，存在货币的超额需求（如点 2 所示）。居民户和厂商卖掉非货币资产换取货币，使非货币资产的价格下降，利率上升直到实际利率等于 4%（在点 3）。

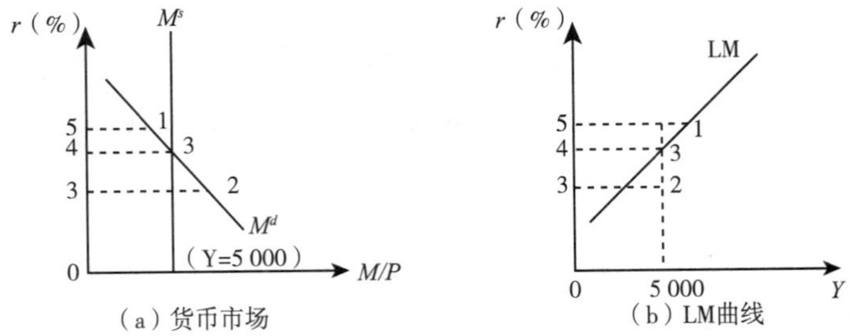

图 13－2 LM 的非均衡点

图 13－2（b）表示了 LM 曲线的这个变动过程。点 1 和其他位于 LM 曲线以上的点代表了货币的超额供给和非货币资产的超额需求，点 2 和其他位于 LM 曲线以下的点则代表了货币超额需求和非货币资产的超额供给。在点 3，货币需求和供给再度处于均衡。

☞ 拓展阅读

利率与货币均衡

市场经济条件下货币均衡的实现依赖于三个条件：健全的利率机制、发达的金融市场以及有效的中央银行调控机制。

在完全市场经济条件下，货币均衡最主要的实现机制是利率机制。除利率机制之外，还有中央银行的调控手段、国家财政收支状况、生产部门结构是否合理、国际收支是否基本平衡四个因素。在市场经济条件下，利率不仅是货币供求是否均衡的重要信号，而且对货币供求具有明显的调节功能。因此，货币均衡可以通过利率机制的作用来实现。

就货币供给而言，当市场利率升高时，一方面，社会公众因持币机会成本加大而减少现金提取，这样就使现金比率缩小，货币乘数加大，货币供给增加；另一方面，银行因贷款收益增加而减少超额准备金来扩大贷款规模，这样就使超额准备金率下降，货币乘数变大，货币供给增加。所以，利率与货币供给量之间存在着同方向变动关系。就货币需求来说，当市场利率升高时，人们的持币机会成本加大，必然导致人们对金融生息资产需求的增加和对货币需求的减少。所以，利率同货币需求之间存在反方向变动关系。当货币市场上出现均衡利率水平时，货币供给与货币需求相等，货币均衡状态便得以实现。当市场均衡利率变化时，货币供给与货币需求也会随之变化，最终在新的均衡货币量上实现新的货币均衡。

二、LM 曲线的移动

除了产出和实际利率以外，其他变量的变动也可以使 LM 曲线移动。造成 LM 曲线移动的变量就是式 13.4 中的变量：即名义货币供给量 M，价格水平 P，货币名义收益 i^m 和预期通货膨胀率 π^e。

第一，货币余额供应量 M 的变化。当名义货币余额供给数量增加时，如当中央银行采取一次膨胀性货币政策时，要恢复资产市场的均衡，货币的需求数量也要通过以下两种方式之一增加：如果预期通货膨胀率保持不变，名义利率下降，以减少持有货币而不是持有非货币资产的机会成本。或者，如果实际利率保持不变，产出的均衡水平的增加，加大了货币实际余额的需求数量。不管在哪种情况下，LM 曲线向右下方移动。

当名义货币余额的供给数量下降时，正如在紧缩的货币政策下一样，通过减少货币的需求数量可以恢复当期货币市场的均衡。当实际利率不变时，当期产出量的下降使货币市场恢复了均衡。价格水平不变时，名义货币供给量 M 的减少，使 LM 曲线向左上方移动。

第二，价格水平 P 的变化。现在考察名义货币供给量保持不变而价格的变化对 LM 曲线的影响。例如，由于能源价格下降，造成价格水平的下降从而增加了实际货币余额，使 LM 曲线向右下方移动。能源价格上涨造成的价格水平的上升则降低了实际货币余额从而使 LM 曲线向左上方移动。

第三，货币名义收益 i^m 的改变。持有货币名义收益的增加或减少会改变对货币的需求，从而使 LM 曲线移动。如果我们假定决定货币需求的其他因素不变，i^m（货币的名义收益率）的增加使货币余额对投资者们来说，比非货币资产更具吸引力。结果便是，实际货币余额的需求数量增加了。要恢复货币市场的均衡，非货币资产的实际利率就要提高。当非货币资产的实际利率提高时，这些资产的名义利率相对于货币的名义收益来说提高了，使它们对投资者们来说比货币更具吸引力，这就减少了货币的需求数量。通过提高每一产出水平上的实际利率水平，资产市场就会恢复均衡。实际货币余额的名义收益率的下降使非货币资产比货币对投资者来说更具吸引力，结果，货币的需求数量下降。要恢复货币市场的均衡，名义利率就要下降。通过增加货币的需求数量，资产市场会恢复均衡。

因此，如果其他条件不变，货币名义收益的增加会使 LM 曲线向左上方移动。反之则相反。

第四，预期通胀率 π^e 的改变。因为名义利率等于预期实际利率和预期通货膨胀率 π^e 之和。因此，预期通货膨胀率的升降会通过改变与任一实际利率水平相联系的名义利率来影响资产市场的均衡。

预期通货膨胀率的提高使 LM 曲线以预期通货膨胀率提高的幅度向下移动。同样道理，预期通货膨胀的下降使 LM 曲线以预期通货膨胀率下降的幅度向上移动。

概括之：货币均衡取决于实际收入（或产出）y，非货币资产的利率 i，货币收益 i^m，和其他因素，如名义货币供给 M，价格水平 P，预期通货膨胀率 π^e 等多项因素，每个因素变动都会引起均衡状况的调整，当货币市场均衡实现时，总体上经济处于均衡的当期产出 y 和实际利率 r 的组合状态中。

第三节　货币市场与产品市场的共同均衡：IS－LM 模型

由于社会总供给是决定货币需求的主要因素，社会总需求又是由货币供给形成的，因此，依据社会总供给变化决定的货币需求来供应货币所形成的社会总需求，与社会总供给之间一定是相均衡的。

☞ **延伸阅读**

市场总供给与货币的需求

从宏观角度来看，一个经济体系可以最简括地划分为两个方面：商品、服务运动的方面和货币运动的方面。货币方面的任务就是保证商品、服务的实体方面正常运转。显然，经济体系中到底需要多少货币，从根本上说，取决于有多少实际资源需要货币实现其流转并完成生产、分配、交换和消费相互联系的再生产流程。

然而，宏观的货币需求是通过微观主体对货币的需求体现出来的。只有微观主体的货币需求才能直接引出货币供给；能否使货币供给为流通所吸纳，也取决于微观主体对货币的需求。若企业有紧迫的投资需求，需要更多的货币，则往往超出收入提供的可能去争取追加的货币；反之，投资的需求较小，不那么需要货币，则收入的货币就会变为静态而对流通而不流通的货币储存。个人的消费需求是旺盛还是疲软，对货币的需求也会引出类似的现象。当然，无论是企业的货币需求还是个人的货币需求，从总体上受制约于由总供给决定的收入，而收入是货币需求函数最具有决定作用的自变量。对宏观、对微观均如此。但微观主体的货币需求有其独立性：对任何一个微观主体来说，相对于自己的收入，对货币的需求可能偏大，也可能偏小。因而，微观的货币需求——当然是指可以实现的货币需求，其总和在实际上并不总是等于由市场总供给决定的货币需求量。

综上可形成这样的认识：(1) 总供给决定货币需求，但同等的总供给可有偏大或偏小的货币需求。(2) 货币需求引出货币供给，但也绝非等量的。(3) 货币供给成为总需求的载体，同样，同等的货币供给可有偏大或偏小的总需求。(4) 总需求的偏大、偏小，对总供给产生巨大的影响。

如果以 M_s、M_d、AS、AD 分别代表货币的供与求、市场的供与求，它们的关系如图13－3所示。当然，它们之间的作用都是相互的，箭头不过表示其传导的方向。

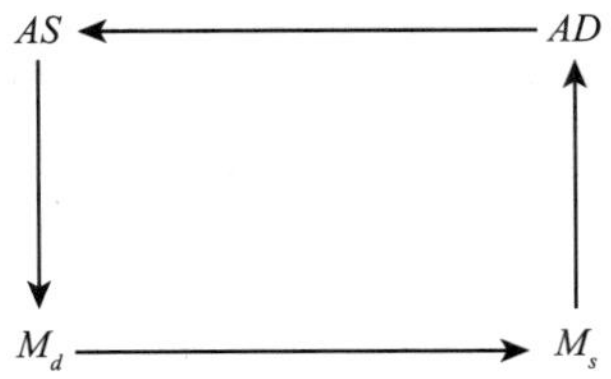

图 13－3　市场供求与货币供求的关系

由图 13－3 可以看出，货币均衡与市场均衡有着密切的联系，货币均衡有助于市场均衡的实现。但是，二者之间又有明显的区别，即货币均衡并不必然意味着市场均衡。原因在于：

其一，市场需求是以货币为载体，但非所有的货币供给都构成市场需求。满足交易需求而作为流通手段（包括流通手段的准备）的货币，即现实流通的货币形成市场需求；而作为保证价值的现实不流通的货币则不构成市场需求，或者说它是潜在的需求而不是当期的需求。这种差别可表示如下：

货币供给＝现实流通的货币＋现实不流通的货币

市场需求＝现实流通的货币×货币流通速度

其二，市场供给需要货币使之出清，因此提出对货币的需求。但这方面的货币需求也并非货币需求的全部。对积蓄财富所需的价值保存手段则并不单纯取决于市场供给，或至少不单纯取决于当期的货币供给——用于保存财富的货币显然有很大部分是多年的积累。这种差别可表示如下：

市场供给÷货币流通速度＝对现实流通货币的需求

货币需求 = 对现实流通货币的需求 + 对现实不流通货币的需求

如果简单理解，可以说市场总供求的均衡关系实际与处在现实流通状态的货币的供需关系一一地对应着。但现实流通的货币与现实不流通的货币之间是可以而且实际也是不断转化的。这就意味着，现实不流通的货币量对这个均衡也有影响作用。所以，在思考市场均衡与货币均衡有紧密联系的命题时，必须明确它们两者之间的区别，并不断深入认识在这有所区别的两者之间所存在的种种复杂关联。

一、IS 模型的基本含义

IS 模型为投资储蓄曲线，它代表在不同利率和收入水平条件下产品市场所有均衡点的集合，所以它是代表产品市场均衡的曲线。

在两部门条件下，

$$\begin{cases} I = S \\ I = I_0 - dr \\ S = y - C \\ C = C_0 + \beta y \end{cases}$$

其中，I 为投资，S 为储蓄，I_0为自主投资，d 为投资对利率变动的反应程度，r 为实际利率，C 为消费，C_0为自主消费，β 为边际消费倾向，y 为实际收入。

推导得 IS 的曲线方程为

$$r = \frac{C_0 + I_0}{d} - \frac{1 - \beta}{d}y$$

IS 曲线的斜率为负，向右下方倾斜，该曲线上的每一个点都代表产品市场的均衡点，而不在该曲线上的点则表示产品市场的非均衡状态。

（1）曲线右上方的点所对应的不均衡状态都是投资小于储蓄，即 $I < S$；

（2）曲线左下方的点所对应的不均衡状态都是投资大于储蓄，即 $I > S$。

二、IS—LM 模型的基本含义

LM 曲线反映了在不同的利率水平和国民收入水平下达到的使货币市场供求均衡的利率和收入的全部组合，但它并不能说明是使整个经济处于均衡状态的利率和收入的组合。同样，IS 曲线也只是反映了能够使产品市场供求均衡的利率和收入的全部组合，也说明不了是使整个经济处于均衡状态的利率和收入的组合。而货币均衡的根本要求恰恰是总供求均衡下的货币均衡。如果不考虑国际收支平衡，这样货币均衡要求实际上就是要实现产品市场和货币市场的共同均衡。如果将 LM 曲线和 IS 曲线放在一个平面上，就能够清楚地看到，当一定的利率和收入组合点只落在 LM 曲线或只落在 IS 曲线上时都仅仅表明货币市场或产品市场各自的均衡。能够使货币市场和产品市场同时达到均衡的点，只有 IS 曲线和

LM 曲线的交叉点 E，如图 13－4 所示。在 E 点上，投资和储蓄、货币需求和货币供给同时相等，产品市场和货币市场达到一般均衡，即

$$I(r) = S(y)$$

$$L_1(y) + L_2(r) = M$$

这就是 IS－LM 模型，又称为“希克斯—汉森模型”。它是由英国经济学家 J. R. 希克斯在 1937 年首先提出，后经美国经济学家 A. 汉森等人补充发展而成的。

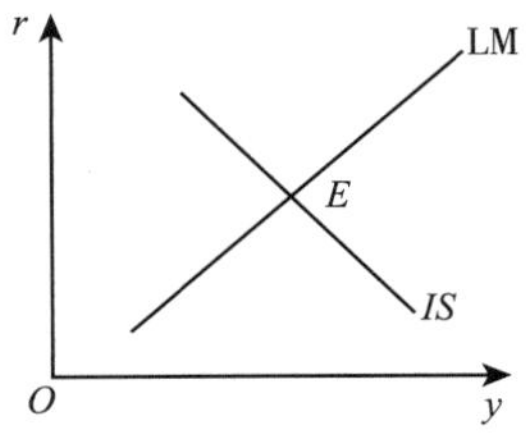

图 13－4 IS－LM 模型

三、曲线的移动

对于 IS 曲线而言，对商品需求的增减会改变每一当期产出水平上的实际利率，因而会使 IS 曲线移动，实际利率的升降可能是由决定意愿储蓄和投资的因素之一的增减而引起的，例如，当期的和预期的未来收入，政府支出或者预期的资本的未来盈利能力。这些因素之一的数量上的增加会使 IS 曲线向右上方移动，如图 13－5 所示，IS_0 曲线移动到 IS_1，若减少会使 IS 曲线向左下方移动。对于 LM 曲线而言，造成 LM 曲线移动的变量主要有名义货币供给量 M，价格水平 P，货币名义收益 i^m 和预期通货膨胀率 π^e，这些变量对 LM 曲线移动的影响在本章第二节已经做过详细的说明。

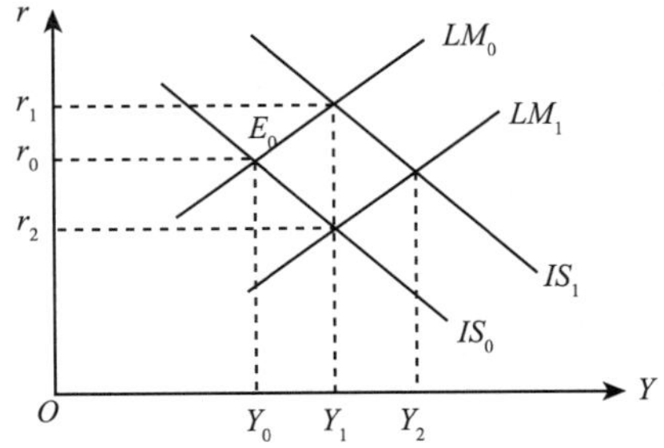

图 13－5 IS－LM 曲线的移动

既然 IS 曲线与 LM 曲线的交点所对应的收入和利率，就是两市场同时均衡条件下的收入和利率，那么，IS 曲线的变动或 LM 曲线的变动，必将引起它们的均衡点变动，进而导致均衡收入和均衡利率的变动。

本章关键词

货币均衡　货币失衡　货币中性　货币非中性　IS 曲线　LM 曲线

复习思考题

1. 货币均衡的含义？
2. 货币均衡的显示指标有哪些？
3. LM 曲线移动的因素有哪些？
4. IS 曲线移动的因素有哪些？

金融运行与发展篇

第十四章　货币政策

货币政策是最基本的宏观经济政策之一，是国家调控经济，促进国民经济持续、稳定发展的重要手段，在整个国民经济宏观调控体系中居于十分重要的地位。货币政策通常由一国的中央银行来制定和实施。本章将对货币政策目标、工具、政策传导和政策效果进行考察。

第一节　货币政策目标

一、货币政策的概念

货币政策是指中央银行为实现一定的经济目标，运用各种工具调节和控制货币供应量和利率，进而影响宏观经济的方针和措施的总和。货币政策是最重要的金融政策，它制约着国家的信贷政策、利率政策、外汇政策。货币政策是国家宏观经济政策的一个重要组成部分。

制定和执行货币政策是中央银行履行其职能的核心。中央银行制定货币政策时，首先按照国家的宏观经济总决策，确定货币政策的最终目标，然后根据经济金融条件选取一定的中介指标，最后选择适宜的货币政策工具。货币政策一经实施，还要涉及货币政策如何发生作用、如何有效地影响经济活动等问题。因此，货币政策要研究的问题一般包括五个方面，即货币政策目标、货币政策工具、货币政策传导机制、货币政策中介指标和货币政策效果，这些也是货币政策的构成要素。各要素之间相互联系，形成一个完整的货币政策系统。

☞ **知识延伸**

货币政策与金融政策

金融政策，在中国是经常使用的一个词组。它包括货币政策、信贷政策、外汇政策、支付清算政策，与证券市场及保险市场等运行和发展相联系的所有政策及法规，以及各种金融市场的监管政策和协调政策等。由于金融业涉及银行、证券、保险、信托、租赁等十分宽泛的内容，所以在我国，金融政策是个含义甚广的概念。基于此，货币政策可以说是金融政策的一部分，并居于核心的地位，在我国的实务和理论文献中，经常将货币政策与金融政策混用。特别常见的是：虽然讲的是货币政策，但实际涉及银行体系的所有政策；虽然用词是金融政策，其实要说的只是货币政策；需要注意的是，金融政策，在市场经济国家，往往是指有关的金融市场，特别是资本市场的政策。

二、货币政策目标

货币政策目标又称最终目标，是指货币政策制定者所期望达到的最终目的。货币政策是国家的宏观经济政策，因此，原则上看，货币政策目标与宏观经济政策目标是一致的。各国的货币政策目标提法并不完全相同，但一般地说有四个，即稳定物价、充分就业、经济增长、国际收支平衡。

（一）稳定物价

所谓稳定物价就是使一般物价水平在短期内没有显著的波动。这里所指的物价是物价总水平，而不是个别商品的价格。物价稳定的实质是币值的稳定。在金本位制时代，稳定币值就是稳定单位货币的含金量。在现代信用货币制度下，物价的变动是货币币值变动的指示器，所以，世界各国均采用综合物价指数来衡量币值是否稳定。物价指数上升，即货币贬值；物价指数下降，则货币升值。因此，稳定物价必须反对通货膨胀和通货紧缩。

物价稳定是相对的，并不是物价固定不变。那么，怎样才算是实现了稳定物价的货币政策目标呢？经济学家们有不同的见解。有的认为物价波动幅度在1%内算稳定；有的认为物价每年上涨3%是可取的；还有的认为每年上涨5%也可取。总之，在不同的国家和不同的情况下，人们对物价变动的承受力是不同的。但任何一个国家都不愿意物价大幅度波动，总是想把物价变动控制在最小的范围内。

（二）充分就业

所谓充分就业，是指有能力并且愿意工作者都能在合理的条件下找到适当的工作。充分就业是用来反映各种经济资源利用程度的，由于经济资源利用程度的测定非常困难，所以，一般以劳动力的就业指标做为替代指标，即失业率。失业率是指社会的失业人数与愿意就业的劳动力的比率。失业率越低，则就业程度越高。

因为存在摩擦性失业和自愿失业，要完全消除失业是不可能的，所以充分就业并不要求失业率等于零。那么，失业率为多少时就可称之为充分就业呢？对此并无确定的标准。有的经济学家认为失业率为3%是充分就业，也有的认为失业率长期维持在4%—5%算充分就业；而在美国，大多数经济学家则认为失业率在5%就是充分就业。可见，究竟失业率为多少才是达到了充分就业目标，只能根据社会经济发展的状况来判断。

（三）经济增长

经济增长是指国民生产总值的增长必须保持合理的、较高的速度。目前，各国衡量经济增长的指标一般是采用实际国民生产总值年增长率（或人均实际国民生产总值年增长率）。经济增长的目的是为了增强国家实力，提高人民生活水平，因而经济增长对于发展中国家显得尤其重要。

（四）国际收支平衡

国际收支平衡是指一国对其他国家的全部货币收入和货币支出持平或略有差额（顺差或逆差）。在现代开放经济条件下，一国的国际收支状况不仅反映了这个国家对外经济交往情况，还反映出该国经济的稳定程度。当一国国际收支处于失衡状态时，就必然会对国内经济形成不利影响。如长期的巨额逆差会使本国外汇储备急剧下降，迫使本国货币对外贬值，冲击国内经济；长期的巨额顺差会使本国外汇储备过度增长，增加国内通货膨胀压力。平衡国际收支作为货币政策目标，基本要求是国家需要保持适当的外汇储备，以保证对外经济活动的正常运转。

☞ 背景资料

货币政策目标的发展

货币政策最终目标的形成是有一个历史发展过程的。1930 年以前西方发达国家普遍实行金本位制度，由于黄金作为货币具有自动调节货币流通的功能，国家干预经济的理论尚未形成，完全让市场发挥自我调节经济的作用，所以维护货币币值的稳定，成为当时各国货币政策的主要目标。

1929—1933 年，资本主义世界爆发了空前的经济大危机，失业问题成为当时资本主义世界头号的经济问题和政治问题。于是各国政府纷纷放弃金本位制，采取货币贬值、关税壁垒、刺激出口等措施，以促进国内就业水平。1936 年，凯恩斯《就业、利息和货币通论》问世，为国家干预经济，摆脱危机和失业困境提供了理论依据。1946 年，美国国会通过就业法案，具体地将充分就业列入经济政策的目标。这样，货币政策目标由原来的单一目标转变为稳定币值和实现充分就业双重目标。

自 20 世纪 50 年代起，整个世界经济都得到了迅速的恢复和发展。由于各国经济发展的不平衡性，美国经济实际增长率出现了慢于其他西方国家的现象，从而提出了促进经济增长的问题。其他许多国家为了保持和增强自身的经济实力、政治地位，也都把发展经济作为一项基本国策。于是，促进经济增长成了货币政策的一个主要目标。

从 20 世纪 60 年代开始，国际贸易得到了迅速的发展。一些国家国际收支状况开始恶化，特别是美国经济实力削弱，国际收支不断发生逆差，使以美元为中心的国际货币制度受到严重威胁，国际收支问题逐渐成为世界各国经济中的一个重要问题，国际收支平衡遂成为货币政策的又一个目标。

三、货币政策目标之间的关系

货币政策各项目标之间的关系极其复杂。从根本上讲，各目标是相互促进的、统一的，但从短期看，却并非如此。就短期考察，充分就业与经济增长两者是正相关的：经济增长，就业增加；经济下滑，失业增加。除此之外，各目标之间都有矛盾。

（一）稳定物价与充分就业的矛盾

当失业人数过多时，为增加就业，就必须增加货币供应量以刺激社会总需求的增加，这样，失业率的确能下降，但物价会上涨；反之，要降低物价上涨率，就要减少货币供应量以抑制社会总需要的增加，这又必然使失业率提高。失业率和物价上涨率之间存在着此长彼消的关系。这是澳大利亚籍的英国经济学家菲利普斯研究了 1861—1957 年英国的失业率和工资物价变动之间的关系得出的结论。他把这种现象概括为一条曲线，人们称之为“菲利普斯曲线”，如图 14 –1 所示。

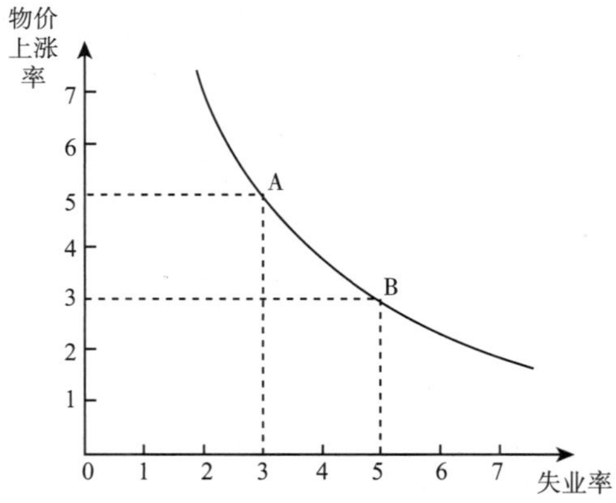

图 14 –1　菲利普斯曲线

这条曲线表明，失业率与物价上涨率之间是相互替代的。作为中央银行的货币政策目标，只有根据当时的社会经济条件，寻求失业率与物价上涨率之间的某一适当的组合点，而难以两全其美。可能面临的选择是：（1）失业率低而物价上涨率高；（2）物价上涨率低而失业率高；（3）同时兼顾物价稳定和充分就业，使物价上涨率和失业率均保持在社会可以承受的范围内。

（二）稳定物价与经济增长的矛盾

对于稳定物价与经济增长之间是否存在矛盾的问题，观点颇不一致。一般的见解是两者存在矛盾。其原因与前面所述稳定物价与充分就业的矛盾相同。具体讲，追求经济增长要求增加货币供应以刺激社会总需求增加，这会使物价总水平趋于上升。而要控制物价，就需要减少货币供应，减少社会总需求，这又导致经济增长速度放慢。现代市场经济国家的实践也确实表明，经济的增长大多伴随着物价的上涨。

但对上述见解亦有不同意见。有人认为，物价稳定与经济增长没有矛盾，只有在物价稳定的环境中，经济才能长期持续地增长；同时，经济的增长又能为物价稳定提供物质基础。客观而论，这种观点是在从长远的角度看货币政策目标间的关系，并不说明在短期内货币政策操作在实现各项目标时不存在矛盾。

☞ **小链接**

滞胀

滞胀即停滞膨胀，又称为萧条膨胀或膨胀衰退，是资产阶级经济学家用以概括经济衰退和通货膨胀同时存在现象时的专门术语。长期以来，资本主义国家经济一般表现为：物价上涨时期经济繁荣、失业率较低或下降，而经济衰退或萧条时期的特点则是物价下跌。西方经济学家据此认为，失业和通货膨胀不可能呈同方向发生。但是，自 20 世纪 60 年代末、70 年代初以来，西方各主要资本主义国家出现了经济停滞或衰退、大量失业和严重通货膨胀以及物价持续上涨同时发生的情况。西方经济学家把这种经济现象称为滞胀。

“经济滞涨病”的出现，不仅对政府的宏观经济政策提出了挑战，更是对西方主流宏观经济学的研究产生了巨大的冲击。

（三）稳定物价与国际收支平衡的矛盾

现代经济是开放的经济。当本国物价稳定而其他有关国家出现通货膨胀的情况下，实行稳定物价的货币政策目标，就与平衡国际收支发生矛盾。因为此时本国物价水平相对低于其他国家物价水平，这样，必然使得本国出口增加，进口减少，其结果是国际收支出现顺差，造成顺差失衡。

（四）充分就业与国际收支平衡的矛盾与统一

如果充分就业能够推动经济快速增长，那么，一方面国内产出的增加可以增加对国内市场的商品供给，实现进口替代，从而减少进口；另一方面可扩大商品的出口，这有利于改善国际收支。但为了追求充分就业目标，就需要更多的资金和生产资料，当国内供给满足不了需求时，就需要引进外资、进口设备与原材料等，这又可能导致国际收支状况的恶化，对平衡国际收支构成挑战。

（五）经济增长与国际收支平衡的矛盾

当经济增长较快时，就业和收入增加，社会总需求会扩大，这往往要增加对进口商品的需求，在出口不能随之增长的情况下，必然使国际贸易收支状况恶化。就资本项目而言，要促进经济增长，就要增加投资，在国内资金来源不足时，必须借助于外资。外资流入可能使资本项目出现顺差，在一定程度上弥补贸易逆差造成的国际收支失衡，但若本国不具备利用大量外资的条件和外汇还款能力，就有可能产生债务危机、资本外逃，对经济增长形成严重冲击。此外，治理经济衰退所采用的手段与平衡国际收支所采用的手段也容易出现冲突。当国际收支逆差时，通常要采用紧缩的货币政策，压缩国内需求，但紧缩可能引致经济增长减慢甚至衰退。当经济衰退出现时，通常要采用扩张性货币政策，但又可能因通货膨胀，进口增长而导致国际收支逆差。

鉴于大多数目标都存在着矛盾，为实现某一个或两个目标而采用的货币政策措施，必然对其他的目标有不利影响。因此，要同时实现四大目标是比较困难的。这样，在制定货币政策时，必须要根据各国当时的具体情况进行权衡和选择侧重点。

而从西方国家货币政策操作实践看，20 世纪 70 年代以前，美、英等国把就业和增长摆在货币政策目标的首位，为促进就业和增长实施扩张政策，通货膨胀严重了又搞紧缩政策，往往顾此失彼。70 年代中期之后，“滞胀”促使各国先后改变政策取向，把货币政策的主要目标放到了稳定币值上面。

四、我国货币政策目标的选择

我国货币政策应选择怎样的目标，曾经有过激烈的争论。主要观点有以下几种：

（1）稳定物价单一目标论。这种观点从币值及物价稳定是经济正常运行和发展的基本前提条件出发，认为货币政策的主要任务是为经济发展创造一个良好的环境，中央银行应以稳定物价为货币政策的唯一目标。

（2）发展经济单一目标论。这种观点从货币是社会再生产的第一推动力和持续推动力的思想出发，认为中央银行可以有限制地增加货币发行，促进经济增长，经济增长了，物价终究会稳定下来。所以，主张货币政策目标应把经济增长摆在首位。

（3）双重目标论。这种观点认为，中央银行货币政策目标不应是单一的，而应当同时兼顾稳定物价和发展经济的要求。其理论依据是强调稳定物价和发展经济根本上的统一性：稳定物价可以为经济增长创造良好的前提条件，而经济增长又是物价稳定的基础。

（4）多重目标论。这种观点认为，随着我国就业矛盾的突出和对外开放程度的进一步扩大，就业和国际收支问题对宏观经济的影响越来越大。因此，货币政策目标不应是双重的，而应是多重的，应当包括稳定物价、经济增长、充分就业、国际收支平衡多个方面。

从我国货币政策实践看，20 世纪 90 年代中期以前，中央银行所采用的是“稳定货币、发展经济”双重目标，但执行起来困难重重。为了追求经济较快增长而放松货币供应，这就带来通货膨胀；为治理通货膨胀又不得不采取紧缩的货币政策，而紧缩政策又造成经济下滑，这时又要采取放松的货币政策。双重目标难以同时实现，究其原因，就是因为稳定物价和经济增长两个目标在短期货币政策操作中存在矛盾，尤其是在经济发展的非正常时期，如过分追求经济增长时，两者的矛盾往往显得较为突出。

1993 年国务院发布的《关于金融体制改革的决定》中提出要把稳定货币作为我国货币政策的基本目标，1995 年颁布的《中华人民共和国中国人民银行法》明确规定货币政策目标是："保持货币币值的稳定，并以此促进经济增长。"这个目标是单一的稳定货币的目标，但又不过分追求稳定，它应当是积极的、能动的稳定，在可能的情况下，还要注意经济增长。在处理"稳定"和"增长"之间的关系上，应有先后主次之分，稳定货币必须摆在首位。2014 年 5 月，周小川提出货币政策六个目标表述，即低通胀、适度增长、适度就业、国际收支平衡、金融稳定、改革发展。因此，在不同的经济周期，货币政策目标的侧重点是不同的，货币政策目标的内容也会适应经济的发展而有所变动。

第二节　货币政策工具

货币政策工具，是中央银行为实现货币政策目标所运用的手段。中央银行通过这些手段可以调控货币供应量、利率、商业银行信贷等金融变量，进而影响宏观经济运行。货币政策目标是通过货币政策工具的运用来实现的，当政策工具能如期发挥作用时，政策目标就比较容易实现。若政策工具不健全或者使用不当，政策目标就可能落空。货币政策工具是多种多样的，由于经济环境的不同，政策工具的选择也会有所变化。通常将货币政策工具分为一般性政策工具、选择性政策工具、直接信用控制工具、间接信用指导工具四类。

一、一般性货币政策工具

一般性货币政策工具，即传统的政策工具，包括法定存款准备金政策、再贴现政策、公开市场业务，俗称"三大法宝"。之所以称其为一般性工具，是因为这些工具的实施对象是整体经济，而非个别部门或个别企业，它们调控的是货币信用总量。

（一）法定存款准备金政策

法定存款准备金政策是指中央银行对商业银行等存款金融机构的存款规定存款准备率，强制性地要求其按照规定的比率上缴存款准备金。中央银行通过调整法定存款准备率，以改变货币乘数，增加或减少商业银行的超额储备，控制商业银行的信用创造能力，间接地影响货币供应量。目前，实行中央银行制度的国家，一般都实行存款准备金制度。

将存款准备金集中于中央银行，最初出现于英国。但是以法律形式规定商业银行必须向中央银行缴存存款准备金，则是始于 1913 年美国联邦储备法。建立存款准备金制度的最初目的，是保持银行资产的流动性，提高银行的清偿能力，从而保障存款人的利益和银行自身的安全。到 20 世纪 30 年代经济大危机以后，调整法定存款准备率逐渐成为各国中央银行调节信用和货币供应量的一项重要工具。

存款准备金制度的主要内容包括：（1）规定存款准备金比率，简称法定准备率，即商业银行吸收存款后，必须依法交存中央银行的准备金占所吸收存款的比率。如法定准备率为10%，商业银行吸收存款100万元，则应上存10万元作为法定准备金，其余90万元才可以用于放款或投资。在做法上，目前许多国家都对期限不同的存款规定不同的准备率。一般来看，存款期限越短，规定的准备率越高。但20世纪50年代后建立存款准备金制度的国家大多采用单一的法定准备率，即对所有存款均按同一比率计提准备金。（2）规定可充当法定存款准备金的资产内容。作为法定准备金的资产只能是存在中央银行的存款，除特别规定外，商业银行持有的其他资产不能充当法定准备金。（3）规定存款准备金计提的基础，包括存款余额的确定方法和计提准备金的存款基期。

运用存款准备金制度调节货币和信用，主要是确定和调整法定准备率。当经济处于需求不足、生产衰退状态时，中央银行为扩张货币和信用，可以降低法定准备率；反之，当经济处于需求过度、通货膨胀时，中央银行为收缩货币和信用，可以提高法定准备率。

调整法定准备率对货币和信用产生影响的途径有：（1）改变货币乘数。货币供应量取决于货币乘数和基础货币，而法定准备率是决定货币乘数大小的重要因素。提高法定准备率，货币乘数变小；降低法定准备率，货币乘数变大。调整法定准备率是通过货币乘数变化对货币供应量发生作用。（2）改变商业银行超额准备金，影响商业银行信贷行为。提高法定准备率，商业银行应增加上缴中央银行的法定准备金，从而减少超额准备金，也就降低了商业银行提供信贷的能力，结果是社会银根抽紧，利率提高。反之亦然。（3）影响公众预期。法定准备率的调整是比较重要的行动，会对公众的心理预期产生一定影响。提高法定准备率一般是向社会发出了紧缩信用的信息，降低法定准备率一般是向社会发出了扩张信用的信息，金融机构、企业单位可据此调整各自的行为，最终影响货币信用量。

存款准备金政策是威力巨大而不常使用的武器。其有利之处是它有较强的控制货币信用的能力，法定准备率调整对货币供应量影响巨大。但它的缺点也是明显的，操作缺乏弹性，易引起震动。例如，一次提高法定准备率幅度过大，没有足够超额准备金的银行必然被迫出售其流动性资产，甚至要立即收回贷款，这对银行、对经济运行都会产生冲击。因此，这一工具不能轻易使用，不能作为中央银行日常调控货币信用的工具。

（二）再贴现政策

再贴现政策是指中央银行通过调整再贴现利率，来影响商业银行从中央银行获得再贴现贷款的数量，从而调节市场货币供应量和利率水平的一种货币政策工具。这是中央银行最早拥有的一项政策工具。

当商业银行资金不足时，可以将自己持有的未到期合格票据卖给中央银行，这称为再贴现。再贴现时使用的利率，称为再贴现率。实际上，现在西方国家讲的再贴现率除了中央银行办理再贴现业务执行的利率外，还包括中央银行向商业银行提供贷款所执行的利率。

再贴现政策有两方面的内容：一是规定再贴现率；二是规定申请再贴现的资格，包括申请再贴现的票据范围和申请机构范围。前者主要是影响商业银行的准备金及社会的资金供求，后者主要是影响商业银行及社会的资金投向。

运用再贴现政策的一般原则是：当经济中出现需求不足时，可以降低再贴现率，以促进货币信用扩张；反之，当经济中出现需求过度时，可以提高再贴现率，以促进货币信用收缩。

再贴现政策对货币信用发挥作用的途径主要是：(1) 影响商业银行的资金成本和超额准备金，从而影响商业银行的融资决策。如中央银行提高再贴现率，使之高于市场利率时，商业银行向中央银行借款或贴现的资金成本上升，于是减少向中央银行借款，从而减少商业银行所拥有的超额准备金，进而收缩其贷款或投资规模，迫使货币供应量缩减。随着货币供应量缩减，银根紧俏，市场利率会随之上升。如若商业银行依然向中央银行借款，但因再贴现率提高，商业银行为抵偿增加的筹资成本，就要相应提高对企业贷款的利率，这将使贷款需求受到抑制，信贷规模收缩。反之，如中央银行降低再贴现率，则会出现相反的效果。(2) 告示效应。再贴现率的变动，在一定程度上反映了中央银行的政策意向。如再贴现率升高，意味着有紧缩意向；反之，则意味着有扩张意向。这能影响到商业银行和社会公众的预期。

再贴政策也有某些局限性。一是中央银行缺乏主动性，有时不能取得预期效果。商业银行是否向中央银行申请再贴现，再贴现多少，决定于商业银行的行为。如果商业银行可以通过其他途径筹措资金，而不依赖于再贴现，则中央银行就不能有效地控制货币供应量。二是该政策缺乏弹性。中央银行若经常调整再贴现率，会引起市场利率的经常性波动，使商业银行和企业无所适从。因此，再贴现率一般不宜随时变动。

(三) 公开市场业务

公开市场业务，又称公开市场操作，是指中央银行在金融市场上公开买进或卖出有价证券以调节货币供应量和利率的活动。中央银行买卖的有价证券主要是国家债券。其操作原理是：当中央银行要扩张货币信用时，就买进有价证券；而要收缩货币信用时，就卖出有价证券。

中央银行公开市场业务，根据不同的目的可分为两种方式：一是防御性操作，二是进攻性操作。防御性操作，其目的在于抵消其他因素对银行准备金的影响。进攻性操作，其目的在于改变银行准备金，使之按中央银行希望的那样变化。此种操作在通货膨胀或经济萧条时期，是中央银行积极主动地影响货币信用的重要办法。

中央银行公开市场业务对货币信用发生作用的途径是：(1) 影响基础货币。中央银行买进证券，实际上是向社会注入基础货币。这些基础货币如果流入公众手中，会直接增加社会的货币供应量，如果是流入商业银行，则会增加商业银行的准备金，引起信用扩张，货币供应量成倍增加。相反，中央银行卖出证券，就使基础货币从社会流回中央银行，引起信用收缩，货币供应量减少。(2) 影响利率水平和结构。中央银行买进证券，会推动证券价格上升，收益率下降；同时，货币供应量增加，引起市场利率下降。反之则相反。另外，中央银行在市场上进行长短期债券的转换操作，即在买进一定数量的长期债券的同时又卖出等量的短期债券，或者在买进一定数量的短期债券的同时又卖出等量的长期债券，这样，货币供应总量没有发生变化，但不同期限债券的供求关系有了变化，价格受到影响，从而使利率结构发生变化。例如，中央银行在市场上买进50亿元长期债券，同时卖出50亿元短期债券，这时，货币供应量不变，但长期债券价格趋于上升，收益率下降；而短期债券价格趋于下降，收益率上升。

公开市场业务在发达国家被认为是最重要的、效果最好的政策工具。同前两种工具相比，它有明显的优点：（1）中央银行具有主动权，不像再贴现政策那样处于被动地位；（2）中央银行能通过公开市场业务左右基础货币，把它控制在符合政策需要的规模上；（3）公开市场业务的规模可以灵活安排，中央银行能运用它对货币供应量进行微调，而不会像法定准备率的变动那样，产生震动性影响；（4）公开市场业务可以进行经常性、连续性的操作，具有较大弹性，使中央银行能够随时根据金融市场的变化，对货币供应量进行日常调控；（5）公开市场业务是易于逆转的，能迅速作反方向的操作。

然而，公开市场业务的实行需要一定的条件。首先，在流通中必须有足够数量的有价证券，而且种类齐全，便于选择；其次，证券市场必须高度发达，保证各种金融工具（特别是国家债券）可以顺利地进行买卖。这两个基本条件，只有少数发达国家才具备。对于许多发展中国家来说，是没有条件把公开市场业务作为中央银行的主要政策工具的。

☞ 阅读专栏

灵活开展公开市场操作

2022年第一季度，人民银行坚决贯彻党中央、国务院决策部署，按照稳字当头、稳中求进的要求，靠前发力，稳健的货币政策灵活适度，加大跨周期调节力度，发挥好货币政策工具的总量和结构双重功能，保持流动性合理充裕，增强信贷总量增长的稳定性，推动实际贷款利率在较低水平上进一步下降，引导金融机构加大对实体经济特别是小微企业、科技创新、绿色发展的支持力度，有力支持稳定宏观经济大盘。

保持流动性合理充裕。2022年一季度，人民银行加强对春节现金投放、政府债券发行以及季末监管考核、疫情等多种流动性供求影响因素的监测分析，做好跨周期设计，灵活开展公开市场操作，保持流动性合理充裕。春节前适时启动14天期逆回购操作投放跨春节流动性，并灵活调整操作规模，在对冲现金投放高峰等短期扰动因素、满足机构跨节流动性需求的同时，安排春节后逆回购到期与现金回笼基本匹配，维护好资金供求平衡、不松不紧。春节后，坚持每日开展公开市场逆回购操作，综合考虑内外部市场环境和预期变化，以及疫情影响等因素，灵活把握逆回购操作的力度和节奏，及时熨平短期波动，保持流动性合理充裕和市场预期平稳。

引导市场利率围绕央行政策利率平稳运行。2022年1月17日，1年期中期借贷便利（MLF）和7天期公开市场操作中标利率均下降10个基点至2.85%和2.10%，有利于提振市场信心，降低综合融资成本，体现了货币政策主动作为、靠前发力。2022年一季度以来，人民银行引导市场利率围绕降低后的公开市场操作利率和MLF利率平稳运行，较好地实现了利率调控目标，春节前后以及一季度末的货币市场利率均保持平稳。

连续开展央行票据互换（CBS）操作。2022 年第一季度，人民银行开展了 3 次、共 150 亿元 CBS 操作，期限均为 3 个月，费率均为 0.10%。2022 年以来，人民银行以每月一次的频率稳定开展 CBS 操作，对于持续提升银行永续债二级市场流动性、支持银行特别是中小银行发行永续债补充资本、增强中小银行信贷投放能力发挥了积极作用。

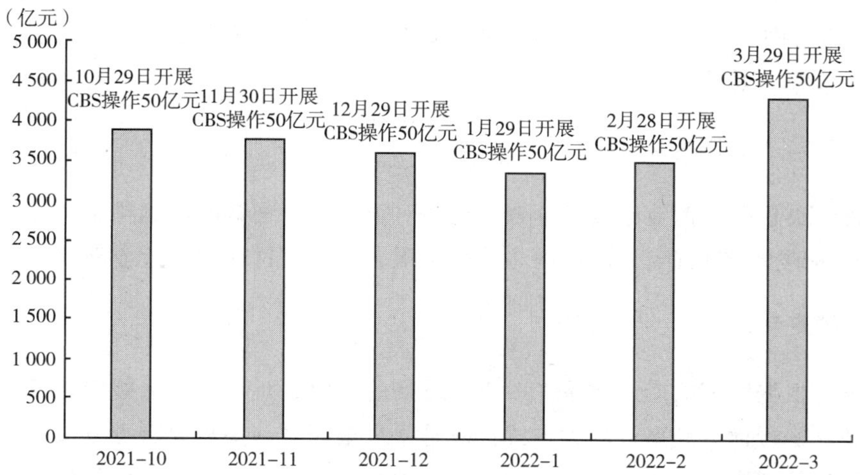

图 14－2　银行永续债现券交易成交金额

常态化在香港发行人民币央行票据。2022 年一季度，人民银行在香港发行 3 期共 300 亿元人民币央行票据。其中，3 个月期、6 个月期和 1 年期央票分别为 100 亿元、50 亿元和 150 亿元。同时，香港人民币央票回购市场不断发展，参与机构范围持续扩大。香港央行票据常态化发行和央票回购市场发展，丰富了香港市场人民币投资产品系列和流动性管理工具，对于促进离岸人民币货币市场和债券市场健康发展、带动境内外市场主体在离岸市场发行人民币债券及开展人民币业务发挥了积极作用。

资料来源：中国人民银行货币政策分析小组 .2022 年第 1 季度中国货币政策执行报告［R］.

二、选择性货币政策工具

选择性货币政策工具是中央银行对信用进行结构性调节和控制的措施。这些措施是针对某些特殊领域或特殊用途而进行的，主要有证券市场信用控制、消费者信用控制、不动产信用控制、优惠利率等。

（一）证券市场信用控制

这是指中央银行对有关证券交易的各种贷款进行限制，目的在于控制证券市场的信贷量，抵制过度的投机。控制的办法是对凭信用购进有价证券的交易，规定应支付的保证金比率，并根据证券市场状况加以调整。保证金比率提高，意味着证券购买者靠借款来购进证券的可能性减小，使证券市场的信贷量收缩。反之，则相反。

（二）消费者信用控制

这是中央银行对不动产以外的各种耐用消费品的销售融资予以控制。内容主要包括：(1) 规定以分期付款形式购买耐用消费品时第一次付款的比率；(2) 规定用消费信贷购买商品的最长期限；(3) 规定可用消费信贷购买的耐用消费品的种类，并对不同消费品规定不同的信贷条件。中央银行可以根据消费品市场的供求状况和通货膨胀情况，灵活地运用这些管理措施，对消费信贷进行调节。

（三）不动产信用控制

这是指中央银行对商业银行等金融机构在房地产方面贷款的限制措施，以抑制房地产投机。如对房地产贷款规定最高限额、最长期限、第一次付现的最低金额等。

（四）优惠利率

中央银行根据国家的产业政策，对重点发展的部门、行业和产品规定较低的利率，以鼓励其发展。实行优惠利率有两种方式：一是中央银行对一些需要重点发展的行业、产品规定较低的贷款利率，由商业银行执行。二是中央银行对这些行业的票据规定较低的再贴现率，引导商业银行的资金投向和数量。

（五）预缴进口保证金

在进口过度增长、国际收支出现逆差时，为抑制进口，中央银行要求进口商按照进口商品总值的一定比例，预缴进口商品保证金，存入中央银行，以增加进口商的资金占用，增加进口成本，对于预缴保证金占进口商品总值的比例，中央银行可视国际收支状况的变化灵活调整。

三、直接信用控制工具

直接信用控制是中央银行以行政命令等方式，从质和量两个方面，直接对商业银行及其他金融机构的信用活动所进行的控制。这些手段包括信用配额管理、规定利率最高限、规定流动性比率、直接干预等。

（一）信用配额管理

信用配额或信贷分配，是指中央银行根据金融市场状况及客观经济需要，分别对各个商业银行的信贷规模加以分配，限制其最高数量。在市场需求旺盛和资金短缺时期，中央银行对商业银行的贷款分配提出要求，甚至规定在各部门或地区的贷款分配数量或比例。这是一种计划控制手段，多数发展中国家，由于资金供给相对不足，这种办法被广泛采用。

（二）规定利率最高限

这是指规定商业银行存款的最高利率。如 1980 年以前，美国《银行法》中的 Q 条例规定，活期存款不准付息，对定期存款和储蓄存款则规定利率最高限。其目的是防止银行用抬高利率的办法竞相吸收存款和为谋取高利而进行高风险贷款。

（三）规定流动性比率

规定商业银行的流动性比率，也是限制信用扩张的措施之一。流动性比率是指流动性资产对存款的比重。为保持中央银行规定的流动性比率，商业银行除必须注意压缩长期贷款的比重、扩大短期贷款的比重外，还必须持有一部分易变现的流动性较高的资产和现金。

（四）直接干预

直接干预是指中央银行直接对商业银行的信贷业务进行干预。如直接干涉商业银行对存款的吸收；如明确规定各家银行的放款或投资的范围，银行不得将资金用于房地产交易、股票投资等。

四、间接信用指导工具

间接信用指导是指中央银行利用各种间接的措施对商业银行的信用活动施加影响。主要措施有道义劝告、窗口指导。

（一）道义劝告

道义劝告是指中央银行利用其特殊的地位和声望，采取书面或口头方式，说服商业银行执行中央银行所要求的信贷政策和投资方向。例如，在通货膨胀严重时，劝告商业银行自动约束贷款、提高利率；在房地产与股票市场投机盛行时，要求商业银行减少对这两个市场的信贷等。

（二）窗口指导

窗口指导这个词来自日本，第二次世界大战后曾一度是日本货币政策的主要工具。它的内容是：中央银行根据市场情况、物价变动趋势、金融市场动向、货币政策要求，以及前一年度同期的贷款情况，规定商业银行每季度贷款的增减额，并要求其执行。如果商业银行不听指导，中央银行可采取制裁措施。窗口指导是中央银行的说服指导，没有法律约束力，但作用有时也很大。日本的窗口指导类似其他国家的道义劝告，但所起作用较强。

五、我国货币政策工具的选择

中央银行使用什么样的货币政策工具来实现货币政策目标，不是一成不变的，只能根据一定时期的客观条件而定。目前，我国货币政策工具主要有存款准备金制度、利率政策、再贷款和再贴现、公开市场操作等。

（一）存款准备金制度

存款准备金制度是我国中央银行的重要政策工具之一，自1984年中国人民银行专门行使中央银行职能起便开始运用。1985年，各种存款的法定准备率统一规定为10%；1988年因为出现了严重的通货膨胀，又将法定准备率提高到13%。1989年又规定各银行在此之外需再缴5%—7%的备付金，这样，商业银行实际的总准备率就达到相当的高度。1998年3月对存款准备金制度进行了改革，将原来的准备金存款账户与备付金存款账户合并为一个账户，统称为准备金存款，并将法定准备率下调为8%。1999年10月，适应治理通货紧缩的需要，再一次将法定准备率下调为6%，对促进货币供给量扩张起到了一定作用。而在2003年9月，由于物价止跌回升，通货膨胀有所抬头，又将法定准备率上调为7%。2004年4月又推出差别存款准备金率的做法，凡是资本金不足的银行其法定存款准备金率要提高到7.5%。为应对银行体系流动性过剩，2006年7月至2007年9月共10次调高存款准备金率，使法定准备率达12.5%。这说明运用存款准备金制度进行货币调控得到了前所未有的重视。

☞ 阅读延伸

疫情冲击下全球货币政策应对与前景

2020年3月以来，新冠肺炎疫情在全球范围内迅速蔓延，世界经济陷入深度衰退，金融市场剧烈波动。各国央行紧急降息，加大资产购买计划，重启并创新了2008年金融危机时期的诸多政策工具，推行历史罕见的超宽松货币政策。超宽松货币政策与极低利率环境，有助于平抑流动性困局，与财政、公共卫生政策形成组合拳，对经济金融修复具有一定支撑作用。但是，经历这轮急速扩张后，各国央行普遍已处于政策利率下限，货币政策空间收窄，政策长期效果存在不确定性，且加剧了全球金融脆弱性。后疫情时代，全球经济复苏及其可持续性面临考验，各国央行需要重新思考、评估与调整货币政策框架，在多目标之间取得平衡。

为了应对新冠肺炎疫情冲击，主要央行多措并举，开启超宽松货币浪潮。美联储、欧洲央行等推出了一系列货币宽松工具，既包括利率调控、前瞻性指引等常规选项，重启了2008年金融危机时期的非常规工具，还设立了新的流动性支持机制。

（一）直接利率调控和前瞻性指引

直接利率调控和前瞻性指引是央行重要的货币政策调控工具。随着疫情冲击持续蔓延，各国央行果断采取行动，直接降低基准利率水平。美联储紧急降息150个基点，将联邦基金目标利率下调至0—0.25%，降息速度和幅度均超过市场预期与2008年金融危机时期水平。2020年3月以来，数十家央行降息或多次降息，推动全球基础利率水平快速走低，为各类主体提供低成本资金与流动性支持。在前瞻性指引方面，美联储明确基准利率走向，表示利率将保持在最低水平，直到经济转好并有望实现其最大就业和物价稳定目标。欧洲央行宣称，未来利率将保持在不高于-0.5%水平的区间运行，直到通货膨胀预期在未来收敛至接近2%左右。前瞻性指引进一步确定了中期内超宽松货币政策基调，平抑市场波动并提振经济。

（二）金融机构支持手段

本次疫情期间，美联储、欧洲央行等继承重启并创新发展了一系列针对金融机构和金融市场的政策工具，具体包括以下几个方面：

一是资产购买。主要央行通过购买国债等资产，增加货币供给，向市场注入流动性。面对疫情冲击，美联储再度迅速扩表，2021年3月宣布启动7 000亿美元量化宽松计划，购买美国国债和住房抵押支持债券（MBS）。随即在当月美联储进一步加码宽松，宣布无限量量化宽松按需购买资产。由此，美联储资产规模从2021年3月的4万亿美元扩张至11月末的7.2万亿美元。其中，美国国债持有量增加2万亿美元至4.6万亿美元，住房抵押支持证券（MBS）规模增加7 000亿美元至2.05万亿美元。欧洲央行在原有资产购买规模基础上进一步加码，2021年3月启动总额达7 500亿欧元的大流行病紧急购买计划（PEPP），6月购买规模再增加6 000亿欧元至1.35万亿欧元，并延长购买期限至2021年6月底。在PEPP框架下，欧洲央行购买标的资产进一步扩大，大部分资金仍用于购买政府债券，并首次将希腊债务加入计划范围，同时将公司债券购买范围扩大至非金融商业票据。

二是银行流动性支持工具。作为“最后贷款人”，央行向银行提供紧急信贷以补充流动性。美联储通过贴现窗口和定期贴现窗口等工具直接向银行提供短期信贷，以维持银行的流动性。2020年3月，美联储重启贴现窗口工具，累计将贴现率下调150个基点至0.25%，贴现窗口期限延长至90天。欧洲央行通过定向长期再融资操作（TLTRO Ⅲ）等工具向银行提供流动性支持，并将TLTRO Ⅲ执行门槛降至零，2021年3月、4月连续两次下调TLTRO Ⅲ利率水平至-1%。此外，欧洲央行还设立新的“大流行病紧急长期再融资操作”（PELTROs）工具，进一步放宽了对银行申请贷款“资格”和“数量”的条件限制。但是，贴现窗口、长期再融资操作等属于被动操作工具，实际应用规模与商业意愿均不受央行主导。

三是其他金融机构流动性支持工具。美联储针对不同金融机构分门别类采取了一系列流动性支持方案。针对交易商，美联储重启了一级交易商信贷便利（PDCF）。该工具在2008年金融危机时期首次被采用，在机构和个人回避高风险资产、囤积现金的情况下，通过向一级交易商提供低息贷款，改善其融资能力，进而提高市场流动性，保证信贷市场运行，美联储在本次疫情期间对24家一级交易商提供了为期90天的低息贷款。针对货币市场基金，美联储设立了货币市场共同基金流动性便利（MMLF）。在疫情暴发之初，投资者担心风险进一步向金融市场扩散，集体从货币市场基金中撤离。为了应对大量赎回交易，货币市场基金不得不在二级市场大量抛售其持有证券。在买卖盘不对等的情况下，大量优质资产价格下挫，进一步加剧金融市场暴跌。美联储设立MMLF，主要用于协助金融机构承接货币市场基金资产，为市场注入流动性。相较于美联储，欧洲央行等其他中央银行较少运用和实践此类工具。

（三）针对政府、企业、个人的流动性支持工具

本次疫情冲击直达实体经济层面，导致企业和居民个人面临严重的流动性困境，政府财政压力急剧上升。美联储等主要央行创新设立一系列政策工具，缓解信贷紧缩，救助企业和个人，支持政府的救助计划。

针对地方政府，美联储于2021年4月推出了市政流动性便利（MLF），通过购买受疫情冲击的州和地方政府短期票据，向其提供最高5 000亿美元的短期信贷支持。针对企业，美联储创新提供了一级市场公司信贷工具（PMCCF）和二级市场公司信贷工具（SMCCF），购买企业新发行的债券，为企业提供最高7 500亿美元的融资规模；通过商业票据信贷便利（CPFF）为合格的商业票据提供贴现，向企业提供日常营业所需的短期流动性。同时，美联储还推出了“主街贷款计划”（Main Street Lending Program），通过新发贷款便利（MSNLF）、扩展贷款便利（MSELF）和优先贷款便利（MSPLF）等工具扩大潜在借款企业范围，为其提供最高6 000亿美元规模的贷款。针对居民个人，美联储重启次贷危机时的重要工具定期资产支持证券信贷便利（TALF），对拥有合格抵押品的个人提供融资便利，以缓解个人流动性问题及由此引发的汽车贷款、信用卡贷款等违约造成的ABS市场流动性风险。

资料来源：http：//finance. sina. com. cn/zl/china/2020 - 12 - 10/zl - iiznctke5803618. shtml.

（二）利率政策

利率政策是指中央银行运用其掌握的利率工具，通过控制资金的需求来调节和控制信贷规模和货币供应量的一种管理办法。我国的利率政策主要体现为中国人民银行规定“基准利率”，它包括：中国人民银行对商业银行的存贷款利率，商业银行对客户的存贷款利率（商业银行具有一定的利率浮动权）。其中，前者是利率政策的核心内容。

一般推论，当中国人民银行提高对商业银行的贷款利率和再贴现率时，相应增加商业银行的筹资成本，商业银行可能减少对中央银行的资金需求或提高其对企业单位和个人的贷款利率，资金市场的利率相应上升，资金需求相应减少，从而达到调节货币供给量的作用。但是这样的机制发挥作用要求一定的条件，即是利率的变动能真实反映资金供求，融资成本的变动能够在很大程度上影响资金供求。我国目前的利率管理仍是计划管理，计划利率不能准确反映资金市场的供求状况，加之微观经济主体对利率变动还不够敏感，利率

政策的作用受到了一定影响。

（三）再贷款和再贴现

再贷款是一种习惯说法，它实际是指中国人民银行对商业银行等金融机构发放的贷款。从推出这一政策工具起的很长时间，再贷款在中国人民银行的资产中占有很大的比重，是我国基础货币吞吐的主要渠道和调节贷款流向的重要手段。1994 年以后，伴随外汇占款在中央银行资产中的比重大幅上升，再贷款的比重开始下降，地位受到影响，更多地运用其他政策工具成为必然。

现贴现业务的开展始于 1986 年。由于商业信用不发达、票据贴现量小等原因，客观上使得再贴现业务量在中国人民银行资产中的比重太小，使得再贴现工具在我国的作用一直不明显。1995 年票据法颁布，中国人民银行从引导广泛开展票据承兑、贴现到倡导和推行票据结算等方面，为再贴现的扩展积极创造条件。近年来，再贴现已具有一定规模，其作用也逐渐显现出来。

（四）公开市场业务

我国的公开市场业务包括买卖国债和其他政府债券以及外汇。1994 年以前，由于条件尚不具备，中国人民银行一直未能运用这一工具。随着 1994 年外汇体制改革、汇率并轨，中国人民银行开始进行外汇公开市场操作。1996 年 4 月正式启动以国债为对象的公开市场操作。由于多年来我国国际收支长期持续顺差，造成中国人民银行对外汇以买进为主的格局。而近年来随着国债发行规模的不断扩大，以及银行间债券市场的发展，国债操作的空间和力度正逐步加大。另外，中国人民银行还根据需要发行中央银行票据。中央银行票据是中央银行短期债券，可以在货币市场流通。作为货币市场成员的金融机构持有中央银行票据，便于本机构的流动性管理。中央银行票据的发行，有利于公开市场操作。总之，随着各方面条件的进一步成熟，利用公开市场业务调节货币供给量的做法正日益成为我国一个重要的货币政策工具。

除上述工具外，中国人民银行还采取优惠利率政策、专项贷款、利息补贴和特种存款等办法。通过这些措施，分别扶持国家急需发展的部门，如能源、交通、出口、科技教育和支持重点建设工程等。这类选择性的货币政策工具，能够针对特殊情况，灵活地加以运用。但其直接行政决策的色彩过浓，对充分发挥信贷资金的运用效率也有不利的一面，因此，这一类工具在逐渐淡化。

中国人民银行原来最强有力的一个工具是规模管理。规模管理又叫限额管理，意思是中国人民银行向国有商业银行下达贷款规模，即准许贷款的最大限度。1998 年 1 月 1 日，中国人民银行正式停止了下达指令性贷款限额的做法，改为指导性计划，作为中央银行宏观调控的监测目标，供各家商业银行自编资金计划时参考。这种办法具有一定的“窗口指导”色彩。

☞ 阅读延伸

人民银行推出碳减排支持工具

为贯彻落实党中央、国务院关于碳达峰、碳中和的重要决策部署，完整准确全面贯彻新发展理念，2021 年 11 月 8 日，人民银行创设推出碳减排支持工具这一结构性货币政策工具，以稳步有序、精准直达方式，支持清洁能源、节能环保、碳减排技术等重点领域的发展，并撬动更多社会资金促进碳减排。

人民银行通过碳减排支持工具向金融机构提供低成本资金，引导金融机构在自主决策、自担风险的前提下，向碳减排重点领域内的各类企业一视同仁提供碳减排贷款，贷款利率应与同期限档次贷款市场报价利率（LPR）大致持平。碳减排支持工具发放对象暂定为全国性金融机构，人民银行通过“先贷后借”的直达机制，对金融机构向碳减排重点领域内相关企业发放的符合条件的碳减排贷款，按贷款本金的 60% 提供资金支持，利率为 1.75%。

为保障碳减排支持工具的精准性和直达性，人民银行要求金融机构公开披露发放碳减排贷款的情况以及贷款带动的碳减排数量等信息，并由第三方专业机构对这些信息进行核实验证，接受社会公众监督。

碳减排支持工具的推出将发挥政策示范效应，引导金融机构和企业更充分地认识绿色转型的重要意义，鼓励社会资金更多投向绿色低碳领域，向企业和公众倡导绿色生产生活方式、循环经济等理念，助力实现碳达峰、碳中和目标。

资料来源：https：//finance. eastmoney. com/a/202111092174053392. html.

第三节　货币政策传导机制和中介指标

中央银行运用货币政策工具，最终实现既定的货币政策目标，中间有一个复杂的作用过程。这既涉及货币政策的传导机制，又涉及货币政策中介指标的选择。

一、货币政策传导机制

货币政策的传导机制是指中央银行通过各种货币政策工具的运用，到最终实现货币政策目标，所经过的各种中间环节间的有机联系及其因果关系。关于传导机制的观点，往往构成货币政策中介指标选择的理论基础。

一般认为，货币政策的传导顺序是先由中央银行运用政策工具，作用于商业银行和金融市场，以改变货币供给量、利率、信贷数量等金融变量；再由商业银行和金融市场作用于企业、个人；最后通过企业、个人改变投资和消费行为作用于物价、就业、产量等各种宏观经济变量。

但货币政策传导过程的内在机制具体是怎样的，究竟哪一种金融变量起主要的中介作用，在西方货币政策理论中却存在较大的分歧。关于货币政策传导机制的分析，在西方，早期主要有凯恩斯学派的传导机制理论和货币学派的传导机制理论。后来，经济学家们进行了深入的研究，又提出了一些新的观点。

（一）早期凯恩斯学派的货币政策传导机制理论

早期的凯恩斯学派的货币政策传导机制理论，核心是利率传导，基本思路可以归结为：通过货币供给 M 的增减影响利率 r，利率的变化通过资本边际效率的影响使投资 I 以乘数方式增减，而投资的增减会进而影响总支出 E 和总收入 Y。用符号可表示为：

$$M \longrightarrow r \longrightarrow I \longrightarrow E \longrightarrow Y$$

在这个传导机制发挥作用的过程中，主要环节是利率：货币供给量的调整首先影响利率的升降，然后才能使投资乃至总支出发生变化。例如，货币供给增加，利率会相应下降；下降的利率刺激投资，并引起总支出增加，总需求的增加将推动收入上升。根据这个传导机制，货币政策对收入影响的大小，取决货币供给量的变化对利率的影响、利率变化对投资的影响和投资对收入的影响。只要有一个环节存在着阻塞或障碍，都会导致货币政策效果减弱或无效。

（二）货币学派的货币政策传导机制理论

货币学派认为利率在货币政策传导机制中不起主要作用，而更强调货币供给量在整个传导机制上的直接效果。这一理论的核心是货币数量传导。货币学派认为，增加货币供给量在开始时会降低利率，但不久会因货币收入增加和物价上涨而使名义利率上升，而实际利率则有可能回到并稳定在原先的水平上。他们认为，货币政策的传导机制主要不是通过利率间接地影响投资和收入，而是通过货币实际余额的变动直接影响支出和收入。用符号可表示为：

$$M \longrightarrow E \longrightarrow Y$$

在这个传导机制中，主要环节是货币供给量，货币供给量变动直接影响支出，进而影响名义收入。

货币学派的这个传导机制受到凯恩斯主义者的批评，他们说货币主义者有一套变戏法的“魔术箱”——进去的是货币量的增加，出来的是收入的增加。面对批评，货币学派对货币政策传导机制过程进行了更细致的研究后得出的结论是：如果货币供应增加到供过于求的状况，则公众会感到他们现实持有的货币超过了他们所愿意持有的货币，于是他们将多余的货币用于购买各种资产，首先购买金融资产如债券、股票等，继而购买实物资产如房屋、耐用消费品、投资品等，这种购买支出将使实物资产需求增加、价格上涨，必然使生产者增加生产，从而增加名义收入。价格上涨、生产增加、名义收入增加，将提出较原来更大的货币需求，这样，货币供应逐渐与货币需求平衡，实现新的货币均衡。

（三）托宾的 q 理论

美国经济学家托宾发展了一种关于货币政策变化通过影响股票价格来影响投资支出的理论，该理论称为 q 理论。托宾把 q 定义为：

q = 企业资本的市场价值 ÷ 企业资本的重置成本

q 和投资支出之间是正相关的关系。企业资本的市场价值的评价依据是上市企业的股票价格，资本重置成本是按现行物价购买机器设备进行新投资的成本，其价格指数可以在国民收入和国民生产核算账户中查到。

q 对投资的影响如下：当 q 很低时，由于企业资本的市场价值低于资本的重置成本，它们不会购买新的投资品。当 q 很高时，企业资本的市场价值高于资本的重置成本，意味着在新厂房和设备上的投资支出可以从发行公司股票上得到回收，并且还有盈余，这时，企业就会增加投资支出。

q 和投资支出有正相关关系，q 的变化与普通股股票价格也是正相关系，那么，货币政策的变化与股票价格之间又有什么样的联系呢？当采取扩张性货币政策时，引起货币供给量增加，人们发现手中的货币比他们需要持有的要多，就会按照自己的偏好安排其金融资产，其中一部分货币必然流向股票市场，造成对股票需求的增加，股票价格（Ps）将会上升。

将货币政策和 q 之间，q 和投资支出之间的相互影响联系起来，货币政策传导机制可以表述为：

$M \longrightarrow Ps \longrightarrow q \longrightarrow I \longrightarrow Y$

（四）财富效应

货币政策的财富效应是指货币政策通过货币供给的增减影响股票价格，使公众持有的以股票市值计算的个人财富变动，从而影响其消费支出的效应。美国经济学家莫迪利亚尼最早利用其消费生命周期理论对货币政策引起的这种消费支出增加进行了研究。在莫迪利亚尼的理论中，他认为消费者按照时间均匀地安排他们的日常消费，它取决于消费者毕生的财富，而不是取决于消费者的当期收入。消费者毕生财富的一个重要组成部分是金融资产，而股票又往往是金融资产的主要组成部分。因此，当扩张性的货币政策使得货币供给量增加，使股票的价格上升，金融资产的市场价值上升时，消费者的毕生财富 W 也增加，进而消费 C 增加。这样，财富效应的货币政策传导机制为：

$M \longrightarrow Ps \longrightarrow W \longrightarrow C \longrightarrow Y$

莫迪利亚尼的研究发现这是一个强有力的机制。在 20 世纪 90 年代中后期，美国股市持续走高，美国公众持有的金融资产的市场价值上升，这对同期消费支出增加和经济稳定增长产生了重要作用。需要说明的是，只有股市持续较长时间的上涨才会增加消费者整体的“毕生财富”，这时才具有财富效应。股市短时间的暴涨暴跌则不具有财富效应。

（五）信贷传导机制理论

信贷传导机制理论认为货币政策可通过银行贷款 L 的增减刺激或减少投资支出，从而引起总产出的变化。在间接融资比重较大的国家中，商业银行贷款与投资支出的关系很密切。因为企业的主要融资渠道是商业银行贷款，这时银行贷款量就会对投资支出，进而对整个经济活动产生重要影响。即使是在资本市场很发达的国家，并非所有企业都可以在证券市场上融资。在此情况下，银行信贷对那些不能在金融市场上融资的中小企业的重要性就格外突出。在紧缩货币政策下，银行可能并不提高利率，而是采取对某些企业实行限额贷款的方式解决资金紧张的问题。因此，企业贷款可得性或银行贷款数量是影响投资支出的重要因素。

中央银行采取一项紧缩性货币政策引起货币供给量缩小，会减少银行可用资金。这会促使银行削减贷款，而贷款减少将引起投资支出的减少。通过信贷渠道传导货币政策的机制在依赖银行资金为主要来源的国家比在资本市场发达的国家作用更为明显。信贷观点的货币政策效应传导过程可以表述为：

$$M \longrightarrow L \longrightarrow I \longrightarrow Y$$

（六）汇率传导机制理论

在开放经济条件下，净出口（NX），即一国出口总额与进口总额之差，是总需求的一个重要组成部分。货币政策可以通过影响国际资本流动，改变汇率（re），并在一定的贸易条件下影响净出口。

在实行固定汇率制度的国家，中央银行可以直接调整汇率；在实行浮动汇率制度的国家，汇率受外汇供求的影响。当一国实行紧缩的货币政策，利率随之上升，从而引起短期资本的大量流入，这就使该国货币在外汇市场上升值。本币的升值不利于本国商品的出口，却有利于进口，该国贸易状况恶化，净出口下降。当一国实行扩张的货币政策，则有相反的过程。这样的机制可以描述如下：

$$M \longrightarrow r \longrightarrow r_e \longrightarrow NX \longrightarrow Y$$

汇率传导机制作用效果的大小取决于利率变动如何影响汇率，汇率的变化又会引起净出口的变化。

二、货币政策中介指标

（一）货币政策中介指标的选择标准

货币政策工具的运用并不能直接作用于最终目标，而是先作用于货币供给量、利率等金融变量，通过这些金融变量间接地影响物价、就业、生产等最终目标。这种既能为中央银行的货币政策工具所左右，又与货币政策最终目标紧密相关，能够有效地传导货币政策的金融变量，称为货币政策的中介指标。中介指标是货币政策作用过程中一个十分重要的中间环节，是政策工具到最终目标之间的桥梁。

由于货币政策的作用过程相当长，中央银行在实施货币政策的过程中，必须及时了解政策工具是否得力，估计政策目标能不能实现，这也需要借助于中介指标的设置。中介指标的选择是否正确，选择以后能否顺利调节关系到货币政策最终目标能否实现。

哪些金融变量可以作为中介指标呢？通常认为选择的标准有五个：

第一，可测性。中央银行可选择的中介指标必须有明确的内涵，能够数量化，且数字资料容易获得，短期内能够经常汇集，以便中央银行及时、准确地进行定量分析。

第二，可控性。货币政策中介指标要能为中央银行所控制，也就是说，中央银行能够运用货币政策工具对中介指标进行有效的控制和调节，能够准确地控制中介指标的变动状况及其变动趋势。

第三，相关性。中央银行选择的中介指标必须与货币政策最终目标密切相关。中央银行通过中介指标的变化数值，能测知货币政策的实施状况；通过对中介指标的控制和调节，能够促使货币政策最终目标的实现。

第四，抗干扰性。货币政策在实施过程中会受到社会经济状况等非政策性因素的干扰。而作为中介指标的金融变量，应能较准确地反映政策性效果。因此，只有选择那些受干扰程度较低的金融变量作为中介指标，才能通过货币政策工具的操作实现货币政策最终目标。

第五，与经济体制、金融体制有较好的适应性。经济及金融环境不同，中央银行为实现既定的货币政策目标而采用的政策工具不同，选择作为中介指标的金融变量也必然有区别。这是不言自明的。

根据选择条件，尤其是前三个条件所确定的中介指标一般有利率、货币供给量、超额准备金和基础货币。根据这些指标对货币政策工具反应的先后和作用于最终目标的过程，又可以将其分为两类：一类是近期指标，又称操作目标，中央银行对它的控制力较强，但离货币政策最终目标较远；另一类是远期指标，又称中间目标，中央银行对它的控制力较弱，但离货币政策最终目标较近。

（二）可供选择的中间目标

1. 利率

将利率作为中介指标，是因为：(1) 利率的可测性好，中央银行在任何时候都可观察到市场利率的水平和结构，资料易于获得，并能够经常汇集。(2) 利率的可控性强，中央银行可以通过货币政策工具的变动，如通过公开市场业务或再贴现政策影响市场利率水平。(3) 利率不但能够反映货币与信用的供给状态，而且能够影响市场供给与需求的相对变化。利率水平趋高被认为是银根紧缩，利率水平趋低则被认为是银根放松。中央银行可通过调控利率影响投资和消费支出，从而调节总供求。

但是，利率作为中介指标，也有缺点，它的抗干扰性较低。因为影响利率变动的因素很多，既有政策性因素，也有非政策性因素。这些因素对利率的影响既可以是同方向的，也可以是反方向的。因此，当市场利率发生变动时，中央银行很难判断是不是政策性效果，从而给政策的执行带来困难。

2. 货币供给量

以货币供给量作为中介指标的优点是：（1）符合可测性要求。货币供给量分别反映在中央银行和商业银行及其他金融机构的资产负债表内，分别表现为中央银行的负债和商业银行及其他金融机构的负债，可以进行量的测算和分析。（2）中央银行对货币供给量的控制能力较强。（3）货币供给量与货币政策联系最为直接。货币供给量增加，表示货币政策放松；货币供给量减少，表示货币政策紧缩。这就能直接影响社会总需求。（4）货币供给量作为指标，不容易将政策性效果与非政策性效果相混淆，其抗干扰性较好。

由于货币供给量是一个多层次的概念，因此，以货币供给量为中介指标，必须确定哪一层次的货币量为指标：是M1，还是M2。从发展趋势来看，越来越多的国家把控制重点从M1转向M2。

一般说来，在一个实行利率市场化制度的国家，中央银行只能就货币供给量与利率任选其一为主要的中间目标。如果选择利率为中间目标，则货币供给量不可控制；如果选择货币供给量为中间目标，则利率不可控制。究竟是选择利率，还是选择货币供给量，都要视具体条件而定，并且也只有根据经验的积累才能判断选择哪种指标较为理想。20世纪70年代中期以前，凯恩斯主义盛行时，西方各国中央银行一般以利率为中间目标；70年代中期以后，西方国家通货膨胀严重，货币主义受到重视，各国纷纷将中间目标由利率改为货币供给量；而进入90年代以后，一些发达国家又先后放弃以货币供给量作中间目标，转而采用利率。究其原因是80年代以来的金融创新使得货币供给量各层次之间的界限不易确定，货币供给量变得难以控制，货币总量同货币政策最终目标的关系变得更难把握所致。

此外，金融市场发展程度较低的国家可以选择贷款量，而一些实行本币与某外国货币挂钩的国家，把汇率作为中间目标。

（三）可供选择的操作目标

1. 超额准备金

超额准备金是商业银行全部准备金扣除法定准备金后剩余的部分，包括商业银行库存现金和在中央银行超额准备金存款。超额准备金能作为中介指标，其理由是：

（1）超额准备金任何时候都具有可测性。一般来说，商业银行要定期向中央银行报告库存现金这一部分准备金，而商业银行在中央银行的超额准备金存款，中央银行随时都可以知道。所以，商业银行超额准备金总量的数据资料很容易搜集。

（2）与最终目标有相关性。超额准备金是商业银行扩大资产业务规模的基础，因而是影响银行信贷和货币供给量的一个重要变量。银行超额准备金越多，银行放款与投资的能力就越大，从而派生存款和货币供给量也就越多。因此，银行超额准备金增加被认为是货币市场银根放松，在经济衰退时有利于增加社会总需求，促进经济稳定发展。反之，亦然。

（3）银行超额准备金具有一定的可控性。中央银行调整法定准备率、再贴现率和公开市场业务，都是通过影响超额准备金的水平而发挥作用的。但是，每家银行愿意保留多少超额准备金，由商业银行根据情况而定，而不是由中央银行所决定的，中央银行对其调节能力有限。

另外，银行超额准备金的抗干扰性较低。借贷需求上升，银行体系便减少超额准备金以扩张信贷；而中央银行要抑制需求控制贷款，也必须设法减少商业银行的超额准备金。这样，超额准备金的减少是否是政策因素起了作用不易判断。因此，银行超额准备金和利率一样，都有误导中央银行的缺点。

2. 基础货币

基础货币是流通中的现金和商业银行的准备金之和，是中央银行的主要负债。基础货币作为良好的中介指标，是因为：

（1）可测性强。中央银行向流通中注入多少现金货币，很容易随时掌握这些数据信息资料，而商业银行的存款准备数据信息资料也可随时掌握。因此，它能够满足可测性的要求。

（2）可控性能够满足客观要求。基础货币是中央银行的负债，中央银行对已发行的现金和它持有的存款准备金掌握相当及时的信息。因此，中央银行通过自身的资产业务能够及时控制基础货币。但如果中央银行为弥补财政赤字而增加基础货币，则中央银行难以自行控制。

（3）基础货币变化能够影响货币政策目标的实现。因为基础货币是货币供给量扩张和收缩的基础，基础货币的变化通过乘数作用会影响货币供给量的成倍变化。中央银行通过操作基础货币影响货币供给量，进而影响社会经济活动。

根据以上所述，货币政策传导结构，可概括为图 14 – 3。

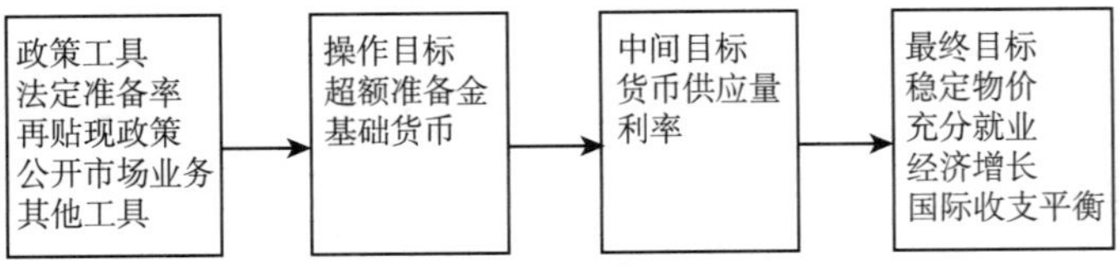

图 14 – 3　货币政策的传导结构

三、我国货币政策中介指标的选择

我国自 20 世纪 90 年代中期，选择的中间目标是商业银行贷款规模。因为，在银行资产单一化的情况，控制贷款规模事实上起到了控制货币供给量的作用。但随着金融体系的扩展和银行资产多样化，通过银行贷款转化而来的货币供给量已只是货币供应总量的一部分。在这种情况下，贷款规模作为中间目标开始被放弃。

中国人民银行于1994年9月起按季公布不同层次的货币供给量统计指标，1996年正式将*M*1和*M*2作为中间目标。以货币供给量为中间目标，自然需要将基础货币作为操作目标，因为它们两者的联系最为密切，所以，基础货币被作为操作目标而选用。另外，因为超额准备金对贷款和货币供给量变化的重要影响也被选为操作目标。

在西方国家被作为重要指标的利率，我国还没有选用。因为，我国利率管理体制仍是计划为主，利率主要是中央银行通过行政手段加以确定，反映资金供求关系的市场利率没有真正形成；投资需求和消费需求的利率弹性都比较低，利率对微观经济主体行为的调节作用相当有限。可见，以利率作中介指标的条件尚不具备。但是，随着社会主义市场经济体制的建立和完善，市场利率逐渐形成，经济利益机制将发挥其应有的作用，利率作为货币政策中介指标的条件也在逐渐形成。因此，利率指标也被中央银行所关注。

☞ 阅读专栏

我国货币政策传导效率明显提高

新华社北京2020年5月10日电（记者 吴雨）中国人民银行10日发布的报告显示，根据疫情防控和复工复产的阶段性特点，人民银行出台了一系列货币政策措施。得益于货币政策传导效率明显提高，各项货币政策措施向实体经济传导通畅，有效支持了疫情防控和企业复工复产。

人民银行当日发布的《2020年第一季度中国货币政策执行报告》显示，近年来，人民银行采取多项措施缓解银行货币创造面临的流动性、资本、利率“三大约束”，着力疏通货币政策传导机制，传导效率明显提高。

数据显示，2018年至2020年4月，10次降准释放长期流动性8.4万亿元，2020年春节假期后前两个工作日超预期投放短期流动性1.7万亿元；2019年至2020年4月银行已发行永续债7 186亿元；2019年8月以来贷款市场报价利率（LPR）改革顺利推进，2020年3月企业贷款利率为4.82%，较2019年底下降0.3个百分点。

报告指出，评价政策效果关键看能否增加实体经济融资支持总量和降低融资成本。无论是从引导贷款投放来看，还是从降低贷款利率来看，我国货币政策向实体经济的传导更为通畅，银行的主体作用发挥充分，市场机制运转良好。

数据显示，2020年一季度人民银行通过降准、再贷款等工具释放长期流动性约2万亿元，新增人民币贷款7.1万亿元，每1元的流动性投放可支持3.5元的贷款增长。同时，企业贷款利率降幅明显超过同期1年期中期借贷便利（MLF）利率和LPR的降幅，政策利率下降的效果放大传导至实体经济。

报告提出，下一阶段，稳健的货币政策要更加注重灵活适度，继续根据疫情防控和复工复产的阶段性特点出台有针对性措施，保持货币政策传导效率，进一步缓解实体经济面临的实际困难，对冲新冠肺炎疫情的影响。

报告特别指出，要提高尽职免责认定比例，加强与政府性担保机构合作，将更多信贷资源配置到小微、民营企业等领域。发展供应链金融，依托核心企业信用加大对中小微企业融资支持。对保持就业岗位基本稳定的企业尤其是中小微企业，适当延长延期还本付息政策。

资料来源：2020 年第一季度中国货币政策执行报告.

第四节　货币政策效果

货币政策效果是指中央银行推行一定的货币政策之后，社会经济运行所作出的现实反映。货币政策效果与货币政策目标不同，货币政策目标是一种目的，而货币政策效果则是一种结果，目的是好的，但结果却可能是好的，也可能是不好的。

一、货币政策效果的衡量

货币政策效果可以从两个方面来衡量：一是从数量方面，看货币政策发挥作用的大小，即货币政策的数量效果；二是从时间方面，看货币政策发挥作用的快慢，即货币政策的时间效果。这就是说，衡量货币政策效果，就是分析和测算货币政策解决社会经济问题的效力强弱程度，以及这个效力在政策实施后多长时间才会发挥表现出来。

对货币政策数量效果的衡量，是个非常重要的方面，它关系到货币政策对国民经济最终影响的程度。一般来说，衡量货币政策的数量效果，主要在于分析和比较实施的货币政策所取得的效果与预期所要达到的目标之间的差距。

现以评估紧缩政策为例，对货币政策的数量效果进行分析。如果通货膨胀是由社会总需求大于社会总供给造成的，而货币政策正是以纠正供求失衡为目标，那么这项紧缩性货币政策效果的大小甚至于是否有效，就可以从这样几个方面考察：

（1）如果通过货币政策的实施，紧缩了货币供给，并从而平抑了价格水平的上涨，或者促使价格水平回落，同时又不影响产出或供给的增长率，那么可以说这项紧缩性政策的有效性最大。

（2）如果货币紧缩政策无力平抑价格上涨或促使价格回落，却抑制了产出的增长甚至使产出的增长为负，则可以说货币紧缩政策是无效的。

（3）如果通过货币供给量的紧缩，在平抑价格水平上涨或促使价格水平回落的同时，也抑制了产出数量的增长，那么货币紧缩政策有效性的大小，则要视价格水平变动率与产出变动率的对比而定。若产出数量虽有减少，但减少规模还不算大，而抑制价格水平的目标接近实现，可视为货币紧缩政策的有效性较大；若产出量的减少非常明显，而价格水平目标的实现并不理想，货币紧缩的有效性就较小。

其他类型的货币政策效果也从此思路出发加以衡量。

衡量货币政策的数量效果，必须对现实的经济状况进行全面的考察，综合分析经济与金融形势。但是，在现实的经济生活中，宏观经济目标的实现往往是货币政策、财政政策、价格政策、收入政策等多种政策配套的结果，因此，准确地衡量货币政策的数量效果有一定的难度。关于货币政策的时间效果问题，我们将在分析货币政策的时滞时阐述。

二、影响货币政策效果的主要因素

（一）货币政策时滞的影响

货币政策时滞，是指根据现实经济情况，客观上需要制定某项货币政策，到这项政策对经济活动的影响充分显示出来所需要的时间。时滞是影响货币政策效果的重要因素。如果时滞较短或者对时滞能准确预测，货币政策实施就容易把握。如果时滞较长或者难以确定，则政策的有效性就成了问题。

时滞由内部时滞和外部时滞两部分构成。

内部时滞是指从经济和金融形势发生变化需要中央银行采取政策行动，到中央银行实际采取行动的这段过程。它又可分为两部分：（1）认识时滞是指从需要采取货币政策行动的形势出现，到中央银行认识到必须采取行动所需要的时间。它的长短与中央银行对情况的了解以及对经济形势的预测有关。（2）行动时滞是指从中央银行认识到需要行动，到实际采取行动所需要的时间。它的长短与中央银行的决策制度和行动决心有关。

外部时滞是指从中央银行采取货币政策行动之日起，到对经济活动发生充分影响时止的这段过程。它也可分两部分：（1）转向时滞。中央银行在采取政策行动后，应先要改变基础货币、超额准备金以及货币供给和利率水平，面对新的经济和金融形势，企业、个人等经济单位必然会改变其决策和支出行为，其改变投资决策和支出决定之间的这段时间即为转向时滞。（2）生产时滞。企业、个人等经济单位改变其经济行为后，对整个社会的生产、就业与收入就会发生影响，这些影响主要由生产过程所决定，故称之为生产时滞。外部时滞主要由客观的经济和金融条件决定，较少受中央银行的控制。

时滞问题十分重要。但时滞究竟有多长，则有不同看法。西方有不少经济学家运用实证分析方法进行过研究，但结论颇不一致。一般认为，内部时滞较短，外部时滞较长，货币政策生效少则需要 6 个月，长则需要 2 年。

（二）微观主体预期的影响

微观经济主体的预期是对货币政策有效性构成挑战的又一个重要因素。当一项货币政策推出后，各经济主体会根据所获得的各种信息来预测政策的后果，并很快作出对策。货币政策的作用可能被这种对策抵消。

例如，当中央银行实行扩张性货币政策时，人们通过各种信息预期社会总需求会增加物价会上涨，在这种情况下，工人会通过工会与雇主谈判要求提高工资，企业会及时提高价格，而不愿及时扩展经营。结果，扩张性货币政策只使物价上涨，而没有使产出增长。于是，货币政策归于无效。鉴于微观主体的预期，似乎只有在货币政策的取向和力度没有或没有完全为公众知晓的情况下才能生效或达到预期效果。事实上，公众的预期不一定始终完全正确，即使预期完全正确，要采取一定的对策以及这些对策发生作用，也得有一个过程。这样，货币政策仍可奏效，但其效果受到了一定干扰。

（三）经济环境的影响

不同的经济环境中，货币政策的效果也有差别。在经济衰退的环境中，一般应实行扩张的货币政策。但扩张性货币政策效果的大小要取决于两个因素：一是货币需求的利率弹性，二是投资需求的利率弹性。在经济衰退时期，货币需求利率弹性很大，投资需求利率弹性很小，此时，增加货币供给，利率不能进一步下降，企业对经济前景预期暗淡，也不愿增加投资。这样，货币政策作为反衰退的措施，效果就比较弱。而在通货膨胀的环境中，实行紧缩的货币政策，效果则一般比较好。但即使是反通货膨胀，货币政策的作用也主要是用于治理需求拉上的通货膨胀，对于成本推进的通货膨胀，货币政策的效果就不好。因为这种物价的上升是成本提高造成的，实行紧缩的货币政策只能使生产下降、失业增加，而难以抑制物价。

（四）其他因素的影响

除以上因素外，货币政策的效果还受到其他因素的影响。如客观经济条件的变化。一项既定的货币政策出台后总要持续一段时间，在这一时间内，若经济条件出现预料不到的变化，而货币政策又难以作出相应调整，货币政策效果就会下降甚至无效。

政治因素对货币政策效果的干扰也很大，它可能使中央银行偏离正确的政策。任何一项货币政策给不同的阶层、集团、部门或地方带来的利益影响是不同的。为了使各自获得利益最多或受损失最小，这些主体往往形成一定的政治压力，迫使货币政策向有利于自己的方向调整。

货币流通速度的变化也会影响货币政策的效果。对于货币流通速度的变化，如果中央银行未能预料到或者在估算这个变化时出现差错，都可能使政策不能成功。

三、货币政策的执行原则

货币政策的时滞等各种影响因素给政策的实施带来困难，甚至产生不良的后果，这就引起在如何执行货币政策的问题上产生了争端。

凯恩斯学派主张，货币政策应当“相机抉择”，逆经济风向行事。在经济过热时，相机采取紧缩性政策；在经济萧条时，相机采取扩张性政策。即通过反周期货币政策去稳定经济。20 世纪五六十年代，西方国家普遍采取了反周期政策，但到 70 年代，滞胀局面出现，反周期政策的有效性受到怀疑。

以弗里德曼为代表的现代货币学派认为，因为时滞的存在及其他因素，相机抉择的货币政策并不能稳定经济，反而会使经济波动更大，因而他们主张应当实行“单一规则”的货币政策，即中央银行应使货币供给增长率保持稳定。货币学派的这种主张也受到供给学派、理性预期学派等经济学派的支持。

主张“单一规则”的理由是：

（1）市场机制在本质上是稳定的，它具有自我调节作用。现实经济生活中虽然经常出现不稳定，其根源是货币供给的反复无常变动。因此，只要通过一定的货币政策使货币供给保持稳定或有一个稳定的增长率，经济就会处于均衡与稳定状态，并进而取得发展。

（2）中央银行缺乏必要的技术知识和管理能力，常常是起步太晚和行为过头，加上时滞因素，往往使政策负效应太大。例如，当通货膨胀已开始抬头时，却对此看得不太清楚，加之对紧缩政策会导致失业率上升和经济受损的顾虑，推迟了紧缩政策的实行，致使在有明显通货膨胀时实行全面紧缩政策。而过度的紧缩政策会给经济造成更大的损失。又如，中央银行在经济衰退时期采取扩张性政策，但由于时滞因素的影响，货币政策发生作用是在一段时期之后，而那时的经济或许已走出低谷，并进入了上升阶段。于是，扩张性货币政策为高涨的经济推波助澜，反周期的政策加剧了经济的不稳定。相机抉择难以准确、有效。而运用单一的货币规则更能有效地促使经济稳定发展。在经济过热时，固定货币增长率小于经济所需的货币增长率，因而具有自动收敛经济过分膨胀之能力；在经济衰退时，固定货币增长率大于经济所需的货币增长率，因而具有自动刺激经济恢复之能力。

（3）来自政府方面的压力，可能使中央银行无法酌情采取相应的政策行动，以及合理预期等因素，都可能导致反周期性货币政策失效或大大降低其有效性。

主张“相机抉择”的理由是：

（1）市场机制本身是不稳定的，并且没有足够的自我调节能力，如果任其自我调节所需时期也太长，必须求助于政府的一系列稳定性经济政策，才能实现经济的稳定与发展。因此，中央银行应会同财政部门依照具体的经济和金融情况，采取相应措施来稳定经济和金融。

（2）在错综复杂的现实经济生活中，政府根本不可能一成不变地遵守任何既定规则。当货币量的增减已成为经济稳定所必需之时，如在失业率有大幅度上升的情况下，中央银行就不应该再恪守单一的规则。

（3）实行单一货币规则是以货币流通速度稳定，至少其变动幅度稳定为假定前提的。但是，货币流通速度是不稳定的。而根据货币需要量与流通速度的关系来看，不稳定的货币流通速度必然使货币增长率难以稳定。

（4）贯彻货币政策应综合运用多种指标，单一货币规则只强调货币供给量指标，而使中央银行忽视对其他指标的运用，这必然会影响到货币政策的有效性。

理论争论并没有终结。现实中的做法是一种较为折中的办法，即在相机抉择中也要遵守一定的货币规则。

四、货币政策与财政政策的配合

国家对宏观经济的调节，除了货币政策之外，还有财政政策、收入政策、产业政策。货币政策若想获得最大效果，必须与其他政策特别是财政政策协调配合。

货币政策和财政政策是国家实现宏观经济管理目标的重要手段，两者具有共同点。这两种政策都是以货币为载体和操作对象，通过对社会总需求的调控来影响产出。货币政策是通过中央银行调节货币供给量和利率水平进而调节社会总需求；财政政策是通过政府调整财政支出和税收政策进而调节社会总需求。

货币政策与财政政策也有不同的地方：

（1）政策工具不同。货币政策工具主要是存款准备率、再贴现率、公开市场业务、中央银行贷款等。财政政策工具主要是税种、税率、预算收支、回债、补贴、贴息等。

（2）政策时滞不同。货币政策工具使用较为简便，而财政政策工具从确定到实施，过程比较复杂，因而货币政策的内部时滞较短，而财政政策则长些。相反，货币政策的外部时滞较长，因为货币政策是间接对经济起作用；财政政策的外部时滞较短，因为财政政策作用较直接。

（3）侧重点不同。财政政策通过安排预算支出和税收政策，可实现产业结构和产品结构的调整，故财政政策在结构调节上占有较大的优势。而货币政策主要对货币供给量、信贷规模和利率等进行调节，故货币政策在调节需求量方面具有更大的功效。

（4）在扩张和紧缩需求方面的作用不同。财政政策主要是行政手段，具有强制性，在经济萧条时促进需求扩张较为有效。而货币政策工具多，比较灵活，在促进需求紧缩方面效果更好。

正因为财政政策与货币政策两者有不同特点，为了增强货币政策与财政政策调控的合力，所以需要两者之间协调配合。其配合主要有四种选择。

（1）松的货币政策与松的财政政策相配合，即双松政策。这种形式适宜于在社会总需求严重不足、生产能力严重闲置时采用。但配合不好，或放松幅度不恰当，会引起通货膨胀。

（2）紧的货币政策和紧的财政政策，即双紧政策。这种形式适用于严重通货膨胀时期。但如果控制的力度过猛，则可能导致经济衰退、失业增加。

（3）松的货币政策与紧的财政政策相配合。在总需求与总供给大体平衡，但消费偏旺而投资不足时，这是一种较为适宜的配合形式。

（4）紧的货币政策与松的财政政策相配合。这是在总供求大体适应时，为解决投资过旺、消费不足的搭配形式。

当然，这两种政策的配合并没有排除单独使用货币政策或财政政策的情况，也没有排除中性的政策运用。而且，究竟怎样配合，力度如何，均应视经济情况需要而灵活运用。

☞ 阅读专栏

积极发挥结构性货币政策工具作用

积极运用支农支小再贷款、再贴现等工具，引导金融机构加大对国民经济重点领域、薄弱环节和区域协调发展的支持力度。继续发挥再贷款精准滴灌和正向激励作用，支持巩固脱贫攻坚成果同乡村振兴有效衔接。运用支农支小再贷款引导地方法人金融机构扩大对乡村振兴的信贷投放，扶贫再贷款按照现行规定进行展期，支持巩固脱贫攻坚成果。促进区域协调发展，引导10个省份地方法人金融机构运用好再贷款等工具增加对区域内涉农、小微和民营企业等经济发展薄弱环节的信贷投放。加大对小微企业纾困帮扶力度，引导地方法人金融机构运用支小再贷款等工具向受大宗商品涨价、疫情影响较大的小微企业和个体工商户发放贷款，降低融资成本。2021年3月末，全国支农再贷款余额为5 161亿元，支小再贷款余额为13 315亿元，扶贫再贷款余额为1 713亿元，再贴现余额为6 247亿元。2021年第一季度，人民银行对政策性银行和开发性银行净收回抵押补充贷款共654亿元，3月末余额为27 363亿元。

稳妥推进两项直达实体经济货币政策工具的接续转换工作，持续支持小微企业发展。按照国务院常务会议决定，将两项直达实体经济货币政策工具接续转换为市场化的政策工具，持续加大对小微企业的支持力度。自2022年起，将“普惠小微企业信用贷款支持计划”并入“支农支小再贷款”管理，原用于支持普惠小微信用贷款的4 000亿元再贷款额度继续滚动使用，持续支持地方法人金融机构发放普惠小微信用贷款；将“普惠小微企业贷款延期支持工具”转换为“普惠小微贷款支持工具”，自2022年起到2023年6月末，人民银行按照地方法人金融机构普惠小微贷款余额增量的1%提供激励资金，按季操作，鼓励持续增加普惠小微贷款。2021年第一季度，人民银行向地方法人金融机构提供激励资金43.49亿元，支持其增加普惠小微贷款共计4 366亿元。

继续实施碳减排支持工具和支持煤炭清洁高效利用专项再贷款，支持经济向绿色低碳转型。碳减排支持工具支持清洁能源、节能环保、碳减排技术三个重点减碳领域，支持煤炭清洁高效利用专项再贷款支持煤的大规模清洁生产、清洁燃烧技术运用等七个煤炭清洁高效利用领域。增加1 000亿元支持煤炭清洁高效利用专项再贷款额度，专门用于支持煤炭开发利用和增强煤炭储备能力。并行实施好以上两个工具，支持金融机构向碳减排和煤炭清洁高效利用领域提供信贷支持，有利于在确保能源供应安全的同时支持经济向绿色低碳转型，助力科学有序实现碳达峰碳中和目标。2021年第一季度，人民银行通过两个工具分别向相关金融机构发放资金530亿元、198亿元，合计728亿元。自实施以来，人民银行通过两个工具累计发放资金1 386亿元、225亿元，合计1 611亿元。

创设科技创新和普惠养老两项专项再贷款，支持科技强国和应对人口老龄化战略。落实国务院常务会议决定，人民银行按照精准滴灌、正向激励和市场化原则，创设科技创新和普惠养老两项专项再贷款。科技创新再贷款支持“高新技术企业”“专精特新”中小企业、国家技术创新示范企业、制造业单向冠军企业等科技创新企业。普惠养老专项再贷款支持符合条件的普惠养老机构，初期选择浙江、江苏、河南、河北、江西五个省份开展试点。2021 年 4 月，人民银行联合科技部、工信部印发《关于设立科技创新再贷款的通知》（银发〔2022〕104 号），联合发改委印发《关于开展普惠养老专项再贷款试点有关事宜的通知》（银发〔2022〕107 号），明确两项专项再贷款采取“先贷后借”的直达机制，按季度发放，金融机构自主决策、自担风险向相关领域内的企业发放贷款后，向人民银行申请再贷款资金。对于符合要求的贷款，人民银行按贷款本金的一定比例予以低成本再贷款资金支持，科技创新和普惠养老专项再贷款的支持比例分别为 60% 和 100%，利率均为 1.75%。

资料来源：中国人民银行货币政策分析小组 . 2022 年第 1 季度中国货币政策执行报告［R］.

本章关键词

货币政策　货币政策目标　货币政策工具　一般性货币政策工具　公开市场业务　再贴现率政策　法定存款准备金政策　货币政策传导机制　货币政策中介指标　货币政策时滞

复习思考题

1. 怎样理解货币政策各项目标的内涵？
2. 怎样认识货币政策各目标间的关系？
3. 中央银行货币政策工具主要有哪些？如何运用？
4. 试说明一般性货币政策工具的作用机理和特点。
5. 什么是货币政策传导机制？试概述货币政策传导机制的主要理论观点。
6. 货币政策中介指标一般有哪些？怎样选择货币政策中介指标？
7. 如何看待时滞和预期对货币政策效果的影响？
8. 影响扩张性货币政策和紧缩性货币政策实际效果的主要因素是什么？
9. 货币政策为什么要与财政政策相配合？怎样配合？

第十五章　金融风险

金融风险是与金融交易联系在一起的。20 世纪 70 年代以来，由于受金融创新、放松管制、金融自由化、信息技术进步等因素的影响，使金融市场的波动性增强，金融体系的稳定性下降，金融机构、企业、居民乃至国家都面临日趋严重的金融风险。金融风险对国民经济稳定的影响，引起了各方面的广泛关注和高度重视。本章主要研究金融风险的种类、效应和金融风险管理，而在金融风险管理中重点关注微观金融风险管理。

第一节　金融风险的含义与种类

一、金融风险的含义与特点

（一）金融风险的含义

风险是由于不确定性因素而造成损失的可能性。风险产生的根源是不确定性（Uncertainty）。所谓不确定性是指事物的未来发展或变化有多种可能状态，而人们无法事先准确预知将会是何种状态。不确定性可分为可衡量和不可衡量两种情况。前者是指人们事先能预见到事物发展或变化的各种可能状态，并且可以根据经验或历史数据较准确地预知每种可能状态发生的概率分布。后者则是指人们不能估计事物发展变化的可能状态和可能程度。事物发展变化中可能性出现的状态越多，出现的可能性越不明确，则不确定性就越显著。

金融风险（Financial Risk）是在金融交易中，由于多种因素发生不确定的变化，导致行为人蒙受损失的可能性，或导致行为人获得某种潜在收益的可能性。从关注损失的视角，对金融风险的含义可以从以下几方面加以理解：第一，金融交易中蕴含着金融风险，金融风险是金融交易的内在属性。第二，金融风险的承受者不仅是金融机构，还包括参与金融交易的个人、企业、政府及其他主体。第三，金融风险可能导致的损失包含本金和资本收益的损失。若投资者收回了本金，但投资收益低于市场平均收益率，投资者实际上也遭受了机会成本损失。第四，金融风险的暴露（Exposure）是指金融交易中存在金融风险的部位以及受金融风险影响的程度。金融交易主体面临的风险水平高低不仅取决于风险因素的大小，还取决于对特定风险因素的暴露程度。另外，金融风险还有骨牌效应和破坏力大的特点。从关注收益的视角，要明确金融风险收益是不确定的，往往高收益伴随着高不确定性，即“高风险，高收益”。更要明确在金融交易中，愿意承受高风险并不等于一定会得到高收益的结果。

特别要指出的是，倘若割裂风险与不确定损失或收益之间的内在联系，实际上就是否定了风险的存在。不确定损失和收益是一个事后概念，而风险是一个事前概念。一旦损失或收益已经实际发生，风险也就不存在了，因为不确定性已经转化为确定性，“可能”已经转化为“现实”。由于潜在的、可能发生的损失是人们不希望的后果，因此，当讨论金融风险及其效应时人们更关注未来不确定的损失，但从管理的角度分析研究风险时，需要衡量和控制金融风险与收益之间的平衡关系。

（二）金融风险的特点

（1）客观性。金融风险是金融交易的内在属性，是不以人的意志为转移的客观存在。因为金融交易是跨期的，交易结果的不确定是跨期交易的本源属性，无论交易各方主观意愿如何。

（2）普遍性。金融风险的普遍性是指金融风险在金融交易到期前，金融风险“无时不在”“无处不在”。

（3）传导性。金融风险的传导性是指某个局部（包括个别交易、单一市场、局部区域、主权国家）金融风险显现后，金融风险具有跨交易、跨市场、跨区域，甚至跨国家传导的可能性。

（4）可变性。金融风险的可变性是指当金融运行技术、环境或金融生态发生变化，原有的金融风险状况，包括风险损失的大小、概率分布、点爆风险的“导火索”、影响范围等都可能发生变化。

（5）可管理性。金融风险的可管理性是指金融风险可以通过内部控制、外部监管等措施对其进行管控，使金融风险状况保持在金融交易当事人能接受或能承受其损失的状况下。

在当下互联网金融成为金融业普遍业态，数字技术与金融交易深入融合，金融交易变得效率更高，但金融风险的传导性也同时呈现出：“零距离”、加速度和强破坏的样态。

二、金融风险种类

金融风险的分类有多种方法，不同的分类法之间虽然有交集，但不同的分类法可以较好地揭示风险的不同特性。主要的分类方法有：第一，根据金融风险的形态划分，金融风险可分为信用风险、流动性风险、利率风险、汇率风险、操作风险、法律风险、通货膨胀风险、环境风险、政策风险和国家风险；第二，根据金融风险的主体划分，金融风险可分为个人金融风险、企业金融风险和国家金融风险；第三，根据金融风险产生的根源划分，金融风险可分为客观风险和主观风险；第四，根据金融风险的性质划分，金融风险可分为系统性金融风险和非系统性金融风险。本节重点分析第一种和第四种分类方法划分的金融风险。

（一）根据金融风险的形态划分

（1）信用风险（Credit Risk）。信用风险又称违约风险，是指债务人不能或不愿履行债务而给债权人造成损失的可能性，或是交易一方不履行交易义务而给交易对手带来损失的可能性。信用风险存在于一切信用交易活动中。由于信用业务是银行的传统业务，也是主要业务，而银行是社会的信用中心和信用风险的集中地，因此，银行面临的信用风险是比较突出的，信用风险显现往往不仅会给银行带来的损失，甚至会给社会带来巨大损失。

（2）流动性风险（Liquidty Risk）。流动性风险是指由于资金流动性不足给经济主体造成损失的可能性。对于一个企业来说，保持流动性是很重要的，流动性的好坏关系到企业生产经营能否正常进行，关系到企业能否生存下去。对国家或家庭来说，流动性风险也是不能忽视的。当然，保持流动性对金融机构特别是商业银行来说至关重要，流动性风险可以置金融机构于死地。保持良好的流动性，是银行和企业经营管理的一项基本原则。但这并不是说流动性越高越好，因为流动性与盈利性是有矛盾的，流动性越高，往往盈利性越低。因此，银行和企业必须保持流动性与盈利性的平衡。但流动性需求具有很大的不确定性，从而使得企业特别是银行面临很大的流动性风险。

（3）利率风险（Interest Rate Risk）。利率风险是指利率变动给经济主体造成损失的可能性。无论是金融企业还是非金融企业，只要其资产和负债的类型、数量及期限不一致，利率的变动就会对其资产、负债产生影响，使其资产的收益、负债的成本发生变动。对于某个时期内被重新定价的资产来说，将面临着到期日利率下降、利息收入减少的风险；而对于某个时期内被重新定价的负债来说，将面临着到期日利率上升、利息支出增加的风险。对于一些支付固定利率的资产或负债来说，尽管现金流量确定，但是利率的升降也可能带来一些间接的损失，如按固定利率收取利息的投资者必将面临市场利率可能高于原先确定的固定利率的风险。此外，利率的变动可能影响资产的市场价格，利率的变动还会影响汇率，进而给金融交易的当事人造成不利影响。

（4）汇率风险（Foreign Exchange Risk）。汇率风险又称外汇风险，是指汇率的变化可能给当事人带来的不利影响。1973 年布雷顿森林体系崩溃以来，汇率的波动越来越频繁、剧烈，汇率风险也越来越大。汇率风险主要有四种：一是买卖风险，即外汇买卖后所持头寸在汇率变动时出现损失的可能性；二是交易结算风险，即以外币约定为支付货币在结算时发生的损失的可能性风险；三是评价风险，即会计处理中因货币换算时所使用的汇率不同而承受损失的可能性的风险；四是存货风险，即以外币计价的库存资产因汇率变动而产生的损失的可能性风险。

（5）操作风险（Operation Risk）。操作风险又称运作风险，是指由于企业或金融机构内部控制不健全或失效、操作失误等原因导致的风险。操作风险的主要表现有：一是政策执行不当，这往往是由于有关信息没有及时传达给操作人员，或在信息传递过程中出现偏差，或者是操作人员没有正确领会相关信息指令等原因造成损失；二是操作不当甚至违规操作、操作人员业务技能不高或偶然失误造成可能损失；三是交易系统或清算系统发生故障造成的可能性损失。操作风险造成的后果对企业也可能是非常严重的，甚至是致命的。

（6）法律风险（Law Risk）。法律风险是指金融机构或其他经济主体在金融交易中因法律方面的问题而引致的风险损失。法律风险的表现形式有：金融合约条款不周密不能受到法律应予的保护而无法履行金融合约；法律法规跟不上金融创新的步伐，使创新金融交易的合法性难以保证；交易一方或双方可能因找不到相应的法律保护而遭受损失；形形色色的各种钻法律漏洞的犯罪及不道德行为给金融资产安全造成威胁；经济主体在金融交易中投机性地违反法律法规，这也是法律风险的一种表现。

（7）通货膨胀风险（Inflation Risk）。通货膨胀风险又称购买力风险，是指通货膨胀可能使经济主体的实际收益率下降，或使其筹资成本提高。通货膨胀造成单位货币购买力下降，即通常所讲的“货币贬值”，最终会使人们持有的货币的实际余额下降。通货膨胀会导致实际收益率下降，因为实际利率近似于名义利率与通货膨胀率之差，当名义利率一定时，通货膨胀率越高，实际利率就越低；当通货膨胀率超过名义利率时，实际利率将变为负值，即意味着投资者不仅没有收益，反而其本金还会受到损失。近年来，许多国家在告别了通货膨胀的同时，却陷入了通货紧缩的“泥潭”，我们在防范通货膨胀风险的同时，要注意防范通货紧缩风险。

（8）环境风险（Circumstance Risk）。环境风险是指金融交易的参与者面临的自然的、政治的和社会环境的变化而带来的风险。环境变化给金融交易参与者带来的损失可能是直接的，也可能是间接的。如自然灾害、意外事故可能给借款人造成直接的财产损失和人身伤害，致使借款人无法按期归还贷款，进而间接地给发放贷款的银行造成损失。

（9）政策风险（Policy Risk）。政策风险是指因国家政策变化而给金融交易参与者带来的风险。一个国家的货币政策、财税政策、产业政策、地区发展政策等不是一成不变的，国家会在不同时期根据不同情况采取不同的经济政策，国家经济政策的调整可能给金融交易的参与者带来影响，不过这种影响可能是负面的，也可能是积极的。

（10）国家风险（Country Risk）。国家风险是指由于国家政治、经济、社会等方面的重大变化而给经济主体造成损失的可能性。国家风险有两个特点：一是国家风险发生在国际经济金融交易中，在一个国家范围内的经济金融交易不存在国家风险。二是在国际经济金融交易中，不论是政府、银行、企业还是个人，都可能遭受国家风险所带来的损失。产生国家风险的因素很多，既有结构性因素、货币性因素，又有国内外政治、经济、军事因素和突发事件因素，也有流动性因素等，各种因素相互影响，错综复杂。

（二）根据金融风险的性质划分

（1）系统性金融风险。系统性风险是指由那些能够影响整个金融市场的风险因素引起的风险，这些系统性因素包括国家政策变动、经济周期性波动、利率波动、货币购买力和汇率波动等。系统性风险可以用贝塔系数来衡量，它不能通过分散投资相互抵消或者削弱，因此又称为不可分散风险。

（2）非系统性金融风险。非系统性风险是一种与特定公司或者行业相关的风险，如财务风险、经营风险、信用风险等，它与经济、政治和其他影响所有行为人金融系统性变量因素无关。非系统性风险可以通过分散投资被降低，而且如果分散是充分有效的，这种风险还可以被消除，因此又被称为可分散风险。

☞ **想一想**

银行会倒闭吗？

会的，现实发生过；而且有些储户直到今天，也没能拿回自己的钱。存款到银行，是否很安全？大部分人都觉得，银行存款应该是最安全的一种储蓄手段了，100%肯定没问题！但是自从银行破产条例出现后，很多人才发现原来银行也并非绝对靠谱。原来国家是允许银行破产的啊！

其实，你这一点意识还是有点晚了。银行当然可以破产！而且，这种事早就发生过了。1998 年 6 月 21 日，中国人民银行发表公告，关闭刚刚诞生两年十个月的海南发展银行（简称“海发行”）。这是新中国金融史上第一次由于支付危机而关闭一家省政府背景的商业银行。

由于该银行倒闭的时候存款保险制度并未出台，很多储户的钱一直拖了 15 年也没有完全兑现。2002 年 3 月，海发行通过媒体刊发了发放债权确认书的公告，根据公告，所有已登记的债权人将在 2002 年 7 月之前领取确认书。

第二节　金融风险的产生与效应

一、金融风险的产生

从现实的经济生活来看，金融风险的产生与许多因素有关，金融风险的形成原因很复杂，金融风险的引发因素或形成原因在不同国家、不同时期、不同领域也可能有所不同。金融风险有时可能只与一两个因素有关，有时可能是许多因素的综合反映。

（一）经济体制与金融风险

金融风险的产生与经济体制密切相关。在高度集中的计划经济体制下，金融的地位不重要，金融交易也不频繁，虽然也存在着金融风险，但并不严重，因此也不被重视，或者说没有必要重视它。市场经济是一种风险经济，在市场经济体制下，金融风险无处不在，无时不有。市场经济越发达，金融的地位越重要，金融风险也就越突出。

改革开放以来，我国开始向市场经济转轨。目前我国的经济还在转型之中，其所面临的金融风险，既具有市场经济体制下金融风险的特点，也有在经济体制转轨、转型过程中长期积累起来尚未完全化解的风险。

（二）金融监管与金融风险

金融监管与金融风险是此消彼长的关系。一方面，放松监管或监管不力必然产生、加大金融风险；另一方面，金融风险的大量出现又加大了金融监管的难度，使金融监管当局难于应付。从国外来看，20 世纪 70 年代开始，工业化国家放松金融管制，许多发展中国家则加快了金融自由化的步伐，放松管制和金融自由化鼓励了金融创新，促进了金融深化和金融发展，同时也催生了大量的金融风险，甚至成为引发金融危机的重要因素。但当监管当局对金融风险状况判断失误，出现过度监管，也会诱发新的风险。

要防范和化解金融风险，必须加强和改善金融监管。我们认为，金融监管的最主要目的就是防范和化解金融风险。换言之，防范和化解金融风险应成为金融监管的最主要内容。为此，必须完善金融监管体制，强化金融监管职能，加强金融法制建设，构筑金融安全网，建立和完善金融风险的监测与预警体系。

（三）金融内控与金融风险

从微观经济主体角度来看，内部控制不严是导致金融风险产生的重要原因。对金融机构来说，健全的内部控制机制和良好的公司治理结构是非常重要的。如果没有一个健全的内部控制机制和良好的公司治理结构，有章难循或是无章可循，有章不循或是违章不究，缺乏权力制衡机制和激励约束机制，使金融风险失去了制度的约束和防范，从而为金融风险的产生提供了制度上的生成基础。一旦金融交易失去有效控制，金融犯罪就难以避免，违规经营就可能发生。金融风险虽然是一种经济现象，但它的产生与人有关，特别是与金融业务的操作人员及管理人员的素质密切相关。

防范和化解金融风险，关键在微观金融主体。金融机构防范和化解金融风险的关键在于加强金融机构内控制度建设。加强和完善金融机构内部控制是规范金融机构经营行为、有效防范金融风险的关键，是衡量金融机构经营管理水平高低的重要标志，也是有效金融监管的前提或基础。在加强金融机构内部控制的同时，还必须加强金融队伍建设，提高金融队伍的风险意识和风险防范技能。

（四）金融创新与金融风险

金融创新与金融风险之间关系比较密切。许多金融创新工具具有风险管理的功能，许多金融创新是为了管理金融风险的需要而进行的（这些金融创新被称为风险管理型金融创新）。利用金融业务创新来分散、转移和降低金融风险，或利用创新金融工具进行套期保值，也是非常有效的管理金融风险的方法。

几乎每一种创新金融工具都具备管理一种甚至多种金融风险的功能，正因为如此，创新金融工具一经问世，便受到保值者的热烈欢迎和积极参与，因而发展十分迅速。具体来说，管理信用风险的金融创新有无追索权的资产出售、票据发行便利、银团贷款等；利率保值工具有利率期货、利率期权、远期利率协议、利率互换、浮动利率贷款等；汇率风险管理手段有外汇期货、外汇期权、货币互换等；股票指数期货和股票指数期权可以用来管理股票价格风险，福费廷、保理可以用来对付国家风险等，都是深受市场追捧的金融创新产品。

尽管金融创新的最主要功能是管理金融风险，但金融创新本身也存在一定风险，有时甚至加大了金融体系的风险。因为，对创新金融工具而言，它本身就存在市场风险、信用风险、流动性风险、结算风险、法律风险、国家风险等。与场外交易创新工具相比，交易所集中交易创新工具的信用风险、结算风险都很小。从市场风险来看，期货的风险最大，期权和互换的风险次之，风险最低的是远期利率协议和远期外汇合约。

因而，正确认识金融创新与金融风险关系，对于有效利用创新金融工具防范风险至关重要。

☞ 观点分享

资产证券化是美国次贷危机的罪魁

资产证券化被大部分人认为是次贷危机爆发的原因。所谓资产证券化，是指将大量的房贷组成一个巨大的资产池后做成有抵押债券再重新出售。通过使用金融工程技术，将低风险和高风险的贷款组合在一起，从而在平均上来说这样的资产池风险较低。另外，通过设定不同的 CDO（Collateral Debt Obligation），对不同风险区别定价从而使得整个市场去分摊风险。

毋庸置疑，资产证券化是一个具有突破性的金融创新，首先它改变了银行系统的资金结构。在传统意义上，银行的职责一方面吸纳存款，另一方面给予贷款。存款往往是活期存款，储户可以随时提出现金，而贷款往往是长期的——从这样的角度来看银行一手是短期负债，而另一手是长期资产，银行需要用活期存款去平衡他们长期的贷款，所以对于放贷银行必须非常谨慎，因为银行本身将承担风险，如果贷款者违约，银行将蒙受损失。但是通过资产证券化，银行可以将贷款出售给第三方或其他机构投资者而获取现金。这样一来，对于银行本身有两大好处：第一，他们将风险转移给了第三方；第二，银行如果能够持续的出售那些证券化债券，他们将持续的获得利润。换而言之，银行的资金渠道改变了。众所周知，宏观经济政策会影响银行的信贷供给，如在紧缩的货币政策下，利率升高，传统银行的资金成本提高，从而银行将选择减少房贷。然而对于那些资产证券化银行，只要市场需求不变，他们可以继续放贷。从这个角度而言，资产证券化是一个有益的创新。

由于资产证券化，银行的风险可转移，风险被分担，所以在选择贷款人的时候他们不再谨慎地选择，没有合格的信用记录，没关系，可以给你贷款；没有稳定收入，没关系，1 年后可以给你再融资，因为你的房子 1 年后更值钱。只要能证券化，只要能卖掉债券，就可以给你贷款。

在次贷危机之前的几年，美国政府提出了鼓励中低收入者购房的措施，银行纷纷降低利率吸引中低收入者购房，从而使得房价不断攀升。对于那些中低收入者，其收入往往不稳定并且信用历史记录也并非合格，但是由于资产证券化的存在，从银行的角度而言，只要能够卖出贷款债权，并且加之抵押的房产的价格不断在攀升，银行并不关心贷款者还款能力不断在下降。同样，也是因为房价不断在升高，中低收入者哪怕没有能力还款，他们也可以不断重新的抵押贷款，以获得更低的利率，并且可以通过变现他们的升值的房价的而获得净收益。

有研究显示，次贷危机前几年，房贷量和贷款者收入成反比。另有研究显示，资产证券化的井喷导致了房贷量的井喷。很明显，金融创新带来了泡沫。接下来的故事大家也都知道，房价的上升减缓或停滞，越来越多的人无法变现房产，于是违约；机构投资者意识到资产证券化的风险，停止购买，银行手上积压大量的高风险贷款，无法转移风险，然后，就没有然后了。

资料来源：Jun uanmu，https：//www. zhihu. com/question/20545827.

（五）金融投机与金融风险

金融投机可以引发、加剧金融风险，严重时可以引致金融危机。投机资本的手法不外是短期内的低进高出或高出低进。于是，金融资产的价格如股价、汇价，在投机资本的操纵下有可能如“过山车”般短期内暴涨暴跌，人为地形成了金融风险。特别是金融工具的日益丰富和投资技巧的日渐熟练，投机者往往通过杠杆操作而产生扩张效应，致使金融风险破坏力更大。有时金融投机是金融危机的“导火线”，是压死骆驼的“最后一根稻草”。

20 世纪 90 年代几次大的国际金融危机的爆发都与美国金融投机家乔治·索罗斯（George Soros）为首的国际金融投机集团有关。1992 年，索罗斯投下了巨额赌注大手抛空英镑，致使英镑大幅度贬值，几天之内索罗斯便捞取了 25 亿美元的私人财产。1994 年，索罗斯又向墨西哥发起冲击，使墨西哥比索贬值一半，而他谋取了巨额利润。1997 年爆发的泰国金融危机在一定程度上也与索罗斯的“兴风作浪”有关。但是“苍蝇不叮无缝的蛋”，索罗斯正是抓住了这些国家金融市场的漏洞进行投机的，用索罗斯自己的话说，就是“市场中留有投机的空间是各国政府的错误”，“我只能一而再地对盲目信任市场的魔力发出警告”。

市场机制必然有投机空间，大规模的投机会危及市场机制的安全运作，而且对国际机构投资者而言，投机资本运作的风险与收益往往是不对称的，多余的风险只能由金融市场来承担，正是这多余的金融风险由微观扩展到宏观，酿成了金融危机。因此，为保持金融稳定，防止金融危机，就必须对金融投机加以适当控制。在遭受投机资本的恶意攻击时，政府以适当方式介入就是很自然的事情。1998 年 8 月，香港特区政府动用了约 125 亿美元资金（占其外汇储备的12%），直接介入股市和期指市场。对打击国际炒家、维护香港联系汇率起到了重要作用，间接地也挽救了香港银行体系。

（六）金融环境与金融风险

金融风险的产生并非完全源于金融体系内部，金融风险与金融环境密切相关，金融环境的改变可能加大金融风险甚至引发金融危机，也可能降低金融风险。任何金融交易都是在一定环境下进行的，金融环境的改变可能影响到金融交易参与者的利益。影响金融风险的环境因素很多，既有经济因素，也有政治因素和社会因素，还有自然环境因素。

正如同金融风险不完全是金融系统内生的，金融风险的影响也并非仅限于金融系统内部，防范和化解金融风险绝不完全是金融系统内部的事。实际上，没有金融环境的改善，就不可能有金融系统的长治久安。就我国来说，改善金融环境有许多方面的工作要做，政府要转变职能，财政要摆脱困境，企业要自担风险，信用环境和法制环境需要完善，社会各界都要提高金融风险意识和承担金融风险的能力。

二、金融风险的效应①

金融风险虽然能对金融交易参与者的行为产生约束、对金融交易起到一定的调节作用，但金融风险带来的负面影响不仅给宏观经济和微观经济带来消极作用，而且不利于政治稳定和社会安定。历史已多次证明，金融风险如果处理不好，会演变为金融危机，进而引发经济危机、政治危机，甚至引发社会动荡。

（一）金融风险的经济效应

1. 金融风险的微观经济效应

（1）造成经济主体经济损失。金融风险的直接后果是给金融交易的参与者带来经济损失，有时损失之大，可谓是触目惊心，严重时可威胁其生存与发展。在现实经济生活中，金融机构或企业因受金融风险的影响而破产的事例，在国外可以说不胜枚举，在我国也司空见惯。1995 年 10 月 6 日，中国人民银行宣布对中银信托投资公司实施全面接管，这是中国人民银行依法接管的第一家金融机构。1 年后，中银信托投资公司被广东发展银行收购。1998 年 6 月 21 日，中国人民银行发布公告，宣布关闭海南发展银行。海南发展银行成为新中国第一家被关闭的商业银行，它的关闭标志着中国版“银行不倒”神话的终结。1998 年 10 月，广东国际信托投资公司因严重违规经营、不能支付到期债务而被关闭。1999 年 1 月，广东省高级人民法院以及广州、深圳市中级人民法院分别受理了广东国际信托投资公司及其下属三家子公司的破产案，广东国际信托投资公司成为新中国第一家依法破产的金融机构。2012 年，河北肃宁尚村农信社被批准破产，成为全国首家被批准破产的

① 这部分内容主要从负面角度讨论金融风险效应。

农村信用社。

（2）影响投资者或存款人的信心和预期。金融体系的稳定需要信心来维系，维护投资者和存款人的信心至关重要，金融风险则是引发信心危机的基本因素，市场参与者信心丧失也会诱发或加大金融风险。一旦投资者对金融市场失去信心，就会引起恐慌性抛售，导致证券价格或汇率的急剧下跌。如果存款人对某家银行失去信心，就会纷纷提取存款，形成挤提风潮，引发银行危机和银行倒闭。金融风险还会影响投资者的预期收益，因为金融风险越大，则风险溢价也相应越大，于是调整后的收益折扣率也越大。

（3）增大金融交易成本。由于金融风险的存在，既增添了经济主体收集信息、整理信息的工作量，也增大了收集信息、整理信息的难度；既增大了预测工作的成本，又增大了计划工作的难度，更增大了经济主体的决策风险。金融风险不仅增大了经济主体的管理成本，而且由于金融资产难以正确估价，金融交易难以顺利达成，或者金融交易能够得以进行，但交易成本大大增加。

（4）降低资金利用率。由于金融风险的广泛存在及后果的严重性，银行等金融机构为应对流动性变化的不确定性，难以准确安排备付金的数额，往往导致大量资金闲置。此外，由于对金融风险存在担忧，一些单位和个人不得不持有一定的风险准备金来应付金融风险，一些消费者和投资者也会持币观望，从而也造成社会资金闲置，增大了机会成本，降低了资金的利用率。

2. 金融风险的宏观经济效应

（1）导致社会投资水平下降，致使经济增长速度放慢甚至出现负增长。早在20世纪60年代末，一些经济学家的研究已经表明，金融风险将引起实际收益率、产出率、消费和投资的下降。金融风险越大，下降幅度越大。这是因为业主为降低投资风险，不得不选择风险较低的技术组合，从而引起产出率和实际收益率下降。同样，由于未来收入的不确定性，个人不得不改变其消费和投资决策，即消费者会保持较谨慎的消费行为，投资者会因为实际收益率下降和对资本安全的忧虑而减少投资，整个社会的消费水平和投资水平因此而下降。此外，金融风险存在的金融机构倒闭的效应，影响金融机构贷款，降低金融中介的作用。金融风险导致经济增长率下降甚至出现负增长，这已被许多国家的实践所证实。

（2）不利于动员国内外储蓄。这容易造成财政政策和货币政策的扭曲。金融风险的存在必然会影响金融中介的信誉，弱化金融中介的信用分配职能，不利于动员国内储蓄，造成经济发展动力不足。据日本金融财政研究会调查，受不良贷款的困扰。日本约有40%的家庭对日本金融机构的安全性感到担心，以致出现“金融空心化”现象，即原来可在国内金融市场完成交易的国内投资者，以某种理由去国外金融市场进行交易。而在国外金融市场进行交易，若发生金融风险，其成本存在转嫁给财政的可能。于是，金融问题最终可能转变成财政问题，这必然加大财政赤字，增加国家内外债规模，在一定程度上会造成财政政策的扭曲。当金融风险的形势变得严峻时，中央银行作为最后贷款人，将被迫对有问题的金融机构实施救助，增加市场流动性，但这可能会降低政府维护货币可信度的能力。

（3）破坏经济运行基础有可能造成产业结构畸形发展。金融风险可能会扰乱信用秩序，严重破坏经济运行基础。企业与企业、企业与银行、银行与居民之间到期不能支付的债务不断扩大，这种状况若任其发展，后果不堪设想。金融风险的存在，使大量资源流向安全性较高的部门，既导致边际生产力的下降，又导致资源配置不当，一些经济中的关键部门因为发展较慢，形成经济结构中的“瓶颈”。同样的原因，一些经济主体往往选择风险较低的、传统的技术方法，而一些进行技术革新的经济主体又难以筹集到开发资金，不易从银行获得贷款。尽管金融风险对过度投资于一种产业有一定的抑制作用，但由于信息不对称等原因，这种作用较为有限，而金融风险对过度投资的破坏性调节，成本又相当昂贵。

（4）影响一国的国际收支，严重时可能危及国家经济安全。金融风险关系着一个国家的贸易收支，因为汇率的上升或下降影响着商品的进出口总额。金融风险影响着资本的流入和流出。利率风险大，通货膨胀严重，造成投资环境恶化，导致国内资本流出增加、国外资本流入减少。企业信用风险、国家风险等都会影响甚至决定国际金融组织贷款、政府借款、短期资金拆放、直接投资等经济行为和决策，从而直接影响着一国的资本项目。当金融风险日趋严重时，投资者对风险资产的恐慌性抛售和私人资本的外逃，将进一步加剧一国货币汇率的下跌。为了阻止这种下跌，中央银行往往用外汇储备入市干预。外汇储备的减少，不仅损耗了一国的整体经济实力，还严重威胁着一国的经济安全。为了摆脱金融危机，危机国家只好通过增加外债来救急，如在 1997—1998 年亚洲金融危机中，泰国、印度尼西亚、韩国分别向国际货币基金组织借款 172 亿美元、400 亿美元和 570 亿美元。这样，会使本来就已债务重重的危机国家雪上加霜。据有关资料统计，从 1980 年以来，世界上有 120 个国家发生过严重的金融问题，这些国家为解决这些问题所耗费的资金高达 2 500 亿美元。

（二）金融风险的政治效应

金融风险发生时，民众可能出于对政府处置风险不力或对政府采取的处置措施表示抗议而游行示威，当权者被危急形势所迫一筹莫展或迫于社会舆论引咎辞职，引起政治危机。最高领导人对处置风险的主要部门负责人的业绩不满而采取罢免或更换，也可能引起政局不稳。所有这一切，都将直接威胁到一国的政治安全和政局稳定。

（三）金融风险的社会效应

金融业是一个高风险行业，金融业同时也是一个特殊的行业，金融业与其他行业的一个重要区别就是金融业具有明显的社会性特征。社会公众与金融机构之间的关系十分密切，它们之间是一种依附型、紧密型的信用关系。如果金融机构经营不善甚至倒闭，就会损害存款人、投资者、被保险人的利益，引起社会动荡。如果金融机构不能清偿债务，就会给整个社会提供负面示范效应，造成整个社会经济秩序的混乱。

社会公众是金融交易的重要参与者，金融风险会使人们的财富“缩水”，收入下降，银行存款取现困难甚至被冻结；金融风险会使贫困潦倒之人产生对社会的不满和愤怒，导致抢、砸、偷等破坏社会秩序的行为，引发社会骚乱；金融风险还可能使失业率上升，造成资源闲置。伴随着金融风险出现的经济萎缩和金融与非金融企业的倒闭，失业人数会有所增加。根据奥肯定律，实际国民生产总值相对于潜在国民生产总值每下降2%，失业率就上升1个百分点。如果根据奥肯定律反推算，由于失业率导致的资源未充分利用，就会给一个国家带来较大的实际产出损失。

第三节　金融风险管理

一、金融风险管理含义

金融风险管理（Financial Risk Management）是指企业或者组织对其面临的金融风险进行衡量和控制，以使企业或组织获得最大收益避免损失。金融风险管理包括宏观角度和微观角度两个方面，宏观角度的金融风险管理主要以系统性金融风险管控为对象，以审慎管理为政策价值取向，关注整个金融系统的稳定、有序、有效运行；微观角度的金融风险往往和收益相伴相随，一般来说风险越大，得到的收益也可能越多，所以如何衡量和控制金融风险与收益之间的得失成为企业或组织在风险管理中关注的重点。

二、金融风险管理原则

（一）宏观金融风险管理基本原则

由于宏观角度的金融风险管理主要以系统性金融风险管控为对象，风险管理目的是整个金融系统的稳定、有序、有效运行。

原央行行长周小川这样概括中国系统性金融风险管理要把握的四个基本原则：

一是回归本源原则。即金融系统运行要服从、服务于经济社会发展，避免金融脱实向虚和自我循环、滋生、放大和扩散风险。

二是优化金融体系结构原则。即完善金融机构、金融市场、金融产品体系，夯实防控风险的微观基础。

三是强化金融监管原则。即提高防范化解金融风险能力，将金融风险对经济社会的冲击降至最低。

四是坚持市场导向原则。即通过系统性金融风险管理，发挥市场在金融资源配置中的决定性作用，减少各种干预对市场机制的扭曲。

（二）微观金融风险管理基本原则[①]

微观角度的金融风险管理目的是在企业经济资源一定、风险损失可承受、可控条件下实现收益最大化。为此，金融企业在金融风险管理中应遵循以下基本原则：

（1）全面风险管理原则。金融企业的全面风险管理体系应当包括可操作的管理制度、健全的组织架构、可靠的信息技术系统、量化的风险指标体系、专业的人才队伍、有效的风险应对机制。对企业经营中的流动性风险、市场风险、信用风险、操作风险、声誉风险等各类风险（即全部风险），进行准确识别、审慎评估、动态监控、及时应对及全程管理，即金融企业全面风险管理要覆盖“全部活动”“全部环节”“全部人员”。

（2）集中管理原则。集中管理原则要求金融企业应当同时设立风险管理委员会和具体的业务风险管理部门。风险管理委员会负责制定风险管理政策，进行总体风险的汇总、监控与报告，并且负责风险管理办法与架构的决策。具体业务风险管理部门则进行具体的风险管理，执行风险管理委员会制定的风险政策与管理程序，应用风险模型测量与监控风险等。

（3）垂直管理原则。垂直管理原则是指董事会和高级管理层应当充分认识到自身对风险管理所承担的责任，并确保风险管理政策措施能够在整个金融企业得到贯彻和落实。

（4）独立性原则。独立性原则是金融企业应当建立独立的、全面风险管理组织架构，赋予风险管理条线足够的授权、人力资源及其他资源配置，建立科学合理的报告渠道，与业务条线之间形成相互制衡的运行机制。

三、微观金融风险管理过程与方法

（一）微观金融风险管理过程

金融风险管理过程一般分为确立管理目标、进行风险评价、实施风险控制及处置。

确立金融风险管理目标是风险管理过程的起点，之后是准确识别和衡量金融风险，对可能发生的金融风险损失进行控制和准备风险处置方案，避免或减少金融风险发生的因素，防止或减少损失，保证货币资金筹集和企业经营活动的有序进行。

金融风险评价包括金融风险的识别、衡量，从而为选择金融风险处置工具和风险管理对策提供依据。金融风险识别是指经过实际调查研究后，运用各种有效的手段、方法对潜在和显在的各种风险进行系统归类和全面分析研究；金融风险衡量是指对金融风险发生的概率、金融风险发生后造成的损失的范围、程度进行衡量估计，对不同程度的损失发生的可能性和损失后果进行定量分析；金融风险处置工具的选择和对策，是指经过金融风险评价，在金融风险管理目标下，选择合适的金融风险处置工具进行最优组合，并提出金融风

① 这里以金融企业为例展开内容陈述。

险管理的建议，是金融风险评价的结论，也是金融风险评价最重要的部分。

金融风险的控制和处置是金融风险管理中解决金融风险的方法。

（二）微观金融风险管理途径或方法

微观金融风险管理途径或方法主要有以下五种：

（1）风险分散法。主要是通过多元化的投资或资金运用来分散和降低风险的方法。对于相互独立的多种资产，只要组合中资产个数足够多，非系统性风险就可以通过这种分散化予以消除。因此，分散法适用于对非系统性金融风险的管理。

（2）风险对冲法。通过购买或投资与标的资产收益波动负相关的某种资产或衍生产品，来冲抵标的资产潜在的风险损失的一种风险管理方法。一般是同时进行两笔行情相关，方向相反、数量相当，盈亏相抵的交易。

（3）风险转移法。一般是在权衡了效益和成本后而采取的措施，其关键在于把自己不愿接受的风险暴露转移给他人。通过保险来转移风险是最常见的风险管理方式。需要指出的是，并不是所有的风险都能通过保险转移，资产可保风险必须符合一定的条件。

（4）风险规避法。风险规避法是指通过变更风险发生的条件，使某一事件或标的免受风险的影响，或降低或消除相关风险。规避风险并不是指完全除去风险，只是降低风险发生的概率或减少风险带来的损失，一般可以用事前控制、事件进行中更正和事后补救等措施来对风险进行规避。

（5）风险补偿法。风险补偿法是指当事人因承担风险而要求获得部分额外报酬。如在交易价格上附加更高的风险溢价，或通过加价索取风险补贴。换言之，在交易中对风险合理定价。

☞ 知识点

宏观金融风险管理是指国际组织、政府或国家权力机构，尤其是中央银行从整个社会的利益出发，采取立法等方式，对金融业进行严格的管理并监督经济主体从事金融活动，其主要目标是从整体上保持世界和各国金融环境的稳定性。

1. 宏观金融风险管理着眼于整个金融市场，对市场上每个参与者的行为进行约束，降低市场的交易风险。具体包括两个方面：

（1）保持金融市场的稳定性，增强人们对金融体系的信心，从而降低金融风险；

（2）维护和促进有序、高效的金融秩序，促进各市场参与者合规、稳健经营，保障各投资者的利益。

2. 宏观金融风险管理手段：

（1）建立市场运行的法规体系，包括参与者的经营范围控制、操作规范和行业规定等方面，如“商业银行法”“票据法”和“资产负债管理办法”；

（2）制定恰当的经济政策，包括各种指导方针、行动准则和具体措施等，如“浮动汇率制度”、调整准备金率等；

（3）对市场进行监控和约束，包括对市场准入、经营稽核和市场退出的全程监控等；
（4）建立市场的保护机制，帮助消除风险隐患和防范风险扩散等。
资料来源：https：//www. gaodun. com/caiwu/607762. html.

本章关键词

金融风险　信用风险　流动性风险　操作风险　利率风险　汇率风险　通货膨胀风险

复习思考题

1. 如何理解金融风险的含义？
2. 经济体制与金融风险的关系如何？
3. 金融监管与金融风险有何关系？
4. 试述金融风险产生的原因。
5. 试述金融风险的微观经济效应。
6. 试述金融风险的宏观经济效应。
7. 如何应对金融风险？

第十六章　金融监管

金融业是特殊性的行业，具有高风险和较高的正负外部性特征。随着现代科技发展和金融创新的不断涌现，金融业务之间的界限不断被打破，不同金融机构之间和不同金融工具之间的区别日益模糊，金融国际化和国际资本流动不断扩张。与此同时，金融领域的风险也在急剧增大。由于金融在现代经济体系中的地位显著增强，通过监管保证金融业的稳健运行越来越成为经济与社会健康发展的关键。因此，在金融运作中金融监管的重要性越来越突出。本章将对金融监管概念、机制、体制及其未来发展作出系统的阐述。

第一节　金融监管概述

一、金融监管的含义与原则

（一）金融监管的含义

金融监管是金融监督与金融管理的复合称谓。从词义上讲，金融监督是指金融监管当局对金融机构实施全面的、经常性的检查和督促，并以此促使金融机构依法稳健地经营、安全可靠和健康地发展。金融管理是指金融监管当局依法对金融机构及其经营活动实行的领导、组织、协调和控制等一系列的活动。但在实际中，这两个词即使在单独使用时，一般也都隐含了两个词的内容。20 世纪 90 年代以来，金融监督与金融管理一般同时使用，不再区分两者的细微差别，金融监管这一复合词也被广泛使用。

金融监管是国家凭借政治权利对经济个体的自由决策和行为所实施的强制性限制，是对偏离既定规则行为实施的强制性干预。中央银行或金融监管当局作为社会公共利益的代表，运用法律赋予的权力，对金融机构实施全面性、经常性的检查和督促，并以此促进金融机构依法稳健地经营和发展。金融监管本质上是一种具有特定内涵和特征的政府规制行为。

金融监管有狭义和广义之分。狭义的金融监管是指金融监管当局依据国家法律法规的授权对整个金融业（包括金融机构以及金融机构在金融市场上所有的业务活动）实施的监督管理。广义的金融监管是在上述监管之外，还包括了金融机构内部控制与稽核的自律性监管、同业组织的互律性监管、社会中介组织和舆论的社会性监管等。

目前，各个国家或地区的金融监管体系，一般是在广义上构建的。

（二）金融监管的原则

由于经济、法律、历史、传统乃至体制的不同，各国在金融监管的诸多具体方面存在着不少差异。但一般性的基本原则却贯穿于各国金融监管的各个环节与整个过程。

（1）依法管理原则。依法管理原则包括：一是对金融机构进行监督管理，必须有法律、法规为依据；二是金融机构对法律、法规所规定的监管要求必须接受，不能有例外；三是金融管理当局实施监管必须依法行事。

（2）适度竞争原则。竞争是市场经济条件下的一条基本规律。金融监管当局的监管重心应放在保护、维持、培育、创造一个公平、高效、适度、有序的竞争环境上。这就要做到：既要避免造成金融高度垄断，排斥竞争，从而丧失效率与活力，又要防止出现过度竞争、破坏性竞争，从而波及金融业的安全和稳定。

（3）自律与他律相结合的原则。外部强制管理再缜密严格，其作用也是相对有限的。如果管理对象不配合、不愿自我约束，而是千方百计逃避、应付甚至是对抗，那么外部强制监管也难以收到预期效果。反之，如果将全部希望寄托在金融机构本身自觉自愿的自我约束上，则不可能有效避免种种不负责任的冒险经营行为与道德风险的发生。

（4）稳定与效率相结合的原则。金融法规和一系列指标体系是着眼于金融业的安全稳健及风险防范的。但金融业的发展毕竟在于满足社会经济发展的需要，追求发展就必须讲求效率。因此，金融监管不是消极地单纯防范风险，而是积极地把防范风险同提高金融效率这个最基本的要求协调起来。

（5）母国与东道国共同监管原则。随着世界经济一体化、金融国际化成为强劲的发展趋势，跨国银行日趋增多，国际金融业务迅猛发展，以国界为范围的金融监管难以实现监管目标。为了维护国际金融业的平稳营运与公平竞争，保护国际投资者的利益，各国开始联手进行金融监管。国际性金融机构的母国与东道国建立联系、交换信息，共同完成对跨国金融机构和金融业务的监管，逐步实现金融监管的国际化。

此外，金融监管还要注意顺应变化了的市场环境，对过时的监管内容、方式、手段等及时进行调整。进入 20 世纪 90 年代以来，金融自由化的发展更加深入，金融衍生工具风险、金融业间的收购兼并风潮、风险的国际扩散等等，已经成为金融监管当局高度关注的问题。监管力度的松紧搭配，管理需要审慎、强化等，已经上升为基本原则的一个重要延伸部分。

☞ 阅读专栏

国际社会对跨国银行的监管合作

1974 年赫斯塔特银行倒闭事件，使国际社会对跨国银行的监管合作从理论探讨进入实践层面。1975 年，在国际清算银行的主持下，以十国集团为核心的中央银行行长成立了

“银行业监管实施委员会”，又称巴塞尔委员会。该委员会于同年发表了《对国外银行机构监督的原则》，简称《巴塞尔协议》，首先明确了对外资银行，东道国与母国共同负有监管责任。巴塞尔委员会于1983年对1975年的《巴塞尔协议》进行了修订，改变了1975年协议中东道国监管原则与母国监管原则并行、不分主次的做法，采纳了1978年巴塞尔委员会提出的“综合管理法”，重新划分了东道国与母国对外资银行的监管责任，体现了“母国监管为主，东道国监管为辅”的总体思路。此后，巴塞尔委员会推出的一系列协议或报告中，都进一步强调了母国监管的重要性，如1997年影响广泛的《银行业有效监管核心原则》重申全球并表监管的重要性，强调母国监管为主，要求东道国从信息交流等方面配合母国实现有效监管。虽然《巴塞尔协议》的法律性质至今尚无定论，目前的主要观点是“国际惯例说”。有的学者认为《巴塞尔协议》属于软国际法，但不论是“软法说”还是“惯例说”都承认了《巴塞尔协议》对国际银行业监管的深刻影响及现时的指导意义，因此可以说《巴塞尔协议》所提出的“母国监管为主，东道国监管为辅”反映了各国对外资银行监管总体趋势。

二、金融监管的必要性

现代市场经济在某种意义上是一种法制经济，因为在相对自由交易的市场上，面对众多分散而又自主经营的市场参与者，只有用统一严格、公平公开并具有相对确定性的法律才能协调、规范参与者行为，建立并维持有序的市场运作。由于金融业在市场经济中居于核心的地位，其经营活动具有作用力大、影响面广、风险性高等特点，因此，依法对金融业实施有力和有效的监管，既是市场经济运作的内在要求，又是金融业本身的特殊性所决定的，也是出于保护投资者利益的需要。

（一）市场经济的内在要求

金融监管的理论依据源于一般管制理论。该理论认为，在现实经济运作中，由于存在垄断、价格黏性、市场信息不对称、外部负效应等情况，从而导致经常性的市场失效。因此，完全的自由放任并不能使市场运行实现规范合理和效率最优，需要借助政府的力量，通过法令、政策和各种措施对市场主体及其行为进行必要的管制，以弥补市场缺陷。由于金融业在市场经济中的特殊地位，更需要通过外部监管来克服市场缺陷。例如，为了防止金融力量过于集中而产生垄断或金融力量过小而无法实现规模经济，需要监管当局对金融机构的开业、分支机构设立、合并或兼并等进行监管；又如，根据管制理论中的社会利益论，当某个机构个体利益大于社会利益并可能对社会公众利益造成损害时，往往会发生外部负效应；当信息不对称性带来不公平的问题时，由于单个金融机构并没有能力承担全部的风险成本，而是由公众、整个金融体系乃至整个社会经济体系来承担，这样社会公众的利益就会受到极大损害。由于社会公众利益分散于千家万户、各行各业，维护这种利益的职权只能由国家法律授权的机构去行使。特别是金融机构的风险具有连带性，一个金融机构陷入风险危机，往往引起社会公众对其他金融机构丧失信任，极易在整个金融体系产生连锁反应，动摇整个国家的信用基础，导致以“信用经济”为特征的现代市场经济运行陷入瘫痪。特别是在金融国际化发展中，一个国家的金融风险还会连累其他国家，可能引发世界性的金融危机。所以，为了控制金融机构的经营风险，避免发生“多米诺骨牌效应”，需要国家对金融业实施严格的金融监管，保持市场经济的稳健运行。

（二）金融业的特殊性

从金融业本身的特殊性看，金融监管的必要性主要体现在以下四点：

（1）金融业在国民经济中的特殊重要地位和作用。在现代市场经济中，金融业是货币流通中心、资金融通中心、社会支付结算中心，而且积极地发挥着创造货币和信用流通工具的功能，从而成为一国经济发展的关键因素。因此，金融业的稳定与效率直接影响国民经济的运作与发展，甚或社会的安定，由此决定了必须对金融业严加监管，保证金融体系的安全和有效运行。

（2）金融业的内在风险。与其他行业相比，金融业是一个特殊的高风险行业。金融业特殊的高风险首先表现在经营对象的特殊性上，金融机构经营的不是普通商品，而是建立在信用基础上的货币资金，包括债券、股票、保险单等虚拟商品。而信用本身就包含了许多不确定性因素，例如银行的经营必然受利率、汇率、存款总量与结构、借款人信誉和偿债能力、经济形势变化等因素的影响，从而面临着利率风险、汇率风险、流动性风险、信用风险等；此外，金融业的现代化发展还加大或带来了系统性风险、电子风险、国际风险、创新风险等，一旦风险成为现实，就会动摇社会公众对金融机构的信任，引发金融危机。其次，金融业具有很高的负债比率，自有资本少，营运主要依靠外部资金来源，特别是银行采取部分准备金制度，从事短借长贷的资金运用及证券投资等高风险经营，同时必须随时满足客户提款或支付的需要，这就使银行的生存在很大程度上依赖于公众的信任，一旦金融机构出现风险动摇公众信心，极易引发挤提存款、抛售有价证券等金融恐慌现象，后果不堪设想。但由于在经营过程中金融机构的管理人员因涉及自身利益或能力所限，往往不能充分评估和处理经营中存在的问题和风险，因此需要金融当局从外部对其进行以风险管理为重点的监管，帮助管理者将风险控制在一定范围之内，保证金融体系的安全与稳健营运，从而保证国民经济的健康发展。

☞ 阅读专栏

多家金融机构受到行政处罚

中国银保监会大力整治各种金融乱象，营造风清气正的金融环境，强化对实体经济的金融支持，切实维护金融安全，守住不发生系统性风险的底线。

2021 年 1 月，针对国家开发银行为违规的政府购买服务项目提供融资、违规收取小微企业贷款承诺费等多项违法违规行为，中国银保监会依法予以罚款 4 880 万元；针对中国工商银行理财资金投资他行信贷资产收益权或非标资产收益权、理财产品信息披露不到位等多项违法违规行为，中国银保监会依法予以罚款5 470万元；针对中国邮储银行部分分行为非保本理财产品出具保本承诺、出具与事实不符的理财投资清单等多项违法违规行为，中国银保监会依法予以罚款4 550万元；针对中国长城资产管理公司违规对外提供担保、虚增账面利润和考核利润并超发绩效奖励等多项违法违规行为，中国银保监会依法予以罚款4 690万元。

同时，对责任人员分别予以警告并处罚款。严重违纪违法案涉及的相关事实由有权机关另案处理。

资料来源：根据银保监会网站2021－01－08报道整理.

（3）金融业的公共性。这种公共性与金融业活动涉及的广泛性相关，金融机构的经营活动及其成果都对社会公众产生影响。因此，保护投资者利益，对整个金融体系的健康发展至关重要，是显而易见的。但由于金融业具有相对垄断性，金融机构有可能做出不利于债权人或债务人的安排，或向客户提供不公平的歧视性服务；同时，在金融活动中存在信息不完全或信息不对称的情况，其中信息不完全既有可能是信息供应不充分，也有可能是有人故意隐瞒事实真相、掩盖事实信息甚至提供虚假的信息造成的；信息不对称是指交易双方有信息优劣的差异，如证券机构在信息上较外部人士有明显的优势，相对于一般投资者能掌握更多的市场动态信息。这种信息不对称的存在，会导致交易的不公平。在信息不对称或信息不完全的情况下，拥有信息优势的一方可能会利用这一优势来为自己牟取利益，而将风险或损失转嫁给投资者，进而损害信息劣势方的利益。

基于维护公共利益的金融监管要求，要求对信息优势方（主要是金融机构及其相关管理人员）的行为加以规范和约束，以为投资者创造公开、公平、公正的投资环境；需要通过金融监管，维护金融业的公共秩序，提高金融效率。

☞ 新闻专栏

近几年来，证监会始终把查处和打击内幕交易作为稽查执法的重点，法定内幕信息知情人直接从事内幕交易的情形有所减少，并购重组领域内幕交易案件多发态势得到有效遏制。与此同时，泄露内幕信息、建议他人买卖股票等传递型内幕交易依然多发，关联主体通过结构化产品隐蔽从事内幕交易问题较为突出，投研人员从事内幕交易时有发生，特别是利用上市公司发布业绩盈亏及高送转等利润分配信息从事内幕交易案件多发高发，公职人员利用职务便利从事内幕交易时有发生。为有效维护公开、公平、公正的市场秩序，进一步遏制上述内幕交易违法违规行为，根据证监会2017年专项执法行动总体部署，近期，我会稽查部门部署了18起内幕交易案件，作为专项行动第三批案件，集中组织查处。

这18起内幕交易案件的主要特点，一是内幕信息知情人利用“高送转”的内幕信息抢先买入股票，在信息公开后卖出获利。二是上市公司大股东和高管人员利用信息优势，在业绩预亏等利空消息发布前高位精准减持，甚至人为推迟披露时点，制造避损机会。三是在举牌上市公司的过程中，举牌方相关人员利用上市公司收购的内幕信息实施内幕交易。四是在参与上市公司并购重组中介服务的过程中，某些中介服务机构利用工作便利获取的内幕信息从事内幕交易。五是有些市场累犯、惯犯，屡教不改，先后多次实施内幕交易或者利用多个内幕信息进行违法交易。总体而言，这批案件集中反映了当前内幕交易的主要类型，具有违法主体多样、交易和获利金额巨大等主要特征，部分案件情节严重，涉嫌刑事犯罪。

内幕交易严重破坏市场公平交易秩序，严重损害投资者合法权益，是证券市场的严重欺诈行为，始终是证监会稽查执法打击重点，也是社会和市场各方共同防控重点。上市公司内部人员以及因职务或工作便利知悉内幕信息的相关人员要严守职业道德红线和法律底线，不向身边人泄露内幕信息或建议他人买卖股票。任何单位和个人都不能心存侥幸，为利所动，冒险试法，利用内幕信息交易股票牟取非法利益。广大投资者应自觉做到不打探内部消息，不听信小道信息，坚持理性投资。下一步，在严肃查办案件的同时，证监会将与公安司法、纪检监察、国资监管等相关部门继续贯彻落实《关于依法打击和防控资本市场内幕交易的意见》（国办发〔2010〕55号），进一步推进内幕交易综合防控体系的建设，始终保持对内幕交易高压态势。

资料来源：中国证监会，http：//www. csrc. gov. cn.

三、金融监管与金融调控的关系

中央银行的货币政策操作，主要是运用货币政策工具进行的。中央银行根据货币政策目标，运用货币政策工具调节货币供给量和信用量的过程，也就是金融调控的过程。金融调控其实就是货币政策的制定和实施。虽然金融调控与金融监管都是中央银行的重要职能，最终目标一致，但两者在实施手段和侧重点以及具体目标等方面有所不同。金融监管着眼于金融机构运作，而金融调控则着眼于金融总量。两者的联系表现在金融监管是实现金融调控的基础保障，金融调控工具的运用是实现金融监管目标的重要手段。

具体说来，一是强有力的金融监管能确保金融统计数据和其他金融信息的真实、准确和及时，这是制定正确的货币政策的前提；二是强有力的金融监管能确保金融机构的稳健运行和金融体系的稳定，这是建立货币政策有效传导机制的关键，是有效实施货币政策的基础；三是金融调控工具的运用，如存款准备金、公开市场业务等在一定程度上也会促进金融临管目标的实现。

金融监管与货币政策之间的关系，在不同的经济制度条件下有不同的特点。在计划经济条件下，由于中央银行货币政策的实施以直接性货币政策工具操作为主，如利率管理、贷款规模控制、现金管理等，这些直接性货币政策工具的实施，依赖于对金融机构的严格监管，甚至把金融监管视为货币政策的工具。

在市场经济条件下，金融监管与货币政策的关系就有了很大变化：一是监管是依靠法规来规范金融机构的行为，而货币政策是通过政策工具的操作来影响经济行为主体的经营活动，从而调控货币量，调节社会总供求；二是监管具有行政性和法律性，其对金融机构的作用是直接的、强制的，而货币政策更多地具有间接性和选择性；三是金融监管直接作用于微观金融主体，规定它们必须达到规定的标准，或按标准行事，而货币政策主要依靠市场传导来影响经济行为主体；四是金融监管所依据的标准（法律、法规框架）是事先确定的，在一定时期是固定不变的，而货币政策操作的意图则随宏观经济形势的变化而经常调整；五是金融监管的任务是为社会经济运行（包括货币政策操作）提供一个稳健的制度环境，而货币政策操作是为社会经济运行（包括金融监管）提供一个稳定的货币环境。

☞ **重要提示**

特定条件下的调控与监管

在经济转轨转型时期，由于金融市场体系不完备条件下，或当市场失灵中央银行间接调控效果不确定或不明显条件下，中央银行往往不得不运用大量的直接性调控工具来实施货币政策操作，如利率政策、现金管理等。此时，中央银行的直接性调控措施能否得到金融机构的贯彻实施，在很大程度上取决于金融监管。

四、金融监管的演变历程

在各市场经济国家，金融业自始至今都是作为产业来发展与管理的。各种金融机构首先要受《公司法》的制约，但由于金融业的特殊性，各国对金融业的管理要比一般工商企业严格得多。从历史的角度看，在经济和金融发展的不同时期，金融监管的目标、内容、方式和力度都不尽相同，金融监管体系也是随着经济和金融的发展而不断充实和完善的。

各市场经济国家的金融监管大致经历了三个阶段：

（一）金融监管初创阶段

这一阶段是指19世纪初期至20世纪30年代前期。

早期的金融机构基本上处于自由放任、自由经营的状态。当人们意识到金融机构不同于一般工商企业，它因经营特殊商品而具备强大的渗透力和作用力，对社会公众利益和经济稳定有特殊影响时，就采取了某种法律约束行动。这种法律约束最初是个别的、特指的、间断的、非系统的，加之没有专门的监督管理机构来执法，故而约束力薄弱。

☞ **小链接**

历史上的金融监管

世界金融史上首次对银行业的公共管理和监督出现在15世纪的西欧。自1407年第一个国家存款银行——热那亚的圣乔治银行建立以后，政府就开始了对银行业的管理，当时的管理主要在于注册登记等行政管理方面。17世纪末到19世纪初，西欧各国通行以皇帝、国王、国会或政府的名义颁布法令，授予某一金融机构某种许可、权利和业务，或限制某些金融机构业务经营范围与规模。如1694年由英国国会颁发特许令设立了英格兰银行；1709年政府颁布法令，禁止6人以上的合股银行发行钞票；1826年银行法主要是允许在距伦敦65英里以外设立股份制银行，甚至1844年银行法也主要是对英格兰银行的权利义务作出规定。美国1783年的北美银行、1791年的第一银行、1816年的第二银行都是由州或联邦国会单独通过法案设立的。

19世纪中央银行制度的建立，是正式的金融监管制度登上历史舞台的标志。当时中央银行监管的重点在于货币的发行和流通方面，即集中货币发行权并建立了银行准备金制度，目的是解决商业银行分散和过度发行银行券而导致的货币混乱、兑付困难和破产倒闭等问题。随着西方经济危机、信用危机的频繁爆发，中央银行仅仅监管货币发行和流通显然不足，自19世纪中叶始，各国逐步建立了针对金融业的监管制度，通过制定法律和条例，开始对各种金融机构从设立到经营进行法律约束，其中最有代表性的是1863年美国联邦国会通过的《国民银行法》，该法建立了国民银行制度，并针对1837—1863年自由银行制度所带来的货币流通和银行信用危机等问题，对建立银行的最低股东人数，最低资本额，存款准备、发行准备及比例和发行总额度，拥有不动产的条件，权利和义务，贷款条件和最高限额等事项，作了较为详尽规定；根据该法案规定，美国财政部专门设立了通货监理官，负责监理国民银行的活动。该法案的颁布实施，意味着现代意义上金融监管的形成，对各国产生了重要影响。此后，各国纷纷效仿，逐渐制定出较为规范和经常性的监管法令，对金融机构的业务活动进行规范、约束、纠正或督察。但总的来说，在20世纪30年代前经济自由主义占主导地位的时期，各国的金融监管是粗线条和宽松式的，监管主体的职能作用有限，监管的目标不甚明确，内容不全，措施不力，方法原始，手段单一，监管的有效性不高，但由于当时金融风险的问题并不突出，因此矛盾尚不尖锐。

（二）严格管制阶段

这一阶段是指20世纪30—70年代。

20世纪30年代，由华尔街股票爆跌引发的西方金融大危机，由于交织着经济大恐慌，危机越演越烈，长达5年之久。大危机过后，以凯恩斯学派为代表的国家干预主义登上官方经济学宝座，政府对经济干预增强。各国对加强金融监管的重要性取得了一致共识，都把稳定金融业作为发展经济、稳定社会的必要条件，开始对金融业实施全面而严格的管制，很快形成了较为完善的金融监管体系。各国根据本国（地区）社会经济历史条件，在监管的体制上各有创新，如美国式的“双线多头”，法、德、意式的“一线多头”，英、澳、东欧式的“单一集中”，西非、中非式的“跨国监管”等，各具特色。各国在监管主体上虽有所差别，但中央银行都义不容辞地成为唯一的监管者或监管者之一。在监管目标上，各国一致选定了“维护金融业的安全与稳定、协调各金融机构之间的关系、保护公众利益”三大目标。在监管的内容上涵盖了金融机构从市场准入、日常经营到市场退出的全过程。在监管的措施上以预防性为主，加强风险防范与监测，建立了银行存款保险制度。监管制度同时兼备事先监管、事中援救和事后保险理赔的功能，为金融体系的运作设立了一道“安全网”；同时辅之以应急性的补救或抢救措施，对一旦挽救失败的金融机构则采取平稳退出市场的措施。在监管的方法上以严格的法律为准绳，采用灵活的监管方式和有效的手段，对金融业实施强有力的监管。

这一阶段各国金融监管的基本特征是严格的限制性，主要表现在对利率的限制、对国内外金融市场活动的限制、对资本国际流动的限制、对金融机构业务活动的限制等。许多国家通过法律实行分业经营和分业管理模式，严格限制金融机构业务交叉。美国 1933 年的银行法和证券法规定银行业与证券业分业经营，严禁商业银行认购企业股票和债券，更不能从事与银行业无关的商业活动。为了加强对证券业的监管，美国 1933 年颁布了《证券法》、1934 年出台了《证券交易法》、1939 年发布《信托契约法》、1940 年发布《投资公司法和投资顾问法》，并在 1934 年特设了“证券交易委员会”，专司监管证券业之责。强有力的金融监管对维护金融业的稳健经营、确立公众信心发挥了重要作用，使各国经济在较为安全的金融环境中得到快速发展。

（三）放松管制与完善强化阶段

这一时期是指 20 世纪 70 年代初至今。

20 世纪 70 年代前后，在金融创新的高潮中，世界金融业的发展带有鲜明的自由化和国际化趋势。在这两大趋势下，各市场经济国家的金融运作出现了双重效果：一方面优化了资金配置效果，提高了金融效率，完善了金融服务，使金融业得到空前的繁荣与发展；另一方面，出现了较大的信用风险、市场风险、经营风险和国际风险以及各种金融犯罪，干扰了货币政策和宏观调控的实施与传导效果，影响并威胁着金融业的安全与稳定。为了扬利抑弊，各国加强并进一步完善了金融监管，加强国际合作，使之更为规范化和全球一体化。

20 世纪 70 年代以来的金融监管与过去限制性的金融管制不同，其强化并不表现在僵化或机械地加强或扩大管制，而是更多地体现在增强监管的适应性和提高监管的效率性上。这一特点集中体现在以下两个方面：

第一，审时度势地调整监管的内容与措施。在放宽某些与新情况不符的管制同时，加强并扩充了金融稳定性方面的监管措施。例如，美国于 1999 年通过了新的金融服务法案，从法律上放弃了实施半个世纪以上的银行业与证券业的分业经营制度，与此同时，强化对金融机构稳健经营方面的事先性预防措施。一方面，强化资产负债比例限制，如对银行资产限定其流动比率、单一大额贷款比率、关联交易贷款比率、房地产和证券投资比率，以控制风险维护银行的安全经营；另一方面，加强对经营管理质量方面的全面监管。

第二，各国金融监管逐步向统一化和国际化方向发展。随着金融国际化的趋势增强，以国界为范围的金融监管之局限性日益突出。为了维护国际金融业的平稳营运与公平竞争，保护国际投资者的利益，各国开始联手进行金融监管。一方面，各国金融监管的目标、内容和手段逐步趋同，如1975年巴塞尔委员会成立后，在专门致力于国际性监管方面作出了卓有成效的贡献，他们制定推行了具有国际性监管规定的《巴塞尔协议》并使之不断完善。又如1988年2月欧共体委员会第二次银行指令将区域内银行业务规定为通用银行业务，制定了通用监管指令，包括统一营业标准的单一许可证制度，在规范化监管内容和手段基础上各成员国间（相）互（承）认监管制度等。另一方面，共同制定新的国际监管规则，加强了监管的国际化进程。

第二节　金融监管体系的一般构成

当代各国是根据本国的实际情况来架构金融监管体系的，尽管各国的金融监管体系各有特色，但总的来说，金融监管体系的构成基本相同，即主要是由监管的目标、内容与措施、手段与方式等方面构成的。

一、金融监管的目标

金融监管目标是监管行为取得的最终效果，是实现金融有效监管的前提和监管当局采取监管行动的依据。金融监管的目标可分为一般目标和具体目标。目前各国无论采用哪一种监管组织体制，金融监管的一般目标基本是一致的，通常包括以下几个方面：

第一，保护金融秩序的安全。金融业的安全稳定对整个国民经济有着重要影响，特别是由于个别银行或金融机构出现问题，可能会引起连锁反应导致一系银行和金融机构发生危机，因此，金融监管的首要目标，就是减少金融风险，维护金融业和金融体系的安全和稳定。

第二，保护公众的利益。金融机构集中了社会各阶层、各部门巨大的货币和资本，与社会各方面的联系十分广泛和密切。在经营中如果金融机构出现问题，一定会涉及千千万万个经济主体，涉及社会各方面的利益，因此，金融监管要保护金融消费者权益，把保护公众利益不受损害作为一个重要目标。

第三，维持金融业的公平有效竞争。金融业需要竞争，竞争是市场经济条件下的一条基本规律，是提高金融体系效率，保护先进、淘汰落后的一种有效机制。因此，金融监管既要保持适度的竞争环境维持金融体系的活力，同时又不至于引起金融机构的破产倒闭导致经济震动，创造一个公平、高效、有序竞争的环境。

第四，保证货币政策的顺利实施。货币政策是当今各国调控的主要手段，货币政策的有效实施必须以银行金融业为中介。因此，金融监管要有利于保证货币政策的顺利执行，有利于银行业对中央银行调节手段的及时准确传导和执行。

我国金融监管的一般目标，可以概况为三个方面：一是经营的安全性，防范和化解金融风险，维护金融体系的稳定与安全，保护存款人和其他债权人的合法权；二是竞争的公平性，保护公平竞争，提高金融效率，通过金融监管创造一个平等合作、有序竞争的金融环境；三是政策的一致性，保证货币政策的有效实施，通过监管使金融机构的经营行为与中央银行的货币政策目标保持一致。

☞ **延伸知识**

什么是宏观审慎监管

宏观审慎监管是为了维护金融体系的稳定，防止金融系统对经济体系的负外部溢出而采取的一种自上而下的监管模式。

与微观审慎监管不同，宏观审慎监管以防范金融危机为目的，关注金融系统风险的部分内生性特征而不仅仅只重视外生性风险。同时，宏观审慎监管关注“给定时点上风险跨机构之间的分布及整个系统中风险的跨时间分布”，即横向与时间两个维度。其中，横向维度关注因金融机构之间的相关性与同质性而产生的共同风险敞口问题，而共同风险敞口被认为是危机时期大量金融机构相继破产的重要原因；时间维度方面则关注如何抑制金融体系内在的顺周期特征。

由于意识到金融监管过分关注个体金融机构的安全从而忽视了保障整个金融系统的稳定这一更为重要的目标，早在20世纪70年代末，国际清算银行（BIS）就提出了“宏观审慎”的概念，以此概括一种关注防范系统性金融风险的监管理念。20世纪80年代，宏观审慎监管的概念正式出现在BIS的报告中，但由于微观审慎监管仍然是理论研究与政策实践中的焦点，直到21世纪初，宏观审慎监管的定义才得到较为清晰的界定。

资料来源：MBA知识百科，https：//wiki. mbalib. com/wiki.

二、金融监管的内容

依据对金融市场的影响，金融监管可以分为事前监管、事中监管和事后监管。其中，事前监管主要针对的是市场准入监管，事中监管主要针对的是日常业务运营监管，事后监管主要针对的是市场退出监管。

（一）市场准入的监管

市场准入监管是指对申请进入金融市场的机构和人员进行筛选，保证只让合格的机构和人员进入市场，维持市场公平竞争的秩序。

市场准入包括三个方面：金融机构的准入、业务准入和高级管理人员准入。

1. 金融机构的准入

（1）金融机构法人准入的一般条件包括：要符合国民经济发展的客观需要；符合金融业发展的政策和方向；符合金融机构合理布局、公平竞争原则；符合最低资本金及股权结构和股东资格要求；符合对高级管理人员任职资格和金融从业人员比例要求；符合对法人治理结构和内控制度的要求；符合对经济核算的要求以及确定的综合经营计划和预期财务指标水平比较合理；符合对办公和营业场所的安全要求。

（2）金融机构分支机构市场准入的一般条件是：符合当地经济发展的客观需要；符合合理布局、适度竞争的要求；申请者经营稳健，财务状况良好，具有完善的内部控制制度，与申请者的管理水平和发展能力相适应；符合成本核算及经济效益的要求；符合运营资金的要求；符合高级管理人员任职资格和营业场所的要求。

2. 业务准入

业务准入的一般条件是：符合社会和经济发展的客观需要；符合金融分业经营的法律规定与政策；具有金融机构的功能定位与业务发展能力；能够根据业务风险特征建立完善的风险防控系统，已建立严格科学的业务操作规程和安全保障；符合对从业人员专业素质的要求，与中国银监会的监管能力相适应。

3. 高级管理人员准入

高级管理人员的任职资格的基本标准是：能正确贯彻执行国家的经济、金融方针政策，熟悉并严格遵守有关经济、金融法律法规；具有与担任职务相适应的学历与经历，具备与担任职务相称的专业知识、组织管理能力和业务能力；无违法、违规、违纪等不良记录。

市场准入制度有利于防止不合格的金融机构开业，预防不合格的申请人进入金融业。

（二）日常业务运营监管

日常业务运营监管是指监管当局通过现场监管和非现场监管，以及借助会计（审计）师事务所进行的外部审计，及时发现、识别、评价和纠正金融机构的业务运营风险。对金融机构业务运营监管主要包括业务经营的合法合规性，资本充足性，资产质量的稳妥可靠性、流动性、盈利性，内部管理水平和内控制度的健全性等方面。

日常运营监管属于事中监管，目的是防范金融机构的风险，监管也是围绕风险管理进行的，采用审慎政策。

各国对金融机构市场运作过程监管的具体内容并不完全相同，但一般都将监管的重点放在以下几个方面：

（1）金融机构业务经营的合规性。即监管金融机构是否严格遵守国家和地方政府颁布的各种金融法律、法规及各种有关规定，是否严格执行中央银行或监管当局的各种规章制度。

（2）资本充足性。金融机构特别是银行机构，经营的对象是货币资本这一特殊商品。资本表示股东对稳健管理银行财产的承诺。如果资产总额和利润一定，较少的资本可以获得较高的资本利润率。因此，银行往往具有使用较少的资本、经营较多资产的动机。但由于银行具有外部效应，银行的倒闭将产生外部不经济，整个银行体系将承担外部不经济的成本。监管当局通过对金融机构资本水平和资本结构的监管，促进金融机构保持充足资本，实施稳健运作，同时通过规定资本与风险资产的比例关系来控制金融机构资产总量的扩张和风险的程度。1983 年美国颁布法律，要求联邦银行规定银行的最低资本金标准，最初是总资产的 5.5%。目前，以不同的形式被全世界 100 多个国家所采用的《巴塞尔资本协议》提出，各国商业银行应按统一标准计算，资本充足率为 8%，其中核心资本至少为 4%。

（3）资产质量。资产质量是衡量一家金融机构经营状况最重要的依据。资产质量差会直接影响到金融机构的业务活动、盈利能力和社会声誉，甚至导致破产倒闭。监管当局主要是通过设定相关指标来监管金融机构的资产质量。金融产品价格往往折射金融产品质量，20 世纪 30 年代发生大危机以后，很多国家都对金融产品的价格进行限制。金融产品的价格包括证券的发行手续费和二级市场的交易手续费、银行的利率以及保险费等。

（4）流动性。流动性是指将资产按其实际价值变现的能力。当流动性不足时，金融机构或银行无法以合理的成本迅速增加负债或变现资产获得足够资金，不能及时满足客户提款或借款需求，其后果就是银行利润受到侵蚀，声誉遭受影响，甚至导致支付危机。

金融监管当局对银行的流动性管理着重于：第一，资产变现或举债的难易程度与所需时间的长短。第二，变现时可能的资本或利息损失。第三，变现或举债时的成本负担。

监管当局对银行流动性的监管政策通常有两种：第一，向银行发布衡量和管理流动性风险的指导方针。第二，要求银行流动性资产与总资产的比率、流动性资产与存款的比率达到一定标准。

我国对商业银行的流动性规定了以下指标：存贷款比率；资产流动性比率；中长期贷款比例；拆借资金比率。

（5）盈利能力。监管当局除了对金融机构盈利能力进行评估以外，还要对金融机构在利润分配中的行为进行监管，以使金融机构具备抵御风险和自我积累发展的必要条件，保证金融机构的股东得到应有的回报。

（6）管理水平和内部控制能力。从根本上说，金融机构的经营失败，都是与其管理和内部控制薄弱直接或间接相关，因而成为监管的重要内容。由于管理和内部控制水平很难用一些定量的客观数据、指标来衡量，监管时往往以金融机构内部的各种规章制度、业务政策、经营计划、管理人员的经历与经验、职工的素质等非定量因素作参考，故有一定的监管难度。

☞ 相关链接

省级地方金融监管局应承担的主要职责

按照全国金融工作会议“地方政府要在坚持金融管理主要是中央事权的前提下，按照中央统一规则，强化属地风险处置责任”，“要坚持中央统一规则，压实地方监管责任，加强金融监管问责”要求，结合地方金融工作多年的实践，省级地方金融监管局应承担的主要工作职责至少包括以下八个方面：

1. 防控金融风险。防止发生系统性金融风险是金融工作的永恒主题，也是地方金融监管工作的首要工作职责。既有配合中央金融监管部门做好系统性金融风险的防控，又有对地方金融机构以及类金融机构风险的防控，防范区域性金融风险的发生。既要防止“黑天鹅”，更要防止“灰犀牛”。要关注重点领域的风险防范，在楼市、债市、企业信贷、上市公司、非法集资等方面的风险防范和化解，以及打击逃废债、保护债权人权益等方面发挥重要作用。

2. 推动地方金融高质量发展。高质量发展是破解地方金融业发展不平衡不充分问题的根本手段，是防控金融风险和推动金融支持实体经济发展的有效措施。推动地方金融高质量发展，不应单纯追求地方金融机构数量和种类的增加，也不应以金融业增加值及其占GDP比重的提高为首要目标。要重点关注金融对实体经济发展的支持力度、支持程度和支持效能。不断提升地方金融业资产质量和服务的精准程度，扩大金融服务覆盖面，提升金融服务的可获得性。

3. 营造良好的金融发展生态环境。金融业发展离不开良好的金融生态环境，良好的金融生态环境是金融业健康发展的前提和基础，金融业发展过程中所遇到的一切困难和问题，也都与不良的生态环境有着直接或间接的关系。营造良好金融发展生态环境，既是长远工程，更是基础建设。要从政策、制度、诚信体系建设、金融知识普及教育等多方面全力推动，常抓不懈持续推进。特别是要积极完善农村金融发展环境，推动农村金融发展。

4. 引导金融支持实体经济发展。金融能否为当地实体经济服务，避免“脱实就虚”，既需要中央金融监管部门监管指导和金融机构回归本源，更需要地方金融监管部门积极引导更多的金融活水流向实体经济。要把地方金融工作的软引导与中央金融监管部门的硬约束有机结合，重点关注小微企业和“三农”融资需求，支持普惠金融发展，引导资金向小微企业和“三农”倾斜。通过对全省金融业发展绩效进行考核等措施，对金融机构资金投向实体经济规模、价格、占比等指标进行评价，引导金融支持实体经济。重点关注资金流向和资产价格，防止金融资源过度流向房地产，资产价格过度泡沫化。

5. 协助做好由中央金融监管部门监管的地方金融机构的管理工作。对这类地方金融机构，基于风险处置的需要，其党组织管理、资产管理、部分高管人员管理应属于地方金融工作的又一项主要职责。要注意协调好与相应的中央金融监管部门的关系，区分不同的管理侧重点。既不能疏之管理，更不能越权干涉。要建立双向协同治理机制，与中央金融监管部门协同发力，配合中央监管部门促进地方金融机构规范健康发展。

6. 监管地方类金融机构。即对小额贷款公司、融资担保公司、区域性股权市场、典当行、融资租赁公司、商业保理公司、地方资产管理公司、辖区内投资公司、农民专业合作社、社会众筹机构、地方各类交易所、网络借贷信息中介机构等进行监管。其中，系统重要性地方类金融机构由省地方金融监管局负责监管，其余的由各市、县（市、区）负责监管。同时，在尊重市场主体的前提下，主导或协助其他相关部门推动地方类金融机构的发展。

7. 履行金融监管兜底责任。按照“金融风险属地处置”原则和“所有会融业务都要纳入监管，任何金融活动都要获取准入”的要求，面对地方金融业的快速发展和新型金融业态的不断涌现，地方金融监管必须履行金融监管兜底责任。对于中央金融监管机构监管不能覆盖的领域和一些新型金融组织，包括未经金融监管部门审批开展的金融活动，要及时主动补齐监管短板，保证金融监管不留“死角”。要对社会上一切可能形成金融风险的因素给予关注，及时发现风险点，及时消除风险，防止重大金融骗局的发生。要对灰色金融机构进行清理整顿，严厉打击乱办金融、非法集资等非法金融活动，严格规范金融市场交易行为。

8. 其他应履行的工作职责。主要有推进全省金融业改革发展，拟订全省金融业发展规划和政策、推动全省金融人才队伍建设等。

资料来源：2018. 2. 1http//blog. sina. com. cn/s/blog_14bf4541e0102wwin. html.

（三）市场退出的监管

金融机构市场退出的原因和方式可以分为两类：主动退出与被动退出。主动退出是指金融机构因分立、合并或者出现公司章程规定的事由需要解散，因此而退出市场的，其主要特点是“主动地自行要求解散”。被动退出则是指由于法定的理由，如由法院宣布破产或因严重违规、资不抵债等原因而遭关闭，监管当局将依法关闭金融机构，取消其经营金融业务的资格，金融机构因此而退出市场。

各国对金融机构市场退出的监管都有很细致的技术性规定。一般有接管、解散、撤销、破产等几种形式。无论采用哪种形式，当局都是以保持退出的合理性和平稳性为目标，如公众的利益是否得到必要的保护、破产清算的标准和程序是否严谨、被他人兼并或收购是否合理合法等，将不幸事件对公众的损害和对社会的震荡降到最低限度。

三、金融监管的手段与方式

采用恰当的监管手段与方式是实现监管目标、提高监管效率的重要途径。各国金融监管主要运用法律手段、经济手段和行政处罚手段，并建有成套的系统性规章制度，创立了多种方式方法。从总体上看，各国的金融监管主要依据法律、法规来进行，在具体监管过程中，主要运用金融稽核手段，采用“四结合”并用的全方位监管方法。

（一）依法实施金融监管

各国金融监管体制和风格虽各有不同，但在依法管理这一点上是共同的。金融机构必须接受国家金融管理当局的监管，金融监管必须依法进行，这是金融监管的基本点。要保证监管的权威性、严肃性、强制性和一贯性，才能保证它的有效性。市场经济就是要充分发挥各个生产要素和环节的主动性和积极，鼓励和支持竞争，而竞争要做到规范有序，必须且只能由法律作保障。

（二）运用金融稽核手段实施金融监管

“稽”，就是审查；“核”，就是认真地对照、考察、核算、核实。金融稽核是中央银行或监管当局根据国家规定的稽核职责，对金融业务活动进行的监督和检查。它是由管辖行的稽核机构派出人员以超脱的、公正的客观地位，对辖属行、处、所，或业务领导范围内的专业机构，运用专门的方法，就其真实、合法、正确、完整性，作出评价或建议，向派出机构及有关单位提出报告。因此，金融稽核，是做好金融宏观控制的一项重要手段，是经济监督体系中的一个重要组成部门，与纪检、监察、审计工作有着紧密的联系。金融稽核、检查监督的主要内容包括：业务经营的合法性、资本金的充足性、资产质量、负债的清偿能力、盈利情况、经营管理状况等。

（三）“四结合”的监管方法

（1）现场稽核与非现场稽核相结合。现场稽核是指监管当局派员直接到被稽核单位，按稽核程序进行现场稽核检查；非现场稽核是指由被稽核单位按规定将各种报表、统计资料、记录等文件如期报送监管当局，稽核部门按一定程序和标准凭以进行稽核分析。

（2）定期检查与随机抽查相结合。定期检查是按事先确定的日期进行稽核检查，被监管机构预先可知；随机抽查则根据情况随时进行，随机抽查事先不通知被监管金融机构。

（3）全面监管与重点监管相结合。全面监管是指对金融机构从申请设立、日常经营到市场退出的所有活动自始至终进行全方位的监管；重点监管是指在全面监管的基础上抓住关键问题或重要环节进行特别监管。

（4）外部监管与内部自律相结合。外部监管除了官方的监管机构外，还包括社会性监管。社会性监管主要指协助监管的各种社会机构，如会计师事务所、审计师事务所、律师事务所、信用评级机构等，以及社会公众和新闻媒体的监督。内部自律一方面包括金融机构内部的自我控制机制，另一方面包括行业公会展开的同业互律，如各国的银行业公会、证券业公会、保险业公会等行业公会都通过共同制定行业活动规则，彼此约束和自我约束，保护共同的利益和良好的秩序，实现行业内部的互律性监管。

第三节　金融监管体制

一、金融监管体制及其类型

金融监管体制，指的是金融监管的制度安排，包括金融监管当局对金融机构和金融市场施加影响的机制以及监管体系的组织结构。

按监管机构的设立划分，大致可区分为两类：一类是由中央银行独家行使金融监管职责的单一监管体制；另一类是由中央银行和其他金融监管机构共同承担监管职责的多元监管体制。

（一）单一监管体制

单一监管体制是由一个金融监管部门对金融业实施高度集中监管的体制。目前，实行单一监管体制的发达市场经济国家有英国、澳大利亚、比利时、奥地利、意大利、瑞典、瑞士等国家。不过，发达市场经济国家实行这种监管体制是在经济金融高度发达、基本实现了经济金融一体化的基础上进行的，是与其完善的市场体系、高度发达的经济水平和中央银行或监管当局拥有较大的独立性相适应的。而发展中国家不采用这种监管体制多是由于国内市场体系不完善、金融制度结构比较简单，客观上需要政府通过中央银行或监管当局统一监管。

高度集中的单一监管体制的优点是：（1）金融管理集中，监管政策与标准具有一致性，有利于金融机构之间的公平竞争；（2）具有内部不同监管部门之间协调的权威性，防止多头监管体制下不同机构之间互相推卸责任或重复监管，从而有利于提高监管效率；（3）有助于降低监管成本。因为在单一监管机构内部负责不同监管领域的部门可以共享各种监管资源，获得规模经济的效果。同时，对被监管者来说，只与一个监管机构打交道，也可在一定程度上减少成本。但是这种监管体制也有一定的弊端，如监管机构权力巨大且过于集中，缺乏权力的制衡和监督，在执行监管时易于使监管部门滋生官僚作风，对已经出现的问题反应迟缓，甚至可能导致权力腐败现象的发生。

（二）多头监管体制

多头监管体制是由两个或两个以上的监管机构分别对从事银行、证券、保险等不同类型业务的金融机构实施监管。根据监管权限在中央和地方划分的不同，又可将其区分为单元多头和双元多头金融监管体制。

（1）单元多头金融监管体制。单元多头金融监管体制，又称单线多头金融管理体制，是指全国的金融监管权集中在中央而地方没有独立的权力（所谓的“单线”），在中央一级由两家或两家以上机构对不同的金融机构或金融业务实施监管（所谓的“多头”）的模式。德国、法国等均采用这种监管体制。单元多头金融监管体制的优点是有利于金融体系的集中统一和监管效率的提高。但是，这种监管体制运行效率的关键在于各金融管理机构之间的合作。具备这些条件的国家并不多。这种体制也面临着机构重叠、重复监管等问题。

（2）双元多头金融监管体制。双元多头金融监管体制，又称双线多头金融管理体制，是指中央和地方两级都有权对相应的金融机构实施监督（所谓的“双线”），不同的金融机构或金融业务由不同的监管机关来实施监管（所谓的“多头”）的模式。双元多头金融监管体制的优点是：能较好地提高金融监管的效率；防止金融权力过分集中，因地制宜地选择监管部门；有利于金融监管专业化，提高对金融业务服务的能力。其缺点是：管理机构交叉重叠，易造成重复检查和监督，影响金融机构业务活动的开展；金融法规不统一，使不法金融机构易钻监管的空子，加剧金融领域的矛盾和混乱；降低货币政策与金融监管的效率。

二、金融监管的其他相关制度安排

（一）金融业自律

金融业自律对于一国金融体系的稳定极为重要。金融业自律是指金融业的从业者组织，基于共同利益，制定规则，自我约束，实现金融业内部的自我监管，以保护自身利益并促进金融业的发展。一般来说，金融业自律的组织形式主要为金融行业公会。这是一种金融业自我管理、规范和约束的民间组织。它通过行业内部管理，避免参与主体之间的不正当竞争并促进彼此间的协作，与政府监管当局共同维护金融业的安全和稳定。

金融业自律组织主要有如下四个方面的功能：一是协调功能。即维护行业的共同利益，加强会员之间的联系，妥善处理利益冲突，避免恶性竞争的出现，促使会员单位在国家规定的经营权限内开展业务。二是服务功能。包括建立会员间的服务网络和广泛的信息渠道，了解国内外金融业的发展态势，对金融业的未来发展趋势进行分析、研究和预测，在金融同行间交流经验和培训员工，推动金融创新的发展。同时，负有加强金融业对外交流的职责。三是沟通职能。主要表现为在金融机构和监管当局之间以及各金融机构之间架起沟通的桥梁，促进彼此之间的交流，以达到相互理解、信任和支持的目的。四是监督功能。它通过建立举报监督系统，强化会员金融机构的自律和互律，并对违规会员做出相应的处罚，维护和提高金融业的整体利益和社会形象。

随着金融自由化的向前推进和金融创新的发展，各国都越来越重视发挥金融业管理的自律作用。

（二）金融机构的内部控制

这是指金融业微观主体通过内部控制，主动防范和规避风险，实现审慎管理和稳健经营制度安排。金融机构的内部控制在整个内部监管体系的设计中具有基础性地位。它不仅对金融机构自身业务的健康发展，而且对整个金融体系的稳定，都有着重要的影响。

在金融全球一体化加深，风险日益加大的背景之下，金融机构内控机制的作用显得越来越突出。特别是英国巴林银行、日本的大和银行和山一证券等大型金融机构的倒闭事件，更引起了金融业界对金融机构内控机制健全与否的警觉。这些事例表明，如果内部控制不到位，仅仅某一个环节出现纰漏，完全有可能对整个金融机构造成致命的打击。很多金融机构已经将风险管理技术应用于内部控制，并且将审慎、严密的内部控制机制的建设与公司文化和组织体系等方面的建设紧密结合。

（三）投资者保护制度

投资者保护制度的主要内容之一是建立金融服务赔偿体系。较为完善的金融服务赔偿体系一般由存款保险制度、证券投资者保护制度和保险保障制度三部分构成，其中存款保险制度是核心。

存款保险制度是指为从事存贷款业务的金融机构建立专门的保险机构，投保机构定期向保险机构缴纳保费，当投保机构面临危机或破产时，保险机构向其提供流动性资助或者代替破产机构在一定限度内对存款人予以赔付的制度。存款保险制度的核心在于为金融体系提供有效安全网，防止存款人因个别金融机构倒闭而对其他金融机构失去信心，由此导致银行挤兑，从而引发金融危机。

由于经济体制、金融体制、法律体系和经济发展水平不同，世界各国存款保险制度存在较大差异，但是其基本目标却是相同的：一是保护存款人尤其是中小存款人利益；二是建立对出现严重问题濒于倒闭的银行进行处置的合理程序；三是提高公众对银行业的信心，保证银行体系的稳定。从这个意义上讲，以存款保险制度为核心的投资者保护制度属于金融监管的辅助制度。

证券投资者保护制度类似于保护存款人的存款保险制度，是世界各国普遍建立的一种中小投资者保护制度。它主要以组建公司或基金的形式，通过证券公司按一定比例缴纳会费和其他经费来源，筹集充足、适度的资金，对因证券经营机构破产而承受损失的投资者予以补偿。

保险保障制度又称为投保人保护制度。其主要内容是通过法律对寿险公司不能赔付情况下如何保护投保人的利益作出了相应规定，一旦寿险公司倒闭，公共部门就会出面促成并购，或者拿出资金给持有保单的普通居民以补偿，投保人的利益就能得到相应保障。目前还只在美国、日本等国有相关的实践。

三、金融监管的国际协调

金融全球化对国际金融监管的协调提出了迫切的需要。目前金融监管的国际协调是解决国际范围内监管失效的最有力、最现实的方法。有效的国际金融监管协调将可能产生两个效应：一是继续推进金融的国际化和一体化进程，为金融机构的国际化努力创造良好的金融环境；二是提高全球金融市场监管的有效性，保持金融稳定。

（一）金融监管国际协调的主要形式

目前金融监管的国际协调主要通过以下几种形式进行：

（1）双边的谅解备忘录。这是指两国就金融监管某一领域的问题进行探讨，并取得共识，通过签订协议来明确双方在这一领域的责任和义务。现在这是国与国之间金融监管协调主要实现形式。目前，中国监督管理机构和数十个国家签订了监管合作的谅解备忘录。

（2）多边论坛。多边论坛一般就某一监管问题进行会谈，并签署监管声明或文件。这些文件一般都不具备法律效力。

（3）以统一的监管标准为基础的协调。各国或国际监管组织通过彼此的协调和交流，制定统一的监管标准，这些监管标准为各成员国监管当局所接受，并为各国监管当局所遵守。例如，巴塞尔委员会所颁布的资本充足率的标准。

（4）统一监管。也就是说由一个统一的监管机构来负责跨国的金融监管。目前，严格意义上的统一监管还没有出现。不过欧盟的金融监管在某些方面可以说具备了统一监管的雏形。

☞ 阅读专栏

欧盟的统一监管

《马斯特里赫特条约》建立了欧洲中央银行体系和欧洲中央银行，赋予欧洲中央银行实施货币政策的职能，但并没有赋予欧洲中央银行实施银行监管的职能，也没有明确其为银行提供流动性支持的职能。这就是说，各国仍然保留着金融监管和维护金融稳定的职责。与此同时，欧盟又在很大程度上介入了金融的监管活动，结果形成了欧盟内部一部分银行监管是统一的、集中性的，另一部分却又分散于不同的国家主体。《马斯特里赫特条约》指出："欧洲中央银行体系应该促进有关权力机构实施的关于信贷机构审慎监管政策的平稳执行以及金融体系的稳定。"欧洲中央银行体系的规章规定："欧洲中央银行可以就有关信贷机构审慎监管和金融体系稳定的共同体法律的范围和执行问题，向理事会、委员会和成员国权力机构提出建议，与它们磋商。"在欧洲单一市场上，欧盟的金融监管接受了母国原则和最小一体化原则。母国原则是指银行注册所在国的监管当局负责对该银行所有境内外机构的监管。最小一体化原则是指成员国被要求在银行监管的几个必要领域实现统一标准，但它们有权采用更高的标准，并且也可以在非统一监管领域实行国别监管。这些一体化标准是由欧洲议会通过的指令规定的。1977 年，欧共体颁布了《第一号银行指令》，从而使欧盟的统一监管走上了历史舞台。但是，该指令仅规定：信用机构至少应由两个具有良好信誉和丰富经验的人来经营，并且应有独立的和充足的最低自有资金。1989 年 7 月，出台了《第二号银行指令》，主要条款有：（1）银行开业资金不少于 500 万埃居（ECU），较小银行另做规定；（2）单一执照原则，即在任一成员国领取了执照的银行，就可以在欧共体范围内自由设立机构，无限制提供金融服务；（3）确定母国控制原则，但东道国出于货币政策或市场风险考虑，也可以对外国银行的分支机构进行管理。欧盟的统一监管主要体现在以下几个方面：（1）存款保险制度。1994 年 5 月，欧盟通过了《存款保险计划指导原则》，要求所有的欧盟国家在 1995 年 7 月之前引入一项存款保险计划，该计划应具备下列主要特征：①对每个存款人的最低保险额在 20 000 埃居；②在国外分行的存款保险，除非参与东道国更优惠的计划，否则存款保险参照母国计划；③将金融机构和保险公司的存款，以及银行发行的债权排除在保险范围之外。《存款保险计划指导原则》为欧盟各国存款保险计划的建立提供了最低的参照标准，但也准许欧盟各国在这一最低标准之上根据各国的情况自主设计，其中包括保险金额、投保范围等。（2）资本标准。1995 年 12 月 31 日，欧盟制定的《资本充足性指令》生效。这个指令应当是欧盟将银行和投资公司置于一个大体一致的监管体制之下的第一次尝试。此前，欧洲委员会的银行业咨询委员会批准了《资本充足性指令》的一项解释：欧盟允许各国监管者让银行使用自己的内部风险评估模型进行日常计算。如果巴塞尔规则下的风险评估资本要求高于《资本充足性指令》要求，银行可增加持有的资本量，但不允许根据风险评估模型减少《资本充足性指令》要求的数量。(3) 审慎监管。从《第一号银行指令》开始，欧盟通过一系列指令形式对大部分审慎性监管要求进行了统一规范。例如，建立并表监管的基本框架；统一银行年度报表和综合报表的规则；统一银行业信息披露的监管标准；定义银行资本；建立最低风险加权资本要求；要求监管者在联合的基础上对银团的经营进行监管；限制银行向单个公司或集团贷款所需承受的最大风险；等等。这些指令涉及金融监管的众多方面，建立了欧盟统一监管的法律基础。2012 年 12 月 13 日，欧元区财长会议就建立银行单一监管机制(SSM) 达成协议，同意欧洲中央银行成为银行单一监管机制的监管者。SSM 是欧洲银行联盟三大支柱的第一支柱（另外，两个支柱分别是统一的存款保险机制和问题银行的单一解决机制)。2014 年 11 月 4 日，该监管机制正式启动，欧洲中央银行开始对欧元区的大型银行实施直接监管。自欧洲债务危机爆发以来，欧洲各国开始认识到银行危机与主权债务危机之间的紧密联系，为了走出银行危机与主权债务危机之间形成的恶性循环，欧盟决定建立一个统一的银行联盟，而银行单一监管机制便是迈向银行联盟的重要一步。此外，还有 2011 年 1 月 1 日成立的欧洲银行管理局（European Banking Authority，EBA)，其前身是欧洲银行业监管委员会（Committee of European Banking Supervisors，CEBS)，主要负责欧盟范围内的银行监管，总部设在英国伦敦。2017 年 11 月 20 日，受英国脱欧影响，欧盟决定在 2019 年 3 月前将欧洲银行管理局总部迁往法国巴黎。

（二）金融监管的国际协调组织

在国际监管组织中，巴塞尔委员会的影响突出。

20 世纪 70 年代赫斯塔特银行和富兰克林国民银行的倒闭使国际社会认识到银行国际业务的风险性和危机的传导性，意识到加强对银行国际业务合作监管的迫切性。有鉴于此，在国际清算银行的发起和支持下，十国集团中央银行行长于 1974 年底建立了银行法规与监管事务委员会，也就是现在所称的巴塞尔银行监管委员会（简称“巴塞尔委员会”)。巴塞尔委员会是一个中央银行监督国际银行活动的联席代表机构和协调机构，其第一次会议于 1975 年 2 月召开，此后每年定期召开 3—4 次，议程由各成员国的中央银行商定。

在国际监管方面，巴塞尔委员会遵循两条基本原则：第一，没有任何境外银行机构可以逃避监管；第二，监管应当是充分的。巴塞尔委员会并不具备任何凌驾于国家之上的监管特权。不过，巴塞尔委员会制定了广泛的监管标准和指导原则，提倡最佳监管做法，期望各国采取措施，根据本国的情况通过具体的立法或其他安排予以实施。巴塞尔委员会鼓励采用共同的方法和标准，但并不强求成员国在监管技术上的一致性。

金融稳定理事会（Financial Stability Board，FSB）是美国在次贷危机爆发后建立的重要国际协调组织。它由二十国集团伦敦峰会于 2009 年 4 月建立，并于同年 9 月由匹兹堡峰会通过并正式生效。金融稳定理事会成员由 20 多个国家或地区（包括二十国集团的成员国、中国香港、荷兰、新加坡、西班牙和瑞士）的中央银行、监管当局和财政部门以及欧洲中央银行、欧盟的高级代表组成。

金融稳定理事会旨在通过协调各国金融当局与国际标准制定机构相关政策实施的全面性和连贯性，以推动国际金融稳定。其具体职责包括评估影响金融体系的脆弱性、促进各国负责金融稳定当局的协调和信息交流、监测市场发展及其对监管政策的影响、提出最佳监管标准建议并进行监测、为跨境危机管理特别是涉及系统重要性的机构提出应急管理计划等。

其他涉及金融监管的重要国际协调组织还有创建于 1984 年的国际证监会组织（IOSCO）、成立于 1994 年的国际保险监管官联合会（IAIS）等。

☞ 阅读专栏

银行监管的国际协调

1987 年 12 月国际清算银行召开中央银行行长会议通过“巴塞尔提议”。在“提议”的基础上，于 1988 年 7 月由巴塞尔银行监管委员会通过《关于统一国际银行的资本计算和资本标准的协议》（简称《巴塞尔协议》）。该协议的目的在于：通过制定银行的资本与其资产间的比例，订出计算方法和标准，以加强国际银行体系的健康发展；制定统一的标准，以消除国际金融市场上各国银行间的不平等竞争。

《巴塞尔协议》的主要内容有：第一，关于资本的组成。把银行资本划分为核心资本和附属资本两档：第一档核心资本包括股本和公开准备金，这部分至少占全部资本的 50%；第二档附属资本包括未公开的准备金、资产重估准备金、普通准备金或呆账准备金。第二，关于风险加权的计算。协议订出对资产负债表上各种资产和各项表外科目的风险度量标准，并将资本与加权计算出来的风险挂钩，以评估银行资本所应具有的适当规模。第三，关于标准比率的目标。协议要求银行经过 5 年过渡期逐步建立和调整所需的资本基础。到 1992 年底，银行的资本对风险加权化资产的标准比率为 8%，其中，核心资本比率至少为 4%。

1997 年 9 月，巴塞尔银行监管委员会正式通过了《有效银行监管的核心原则》，为规范银行监管提出国际统一的准则。其主要内容概括有：（1）必须具有适当的银行监管法律、法规；监管机构要有明确的责任；目标和自主权等。（2）必须明确界定金融机构的业务范围，严格银行审批程序；对银行股权转让、重大收购及投资等，监管者有权审查、拒绝及订立相关标准。（3）重申《巴塞尔协议》关于资本充足率的规定；强调监管者应建立起对银行各种风险进行独立评估、监测、管理等一系列政策和程序，并必须要求银行建立起风险防范及全面风险管理体系和程序，以及要求银行规范内部控制等。（4）必须建立和完善持续监控手段，监管者有权在银行未能满足审慎要求或存款人安全受到威胁时采取及时的纠正措施，直至撤销银行执照。（5）对跨国银行业的监管，母国监管当局与东道国监管当局必须建立联系，交换信息，密切配合；东道国监管者应确保外国银行按其国内机构所同样遵循的高标准从事当地业务。

巴塞尔委员会认为，核心原则只是最低要求，各国需要针对其金融体系的具体情况与风险加以强化或补充。

2004 年 6 月 26 日，巴塞尔银行监管委员会正式公布了《新巴塞尔资本协议》。新资本协议包括互为补充的“三大支柱”，即最低资本要求、监管当局的监管和市场纪律，并试图通过三大支柱的建设，来强化商业银行的风险管理。

新资本协议的主要内容有：(1) 最低资本要求。最低资本充足率要求仍然是新资本协议的重点。该部分涉及与信用风险、市场风险以及操作风险有关的最低总资本要求的计算问题。(2) 监管当局的监管。监管当局的监管是为了确保各银行建立起合理有效的内部评估程序，用于判断其面临的风险状况，并以此为基础对其资本是否充足做出评估。(3) 市场纪律。市场纪律的核心是信息披露。市场约束的有效性，直接取决于信息披露制度的健全程度。只有建立健全的银行业信息披露制度，各市场参与者才可能估计银行的风险管理状况和清偿能力。

新协议指出，市场纪律具有强化资本监管、提高金融体系安全性和稳定性的潜在作用，并在应用范围、资本构成、风险披露的评估和管理过程以及资本充足率四个方面提出了定性和定量的信息披露要求。为了提高市场纪律的有效性，巴塞尔委员会致力于推出标准统一的信息披露框架。

四、我国的金融监管机构体系

我国当前的金融监管体制属于集权多头式（又称“集中分业监管”）。在 2003 年十届全国人民代表大会第一次会议之前，是由中国人民银行、中国证券监督管理委员会（简称“中国证监会”）、中国保险监督管理委员会（简称“中国保监会”）三方共同承担监管职责，统称为“一行三会”。具体来说，中国人民银行主要负责银行、信托业的监管；中国证监会主要负责证券市场、证券业和投资基金的监管；中国保监会主要负责保险市场和保险业的监管。2003 年 4 月 28 日，中国银行业监督管理委员会（简称“中国银监会”）成立，承担了原由中国人民银行承担对银行、信托业的监管职责。中国人民银行负责对货币市场、黄金市场、外汇市场的监管。2018 年 3 月，银监会和保监会合并，成立中国银行保险监督管理委员会，同时，将原来两会拟定银行业、保险业重要法律法规草案和审慎监管基本制度的职责划入中国人民银行。加上早前于 2017 年 11 月成立的作为国务院统筹协调金融稳定和改革发展重大问题议事协调机构的国务院金融稳定发展委员会（简称“金融委”），以及继续履行中央银行智能的中国人民银行和继续行使我国证券业及资本市场统一监管智能的中国证监会，原有的金融监管体系格局由“一行三会”转变为“一委一行两会”。

本章关键词

金融监管　金融监管目标　金融市场监管　金融监管体制　金融业自律　金融监管的国际协调　巴塞尔协议　新巴塞尔资本协议

复习思考题

1. 金融监管需要遵循哪些原则？
2. 各国为什么要对金融业进行监管？
3. 金融监管的演变历程中体现了何种趋势？
4. 如何理解金融监管的目标？
5. 金融监管的内容与方法之间有什么联系？
6. 金融监管与金融创新有何关系？
7. 为什么要进行金融监管的国际协调？
8. 巴塞尔委员会有关银行业资本充足性监管规则的调整体现了什么样的要求？

第十七章　金融创新

金融创新始于20世纪70年代，到20世纪80年代已经形成全球趋势和浪潮。伴随着信息技术的快速发展、金融业竞争的加剧和经济、金融环境的不断变化，金融创新逐渐成为金融领域的重大趋势，成为国际金融领域的显著特征。金融创新推动了金融发展，给金融服务、金融市场、金融体制、金融宏观调控乃至整个经济都带来了深远的影响。本章将从宏观视角对金融创新进行讨论，并将互联网金融和金融科技单列阐述和讨论。

第一节　金融创新的基础理论

一、金融创新的含义

（一）金融创新定义

金融创新是指金融领域内部通过各种要素的重新组合和创造性变革所创造或引进的新事物。它包括金融业务、金融产品、金融市场、金融机构、金融制度等各个方面的创新。理解这个定义，需要明确以下几个特点：

第一，金融创新带有鲜明的行业特征，其创新的范围是在金融领域内。尽管某些金融创新可能是引入其他行业的创新成果，但这种引入对金融制度、金融运作、金融交易和金融组织等产生巨大变革，也属于金融方面的创新。

第二，金融创新具有新生性和质变性。尽管有些新事物是从旧事物中脱胎而出，以新的结构或新的组合出现，由于新的结构和组合产生了新的函数，那么它仍然是属于创新的范畴。

第三，金融创新是一个动态的广义概念。它伴随着金融发展的全过程从历史走到现在，又将从现在走向未来。整个金融业的发展史就是一部金融创新史。

（二）金融创新是商业行为

金融创新是随着商品经济的发展而出现的，在商品经济的发展过程中，随着货币信用化程度不断提高，金融创新应运而生。例如，货币的出现、商业银行的崛起、支票的广泛使用等都属于现代金融创新。

金融创新是市场经济与金融业发展到一定程度的必然结果。金融创新将各种金融要素的重新组合、重新设计和重新开发，以实现资源的最佳配置。

金融创新作为一种商业抉择行为，其动机是利润最大化。金融业在金融环境发生变化时，就要设法突破原有的限制，打破原有的均衡状态，以求得最大的利润。成功的金融创新具有相对稳定性，当促成某项创新的最初动因消失后，这项创新结果依然存在，并不断发展。金融创新促进了市场的完整性，提高了市场效率。

进入新世纪金融创新进入一个崭新的时代。随着金融业在市场经济中的地位日趋加强，产业资本和金融资本的结合，特别是数字技术在金融行业的全面渗透，金融科技驱动金融创新无论在其性质、范围和频率上都呈现出前所未有的崭新变化，使得数字金融成为金融创新发展的新方向。

☞ 阅读专栏

都在说的金融创新，到底怎么创新？

势在必行的“金融创新”

“创新”可能是最近几年在金融领域最频繁被提及的词之一，无论是媒体报道，还是学界和行业人士的发声，似乎三句话不离“金融创新”。乍看之下，这个概念似乎与同为近年金融热词的“科技金融”“数字金融”大同小异，但广义上的“金融创新”不仅仅是技术、工具和服务的创新，也指对整个体系，包括制度、结构、机制的创新。

金融创新的呼声突然变得如此热烈，对应着我国经济发展对金融体系改革创新愈发迫切的需求。中国金融四十人论坛《径山报告》项目牵头人、北京大学国发院副院长黄益平说：“近 10 年来，随着成本水平的不断提高与经济增速的持续放缓，‘金融不支持实体经济’的抱怨也越来越多。客观来说，对金融体系的抱怨一直存在，但似乎从来没有像现在这么突出。”我们国家的金融改革始于 1978 年，从只有一家单一的金融机构即中国人民银行，到今天已经形成了一个完整的金融体系，纵然有不足之处，却也实实在在地支持了我们在改革开放 40 年间实现经济高速增长与金融的基本稳定。但是，中国经济大约从 2010 年开始进入了转型期，所谓的转型，是指我们从逐步模仿和追赶驱动的模式转入自主创新驱动的模式，逐步从依靠出口和投资转入依靠消费和服务来拉动经济。这种转型意味着什么呢？

用最简单的话说，以前我们是靠便宜取胜，但由于我国人均收入水平的提升及快速老龄化趋势，已经失去了人口红利和低成本优势，以后就得靠人无我有，人有我优来取胜了。

金融如何创新？

“金融创新支持经济高质量发展”正是 2019 年《径山报告》课题组展开研究讨论的课题。黄益平在报告中指出，好的金融创新至少需要同时满足两个条件：第一是能够有效满足实体经济的合理需求，第二是风险可控。金融的理念与实践都需要创新，在满足了上述基本条件的基础上，金融创新应该考虑从以下三个方面入手：一是增加资本的耐心，二是革新风险管理方法，三是在明晰责任的前提下容忍失败。资本要有足够的耐心。目前银行的信贷资金以1年期为主，很少有超过3年的，很多固定资产项目的融资都是分拆成几个阶段落实的。近20年发展起来的各种投资基金如天使基金、创投基金、私募基金和产业引导基金等，使这方面有很大改善，但急功近利的问题依然十分严重。

融资期限虽然只是一个时间问题，但期限太短，必然会牵扯企业家的很多精力，甚至造成生产经营风险。如果企业家整天被债权人、投资人追着要回报，如何还能安心从事创新活动呢？风险管理要适应创新的特点。金融交易最大的困难就是信息不对称，所以金融服务的基本门槛就是风险评估的能力。过去几十年，中国这个看上去比较“非典型”的金融体系能够有效地支持经济增长，就是因为其风控体系能够适应当时经济发展的方式，首先看财务数据，不行再要求抵押资产，再不行还有政府兜底。但是评估创新企业的风险存在两个层面的困难：第一个层面，大多数创新企业都是中小企业、民营企业，它们往往既没有财务数据，也缺乏抵押资产；第二个层面，创新活动天生具有很大的不确定性。因此，判断它们的风险需要新的评估方法，如充分利用非财务数据即各种软信息，同时需要专业化的知识判断创新活动的机会与风险。要在明晰责任的前提下容忍失败。创新的不确定性大、失败率高，金融服务要接受这个现实。目前，商业银行对不良贷款的容忍度很低，甚至实行终身负责制，这就很难支持创新活动。提高对失败的容忍度，可以考虑从以下三个层面入手：一是尽量冒有把握的风险。当然，“有把握”也只是相对于“盲目”而言，但起码要知道风险在哪、有什么后果。二是接受失败。对于商业银行，就意味着对不良贷款的容忍度需要提高，对于投资基金，也要接受不成功的项目。三是金融服务成本要覆盖风险。容忍失败的前提是责任要清晰、总回报要有保障。对于投资基金，只要大部分投资项目获得高回报，个别项目失败不是问题。我们其实可以看出，上述三个维度的改变都是基于新的“创新驱动型”经济增长模式提出的，都是为了使金融体系能够更好地服务新的经济形态。

资料来源：中信出版集团公众号．都在说的金融创新，到底怎么创新？（节选），2020－6－4．

二、金融创新的过程

每项金融创新都经历了完成新组合或变革的过程。整个过程可以分为发明创新、模仿、推广三个阶段。

金融创新过程的第一阶段便是创新，即金融家通过对各种金融要素进行新组合或创造性变革，在世界范围内或本国内第一次创造或引进新事物，其鲜明的特征是具有新生性和质变性。这一阶段是金融创新的起始阶段，也是最为关键的阶段。没有创新，不可能有后继的模仿与推广；创新不成功，也不会出现模仿与推广。在起始的创新阶段，经济背景与空间、金融家精神、金融发展阶段与层次、金融运作的自由与管制程度、金融活动的竞争与垄断程度、金融规模与制度等多种因素影响着进入创新阶段的顺利程度、活动内容和规模。

在起始的创新阶段，特别重要的是指在金融产业发展中发现新的金融要素、新的活动领域或新的可利用技术等。从发现与创新的关系看，发现是创新的前提，没有发现，创新难以成功；创新是发现的应用，没有创新，再好的发现也只能束之高阁而成为无用之物。

模仿与推广是金融创新全过程中不可或缺的两个阶段。模仿阶段紧接在创新阶段之后，此阶段新事物的接受度不高。而推广是继模仿阶段之后大多数人接受并利用创新成果的阶段。一般经过一定时间的模仿应用以后，新市场基本形成，新技术逐渐成熟，当新事物的接受度缓慢上升达到一定点以后，会突然加速，出现大批接受者，创新成果被广泛运用。推广阶段与模仿阶段的差别只在数量上而不在性质上，因此，模仿与推广都是创新的传播过程，所不同的只是推广阶段的传播速度快、接受面广、接受者多。

模仿与推广阶段在金融创新过程有着重大的作用和影响。创新的能量释放主要发生在模仿和推广阶段，只有通过这两个阶段的活动，创新才能真正被社会所接受，才能实现全部的经济价值和社会价值，才能充分显示其优势，才能释放出全部的能量、作用和影响力。

三、金融创新的原因

（一）金融创新的基本原因

金融创新的根本原因是经济发展的客观要求。当今世界，经济的迅速发展、变化，从不同角度、不同层次对金融业提出新的要求。满足新的要求就必然导致突破原有金融业务操作方式、融资技巧、金融机构、金融市场组织形式以及过时金融法规的樊篱而创新。由于经济发展变化所提出的需要既强劲又持久，所以金融创新浪潮也持续不断地推进。反过来看，金融创新已对并将继续对整个经济的发展起着有力的推动作用。

（二）金融创新的具体原因

1. 为了规避风险而进行的创新

20 世纪 70 年代的布雷顿森林体系崩溃，世界范围内的金融运行环境发生了质的变化，西方国家在 20 世纪 70 年代末 80 年代初出现了严重的通货膨胀。银行具有借短放长的特点，它的长期贷款利率固定在较低的水平上，但对负债的大部分必须按现行的比以前高得多的市场利率付息，因而银行遭受了很大损失。银行创造性的反应就是，在资金运用上以浮动利率取代固定利率，从而把利率风险转移给了借款者。

金融创新也受到利率波动的刺激。20 世纪七八十年代出现了利率广泛波动，较大的利率波动意味着较大的风险，因为它会造成证券价格的较大波动：利率上升则证券价格下降，利率下降则证券价格上升，这导致投资者收益具有极大的不确定性，这种现象推动了浮动利率的广泛运用和金融期货交易、期权交易的发展。金融期货交易、期权交易可以作为套期保值的手段，被用来管理利率风险。

☞ 阅读专栏

浮动利率债券的出现

浮动利率债券是指发行时规定债券利率随市场利率定期浮动的债券，也就是说，债券利率在偿还期内可以进行变动和调整。

浮动利率债券往往是中长期债券。浮动利率债券的利率通常根据市场基准利率加上一定的利差来确定。美国浮动利率债券的利率水平主要参照3个月期限的国债利率，欧洲则主要参照伦敦同业拆借利率（指设在伦敦的银行相互之间短期贷款的利率，该利率被认为是伦敦金融市场利率的基准）。

浮动利率债券产生于1970年。该债券结合了中期银团贷款和长期欧洲债券的优点，一方面它可为借款方提供期限长于银团贷款的中长期借贷资金，另一方面它又使投资者减少了因利率上升而引起的资金贬值风险。证券市场参与者通常认为，浮动利率债券具有将风险平均分配于借款方和贷款方的作用，为双方提供了公平躲避利率变动风险的条件；从市场表现来看，浮动利率债券的市场价格较为平稳，其买卖差价较小，债券发行人所负担的利息与LIBOR的差额不大，该券种的流动性也较高，这充分体现了此种创新性金融工具的作用。浮动利率债券自20世纪80年代以后得到了长足的发展，成为国际资本市场上重要的金融创新，其品种和发行条件也日趋多样化和复杂化，该类债券的发行人多为从事贷款业务的金融机构。

2. 规避行政管制的创新

管制实际上是对金融机构的隐含税收，政府出于金融稳定的考虑对金融机构进行管制，但这在一定程度上对金融机构产生了束缚，减少了它们获利的机会。追求利润最大化的金融机构会想尽办法摆脱这种不利局面，通过创新规避管制。例如，美国曾经对银行存款利率加以严格控制的《Q条例》规定，活期存款不准付息，定期和储蓄存款规定了利率最高限，这些控制使银行存款者对于他们的资金不能获得市场利率而失望，进而影响到银行的资金来源，所以银行就进行了一些金融创新，如推出“自动转账制度”（ATS）和“货币市场互助基金”，以稳定和吸引资金。

3. 竞争的需要

金融机构在经营活动中充满着竞争。为了在竞争中获胜，取得更大利润，必须重视节约成本，争夺市场，为客户提供最优质的服务，所以一切有益于竞争的手段都可以被运用。例如，网络银行的发展。网络银行是银行利用因特网技术提供银行服务，它既可以降低服务成本，又可以突破传统银行网点在地域范围、营业时间等方面的限制，扩大市场份额，提高银行盈利能力。

4. 政府推动和管制的放松

政府在许多方面对金融创新起到了积极的促进作用。一方面，金融制度通过提供有关金融交易的规则、惯例和组织安排，促进金融交易的顺利进行和提高金融资源的配置效率，最终达到促进社会经济发展的目的。政府推动金融创新就是为了提高社会经济发展的宏观效益。例如，目前风行于世界，对高科技产业发展发挥了重大作用的风险投资和二板市场的成长，就是政府积极扶植的结果。另一方面，金融创新与政府管制的放松也不无关系。各国银行制度不尽相同，不少国家实行分业银行制，商业银行、投资银行、保险公司之间有严格的分工。单一的业务限制了金融机构的竞争能力，它们希望摆脱束缚，全面发展业务，并试图利用金融创新绕开管制，在这样的形势下，政府逐步放松了对金融业分工的限制，允许金融机构业务交叉的法案也应运而生，放松管制为金融创新带来了更为广阔的空间。

5. 技术进步推动的创新

技术一贯对变革有激励和支持作用，它在金融领域和在其他领域一样具有力量，以电子计算机为核心的现代信息技术、通信技术的广泛应用在金融领域中发生了巨大的影响。技术进步引起银行结算、清算系统和支付制度的创新，进而引起金融服务的创新；为技术要求日益复杂的金融工具的创新提供技术保障条件；使金融交易快速地突破了时间和空间的限制，把全球的交易主体联结在一个世界性的金融市场之中。

四、金融创新理论

西方金融创新理论的内容主要集中在探讨金融创新的动因方面。金融创新理论流派繁多，这里仅介绍几种主要理论。

（一）交易成本论

希克斯与尼汉斯于1976年提出了金融创新的交易成本理论。他们把金融创新的成因归于降低交易成本的需求。该理论认为降低交易成本是金融创新的首要动机，交易成本的高低决定了金融业务和金融工具的创新是否具有实际价值，而金融创新就是对科技进步导致的交易成本降低的反应。不断地降低交易成本就会刺激金融创新，改善金融服务。

（二）约束诱导论

约束诱导理论的代表人物是美国经济学家西尔柏（1983）。这一理论主要是从供给角度来探索金融创新的成因。西尔柏从寻求利润最大化的金融机构开始进行研究，由此归纳出金融创新就是微观金融机构为了寻求最大的利润，减轻内部和外部对其的金融约束而采取的“自卫”行为。

金融机构的内部约束是流动资产比率、资本比率等指标，外部约束是金融管理当局的各种管理和制约。当上述因素制约金融机构获取利润最大化时，金融机构就会发明新的金融工具、服务品种和管理方法。西尔柏的约束诱导型金融创新理论，过分强调逆境创新，同时，对于研究涉及新市场、新机构等宏观背景中的创新就不太适合。

（三）规避管制论

规避管制理论的主要代表人物是美国经济学家凯恩（1984）。该理论认为，金融创新主要是由于金融机构为了获取利润而规避政府的管制所引发的。各种形式的政府管制与控制，性质上等于隐含的税收，阻碍了金融机构从事已有的盈利性活动和利用管制以外的利润机会。因此，金融机构会通过创新来规避政府管制。当金融创新可能危及金融稳定和货币政策时金融当局又会加强管制，新管制又会导致新的创新，两者不断交替，形成一个相互推动的过程。

（四）制度改革论

该理论认为，金融创新是一种与经济制度相互影响、互为因果的制度改革，金融体系任何因制度改革而引起的变动都可以视为金融创新。政府为稳定金融体系而采取的一些措施，如存款保险险度，也是金融创新。

制度学派的代表如诺斯、戴维斯等持有这一观点。他们主张从经济发展史的角度来研究金融创新，认为金融创新并不是20世纪电子时代的产物，而是与社会制度紧密相关的。在计划经济体制下，金融创新不是无法开展就是受到极大的限制。在自由放任的市场经济制度下，那些为回避官方限制与管理的金融创新也无产生的必要，因而不可能产生全方位的金融创新。全方位的金融创新只能在受管制的市场经济中出现，如在英、美等国的混合经济制度下就可能有必要进行金融创新。

从制度学派的观点看，政府行为是金融创新的成因，实际上是将金融创新的内涵扩大到包括制度创新方面，较之其他理论探讨的金融创新的范围更广。但理论界对此也存在着较大的争议。有学者认为：将制度创新与金融创新紧密相连，并视为金融创新的一个组成部分，特别是将带有金融管制色彩的规章制度也视为金融创新，是令人难以接受的。因为金融管制本身就是金融创新的阻力和障碍，作为金融管制象征的规章制度无疑应是金融改革的对象。

（五）技术推进论

该理论认为，新技术的出现，特别是计算机、通信技术的发展及其在金融业的广泛应用为金融创新提供了物质上和技术上的保证。从技术创新角度探讨金融创新问题的代表人物主要是韩农和麦道威，他们通过实证研究认为，新技术的采用是推动金融创新的主要因素。但他们对金融创新的研究是局部的和不系统的。技术推进理论无法解释许多除技术之外的其他因素促成的金融创新。

（六）财富增长论

该理论认为，经济的高速发展所带来的财富的迅速增长是金融创新的主要原因。这是由于财富的增长加大了人们对金融资产和金融交易的需求，激发了金融创新以满足这种日益增长的金融需求。

格林包姆和海沃德是该理论的代表人物。他们在研究美国金融业的发展史时发现，科技的进步引起财富增长，人们要求规避风险的愿望随之增加，促使创新不断出现，金融资产日益增加。因而财富的增长是金融创新和金融资产的需求增长的主要动因。

财富增长理论主要从金融需求角度探讨金融创新的成因，有其片面性。因为，对金融创新的成因必须从需求和供给两方面综合考虑，仅有需求而缺乏供给动力的金融创新是难以推广和持久的。同时，该理论强调财富效应对金融创新的影响，忽略了替代效应，即利率变动对金融创新的影响。因此，该理论无法解释 20 世纪 70 年代以后出于为转嫁利率、汇率和通胀风险而出现的各种金融创新。

（七）货币促成论

货币促成理论的主要代表人物是货币学派的米尔顿·弗里德曼。该理论认为，金融创新的出现，主要是货币方面因素的变化所引致的。20 世纪 70 年代的通货膨胀、汇率和利率反复无常的波动，是金融创新的重要成因，金融创新是作为抵制通货膨胀、利率和汇率波动的产物而出现的。例如，20 世纪 70 年代出现的可转让支付命令账户、浮动利息债券、外汇期货、浮动利息票据、与物价指数挂钩的公债等对汇率、利率和通货膨胀具有高度敏感性的金融创新工具的出现，都是为了避免汇率、利率和通货膨胀等货币因素造成的冲击，使人们在不稳定因素的干扰下获得相对稳定的收益。

货币促成理论可以解释布雷顿森林体系解体后出现的多种转嫁汇率、利率和通货膨胀风险的金融创新工具和业务，但是对 20 世纪 70 年代以前规避管制及 80 年代产生的信用和股权的金融创新则无法解释。

上述各种理论确实能说明一定时间和空间跨度下金融创新背后的生成机理，但都偏重某个侧面，没有进行全面、综合的研究，因此，都存在一定的局限性。

第二节　金融创新的主要内容

一、金融业务与产品的创新

金融业务与产品是金融创新最重要的内容，自金融创新的潮流兴起至今日，金融业务与产品的创新可谓是层出不穷。

（一）规避风险的创新

大额可转让定期存单（CDs）就是 20 世纪 60 年代的此类创新产品，它使大额定期存款具有了流动性，能够满足储蓄者将定期存款短期变现的需要。20 世纪 70 年代又诞生了一种更新的金融产品“货币市场共同基金”，主要从事短期证券投资，为中小投资者提供了一个以往只有大投资者才能进入市场的机会。它以股份的形式吸收小额投资者的资金，再把汇集的资金投向货币市场中的各类工具，以协助中小投资者获取货币市场的高收益率。货币市场共同基金近年来的飞速发展说明了金融产品创新的生产力。创新带来了规模效益，增强了投资的流动性和收益性。

（二）运用高新技术的创新

20 世纪 70 年代以来，以电子计算机为核心的信息技术的高度发展和广泛运用，给银行业务开辟了一片广阔的天地。资金转移的电子化和信息交换的自动化使得金融服务在深度和广度上都得到了更进一步的发展。其中，银行卡就是此种新型的金融产品。它是由银行发行的、供客户办理存取款和转账支付的服务工具的总称，包括信用卡、支票卡、记账卡和智能卡，它的出现使银行业务有了一个崭新的面貌。随着电子技术与金融产品与业务的融合日益完善，金融服务的触角正伸向社会的每一个角落。例如，自动提款机（ATM）使资金的流动更为便利——它可接受现金和支票存款，显示即期支付的金额，还可将资金从一个账户转移到另一个账户上。一台小小的机器就可提供一家银行的大部分日常服务，使客户的需求随时随地都能得到满足。又如，以 ATM 为基础，加上先进的影像技术，人们就能进入一个“可视信息与现金流”的家庭金融服务时代。电子和声像系统将许多家庭直接同银行连接起来，并且还可与旅行社、航空公司及百货商店联网，允许资金在网络间转移。人们足不出户，就可从电视屏幕上了解所需的信息，并通过电脑完成资金的调拨。

近年来，“互联网 +”的应用为金融界提供了新的创新发展思路。当人们不再满足于传统金融提供的单一的同质化产品时，可以通过互联网寻求新的投资渠道。而这一实现过程打破了地域限制和金额门槛限制，成本低廉，可以让客户足不出户地享受到定制化金融服务。这是移动支付、大数据、云计算等信息技术与金融相结合为市场提供的新的金融创新产品。可以预见，未来金融将主要是信息技术和大数据技术创新驱动的。当大数据有了云计算的助力之后，数据挖掘就成为金融创新点开发的重要路径，进而使数据成为继土地、资本、人力之后的一项重要资源。这里强调的未来金融不仅仅是互联网技术在金融端的应用或融合，更多的是一种拥有互联网思维的金融业形态。互联网以一种平等、开放、协作、共享的姿态走入人们的生活，并且这种渗透程度和影响力度已经难以估量，以互联网金融、数字金融、金融科技等为代表的金融创新正在为金融产品使用者带来全新的体验。

☞ **阅读专栏**

微众银行坚守普惠金融使命，将科技创新注入金融产品与服务

微众银行是 2014 年成立的国内首家数字银行，“让金融普惠大众”是企业使命。科技是微众银行驱动业务的核心引擎，也是特色。微众银行自成立伊始就利用金融科技和互联网双重优势，打造便捷优质、价格合理的金融服务，满足更多客户群体的金融需求。

微众银行已经全覆盖人工智能、区块链、云计算、大数据四大领域，实现了关键核心技术自主可控和信息安全。其间推出了30多个开源项目，助力弥合金融机构间数字化发展鸿沟，在科技创新的驱动下，微众银行累计服务的个人客户超3.2亿人，服务的小微企业超270万家。

微众银行为小微企业推出了一款全线上、无抵押流动资金贷款产品——“微业贷”，有效降低了小微企业获得融资服务的门槛，缓解了小微企业“融资难、融资贵”问题，支持了产业和实体经济可持续发展，让小微企业可以更好地经营。

在服务个人方面，微众银行推出了“微粒贷”“微车贷”“微众银行App”等多样化的数字金融产品矩阵，深度、广泛地服务大众，更是不断升级优化无障碍服务，让金融普惠到更多长尾客群，满足更多人的金融需求。

微众银行始终坚守使命，以科技创新驱动发展，依托前沿金融科技，助力实体经济发展的同时，也在积极为大众提供金融服务，履行社会责任，更好地践行普惠金融目标。

资料来源：大江网，https：//news. jxnews. com. cn/system/2022/07/26/019722969. shtml.

（三）规避金融管制的创新

为了减少金融管制给储蓄存款带来的收益损失，从20世纪70年代起，西方银行纷纷利用法规的漏洞，推出一些灵活的储蓄工具来吸引客户。以美国为例，针对联邦法律“不允许对活期存款付息”的规定，银行发明了“自动转账制度”（ATS），允许客户在银行开设两个账户：一个储蓄账户，一个活期存款账户。当客户开出支票后，银行即自动地将必要的资金从储蓄账户转到活期存款账户上进行支付。而在平时，活期存款账户上的余额只保持1美元，这就保证了客户的存款既能生息，又能用于支付。针对“不准储蓄账户使用支票”的规定，银行又推出了“可转让支付命令账户”（NOW），这是一种储蓄账户，可以付息，同时又可开出有支票作用却无支票名称的“可转让支付命令”，这也使储蓄存款具备了较高的流动性。为了避开美联储对银行法定存款准备金的要求，提高资金的使用效益，许多银行力图通过“吸存”以外的途径来扩大负债规模。例如，进行“回购协议”交易，即卖出政府债券，换回现金，同时约定在一定时间后再购回债券。因为回购协议是市场交易而非存款，所以银行不需缴纳准备金。

☞ 阅读专栏

比特币是金融创新吗？

比特币的诞生

比特币的发展历史要从比特币的诞生说起。2008年9月，金融危机刚刚开始，并且迅速蔓延全球。在这样的背景下，2008年10月31日一个密码学极客中本聪在metzdowd. com

（密码朋克）网站的邮件列表中发表了一篇论文，题为《比特币：一种点对点式的电子现金系统》，人称比特币白皮书。

白皮书中，中本聪详细描述了如何创建一套去中心化的电子交易体系，且这种体系不需要创建在交易双方相互信任的基础之上。

很快，在2009年1月，中本聪在芬兰赫尔辛基的一个小服务器上挖出了比特币的第一个区块——创世区块（Genesis Block），并获得了50个比特币的奖励。之后，创始区块计入公开账簿，区块链时代正式开始。相反的是，它的创始人中本聪自此销声匿迹，没人知道他到底是谁。

第一次被当成货币使用

诞生之初，程序员是比特币的主要挖矿者，2010年5月，佛罗里达州的一名程序员Laszlo Hanyecz用10 000个比特币购买了两块披萨，这是在比特币发展历史上第一次被当成货币使用。

比特币历史大事件

2010年：7月11日，比特币被著名新闻网站Slashdot报道，比特币用户数量急速增长；5天后比特币价格从0.008美元升值至0.08美元，价格上涨了10倍，第一次价格的剧烈波动，显示新生事物的崛起。7月17日，第一个比特币平台成立。

2011年：2月9日，比特币价格首次达1美元，与美元等价。此消息被媒体大肆宣扬后引来了许多比特币新用户。此后2个月中，比特币与英镑、巴西币、波兰币的互兑交易平台先后开张。随着交易平台Mt. Gox和暗网丝绸之路的推动，比特币市值最高达到2.06亿美元，但这一年发生很多恶性事件，市值一度回落。

2012年：9月15日，伦敦比特币会议召开，此时比特币价格为11.8美元，同月27日，比特币基金创立，此时比特币价格为12.46美元。

2013年：3月，塞浦路斯经济危机爆发，宣布向全国银行所有10万欧元以下的储户一次性征收6.75%存款税，10万欧元以上的储户征收9.9%税费，为防止资本外逃，塞浦路斯国内银行均被关闭。这一事件在全球引起轩然大波，并引起人们对国家信用背书的强烈质疑，也迫使许多人寻求新的资金出路。比特币再次进入了人们的视野，比特币自动取款机的出现火速催涨了比特币的价格，3月5日时，比特币的价值大约为40美元，月底便飙升至92美元，一周之后，上涨至266美元。

暴涨之后往往会出现暴跌。此次下跌的影响持续了3个月左右。6月，因美国国土安全部冻结Mt. Gox美国银行账号，比特币价格再次跌至70美元左右。

11月，比特币在热门比特币交易所Mt. Gox的交易价格创下1 242美元的历史新高，而同时黄金价格为一盎司1 241.98美元，比特币价格首次超过黄金。

12月5日，中国央行联合五部委下发通知监管比特币，比特币快速大跌至1 000美元附近，随后一段时间比特币继续大跌，一度跌至500美元以下。

2014年：1月至2月，Mt. Gox比特币交易所遇到了前所未有的危机，这一平台上有744 408个比特币丢失。2月10日上午10点，比特币价格闪电般跌至102美元，跌幅

80%。当天下午，Mt. Gox发布声明表示，比特币挖矿和协议机制存在根本缺陷，因此出现用户故障、提现延时和失败的情况。2月25日，Mt. Gox因无法弥补客户损失而申请破产保护。

2015年：1月中旬，比特币价格跌至152美元的低点。经过长时间持续的大幅调整之后，价格开始台阶式攀升。10月底，比特币价格回升至500美元。

2016年：比特币市场迎来巨大变化，内部变化是年产量开始收缩，外部变化是英国脱欧、美国大选、亚洲投资者激增等事件，价格持续上涨，2016年12月比特币突破1 000美元。一度创造了160%的惊人涨幅。

2017年：3月25日，比特币价格从低点891美元开始，价格突飞猛进，在6月达到历史新高2 980美元，是黄金价格的2倍多。9月4日，因为ICO的搅局，中国人民银行等七部委发布的《关于防范代币发行融资风险的公告》，要求国内交易所于10月底全部关门。

2018年：2018年对于比特币用户和区块链来说都是艰难的一年，币价下跌、横盘反复。

2019年：4月1日，比特币价格突然暴涨，一度达到5 000美元，创年内新高。5月12日，比特币近8个月来首次突破7 000美元。

2020年：对于投资者来说，2020年注定是动荡的一年。受新冠疫情蔓延、地缘政治冲突以及宽松货币政策等多方面影响，但埃隆马斯克高调进场持续高升。

2021年：1月2日，比特币首次突破3万美元，然后6日发力依次升破3.6万美元和3.7万美元，7日又连续跨过3个千位美元关口，抵达4万美元。并在8日达到迄今为止的单价峰值，4.1946万美元。与此同时，CoinDesk的数据显示，所有加密货币的市值总额首次突破1万亿美元。

2022年7月：比特币在第二季度损失了大约58%的价值，创下了自2011年以来最差的季度表现。大约1.2万亿美元已经从整个加密货币市场上被抹去，平均每天都有上万账户被爆仓。

资料来源：根据“子航说币：史上最全的比特币发展历史－比特币行情”（https://www.qkl456.com/235184.html）和“比特币是如何一步一步火爆全网的?”（https://baijiahao.baidu.com/s?id=1689458048925308361&wfr=spider&for=pc）整理.

二、金融市场创新

（一）新型离岸金融市场创新

第二次世界大战以后，科学技术的进步极大地推动了生产和资本国际化，国际融资活动日益频繁，国际资本流动渐具规模，国际金融市场获得空前发展。一个突出的变化是：把某种货币的国际借贷和交易移到货币发行国境外进行，以摆脱该国国内的金融管制，从而出现了新型的国际金融市场——离岸金融市场，如欧洲货币市场、亚洲美元市场等。

1. 欧洲货币市场创新。欧洲货币市场是指集中存放在伦敦或其他欧洲金融中心的境外美元和其他境外欧洲货币，用于国际贷放的国际资本市场。

☞ 小链接

欧洲货币市场

欧洲货币市场是国际金融市场的核心，它产生于20世纪50年代的冷战开端时期，历经了几十年的风风雨雨，对世界经济的发展可谓功不可没。欧洲货币市场的概念是基于欧洲货币之上的，欧洲货币是指存放在某一国境外（主要是欧洲）银行中的该国货币。如存放在欧洲银行中的美元是欧洲美元，存放在英国以外其他欧洲银行中的英镑是欧洲英镑等。这些存款最初是存在欧洲，所以统称为欧洲货币，其中以欧洲美元为主，而经营欧洲货币的市场就成为欧洲货币市场。随着欧洲货币和欧洲货币市场的发展，它已经扩展到了中东、远东、加勒比海地区和加拿大等，形成一个世界性的货币市场。因此，现在所说的“欧洲货币”和“欧洲货币市场”，实际上并不以欧洲为限，但主要部分还是在欧洲。

早在20世纪50年代初，苏联和东欧国家，将他们持有的一部分美元存款从美国国内银行转移到西欧银行，以避免被美国冻结的危险。在朝鲜战争中，美国就冻结了我国在美国的资金，苏联和东欧国家就引以为鉴，这便是最早的欧洲美元。接受欧洲美元存款的银行，为了赚取利润，又将这些资金运用于借贷。这样便出现了最早的欧洲美元市场。

在欧洲货币市场发展过程中，欧洲美元市场一直是欧洲货币市场最主要的组成部分，也是欧洲货币市场的发端。

资料来源：刘义杰，袁媛．欧洲货币市场的兴起与发展［J］．市场现代化，2006（35）．

2. 亚洲美元市场创新。亚洲美元是指在新加坡营运的各国商业银行所吸收的亚洲和太洋洲地区的美元存款，由这种亚洲美元的存放借贷活动而形成的金融市场称为亚洲美元市场。亚洲美元市场的形成和发展是以美元为中心的国际货币体系的逐步解体以及美元地位的下降相联系的。20世纪60年代末美元危机严重，欧洲美元市场利率升高。这样，亚洲一些外资银行便参照欧洲美元市场的做法，准备收集亚洲地区的流动资金，作为美元借贷市场的补充来源。当时日本和中国香港都不愿开辟境外货币市场交易，而独立不久的新加坡却积极争取成为亚洲美元市场中心。新加坡发展成为亚洲美元市场同时还因为新加坡地处欧亚非三洲交通要道，同伦敦、纽约形成鼎足，优越的地理位置使它有条件成为全球24小时接力营业中重要环节；有一套完善和健全的金融体制，而且新元是东南亚最稳定的货币；对外交通、通信设备发达，政治稳定，行政效率高，当局能根据客观形势的变化采取适当措施，促使美元市场顺利发展。

（二）金融衍生市场创新

人们通过预测股价、利率、汇率等变量的行情走势，支付少量保证金签订远期合同，买卖选择权或互换不同的金融商品，由此形成了期货、期权、互换等不同的金融衍生市场。20 世纪 80 年代以来，金融衍生市场呈爆发性增长。

（1）金融期货市场创新。金融期货是指以各种金融工具或金融商品（如外汇、债券等）作为标的物的期货交易方式，即以公开竞价的方式进行标准化金融期货合约的交易。

在专门的交易所中通过公开叫价的方式买卖金融期货合约所形成的市场就是金融期货市场。现代期货交易诞生于美国。期货合约最早的标的物是农产品，20 世纪 70 年代后，由于世界经济不稳定，利率、汇率大幅度波动，期货合约标的物扩展到外汇、股票等金融资产上，金融期货问世，金融期货市场应运而生。金融期货市场分为两种类型。一种是专门为开展金融期货交易而设立的专业性金融期货市场；另一种是传统的或原有的证券市场，不仅开设金融期货交易业务，而且是兼有普通商品期货交易和证券现货交易的综合性市场。目前全世界已有数十个主要的金融期货市场，这些市场主要集中于北美、欧洲和亚太地区，较有代表性的有国际货币市场、芝加哥商品交易所、伦敦国际金融期货交易所、东京证券交易所。

☞ 阅读专栏

广州期货交易所正式揭牌

2021 年 4 月 19 日，广州期货交易所（简称“广期所”）揭牌仪式在穗举行。广东省委书记李希、中国证监会主席易会满共同为广州期货交易所揭牌。设立广州期货交易所是落实党中央国务院决策部署，健全多层次资本市场体系、服务粤港澳大湾区和国家“一带一路”建设的重要举措。

当日，证监会副主席方星海表示，广期所非常重要的一个方向是支持低碳经济的发展。4 月 16 日，证监会新闻发言人表示，探索研究碳期货市场建设，指导广期所积极稳妥推进碳期货研发工作。

自 2020 年 10 月 9 日筹备组正式成立，到 2021 年 1 月 22 日广期所正式获批设立，到 4 月 19 日正式揭牌，历时 192 天。目前，首个上市品种尚未确定。市场人士认为，广期所大概率首推商品指数期货。

2019 年 2 月份发布的《粤港澳大湾区发展规划纲要》提出，支持广州建设绿色金融改革创新试验区，研究设立以碳排放为首个品种的创新型期货交易所。2020 年 5 月发布的《关于金融支持粤港澳大湾区建设的意见》提出，研究设立广州期货交易所。

“从《粤港澳大湾区发展规划纲要》可以看出，广期所的定位有两个：一是以碳排放权期货为核心，支持低碳经济、绿色经济发展；二是创新型的期货交易所。”北京工商大学证券期货研究所所长胡俞越在接受《证券日报》记者采访时表示，“由于目前我国碳排放权现货市场尚未形成规模，上市碳排放权期货的基础不够，首个品种不一定是碳排放权期货，首推商品指数期货反而更加现实一点”。

“相较于碳排放权期货，商品指数期货更加容易成功，也有一定基础。”中钢经济研究院首席研究员胡麒牧对《证券日报》记者表示。

4月15日，在中国人民银行与国际货币基金组织联合召开的“绿色金融和气候政策”高级别研讨会上，中国人民银行行长易纲表示，计划2021年6月底，中国全国性碳排放权交易市场启动运营。

“全国性碳排放权交易市场启动后，碳排放权期货上市有望提速。”胡俞越认为，碳达峰、碳中和“30·60目标”提出之后，市场各方有望快速形成一致目标。

值得关注的是，广期所是继中金所之后，我国第二家公司制的期货交易所。

天眼查App显示，广期所股东有8位，其中大连商品交易所、上海期货交易所、郑州商品交易所、中国金融期货交易所股份有限公司和中国平安持股均为15%，广东珠江投资控股集团有限公司持股9%，广州金融控股集团有限公司持股9%，港交所持股7%。

胡麒牧表示，相比会员制交易所，公司制的市场化导向更强，更符合“充分发挥市场在资源配置中的决定性作用”的导向。股东中，港交所的加入，体现了期货市场对外开放、与国际接轨的导向，让国内期货市场的价格发现、风险管理功能更加国际化，有利于提高全球定价权。另外，国内民企股东的加入，体现了竞争中性原则，在期货市场上构建更加公平的竞争环境。

资料来源：证券日报，2021年4月20日.

（2）金融期权市场创新。金融期权是指一种能在未来某一特定时间以特定价格买进或卖出一定数量某种特定金融商品或金融期货的权利。期权交易作为一种交易方式引入金融市场，是从股票期权诞生开始的。1973年全世界第一个集中性期权市场——芝加哥期权交易所的成立结束了股票期权交易分散于店头市场的局面。集中性期权市场的出现不仅大大丰富了期权合约标的物的种类，而且使期权由单纯的看涨期权发展为看涨期权和看跌期权两大类，使期权交易获得了迅速发展。20世纪80年代以来，金融期权交易的发展空前，交易所不断被创建，新型期权合约不断涌现。到目前为止，市场上交易比较活跃的有外汇期权、债权期权、股价指数期权、期货期权等多个品种。

（3）金融互换市场创新。金融互换是交易双方约定在合约有效期内，以事先确定的名义本金额为依据，按照约定的支付率相互交换一系列现金流的合约。金融互换常见的有利率互换和货币互换，前者是以同一种货币为单位的两笔资金在利率方面的交换，后者是两笔以不同货币为单位的资金交换。

当前，金融衍生市场发展迅猛，交易量急剧增长，交易额几十倍甚至上百倍于金融原生市场，成为国际上备受关注的金融市场。金融衍生市场的发展促进了金融市场一体化，增强了市场竞争，提高了市场效率；增加了风险管理的手段；扩大了金融资产的选择范围，提供了新的投资手段。

三、金融组织机构创新

（一）金融机构的种类和规模迅速增加

20 世纪 50 年代以来，金融创新中涌现出有别于传统金融机构的新型金融机构，其中有以计算机网络为主体而无具体营业点的电子银行；有以家庭为专门对象，居民足不出户就可以享受各种金融服务的家庭银行；有各国银行以股权方式联合成立的国际性联合银行；还有集银行、证券、保险、信托为一体的大型复合金融机构。20 世纪 70 年代以后，跨国大型复合金融机构、金融百货公司或金融超级市场等新型金融机构风行欧美国家。21 世纪在信息技术加持下，又出现了无实体网点的互联网银行。

（二）各类金融机构的业务逐渐趋同

金融机构在业务和组织创新的基础上，逐渐打破了职能分工的界限，各种金融机构通过金融产品和业务创新可以提供名称不同，但业务产品性质趋同的金融服务，出现所谓金融机构“同质化”趋势。再加上政府金融管制的放松，例如，日本 1981 年的新银行法允许商业银行、长期信贷银行、信托银行经办证券业务；英国 1986 年允许所有金融机构参加证券所交易。管制的放松加剧了银行与保险、信托、证券等非银行金融机构的业务交叉与渗透，模糊了原有的职能分工界限，各国的金融机构正由分业经营向混业经营发展。

（三）金融机构的组织形式不断创新

在过去单一制、总分行制的基础上，新推出了控股公司制以及经济上相互独立而业务经营上互助并协调一致的联盟制银行；在分支机构形式上，也创建了全自动化分支点、百货店式分支点、专业店式分支点。

（四）金融机构的经营管理频繁创新

金融机构通过管理创新不断调整业务结构，开发出多种新型负债和资产业务，中间业务特别是表外业务的比重日益加大，业务手段、业务制度、操作程序、管理制度等被不断革新。金融机构的内部机构设置也在不断创新，旧部门撤并，新部门设立。经营管理方法也在推陈出新，如 20 世纪 60 年代的负债管理、70 年代的资产管理及资产组合管理、80 年代的资产负债管理和多元化管理、90 年代的全面质量管理和全方位满意管理、CI 战略、市场营销管理等层出不穷。21 世纪最突出的经营管理创新是包括 IT 和 DT 在内的信息技术和经营管理各个环节的广泛应用。

四、金融制度创新

（一）国际货币制度的创新

当 20 世纪 70 年代初布雷顿森林体系彻底崩溃以后，以 1976 年国际货币基金组织 20 国临时委员会在牙买加达成的国际货币制度改革协议为起点，以主要发达国家正式宣布实行浮动汇率制为标志，创立了现行的在多元化储备货币体系下以浮动汇率制为核心的新型国际货币制度。国际货币制度创新的另一重要表现是区域性货币一体化趋势。它通常以某一地区的若干国家组成货币联盟的形式而存在，其中最著名的便是欧洲货币联盟。此外，阿拉伯货币基金组织、西非货币联盟、中非货币联盟等都是区域性的货币联盟。

（二）国际金融监管制度的创新

在国际经济和金融一体化进程中，面对动荡的国际金融环境、频繁的国际金融创新和日益严重的金融风险，各国强烈要求创建新型有效的国际金融监管体制。1975 年，在国际清算银行主持下成立了巴塞尔银行监管委员会，专门致力于国际银行的监管工作，该委员会 1988 年通过的《巴塞尔协议》，成为国际银行业监管的一个里程碑。随着国际证券业委员会、国际保险监督官协会、国际投资与跨国企业委员会、期货业国际公会、证券交易所国际公会等国际性监管或监管协调机构和国际性行业自律机构的创立与履职，一个新型的国际性金融监管组织体系已经开始运转。各国监管当局的联手监管和专门机构的跨国监管正在不断创新监管方式和手段，着手创建一个集早期预警、风险防范、事后救援三大系统为一体的新型国际化监管体系。

第三节　金融创新的效应

一、金融创新对金融和经济发展的推动作用

（一）金融创新促进了金融机构运作效率的提高

首先，金融创新推动了金融机构业务的多元化，在规模和范围两个方面提高了金融机构的经营效率。传统的业务分工被打破，金融机构的服务功能不再局限于传统的信用中介和信用创造，除传统的存、贷、结算功能外，还向证券、租赁、房地产、信托等方面拓展，业务领域大大拓宽。另外，金融工具、金融业务及金融交易方式的创新使金融机构的渗透力大大增强。一些金融机构过去无法介入的领域、无法提供的服务、无法动员的资源等问题，通过金融创新得到了解决。

其次，金融创新使消费者对金融机构提供服务的全面性和便捷性的满意程度提高。金融创新使新的金融工具、服务品种、金融交易不断涌现，多元化的金融机构和金融业务满足了不同类型消费者的不同层次的消费需求。此外，金融创新使金融机构间的竞争加剧，促进了金融机构经营管理观念的改革和更新，盈利水平和资产增长速度不断提高。

（二）金融创新促进了金融市场运作效率的提高

（1）金融创新丰富了金融市场的交易品种。金融创新特别是金融工具的创新使金融市场的交易品种增加，投资者选择的余地增大，很容易实现各类投资者满意的投资组合。

（2）金融创新促进了金融市场的一体化。金融市场自身的创新，无论是欧洲货币市场的发展，还是金融衍生市场的扩张，都促进了金融市场的一体化趋势。同时，金融监管制度的创新，特别是金融监管的放松，从宏观上为金融市场一体化打开了方便之门。金融创新后显现出的全球市场一体化趋势，提高了各国金融市场间信息传递速度和对价格的反应能力，为金融资源的全球配置提供了条件。

（3）金融创新增强了投资者的风险防范能力。金融创新提供了大量的新型金融工具和融资方式、交易技术，增强了风险防范能力。投资者不仅能进行多元化投资组合，而且能及时调整其组合策略，在保持效率组合的过程中，可以通过分散或转移的方法，把个别风险降低到最小。尤其是金融市场上股指期货等避险性工具的出现，使剔除个别风险的功能得到很大提高。

（4）金融创新加强了金融资产之间的替代性，降低了融资成本，便利了资金跨市场流动，促进企业通过金融市场融资从而推动经济发展。融资成本的下降体现在以下几个方面：一是电子化降低了支付清算方面的成本。二是证券交易成本减少。固定佣金制度普遍被取消，包销费用下降，国际化节约了各国证券交易成本。三是二级证券市场发达，证券的利率可以压低，从而节约筹资者的利息支出，降低筹资成本。

（三）金融创新扩大了银行资金来源渠道

在20世纪60年代以前，政府对银行业的管制尚在银行所承受的范围内，银行还能够利用自己的优势吸收大量的闲置资金，经营生存下去。但从20世纪70年代开始，由于市场利率大幅度上升，银行业却由于存款利率最高限的法令而不能提高利率吸收资金，导致银行存款受到极大冲击，资金来源日益枯竭。面对这种境况，银行推出了一系列既有收益性又有流动性的融资工具，如可转让支付命令账户（NOW）、自动转账服务（ATS）、大额可转让定期存单（CD_S）等。这些金融工具既满足了投资者的流动性和收益性要求，又扩大了银行的资金来源渠道。银行获得资金来源的方式和渠道多样化，使银行摆脱了被动的局面，掌握了取得资金的主动权，最大限度地吸收闲置资金，并获得了自身发展。

（四）金融创新促进了金融改革

金融创新既是金融改革的结果，又对金融改革起着促进作用。由于金融改革出现了金融机构多元化、金融业务全能化及金融工具多样化等方面的创新，而这些创新又使原有的金融制度成为金融业进一步发展的障碍，促使金融制度进行相应的调整和改革，并鼓励和刺激新一轮的金融创新。此外，在金融创新的过程中，新业务和新市场的开拓、资本增长、设备配置或更新、经营管理水平和人员素质的提高等体现金融产业发展的能力，都有大幅度的提高。

（五）金融创新增强了金融对经济的作用力

金融作用力主要是指金融对整体经济运作和经济发展的作用能力，一般通过对总体经济活动和经济总量的影响及其作用程度体现出来。金融创新从总体上提高了金融作用力，极大地推动了经济发展。

（1）社会投融资的满足度和便利度上升。一是投融资成本趋于下降，有力地促进了储蓄向投资的转化；二是金融机构和金融市场能够提供更多更灵活的投融资安排，可以从总体上满足不同投资者和筹资者的各种需求，从而使全社会的资金融通更为顺利；三是各种投融资的限制逐渐被消除，各类投融资者都能进入市场参与活动，金融业对社会投融资需求的满足能力大为增强。

（2）提高了金融资源的开发利用与再配置效率。金融创新将发达国家从经济货币化推进到金融化的高级阶段，大幅度提高了发展中国家的经济货币化程度，使得金融总量快速增长，扩大了金融资源的可利用程度并优化了配置效率。

（3）增强了货币作用效率。创新后用较少的货币就可以使较多的经济总量得以实现，从而意味着货币的作用力和推动力增强。

（4）推进金融业的产值迅速增长。金融业的产值增长直接增加一国的 GDP 总量，加大了金融业对经济发展的贡献度。

二、加大了整个金融体系的风险

主要表现在：一是为投机活动提供了新的手段和场所；二是增加了银行表外业务的风险；三是加剧了金融机构的竞争，银行传统的存贷利差缩小，增加了从事高风险业务的压力和冲动；四是推动了金融自由化、国际化，使各金融机构之间，国内金融与国际金融之间的相互依赖性增加，从而造成金融风险易于扩散。

☞ 新闻背景分析

初析国际金融危机之：金融衍生品过多掩盖了巨大风险

传统上，放贷银行应该把贷款记在自己的资产负债表上，并相应地把信用风险留在银行内部。但是，美国的大批放贷机构却在中介机构的协助下，把数量众多的次级住房贷款转换成证券在市场上发售，吸引各类投资机构购买；而投资机构则利用“精湛”的金融工程技术，再将其打包、分割、组合，变身成新的金融产品，出售给对冲基金、保险公司等。这样一来，提供次贷的银行变魔术般地销掉了账上的抵押贷款这类资产。表面上看，这是皆大欢喜的“金融炼金术”：购房者能以极低的首付款甚至零首付获得房产；提供抵押贷款的金融机构不必坐等贷款到期，通过打包出售债权方式便提前回笼了资金；提供资产证券化服务的金融中介可以在不承担风险的情况下赚取服务费；由抵押贷款演变成的各种新型金融产品，又满足了市场上众多投资者的投资牟利需求……据美国经济分析局的调查，美国次贷总额为1.5万亿美元，但在其基础上发行了近2万亿美元的住房抵押贷款支持债券（MBS），进而衍生出超万亿美元的担保债务凭证（CDO）和数十万亿美元的信贷违约掉期（CDS）。

资产证券化所创造的金融衍生产品本来可以起到分散风险、提高银行等金融机构效率的作用，但是，资产证券化一旦过度，就加长了金融交易的链条，使美国金融衍生品越变越复杂，金融市场也就变得越来越缺乏透明度，以至于最后没有人关心这些金融产品真正的基础是什么，也不知道其中蕴含的巨大风险。

在创新的旗号下，投机行为一波一波地被推向高峰，金融日益与实体经济相脱节，虚拟经济的泡沫被“金融创新”越吹越大，似乎只要倒腾倒腾那些五花八门的证券，财源就可滚滚而来。通常，虚拟经济的健康发展可以促进实体经济的发展，但是，一旦虚拟经济严重脱离实体经济的支撑，就会逐渐演变成投机经济。起初1元钱的贷款可以被逐级放大为几元、十几元甚至几十元的金融衍生品，金融风险也随之被急剧放大。当这些创新产品的本源——次级住房信贷资产出现问题时，建立在这个基础之上的金融衍生工具市场就犹如空中楼阁，轰然坍塌下来。

……

资料来源：中国经济网 http：//www. ce. cn/cysc/newmain/right/llyj.

三、金融创新对货币政策的影响

（一）金融创新使货币定义与计量的难度增大

（1）金融创新使货币定义变得困难与复杂。金融创新使新的金融工具不断涌现，金融资产之间的替代性不断加大，交易性货币和投资性金融资产越来越难以区分。如可转让支付命令账户、自动转账服务及货币市场互助基金账户等既能开列支票转账，又能以投资性的储蓄余额存在，很难简单地把它们归属于货币或其他类。金融创新品种越多，速度越快，货币定义的形成也就越频繁、越复杂。20世纪70—90年代，英、美、日、加等国的货币总量指标定义的包容量越来越大，指标越定越细，修改次数也更加频繁。即使如此，货币定义中仍有许多不完善之处，如信用卡能广泛地充当货币职能，却并不包括在任何货币总量之中。

（2）金融创新使货币计量难度增大。中央银行根据金融资产的流动性把货币划分为

M1、M2、M3 等总量。金融创新后的金融资产往往兼有交易和投资的功能，在利率波动情况下，资金往往在支票账户和储蓄账户之间不断转移，这时要计算狭义货币和广义货币十分不易。此外，由于许多新的金融组织并没有义务向中央银行报告，新的金融业务也往往不在原有的必须报告的内容之列，从而中央银行无法得到充分、准确的金融创新信息，加之一些流动性很强的如股票、债券等金融资产不断在货币和非货币资产之间转换，使中央银行对货币的计量变得更加困难。

（二）金融创新削弱了中央银行的货币控制能力

（1）金融市场的创新与发展削弱了中央银行对本国货币的控制能力。欧洲货币市场的存在与发展，使各国中央银行执行货币政策的难度增加。欧洲货币现已成为国内货币更接近的替代品。当存在不利于金融机构的管制时，如增加准备金要求、利率或税收方面的限制，金融机构就会利用欧洲货币市场，绕过中央银行的货币控制。在那些不把欧洲货币市场存款包括在货币总量中的国家，还会扭曲国内货币供给量。

（2）金融业务的创新促使金融机构多元化和同质化，削弱了中央银行的货币控制能力。金融同质化（指所有金融机构的职能日益接近，各项业务日益交叉）后，经营活期存款的金融机构增多，而且都具有创造货币的能力，货币创造主体不再限于中央银行和商业银行，而趋于多元化，使商业银行的地位下降，传统上以控制商业银行创造派生存款能力的货币控制方法失效。同时，随着金融同质化的发展，属于货币政策控制与监督范围以外的业务和机构增多，也降低了中央银行控制货币的能力。

（3）金融创新拓宽了银行的投融资渠道，削弱了中央银行对基础货币的控制能力。金融创新使商业银行的筹资渠道大大拓宽，而技术手段的进步又提高了商业银行临时调拨资金的能力，各种金融创新工具从整体上提高了商业银行的资产流动性，商业银行可以不向中央银行借款而正常运作，导致中央银行调节基础货币的能力下降。此外，随着银行非中介化，存款越来越多地投资于证券，存款准备金机制的覆盖面缩小，也削弱了货币控制的基础。

（三）金融创新增强了货币需求的不确定性

（1）金融创新改变了货币需求结构，使货币需求的不稳性增强。货币需求动机中的交易性货币需求是收入的正函数，投机性货币需求是利率的反函数。在一定的货币存量下，交易性货币需求和投机性货币需求互为消长。一般认为在金融创新之前，多数人持有货币的主要动机是满足交易性需求，因而尽管利率对货币需求有影响，但它在货币需求中并不起决定作用，货币需求与收入有着比较稳定的关系。

随着金融工具的不断创新，一系列既有交易功能，又有投资功能的新型账户出现，改变了人们的货币需求结构，人们不再将更多的货币置于手中满足随时性的交易需求，尽可能将收入投资于具有较高流动性和利息收入的金融资产，发生交易需要现金时再变现，用于支付需要，从而使投机性货币需求增多，成为货币需求的主要部分。由于投机性货币需求受到利率的影响较多，在市场利率波动剧烈时，投机性货币需求也就变得动荡不定，必然造成整个货币需求的不稳定。

（2）金融创新使货币需求的利率弹性受到影响。金融创新丰富了银行资产的可选择性。当中央银行想通过各项政策手段减少准备金供给以压缩货币供应量时，商业银行可通过负债管理在公开市场上购买资金，而不是像过去那样通过减少贷款来满足存款准备金要求。货币政策的后果不再是信贷数量的减少，而是信贷价格（利率）的变化。银行可贷资金这一传导媒介日益失灵。同时，金融创新以后，银行越来越多地把资金转向纯粹信用中介以外的用途，非利息收入不断增加，利润总额对利差变化的反应灵敏度降低。此外，金融创新强化了金融的国际化程度，跨国银行国外利润的比重不断上升，其对国内利率变化的敏感性越来越差。

（四）金融创新使货币政策工具功效发生改变

（1）金融创新使传统的选择性政策工具失效。传统的选择性货币政策工具包括利率限制、信用配给等。金融创新，尤其是规避管制的创新，如NOW账户、ATS等，其创新的目的就是要摆脱上述政策工具的约束。这些创新活动的成功与普及，使央行运用选择性政策工具越来越困难。

（2）金融创新弱化了存款准备金制度的功能。首先，金融创新弱化了存款准备金制度作用的力度。存款准备金制度发挥作用的基本前提是商业银行的超额准备相对稳定，这样才能对央行的存款准备金率的调整作出反应。而金融创新破坏了这一前提条件。商业银行可以通过创新业务和创新工具很容易地通过货币市场调整其超额准备，超额准备弹性加大使存款准备金制度的作用力度减弱。例如，当央行提高存款准备金率时，商业银行可以及时通过创新工具从货币市场补充其超额准备并维持规模不变，央行紧缩信用的目的便难以达到。其次，金融创新减少了存款准备金制度的作用范围。商业银行通过回购协议、货币市场互助基金等不受存款准备金制约的非存款工具，或通过欧洲货币市场，既能确保其应有的负债规模，又能逃避存款准备金制度的约束。

（3）金融创新使贴现率的作用下降。金融创新使商业银行融资渠道多元化，融资方式更为灵活，而且成本下降。商业银行可以通过出售证券、贷款证券化、同业拆借、发行短期存单、从欧洲货币市场借款等渠道满足自己的流动性需要，对央行再贴现窗口的依赖性下降，贴现率的作用受到限制。

（4）金融创新强化了公开市场业务的作用。金融创新所引起的资产证券化趋势及金融市场的全球化趋势，有利于央行公开市场业务操作，并且使其影响的广度和深度增加。首先，金融创新拓宽了公开市场业务作用的范围，使央行可在公开市场的本外币市场充分发挥作用。例如，在本币市场，央行可以运用政府债券、商业票据、承兑汇票等金融工具的买卖调节基础货币；在外汇市场上，央行可以借助远期、掉期、互换等创新交易通过公开市场操作干预和调控市场。其次，金融创新深化了央行公开市场业务的作用程度。在金融创新的证券化趋势下，金融机构的总资产中有价证券的比重增加，特别是政府债券成为金融机构举足轻重的二级准备，央行通过公开市场业务对金融机构的影响力增强。最后，金融创新还使得央行公开市场操作的灵活性增强。一方面，金融工具创新为央行公开市场操作提供了大量可供买卖的工具，使央行公开市场操作的手段更为丰富；另一方面，金融交易方式的创新，如回购协议等方式使央行公开市场操作的买卖方式更为灵活。

☞ **专家视点**

初析2008国际金融危机

2008年的金融风暴，本质上是美国模式市场经济治理思想的严重危机。美国马萨诸塞大学教授大卫·科兹指出，目前的美国金融风暴，是资本主义一种特殊制度形式的产物，也是资本主义的新自由主义形式作用的结果。由于金融管制的解除，没有了国家的密切监管，资本主义的金融部门就会出现内在的不稳定。

冷战结束后，伴随着经济全球化的迅速发展，新自由主义不仅仅只是美国经济政策的基础，也成为美国在全球推行金融自由化的工具。新自由主义虽然对治理20世纪七八十年代西方国家的滞胀起到了一定的疗效，但它不是万能的。

所谓新自由主义，是一套以复兴传统自由主义理想，以尽量减少政府对经济社会的干预为主要经济政策目标的思潮。一些学者称之为“完全不干预主义”，因其在里根时代勃兴，因此又称其为“里根主义”。而“金融大鳄”索罗斯把这种相信市场能够解决所有问题的理念称为“市场原教旨主义”。索罗斯在接受法国《世界报》采访时表示，“（华尔街的危机）是我所说的市场原教旨主义这一放任市场和让其自动调节理论的结果。危机并非因为一些外来因素，也不是自然灾害造成的，是体制给自己造成了损失。它发生了内破裂”。

新自由主义的模式，突出强调“最少的政府干预，最大化的市场竞争，金融自由化和贸易自由化”。由于美国在国际金融体系中的主导作用，新自由主义的思想对这个体系也形成了极大影响。包括会计制度、市场评级体系、风险控制程序，乃至金融政策，甚至市场适用的语言、计价货币等，统统采用的是美国规则，国际金融体系实际上成了美国金融体系。很显然，这不符合平等、公平、协商的国际原则，无视各国发展阶段、管理水平、经济和社会体制的差异。越来越多的经济学家已经认识到，未来国际金融体系的改革与调整要想取得成果，就必然要触动这一思想基础。

……

资料来源：http：//www. ce. cn/cysc/newmain/right/llyj//.

第四节 我国的金融创新

改革开放以来，中国的金融创新发展路径是独特的。在经济体制改革的推动下，中国的金融创新与经济体制改革和金融发展如影相随。进入21世纪金融发展中改革的政策因素、体制转换的动力因素的推动力逐渐减弱，依靠社会经济体的内部力量成为金融发展和创新的主要推动力。由此，金融体系内部通过各要素重组和创造性变革出现的金融创新，其地位与作用变得更为重要。

一、我国金融创新的总体目标

随着社会主义市场经济体制的确立，我国金融创新的总体目标已经获得了广泛认同。建立和完善现代金融制度，提高金融体系的运行效率，促进经济增长，优化资源配置，已经成为新世纪我国金融创新的总体目标。

（一）建立功能健全与协调发展的金融市场体系

作为现代金融制度的一部分，建立健全包括货币市场和资本市场在内的金融市场体系，是我国金融创新整体战略的重要组成部分。金融市场的效率可以从两个方面来衡量：一是市场运作效率，通常从市场价格、交易品种、风险状况、交易成本等方面考察；二是对经济发展的作用效率，通常从金融资源的开发利用与配置状况、社会投融资的满足与便利程度来衡量。因此，要建立高效率的金融市场，仅仅从金融工具创新、交易技术创新和市场管理创新着眼是远远不足的，要将市场创新的重心放到货币市场与资本市场的协调发展上来，通过二者的协调发展形成资金有序流动的机制，从而提高金融资源的配置效率。

1. 建立统一、高效、结构合理的货币市场。建立全国统一的有形市场与无形市场并存的同业拆借市场体系，培育规范高效的国债回购市场，扩大商业票据发行规模，增加票据贴现和再贴现业务量，使货币市场具有足够的广度和深度，参与主体多类型化，交易品种多样化。

2. 构建一个定位准确、功能健全、结构合理的资本市场。股票市场应当着眼于长远发展和制度建设，便于市场参与者形成稳定和理性的预期；发挥股市价格发现、筹集资金、制度改革和优化资源配置的功能；促进资本市场的交易品种结构多样化；促进上市公司结构和投资者结构的合理化，使之有利于市场的稳定健康发展。

（二）创新满足多样化需求的金融业务与产品体系

在经济增长与发展的过程中，国内资金供应来源不断丰富，对资金需求与融通的要求也多种多样。资金供求双方对金融业务与产品的种类、性能和质量的要求越来越高。积极进行金融业务与产品的创新很有必要。

（1）货币市场产品创新。一是商业票据，既可以解决企业短期资金的调剂需要，又可以成为商业银行改变贷款方式的工具，还可以作为中央银行再贴现政策的工具；二是短期国债，既可满足财政短期融资的需要，又可作为金融机构的二级准备金和公开市场操作的主要政策工具。

（2）资本市场产品创新。不同期限、不同收益率和不同风险值的多种金融产品，可以满足各类投资者和融资者的需要，如低风险、稳定回报的公司债券、国债；中等风险的可转换债券、认股权证；高风险的股票、期货、期权等。

（3）金融机构业务创新。一方面，有不断创新负债和资产业务的品种、方式；另一方面，开发推广的新型金融业务和服务项目，如跨国业务、委托业务、信用卡业务、咨询业务、代理业务、信托业务、保管业务以及在投资、理财、消费等方面的服务，提高金融业对各种金融需求的满足能力和满足程度。

（三）创新多元化的金融组织结构体系

组织结构多元化，即建立政策性金融和商业性金融相分离，以商业银行为主体，多种金融机构充分竞争的金融组织结构。一是多元化的所有制形式创新，继续推广股份制和合作制金融机构，适当引入外资金融机构；二是多元化的组织形式创新，在总分行制下创新分支机构的设置种类与方式；三是多元化的金融机构种类创新，创设多种金融机构，在银行业内除了商业银行、政策性银行外，还可设立从事专项业务的专业银行；在非银行金融机构中，要引导保险和退休养老基金组织创新，以满足市场经济中的风险抵御和人口老龄化后的退休养老需求。

（四）健全金融制度

金融深化改革的进程同时是金融法制化、规范化的过程。金融制度创新应在与经济体制相适应的原则下，与国际金融制度相协调，既要吸纳国外金融制度创新的优点，更要注重体现本国经济制度的特点。

（1）以法制化为核心进行信用制度创新。在我国目前的经济运行中，维护正常的信用关系与金融市场稳定运行秩序，确立良好的社会信誉体系和有效的信用约束机制，是我国市场经济健康发展的迫切要求。从我国现实看，目前解决上述问题依靠行政手段和计划手段都力不从心，必须运用法律手段来规范人们经济活动中的行为。在法制的框架下维护信用秩序，并使信用约束机制置于法律保护之下。因此，制定各种法律法规，构造现代经济发展所必需的金融法律制度与法律框架成为信用制度创新的核心。

（2）以适应经济开放为方向，进行货币制度创新。随着经济对外开放的扩大，封闭型的货币制度已经不能适应现实要求。为进一步扩大我国与世界各国的经济交流，需要进行开放型货币制度的创新。适宜的货币制度和汇率形成机制，不仅能够正确反映人民币的国际交换价格，而且有助于我国国内经济稳定运行与国际收支平衡，实现“内外均衡”的目标。在金融体制和国内资本市场更加健全的条件下，在“一带一路”倡议推动下，逐步实现资本项目下人民币可兑换，推动我国尽快健康有序地融入多元化的全球经济体系。

（3）以市场为基础进行金融运作制度创新。这一制度创新的核心目标是为市场机制和宏观调控发挥作用奠定基础条件。为此，需要在吸纳市场经济国家创新成果的基础上，结合现实国情，建立在公平和相对自由原则下的市场准入与退出规则，界定各自独立的金融交易主体在市场上的活动领域、活动秩序和彼此间的利益关系；确立金融交易主体权责利对称、激励与约束、自利与理性相匹配的行为机制；建立金融资源的市场配置方式、资源配置的利率诱导机制等。

（4）以市场化为目标进行金融监管制度创新。我国金融监管体系的运行效率，在很大程度上取决于金融监管体系的架构是否合理和完善。面对目前经济发展中监管要求强烈和监管能力相对薄弱的矛盾，急需吸纳各国监管当局和国际金融机构的监管创新成果，并结合国情，创立合理有效的监管体系。在组织体制的架构上，应吸纳中央银行负责制，建立以中国人民银行为核心的“一行两会一委”协同监管组织体制。在外部创立三个监督系统：一是金融机构的自我监督系统，二是同业横向监督系统，三是社会机构和舆论监督系统。在监管目标的确定上，应与各国监管目标保持基本一致，以保护金融业的安全与稳健运营，保护公众利益，保护正当竞争及维护良好秩序，保证货币政策和宏观金融调控的有效实施为目标。在监管内容与措施上，需要合乎国际惯例和既定规则，以市场准入为监管的起点，对金融机构日常经营的监管重点放在风险性和合规性上，通过严格的资产负债比例管理和风险管理，制约金融机构的资产规模、结构和风险程度，以达到安全性、盈利性和流动性的统一；通过稽核、检查等措施，保持金融机构行为的合法性和合理性，促进金融业稳健发展；在市场退出的监管上，吸纳国外在防护救援方面的创新成果，尽量避免发生市场退出事件，重点对清理、清算、清偿的过程和顺序进行合规性监管，切实保护公众利益。在监管手段与方式上，应在完备的金融法律框架内建立各项具体的监管制度，如规范化的报告制度、公正的信用评级制度、齐备的金融机构档案制度、必要的监管通报制度、严厉的责任处罚制度等。

☞ 专家视点

黄泽民：央行数字货币将开创货币新纪元

近期，有关中国人民银行将在深圳、苏州、雄安和成都等地进行封闭测试的新闻在媒体上热传。据报道，2020 年 5 月，苏州市部分机关事业单位工作人员薪酬中的交通补贴的一半将以数字货币发放。传闻中的数字货币真的来啦！中国央行数字货币将开创货币的新纪元。央行数字货币是加密电子符号，是电子现金，虽然它拥有诸多优点，但是，风险与问题也是存在的。

法定数字货币是纸币通货的替代品

据报道，中国央行发行的数字货币是 Digital Currency/Electronic Payment（简称 DC/EP），即具有支付功能的数字货币。此外，还可以把央行即将发行的数字货币定义为：是央行以加密电子符号作为主权信用货币之载体的通货。法定数字货币既是纸币的替代品、是通货，与其他定义的货币没有直接关系，同时，法定数字货币是加密电子符号，与纸币通货等值，且具有同等的货币职能。此外，法定数字货币也是主权信用货币。

支付宝和微信等第三方支付的发展，导致现金支付的大规模萎缩，出现了所谓无现金社会或无现金支付的现象。数字货币依然是现金社会，把数字货币说成无现金社会，是相对纸质货币而言，对货币体系而言，数字货币是以加密数字符号存在的现金。

央行数字货币并非去中心化的加密货币

中国央行法定数字货币与去中心化的加密货币相比，无论在货币的法定地位还是在技术上都是不同的。

第一，央行的数字货币是主权信用货币。人民币作为主权信用货币的性质，不会因为央行发行数字货币有任何改变。第二，央行数字货币确保央行的中心地位。货币发行权唯一性决定了央行的中心地位。因此，区块链的去中心化特点，既不适合央行的货币创造，与以央行为核心的金融监督体系的内在要求也是相悖的。第三，法定数字货币采用的技术可以满足大规模快速结算的需求。区块链解决不了高并发的技术难题，多中心运行的结果是速度缓慢，无法满足现实经济活动大规模、快速结算的内在要求。央行数字货币根据中心化原则，采用央行和商业银行的双层结构模式，保证了央行与商业银行、商业银行与非金融经济主体之间传统的货币关系。

法定数字货币替代纸币是一个长期的过程

一种通货有两种载体，就有可能产生套利或劣币驱逐良币的问题。法定数字货币替代纸币是一个长期的过程，不可能一蹴而就，在法定数字货币与纸币的共存期，有可能产生不利于市场正常运行的问题。随着纸质通货逐步减少，以及特殊群体对纸质通货的偏好，纸质通货与法定数字货币的实际兑换比率，有可能偏离法定兑换比率。为了防止套利和劣币驱逐良币等现象的出现，维护市场的健康稳定运行，国家应该立法规定法定数字货币与纸质通货的法定兑换比率，央行及商业银行有义务在市场上按照法定比率对法定数字货币与纸质通货进行无限量的兑换，以维持两种货币的法定比价与实际比价的一致性。

中国14亿人口，必然有些群体不喜欢使用智能手机，从而无法使用法定数字货币，法定数字货币完全替代纸质货币的时间可能不是十年、二十年就能完成的，而且，法定数字货币上市后，会产生哪些问题，尚不得知，因而，缓慢推进和演化是必然的，这就要求央行对法定数字货币与纸质货币的关系进行科学的管理，保证货币金融市场的健康运行与发展。

法定数字货币的优点和风险并存

与纸币相比，法定数字货币没有了伪币的烦恼；免除了昂贵的印刷成本，节省了货币破损而发生的成本；没有纸币因火灾等导致的灭失风险；免除了纸币的运输、库存和安保的成本；极大地提高交易效率；有利于反洗钱、反腐败。

但是，法定数字货币潜在的风险也是巨大的。加密电子符号的核心是加密，所谓道高一尺魔高一丈，既然是密码，难免密码被破，一旦密码被破，伪造、篡改、灭失、复制以及非法转移等都可能发生。难怪央行数字货币研究所从2014年研究至今，才推出测试版的数字货币，小心谨慎、如履薄冰的心态可见一斑了。

央行数字货币是货币史上具有里程碑意义的大事，它对社会经济活动将产生广泛而深刻的影响。它将使某些行业消失，某些商业模式变形，也会催生一些新的业态。在监管部门可以顺利打击腐败行为的同时，所有人的财富存量与流量都暴露在监管系统之下，如果认为财富也是隐私的话，在数字货币普及化之后，将没有任何财富隐私的存在。

凡此种种，希望央行数字货币，一路走好。

（作者：黄泽民，经济学博士，华东师范大学终身教授、原上海市政府参事。）

资料来源：中国日报网.

二、我国金融创新的路径选择与推进策略

我国当代的金融创新应该走以吸纳性、需求满足型为主的路径，坚持以增强金融机构创新供给能力为基点，以规范与安全为前提，以实事求是为准则。

（一）以吸纳性创新为主

由于西方发达国家的金融创新代表了现代市场经济中金融发展的较高成就和主流走向，它们的现实发生机制和作用影响对我国有明显的示范效应，尤其在我国金融与国际接轨并逐步走向世界的进程中，应该吸纳西方金融创新的优良成果。同时，我国现阶段金融发展水平较低，客观上不具备进行大规模原发性创新的基础和条件，原发性创新的能力不足。但在金融发展过程中，吸纳国外创新成果的余地和空间都很大，面对旺盛的创新需求，金融机构通过多方面吸纳和应用各国的优良创新成果，可以在短期内以较低的创新成本增加供给，满足国内需求并很快适应金融国际化发展的要求，提高我国金融发展的速度与效率。所以，在一定时期内，因地制宜、有选择地吸纳他国现有的创新成果，比刻意标新立异追求原发性创新更为现实可行。吸纳性创新是后发展国家特有的“后发优势”，我们应当充分利用这种优势。

（二）以需求适应型为主

我国作为发展中国家，在经济发展过程中不断会产生出旺盛的投融资需求和金融服务需求，金融创新首先应该适应并满足这些需求。需求适应型的金融创新通常成本较低而社会接受度较高，容易达到创新的规模经济点，有利于创新供给者降低创新风险，增加创新收益。而必要和及时的需求适应型创新，对于金融机构和金融市场运作效率的提高、金融产业发展能力和金融作用力的增强具有强大的推动作用。目前，金融创新应该以需求适应型为主。待条件成熟后，再逐步倡导主动供给型创新，以确保金融创新的规范性和安全性。

（三）以增强金融机构创新供给能力为基点

在开放的社会主义市场经济中，金融机构的创新活动不仅是满足经济社会对金融业多方面需求的必要途径，而且将成为在国内外市场上竞争的重要手段。对于每个金融机构来说，其创新供给能力的强弱，将影响甚至决定其市场竞争力、市场占有率乃至发展能力。金融机构要在竞争中求生存求发展，必须致力于提高自身的创新供给能力。

提高金融机构的创新供给能力，需要从“硬件”和“软件”两方面下功夫。一方面，需要增加资本投入，以提高风险防范能力和金融机构设备的现代化配置及更新能力，广泛采用高科技成果，加快金融电子化步伐，为扩展新型业务项目、提高业务处理能力和金融服务水平提供物质基础和技术条件。另一方面，也是更重要的，是在金融机构内部形成一套激励创新的机制，推崇银行家的创新精神，褒扬创新者，营造有利于创新的企业文化氛围，培养和造就各层次的创新人才，既要有在发展战略上敢于创新的银行家，又要有在战术设计上善于创新的技术专家，还要有在实际操作中充分发挥创新优势的业务骨干。

（四）以规范与安全为前提

金融发展需要创新推动，但创新要能真正成为金融发展的动力源，在很大程度上取决于创新活动的规范性与安全性。当代金融创新的正、副作用都不断提升，而正、副作用的发生主要取决于创新的方向与立足点，取决于创新活动的规范性和安全性。由于宏观效应和微观效应、社会利益和个体利益之间存在着一定的不一致性，从事创新活动的微观经济主体总是从个体利益出发，追逐微观效应和创新收益，他们在利益驱动和激烈竞争中可能会出现违反秩序、逃避约束或冒险性行为，他们所处的层面可能会影响其视野和行动的理性化程度。因此，在坚持金融创新的正确方向和立足点，增强创新的规范性和安全性方面，仅仅依靠微观主体的自觉是不够的，必须从宏观上予以明确指导和有效监管。更为重要的是我国现阶段市场金融体制和运作机制尚不健全，还没有形成规范良好的金融秩序、有效的相互制约体系、可靠的社会信誉体系；市场发育不完全成熟，稳定性和均衡能力较为薄弱，对不良行为的排斥力和约束力不强；金融机构缺乏有效的内在约束机制。在这种背景下若无强有力的外部监管和严密的防范措施，可能会加重金融创新的负面影响。所以，在激励创新的大前提下，必须同步加强引导，使之保持正确的方向，同时强化监管，将创新活动纳入法制和规范的框架之内，在框架内不排斥必要的灵活性，从而最大限度地控制金融风险，使创新推动的金融发展兼得安全与效率。

（五）以实事求是为准则

我国加入世界贸易组织后，进一步提高了金融业的开放和国际化程度，这就要求金融创新要以国际通用性为基准，合乎国际惯例。但另一方面我国与西方发达国家社会经济制度不同，金融与经济发展水平有差异，创新的背景与技术条件也有差别，这就意味着我国的金融创新不能脱离现实国情要求而完全模仿发达国家。这与国际通用性要求之间有时可能会产生一些冲突。在对二者矛盾的处理上，从长期看，应以国际通用性为基准，但在短期内必须适应国情的特殊性，至少有一个必要的接轨过渡期。从种类看，业务创新要更多注重国际通用性，但制度与组织结构创新可以更多地注重国情的特殊性；二者的结合在于通过选择性地吸纳，同时兼顾国际通用性与国情特殊性的要求。

☞ 阅读专栏

中国重建金融体系

中国的改革开放是以1978年的十一届三中全会为起点的，这也是金融改革的起点。

在此之前的计划经济时代，中国的金融体系非常简单，规模很小，种类也很单一，基本上只有中国人民银行一家机构。人民银行既要承担中央银行的职责，又要提供商业银行的业务。这种体系之所以能维持，是因为在计划经济体制下，几乎所有的经济活动都由中央计划安排。企业需要做投资、买原料、付工资的资金都由计划统一调配，企业的盈余也要全部上缴，老百姓的存款也很少。对应的，金融机构能发挥的作用也十分有限。

改革开放以后，中国经济开始从中央计划向市场经济转型。随着市场改革的不断深入，经济活动越来越频繁，对金融发展的需求越来越多，“大一统”的金融体系亟须改革。1979年，中国银行、农业银行、建设银行相继从人民银行独立出来；1984年，工商银行也从人民银行独立出来。至此，人民银行专司中央银行的职能。

不过，当时的工商银行、农业银行、中国银行、建设银行分别服务于工商业、农业、国际业务和项目建设等行业，相互之间没有充分竞争，显然不符合市场经济的基本特征。1993年，十四届三中全会决定成立三家政策性银行，即国家开发银行、中国进出口银行、中国农业发展银行，专门承担政策性服务，四大行只承担商业性业务，不再按专业领域划分，相互之间可以交叉、竞争。

但是，由于初期大型商业银行自身治理不规范、政府干预等原因，大型商业银行不良贷款风险积聚。1997年暴发的亚洲金融危机又给中国脆弱的金融体系沉重一击。按照世界银行的统计，2001年中国商业银行的不良贷款率接近30%，面临严重资不抵债。于是在2003年以后，国务院对国有商业银行进行了注资和不良资产剥离，引入了境内外战略投资者，启动了现代公司治理改革，在国内外公开发行股票上市，真正开始接受市场检验。

这次改革也加快了商业银行竞争性格局的形成。此后，银行业的市场结构从国有大行高度垄断逐渐转变为国有商业银行、全国性股份制商业银行、城商行、农商行等多元主体共同竞争，银行迎来了蓬勃发展。2021年，国际权威财经媒体《银行家》在其官网上公布了2021年全球银行1 000强，中国共有144家银行上榜。其中，中国工商银行、中国建设银行、中国农业银行和中国银行位列全球排行榜前四位。

中国金融体系是典型的银行主导型。为了保持对金融资源分配的干预和控制，金融资源主要集中在国有大行，而股票、债券等直接融资市场发展相对落后。

中国的股权市场开始于1990年，上海证券交易所和深圳证券交易所先后成立，以证监会为核心的证券市场统一监管体制开始形成。1999年，《证券法》出台后，资本市场在法律体系的保障下进一步规范和完善。2006年，中国资本市场完成了具有里程碑意义的股权分置改革，实现了股票市场按照统一市场机制定价，使中国资本市场的发展摆脱了过去主要为国有经济融资的路径，为资本市场优化资源配置功能奠定了基础。2006 年起通过开展一系列专项活动，资本市场不断优化。2018 年，上交所设立科创板并试点注册制，多层次的资本市场体系基本形成。

债券市场方面，中国于 1981 年开始发行国债，1983 年发行企业债，2007 年发行第一支公司债，2015 年证监会出台《公司债发行与交易管理办法》，将公司债发行主体扩展到全体企业。此后，公司债进入快速发展期，中国债券市场的产品和交易工具在创新中越来越全面：在基础产品的种类上基本与发达国家债券一致，主要包括政府债券、金融债券、公司信用债券和资产支持类债券；交易工具方面，除了传统的现券和质押式回购、买断式回购外，还有国债期货、债券借贷以及人民币利率互换等利率衍生品。

与国内金融体系的发展完善相比，中国金融业对外开放的历程相对审慎，特别是在早期。以汇改为例，我国的汇率市场化改革可谓走走停停，曾在历次危机后一度中断。

1953—1972 年，我国采用单一固定汇率制。随着计划经济体制的逐步健全，我国汇率长期保持基本稳定。1973 年布雷顿森林体系瓦解，西方国家普遍实行浮动汇率制度，人民币汇率则采用以一篮子货币计价的单一浮动汇率制，并进入一个升值周期，一直持续到 1980 年左右。

当时人民币兑美元汇率为 1.5∶1，严重高估。为了鼓励出口，我国开始实行官方汇率与外汇内部结算价并行的双重汇率制度。

随着经济开放程度加大，汇率双轨制逐渐不能适应我国的开放需求。1994 年初，中国进行了双轨合一的外汇体制改革，实行以市场供求为基础、单一的、有管理的浮动汇率制度，这也奠定了当前汇率制度的基本框架。

1996 年，中国宣布经常项目可兑换，并开始逐渐酝酿资本项目可兑换。但当时条件还不成熟。特别是受 1997 年亚洲金融危机冲击，人民币出现贬值压力，国内通缩压力上升，银行坏账加快积累，汇率体制改革一度放缓，资本项目开放的计划也只能暂停。之后，面对中国加入世界贸易组织、“9·11”事件后世界经济疲软等新的形势和因素，为减少不确定性，保持人民币汇率政策的连续性，汇率波幅收窄了较长一段时间。

2005 年，随着世界经济企稳、美联储稳步加息、国内经济运行平稳，中国迎来了新一轮汇率改革的时间窗口。这一年的 7 月 21 日，新一轮人民币汇改启动，中国的外汇制度从钉住美元开始转为以市场供求为基础、参考一篮子货币进行调节、有管理的浮动汇率制度。但 2008 年国际金融危机暴发，令汇率市场化进程再度中断。

2010 年年中，中国人民银行宣布进一步推进人民币汇率形成机制改革。2015 年，央行启动“8·11”汇改，进行中间价报价机制改革，增强市场化成分，“收盘汇率 + 一篮子货币汇率变化”这一中间价形成机制逐步确立。不过，本该受到市场欢迎的改革，却成了引发人民币大幅贬值预期的导火索，甚至引发了一轮规模较大的资本外流。为稳定金融体系，央行采取了两方面的措施：一是加强跨境资本流动的管理，二是动用外汇储备进行干预。可以说，是付出了市场化改革部分倒退的代价。不过，结合当时中国所处的环境，不难理解央行所采取的一系列措施也是迫不得已，而且也达到了稳定预期的目的。

客观地说，在短短40多年的时间里，中国建立了一个较为完整的金融体系，且从没有发生过系统性金融危机，这一点实属不易。

资料来源：金融四十人论坛，https：//www.zhihu.com/question/61452206/answer/2502167235.

第五节 互联网金融

《中国金融稳定报告2014》指出：互联网金融是借助互联网和移动通信技术实现资金融通、支付和信息中介功能的新兴金融模式。这是首次在官方报告中对互联网金融概念及内涵进行的描述。当互联网技术与金融业务融合后形成的新兴金融模式，不仅是金融产品和服务交付的渠道的创新，更是金融生态的创新性演化。本节主要分析阐述我国的互联网金融。

一、互联网金融的基本概念

（一）互联网金融的含义

目前，由于互联网金融的业务范围仍在不断向外延伸，一直没有形成明确的边界，导致国内学术界对于互联网金融的认识存在很大差异，至今关于互联网金融还未形成一个明确且被广泛接受的定义。而国外几乎不使用互联网金融一词，更多使用“电子金融”“金融科技”及“网络金融”等，但也没有形成统一的概念。

基本形成共识的看法是：互联网金融是互联网技术与金融业的有机融合。广义的互联网金融既包括作为非金融机构的互联网企业从事的金融业务，也包括金融机构通过互联网开展的业务；狭义的互联网金融仅指互联网企业开展的、基于互联网技术的金融业务。更多学者倾向于广义的互联网金融概念，将互联网金融定义为：互联网金融（Internet Finance）是指互联网企业和传统金融机构秉承“开放、平等、协作、共享”的互联网精神，运用互联网技术手段，特别是云计算、大数据、搜索引擎、社交网络和移动支付等现代信息技术手段，在资金融通和其他金融服务等金融活动中进行一系列金融创新实践的一种新兴金融模式。

（二）互联网金融的主要特征

（1）低成本性和高效性。资金供求双方可以通过网络平台自行完成信息甄别、匹配、定价和交易，无传统中介、无交易成本、无垄断利润，使消费者能够更容易和更有效获得金融产品和金融服务。一方面，金融机构可以节省开设营业网点的资金投入和运营成本；另一方面，消费者可以在开放透明的平台上快速找到适合自己的金融产品，削弱了信息不对称程度，更省时省力，提高了金融服务的效率。

（2）普惠性。互联网金融的主旨是拓宽融资和理财的范围，满足海量客户的金融需求，促进金融资源的合理配置。这与传统金融的金融排斥存在很大差异，传统的金融机构在金融资源的配置中，往往将服务的重点放在“二八理论”中20%的重要客户，而忽视了其余80%的小微客户，互联网金融服务的重点放在“长尾”市场中80%的小微客户，有效地满足小微客户的金融需求。而互联网金融的出现和发展，弥补了传统金融的高门槛缺陷。

（3）大数据特征。互联网金融的产品是数据的有效组合，互联网金融的活动是数据的有效移动，可以说数据与金融同在。同时，互联网金融重视对大数据技术的应用。大数据技术对互联网金融发展具有两个重要的作用：一是利用大数据技术了解客户的偏好，以达到精准营销的目的，为客户提供合适的金融产品和金融服务。二是借助大数据自动评分模型、审批系统以及催收系统，帮助企业以低成本和高效率的方式降低金融交易中可能存在的风险。

（4）高风险性。互联网金融的高风险性主要体现在由于互联网金融体系本身的不完善和由于相应监管体系缺失所造成的风险两方面。首先，由于信用体系尚不完善，以及网络安全隐患等互联网金融本身所具有的特征因素，造成了互联网金融违约成本较低，容易诱发恶意骗贷、卷款跑路等风险问题。其次，对互联网金融相应的监管法律法规及相应监管措施的缺失造成了对互联网金融的管理薄弱。

☞ **小链接**

我国互联网金融的发展历程

互联网金融这一概念的提出是在其开始引起广泛关注的2012年，但是，互联网金融在我国的出现最早可以追溯到20世纪90年代中期。我们大致将我国互联网金融的发展分为三个阶段。

（一）互联网与金融的初步结合阶段。从20世纪90年代中期到21世纪初这个阶段，互联网金融业态并没有真正形成。这个阶段主要是金融机构通过运用互联网提供的技术支持，使业务能够在网上进行办理。在这期间，银行通过搭建网上银行平台进行包括开户、转账、查询、理财等传统业务的处理，证券公司提供网上服务，同时一些IT公司通过网站提供证券行情数据分析和证券咨询等服务。

（二）互联网金融的萌芽阶段。从21世纪初到2012年，是互联网金融业态产生的萌芽阶段。在这期间，以搜索引擎、移动支付、社交网络、云计算等为代表的互联网技术快速发展，并且开始深入金融业务领域。此间，第三方支付机构开始逐渐发展，网络借贷开始萌芽。2007年，我国第一家网络借贷平台拍拍贷成立；2011年，第三方支付牌照由人民银行开始正式发放，使第三方支付机构的发展开始规范化。

（三）互联网金融的快速发展阶段。这一阶段以2012年为起点，这一年，互联网金融这一概念被正式提出。而在被称为“互联网金融”元年的2013年，互联网金融更是得到了飞速的发展：首家专业保险公司——众安在线正式获批并在线开业；众筹融资平台开始逐渐发展；P2P 网络借贷交易额快速增长。

而传统金融机构也开始进行自身产品与业务模式的转型和改造，进行线上创新型平台建设。与此同时，互联网金融这一概念首次进入了十二届全国人大二次会议的总理政府工作报告中，对于互联网金融的健康发展已经引起了政府部门的关注。

资料来源：https：//baijiahao. baidu. com/s? _id = 1737869458692549943&wfr = spider&for = pc.

（三）互联网金融发展的积极意义

（1）有助于发展普惠金融，弥补传统金融服务的不足。互联网金融的市场定位主要在“小微”层面，具有“海量交易笔数，小微单笔金额”的特征，这种小额、快捷、便利的特征，具有普惠金融的特点和促进包容性增长的功能，在小微金融领域具有突出的优势，一定程度上填补了传统金融覆盖面的空白。因此，互联网金融和传统金融相互促进、共同发展，既有竞争又有合作，两者都是我国多层次金融体系的有机组成部分。

（2）有利于发挥民间资本作用，引导民间金融走向规范化。我国民间借贷资本数额庞大，长期以来缺乏高效、合理的投资方式和渠道，游离于正规金融监管体系之外，客观上需要阳光化、规范化运作。通过规范发展 P2P 网贷、众筹融资等，引导民间资本投资于国家鼓励的领域和项目，遏制高利贷，盘活民间资金存量，使民间资本更好地服务实体经济。众筹股权融资也体现了多层次资本市场的客观要求。

（3）满足电子商务需求，扩大社会消费。据相关数据显示，2011 年中国电子商务交易总额为 6. 09 万亿元，到了 2013 年中国电子商务交易总额突破 10 万亿元。截至 2020 年中国电子商务交易额达 37. 21 万亿元，同比增长 4. 5%。2011—2020 年这 10 年期间增长了 5 倍。电子商务对支付方便、快捷、安全性的要求，推动了互联网支付特别是移动支付的发展；电子商务所需的创业融资、周转融资需求和客户的消费融资需求，促进了网络小贷、众筹融资、P2P 网贷等互联网金融业态的发展。电子商务的发展催生了金融服务方式的变革。与此同时，互联网金融也推动了电子商务的发展。

（4）有助于降低成本，提升资金配置效率和金融服务质量。互联网金融利用电子商务、第三方支付、社交网络形成的庞大的数据库和数据挖掘技术，显著降低了交易成本。互联网金融企业可以不设立众多分支机构、雇佣大量人员，这大幅降低了经营成本。互联网金融提供了有别于传统银行和证券市场的新融资渠道，以及全天候、全方位、一站式的金融服务，提升了资金配置效率和服务质量。

（5）有助于促进金融产品创新，满足客户的多样化需求。互联网金融的快速发展和理念创新，不断推动传统金融机构改变业务模式和服务方式，也密切了与传统金融之间的合作。互联网金融企业依靠大数据和云计算技术，能够动态了解客户的多样化需求，计量客户的资信状况，有助于改善传统金融的信息不对称问题，提升风险控制能力，推出个性化金融产品。

总之，互联网金融的出现，为经济发展和人们的工作生活带来了“新纪元”。

二、互联网金融的主要模式

（一）互联网支付

互联网支付是指通过计算机、手机等设备，依托互联网发起支付指令、转移资金的服务，其实质是新兴支付机构作为中介，利用互联网技术在付款人和收款人之间提供的资金划转服务。典型的互联网支付机构是支付宝。

互联网支付主要分为三类：一是客户通过支付机构链接到银行网银，或者在电脑、手机外接的刷卡器上刷卡，划转银行账户资金。资金仍存储在客户自身的银行账户中，第三方支付机构不直接参与资金划转。二是客户在支付机构开立支付账户，将银行账户内的资金划转至支付账户，再向支付机构发出支付指令。支付账户是支付机构为客户开立的内部账务簿记，客户资金实际上存储在支付机构的银行账户中。三是“快捷支付”模式，支付机构为客户开立支付账户，客户、支付机构与开户银行三方签订协议，将银行账户与支付账户进行绑定，客户登录支付账户后可直接管理银行账户内的资金。该模式中资金存储在客户的银行账户中，但是资金操作指令通过支付机构发出。目前，互联网支付发展迅速，央行 2022 年 4 月 2 日发布了 2021 年支付体系运行总体情况，数据显示，2021 年银行处理网上支付业务 1 022.78 亿笔，金额 2 353.96 万亿元，同比分别增长 16.32% 和 8.25%；移动支付业务 1 512.28 亿笔，金额 526.98 万亿元，同比分别增长 22.73% 和 21.94%；非银行支付机构处理网络支付业务 1 310 283.22 亿笔，金额 355.46 万亿元，同比分别增长 24.30% 和 20.67%。互联网支付业务的应用范围也从网上购物、缴费等传统领域，逐步渗透到基金理财、航空旅游、教育、保险、社区服务、医疗卫生等领域。

☞ **小链接**

2022 年第三方支付十大品牌排行榜

1. 支付宝 ALIPAY。品牌指数：10.0；所属公司：蚂蚁科技集团股份有限公司

支付宝成立于 2004 年，蚂蚁集团旗下，国内领先的第三方支付平台，致力于提供“简单、安全、快速”的在线支付解决方案。支付宝以“信任”作为产品和服务的核心，融合了支付、生活服务、政务服务、理财、保险、公益等多个场景与行业，与超过 200 家金融机构达成合作，为上千万小微商户提供支付服务。

2. 微信支付。品牌指数：9.7；所属公司：深圳市腾讯计算机系统有限公司

微信支付是腾讯旗下的支付业务品牌，国内领先的第三方支付平台，致力于为用户和企业提供“安全、便捷、专业”的在线支付服务。微信支付全面打通 O2O 生活消费领域，提供专业的互联网 + 行业解决方案，为个人用户创造多种便民服务和应用场景，为各类企业以及小微商户提供专业的收款能力，运营能力，资金结算解决方案。

3. 银联商务。品牌指数：9.6；所属公司：银联商务股份有限公司

银联商务是国内大型的非银行支付机构，亚太地区领先的收单机构，提供以银行卡收单、网络支付为基础的综合支付服务，以及多样化和专业化的商户增值服务。银联商务立足于以银行卡收单、网络支付为基础的综合支付领域，在多元化的支付场景下为商户提供综合性服务。

4. 云闪付。品牌指数：9.4；所属公司：中国银联股份有限公司

云闪付是由中国银联携手各商业银行、支付机构等产业各方于2017年共同开发建设、共同维护运营的移动支付App，云闪付App具有收付款、享优惠、卡管理三大核心功能，致力成为消费者省钱省心的移动支付管家。用户通过"云闪付"App可绑定和管理各类银行账户，并使用各家银行的移动支付服务及优惠权益。

5. 壹钱包。品牌指数：9.1；所属公司：中国平安保险（集团）股份有限公司

壹钱包隶属于平安集团，平安付专注于互联网支付、移动电话支付、预付卡发行与受理业务，为用户打造智慧全能的手机钱包应用，为企业客户提供完善的综合支付解决方案。壹钱包以支付为基础，支持理财，购物、生活、信贷、航旅等多样化场景，提供金融理财与消费支付体验。

6. 拉卡拉。品牌指数：9.0；所属公司：拉卡拉支付股份有限公司

拉卡拉支付成立于2005年，是国内知名的第三方支付公司，第三方收单行业佼佼者，拉卡拉主要服务于商户侧，为商户提供全币种、全场景的收款服务，覆盖商超、社区零售店、物流、餐饮、物业、贸易、保险等行业，在全国各省、直辖市及主要的二级城市均设置有分支机构，拉卡拉2019年在深交所上市（股票代码：300773），成为第一家登陆A股市场的第三方支付企业。

7. 快钱。品牌指数：8.7；所属公司：快钱支付清算信息有限公司

快钱公司是国内知名的独立第三方支付企业，面向企业客户与个人用户提供包括支付、定制化行业解决方案、金融云、增值业务等金融科技服务。快钱致力于运用互联网技术、大数据等前沿技术将金融科技辐射到各类产业和场景中，打造创新型金融科技平台。

8. 通联支付 ALLINPAY。品牌指数：8.6；所属公司：通联支付网络服务股份有限公司

通联支付成立于2008年，国内支付行业的先行者，是行业知名的基于第三方支付的金融科技服务企业，致力于打造基于行业场景的综合支付服务体系和基于支付的金融科技服务生态，赋能企业数字化转型，广泛覆盖银行、保险、基金、房产、汽车、零售、餐饮等数十个行业领域，目前已在全国范围内成立了36家省级分支机构和280多个地市业务部，业务范围覆盖全国1 800多个城县，已经为超千万商户和个人会员提供了各类支付服务和综合金融服务。

9. 易宝支付 YEEPAY。品牌指数：8.3；所属公司：易宝支付有限公司

易宝支付成立于2003年，是国内知名的独立第三方支付公司，易宝在业内率先推出网上在线支付、信用卡无卡支付、POS支付、一键支付、电子钱包等产品，为航空旅游、通信、保险、新零售、跨境、电力等众多行业提供量身定制的行业解决方案，2013年易宝

支付完成全国第一笔跨境外汇支付交易；2016 年易宝支付成为苹果公司认证通过的安全支付服务提供商，支持商户 App 实现 Apple Pay 服务；2018 年易宝支付支持国航电子钱包上线。

10. 京东支付。品牌指数：8.2；所属公司：北京京东叁佰陆拾度电子商务有限公司

京东支付是京东金融旗下网银在线开发，是针对移动互联网市场推出的兼容 PC、无线端主流环境的跨平台安全便捷的支付产品。京东支付为企业和个人用户提供综合支付产品，输出线上、线下多场景的综合支付解决方案，京东支付已涵盖银行卡快捷、白条、京东小金库等多种支付方式，提供快捷支付、码支付、NFC 近场支付、刷脸支付、跨境支付等，满足用户在线上和线下的多元化支付需求。

资料来源：https：//www. maigoo. com/maigoo/1194zf_index. html.

（二）P2P（Peer to Peer）网络借贷

P2P 网络借贷指的是个体和个体之间通过互联网平台实现的直接借贷。发端于英国，发展、成长于美国。P2P 网络借贷平台为借贷双方提供信息流通交互、撮合、资信评估、投资咨询、法律手续办理等中介服务，有些平台还提供资金移转和结算、债务催收等服务。在中国大陆曾盛极一时的拍拍贷、宜信和人人贷是典型的 P2P 网贷平台机构。

传统的 P2P 网贷模式中，借贷双方直接签订借贷合同，平台只提供中介服务，不承诺放贷人的资金保障，不实质参与借贷关系。后又衍生出“类担保”模式，当借款人逾期未还款时，P2P 网贷平台或其合作机构垫付全部或部分本金和利息。垫付资金的来源包括 P2P 平台的收入、担保公司收取的担保费，或是从借款金额扣留一部分资金形成的“风险储备金”。此外，还有“类证券”“类资产管理”等其他模式。

☞ 小链接

我国的 P2P 网贷行业发展历程

大概经历了四个阶段：

1. 萌芽期（2006—2011 年）。我国的 P2P 网贷从 2006 年起步，2007 年 6 月第一家网络借贷平台“拍拍贷”成立。期间，全国的 P2P 平台大致有 20 多家，活跃的平台则有 10 家，主要以区域性借款为主。

2. 高速发展期（2012—2013 年）。P2P 平台数目进入爆发增长时期，一些渴望赶上互联网金融风口的民间资本拥有者，纷纷投入 P2P 网贷领域，开始闯荡性创业。一些软件开发公司也开始制作销售平台模板。

3. 风险爆发期（2013—2014 年）。大批投资人在 P2P 网络借贷中看到了商机，投身到 P2P 平台的开发和建设中，使平台数目从 200 左右猛增至 600 多家，行业内鱼龙混杂，问题平台大量爆出，光是 2014 年 12 月就有 62 家“跑路”，如好易贷、苏商投资、富创

贷等。

4. 政策调整期（2015 年至今）。一次次“爆雷潮”出现，以 2017 年 7 月为例，就有映贝金服、乐居财富、投融家等多家平台出现重大问题，国家政策不断调整，监管越来越严格，问题平台纷纷退出。2022 年 5 月 12 日，在“中国这十年”系列主题新闻发布会第三场发布会上，人民银行副行长陈雨露表示：影子银行乱象已经得到了有效整治，目前我国近 5 000 家 P2P 网贷机构已经全部停业。互联网金融风险的专项整治工作已经顺利完成。共立案查处了非法集资案件 2.5 万起，并且互联网平台企业金融业务全部都纳入了监管之中。

资料来源：公开资料整理.

（三）非 P2P 的网络小额贷款

非 P2P 的网络小额贷款（简称“网络小贷”）是指互联网企业通过其控制的小额贷款公司，向旗下电子商务平台客户提供的小额信用贷款。网络小贷凭借电商平台和网络支付平台积累的交易和现金流数据，评估借款人资信状况，在线审核，提供方便快捷的短期小额贷款。典型代表如阿里旗下的蚂蚁小微小额贷款有限公司、百度的度小满小额贷款有限公司等。

据人民银行公布的小额贷款公司统计数据显示，2018—2021 年末，全国小额贷款公司分别为 8 133 家、7 551 家、7 118 家、6 453 家，贷款余额分别为 9 550.44 亿元、9 108.78 亿元、8 887.54 亿元、9 415 亿元。可见，2018 年国家整治互联网金融业务以来，全国小额贷款公司数量呈现逐年下降趋势，但贷款余额在 2019 年、2020 年连续下跌之后，2021 年迎来反弹，已回归至 2018 年末。

（四）众筹融资

众筹融资（Crowd Funding）是指通过网络平台为项目发起人筹集从事某项创业或活动的小额资金，并由项目发起人向投资人提供一定回报的融资模式。典型代表如“点名时间”，2011 年 7 月我国第一家众筹平台“点名时间”上线，标志着我国众筹行业的开始。

众筹融资平台扮演了投资人和项目发起人之间的中介角色，使创业者从认可其创业或活动计划的资金供给者中直接筹集资金。根据募资的形式不同，众筹可以分为募捐制众筹、奖励制众筹、借贷制众筹和股权制众筹四种模式。募捐制众筹为公益性质的众筹，投资者并不期望得到实际回报。奖励制众筹又叫商品众筹，是以具体的实物作为投资者的回报，该实物通常就是筹资方用所筹集资金生产的产品。除此之外，一些纪念品、参与性的活动也是该类型众筹给予投资者的报酬。迄今为止，商品众筹的发展最为繁盛，也最能体现出众筹精神。借贷制众筹即 P2P 网络借贷，其发展已远超其他三种形式的众筹。股权制众筹是指筹集者以公司部分股权换取投资者的资金支持，投资者得到的实际上是不确定的现金回报，股权制众筹的金融性质更浓。

☞ 阅读专栏

《大圣归来》——股权众筹造就票房奇迹

耗时8年的一只猴子成为拯救中国动画的奇兵。2015年7月上映的国产动画电影《大圣归来》超越2011年美国动画电影《功夫熊猫2》，以6.17亿元的中国市场票房纪录，成为中国市场最卖座的动画电影。同样，吸引眼球的是标注在电影片尾的89位众筹出品人，《大圣归来》是股权众筹造就的票房奇迹。

2014年12月17日，筹备了近8年的《大圣归来》进入最后的宣传发行阶段。相比半年前接手时资金上的捉襟见肘，出品人路伟更担心这部缺明星，缺颜值，缺话题的动画片如何吸引观众走进电影院。

一时兴起，他在朋友圈发了一条消息，为《大圣归来》的宣传经费进行众筹。寥寥数语只是说明了这是一部动画片，计划2015年春节上映。另外，作为出品人的他保底分红。令他没有想到的是，从上午11点50分开始，到下午3点多，已经有超过70位朋友加入了这个名为“西游电影众筹”的微信群。大家参与众筹的金额从1万到数十万不等，不到5小时的时间便筹集了500多万元。一个星期之后，《大圣归来》的众筹项目共筹集了780万元，有89名投资人参与。他们以个人名义直接入股了《大圣归来》的领衔出品方“天空之战”，直接参与到这部投资合计约6 000万元的电影项目中。股权众筹的机制让这89名投资人深度参与到了这部电影的宣发过程中。每一天大家都在群里出谋划策、贡献资源。他们成了电影的第一批“铁粉”，不仅在电影上映初期包了200多场，还充分调动各自的资源为电影推广出力。

截至2015年8月6日，上映28天的《大圣归来》收获了超过8亿元的票房收入，89名众筹出品人可以获得本息约300 000万元，投资回报率超过400%。不仅如此，根据合同，在此次股权众筹项目中，投资人不仅可以获得票房分账预期年化收益，还将分享《大圣归来》未来的所有预期年化收益，包括游戏授权，新媒体视频授权、海外收入分账等带来的收入。

《大圣归来》众筹的成功为影视众筹提供了一个全新的发展方向。

资料来源：中国第一财经网站，2015年8月7日.

（五）金融机构创新型互联网平台

金融机构创新型互联网平台可分为以下两类：一是传统金融机构为客户搭建的电子商务和金融服务综合平台，客户可以在平台上进行销售、转账、融资等活动。平台不赚取商品、服务的销售差价，而是通过提供支付结算、企业和个人融资、担保、信用卡分期等金融服务来获取利润。目前这类平台有建设银行“善融商务”、交通银行“交博汇”、招商银行“非常e购”以及华夏银行“电商快线”等。二是不设立实体分支机构，完全通过互联网开展业务的专业网络金融机构。如众安在线财产保险公司仅从事互联网相关业务，通过自建网站和第三方电商平台销售保险产品。

（六）基于互联网的基金销售

按照网络销售平台的不同，基于互联网的基金销售可以分为两类：一是基于自有网络平台的基金销售，实质是传统基金销售渠道的互联网化，即基金公司等基金销售机构通过互联网平台为投资人提供基金销售服务。二是基于非自有网络平台的基金销售，实质是基金销售机构借助其他互联网机构平台开展的基金销售行为，包括在第三方电子商务平台开设“网店”销售基金、基于第三方支付平台的基金销售等多种模式。其中，基金公司基于第三方支付平台的基金销售本质是基金公司通过第三方支付平台的直销行为，使客户可以方便地通过网络支付平台购买和赎回基金，如支付宝的“余额宝”。

三、互联网金融的主要风险

（一）法律风险

目前，我国未针对整体的互联网金融行业建立统一的法律、法规，以网络借贷为例，由于之前没有完善的法律进行监管，使得一些不法分子利用法律中的空白及漏洞进行牟利，如“高利贷”“套路贷”“校园贷”。同时，一些网贷平台借投资理财之名，非法吸收公众资金，资金链断裂后平台“跑路”，导致投资者资金损失，极大地扰乱了金融秩序。为此，我国相继出台和完善相关监管规则，对此种乱象进行了有效地遏制和整改。以上情况均反映出法律不够完善所带来的金融风险问题。

（二）金融监管风险

当前我国实施的是包容审慎监管原则，分领域制定监管规则和标准。互联网金融企业的多元化经营打破了传统的金融区域界限和行业界限，金融产品和服务从“专业化”向“综合化”过渡，金融业混业经营趋势明显。如金融机构通过兼并收购或成立子公司形成金融控股集团、商业银行和保险公司等成立的金融控股集团；非金融企业投资控股两种及以上不同类型金融类子公司形成金融控股集团，其业务主要有互联网支付、保险销售、基金销售、消费金融、互联网保险、网络借贷、互联网信托和互联网银行等。如京东金融、百度金融、蚂蚁集团等。因此，传统的“分业监管”模式已很难适应互联网金融企业“混业经营”发展的现状，易形成监管空白、监管信息不对称、不共享或共享不完全，使得金融监管出现不确定性。

（三）融资风险

互联网金融的资金风险表现得形形色色：一是资金流动性风险。P2P平台自融自保、设立资金池、期限错配、无支付业务许可证从事互联网支付业务等，是导致其发生资金流动性风险的主要原因。二是偿付及救济风险。在目前条件下通过互联网借款的企业或自然人，大多无法通过银行等传统金融机构进行借款，这通常意味着其征信有瑕疵或无足够的信用记录。当资金融通者通过互联网实施高利率融入资金，而互联网平台又不能很好地控制资金用途以及资金使用效率时，发生违约的概率大大增加。又由于互联网贷款往往是小额贷款，债权人通过法律途径维权或因程序复杂，或因成本太高而放弃追偿。这种状况在一定程度上激励了故意违约现象的增长。三是平台挪用或占用资金风险。根据现行监管要求，相关互联网金融平台须在银行开立资金存管专户。由于互联网技术在快速革新，互联网平台拥有技术优势，多次发生因第三方存管漏洞，使平台在挪用或占用资金后，不当使用给众多投资者造成严重的资金损失。此外，银行或非银行支付机构在为平台提供支付结算服务时，其资金清算行为均按照平台提供的交易信息进行，存在平台伪造、变造交易信息以套取平台内经营者或用户资金的风险。四是信用风险。信用风险是制约互联网金融健康有序发展的主要风险之一。在当下，我国个人信用信息安全体系还没有统一标准，各大平台公司之间没有做到基本大数据信息共享，各大互联网金融企业只能是依靠自身所设定的标准和内在风控机制去审核与调整，各个标准参差不齐，违约成本低，且受限于自身能力和缺乏数据支撑，较难了解借款人的真实信息和贷款用途，导致信用风险增加。

上述融资风险因素，往往是诱发资金诈骗犯罪风险的“动力”。

（四）网络安全风险

（1）网络信息风险。互联网金融需要依托于网络平台来开展各项业务活动，而网络系统存在的漏洞使互联网金融业务在开展过程中无法得到高度防护，而且在网络环境下存有的一些不可控因素会带来风险隐患，例如黑客入侵、其他国家的技术人员攻击等，对于消费者的资产安全以及个人信息产生威胁，影响互联网金融的正常发展。如 2008 年的蠕虫病毒，投资者下载软件，病毒入侵客户电子产品系统，使消费者资金、信息被盗取；如 2020 年淘宝 11.8 亿条数据泄露事件，黑产人员自行开发爬虫软件，通过接口绕过平台风控批量爬取淘宝客户信息。

（2）技术安全风险。互联网金融平台所面临的技术安全和潜在的风险管理能力比起传统金融行业还有许多不足。如在信息数据存储还未完全安全，现有技术无法有效支撑互联网金融的发展等。如 2019 年被调查的魔蝎科技，与网贷平台合作，以明文形式非法保存个人贷款用户各类账户和密码条数多达 2 000 万余条。除此之外，由于现实中很多互联网金融企业为了避免高成本支出而忽视引用高新技术，也导致互联网金融技术风险增加。

四、互联网金融监管

（一）互联网金融监管的必要性

互联网与金融深度融合是大势所趋，而互联网金融的健康发展，也有利于提升金融服务质量和效率，深化金融改革，互联网金融既需要市场驱动，鼓励创新，也需要监管助力，促进发展。互联网金融若想得到稳步发展，就需要配套的合理的金融监管方式以保证其进入良性循环。

在互联网上金融风险的集聚性不可忽视。互联网不仅缩小了本国金融机构与金融投资者之间的距离，也拉近了国际金融机构与金融投资者的距离。乘上互联网的快车，使金融活动的风险覆盖面更广。而由于互联网金融的特性，也使更多的中小投资者关注、参与到金融活动中，互联网金融不仅改变了金融活动的方式，也改变了金融活动的覆盖范围，使得金融风险指数呈指数形式爆炸式的累积和传递。

作为新型金融创新的互联网金融的出现给经济的繁荣带来了更多的可能性，同时也带来了更多的风险。任何一个新兴领域的发展都需要进行规制，只有制定更好的、更符合实际的、更符合经济运行规律的规则才能不断引导经济发展。我们应尽量把风险降低在交易发生之前、把监督放在交易之中，把追责放在交易发生之后。通过不断反思和整理监督数据所带来的变化对比调整监督力度，在法律法规制度上，给予投资者以保障，才能给予互联网金融深入发展的监督环境、给予投资者放心安全的金融平台，才能更好的活化金融发展，进而促进经济向又好又快的方向发展。

（二）我国互联网金融的监管实践

针对初期我国互联网金融迅速发展中暴露的行业发展“缺门槛、缺规则、缺监管”、客户资金安全存在隐患及信用体系和金融消费者保护机制不健全、从业机构的内控制度不健全和信息安全水平有待提高等问题，监管部门陆续出台了监管政策，明确监管职能，优化监管手段，逐步建立了促进互联网金融健康发展的监管体系。

1. 搭建监管框架

2015 年 7 月，中国人民银行等十部门联合印发《关于促进互联网金融健康发展的指导意见》（银发〔2015〕221 号，简称《指导意见》），确立“依法监管、适度监管、分类监管、协同监管、创新监管”的互联网金融监管原则，明确了互联网金融各业态的监管部门，即互联网支付业务由中国人民银行负责监管，股权众筹融资和互联网基金销售由证监会负责监管，网络借贷、互联网保险、互联网信托和互联网消费金融由银保监会负责监管。同时，要求涉及金融领域的互联网平台设立金融机构、从事金融活动、提供金融信息中介和交易撮合服务，必须依法接受准入管理，并实施客户资金第三方存管制度，由符合条件的银行作为资金存管机构。为履行监管职责，相关部门先后出台了本领域的监管规则，如中国人民银行先后出台《非金融机构支付服务管理办法》《非银行支付机构网络支付业务管理办法》等，建立了互联网支付业务的准入工作机制，并从客户管理、业务管理、风险管理与客户权益保护等方面对互联网支付业务进行规范；银保监会先后出台《网络借贷信息中介机构业务活动管理暂行办法》（国家互联网信息办公室令 2016 年第 1 号）、《互联网保险业务监督管理暂行办法》（保监发〔2015〕69 号）、《互联网保险业务监管办法》（中国银行保险监督管理委员会令 2020 年第 13 号）等，特别是 2018 年互联网金融风险专项整治工作领导小组办公室、P2P 网络借贷风险专项整治工作领导小组办公室联合发布《关于做好网贷机构分类处置和风险防范工作的意见》（整治办函〔2018〕175 号），更是直接明确将尽量清退网贷从业机构、加速清理行业风险作为工作方向；2018 年 5 月，证监会与中国人民银行联合发布《关于进一步规范货币市场基金互联网销售、赎回相关服务的指导意见》。

2. 开展专项整治

为切实防范互联网金融风险，建立监管长效机制，促进互联网金融规范有序发展，2016 年 4 月，国务院办公厅发布《互联网金融风险专项整治工作实施方案》，在全国范围内开展了互联网金融专项整治以规范互联网金融机构行为。随后各省、各部委先后制定了本区域或系统内的专项整治方案，并成立了专项整治工作领导小组，从横向和纵向贯彻落实国务院办公厅实施方案要求，如《山西省互联网金融风险专项整治工作方案》，中国人民银行等 14 个部门联合印发《非银行支付机构风险专项整治工作实施方案》、证监会等 15 个部门联合印发《股权众筹风险专项整治工作实施方案》。互联网金融风险专项整治工作开展以来，互联网金融总体风险水平显著下降，监管制度机制逐步完善，行业无序发展、生态恶化的局面有所改善。

3. 完善监管规则

针对平台经济发展中出现的混业经营、垄断、侵害消费者权益等问题，监管部门及时调整并完善监管规则。2019 年 8 月，国务院办公厅发布《关于促进平台经济规范健康发展的指导意见》（国办发〔2019〕38 号，简称“38 号文”）发布，首次从国家层面对发展平台经济作出全方位部署；2020 年，中央经济工作会议进一步对互联网平台监管作出了战略部署，强调要依法完善数字规则，促进平台经济、共享经济规范发展，加强监管，提升监管效能；2021 年 2 月《反垄断指南》发布，为平台垄断行为监管提供了操作指引并针对平台经济引发的问题，完善了相关监管规则。2020 年 7 月，银保监会颁布《商业银行互联网贷款管理暂行办法》，初步建立商业银行互联网贷款业务制度框架。另外，针对一直未将金融控制公司纳入监管范围的问题，2020 年 9 月，国务院发布《关于实施金融控股公司准入管理的决定》；与此同时，中国人民银行发布《金融控股公司监督管理试行办法》，规定由中国人民银行依法对金融控股公司实施监管。为进一步加强对网络平台企业从事金融业务的监管，强化反垄断和防止资本无序扩张，推动平台经济规范健康持续发展。2021 年 4 月 29 日，中国人民银行、银保监会等金融监管部门约谈了从事金融业务的腾讯、度小满金融、京东金融等 13 家网络平台企业。

第六节　金融科技

市场经济发展与金融创新紧密相连，而金融创新又与科技进步息息相关。以计算机和互联网技术为代表的信息革命，创造出由科技驱动的金融创新——金融科技（FinTech）。中国正在从依托互联网和移动互联网的互联网金融阶段快速迈入云计算、大数据、区块链和人工智能等技术驱动的金融科技阶段，不断有更多资金、人才、产业被卷入金融科技大潮。

一、金融科技概述

（一）金融科技的定义

金融科技的英文单词 FinTech 是 Financial Technology 的缩写，指金融和 IT 的融合型产业，最早在欧美的金融圈和互联网圈流行，2016 年起逐渐成为中国主流语境的热词。

金融科技泛指金融机构和非金融机构以现代数字信息为载体，通过移动互联网、大数据、云计算、区块链、人工智能以及物联网等一系列数字技术与传统金融服务深度融合发展，创新金融产品、调整金融业务流程、改变金融服务方式等的一种新型金融服务。金融科技既包括了互联网企业和金融科技企业利用新技术提供的新金融业务，也包括传统金融机构的数字化转型业务。

金融科技实际上是互联网金融发展过程中的产物。2018 年人民银行印发的《金融科技（FinTech）发展规划（2019—2021 年）》提到，金融科技是技术驱动的金融创新（该定义由金融稳定理事会（FSB）于 2016 年提出，目前已成为全球共识），旨在运用现代科技成果改造或者创新金融产品、经营模式、业务流程等，推动金融发展提质增效。在新一轮科技革命和产业变革的背景下，金融科技蓬勃发展，人工智能、大数据、云计算、物联网等信息技术与金融业务深度融合，为金融发展提供源源不断的创新活力。坚持创新驱动发展，加快金融科技战略部署与安全应用，已成为深化金融供给侧结构性改革、增强金融服务实体经济、打好防范化解金融风险攻坚战的内在需要和重要选择。

（二）互联网金融与金融科技

在我国，“互联网金融”的提及频率和热门程度甚至高于“金融科技”。事实上，互联网金融和 FinTech 两者有共通点，也有区别。

1. 联系

互联网金融与金融科技均建立在金融与科技相互融合的基础上，皆是将新技术应用到原金融行业的运作中，改变金融业态的传统手段，从而对金融服务行为和金融市场进行迭代优化与创新。

2. 区别

互联网金融与金融科技虽然具有共通点，但从本质上来说，这两者具有显著的不同。互联网金融主要通过运用互联网及信息通信等技术将各类金融服务互联网化，其更突出的是“互联网+”背景下金融的创新；而金融科技则形成了新的生产方式，将中间多余的环节省去，更加强调科技创新对金融发展的支持作用，其旨在增强金融活力和提升金融服务质量，对深化金融供给侧结构性改革有推动作用，对提高金融服务实体经济能力有重要作用。从辐射范围的角度观之，金融科技的应用领域更加广泛，它包含了大数据、云计算、AI、区块链、生物科技等基础设施应用技术等）。金融科技对新技术的要求更高，应用更广泛、革新更彻底，并将 FinTech 里的“Technology”从起辅助作用变为核心部分。

总体来说，互联网金融是 FinTech 的一个发展阶段。我国的“互联网金融”概念正逐步与国际通行的“金融科技”概念体系相融。

☞ 阅读专栏

21 世纪，从互联网金融元年到金融科技 2.0

2005 年 P2P 借贷平台 Zopa 在英国诞生，紧接着在美国相继出现 Porsper、Leading Club 等 P2P 借贷平台以及 Kickstarter 众筹平台等互联网金融公司，而互联网金融在中国市场更是炙手可热，社会反响强烈。

2013 年被普遍认为是中国互联网金融元年，各类媒体争相报道互联网企业进军传统金融业，抑或报道金融企业深度触网行动，总是能赚足眼球。2013 年 6 月 13 日，阿里巴巴旗下支付宝与天弘基金合作推出货币基金理财产品余额宝，仅用一个月的时间，余额宝资产规模即突破 100 亿元大关，顿时掀起一股全民理财的潮流。令人更为震惊的是，仅用了不到一年的时间，在 2014 年 2 月 17 日，余额宝的用户规模突破 8 100 万人，资产规模超过 4 000 亿元。4 000 亿元是什么概念呢？我国央行公布 2013 年银行间债市总共发行的地方政府债券也不过 3 500 亿元；截至 2014 年初，即使整个货币基金行业也只有 9 000 亿元的规模。经过 4 年多的发展，2017 年 6 月 30 日，天弘基金公告称，余额宝资产净值达到 1.43 万亿元。

余额宝本质上只是一款货币基金，没有任何金融创新，唯一的不同只是运用互联网销售渠道，为何会产生如此大的影响力？其实，原因就在于余额宝创造性地嫁接随时随地可接入的互联网技术，再加上中国普通民众长期被压抑的小额理财需求，二者相遇，爆发出巨大的威力，瞬间引爆互联网金融浪潮在中国大地的传播。

余额宝的迅速崛起打响了中国互联网行业与金融业走向深度融合的第一枪，预示着互联网思维开始触及现代经济的核心——金融业。尽管变革金融业的过程将异常艰难，毕竟金融可谓“牵一发而动全身”，但也极具爆发性和革命性。2016 年 7 月，以十部委联合发布《关于促进互联网金融健康发展的指导意见》为标志，互联网金融业开始步入规范化发展的轨道，随后各部委又相继下发 20 多个监管文件，涉及互联网金融的各个细分领域，“谁的孩子谁抱走”，行业的混乱局面得到了逐步的整顿和肃清。

相比具有强烈中国特色的互联网金融，“金融科技”一词是不折不扣的舶来品。2016 年起，随着国内蚂蚁金服、京东金融、众安保险、宜信等几个巨头开始定义自己为金融科技公司，这一名词才逐渐进入了国内大众的视野。与此同时，它以惊人的速度流行开来，成了“网红”。而在此之前，国内与金融科技对应的概念主要为互联网金融。互联网金融主要是指在互联网和移动互联网技术条件下，以网络连接为主要特征的金融服务方式的创新，因此互联网金融本质是依靠互联网技术驱动的金融创新，而近年来随着科技的突飞猛进，大数据、区块链、人工智能等新兴技术越来越多地应用于金融业的各个细分领域，如数字货币、智能信贷、智能投资顾问等创新的金融服务方式不断涌现，金融与科技的融合程度日益加深，从互联网金融迈入了一个新的阶段。金融科技1.0阶段通过互联网的连接特性成功实现了资金端的高效对接；而金融科技2.0阶段在1.0阶段的基础上，进一步打通金融业的资产端环节，通过技术实现科学定价，从而达到资金端和资产端的精准高效匹配，创造了新的金融生态。同时，服务于资产端的高效定价，包括资产的数字化和货币的数字化在内的金融基础设施的代际升级也是金融科技2.0范围内的重要组成部分。

相比以互联网和移动互联网技术为驱动的金融科技1.0，金融科技2.0更聚焦于以云计算、大数据、区块链和人工智能等为代表的新一轮IT的应用与普及，并强调它们对提升金融效率和优化金融服务的重要作用。

资料来源：周伟．金融科技［M］．北京：中信出版社．

二、金融科技对金融的创造性作用

（一）金融去中介化

金融科技的金融去中介化是指FinTech在金融市场上，拥有不同于传统银行业担任资金借贷中介（间接金融）功能，也不同于在资本市场上证券融资的直接融资功能。金融科技通过网络，将资金的提供者与需求者做有效连接，回到最原始的直接资金供需状态，但FinTech本身并不介入，因而取代了银行及证券业的中介功能。例如，P2P融资和众筹，直接经由网络进行链接，完成资金供给与需求。分布式记账和区块链具备强烈的“去中心化”特征。金融科技的去中心化，破除了银行在金融活动中资源配置的垄断地位。

（二）金融信息透明化

金融科技（大数据、云计算等）是金融业信息的全面重构，极大程度改善了传统金融中的信息不对称问题。信息不对称不利于资金融通和风险控制。金融科技改善了信息不对称的情况，通过形成合理有效的定价机制，促进了资金融通和供需平衡。在风险控制方面，云计算和搜索引擎在大数据分析的作用下，可以对融资者形成信用评价机制，形成监管机制，有效把控风险。

（三）金融普惠化

传统金融服务（如银行）属于特许行业，金融服务价格高、服务对象有限，且其经营具有封闭性。在传统金融服务不够，无法满足民众金融需求的地方，金融科技利用其技术，在支付、借贷、投资和保险等领域服务群众。金融科技的普惠化从金融提供者而言，打破了银行经营服务的垄断权，拓展金融服务范围，降低金融成本。从金融消费者来说，其有了更多价廉物美的金融产品和服务的选择与获取。

三、我国金融科技发展的意义及基本原则

（一）我国发展金融科技的意义

（1）金融科技是推动金融转型升级的新引擎。金融科技的核心是利用现代科技成果优化或创新金融产品、经营模式和业务流程。借助机器学习、数据挖掘、智能合约等技术，金融科技能简化供需双方交易环节，降低资金融通边际成本，开辟触达客户全新途径，推动金融机构在盈利模式、业务形态、资产负债、信贷关系、渠道拓展等方面持续优化，不断增强核心竞争力，为金融业转型升级持续赋能。

（2）金融科技是金融服务实体经济的新途径。发展金融科技能够快速捕捉数字经济时代市场需求变化，有效增加和完善金融产品供给，助力供给侧结构性改革。运用先进科技手段对企业经营运行数据进行建模分析，适时监测资金流、信息流和物流，为资源合理配置提供科学依据，引导资金从高污染、高耗能的产能过剩产业流向高科技、高附加值的新兴产业，推动实体经济健康可持续发展。

（3）金融科技是促进普惠金融发展的新机遇。通过金融科技不断缩小数字鸿沟，解决普惠金融发展面临的成本较高、收益不足、效率和安全难以兼顾等问题，助力金融机构降低服务门槛和成本，将金融服务融入民生应用场景。运用金融科技手段实现滴灌式精准扶持，解决小微企业融资难融资贵、金融支农力度需要加大等问题，为打赢精准脱贫攻坚战、实施乡村振兴战略和区域协调发展战略提供金融支持。

（4）金融科技是防范化解金融风险的新利器。运用大数据、人工智能等技术建立金融风控模型，有效甄别高风险交易，智能感知异常交易，实现风险早识别、早预警、早处置，提升金融风险技防能力。运用数字化监管协议、智能风控平台等监管科技手段，推动金融监管模式由事后监管向事前、事中监管转变，有效解决信息不对称问题，消除信息壁垒，缓解监管时滞，提高金融监管效率。

（二）我国金融科技发展的基本原则

（1）数字驱动。把握数字经济发展新趋势，发挥数据要素倍增作用，将数字元素注入金融服务全流程，将数字思维贯穿于业务运营全链条；强化金融创新的科技武装、数据加持，加快金融数字化转型步伐，全面提升我国金融业综合实力和核心竞争力。践行安全发展观，运用数字化手段不断增强风险识别监测、分析预警能力，切实防范算法、数据、网络安全风险，共建数字安全生态。

（2）智慧为民。抓住全球人工智能发展新机遇，以人为本全面推进智能技术在金融领域深化应用，强化科技伦理治理，着力打造场景感知、人机协同、跨界融合的智慧金融新业态，实现金融服务全生命周期智能化，切实增强人民群众获得感、安全感和幸福感。

（3）绿色低碳。树立绿色发展理念，以实现碳达峰碳中和为目标，加强金融科技与绿色金融的深度融合，创新发展数字绿色金融，运用科技手段有序推进绿色低碳金融产品和服务开发，着力提升金融服务绿色产业的覆盖面和精准度，助力实体经济的绿色转型和低碳可持续发展。

（4）公平普惠。以公平为准则、以普惠为目标，合理运用金融科技手段丰富金融市场层次、优化金融产品供给，不断拓展金融服务触达半径和辐射范围，弥合地域间、群体间、机构间的数字鸿沟，让金融科技发展成果更广泛、更深入、更公平地惠及广大人民群众，助力实现共同富裕。

四、金融科技监管

（一）金融科技对金融监管的挑战

金融科技机构利用技术优势，服务被传统经营模式忽略的“长尾”客户，提高了金融体系的效率和普惠性，但同时金融科技也使得金融业务边界逐渐模糊，风险传导更加隐蔽，给金融监管体系带来了新的问题和挑战。

（1）数据风险与信息安全风险相互交织。以大数据推动创新是金融科技的主要特征和模式，但这同时也带来了新风险。一些科技公司利用市场优势，过度采集、使用甚至倒卖数据。这些行为没有得到用户充分授权，严重侵犯企业利益和个人隐私。监管部门需要研究制定金融数据安全保护条例，构建更加有效的保护机制，防止数据泄露和滥用。

（2）业务交叉增强金融风险隐蔽性。金融科技加快了金融与其他领域的融合发展，业务边界逐渐模糊，产生了跨界混业经营。一些平台科技公司凭借自身积累的用户、数据和技术优势，逐渐介入了支付、理财、信贷等传统金融业务，增加了金融监管的界定和识别的难度，带来了一系列隐蔽的金融风险。一个典型例子是P2P网贷。P2P网贷机构原定位为金融信息中介，但绝大多数机构事实上开展了信贷和理财业务，异化为信用中介，存在违规放贷、设立资金池、期限拆分等行为，加剧风险传播，部分机构甚至自融自保，碰触非法集资底线。P2P网贷迅猛发展10余年，至2020年被监管部门全部清零，给金融监管留下了深刻的经验教训。

（3）新型“大而不能倒”风险突出。少数大型科技公司在小额支付市场占据主导地位，涉足各类金融领域，跨界混业经营，垄断问题日益突出，涉及广大公众利益，具备重要金融基础设施的特征，一旦出现风险，影响将相当广泛。因此，中国银保监会提出，要关注新型“大而不能倒”风险，及时精准“拆弹”，消除新的系统性风险隐患。中央经济工作会议也明确提出，要强化反垄断和防止资本无序扩张，切实防范风险。

（二）金融科技与金融监管科技

监管科技（RegTech）是监管与科技的融合，国际金融协会将其定义为能够高效解决监管与合规性要求的新技术。监管科技不仅是可以提高监管效率的技术手段，更是金融监管未来变革的重要方向，其本质在于应用科技以高效率、低成本地满足金融监管和合规要求的创新监管模式，一方面指监管当局运用科技完善监管方法、提升监管能效，另一方面指金融机构用科技降低合规成本、提升合规运营能力，即应用于金融机构端的合规科技（CompTech）。

从驱动因素看，金融科技是自下而上由技术推动的，而监管科技则是自上而下的制度要求。金融科技创新要求金融监管科技创新。金融科技使传统金融监管受到了前所未有的挑战，在一定程度上倒逼监管转型。监管部门亟须发展监管科技来应对挑战，“以科技监管科技”，重新调整金融监管框架，将数据主权和算法监督等概念纳入金融监管的范畴，建立监管科技体系，运用新技术手段提升监管效率。

监管科技在打击防范金融诈骗、传销、非法集资等涉众型金融犯罪，以及提高系统性金融风险监测预警能力等方面可以提供重要的技术手段。监管科技有助于提升金融科技监管的时效性、有效性和前瞻性。例如，机器学习、大数据分析和客户识别技术，能帮助监管者快速进行实时监测分析、数据处理、生成报告等工作，提升监管效能；监管者可以通过数据分析金融新产品和模式的本质属性，并根据业务类别和适用法律作出客观研判，以采取更精准有效的措施；而运用大数据、人工智能等技术，监管科技有助于对市场真实情况进行实时监测和趋势研判，以更好地识别可能存在的监管真空和套利空间，提前做好监管布局。中国人民银行金融科技委员会已明确提出，要强化监管科技，积极利用大数据、人工智能、云计算等技术，丰富监管手段，提升跨行业、跨市场交叉性金融风险的甄别和防范化解能力。

（三）金融监管科技的国际实践

监管科技是金融监管的发展趋势，将成为支撑金融业发展的坚实基础。我国央行《金融科技发展规划》提出，要加快监管科技全方位应用，强化数字化监管能力建设，对金融科技创新实施穿透式监管，筑牢金融与科技的风险防火墙。世界主要经济体监管部门也对金融科技监管问题高度关注，并已作出监管调整和政策响应，推出了一系列监管科技政策。

（1）英国：以监管沙盒为代表的主动型监管。英国是主动型监管的典型，于 2015 年首次提出实施监管沙盒计划，旨在建立一个为金融创新提供制度保障的监管框架。监管沙盒是沿用金融科技逻辑构建的监管机制，以柔性监管为理念，以保护消费者权益为前提，通过提供有时限和边界的风险可控的真实市场空间，支持金融机构对创新产品进行探索实践、及时发现产品风险隐患，打造更有弹性的监管机制，为金融科技创新提供空间，是一种具前瞻性和能动性的监管新路径。

（2）美国：以法律规制为重心的功能型监管。美国重视对金融科技进行法律规制，及时建立相应法律法规和适时动态调整，逐步将金融科技纳入原有监管体系中，促进监管与创新同步发展。次贷危机之后，美国制定了《消费者金融保护局创新细则》，并发布关于评估金融科技与监管科技产品的指引，促进企业利用科技主动适应监管体系。美国于2017年颁布了《金融科技监管白皮书》，为监管机构评估金融科技提出了十项基本原则。美国怀俄明州也于2019年通过了《金融科技沙盒法案》，为金融科技创新提供相对宽松的监管环境。

（3）澳大利亚：以监管科技为核心的科技型监管。为了提高金融监管效率，澳大利亚2016年提出了运用监管科技的指导原则，即监管当局要对监管科技的发展现状、业务模式深入了解；设立创新中心，为金融科技企业提供非正式援助；加大对监管技术的研究。2019年，澳大利亚组织了金融推广演示和研讨会、金融咨询文件演示和研讨会、语音分析和转文本研讨会、技术辅助指导工具四项计划，帮助企业运用监管科技更高效地管理业务合规性问题以专注于金融创新和保护消费者权益。

（4）新加坡：以实质性和适配性为原则的创新型监管。过早过严的监管会阻碍金融科技发展，因此新加坡坚持实质性和适配性的原则，做到"监管不缺位、监管要到位、监管不越位"，避免使金融监管超前于创新。新加坡高度重视科技创新，同时注重监管创新，把发展金融科技、监管科技作为建设智慧国家、打造世界智能金融中心的重要途径。目前，新加坡已经成为全球重要的金融科技枢纽和监管科技领先者，具有完善的金融科技监管生态体系，涵盖了领先的区域金融中心、优越的营商环境、先进的监管科技、成熟的科创生态和具有潜力的市场。

（四）对我国金融科技监管创新的启示

（1）构建金融科技监管生态体系。我国应积极推进共建涵盖金融机构、金融科技企业、监管当局、政府决策机构、金融消费者和自律组织等多主体的金融科技新生态，通过构建有国际竞争力的金融中心、打造国际化的营商环境、发展先进的监管科技、培育良好的科创生态、充分挖掘国内市场的潜力，营造良好的金融科技发展环境。一方面，完善顶层设计，推进制定金融强制性国家标准，包括金融科技、监管科技和金融产品标准，推动金融标准从政府单一供给向"政府+市场"多元供给转变。另一方面，营造开放包容的监管环境，推动生态体系中各主体良性互动、协同发展，激发金融和监管创新，共同促进金融科技产业发展。

（2）以动态、柔性监管为方向转变监管理念。我国是被动型监管的典型代表，但我国巨大的市场需求为金融科技发展提供了广阔空间，被动型监管不仅难以化解前期积累的大量风险，也缺乏前瞻性和风险防范能力，因此需要转变理念，由静态、被动、命令式的监管转变为动态、主动、合作式的监管，保持学习型的动态监管思路，致力于在促进金融科技发展和防范风险之间取得平衡。遵循柔性监管理念，借鉴监管沙盒的国际实践经验，发展有中国特色的监管沙盒，与金融科技业保持近距离和开放的合作和良性互动，从而避免"一放就乱，一管就死"。

（3）以监管科技为核心创新监管方法。以科技赋能监管，建立现代化智能监管体系，加强监管科技在监管事前、事中、事后各阶段的运用，提升穿透式监管能力，提高监管效能。推进常态化金融风险预警处置机制，运用科技提升监管部门对跨市场、跨业态、跨区域的风险识别、预警、处置能力。例如，搭建风险系统自动采集和分析数据，为金融机构进行全方位风险画像；利用大数据分析识别内幕交易；利用区块链设置业务控制点，形成追溯机制，对异常交易进行快速识别；针对新型网络犯罪，建立多维度预测预警模型，实现对网贷、众筹、大宗商品交易、微交易等重点领域精确预警、分类分级处置，做到对非法金融机构和活动早识别、早预警。根据技术先行与制度跟进的原则，不断促进监管科技法治化进程，将监管科技转化为监管范式和制度，实现监管科技与金融科技的协调发展。

（4）以信息保护和反垄断为重点扩充监管内容。金融科技发展使防范信息安全风险及反垄断成为金融监管的新内容。在信息安全风险问题上，需要先明确数据权益归属。数据是金融科技的核心生产要素，数据确权是数据要素市场化的基础。要尽快制定相关法律法规，完善数据价格形成机制，明确各方权益，规范数据市场运转。制定金融行业数据采集、处理、储存标准，加强数据管理。在反垄断问题上，要关注新型大而不能倒风险，强化反垄断和防止资本无序扩张，重点关注金融科技企业风险的复杂性和外溢性，侧重反垄断审查。要更多关注大公司是否以非正常方式收集数据、是否拒绝开放应当公开的信息、是否存在误导消费者的行为、是否妨碍新机构进入，防止数据垄断，促进市场公平竞争。

（5）加强国际金融科技监管合作。科技发展的核心竞争力在于技术标准的制定。我国金融科技发展水平已居世界前列，要加快国际金融监管合作，掌握金融科技国际标准和规则制定的主动权，进一步推动我国金融科技的全球化发展。继续加强与各国监管当局和国际金融组织在反垄断、数据监管、消费者保护等方面的合作，加强监管协调，防范跨境监管套利和金融风险跨境传染，共同打造开放、包容、安全的金融科技生态环境。

本章关键词

金融创新　欧洲货币市场　亚洲美元　互联网金融　金融科技

复习思考题

1. 金融创新的原因何在？
2. 金融创新的理论解释有哪些？
3. 简述金融创新的内容。
4. 金融创新的效应如何？
5. 如何理解金融创新对全球金融危机爆发的影响？
6. 如何理解互联网金融的风险？
7. 如何理解互联网金融监管的必要性？
8. 我国金融科技发展的基本原则有哪些？
9. 如何理解监管科技？

第十八章　金融发展

在市场经济中，金融的地位和作用日益突出，金融活动已经渗透到经济生活的方方面面。金融发展理论主要研究的是金融发展与经济发展的关系、研究金融体系（包括金融中介和金融市场）在经济发展中所发挥的作用，研究如何建立有效的金融体系和金融政策以最大限度地促进经济增长以及如何合理利用金融资源以实现金融的可持续发展并最终实现经济的可持续发展。本章在前述各章知识的基础上，从发展经济与金融的角度，进一步分析和阐述发展中国家经济与金融的关系及其金融改革等问题。

第一节　金融与经济发展

在经济发展的进程中，金融发展经历了货币化和金融化两个发展阶段。在货币化阶段，金融首先是作为支付中介从经济体系中内生出来的。通过信用中介的作用，市场资源配置的空间和范围不断扩大，从而经济货币化水平也不断提高。而金融从支付中介向信用中介的发展，进一步将资金供需部门联系起来，逐步形成金融中介机制。金融中介机制实质上也是储蓄—投资转化机制。金融中介机制在国民经济运行过程中，促进了资本的社会化，降低了企业外源融资的成本。而企业外源融资比重的提高使资源的优化配置和规模节约成为现实。这能有效提高要素生产率，能够有效地实现经济资源的合理流动，促进市场竞争机制的完善，进而推进经济发展。随着资金供需部门对金融需求的日趋多样化，通过金融中介机制作用所提供的产品和服务也相应地多层次、多元化。因此，经济与金融的关系可以概括为：一方面，经济发展推动金融的发展；另一方面，金融发展又提升了市场机制的运作效率。就一般意义上讲，发展中国家的金融与经济发展和发达国家呈现出同样的关系。

一、经济发展决定金融发展的历史演化考察

（一）欧洲金融发展历史一瞥

在欧洲工业革命以前，中国经济体系和欧洲经济体系，基本上可以看成是两个相对独立的经济体系。东西方文明在不同的社会经济环境中，先后经历了原始狩猎经济、狩猎采

集经济、游牧耕种农业经济。后又在游牧耕种农业经济体系中发展出商品经济和城市经济。早期的商品经济和城市经济是作为农业经济的补充和附庸存在的。在经过漫长的发展演化，易货交易的商品经济向商品货币经济方向迈进。货币先是充当支付中介，逐渐地货币集支付中介和信用中介为一身，在支付中介机构的基础上衍生出信用中介机构。再接着，金属货币逐步走向信用货币。当货币支付体系和货币制度形成后，可以认为货币化金融阶段完成。

比较分析相关史料，可以看到在这一特定的历史阶段中，在相对独立的经济发展进程中，早在春秋战国时期，中国就出现了铸币。宋朝就出现了可以称为银行支付工具的“交子”。到欧洲工业革命前夕，欧洲的货币金融体系发展并没有明显地优于中国的货币金融发展。

正如马克思所言，生产力是推动生产关系乃至社会进步的最根本的力量。18 世纪，英国以瓦特发明蒸汽机为标志，开启了工业革命的伟大进程。工业革命对于已经持续了两个多世纪的大航海贸易和已经萌发的资本主义经济而言如虎添翼：航海贸易发展需要造船业发展，动力革命为矿山开发、钢铁冶炼、造船革新等提供支持和鼓励。适应海外扩张的海军兵舰建造和大炮铸造等行业，以及由此而连带发展起来的其他金属冶炼、各种金属工具制造、制革、染料等，在国内外市场急剧扩大的影响之下，不同的工业部门相互需求，以前所未有的速度产生链式反应，资本主义兴盛起来。海外贸易积累起来的利润，一部分通过业已存在的资金融通渠道转入工业，加强了工业资本；生产技术在竞争中逐步革新，辗转推广；劳动力因农民土地被剥夺而大量转向工业——所有这些又都为 18 世纪工业革命创造了资本的、技术的、劳动力的前提。所以毫不奇怪，最早实现了资本主义工业起飞的英国，率先建立起与工业化经济生产组织——有限责任公司相匹配的金融体系，这个金融体系包括间接融资中介机构商业银行体系，直接融资中介投资银行和金融市场体系，以及以管理纯风险为主要功能的保险体系。金融三大行业构建起现代金融体制的基本框架。特别是当时的经济强国英国，在第一次世界大战之前，已经建立起影响世界的发达金融体系，拥有了在国际金融体系中的垄断地位。

（二）中国金融体系发展回顾

1. 新中国成立前中国金融体系概览

在欧洲进入了资本主义市场经济和工业革命发展阶段时，中国经济体主体还处于农业经济发展阶段。尽管断断续续存在近 2 000 年的“丝绸之路”，使中国经济体并没有与外界完全隔绝，但是中国的国内贸易是建立在小农经济、小手工经济和小商品经济基础上的，中国主动的对外贸易是建立在“朝贡贸易”制度基础上的。由于闭关锁国政策，其他的国际贸易是被动的，主要由阿拉伯商队和西欧航海商船推动。

在鸦片战争爆发前，中国的金融体系与欧洲相比较，在货币制度与货币发行、钱币经营、资金融通、票据支付等领域，“场景”大体相同。国家垄断发行货币，规定本位币与辅币之间兑换比例；有钱庄与票号等经营资金的保管与存款、贵金属货币的成色鉴定、资金融通（高利贷）以及同城及异地资金汇兑等业务；还有专业经营的金融机构，如专营支付的票号、专营小额抵押贷款的典当行业等。由于没有产生典型的资本主义经济组织如股份有限公司和大型私人所有的工业企业及其矿山等，因此，没有需求进而也没有为之服务的证券投资公司和金融市场。由于主体经济是农业，社会尚未产生通过保险方式管理市场经济运行中各类风险的理念（尽管早在中国西汉元封元年——公元前 110 年，桑弘羊在长安专设机构，建立和执行“平准”制度，以防范自然灾害带来社会危害）。

《南京条约》签订后，在中国出现的第一家商业银行是英国的丽如银行。1845 年丽如银行为了英国国际贸易商融资和支付需要（也是英国在全球建立金融帝国网络的需要）在香港和广州设立分行，两年后在香港发行钞票，这是流通于中国市场上的第一批外国纸币。1848 年又在上海增设分行。随后，英、法、德、日、俄、美等国在中国设立了数十家银行。

在民族工商业发展和“洋务运动”推动下，中国人创办了第一家银行：中国通商银行。由督办全国铁路事务大臣盛宣怀奏准清廷后，于 1897 年 5 月 27 日（光绪二十三年四月二十六日）在上海黄浦路成立，中国通商银行也是中国第一家发行纸币的银行。同年先后在北京、天津、汉口、广州等地开办分行。1921 年以后，中国通商银行又分别在南京、宁波成立分行。辛亥革命以后，伴随着中国的民族工业从无到有，艰难成长的同时，现代金融体系也逐步从传统的金融系统中演化成长。除了商业银行以外，中国建立了中央银行、资本市场（证券公司、证券交易所）、保险公司等现代金融机构。尽管这些标志着中国金融向现代化迈进，但在殖民地、半殖民地和军阀割据的政治经济社会生态环境下，旧中国的金融体系除了资本主义官僚金融财团，民族金融“体质”先天残弱，不堪任何政治经济风险的摧残，在帝国金融资本和官僚资金融资本的双重夹缝中苟延残喘。

2. 新中国金融体系现代化一瞥

（1）1979 年前的金融体系。新中国成立后至改革开放前这段时期，中国的金融体系按照苏联计划经济模式，建立了“大统一”的金融体系。

（2）1979—1993 年：初建分散决策的金融体系。1979 年为适应经济体制改革和社会主义市场经济资源配置的取向，国家开始对原有的“大统一”的金融体系进行了分解和重构。原金融机构体系被分解为银行、非银行金融机构体系。1990 年以上海证券交易所成立为标志，开启了中国资本市场的重建。金融资源的配置越来越多地是由各种类型的金融机构、非金融部门和金融市场的分散决策共同决定。

（3）1994—2009 年：构建分业经营、分业监管金融体系。构建分业经营、分业监管金融体系，形成“一行三会”宏观调控与监管架构。按照 1993 年 12 月 25 日国务院颁布的《关于金融体制改革的决定》的要求，1994 年起着手建立“强有力”的中央银行宏观调控体系和“统一开放、有序竞争、严格管理”的金融市场。1995 年颁布的《中国人民银行法》确立了中国人民银行的中央银行职责，特别明确币值稳定乃央行首要职责，严禁央行向各级政府部门提供贷款；1995 年的《商业银行法》则要求强化统一法人体制，实行严格的授权授信制度，并确立了分业经营的原则，不准参与信托、保险、证券业务。

1997 年亚洲金融危机之后，中国开始了艰巨的国有商业银行改革任务，改革的方向是按现代金融企业的属性进行股份制改造。以 2003 年中国银监会的成立为标志，中国金融管理体制正式形成了“一行三会”的分业经营、分业监管架构。金融约束体制的建立促进了中国金融发展深化。高储蓄、高投资、高经济增长的“三高”奇迹成为这期间金融深化的标志。与“三高”奇迹相伴的是另一个“奇迹”：自 1994 年后形成的国际收支账户中经常账户和非储备金融账户“双顺差”格局。

金融改革与深化带来的成果之一是，中国经济比较成功地抵御了 1997 年亚洲金融危机和 2008 年“金融海啸”的两次外部冲击。

3. 2009 年后金融体系的发展

（1）2009 年之后，中国非银行金融部门的崛起。非银行金融部门的崛起，首先表现为非银行金融机构的快速发展。在中国两类金融机构间尽管存在竞争，但互补性表现得特别强。非金融部门崛起的第二个表现是股票市场和非金融债券市场的快速发展。非银行金融部门的崛起还表现在银行部门自身资产负债表的重大结构性变化。从负债端看，银行对居民部门和非金融企业部门的负债（居民和企业在银行存款）出现了显著地下降趋势。负债端比重上升的主要是对其他存款性公司债务、对其他金融性公司债务和债券发行。从资产端看，银行对居民债权上升显著，但对非金融企业债权下降较快。

（2）科技金融蓬勃发展。在新一轮科技革命和产业变革的背景下，金融科技蓬勃发展，为金融业转型升级提供源源不断的动力。在国务院决策部署下，中国人民银行研究出台《金融科技发展规划》，明确金融科技发展目标、重点方向和主要任务，加强统筹布局与行业指导，强化金融科技创新规范引导，稳妥推进人工智能、云计算、大数据、区块链等新一代信息技术在金融领域合理应用，不断提升金融科技应用与管理水平，推动金融科技成为服务实体经济、防控金融风险、深化金融供给侧结构性改革的重要力量。

（3）互联网金融与普惠金融全面发展。互联网金融蓬勃兴起，P2P 网络借贷、股权众筹、互联网保险、第三方支付、通过互联网开展资产管理及跨界从事金融业务的实践几乎触及了金融业的所有领域。特别是第三方支付革命影响改变了许多商业业态。规范的互联网金融在降低金融交易成本、提高金融资源配置效率、提升金融服务的普惠性和覆盖面等方面进行了积极探索，为服务实体经济发展发挥了积极作用。互联网金融实践一方面反映了经济发展技术进步带给金融领域的创新活力，另一方面也出现了打着创新的旗号包装粉饰，欺骗投资者，或借用创新概念混淆视听、鱼目混珠、逃避监管，一些机构甚至以创新为掩护从事非法集资等非法金融活动。目前正在开展的互联网金融专项整治，有利于促进互联网金融行业健康可持续发展。

4. 中国金融结构发生巨大变化

金融发展最重要的变化是它的结构变化。结构的变化会带来金融功能的升级。中国金融资产结构变化发生了巨大的变化。

（1）中国的金融资产规模和分布发生了巨大变化。1978 年我国居民储蓄存款只有 240

亿元，2021 年超过 200 万亿元；全社会的金融资产 1978 年只有不到 3 000 亿元，2021 年仅银行业资产金融机构总资产达 344. 8 万亿元。证券化资产比重从原来的零到 2021 年我国资产证券化市场规模延续增长态势，全年发行各类产品 3. 1 万亿元，年末存量规模接近 6 万亿元。居民部门拥有金融资产 211 万亿元左右。

（2）资本市场的创立与创新。变化从 1990—2005 年的主板市场、二板市场创立开始，先后设立的金融期货交易所和商品期货交易所、黄金交易所、全国中小企业股份转让系统（三板市场和新三板市场），2019 年又新设立的科创板，2021 年北京证券交易所正式开始，成为上交所、深交所后国内第三家全国性证券交易所，是中国资本市场体系不断健全的具体体现。市场性融资功能从开始显现到不断提高与壮大，中国的金融业态已从原来单一的银行业为主的金融业态变成多元化的金融业态。

（3）中国金融风险结构发生了重大的变化。中国金融功能从单一的融资转变成融资和财富管理并重。中国金融企业不仅仅是融资的金融，开始具有财富管理的功能。财富管理增长需求推动了资本市场的发展，中国金融体系的风险结构也发生了重大变化。

☞ 专家视点

金融风险结构发生变化

第一，是中国金融改革发展的战略目标，构建具有大国金融特征的现代金融体系，中国构建现代金融体系，既顺应了历史的趋势，又有坚实起点和基础。金融最重要的变化不是规模的扩张，而是其结构变化，只有结构的变化才会带来功能的转型，才会带来金融功能的升级。

第二，从 1990—2005 年，两个交易所设立，中国金融的脱媒开始，且脱媒作用慎威。2005 年之后推进股权分置改革，慢慢意识到资本市场具有更重要的功能，即财富管理功能，以及对传统金融融资脱媒的功能。

到了 2010 年之后，脱媒的力量出现，技术脱媒推动了市场发展。技术对金融的渗透产生了重大颠覆性的影响，互联网金融规模这些年得到了快速发展，技术脱媒带来支付的革命。

第三，中国金融风险结构发生了重大的变化。中国金融功能从单一的融资已经慢慢变到融资和财富管理并重的时代，单一机构风险变成了机构风险和脱媒风险并存，“我们进入到双风险驱动时代，要求中国金融监管架构要进行改革”。

第四，中国金融开放和国际化，主要特征是全方位的试错和市场化方向的探索，同时国际资本流动这些年明显加快，特别是 FDI 和中国对外投资都快速增长。

第五，由原来大一统监管模式，到 2018 年 3 月进入双柱功能监管时代，也是基于风险结构变化的监管选择。

资料来源：吴晓求（中国人民大学副校长、金融与证券研究所所长）在第二十三届（2019 年度）中国资本市场论坛的“现代金融体系之路：中国的探索”的主题报告，2019 - 01 - 12.

(4) 中国金融开放和国际化。其主要特征是全方位的试错和市场化方向的探索，突出表现在汇率制度改革上：从 1980 年单一汇率，到 1986 年双重汇率，再到 1994 年实行有管理的单一汇率制度；2005 年实施篮子货币汇率，2015 年把中间价定价做了重大的市场化调整。至此，汇率管理从窗口指导到运用逆周期的调节因子。改革发展与变化坚定地朝着市场化方向前进。

同时，国际资本流动这些年明显加快，特别是 FDI 和中国对外投资两项快速增长。人民币的国际影响力不断提升。

5. 金融监管体系持续优化

从 1992—2003 年，为适应中国金融体系不断发展，中国金融监管体系从“大一统”模式走向分离：证监会（1992 年建立）、保监会（1998 年成立）、银监会（2003 年成立）先后成立，形成 2003—2018 年 3 月间的“分业监管”模式。分业监管模式推动了中国金融业的发展。随着经济发展和金融创新及其金融科技发展，金融机构的业务交叉越来越多，金融行业出现的混业经营现象也愈加明显。2018 年 3 月银监会与保监会合并，中国进入“双柱”（银保监会与证监会）功能监管时代。中国金融监管在探索中国特色、大国特色的金融监管体系的道路上持续前行。

二、历史分析结论

（一）经济决定金融发展

纵观世界和中国金融发展史，不难得出这一判断：经济决定金融发展。这种决定性作用表现在两个方面：

第一，历史地看，金融是内生于经济的一种产业，是在商品经济的发展过程中产生并随着商品经济的发展而发展的。商品生产的扩大与交换行为的频繁带来了对一般等价物的需求，货币随之产生、发展。而信用作为一种借贷关系，也随着商品生产和交换发展的需要，经历了由低级向高级不断发展完善的过程：由通过支付中介功能促进商品交换、生产者社会价值实现，到通过信用中介功能实现社会价值和企业资产相对独立运动、引导资源跨期配置。同样的，金融中介机构、金融市场的形成与发展、金融宏观调控以及监管产生与发展等都是在经济发展中发展的。经济发展层次越高，基于技术进步的社会生产关系越复杂，对金融的需求层次就越高。

第二，经济的不同发展阶段对金融的需求不同，为金融发展提供的社会经济环境条件也不相同，由此决定了金融发展的结构、规模和阶段。从结构看，宏观经济的部门结构决定了金融结构，如小农经济决定了传统的金融体系；计划经济决定了大一统的金融体系；改革开放初期的二元经济结构决定了金融部门的二元结构；近几十年蓬勃发展的市场经济决定了多层次、多样化的金融业态的金融系统；企业的组织结构和商品结构决定了金融的业务结构；市场结构、财富结构决定了金融体系的组织结构和金融结构。从技术看，社会技术水平构成了对金融效率的技术约束。从规模看，一定时期的产出水平决定了当期货币供应量，而当期信用总量或金融总量的多少与经济发展的规模成正比。此外，一国金融机构的数量、分支机构设置、从业人员的数量一般也都与该国的经济规模直接相关。从阶段看，经济经历由低级阶段向高级阶段发展，金融也相应地由低级阶段向高级阶段发展，其中包括金融机构、金融工具、金融市场、金融宏观调控与监管等。

（二）金融促进经济发展

从世界和中国金融发展过程也可以明显看出，与经济发展相适应的金融发展对经济发展具有促进作用。无论是大半个世纪前，中国出现现代商业银行、证券市场和保险业后，民族工业得到的资金融通所带动的经济发展；还是改革开放以来以缓解金融抑制为标志，释放的金融活力以前所未有的推力支持着经济高速发展；以金融科技和第三方支付为代表的金融创新，改变了许多商业业态，推动着大众创业、万众创新。金融促进经济发展的作用主要通过四条途径实现：

第一，通过金融支付中介功能，极大地降低了经济发展所要求的社会流通成本，加快了资金周转速度，提高了产出效率。在现代，经济已经被称为金融经济，金融不仅成为现代经济发展必不可少的社会技术手段，而且作为生产要素的载体，已经成为推动社会经济发展必不可少的要件。

第二，通过金融信用中介功能，筹集资金和运用资金、合理配置资源，促进储蓄转化为投资，为规模化经济发展提供条件，并为最大限度地实现资源跨越时间、空间流动提供可能。这些对社会经济技术发展、环境保护、资源节约极为重要，从而对经济的可持续发展也起着不可替代的作用。

第三，通过金融机制的定价功能和风险管理功能，有效减少经济发展中不确定性的负面影响，进一步提高社会经济发展的效率。

第四，通过金融产业产值的增长直接为经济发展做贡献。

（三）金融发展不能忽视市场失灵现象

当然，在高度发达的现代市场经济中，由于金融中介功能的高度发达，以及金融效率的极大提高，金融的正、负外部性系统影响范围日趋扩大，一旦金融市场失灵或金融中介机制运行受阻，金融也会为经济带来严重的负面影响，具体表现在以下方面：

（1）从宏观角度看，因金融总量控制不当而出现通货膨胀（通货紧缩）、信用膨胀（信用紧缩），导致社会总供求失衡，危害经济发展。在不兑现的信用货币制度下，货币发行不受贵金属储备的硬约束，一旦出现认识偏差或操作失误，就可能造成货币供给偏离货币需求的状态，当出现严重的偏离状态，就会对经济产生严重的伤害。以通货膨胀为例，当信用过度膨胀或经济已进入总需求大于总供给的状态时，信用扩张只会加剧供求矛盾。当信用膨胀导致经济过度扩张时，就会出现泡沫经济，引发通货膨胀、信用危机和金融危机，对生产、流通、分配和消费造成诸多不利影响。

（2）从微观角度看，金融机构是经营风险、管理风险的高风险行业。由于金融自身的外部性作用，若金融中介机构经营不善，出现流动性危机、清偿力危机，一旦风险失控，引起社会信任危机，可能会引发“多米诺骨牌”效应，使整个国家陷于金融危机之中。这将破坏整体经济运作和社会经济秩序，进而将破坏经济发展的稳定性和国家的社会安定，甚至会累及世界经济。1997 年的东南亚金融危机和近年来中国互联网金融“爆雷”和“跑路”现象就是典型实例。

（3）由于信用过度膨胀而产生“为金融而金融”的循环体系时，金融经济与实体经济的内在联系可能会出现背离。一方面，大量的金融衍生工具及其衍生交易市场从规则设计到交易都与真实信用和现实社会再生产无直接关联，与市场流通或产业发展亦无直接关系。另一方面，金融衍生产品因在金融市场上反复易手而自我膨胀，成为最有刺激性的投机工具。在交易量呈几何级数放大的过程中，拉大了有价证券和真实资本价值的差距，滋生了金融泡沫，而这种金融泡沫不具有持久性，只能通过价格暴跌、泡沫破灭来消肿，实现价值回归。泡沫一旦破裂又会对经济发展产生很大的破坏性。

☞ **阅读专栏**

东南亚金融危机

1997 年，对东南亚各国来说是最不堪回首的一年，一场空前的金融危机来势之猛，涉及之广令全球为之震惊！

1997 年 1 月，以乔治·索罗斯为首的国际投机商开始对觊觎已久的东南亚金融市场发动攻击，开始抛售泰铢，买进美元，泰铢直线下跌。其目的很明确：搅乱东南亚金融市场，以图浑水摸鱼，狠捞一笔。而东南亚一些国家房地产、外汇储备、金融市场管理的混乱与失控，给投机者提供了千载难逢的机会。索罗斯的如意算盘是：先从最不堪一击的泰国、印度尼西亚、马来西亚入手，进而搅乱亚洲“四小龙”新加坡、韩国、中国台湾，最后攻占中国香港，以图造成他们无坚不摧的印象，击溃市场信心，引发“群羊”心理。索罗斯认为，只要击垮一个国家的金融市场，其他国家就不可避免一个接着一个倒下，这就是所谓的“多米诺骨牌”效应。由此，泰国成了首当其冲的目标。

5 月，国际货币投机商开始大举沽售泰铢，兑美元汇率大幅下跌。面对投机商气势汹汹的进攻，泰国央行与新加坡央行联手入市，三管齐下，企图捍卫泰铢阵地，他们动用了 120 亿美元吸纳泰铢；禁止本地银行拆借泰铢给离岸投机者；大幅提高息率，一番短兵相接之后，泰铢的地位暂时性保住了。

对此，国际货币投机商进行了强有力的反击，他们的招数只有一个：筹集资金，狠抛泰铢。索罗斯开始节节挺进。与此同时，泰铢贬值的浪潮一浪接着一浪，泰铢兑换美元的汇率屡创新低。泰政府临阵换将，原财政部部长庵雷·威拉旺被迫交出帅印，泰政府此举，犹如在波涛汹涌的湖面投下一颗重磅炸弹，菲律宾成了受害者，比索汇率开始大幅起落。

庵雷·威拉旺的黯然而去却未能阻止泰铢的节节失利。6月，投机商开始出售美国国债，筹集资金，再度向泰铢发起致命一击。泰央行奋起还击。为了稳定军心，6月30日，泰国总理差厄利发表电视讲话："我再次重申，泰铢不会贬值，我们将让那些投机分子血本无归。"此时的泰国央行已弹尽粮绝，仅有的300亿美元的外汇储备已花光。就在泰总理讲话两天之后，泰国央行被迫宣布实行浮动汇率制，放弃长达13年之久的泰铢与美元挂钩的汇率制。当天，泰铢重挫20%，7月29日，泰国央行行长伦差·马拉甲宣布辞职。

8月5日，泰央行决定关闭42家金融机构，至此，泰铢终于失守，危机重重的泰国，同意接受国际货币基金组织附带苛刻条件的备用贷款计划及一揽子措施。8月11日，为拯救资金短缺的泰国，由国际货币基金组织主持，世界十几个国家和地区的中央银行行长在日本东京举行会议，国际货币基金组织和亚洲的一些国家和地区承诺为泰国提供总共160亿美元（后增至167亿美元）的融资款计划，其中中国和中国香港都各自承诺句泰国借出10亿美元。8月21日，国际清算银行（BIS）宣布给予泰国总值33亿美元的临时贷款，以协助它渡过难关。

就在东南亚各国四处求援、积极谋划之时，国际投机商却销声匿迹，突然不再攻击，泰铢汇率暂时回稳，但这只是暴风雨前夕的宁静。8月底，又一轮令人目瞪口呆的跌势瞬间而至。10月19日，泰国财政部部长他农·比达亚也满腹惆怅卸任而去。

直到11月上旬，这场对东南亚来说噩梦一般的4个多月的黑色风暴才渐趋平静。一方面，由索罗斯引起的这场"看不见的战争"，如火山喷发般地震惊了全球，身处震源中心的泰国、马来西亚自是苦不堪言。另一方面，隔海相望的香港比以往任何时侯都更加绷紧了自己的神经。

10月20日，香港股市开始下跌。10月21日，香港恒生指数下跌765.33点，22日则继续了这一势头，下跌了1 200点。23日，对于港元前景的担忧使香港银行同业拆借利率节节上扬，21日仅为7%左右的隔夜拆息一度暴涨300倍。在这种市场气氛下，港股更连续第四次受挫，下跌达10.41%。

事实上，早在1997年8月，投机商就几次试探性地对港币进行了冲击，8月14日和15日，一些实力雄厚的投资基金进入香港汇市，他们利用金融期货手段，用3个月或6个月的港元期货和约买入港元，然后迅速抛空。致使港元对美元汇率一度下降到7.75/1。7.75被称为港元汇率的重要心理关键点。香港金融管理当局迅速反击。通过抽紧银根、扯高同业拆息去迎击投机者。金管局提高对银行的贷款利息，迫使银行把多余的头寸交还回来，让那些借钱沽港元买美元的投机者面对坚壁清野之局，在极高的投机成本下望而却步。故在很短的时间内，即8月20日使港市恢复平静，投机商无功而返。

国际投机者三番五次狙击港元的行动不仅志在港元汇价上获利，而且采用全面战略，要在股票市场和期货市场上获益，他们的做法是，先在期指市场上积累大量淡仓，然后买上远期美元，沽远期港元，大造声势。待港府为对付港元受到狙击而采取措施大幅提高利息时，股票气氛转淡，人们忧虑利率大升推低股市与楼市，这时投机者便趁势大沽期指，令期指大跳水。于是，股票市场上人心惶惶，恐慌性地沽出股票，炒家就可平掉淡仓而获取丰厚的利润。换言之，投机者虽然在港元汇价上无功而返，甚至小损，但在期指市场上却狠捞一笔。

对此，香港金融管理当局进行了针锋相对的斗争。他们的措施：一是动用庞大的外汇储备吸纳港元，二是调高利息并抽紧银根。一番对攻之后，10月24日，在连续4个交易日大幅下跌后，香港股市在这天强力反弹，恒生指数上升718点，升幅达6.89%，港股在连续下跌中止住脚步并开始强劲飙升。在股市强劲反弹之下，港元汇价恢复稳定。至此，这场惊心动魄的港币保卫战告一段落。这场较量虽说以香港金管局的艰难取胜而告终，但它所带给人们的震撼却并不仅仅局限于危机本身，它迫使更多的人去思考。

像一场瘟疫，东南亚的这股"金融飓风"已不仅仅满足于在东南亚横行一时，1997年10月28日，东京股市继27日大幅下挫后继续暴跌。10月27日，美国道·琼斯30种工业股票指数狂泻554.26点，成为历史最大的日跌点。当天上午，在道·琼斯指数下跌550点之后，有"电流中断器"之称的股市运行安全机制立即停止了股票交易。

与此同时，伦敦、巴黎、法兰克福、莫斯科、圣保罗、布宜诺斯艾利斯、墨西哥城的股市都经历了一次历史上罕见的大震动，跌幅之大，令人目瞪口呆。

资料来源：http：//down. chinaceo. gov. cn.

第二节　金融发展相关理论

在金融理论方面，当代西方主流经济学派的货币金融理论与政策，大多是以发达国家和成熟的市场经济为研究对象而建立起来的。也就是说，我们所学的金融理论，一个隐含的前提是，理论的研究对象是那些经济发达、市场机制和货币金融制度健全、金融市场活跃的国家。由于世界范围内经济发展严重不平衡，发展中国家和经济欠发达国家的经济、金融发展存在不同的国情和发展路径，建立在发达国家经济发展历程上的理论和政策对于经济欠发达、经济金融制度落后、金融活动比较呆滞的发展中国家和地区来说，适应性较差，很难付诸实施。随着当代发展中国家经济实力的增强和国际地位的提高，西方经济学家开始注重研究发展中国家的经济发展和金融发展问题。金融抑制理论、金融深化理论作为金融发展理论的重要组成部分，重点讨论了发展中国家金融发展过程中金融与经济的关系问题。

一、关于金融发展

对金融发展问题进行开创性研究的是20世纪六七十年代美国的经济学家雷蒙德·W. 戈德史密斯（Raymond W. Goldsmith）、罗纳德·麦金农（Ronald Makinnon）和爱德华·肖（Edward Shaw）。

何谓金融发展？根据戈德史密斯在1969年出版的《金融结构与发展》一书中的解释，

金融发展是指金融结构的变化。一个国家现存的金融工具与金融机构之和构成一国的金融结构。有的国家金融工具种类多、数量大，同时，金融机构种类多、规模大、效率高；而有的国家则相反。这就形成了不同发展程度的金融结构。金融越发展，金融结构就越得到提升，金融的效率就越高。

金融发展程度可以用一些数量指标来衡量。金融相关率（Financial Interrelation Ratio，FIR）是西方经济学家提出的衡量金融发展的基本指标，该指标因其简单、适用而被广泛采用。所谓金融相关率，是指一定时期内一国金融活动总量与经济活动总量的比值。金融活动总量一般用金融资产总额表示，包括非金融部门发行的金融工具（股票、债券及各种信贷凭证），金融部门发行的金融工具（通货与活期存款、居民储蓄存款、保险单等），国外部门发行的金融工具（国外净资产）。经济活动总量可用国民生产总值或国内生产总值来表示。

戈德史密斯详细地研究了截至 1963 年的近 100 年内 30 多个国家的金融发展状况，认为世界各国金融发展存在一条共同的道路。尽管金融发展的起点和速度千差万别，但没有资料可以证实除了在战争和通货膨胀时期以外，有哪一个国家的金融发展偏离了这条道路。发达国家有着共同的发展趋势，发展中国家早晚要走上发达国家已经走过的道路。

对金融发展的基本趋势，戈德史密斯得出以下主要判断：

（1）在一个国家经济发展的过程中，金融资产的增长比国民生产的增长更为迅速。因此，金融相关率变动的基本趋势是不断上升的，其间还会发生迅速提高的“爆发运动”。但金融相关率并不会无限制地提高。一旦金融发展达到一定水平，特别是金融相关率接近 1.5 以后，该比率的变动就会趋于稳定。

（2）当代金融相关率较高的是欧洲及北美国家。20 世纪 60 年代发展中国家的金融相关率大致相当于 19 世纪下半叶西欧与美国所达到的水平，这基本上可以说明两类国家在金融发展上的时代差别。

（3）金融相关率归根结底是由一国经济结构的基本特征决定的，如生产集中程度、财富分配状况、投资动力、储蓄倾向等。因为一国金融资产相对规模的主要决定因素是储蓄与投资的分离程度。

（4）在大多数国家，金融机构在金融资产的发行与持有上所占的比重随经济发展不断提高。

（5）金融资产所有权的“机构化”倾向，使金融机构和金融工具向多样化发展。一般说来，债权的机构化比股权的机构化增长更快，而且长期债权的机构化要高于短期债权的机构化水平。金融机构持有大部分债权，公司股票则主要由个人持有。发达国家股票与债权的比率高于不发达国家，而且在发达国家金融机构持有的股票份额高于不发达国家，并有继续增长的趋势。

（6）随着经济的发展，银行资产占金融机构全部金融资产的比重将会下降，其他金融机构的资产占有比重相应地会大大提高。在有些发达国家，其他金融机构金融资产总额已超过银行资产总额。

（7）金融发展水平越高，融资成本（包括利息与各种费用）越低。只有少数情况例外，那就是发生了通货膨胀。在这种情况下，金融体系的作用会发生反方向的变化。不过，从19世纪中期以来，西欧与北美并未出现融资成本长期下降的趋势。

（8）从长期看，各国金融发展与经济发展是齐头并进的。但是目前还拿不出令人信服的证据来说明金融发展与经济增长间的因果关系，即到底是金融因素加速了经济增长，还是金融因素仅仅反映了由其他因素推动的经济增长。

那么，金融发展与经济发展之间究竟存在着何种关系呢？后来的理论分析和实证研究表明，金融结构的演进，即金融发展，对一国经济增长有巨大的刺激与推动作用。这是因为金融结构的进步可以改善社会融资的条件，增大资本流量与投资规模，并大大地改进融资的效率，降低资金成本，为资本的流动转移与合理配置创造有利的条件。与此相应，一国经济的增长与发展也会对金融结构的演进与金融的发展产生积极的促进作用。经济的增长，国民收入水平较快地增加，社会资金的流量也相应增加，社会对资金的需求量也会上升，金融发展也就具有了相应的基础与条件。

☞ 相关链接

2010 年以来 M2/GDP 的变化

年份	M2（亿元）	GDP（亿元）	M2 占 GDP 比重（%）
2010	725 851.79	412 119.3	176.1
2011	851 590.90	487 940.2	174.5
2012	974 184.80	538 580.0	180.1
2013	1 106 524.98	592 963.2	186.6
2014	1 228 374.81	643 563.1	190.9
2015	1 392 278.11	688 858.2	202.1
2016	1 550 066.67	746 395.1	207.7
2017	1 690 235.31	832 035.9	203.1
2018	1 826 744.22	919 281.1	198.7
2019	1 986 488.80	986 515.2	201.4
2020	2 186 795.90	1 015 986.2	215.2

资料来源：《中国统计年鉴》.

想一想

M2/GDP 是体现一国经济货币化水平的指标，也是麦金农用来衡量金融深化的一项重要指标。根据你对当前我国居民金融资产构成及金融市场发展情况的了解，结合本章相关知识，你认为这一指标能充分体现我国的金融深化程度及 FIR（金融相关比率）的变化吗？你能设计出一种既方便实际计算又能较好体现我国 FIR 变化的新指标吗？

二、关于金融抑制

根据麦金农和肖的观点，金融抑制是指在金融体系不健全、金融市场机制未充分发挥作用的发展中国家，普遍存在着政府对金融过多的管制措施，而受到压制的金融又反过来阻碍经济发展的现象。

这种抑制性的金融政策使实际金融资产的规模非常有限，增长极为缓慢，有时甚至出现持续下降。这种人为的干预在很大程度上是出于促进经济良好发展的动机：政府希望遏制金融机构获利能力，降低社会融资成本积极推动经济发展，但或是因为缺乏市场响应，或是由于行政管理权限上的限制而缺乏直接的财政手段，政府实施的金融政策措施，有意或无意地干预或压抑金融体系，进而影响了经济的健康发展。

（一）金融抑制的主要政策表现

1. 通过规定存贷款利率和实施通货膨胀人为地压低实际利率

为了降低公共部门的融资成本，阻止私有部门同公共部门竞争资金，发展中国家通常以设定存贷款利率上限的方式来压低利率水平；同时，由于发展中国家政府常常不得不依靠通货膨胀来弥补巨大的财政赤字，所以通货膨胀往往居高不下。其结果是，发展中国家的实际利率通常很低，有时甚至是负数。这一结果严重脱离了发展中国家资金稀缺的现实。

2. 采取信贷配给的方式来分配稀缺的信贷资金

由于利率较低导致储蓄萎缩、投资膨胀，发展中国家通常面临着巨大的资金短缺，在这种情形下实行选择性或部门性的信贷政策，引导资金流向政府偏好的部门和行业，为此不惜分割金融市场、限制金融市场的发展。而这些为政府所偏好的企业，通常不具有非常理想的投资收益率，而大都是享有特权的国有企业和具有官方背景的私有企业。由此导致的一个直接后果是，资金的分配效率十分低下。

3. 对金融机构实施严格的控制

这种控制包括：对金融机构实施很高的法定准备金率和流动性要求，以便于政府有效地集中资金；严格限制金融机构的资金流向；严格限制某些种类的金融机构的发展；实施金融机构的国有化等。政府倾向于鼓励那些能够从中获取巨大铸币收益的金融机构和金融工具的发展，抑制其他金融机构和金融工具的发展。货币和银行系统往往受到偏爱和保护，因为通过储备要求及强制性地持有政府债券，政府可以无息或低息为公共部门融资。对于私有证券因为不便于从中收取铸币税，政府则借助于交易税、印花税及资本利得税等多种形式对其进行抑制。这些抑制造成的直接后果是，金融机构的成本高昂、效率低下，金融机构种类单一、专业化程度低。

4. 人为高估本币的汇率

发展中国家为了降低进口机器设备的成本，常常人为地高估本币汇率，使其严重偏离均衡的汇率水平。但是这一政策的结果使发展中国家陷入了更为严重的外汇短缺困境。过高的本币汇率不仅使发展中国家本来就十分低下的产品国际竞争力更弱，而且使进口需求高涨。其结果是，发展中国家不得不实行全面的外汇管制，对稀缺的外汇资源进行行政性分配。

（二）金融抑制政策对金融发展的严重影响

（1）金融机构单一。商业银行在金融活动中居于绝对的主导地位，非银行金融机构则极不发达，分工程度低的结果是整个金融体系的效率十分低下。

（2）金融体系存在着明显的“二元结构”。金融体系被分割为截然不同的两大“阵营”：以现代大银行为代表的现代部门和以钱庄、当铺、合会为代表的传统部门。前者主要集中在大城市和经济发达地区，后者则普遍存在于落后的农村。

（3）金融资产形式单一，数量有限。金融资产仅限于现金、活期存款、定期存款及初级市场上的政府债券等。金融资产同国民收入的比率也处于很低的水平。

（4）直接融资市场极其落后。企业的资金来源主要靠自我积累和银行贷款。

（三）金融抑制政策对经济产生的负效应

（1）负储蓄效应。在多数发展中国家，经济货币化程度低，收入水平不高，金融工具单调，通货膨胀率一般较高，政府的低利率政策常常不能弥补价格上涨给储蓄者造成的损失，人们往往用购买实物、增加消费、向国外转移资金的方式回避风险，不利于储蓄率的提高。

（2）负收入效应。在金融抑制条件下，当通货膨胀削减货币的实际价值时，人们就会减少以货币形式保有的储蓄，储蓄少，投资的资金来源就少，国民收入的增长速度就慢。这又反过来制约储蓄和投资的增长，造成恶性循环。

（3）负投资效应。一方面，发展中国家急于实现工业化，经常利用国家集权将有限的资金投向耗资巨大的重工业，由于技术条件的限制和生产能力过剩，又降低了投资效率，形成资金浪费；另一方面，传统部门的投资受到限制，农业、轻工业投资严重不足，发展受阻，形成的需求缺口要靠进口来弥补。但由于传统部门发展受限，加之本币币值经常高估，又严重影响出口增长，使得经济对外援的依赖性增强。

（4）负就业效应。在金融抑制下，传统部门得不到支持，劳动密集型产业得不到发展，迫使大量农村劳动力涌向城市。而在城市，注重的是资本密集型产业的发展，吸纳的劳动力十分有限。未被吸纳的劳动力则处于失业、半失业状态，形成大城市中特有的贫民阶层。

☞ 专家视点

金融抑制对经济增长和金融稳定的影响可能存在两重性

既然金融抑制这么严重，又如何解释改革期间所创造的“经济奇迹”？这实际涉及如何评价改革期间抑制性金融政策的作用，金融抑制究竟是催生了经济成功还是妨碍经济成功？这个问题很重要，不仅在于如何理解过去，更在于应对未来。如双轨制改革取得了好的结果，有的说是因为（市场）放得好，有的则说是因为（计划）管得好。对金融改革的实证分析则表明，其政策机制更为复杂，并非简单的“放得好”还是“管得好”能够涵盖。如果对分析结论做一个简单的概括，那就是改革期间抑制性金融政策对经济增长与金融稳定的影响在不断地变化。在改革开放的前期，金融抑制对经济增长的影响是正面的，但进入21世纪以后，这个影响就变成了负面的。

根据省级面板数据估算结果做一个简单的测算，就是假定将金融抑制指数降到0，也即彻底消除抑制性的金融政策、实现完全的金融市场化，中国的经济增速会怎样变化？结果非常有意思，20世纪80年代的经济增速会下降0.8个百分点，90年代的经济增速会下降0.3个百分点，但在21世纪的头十年，经济增速反而会提高0.1个百分点。这说明，早期的抑制性金融政策是能够促进经济增长的，只是到了后来，这种促进作用转变成了遏制作用，所以现在如果把抑制性金融政策全部取消，中国的经济增长会更快一些。为什么会这样？进一步的分析表明，金融抑制对经济增长和金融稳定的影响可能存在两重性：

第一个是麦金农效应。麦金农的基本观点是金融抑制会降低金融资源配置效率，会遏制金融发展，所以对经济增长与金融稳定是不利的。

第二个是斯蒂格利茨效应。斯蒂格利茨发现，在20世纪的最后20年，一方面各国积极推进金融的市场化、国际化改革，另一方面金融的频率越来越高，对经济增长与金融稳定造成很大的伤害。他进而指出，如果一个经济体还没有形成完善的市场机制和监管框架，完全的市场化可能对经济和金融稳定不利。政府适度的干预反而可能更加有益。

一种可能的情形是，上述两个效应在任何经济当中都同时存在，唯一的区别也许是在不同的经济甚至不同的时期不同的效应占主导。如果一个经济的市场机制相对健全、监管框架相对成熟，大幅降低金融抑制的程度应该是有利于经济增长与金融稳定。但是如果一个经济的金融市场机制、监管框架尚不成熟，完全放开不仅不能带来好处，反而有可能造成灾难性的后果。市场化改革的目的是改善效率，但伴随市场开放而来的是市场的波动和风险增加。举个例子，很多国家都在开放资本项目，但这经常会带来汇率的大起大落和资本的大进大出。有的国家很容易承受这样的变化，如澳大利亚和加拿大。而有的新兴市场国家和发展中国家在资本项目放开以后，很快就发生了金融危机。所以，同样的政策带来的后果是不一样的，抑制性金融政策的作用机制也是这样。

金融抑制听起来是一个负面的政策安排，但在改革的前期却对中国经济增长和金融稳定发挥了正面的影响，这可以从两个方面来看：第一，大多数银行都是由国家控股，资金配置和定价也受到政府多方面的干预，这些都会带来效率损失。但是这个金融体系在把储蓄转化成投资的过程中是非常高效的，只要有储蓄存到银行，很快就能转化投资，直接支持经济增长。第二，政府干预金融体系，对金融稳定有一定的支持作用。最好的例子是在1997年亚洲金融危机期间，中国银行业的平均不良率超过了30%，但没有人去挤兑银行。原因就在于存款人相信，只要政府还在，放在银行的钱是有保障的。中国改革40年期间没有发生过一次系统性的金融危机，并不是说没有出现过金融风险，而是政府用国家信用背书，为金融风险兜底。反过来设想一下，如果中国在 1978 年就完全放开了金融体系，走向市场化与国际化，几乎可以肯定的是，中国一定已经发生过好几次金融危机了。

这个关于金融抑制的分析其实具有一般性的意义，即任何政策的决策都必须考虑客观经济环境，而任何政策的评估也必须同时考虑成本效益的两个方面。任何看上去不怎么合理的政策，其实都是有原因的，即便要改变，也需要首先充分理解设置最初这些政策的动机。中国的抑制性金融政策的初衷是为了支持双轨制改革的策略。与此同时，几乎所有的政策效应都存在正反两个方面，经济决策所做的往往不是在黑白之间选择，而是在成本、效益之间权衡。实际上，在相当长的时期内，金融抑制对中国的经济增长与金融稳定发挥了正面的作用，但这种作用变成了负面影响，所以应该尽快考虑改变。联系 2018—2019 年的中美贸易争端，美方的其中一个指责是中国政府补贴国有企业，从而对美资企业造成不公平的竞争。后来不少中方官员纷纷指出，中国政府并没有系统性地补贴国有企业。这个话从字面看没有问题，但如果考虑金融抑制本身也是一种变相的补贴，它不仅对外资企业造成不公平竞争，对民营企业的歧视作用就更加明显。

资料来源：北京大学国家发展研究院副院长黄益平演讲《金融改革的经济学》节选，2020 年 1 月 14 日．

三、关于金融深化

（一）金融深化的描述性分析

金融深化理论最早由麦金农和肖于 1973 年提出。他们认为，发展中国家普遍存在着金融抑制现象阻碍了金融发展，落后的金融抑制了私人储蓄和投资的形成，发展中国家要想促进金融发展以及推动经济增长，就需要通过金融深化放松管制。金融深化论的核心观点是：金融深化对于发展中国家来说，意味着储蓄向投资的转化和经济增长的互相促进。由于金融抑制是发展中国家经济发展的一大障碍，因此，金融深化是解决金融抑制的有效政策。政府通过放弃对金融体系和金融市场的过分干预，允许市场机制特别是利率机制自由运行的前提条件下，一方面健全的金融体系和活跃的金融市场能有效地动员社会闲散资金并向生产性投资转化，还能引导资金流向高效益的部门和地区；另一方面，经济的快速发展，通过增加国民收入和提高各经济单位对金融服务的需求，又刺激了金融业的扩展，由此形成金融—经济发展的良性循环。麦金农和肖进一步认为，金融深化包括两方面的内容：一是通过取消高额存款准备金、最高利息限制和命令规定的信贷配给，以保证正的和比较统一的实际利率；二是通过合适的经济措施来稳定物价水平，其目的是使储蓄者和投资者“看到”资本的稀缺价格，合理引导资金流向，缩小投资于不同经济部门的盈利率的差距。金融深化的关键在于储蓄率和投资率的增长以及金融效率的提高，前者是量的指标，后者是质的指标。

后来巴桑特·卡普、马西森以麦金农和肖的假说为基础的金融深化理论模型，主索和拉萨皮恩泽尔等人在批判的基础上建立的“内生金融发展”理论，都进一步研究了发展中国家金融深化的发展路径。

（二）金融深化的政策主张

（1）彻底改革金融体制，大力发展资本市场和非银行金融机构，放宽对金融市场的管理和限制，建立健全金融体系，形成活跃有序的竞争环境，使各类金融机构发展目标与国民经济发展目标基本保持一致。

（2）解除对存贷款利率的控制，允许利率随市场资金的供求关系变化而自由浮动，从而正确反映资金的供求状况和发展中国家资本匮乏的现实。让银行等金融机构有权提高贷款的名义利率，实现货币资产的实际收益为正数，只有正的实际利率收益才能广泛吸收社会的闲置资金，促进资本形成。

（3）放弃以通货膨胀刺激经济增长的做法，采取有力措施抑制通货膨胀，通过稳定的物价环境来促进经济的增长。政府应削减政府财政赤字，严格控制货币发行，以降低通货膨胀率；同时，还应致力于金融深化，使投资扩大，收入提高，储蓄增加，以促进经济增长。

（4）逐步放松对汇率的限制，允许汇率在适度范围内自由浮动，使汇率正确反映外汇市场的供求状况。政府对汇率和外汇市场放松后，一方面可刺激出口和吸引外资，另一方面也可减少不必要的进口。但在实际操作中，汇率管制的放开速度要缓慢得多，不少国家对汇率管制放松持相对谨慎的态度。

（5）政府应取消对国有企业的各种补贴，使这些企业成为独立自主、自负盈亏的经济实体。

西方学者还认为金融深化政策就是金融自由化政策。

☞ 延伸阅读

金融抑制论与金融深化论的比较

金融深化论与金融抑制论并不是一种单纯的金融学说，而是关于经济发展与金融关系的学说。它不仅阐述了金融产业发展对经济发展的影响，还揭示了经济的发展会受到金融产业发展滞后的制约。麦金农和肖提出了金融产业的发展对发展中国家整个经济发展具有重要的意义，金融深化一直被认为是金融抑制的对立面。他们指出，金融抑制现象普遍存在于发展中国家，使发展中国家不能有效地动员储蓄资金，从而不但不利于扩大生产投资，还不利于经济进入良性的循环发展，因为金融抑制的表现是金融操作过度控制在政府部门，强硬地限制利率与汇率水平，人为将它们压低，造成持有实质现金的储户的收益率太低，以至于在难以控制通货的局面下，压制了储蓄，造成了供不应求的金融市场。另外，金融体系又按照金融政策采取以配给的方式来分配信贷与外汇资金，这样不但限制了企业以市场化的方式来融通资金和外汇的途径，同时也形成了民间高利贷等扭曲的黑市金融活动的二元金融结构。这种限制更是导致了整个社会经济发展停滞不前和发展中国家金融体系的低效率和落后。而与此相对应，金融深化理论则指出，应使一国的利率与汇率真正反映社会上对于信贷与外汇资金的供求水平，这就需要政府取消对存贷利率的控制或人为干预；改变利率水平不能真实反映货币供求均衡水平的状况；放宽对金融体系的管理；允许社会上金融机构的发展；改变通货膨胀政策。通过一系列措施，发挥金融市场对资金与外汇的供求调节作用，来有效地推动经济的增长，同时使金融体系本身也获得发展。

四、关于金融自由化

（一）金融自由化的含义

金融自由化通常是指 20 世纪 80 年代西方国家普遍放松金融管制后出现的金融体系和金融市场自由经营、公平竞争的趋势。金融自由化理论主张改革金融制度，改革政府对金融的过度干预，放松对金融机构和金融市场的限制，增强国内的筹资功能以改变对外资的过度依赖，放松对利率和汇率的管制使之市场化，从而使利率能反映资金供求，汇率能反映外汇供求，促进国内储蓄率的提高，最终达到抑制通货膨胀，刺激经济增长的目的。对于金融抑制的发展中国家而言，金融自由化是金融深化的必要手段。

典型的金融自由化一般包括四个方面的内容：

（1）价格自由化。取消利率、汇率管制，让金融价格充分发挥市场调节作用。

（2）业务自由化。允许各类金融机构业务相互交叉，公平竞争。

（3）市场自由化。放开各类机构进入金融市场的限制，国与国之间相互开放本国的金融市场，给予外国金融机构国民待遇。完善金融市场的管理，丰富金融工具和技术。

（4）资本流动自由化。允许外国资本方便地进入本国市场，同时也放宽本国资本进入外国市场的限制。

（二）金融自由化的主要内容

20 世纪 70 年代以后，许多发展中国家开始接受金融深化理论，并着力推进金融改革，如阿根廷、智利、新西兰、马来西亚、韩国、菲律宾、印度尼西亚、泰国等，其改革的核心是金融自由化。主要内容是：

（1）放松政府对利率的管制。实行较为灵活的利率管理方式，推进利率决定的自由化。以此来平衡资金市场严重的供求缺口，并消除营私舞弊等腐败现象。

（2）减少政府对信贷资金的计划控制。大多数发展中国家在信贷资金分配上都实行“指导性信贷计划”，实际上是由政府当局用行政命令来分配资金，人为地干预资金的市场调节，导致资源配置上的浪费与无效。因此，金融自由化的改革措施都削减或取消了信贷的指导性计划。

（3）对金融机构的发展放松控制。主要是取消各种不合理的行政障碍，放松金融业的进入限制，允许本国与外国金融机构的自由进入，以此来消除金融业的垄断与促进同业竞争。

（4）发展直接融资，活跃证券市场。具体内容是：增加可流通金融工具的发行数量，培育证券一、二级市场，完善有关的证券管理法规，适时对外开放证券市场。

（5）放松对汇率和资本流动的限制。相对于其他措施，汇率和资本账户的放开进度要缓慢得多。由于发展中国家的管制汇率往往是高估本国货币，一旦放开，可能出现本币的大幅度贬值。因此，不少国家对汇率的放松一般采取的是逐步放开的方法。开放资本账户，就是本币实现资本项目可兑换，资本可以在国内外自由流动，这较之实施经常项目下的可兑换要复杂得多。因此，部分国家对资本流动严格控制，但也有一些国家取消了控制。

第三节　发展中国家的金融自由化改革

一、若干发展中国家的金融自由化实践

20 世纪 80 年代以来，部分发达国家和新兴市场国家因循金融自由化理论的思路，先后进行了金融自由化改革，形成了一场全球性的影响深远的金融制度变迁现象。

（1）拉美国家的金融自由化。20 世纪 70 年代以来，以拉美国家为代表的发展中国家进行了以金融自由化为核心的金融体制改革。它们的改革措施主要有四项：①取消对利率和资金流动的控制；②取消指导性信贷计划；③对国有银行实行私有化政策；④减少本国银行和外国银行登记注册的各种障碍。

智利于 1973 年推行了一揽子经济自由化改革措施，包括利率、汇率自由化和资本自由流动。乌拉圭于 1976 年和 1977 年分两次将利率上限提至 90%，使利率上限形同虚设，后来干脆取消了上限。资本流动限制也被同步取消。墨西哥、巴西和阿根廷也进行了类似的改革。这一时期，拉美国家的金融自由化以激进为特征。

（2）亚洲的金融自由化。亚洲国家的金融自由化开展从时间上来看要晚于拉美国家，其取得的效果要好于拉美国家，并且成功地得到了国际上的认同，亚洲国家金融自由化成功之处在于其采取的策略为渐进式的自由化战略，主要体现在各项金融改革进程比较平缓，并无激进性的措施，所以具有较强的借鉴意义。但是一些国家因为政策制定的失误以及金融自由化进程改革速度较快，从而导致自身陷入严重的金融危机中。

新加坡在 20 世纪 70 年代中期实现利率自由化，外汇管制在 1978 年完全解除。菲律宾在 1981 年底，将银行的定、活期存款利率的上限取消。马来西亚在 1987 年实现了存款利率自由浮动，贷款利率限制在 1992 年 2 月取消。韩国在 1988 年实现了部分存款利率的

自由化；1993 年 11 月，除了政策贷款，所有贷款利率都实现了自由浮动。中国台湾在 1989 年 7 月取消了各项存贷款利率的上下限，实现了利率的完全自由化。1992 年 1 月，泰国所有存款利率实现自由浮动；1992 年 6 月，放款利率高限取消，利率自由化完成。尽管亚洲各国金融自由化的具体措施略有不同，但各国金融自由化改革均以放宽政府管制，开放金融市场加速金融国际化为特征。

（3）非洲国家的金融自由化。非洲国家的金融自由化始于 20 世纪 80 年代中期，从 1983—1991 年，加纳、南非、赞比亚、肯尼亚、尼日利亚、突尼斯、津巴布韦、埃及等，先后实现了存贷款利率的自由化。不过，在整体上，非洲的金融自由化进展最为迟缓，成效相对较小。

（4）东欧、独联体等转轨国家的金融自由化。东欧、独联体等转轨国家在 1991—1995 年基本完成了金融自由化改革。值得注意的是，亚洲金融危机暴发后，国际上反对金融自由化、要求重新加强金融管制的呼声一浪高过一浪，国内也有不少关于金融自由化将被遏制的预言。然而，现实的结果是，亚洲国家进一步开放了金融市场，拉美的主要国家则开始积极探讨货币美元化。

二、发展中国家金融自由化的经验教训

发展中国家和地区金融自由化改革的进展状况相当不平衡。在已进行的改革中，既有成功的经验，也有失败的教训。世界银行《1989 年世界发展报告》的主题就是金融自由化改革，其总结的主要教训有以下几点：

（1）以金融自由化为基本内容的改革一定要有稳定的宏观经济背景。在那些宏观经济不稳定的国家里，实行金融自由化政策，高的通货膨胀率容易导致高利率和实际汇率的浮动，使资金出现不规则的流动，进而引起许多企业和银行的破产。只有先创造稳定的宏观经济背景，金融改革才能避免上述种种经济不安定的状况。

（2）金融自由化的改革必须与价格改革或自由定价机制相配合。最基本的就是要形成合理有效的市场定价机制，并且解除政府管制下的行业垄断和金融机构的准入限制，否则，金融市场的价格仍然会是扭曲或错误的。在这种价格信号扭曲的条件下，如果实行金融自由化，资金流动就会被错误的价格信号误导，出现新的资源配置结构失调。

（3）金融自由化改革并不是要完全取消政府的干预，而是要改变干预的方式。具体来说，就是要以法律和经济干预取代人为的行政干预。实施金融自由化，并非要取消政府的作用，在决定金融部门运作、金融体系的创新和发展方面，政府将以法律和经济干预的方式继续发挥主导作用。

（4）政府当局在推行金融自由化改革和价格改革政策时，必须预先判断出相应价格变动对不同集团利益的影响，并应根据公平原则和政治均衡要求，适当采用经济补偿手段。

（5）金融自由化要注重循序渐进和依次完成。金融自由化也是需要长期进行的系统工程，政府不可能也不应该同时实行所有的自由化改革。麦金农在他后来的研究成果中也旗

帜鲜明地指出，金融自由化应该有一个最优顺序，依次为：第一，实现财政收支平衡；第二，推行外贸自由化和国内资本市场自由化；第三，资本项目对外完全开放。麦金农还特别指出，外贸自由化和金融稳定应尽可能依赖本国力量，同时，改革期间要控制国际短期资本流动，以减轻金融体系的压力。

☞ 阅读专栏

金融自由化——良方还是砒霜？看看这个国家现在是怎么崩盘的

2018，金融危机十周年的多事之秋，又有一个国家发生了大崩盘！

阿根廷央行做出了一个疯狂举动——指标利率一举拉高至40%，震撼全球金融市场！这已经是阿根廷央行八天之内第三次加息了，利率从27.25%跳涨至40%，而促使阿根廷央行如此行动的原因——阿根廷的货币大贬值！2018年以来，整个阿根廷比索已经大跌17%，这一周更是被史无前例地抛售，一天之内大跌甚至近9%，然而，即使是央行如此疯狂的加息举动，也没能阻止人们抛售阿根廷比索的举动！目前，阿根廷的通胀率高达30%—40%，这可比央行的基准利率高出了太多，也就是说，把钱存在阿根廷银行的储户每一秒都在亏钱！

而阿根廷史无前例的加息水平，势必会极大地提升整个社会的资金成本，给实体经济带来致命一击！

历史上每一次美国的加息周期，都有多个新兴国家惨遭血洗。第一轮强美元周期启于20世纪80年代，拉美惨遭“债务危机”；第二轮强美元周期启于20世纪90年代，东南亚国家迎来金融风暴，阿根廷和巴西也受到冲击。

从债务危机到金融危机，再到政治危机，阿根廷的经济地位可谓是一落千丈，2001年以来，阿根廷经济却呈现急剧恶化态势，出现了遍及全国的贫困、饥饿现象。

由于货币贬值、银行瘫痪和存款冻结，暴发了波及全国的社会动荡骚乱，成千上万的民众走上街头游行抗议，几十人在警察镇压骚乱中丧生，社会经济困境导致了政局动荡不已，仅仅一个月内就连续更换了五位总统！

强美元周期吸引美元回流，固然会引发经济冲击，但是若只是如此，阿根廷的经济也不至于彻底崩溃，也不至于引起如此疯狂的资本外逃惨剧，更重要的原因在于——阿根廷自己打开了国门，递给了国际投机家们一把挥向自己的屠刀！

这就是阿根廷毫无节制的金融自由化了。

20世纪，阿根廷共进行过两次金融自由化改革，分别是1976年启动第一次金融自由化，以及1994年开始的第二次金融自由化。

其中，第一次金融自由化，将大额可转让存单利率被放开，并放开所有存贷款利率，取消银行信贷管制，废除了一直推行的100%的高准备金制度；而第二次金融自由化，进行了银行私有化，阿根廷的商业银行总资产从此为外资所控制！

1992年，阿根廷由本国控制的银行资产，在全部银行资产中占压倒优势的82%，外国资本控制的银行资产仅占12%，但是，然而到了2001年，阿根廷本国控制的银行资产比重萎缩至33%，而外国资本控制的银行资产比重却占到了70%！阿根廷10家最大的银行中，外资控股的银行占了8家，包括花旗银行、纽约银行、波士顿银行等著名美国大银行。

银行作为一国经济的“枢纽”，具有极高的战略意义，阿根廷的银行全面为外资所制，等于是交出了自己国家的金融主权！

金融的自由开放、热钱的疯狂涌入，犹如一针“鸡血”，直接刺激了阿根廷的经济增长，疯狂涌入的外资自然推高了阿根廷国内的资产价格，带来了一时的风光，然而在固定汇率制下，阿根廷就出现了币值高估的恶果；而在贸易自由化的政策背景下，阿根廷的出口自然大承压，经常项目赤字不断扩大。

而当拐点到来，阿根廷卖光了国有资产、失去了经济动能；当美元加息周期开启、东南亚金融危机风暴来袭，阿根廷经济瞬间陷入死局，阿根廷的外资企业和银行赢利能力下降，加上比索价值高估，当年有多疯狂的资本注入，此时就有多疯狂地逃出。

于是2001年，阿根廷金融危机终于暴发：证券股票一路狂跌、国家风险指数猛涨、资金大量外逃、国际储备和银行储备不断下降。同时，财政形势极端恶化，濒临崩溃的边缘。最终，阿根廷发生了“国家破产”。

而现在比2001还要可怕的是，如今的阿根廷新政府居然还放开了外汇管制。

这些年来，“金融自由化”这个听起来响亮无比的“经济良方”，却成为了无数国家的“致命毒药”。20世纪80年代的日本崩盘、20世纪90年代的东南亚金融风暴、2001年的阿根廷危机，都与无序的金融自由化脱不了干系。

无数事实告诉我们，不考虑国情的盲目开放，若是缺乏相应的监管措施，那么后果就是一地鸡毛！

阿根廷的盲目开放，先是允许外资收购兼并大型国有企业、国有资产大量流失；后又实行了金融业的全面开放，不仅使得热钱来回套利、配合金融泡沫投机制造大起大落，更使其彻底丧失经济控制权，最终经济陷入萧条爆发金融危机时，政府想要稳定金融、制止资本外逃，也是无力回天！

最后，我们要记住——没有实体产业作支撑，金融只能是空中楼阁！没有强大的国力做保证，资本什么也不是！……

资料来源：zhuanlan. zhihu. com，2018-05-10.

☞ 阅读专栏

我国金融体制深化改革的实践

改革开放40多年来，我国金融部门经历了较为严重的金融抑制、深化金融体制改革和结构调整，金融部门在经济发展中发挥了重要的作用。有专家学者对我国的金融抑制一直持批评意见，但在中国这样区域发展不平衡的发展中国家，没有集中金融部门资源为工业发展和出口商提供有效的金融支持，经济很难实现今天的成就。有学者认为，如果实行更为自由的金融政策，经济发展成就可能更大、问题更少，但是历史不可能进行反实验。在我国金融供给侧结构性改革的背景下，需要对我国金融改革实践进行系统梳理总结。

（一）温和金融抑制发挥了积极作用

改革开放后我国经济经历了40年的快速增长，已成为世界第二大经济体。经济增长的一个重要经验是政府对金融部门的干预，通过金融抑制措施影响金融资源的分配，同时为经济发展创造了一个稳定的金融环境。虽然学界对金融抑制政策批判较多，认为金融抑制导致了金融资源配置的低效率、货币政策传导受阻、道德风险、腐败等问题，但也必须承认金融抑制的正效应即“斯蒂格里茨效应”及其对国内经济发展环境的保护。改革开放早期，抑制性金融政策具有十分明显的正面效应（黄益平，2020）；当前金融抑制对区域经济增长仍具有正向促进作用（刘峻峰和张卫峰，2020）。改革开放以来，央行通过维持适当的政策利率水平和适度的货币信贷政策，“保持了经济和物价基本稳定”“在特定时期支持具体领域改革以达到帕累托改进、支持了经济结构调整”（周小川，2003；张晓慧，2015）。也正是央行实行适当的资本管制，在国内金融系统较为脆弱的情况下，成功抵制了1998年的亚洲金融危机、2008年的次贷危机，防止了游资流动对国内金融市场的冲击。正如David（2001）所认为的那样，改革开放以来中国的金融体系关键特征是温和的金融抑制，这帮助中国保持了改革所需的金融稳定性。

（二）超前金融自由化改革产生了负面影响

纵观改革开放40多年来金融改革历程，虽然中国未发生金融危机，但是金融改革超过实体经济需求的时期往往造成金融风险集聚，处置成本高昂，给经济金融发展造成了严重负面影响。20世纪90年代情况如此，近几年情况也是如此。2013年以来伴随着互联网金融的快速发展，金融管制一度放松，金融自由化进程加快。近些年各类金融创新层出不穷，金融新业态如雨后春笋，这些金融新业态在降低金融交易成本，促进金融发展方面发挥了一定的积极作用。但不可否认，金融自由化超过了实体经济市场化改革的进度，超过了实体经济承受水平，使得在一段时间内出现了金融资源在金融体系内自我循环，金融对实体经济支持力度下降，同时产生了系统性金融风险隐患。为此，中央开始加大管理力度，强化金融监管，明确提出要实现金融支持实体经济、防范和化解系统性金融风险。从监管主体看，在中央层面，强化中国人民银行宏观审慎监管和系统性防范功能，整合中国银监会和中国保监会成立新的中国银保监会；在地方层面，成立地方金融监管局，同时将融资性担保公司、典当行等类金融机构监管划归地方金融监管局监管，强化属地风险管理职能。在此基础上，强化宏观审慎监管和监管协调，对资管业务实行穿透式监管，整治互联网金融风险，对各类非法金融业务进行治理，处置高风险金融机构，化解前期金融自由化过快积累的风险。

（三）金融改革进程总体符合我国实际状况

我国金融改革进程相对于拉美、亚洲等发展中国家较为缓慢，而且金融改革长期以来是金融抑制与金融自由化并存的一种状态，但这种改革基本与整体经济体制改革进程相衔接、与之配套并为之服务（任正言，2018）。第一，改革开放以来我国实体经济处于计划经济向市场经济转轨过程中，国内存在着两个市场（国有企业与民营企业，城市和农村），投资存在政府投资和私人投资，而且政府主导的投资一直在经济社会发展中发挥着重要的作用，因此信贷配给事实上是双重信贷配给。这种情况是我国特有的，在发达国家和发展中国家不存在或者这种状况相对较轻，这就导致我国金融抑制与金融自由化并不是绝对的，非此即彼，两者可并存。第二，我国金融市场结构与发达国家存在着重大的差别。金融市场一直处于持续完善的过程，在信用分析和风险管理方面存在不足，银行业不良贷款与经济波动关联度大，风险较高；国内的评级市场不健全，可信度较低；作为金融市场建设重要基础的律师、会计师等依然存在较多问题。而西方发达经济体经过百年发展，具有较为完善的金融基础设施和金融中介机构，并具有应对金融危机较为成熟、可借鉴的经验，具有中国等发展中国家不可比拟的优势。第三，我国实体经济部门高度依赖银行等间接融资渠道，普遍存在负债率高、利息负担重等问题。由于实体企业信息披露不完全，公司治理不完善，企业间关联交易较多，金融机构对企业的信用分析和监测较为困难，因此金融自由化并不能确保有效的资源配置。这种情况下，金融抑制虽然在实体部门留下了扭曲的激励结构，但加快推进金融自由化甚至会加剧这种扭曲，影响实体经济部门融资和发展。

资料来源：侯英，王玉霞．金融自由化理论、实践梳理及对我国启示［J］．金融发展评论，2021（8）：83－94.

本章关键词

金融抑制　金融深化　金融自由化　负收入效应　负储蓄效应　负投资效应　负就业效应

复习思考题

1. 试分析中国金融体系改革与金融深化政策主张的不同。

2. 金融抑制理论的主要内容是什么？我国现在是否有金融抑制？有哪些金融抑制的现象？

3. 结合金融深化理论，谈谈我国应怎样进行金融和经济发展，如何才能避免金融自由化失败国家的教训？